中国社会科学院马克思主义理论学科建设与理论研究工程资助项目

世界社会主义黄皮书
YELLOW BOOK OF WORLD SOCIALISM

世界社会主义跟踪研究报告

（2019—2020）

—— 且听低谷新潮声（之十六）

中国社会科学院世界社会主义研究中心　主编　李慎明　姜　辉

上册

当代中国出版社
Contemporary China Publishing House

2020 年·北京

图书在版编目(CIP)数据

世界社会主义跟踪研究报告：且听低谷新潮声．之十六，2019-2020 / 李慎明，姜辉主编．-- 北京：当代中国出版社，2020.5

（世界社会主义黄皮书）

ISBN 978-7-5154-1018-0

Ⅰ．①世… Ⅱ．①李…②姜… Ⅲ．①社会主义 – 研究报告 – 世界 –2019-2020 Ⅳ．① D507

中国版本图书馆 CIP 数据核字（2020）第 041463 号

出 版 人	曹宏举
责任编辑	聂文聪　周显亮
责任校对	康　莹
装帧设计	观止堂_未　氓　孔舒琴
出版发行	当代中国出版社
地　　址	北京市地安门西大街旌勇里 8 号
网　　址	http://www.ddzg.net　邮箱：ddzgcbs@sina.com
邮政编码	100009
编 辑 部	（010）66572264　66572154　66572132　66572180
市 场 部	（010）66572281　66572161　66572157　83221785
印　　刷	北京润田金辉印刷有限公司
开　　本	710 毫米 ×1000 毫米　1/16
印　　张	49.25 印张　2 插页　611 千字
版　　次	2020 年 5 月第 1 版
印　　次	2020 年 5 月第 1 次印刷
定　　价	188.00 元（上下册）

中国社会科学院世界社会主义研究中心

顾　问

程恩富　中国社会科学院学部委员、马克思主义研究院原院长、研究员

侯惠勤　中国社会科学院马克思主义研究院原党委书记、研究员

邓纯东　中国社会科学院马克思主义研究院原党委书记、原院长

王学东　中共中央编译局原副局长、研究员

严书翰　中共中央党校科社部原主任、教授

李红旗　新华社中东总分社社长、高级编辑

王灵桂　中国社会科学院信息情报研究院党委书记、院长

张树华　中国社会科学院政治学研究所所长、研究员

辛向阳　中国社会科学院马克思主义研究院副院长、研究员

王立强　中国社会科学院科研局原副局级学术秘书、研究员

秦益成　中国社会科学院信息情报研究院副研究员

龚　云　中国社会科学院习近平新时代中国特色社会主义思想研究中心执行
　　　　副主任、研究员

李　菱　《世界社会主义研究》编辑部主任，《红旗文稿》原社长、总编辑

常务理事（中方按姓氏笔画为序）

叶·尼·格拉齐科夫　俄罗斯友谊大学国际关系理论教授

丁俊萍　武汉大学政治与公共管理学院原院长、教授

丁堡骏　吉林财经大学中国特色社会主义政治经济学研究中心

于鸿君　北京大学教授

马　艳　上海财经大学政治经济系系主任、教授

马　援　中国社会科学院科研局局长

马社香　江汉大学特聘研究员

王　文　中国人民大学重阳金融研究院执行副院长

王　镭　中国社会科学院国际合作局局长

王一程　中国社会科学院政治学研究所原所长、研究员

王立华　昆仑策研究院副院长、秘书长

王金存　中国社会科学院世界经济与政治研究所研究员

王学俭　兰州大学马克思主义学院院长、教授

王挺之　四川大学历史文化学院院长、教授

王振亚　陕西师范大学政经学院原院长、教授

王朝科　贵州大学经济学院副院长、教授

毛定之　中共中央组织部党建研究所所长

方　军　中国社会科学院办公厅主任

方兴起　华南师范大学经济研究所教授

尹韵公　中国社会科学院中国特色社会主义理论体系研究中心原主任、研究员

孔根红　中共中央对外联络部研究室副主任

田心铭　教育部社科研究中心原主任、教授

田永祥　中联部六局局长

冯　刚　教育部思想政治工作司司长、教授

冯金华　上海财经大学马克思主义研究院副院长、教授

曲永义　中国社会科学院财务基建计划局局长、研究员

吕薇洲　中国社会科学院社会科学杂志社副总编、研究员

朱炳元　苏州大学马克思主义研究院原党委书记、教授

朱继东　中国社会科学院国家文化安全与意识形态建设研究中心副主任兼
　　　　秘书长

朱维群　全国政协民族宗教委主任

任治君　西南财经大学经济学院教授

华玉武　北京农学院办公室主任、教授

庄前生　中国社会科学院图书馆原馆长、党委书记、研究员

刘　彤　东北师范大学政法学院党委书记、教授

刘书林　清华大学马克思主义学院教授

刘同舫　浙江大学马克思主义学院院长、教授

刘润为　求是杂志社原副总编辑、中国红色研究会会长

刘淑春　中国社会科学院马克思主义研究院国际共运部原主任、研究员

刘瑞生　中国社会科学院新闻与传播研究所副研究员

安启念　中国人民大学哲学系教授

许兴亚　河南大学经济学院特聘教授

许征帆　中国人民大学马克思主义学院教授

孙锦泉　四川大学历史文化学院党委书记

李　军　中共中央对外联络部部长助理

李　萍　中山大学副校长、教授

李汉林　中国社会科学院社会发展战略研究院院长、研究员

李向军　光明日报理论部原主任、高级编辑

李兴耕　中共中央编译局研究员

李其庆　中共中央编译局原副局长、译审

李建平　福建师范大学原校长、马克思主义研究院院长、教授

李炳炎　江苏省委党校经济社会发展研究所原所长、教授

李崇富　中国社会科学院学部委员、马克思主义研究院研究员

杨海蛟　中国社会科学院政治学研究所原副所长、研究员

吴　波　中国社会科学院评价中心编审

吴尚民　中国社会科学院哲学研究所原党委书记、编审

吴雄丞　中共中央党校原国际战略研究所所长、教授

何干强　南京财经大学经济学院教授

夏春涛　中国社会科学院近代史研究所党委书记、研究员、博士生导师

徐世澄　中国社会科学院荣誉学部委员、拉丁美洲研究所研究员

徐崇温　中国社会科学院荣誉学部委员、哲学研究所研究员

高　翔　中国社会科学院副院长、党组成员、中国历史研究院院长

高永中　中共中央党史研究室副主任

高秋福　新华社原副社长、研究员

郭杰忠　江西科技师范大学校长、教授

郭建宁　北京大学马克思主义学院原院长、教授

唐昆雄　贵州师范大学历史与政治学院教授、兰州大学新闻与传播学院院长

桑玉成　上海市社科联党组副书记、教授

黄　平　中国社会科学院欧洲研究所所长、研究员

黄　宏　国防大学政治理论教研室原副主任、教授

黄金辉　四川大学政治学院副院长、教授

黄晓勇　中国社会科学院研究生院院长、编审

黄浩涛　中共中央党校副校长

黄蓉生　西南大学党委书记、教授

梅荣政　中央马工程马克思主义发展史课题组首席专家，武汉大学
　　　　马克思主义学院教授

曹亚雄　武汉大学马克思主义学院教授

崔耀中　中共北京市委宣传部巡视员

梁　柱　北京大学原副校长、教授

彭光谦　中国军事科学院战略研究部研究员、少将

董正平　首都师范大学政法学院教授

董京泉　全国哲学社科规划办公室原主任

董晓阳　中国社会科学院外国文学研究所原副所长、研究员

蒋立峰　中国社会科学院日本研究所原所长、研究员

程　伟　辽宁大学原党委书记、教授

温伯友　中国社会科学院西亚非洲研究所研究员

温铁军　著名三农问题专家、西南大学中国乡村建设学院执行院长

谢寿光　中国社会科学院社会科学文献出版社社长、编审

靳辉明　中国社会科学院学部委员、马克思主义研究院研究员

潘　维　北京大学教授

薛宇峰　云南财经大学特聘教授

魏晓文　大连理工大学马克思主义学院院长、教授

特邀研究员（按姓氏笔画为序）

丁　冰	丁原洪	丁晓钦	丁淑杰	于祖尧	于海青	么素珍	马　冉	马　寒
马细谱	马钟成	马晓明	马维先	王　建	王　静	王小燕	王少先	王中保
王今朝	王文娥	王正泉	王永刚	王传利	王志刚	王林聪	王佳菲	王京烈
王振华	王晓泉	王晓菊	王海运	王喜满	韦艳巧	毛相麟	卞修跃	尹帅军
孔田平	左玉河	石方方	卢　刚	叶　建	叶卫平	申亚杰	田　坤	田春生
丘　进	冯育民	冯绍雷	冯颜利	皮坤乾	台　红	师　伟	曲　伟	曲延明
朱　隽	朱安东	全林远	刘小兰	刘元祺	刘军梅	刘志昌	刘志明	刘国平
刘春元	刘海霞	刘德中	齐峰田	闫光宇	江时学	安　静	许　华	许　新
许元荣	孙　力	孙立冰	孙经先	孙钦梅	孙洪波	牟承晋	纪　军	苏　里
苏振兴	苏莉佳	杜　瀚	杜小林	李　千	李　亚	李　伟	李　斌	李　强
李　零	李　漫	李　燕	李　霞	李长久	李凤林	李正乐	李冬冬	李民骐
李亚洲	李凯旋	李宗芳	李建宏	李艳艳	李海玉	李润海	李彩艳	李淑清
李瑞琴	李福川	李燨恒	杨　卫	杨　双	杨　俊	杨　斌	杨圣明	杨成果

杨会春　杨利颖　杨秀琴　杨建民　杨承训　杨祖功　杨鸿玺　轩传树　肖　枫
肖　炼　肖　斌　肖国忠　吴　茜　吴　健　吴国平　吴金平　旷新年　邱　霞
何　新　何家华　佟玉华　余　丽　余　斌　余文烈　余金成　余维海　彤新春
汪亭友　沈　阳　沈　强　沈孝泉　沈宗武　宋丽丹　宋萌荣　张　丽　张　莉
张　捷　张　婕　张　骥　张小敏　张中云　张文代　张玉良　张西明　张伟英
张兴慧　张守华　张宏毅　张欣欣　张俭松　张晓东　张晓曼　张铁柱　张海鹏
张新宁　张福军　张慧中　张德明　陆树程　陈人江　陈子飞　陈其广　陈承新
陈荣荣　陈爱茹　陈硕颖　武卉昕　苑秀丽　范　蕾　林新海　欧阳向英　尚　伟
罗云力　金　赢　金立群　周　森　周志伟　周绍东　周增亮　周穗明　庞大鹏
庞中英　郑　萍　单　超　赵　实　赵　曜　赵小鲁　赵明昊　赵常庆　胡光舜
胡俊卿　胡艳梅　胡晓雪　胡新民　钟　慧　钟亚平　秋　石　段丽娟　段启增
段学慧　侯艾君　俞　邃　姜　南　姜　莉　姜　琳　姜卫平　贺双荣　秦振燕
袁　群　耿丽华　聂运麟　夏东民　顾钰民　柴尚金　钱文荣　徐　超　徐云峰
徐仲伟　徐晓风　徐海燕　凌德权　栾文莲　高　永　高　洪　高　媛　高　歌
高长武　高明秀　高宜新　高增杰　郭　文　郭元增　郭建平　郭彦林　唐　庆
唐修哲　唐彦林　黄卫东　黄树东　黄星清　黄登学　曹天禄　曹长盛　曹苏红
常卫国　崔学东　康晏如　阎志民　阎洪菊　梁　孝　葛元仁　葛新生　蒋明伟
景向辉　智效和　程春华　傅　宁　傅军胜　储著武　舒　畅　童　晋　曾宪奎
游　敏　谢小庆　谢晓光　鄢一龙　简　练　简　婷　詹得雄　裴远颖　廖　坚
谭　索　谭扬芳　谭晓军　祺明亮　潘西华　潘金娥　潘德礼　薛新国　薛福岐
戴立兴　魏　伟　魏永旺　魏南枝

目录

上　册

第一篇　总　论

第二篇　理论与历史篇

第三篇　国际共产主义运动与国外共产党的新发展

下　册

第四篇　以史为镜篇

第五篇　美国动态篇

第六篇　商　榷

第七篇　第九届世界社会主义国际论坛论文荟萃

第八篇　附　录

第一篇

总 论

试论我国新时代发展重要战略机遇期[①]

李慎明[②]

习近平总书记在 2019 年新年贺词中明确指出："放眼全球，我们正面临百年未有之大变局。"这一判断十分重要、重大并完全正确。

党的十六大报告指出："二十一世纪头二十年，对我国来说，是一个必须紧紧抓住并且可以大有作为的重要战略机遇期。"

党的十七大报告和党的十八大报告，大体上都维持了党的十六大报告的提法。

习近平总书记在党的十九大报告中指出："当前，国内外形势正在发生深刻复杂变化，我国发展仍处于重要战略机遇期。"

21 世纪头 20 年即将过去，从整体上说，我国各个方面的建设取得了天翻地覆的变化。这说明，党的十六大报告关于 21 世纪头 20 年重要

① 本文系国家社科基金"新时代中国特色国际关系学基本理论问题研究"（18VXK009）重大研究专项的阶段性成果之一。

② 李慎明，中国社会科学院世界社会主义研究中心主任，中国社会科学院原副院长、研究员。

战略机遇期的论述是完全正确的。

在这百年未有大变局来临之际，未来二三十年直至 2050 年，社会主义新中国实现中华民族伟大复兴中国梦之前的发展，是不是仍然处于大有可为的重要战略机遇期呢？

一、什么是重要战略机遇期

不少人现在正在思量着党和国家的基本理论、宏观战略以及未来的战略机遇期等众多问题。有的人认为，未来的战略机遇期将更加翘首以待，而有的人认为，未来的战略机遇期行将结束，还有的人认为机遇与挑战同在，关键是看我们主观如何应对，等等。

在讨论可预见的未来的一段时日内，我国是不是仍然处于重要的战略机遇期问题之前，有必要重温毛泽东 1936 年 12 月完成的著名军事和哲学著作《中国革命战争的战略问题》。毛泽东在文中说："战争的胜负，主要地决定于作战双方的军事、政治、经济、自然诸条件，这是没有问题的。然而不仅仅如此，还决定于作战双方主观指导的能力。军事家不能超过物质条件许可的范围外企图战争的胜利，然而军事家可以而且必须在物质条件许可的范围内争取战争的胜利。军事家活动的舞台建筑在客观物质条件的上面，然而军事家凭着这个舞台，却可以导演出许多有声有色威武雄壮的活剧来。"①

党的十六大中所说的战略机遇期中的战略，应是借用的军事术语。什么是战略机遇？根据毛泽东以上论述的启发，可以说，战略机遇就是确保战争胜利所必需的一切客观与主观的条件相统一的总和。党的十六

———————————

① 《毛泽东选集》第一卷，人民出版社 1991 年版，第 182 页。

大所说的战略机遇期的本意，可能是特指我国以经济建设为中心的和平建设时段。随着党的十八大的顺利召开，中国特色社会主义进入了新时代。新的时代赋予了中国共产党以新的历史使命。我们的总任务是在21世纪中叶中华人民共和国成立100周年的时候，实现社会主义现代化和中华民族伟大复兴。笔者认为，如果党的十六大所提的战略机遇期的本意是特指保障我国以经济建设为中心的和平建设的时段，随着我国国力的逐渐壮大和世界格局的变化，现在应把战略机遇期原有的内涵扩大为确保实现社会主义现代化和中华民族伟大复兴的时段。

毛泽东以上论述还可以对我们有如下的启发：在可以预见的未来，我国是不是仍然处于大有可为的战略机遇期，这主要决定于国际及国内经济、政治、文化、军事等业已存在的客观条件，同时，还决定于我国与世界各国特别是一些主要国家和地区尤其是我国领导者主观指导的能力。中国共产党成立近百年以来，新中国成立70年来，改革开放40多年来，我们之所以在革命、建设和改革事业中取得全球瞩目的举世公认的巨大成就，既有当时客观条件的形成与具备，更是主观能动性的充分发挥。笔者在此文中用了"大有可为的战略机遇期"，而没有用"大有作为的战略机遇期"这一提法，就是旨在说明最终成为事实的战略机遇期是客观自在与主观努力的高度相统一，而绝不是事先就已确定的结果。最终的结果既不是守株待兔自然等得，也不是别人廉价施舍索得，更不是牺牲不应牺牲的长远根本利益苟得，而是用勤劳、智慧、勇气奋力拼搏赢得。只要正确充分发挥人的主观能动性，即使原有既定的客观条件向不利方向发展，但正如毛泽东所说："往往有这种情形，有利的情况和主动的恢复，产生于'再坚持一下'的努力之中。"[1] 这也进一步说明，

① 《毛泽东选集》第二卷，人民出版社1991年版，第412页。

大有作为的重要战略机遇期并不是事先就能完全认定和既定的，一定的客观条件具备后，人的因素往往起着决定性的作用。我们不仅要为自己拼力赢得眼前的战略机遇期，而且要为后人的战略机遇期打下更为坚实的基础，绝不能"崽卖爷田心不痛"，也不能"爷吃子孙脸不红"。"前人栽树，后人乘凉"是中华民族的优秀文化传统，更是中国共产党人的高贵品德。同时，我们还应认识到，战略机遇期中的机遇与挑战不是固定不变的，它们在一定条件下可以相互转化。原有既定的挑战，应对得当，可以转化成为机遇；而应对失当，原有既定的机遇也可能转化成为挑战。

战略本属于战争的范畴。在论述战略机遇期时，有必要先对所谓战争加以必要探讨。毛泽东曾指出："历史上的战争分为两类，一类是正义的，一类是非正义的。一切进步的战争都是正义的，一切阻碍进步的战争都是非正义的。我们共产党人反对一切阻碍进步的非正义的战争，但是不反对进步的正义的战争。"[1] 毛泽东还说："革命战争是一种抗毒素，它不但将排除敌人的毒焰，也将清洗自己的污浊。"[2] 一般说来，战争不利于和平建设，但能打赢特定条件下的战争，反倒有利于新的和平建设战略机遇期的形成。抗美援朝就是这种正义战争的典范。对于战争，马克思主义的态度是，不反对一切战争，反对的仅仅是非正义战争。比如，在实现中华民族伟大复兴的进程中，我们当然会尽最大的诚意，以种种方式，努力争取和平统一祖国，但如果"台独"分子胆敢以任何形式将台湾从祖国分裂出去，我们就必然会毅然决然地全面进行解放台湾、统一祖国的伟大斗争。笔者认为，如果台湾当局与国外敌对势力逼迫我们被迫开展上述正义斗争，这绝不是战略机遇期的丧失，在以习近平同志为核心的党中央英明领导下，恰恰极可能大大地加快中华民族伟大复兴的步伐。

① 《毛泽东选集》第二卷，人民出版社 1991 年版，第 475—476 页。
② 《毛泽东选集》第二卷，人民出版社 1991 年版，第 457 页。

二、从国际来看，我国发展仍然处于重要战略机遇期已经具备五个客观条件

笔者认为，从国际看，我国仍然处于大有可为的战略机遇期已经具备的最主要的客观条件有以下五条：

一是2008年以美国为首的西方世界爆发的国际金融危机。笔者认为，这场危机是生产社会化与生产资料私人占有这一资本主义基本矛盾的总爆发，是资本主义经济、制度和价值观念等全面危机的爆发，将要延续数十年甚至更久。随着这场危机的深入发展，在未来二三十年内，也就是说21世纪中叶前后，假若中国特色社会主义巍然屹立，不仅会在一些发展中国家，还极可能会在个别甚至几个发达国家先后引发无产阶级与广大劳动人民群众一场大的社会革命。当然，也绝不排除在这场高潮之后，还可能出现新的低潮。目前这场仍在深化的国际金融危机正是我们面临百年未有之大变局的根本依据所在，是我们仍然处于大有可为重要战略机遇期的根本依据所在。这场国际金融危机的总根源，是资本主义积累多年、积累多次，特别是苏联亡党亡国之后，资本放手侵吞劳动导致全球范围内贫富两极急遽分化的必然恶果和结果。资本主义的危难，就是中国特色社会主义和世界社会主义的机遇。

二是哪里有压迫，哪里有剥削，哪里有分化，哪里就有觉醒，就有反抗，就有斗争，这是历史发展的铁则。仅从2019年年初一个多月来看，全球范围内动荡不已，左翼和马克思主义思潮无疑仍在继续复兴。法国连续十多个周六"黄背心"示威[①]；德国8个机场同时罢工，涉及22

---

① 对法国街头的"黄背心"运动，有着不同的解读。有人认为是右翼民粹主义运动，有人认为主要是逐渐陷入贫困的法国城市郊区"农民工"运动，有人认为是美国资本为分裂欧洲支持所为，等等。

万多名乘客，甚至出现仿效法国的"黄背心"活动；美国洛杉矶爆发大规模教师抗议，3 万名教师罢课，要求涨薪，数百个城市爆发强烈要求性别平等的"女性大游行"；印度包括银行业、农业、通讯业、公共服务业等 10 个全国性行业工会组织参与民众共计 2 亿人上街参加罢工游行等。2019 年 2 月 13 日，比利时工会举行大罢工，负责空中交通管制的员工也参与罢工，从当地时间 12 日晚上 10 点起，所有往返比利时的航班被暂停 24 小时。经济上即财富占有和收入分配上的两极分化，必然带来思想上政治上乃至行为上的两极分化。一边是全球范围内的左翼和马克思主义思潮的复兴，一边是极右翼思潮甚至是纳粹和军国主义思潮的萌动。2019 年 2 月，位于伦敦北部海格特公墓的英国国家一级保护文物马克思墓碑两次遭到破坏，就是极右翼思潮泛起的一例。从一定意义上讲，人类社会是一种特殊的物质运动形态，同样被物理学中作用与反作用规律所支配。右翼思潮越淋漓，左翼思潮才能越尽致。革命死了，革命才能万岁。这就是历史的辩证法。随着中国特色社会主义的坚持与发展，东欧剧变、苏联解体后世界社会主义的低潮状况已有所改观，开始朝着人类进步事业方向探索着前行。我们还可以作出这样的断言：经济是基础，上述种种思潮或活动直至运动，无论以什么面貌出现，但其本质根源都在于经济上的贫富悬殊的两极分化。目前这些活动直至运动往往仅是争取或维护眼前经济权益甚至是生存权益的自在的阶级阶层的本能的或者说不自觉的行为和行动，但随着国际金融危机的深化，这些斗争也必然会朝着政治斗争等方向深入发展。

三是苏联亡党亡国和美国霸权主义政治这两个不同类别的反面教员对中国特色社会主义的深刻昭示。1991 年 10 月 5 日，邓小平在会见来访的金日成时说："东欧、苏联的事件从反面教育了我们，坏事变成了好事。问题是我们要善于把坏事变成好事，再把这样的好事变成传统，永远丢不得祖宗，这个祖宗就是马克思主义。"①苏联亡党亡国无疑是中国特色社会主义难得的反面教员。另外，一直不断变换手法、手段而企图搞乱、搞垮社会主义中国的霸权主义和强权政治者即帝国主义的美国，同样是中国特色社会主义难得的反面教员。唐柳宗元在《敌戒》一文中说："皆知敌之仇，而不知为益之尤；皆知敌之害，而不知为利之大。秦有六国，兢兢以强；六国既除，訑訑乃亡。""敌存灭祸，敌去召过。有能知此，道大名播。"②有同志认为，在苏联亡党亡国之后，美国是没有敌人硬找敌人。这一观点，同样值得商榷。美国统治者为了增强其内部凝聚力，有时也会故意在外部寻找敌人来转移内部矛盾，但从根本上说，当今的美国本质上是要誓与世界人民为敌的。

我们不是没有反面教员却硬要寻找本质上不是反面教员的替代物，而是反面教员自在。仅是正面教育，往往缺乏说服力、感染力、蚀骨力、穿透力。中国特色社会主义的成长、壮大，必然需要形形色色的不同层面的反面教员来教育。中国共产党是一个善于汲取教训、总结经验的党，是一个勇于推进党的伟大自我革命、敢于清除一切侵蚀党的健康肌体病毒的党。我们党就是一步一步从总结血与火的经验教训中逐步成长壮大起来的。这些经验教训包括别人的，也包括自己的。中国共产党经过了千锤百炼，毛泽东在天安门城楼上代表中国人民宣布了社会主义中华人民共和国的成立，党、国家、人民与社会主义已是血肉相连、不可分割的四位一体；我们已经跨入了中国特色社会主义的新时代，习近平新时代中国特色社会主义思想已经形成并正在发展壮大，这样的党、国家、人民与社会主义决不能也决不会倒下。

四是人类第四次科技革命已经拉开帷幕。社会主义绝不是某个天

---

① 《邓小平年谱（1975—1997）》下卷，中央文献出版社 2004 年版，第 1332 页。

② 〔唐〕柳宗元：《敌戒》。

才人物头脑里的偶然发现。随着人工智能的急遽发展，在全球范围内绝大多数人的就业岗位从整体上将会较快地衰减；而随着互联网等数字经济的革命，绝大多数人之间的联系、交流也越来越便捷、广泛，他们的"自在"状态，便会较快地转变为"自为"状态；正确理论产生和传播的速度会成倍数地加速；理论的成熟程度决定运动的成熟程度。生产资料私有制及其按资分配方式这一狭隘的社会生产关系，已经容纳不下高速发展的社会生产力。这正如恩格斯早在1887年就指出的那样："现在，劳动生产率提高到了这样的程度，以致市场的任何扩大都吸收不了那种过多的产品，因此生活资料和福利资料的丰富本身成了工商业停滞、失业、从而千百万劳动者贫困的原因，既然如此，这种制度就是可以被消灭的。"① 未来的历史将会更加认真地倾听全球范围内绝大多数人在21世纪上半个世纪的强烈呼声："人民，只有人民，才是创造世界历史的动力。"② 这一历史唯物主义的核心真理也将会一再顽强地闪烁着自己的光芒。

五是中国特色社会主义的巍然屹立。以毛泽东同志为主要代表的中国共产党人，把马克思列宁主义基本原理同中国革命具体实践相结合，为当代中国特色社会主义一切发展进步奠定了根本政治前提和制度基础，为在新的历史时期开创中国特色社会主义提供了宝贵经验、理论准备、物质基础。以邓小平同志为主要代表的中国共产党人，作出把党和国家工作中心转移到经济建设上来、实行改革开放的历史性决策，确立社会主义初级阶段基本路线，明确提出走自己的路、建设中国特色社会主义，成功开创了中国特色社会主义。以习近平同志为核心的党中央团结带领全党全国各族人民，对党和国家各方面工作提出一系列新理念新思想新

① 《马克思恩格斯全集》第二十一卷，人民出版社1965年版，第570页。
② 《毛泽东选集》第三卷，人民出版社1991年版，第1031页。

战略，啃下了不少硬骨头，闯过了不少急流险滩，改革呈现全面发力、多点突破、蹄疾步稳、纵深推进的局面，推动党和国家事业发生历史性变革，取得历史性成就，中国特色社会主义进入了新时代。经历东欧剧变、苏联解体的疾风暴雨之后，作为世界上既是唯一的社会主义大国又是最大的发展中国家的中国，与搞社会主义的越南、古巴、朝鲜、老挝一道巍然屹立于世界各国之林，这是国际政治和世界格局中十分靓丽的风景，她以特有的风姿昭示着人类的未来。

恩格斯说："总的说来，经济运动会为自己开辟道路，但是它也必定要经受它自己所确立的并且具有相对独立性的政治运动的反作用。"① 以上五条，既有全球范围内的生产力，又有生产关系，还有政治的上层建筑和文化的上层建筑，并有着坚持与发展中国特色社会主义这样大党大国的示范效应。它们之间紧密联系，相互作用，决定着历史未来的发展方向。这也完全可以说明，我们仍然处于大有可为的重要战略机遇期中的"大变革、大调整"的客观条件已经具备，能否赢得大有可为的重要战略机遇中的"大发展"这一最终结果，其关键在于今后一些年内，我们党和国家能否正确应对。这也就是毛泽东所说："最主要的原因是'事在人为'。"②

三、我们这个大党大国，只要坚持以马克思主义为指导，坚持以人民为中心，坚持社会主义道路，坚持党的领导，我们就永远处于战略机遇期

从国内看，我国仍然处于大有可为的战略机遇期最主要的依据就是

① 《马克思恩格斯文集》第十卷，人民出版社 2009 年版，第 597 页。
② 《毛泽东文集》第八卷，人民出版社 1999 年版，第 127 页。

新时代党的正确思想政治路线的进一步确立。

1965 年 3 月 4 日，毛泽东在会见巴基斯坦总统阿尤布·汗时说："最重要的是保证内部稳定。你只要团结好人民，使人民团结在你的领导下，那就什么也不怕了。如果内部发生问题，你就要注意了。苏联就是内部发生问题，赫鲁晓夫下台不是中国也不是美国搞颠覆活动，而是俄国人自己把他搞下台的。"①

1991 年 10 月 5 日，邓小平在会见来访的金日成时还说："真正要出问题，是我们内部出问题，别人拿我们没办法，美国也没办法。""中国是大国，也可以说中国的社会主义事业不垮，世界的社会主义事业就垮不了。"②

1971 年八九月间，在总结与林彪反革命集团斗争的经验时，毛泽东指出："思想上政治上的路线正确与否是决定一切的。党的路线正确就有一切，没有人可以有人，没有枪可以有枪，没有政权可以有政权。路线不正确，有了也可以丢掉。"③一些人往往会说细节决定一切。离开前提条件，笼统说细节决定一切，值得商榷。从唯物辩证法认识论上讲，从根本上说，应是思想路线决定政治路线，政治路线决定组织路线；应是路线决定战略，战略决定政策，政策决定策略，策略决定细节。以上是从一般规律而言。从特殊规律说，也有逆势而起的反作用，也就是说，特定的细节，在特定的条件下，当然可以起着决定性的反作用。但这样的细节，应是毛泽东所说，是"带全局性的，即对全局有决定意义的一着，而不是那种带局部性的即对全局无决定意义的一着"④。只有带全局

---

① 《毛泽东年谱》第五卷，人民出版社、中央文献出版社 2013 年版，第 483 页。
② 《邓小平年谱（1975—1997）》下卷，中央文献出版社 2004 年版，第 1332 页。
③ 《建国以来毛泽东文稿》第十三册，中央文献出版社 1998 年版，第 242 页。
④ 《毛泽东选集》第一卷，人民出版社 1991 年版，第 175 页。

性的一着，才是在贯彻落实正确的思想政治路线中的有决定意义的细节。古巴人民的领袖菲德尔·卡斯特罗说："重要的是战略"，不是"策略上的细节"；"战略是社会主义！战略上国家控制经济，国家的财富为人民的利益服务。这是战略"。① 我们每天忙碌的往往都是十分烦琐的日常事务性工作，当然有时也会偶尔夹带着关键性的战略细节隐藏其中。我们一定要首先从战略上着眼，就会较容易重视和捕捉到隐藏在每天琐碎日常事务性工作中的战略细节。但绝不能整天都沉浸在日常事务工作之中，不能以为在技术或操作层面有个什么好的主意，一切带全局性的问题甚至党、国家、民族的前途和命运，都会顺理成章、万事大吉得到解决，从而放弃对马克思主义经典著作的刻苦学习思考，放弃对实际问题的深入调查研究，放弃对正确思想政治路线的追寻与锤炼。所以，我们在反对教条主义的同时，同样需要反对经验主义，反对消极无为的自然进化论。只有毛泽东所说的思想上政治上路线的正确才能救中国、发展中国，只有习近平总书记所说的顶层思维顶层设计才能救中国、发展中国。

什么是思想上的路线？就是把马克思主义的基本原理与中国实际相结合所形成的马克思主义中国化的理论成果，这也就是习近平总书记所强调的顶层思维。什么是政治上的路线？就是运用马克思主义中国化的最新理论成果所制定的适合中国国情的路线、方针、政策和策略等，这也就是习近平总书记所强调的顶层设计。中国共产党和中华人民共和国的历史已经证明并将继续证明，思想上政治上的路线正确与否是决定一切的这一如铁如钢真理的正确。偌大的苏联党和国家灭亡的根本原因，就在于苏联共产党内，在于党内从赫鲁晓夫领导集团起直至戈尔巴乔夫领导集团思想上政治上的路线脱离、背离乃至最终背叛了马克思主义和

---

① 1996 年 11 月 23 日在哈瓦那市党的代表大会上的讲话，《哈瓦那论坛》1996 年 11 月 28 日。

最广大人民群众的根本利益。

当今世界，正面临百年未有之大变局。当今中国，正如习近平总书记所说："是一个船到中流浪更急、人到半山路更陡的时候，是一个愈进愈难、愈进愈险而又不进则退、非进不可的时候。"[①]

当今世事纷纷，如何既居安思危，又坚定信心，抓住新的大有可为的战略机遇期呢？

毛泽东十分重视抓住解决所有问题的"大本大源"问题。早在 1917年 8 月，他在致黎锦熙的信中就探讨了救国救民的"大本大源"问题。信中说：天下纷纷，时人虽有一些变革主张，但对救国之道，未找到一根本解决办法。即说维新派康有为，也是"徒为华言炫听，并无一干竖立、枝叶扶疏之妙"，"今日变法，俱从枝节入手，如议会、宪法、总统、内阁、军事、实业、教育，一切皆枝节也"。而所谓本源，就是"宇宙之真理"。信中强调："当今之世，宜有大气量人，从哲学、伦理学入手，改造哲学，改造伦理学，根本上变换全国之思想。此如大纛一张，万夫走集；雷电一震，阴曀皆开，则沛乎不可御矣！"[②]1920 年 11 月，毛泽东又形象地指出："尤其要有一种为大家共同信守的'主义'，没有主义，是造不成空气的"，"不可徒然做人的聚集，感情的结合，要变为主义的结合才好。主义譬如一面旗子，旗子立起了，大家才有所指望，才知所趋赴"。[③]

党的十八大，形成了以习近平同志为核心的党中央。中央领导核心是什么？是政治的上层建筑中最为宝贵、最为重要的部分。我们常说，经济基础决定上层建筑，这是放入历史长时段中的一般规律。我们还应

---

① 姚大伟、鞠鹏：《庆祝改革开放 40 周年大会在京隆重举行》，《人民日报》2018 年 12 月 19 日。

② 中共中央文献研究室、中共湖南省委《毛泽东早期文稿》编辑组编：《毛泽东早期文稿》，湖南出版社 1990 年版，第 86 页。

③ 中共中央文献研究室、中共湖南省委《毛泽东早期文稿》编辑组编：《毛泽东早期文稿》，湖南出版社 1990 年版，第 554 页。

记住，在一定范围和一段时日内，在一定条件下，上层建筑对经济基础可以起着决定性的反作用，并对文化上层建筑起着决定性的作用。党的十八大形成了以习近平同志为核心的党中央，王岐山同志说："习近平总书记校正了党和国家前进的航向。"① 使得中国共产党和社会主义的中国焕发出新的蓬勃生机与活力。苏联共产党执政 74 年垮掉了。中国共产党执政今年进入第 70 个年头。党的十八大诞生以习近平同志为核心的党中央，从一定意义上讲，这不仅能确保党的十六大提出的"二十一世纪头二十年，对我国来说，是一个必须紧紧抓住并且可以大有作为的重要战略机遇期"战略的实现，而且也为我们党、国家和民族争得发展的新的重要战略机遇期提供了最大的机遇。

习近平总书记高度重视党的理论的指导作用。他既重视对马克思主义基本原理的坚持，又重视在马克思主义指导下结合当今时代特征和中国国情对马克思主义的创新。他在纪念改革开放 40 周年大会上明确指出："改革开放 40 年来，我们党全部理论和实践的主题是坚持和发展中国特色社会主义。"什么是中国特色社会主义？2013 年 1 月 5 日，习近平总书记郑重指出："中国特色社会主义是社会主义而不是其他什么主义，科学社会主义基本原则不能丢，丢了就不是社会主义。"② 他还说："马克思列宁主义、毛泽东思想一定不能丢，丢了就丧失根本。"③ 习近平总书记在 2016 年 "5·17" 讲话中说："这是一个需要理论而且一定能够产生理论的时代，这是一个需要思想而且一定能够产生思想的时代。我们不能辜负了这个时代。"④ 习近平新时代中国特色社会主义思想应时而生。

---

① 《旗帜鲜明坚持党的领导 兑现对人民的庄严承诺》，《人民日报》2017 年 10 月 20 日。

② 《习近平关于总体国家安全观论述摘编》，中央文献出版社 2018 年版，第 20 页。

③ 《习近平关于社会主义文化建设论述摘编》，中央文献出版社 2017 年版，第 59 页。

④ 倪光辉、谢环驰：《结合中国特色社会主义伟大实践 加快构建中国特色哲学社会科学》，《人民日报》2016 年 5 月 18 日。

党的十九大党章把习近平新时代中国特色社会主义思想正式载入党的指导思想。习近平新时代中国特色社会主义思想是把马克思主义普遍真理与当今时代特征与中国国情紧密相结合的当代中国活的马克思主义，具有十分鲜明的科学性、人民性、实践性、时代性、创新性和发展性。

邓小平的最大理论贡献，就是提出了社会主义初级阶段基本理论。根据这一理论，邓小平又提出了坚持以经济建设为中心，坚持四项基本原则和坚持改革开放的"坚持一个中心、两个基本点"的社会主义初级阶段党的基本路线即政治路线。

习近平新时代中国特色社会主义思想坚持以马克思主义为指导，从理论和实践结合上系统回答了新时代坚持和发展什么样的中国特色社会主义、怎样坚持和发展中国特色社会主义这一总题目，其内涵既丰厚、博大，又精炼、深刻。

在中国特色社会主义新时代，习近平总书记特别强调以马克思主义为指导，强调坚持以人民为中心，强调坚持社会主义道路和坚持党的领导。大道至简，习近平新时代中国特色社会主义思想的核心及新时代党的思想政治路线，也可以用坚持"一个指导""一个中心""两个基本点"来概括。坚持"一个指导"即坚持以马克思主义为指导，坚持"一个中心"即坚持以人民为中心，坚持"两个基本点"即坚持社会主义道路和坚持党的领导。这一新时代的思想政治路线，不仅要管建设社会主义现代化强国和中华民族伟大复兴的全过程，而且可以管到社会主义过渡时期这一相当长的整个历史阶段。

坚持以马克思主义为指导，主要体现在文化的上层建筑特别是意识形态领域。我们所说的马克思主义，首先是马克思主义的基本原理。马克思主义基本原理是放之四海而皆准的真理，这是我们指导思想的理论基础；马克思主义的个别结论，是可以根据具体情况而改变的。我们所说的"以马克思主义为指导"中的"马克思主义",是把马克思主义的普遍真理与当今时代特征和中国具体实践相结合的活的马克思主义。习近平新时代中国特色社会主义思想就是马克思主义中国化的最新理论成果。对于马克思主义,正确的态度只能是坚持和发展并举,并同时一体推进,不可偏废。但不同时期往往有着不同的值得注意的全局性倾向。在强调坚持或发展一面时,必须从实际出发;同时也要注意,在反对一种错误倾向时,注意可能掩盖着的另一种错误倾向。

坚持以人民为中心,既表现在文化特别是意识形态及价值观领域,又根本体现着党和国家的性质与宗旨;既表现在政治的上层建筑领域,又深深植根于社会的经济基础。要正确理解坚持以人民为中心,应当弄清其中的三个要义:一是"以人民为中心"中的"人民"不是一个抽象而是一个具体的概念。在不同的历史时期,人民有着不同的范畴。在社会主义革命、建设和改革开放时期,人民的主体由工人、农民和爱国的知识分子所组成,是指社会的绝大多数人。二是为着绝大多数人。三是依靠绝大多数人。为了人民,依靠人民,是全心全意为人民服务宗旨的根本组成,两者互为目的和手段,相互依存,缺一不可。美国前总统小布什曾多次侈谈"为人民服务"。现任总统特朗普在其就职典礼上的讲话中,也频频使用"人民"这一词汇。他谈到要"重塑对全体人民的承诺","让政府由人民做主","国家是为服务人民而存在的",等等。但是,他们所讲的"人民"一词的内涵与我们党所说的"人民"一词的内涵,有着根本性质和范围的不同。坚持以人民为中心,与原有的坚持以经济建设为中心并不矛盾。以经济建设为中心,是指其在各项具体工作中的位置而言;以人民为中心,是指我们各项具体工作,其中包括经济建设工作的价值指向而言。

坚持社会主义道路根本体现在经济领域,这就是在社会主义初级阶段，必须毫不动摇地坚持和发展公有制为主体、多种所有制经济共同发展的基本经济制度，把让一部分人先富起来的经济政策逐渐转向共享，在中华人民共和国成立 100 周年时实现共富。等到进入社会主义现代化强国的共富阶段之后，我们所要坚持的社会主义道路，就必然被赋予新的内涵。

坚持党的领导根本体现在政治领域，这就是必须坚持党的性质、宗旨、指导思想和最高纲领与阶段性纲领相统一，坚持党要管党，全面从严治党，确保党和政权在性质、宗旨、指导思想和实现最终纲领上永不变质，确保党政军民学，东西南北中，党是领导一切的。党的领导包括对经济的、政治的、上层建筑的一切领域的政治领导。要保证这一领导体制有力、有效地贯彻落实。

为什么人的问题，是根本的问题、原则的问题。坚持以人民为中心，是坚持以马克思主义为指导、坚持社会主义道路与坚持党的领导的唯一目的地，是所要到达的"河的彼岸"；放弃以人民为中心这一根本目的，我们所要坚持的马克思主义、社会主义和党的领导就从根本失去了任何正义性和合法性；而坚持马克思主义、社会主义道路与党的领导是达到以人民为中心的根本路径和根本办法，是要到达彼岸的"桥和船"。如果只提以人民为中心，而放弃了马克思主义、社会主义和党的领导，所谓的以人民为中心，只能是想象和描绘中的"理想国"与"乌托邦"，甚至是别样的马克思主义、社会主义和共产党了。所以，坚持以马克思主义为指导、坚持以人民为中心、坚持社会主义道路和坚持党的领导，是一个不可分割的完整的统一体，贯穿于我们建设中国特色社会主义和实现中华民族伟大复兴的全过程。毫无疑问，这样的四位一体统一体中的四者，血肉相连，都有着同一的质的规定性，并且是要在不发生较大的局部战争情况下坚持以经济建设为中心，在坚持改革开放的正确方向中，不断发展壮大的。

1920 年 9 月，青年毛泽东提出："无论什么事，有一种'理论'，没有一种'运动'继起，这种理论的目的，是不能实现出来的。""故现在所缺少的只有实际的运动，而现在最急须的便也只在这实际的运动。"①

正因如此，习近平总书记反复强调空谈误国，实干兴邦。从一定意义上讲，治党就是治吏。思想上政治上的正确路线确定之后，干部就是决定的因素。

习近平新时代中国特色社会主义思想已经指明航向，这也正如列宁所指出的那样："重要的是，坚冰已经打破，航线已经开通，道路已经指明。"② 今后的关键问题在于落实和怎么落实。

为什么现在有些干部懒政、怠政，为官不为，甚至党令、政令被阻滞不行？除了一些制度建设方面的原因外，说到底，主要是一些干部的世界观、人生观、价值观出了问题。这些人口头上跟着红头文件朗朗背诵，行动和内心所想却是完全不一样的另一套。例如，有相当一些同志实质上仅仅是为着个人的升迁和小家庭过好日子而不辞辛劳；制度一旦收紧变严，这些人寻租的原动力便会锐减。习近平总书记提出的思想建党、制度治党，十分重要，完全正确。这两者有着内在高度的统一性，无疑要紧密结合，同时着力推进。但是思想建党则更具有前提性、基础性和根本性。因为制度是人制定和执行的，人还会修改甚至颠覆制度。所以，习近平总书记多次强调学习马克思主义经典著作和牢固树立中国特色社会主义共同理想与共产主义远大理想，培养千百万无产阶级革命事业的接班人。这才是确保党和政权永不变质和党长期执政的根本战略

---

① 中共中央文献研究室、中共湖南省委《毛泽东早期文稿》编辑组编：《毛泽东早期文稿》，湖南出版社 1990 年版，第 517 页。

② 《列宁选集》第四卷，人民出版社 1995 年版，第 569 页。

举措。在即将开展的"不忘初心，牢记使命"的教育活动中，如何使广大干部特别是中高级干部尤其是高级干部真正有效地读一点马克思主义的经典著作，把提高各级干部的理论素养和真正解决世界观、人生观、价值观问题放到十分突出的位置，就显得至为重要。

毛泽东指出："代表先进阶级的势力，有时候有些失败，并不是因为思想不正确，而是因为在斗争力量的对比上，先进势力这一方，暂时还不如反动势力那一方。"[①]这一现象，在小国与大国，弱国与强国之间，常常会有表现。但在这个世界上，中国共产党无疑是大党，中国无疑是大国，只要我们自己内部不出问题，即思想政治路线坚定正确，别国、别人永远无法撼动。笔者深信，只要我们坚持和发展马克思主义毫不动摇，只要我们把习近平新时代中国特色社会主义思想真正落到实处，落实到各个领域、各个地区和城乡基层，中国共产党和中华人民共和国就永远处于大有可为的战略机遇期。如果我们放弃了马克思主义和社会主义，我们不仅会丧失战略机遇期，而且还会重步苏联亡党亡国之后尘。一旦我国重步苏联后尘，中华民族会比苏联下场更惨。

四、"和平、发展、共享"是争得未来发展重要机遇期的时代旗帜，并贯穿未来发展重要战略机遇期始终

习近平总书记指出："只有聆听时代的声音，回应时代的呼唤，认真研究解决重大而紧迫的问题，才能真正把握住历史脉络，找到发展规律，推动理论创新。"[②]无论对当代中国还是当代世界，都是这样。在弄清了我们在当今世界所处的时代之后，认真研究这一时代之中存在的具体而

---

① 《毛泽东文集》第八卷，人民出版社 1999 年版，第 321 页。
② 《在哲学社会科学工作座谈会上的讲话》，《人民日报》2016 年 5 月 19 日。

又重大的问题，则成为另一项十分重要而又迫切的任务。

1984 年 10 月，邓小平指出：“国际上有两大问题非常突出，一个是和平问题，一个是南北问题。还有其他许多问题，但都不像这两个问题关系全局，带有全球性、战略性的意义。”①1988 年 12 月 21 日，邓小平又指出：“当前世界上主要有两个问题，一个是和平问题，一个是发展问题。和平是有希望的，发展问题还没有得到解决。”②1989 年 11 月 23 日，邓小平还指出：“我希望冷战结束，但现在我感到失望。可能是一个冷战结束了，另外两个冷战又已经开始。一个是针对整个南方、第三世界的，另一个是针对社会主义的。西方国家正在打一场没有硝烟的第三次世界大战。所谓没有硝烟，就是要社会主义国家和平演变。”③1990 年 3 月 3 日，邓小平又特别强调说：“和平与发展两大问题，和平问题没有得到解决，发展问题更加严重。”④ 从一定意义上讲，邓小平当时正是紧紧抓住了和平与发展这两个关系全局，带有全球性、战略性意义的问题，才最终确立了邓小平理论的国际意义和世界意义。

和平与发展这两大问题与人类社会一道进入 21 世纪。2008 年，蓄之既久的国际金融危机突然爆发。2017 年 1 月 18 日，中华人民共和国主席习近平在联合国日内瓦总部的演讲中明确提出：“从现实维度看，我们正处在一个挑战频发的世界。世界经济增长需要新动力，发展需要更加普惠平衡，贫富差距鸿沟有待弥合。地区热点持续动荡，恐怖主义蔓延肆虐。和平赤字、发展赤字、治理赤字，是摆在全人类面前的严峻挑战。这是我一直思考的问题。”⑤

---

① 《邓小平文选》第三卷，人民出版社 1993 年版，第 96 页。
② 《邓小平文选》第三卷，人民出版社 1993 年版，第 281 页。
③ 《邓小平文选》第三卷，人民出版社 1993 年版，第 344 页。
④ 《邓小平文选》第三卷，人民出版社 1993 年版，第 353 页。
⑤ 《携手推进“一带一路”建设》，《人民日报》2017 年 5 月 15 日。

笔者认为，习近平总书记坚持和发展了邓小平理论中关于"当前世界上主要有两个问题，一个是和平问题，一个是发展问题"的重大判断。习近平总书记立足于中国共产党和社会主义中华人民共和国这一大党大国实际，洞察人类历史发展规律，放眼当今世界现状，展望未来世界发展走向，十分敏锐地捕捉到"和平问题没有得到解决，发展问题更加严重"延续发酵所必然产生和已经产生的结果，即全球范围内的贫富差距鸿沟越来越大等一系列问题，及时提出"和平赤字、发展赤字、治理赤字"这三大关系全局，带有全球性、战略性意义的问题。

笔者还认为，习近平总书记所说的"和平赤字""发展赤字"是邓小平所力求解决的和平与发展问题，而他所说的"治理赤字"本质上是随着经济全球化和国际金融危机的深化新带来的共享问题。当今世界所面临的和平与发展这两大问题没有得到解决，共享，这一新出现的问题越来越更加突出地摆在世界各国特别是各国人民面前。所以，我们完全可以说，当今世界面临着亟待解决的"和平、发展、共享"这三个重大全球性问题。

1. 和平问题

2008 年国际金融经济危机以来，世界经济增长乏力，仍未走出低谷，而新一轮更大的金融乃至经济危机仍在酝酿与积聚。全球目前正经历着艰难、复杂多变的时刻，世界正处于百年以来的大变局。资本主义霸权国为了走出和转嫁危机，加紧在一些地区制造国际紧张形势。国际金融危机爆发之后，美国著名智库兰德公司向国防部提交了一份评估报告，评估发动一场战争来转嫁目前经济危机的可行性。资本主义历史上的经济危机，特别是 1929 年开始的资本主义世界经济大危机，使美国真正走出危机的不是"罗斯福新政"，而是第二次世界大战。这也就是说，唯有战争才是资本主义世界最终摆脱经济危机的根本手段。目前，国际金融垄断资本为了维护美元霸权和金融化积累机制，利用其经济金融、政治文化、科技军事和规则规制等综合霸权，配合其时而加息召唤美元回流、时而量化宽松放任美元在全球泛滥等金融手段，在全球战略要地制造地缘政治麻烦和种种事端，在相关国家不时掀作金融经济风暴，以转嫁其国内危机，维护其世界霸权。同时，西方国家对中国有着深深的意识形态、制度偏见和战略疑惧，西方霸权国家的遏制、打压对正在发展的中国越来越公开、急遽。叙利亚危机、乌克兰危机等地缘政治冲突，已经威胁到世界上相关主要大国的核心战略利益，各大国在背后的较量与博弈日益激烈。西方军事霸权主义可能抬头，决不能排除其日益增长的战略冒险。美国军机军舰频繁出入我南海，美军舰近两年又公然接连通过我台湾海峡，朝鲜半岛之事虽暂时有所缓和，但美绝不会就此甘心罢休，美国还企图在我国台湾、钓鱼岛问题上，在中印、中越边界甚至在我国新疆、西藏等地挑唆生事等，对此我们必须高度警惕。

2. 发展问题

经济全球化和区域经济一体化是大势所趋，但迄今为止的经济全球化仍然主要是国际金融资本主导的全球化，在国际经济秩序中存在着许多不平等、不公正、不合理的现象。

今天的人类社会创造与积累了巨大的物质财富，但是经济物质、政治和文化条件的不平衡不仅存在于多数国家与地区的内部，还存在于不同国家、不同地区之间，并且这种贫富悬殊差距的扩大不仅没有停止，还呈日益扩大之势。资本的全球流动使其更加获得了前所未有的权力，科学技术的进步和复杂的社会与国际分工体系使得劳动者的联合远比大工业时代更为困难。无论是发展中国家还是发达国家，在经济全球化浪潮下都存在大量的利益受损者，特别是那些缺乏技术的蓝领工人。资本回报率远高于经济增长率，更高于劳动收入增长率。

世界经济整体复苏还有较长的路要走，国际金融经济领域仍然存在很多不确定性和风险。各国经济结构调整面临不少困难，各种贸易摩擦和保护主义上升，经济全球化进入了深度调整期和再平衡期。当前全球经济增长动力不足，发达国家内部出现明显的"逆全球化"的现象。美国加紧重构区域经济贸易合作体系，奥巴马时代美国期待重塑全球经贸规则，特朗普时代倡导美国优先的贸易保护政策，这实质上仍然是企图继续主导国际经贸新规则、新标准，以维护其霸权私利。2008年国际金融危机的爆发，预示着发达国家主导的经济全球化模式、资本主义发展道路和全球经济金融治理体系面临迫切需要结构性调整。这场危机是推迟多年、推迟多次而不可避免爆发的金融危机。这次危机极有可能是资本主义危机的总爆发。现在的世界正处于代表绝大多数人利益的国家与代表极少数利益人的国家之间竞争、较量的"相持阶段"，整个危机极可能甚至说必然要再延续十余年甚至更长时间，我们要充分估计到这次世界经济调整的长期性、曲折性、残酷性和血腥性。从根本上说，促进世界经济的持续健康发展需要更加公正合理的全球化、新的发展体制机制即构建人类命运共同体。

3. 共享问题

笔者认为，习近平总书记所说的"治理赤字"解决的途径是"共商、共建、共享"这三个原则。在这三个原则中，"共商""共建"是手段，"共享"才是目的。在"和平、发展、共享"这三个全球性问题中，"共享"既是"和平与发展"的目的，同时又是"和平与发展"的前提。"共享"，无论在"共商、共建、共享"这三个原则中，还是在"和平、发展、共享"这三大全球性问题中，都处于根本性和目的性的位置。可是在当今世界，"共享"却成为令人忧虑、亟待解决却又十分难以解决的突出的现实重大问题。一百多年前的1915年底和1916年，列宁明确指出："典型的世界'主宰'已经是金融资本……整个世界的命运简直就掌握在几百个亿万富翁和百万富翁的手中。"①1916 年上半年，列宁在其著名的《帝国主义是资本主义的最高阶段》中更是十分明确地指出："资本主义已经发展到这样的程度"，"大部分利润都被那些干金融勾当的'天才'拿去了"，"人类历尽艰辛所达到的生产社会化这一巨大进步……却造福于投机者"。② 数据是枯燥的，但有代表性的数据往往会通过这种最为简捷的呈现方式而直指事物的本质。为了充分证明列宁当年关于帝国主义时代的判断没有过时，同时也是为了充分证明习近平总书记提出的关于共享问题的正确和重大，笔者在这里用近几年来发达资本主义国家披露的相关数据进行佐证。2016 年 1 月 18 日，在达沃斯世界经济论坛开幕前夕，慈善组织乐施会的报告说："失控的不平等现象导致 62 个人拥有的财富，与全世界最穷的一半人拥有的财富一样多。而 5 年前，这个数字还是 388 人。"美国《外交》杂志 2016 年 1/2 月号刊登的《不平等与现代化》一文中说："1915 年，美国最富有的 1% 人口的收入，占全部国民收入的 18% 左右，而 2011 则占了全国财富的 40%。"认为："1965 年，美国 350 强从业的 CEO 的薪金，是普通工人的 20 倍，现在则是 273 倍。"2016 年 3 月 9 日奥地利《新闻报》奥利弗·格林的文章中说："全球最富有的 62 人占其他人一半的财富。2010 年，拥有一半世界最贫穷人口的财富的人能够装满一飞机的话，而 2015 年则才有一辆巴士。"2016 年 5 月 23 日美国《时代》周刊刊登的拉娜·福鲁哈的《美国资本主义的重大危机》一文中说，美国"金融部门目前占美国经济的 7% 左右，大约高于 1980 年的 4%，但它目前拿走全部公司利润的 25% 左右，创造的就业岗位却只占区区 4%"。2018 年 10 月 5 日，美国《外

① 《列宁全集》第二十七卷，人民出版社 1990 年版，第 142 页。
② 《列宁选集》第二卷，人民出版社 1995 年版，第 594 页。

交》双月刊网站发文说："2016 年，美国最富有的 0.1% 的家庭所拥有的财富与最贫穷的 90% 的家庭相当。虽然自 1986 年以来，90% 底层家庭的平均财富保持在同一水平，但 1% 顶层家庭的平均财富增加了两倍多。"2018 年，财富集中在极少数人手中的状况进一步加剧，26 名亿万富翁的资产相当于一半人类 38 亿人口财富的总和。不同社会成员之间的贫富分化给世界政治与社会带来的巨大冲击，反过来又导致增长和分配、效率和公平特别是资本和劳动之间的矛盾更加深化。

罗马教皇方济各在其 2013 年出版的首部宗座劝谕书《福音的喜乐》中，以各种犀利的言辞批判了现代资本主义制度的种种弊端。他表示：资本主义经济是劫掠穷人的经济，其本质无异于"谋杀"。他断言："资本主义专制"将导致更广泛的社会动荡，由这个体制造成的不平等性将"不可避免地"导致崩溃和死亡。他表示，这个体制鼓励毫无节制的消费主义思想泛滥，西方金融体制需要"全面整顿"。[①]

贫富差距鸿沟，这是世界经济增长缺乏新动力、发展缺乏普惠平衡、地区热点持续动荡、恐怖主义蔓延肆虐的经济根源，是世界和平赤字、发展赤字、治理赤字的根本原因。这也就是说，一是和平与发展是问题的表象，而能否共享才是问题的根源和实质；二是和平与发展是我们要达到的彼岸和目标，而设法解决共享才是我们要达到彼岸和目标的"桥与船"即根本路径；三是共享问题如果得不到有效解决，和平与发展这两大问题的解决则根本无从谈起。

从本质上说，全球范围内国家与国家之间或各个国家内部贫富差距鸿沟或贫富两极分化现象的出现，是资本主义所必然酿就的罪孽，并不是社会主义的失败和社会主义的终结，而恰恰是社会主义凤凰涅槃、浴

---

① 《教皇批判资本主义制度弊端 被指针对欧洲和美国》，《环球时报》2013 年 11 月 28 日。

火重生的先决性条件。

从一定意义上讲，高屋建瓴地抓住了事物的根本性矛盾，正确地提出问题，就在解决问题的征程上走了一半的路程。

习近平总书记在邓小平"和平与发展两大问题"之外，深刻地提出"共享问题"这一"和平与发展两大问题"存在的根源和所要解决的根本路径，无疑具有十分重大的理论与现实意义。

什么是共享？从一定意义上说，在社会主义的初级阶段，共享是社会主义的本质属性和根本特征之一。党的十八大之后，习近平总书记提出"创新、协调、绿色、开放、共享"这五大发展理念中，共享是落足点。在解决当今世界存在的两大问题时，习近平总书记又提出"共商、共建、共享"这三大理念，其中共享又是落足点。这也就是说，不仅只有社会主义才能救中国，而且只有社会主义才能最终救世界，这是颠扑不破的真理。今后的世界史，将是进一步证明这一真理正确性的历史，是证明习近平总书记所说的我们依然处在马克思主义所指明的历史时代这一重大结论正确性的历史。这也是我们对中国特色社会主义和世界社会主义的根本信心所在。

五、妥善应对美国目前挑起的全球贸易战是争得未来重要发展战略机遇期的基本性前提

当世界各国翘首企盼携手共渡国际金融危机难关、构建人类命运共同体之时，风云突变，美国当局在全球特别是对中国燃起贸易战的烽烟。

妥善处理这场中美贸易战，是当今我国各项工作中的一项十分重要的工作，是当前我国外交工作的首要工作，同时也是争得我国未来发展战略机遇期的基本性前提。

（一）如何从整体上看待中美贸易战

1. 经过 40 年的改革开放，中美两国不仅经济深度融合，而且在其他方面也有着广泛的共同利益

正如习近平总书记所说："中美关系是当今世界最重要的双边关系之一。两国在维护世界和平稳定、促进全球发展繁荣方面拥有广泛共同利益，肩负着重要责任。保持中美关系健康稳定发展，符合两国人民根本利益，也是国际社会的普遍期待。"[①]

2. 在我国 40 多年对外开放过程中，美国从中国获得的各方面的利益，绝对不比中国从美国获得的少

所谓中国获利最大、最多，甚至说中国掠夺了美国，完全是美国各方资本刻意制造的谎言和假象。他们企图以此为各自选战造势，并转移其国内愈发尖锐的种种矛盾，更是企图继续用其他方式在中国攫取新的甚至更大的超额利润和利益。

3. 中美贸易战是美国悍然发动的，中国是被迫应对和有限的必要反击

美国发动的贸易战，与习近平主席代表中国政府多次提出的深受全世界绝大多数国家热赞的"共商、共建、共享"三大原则是完全相悖的。

4. 美国发动的贸易战仅仅是企图"让美国重新伟大"即恢复美国在全球霸主地位的全球战略的序幕，美国更大的战略企图仍然隐藏在后头

美国发动的贸易战，绝不仅仅是经济战，更是政治战，是企图倒逼我国进行所谓的"结构性改革"，让我国改变和埋葬自己道路、制度、理

---

① 李伟红、李学仁：《习近平会见美国贸易代表和财政部长》，《人民日报》2019 年 2 月 16 日。

论和文化的前哨战。我国主动推进的供给侧结构性改革等，是为了进一步优化产业结构，更好地满足人民群众的需求和经济社会发展的需要，这与美国企图诱导我国进行的"结构性改革"有着原则和本质的不同。美国绝不仅仅是对中国开战，同时也是向世界其他各国特别是各国人民开战。当然，对华贸易战是其重点。

5. 美国无论共和党还是民主党，无论是军工体还是华尔街的主张，没有本质区别，仅是代表其所在集团利益和策略手段有所不同而已，他们的手段会随着具体条件变化而随时改变，但他们的战略目的是共同的，并且从未改变

比如，他们近期又提出的所谓"巧竞争"策略，只不过是其软实力、巧实力等种种说法的又一个概念新变换，是为了更好地达到其称霸世界的目的。我们要充分认识他们之间的不同利益，并尽可能做好他们的工作，与其各党、各派寻求共同利益，但同时也必须记住马克思早就提醒过的论断："资本的每一个特殊部门和每一个资本家，都同样关心总资本所使用的社会劳动生产率"，"我们在这里得到了一个数学一样精确的证明：为什么资本家在他们的竞争中表现出彼此都是假兄弟，但面对整个工人阶级却结成真正的共济会团体"。①

6. 从眼前看，中美贸易战必将影响甚至较大地影响中美两国乃至世界经济的发展。贸易战没有赢家，中美贸易战对我国也是坏事，但从长远和根本上看，这一"坏事"也恰恰可以倒逼着我国背水一战，促使我国下决心在国内实施创新战略，对外实施"一带一路"倡议，使得中美贸易战成为我国争得新的发展战略机遇期的"强大外在动力"

毛泽东曾说："'搬起石头砸自己的脚'，这是中国人形容某些蠢人

---

① 《马克思恩格斯选集》第二卷，人民出版社1995年版，第447—448页。

的行为的一句俗话。"① 现在这个世界上，不是还有这样的蠢人吗？毛泽东还多次强调，坏事在一定条件下可以变成好事。如果美方一意孤行，下决心要把中美贸易战打到底，中国把原则的坚定性与策略的灵活性有机有效地结合起来，奉陪到底，最终受到伤害的极可能是美国，社会主义中国势必以更加崭新的面貌屹立于世界之林。这就是我们"道路、理论、制度、文化"这"四个自信"的对外延伸。

7. 无论共和党还是民主党执政，中美之间都有一个长期的合作、竞争、博弈而本质上是较量的过程

中美之间的矛盾，绝不可能通过几次谈判就一劳永逸地解决，即使到 2050 年我国实现中华民族伟大复兴的中国梦之后，中美之间仍会有种种新的较量。在对中美之间这种合作、竞争、博弈而本质上是较量的时段的估量和准备上，宁肯长些，不要短了。这也正如毛泽东在论述相关问题时所说，这需要一个相当长的历史时期才能解决。当然，有时以合作为主，有时则以较量为主。在长期合作、竞争、博弈而本质上是较量的过程中，应坚持把原则的坚定性与策略的灵活性结合起来，避免犯"左"的或右的错误。

（二）正确看待和恰当应对当前正在深入开展的中美贸易战的几对关系

1. 坚持原则与必要妥协

有同志认为，美国当局打响中美贸易战，已充分暴露了美帝国主义的野心和本质，我们不应对美国有任何妥协，大不了再关起门来重新过几年苦日子，完全依靠自力更生，一切问题都会迎刃而解。也有同志认

① 《毛泽东文集》第七卷，人民出版社 1999 年版，第 315 页。

为，我国目前所有问题的解决全部取决于国内 GDP 能否增长，在任何情况下都必须坚持韬光养晦战略方针毫不动摇，在任何情况下都不能与美国摊牌、决裂；只要我们始终一心一意埋头做好国内经济工作，再持续发展几十年，其他一切问题就会迎刃而解。有同志甚至还认为，中国在任何情况下都要把搞好中美关系作为中国核心利益里的重心加以维护，甚至不惜牺牲我国部分主权、领土完整和发展利益，以一片赤诚之心换取美国与我国的战略共识，为我国进一步赢得新的重要战略发展机遇期。以上看法，都值得商榷。

为了回答要不要对美国发动的贸易战作出必要的妥协这一重要问题，很有必要重温列宁和毛泽东当年的相关论述。

1920 年 4—5 月间，针对当时有人反对苏维埃政权同德国帝国主义及其同盟国签订的《布列斯特和约》，列宁在其名著《共产主义运动中的"左派"幼稚病》中指出："'原则上'反对妥协，不论什么妥协都一概加以反对，这简直是难于当真对待的孩子气"，"有各种各样的妥协。应当善于分析每一个妥协或每一种妥协的环境和具体条件"[1]，"不容许机动、通融和妥协，这就犯了错误，这种错误会使共产主义运动受到最严重的危害"[2]。1922 年 11 月，列宁在莫斯科苏维埃全会上指出："我们迁就资本主义强国而作出的许多让步，使它们有充分的可能同我们来往，保证它们的利润，有时可能是比应得的更大的利润。"[3]

1945 年 8 月 26 日，在去重庆与蒋介石进行和平谈判的前两天，毛泽东在为中共中央起草的对党内的通知中指出："在谈判中，国民党必定要求我方大大缩小解放区的土地和解放军的数量，并不许发纸币，我方

① 《列宁选集》第四卷，人民出版社 1995 年版，第 148 页。
② 《列宁选集》第四卷，人民出版社 1995 年版，第 211 页。
③ 《列宁选集》第四卷，人民出版社 1995 年版，第 734 页。

亦准备给以必要的不伤害人民根本利益的让步。无此让步，不能击破国民党的内战阴谋，不能取得政治上的主动地位，不能取得国际舆论和国内中间派的同情，不能换得我党的合法地位和和平局面。但是让步是有限度的，以不伤害人民根本利益为原则。"毛泽东还说："在我党采取上述步骤后，如果国民党还要发动内战，它就在全国全世界面前输了理，我党就有理由采取自卫战争，击破其进攻。"①

尽管当今中美贸易谈判与当年列宁、毛泽东所谈到的情况有很大甚至有的方面有本质的不同，但有些原则性做法很值得我们今日借鉴。

1949 年 3 月，毛泽东说："我们的原则性必须是坚定的，我们也要有为了实现原则性的一切许可的和必需的灵活性。"②1957 年 11 月，毛泽东说："原则性和灵活性的统一，是马克思列宁主义的原则，这是一种对立面的统一。"③

中美经济相互依存的现状，是几十年来两国各自需求发展的必然结果。1971 年 8 月，美国尼克松政府被迫宣布放弃"金本位制"，实行黄金与美元比价的自由浮动之后，布雷顿森林体系正式解体。接着，美国开始搞所谓的"金融创新"。1978 年 12 月，我国实行改革开放后，逐渐走上了"世界制造工厂"的发展道路。从一定意义上讲，经过我国 40 多年的改革开放，中美两国经济已经在一定程度上形成了事实上的相互依存状态，这种状态在短时间内不应也难以改变。正因如此，2019 年 2 月 15 日，习近平总书记在会见来华美国贸易代表时说："中美两国谁也离不开谁，合则两利，斗则俱伤，合作是最好的选择。对于双方经贸分歧和摩擦问题，我们愿意采取合作的方式加以解决，推动达成双方都能接

---

① 《毛泽东军事文集》第三卷，军事科学出版社、中央文献出版社 1993 年版，第 50 页。
② 《毛泽东选集》第四卷，人民出版社 1991 年版，第 1436 页。
③ 《毛泽东文集》第七卷，人民出版社 1999 年版，第 332 页。

受的协议。当然，合作是有原则的。"①我国政府在与美国进行贸易谈判时作出必要的妥协，以换取其他方面更加重要的利益，这是非常必要和完全正常的。那种认为在与美国谈判时不能作任何妥协的想法不仅是不现实的，同时也是极其错误的。

在东欧剧变、苏联解体的特定背景下，邓小平提出了"冷静观察、稳住阵脚、沉着应付、韬光养晦、决不当头、有所作为"的二十四字方针，这无疑具有十分重要的战略意义。我们还可以把这二十四字方针简化为"韬光养晦、有所作为"这八个字，但绝对不能仅仅理解为"韬光养晦"这四个字。必须明确，韬光养晦仅仅是手段，有所作为才是目的。不能把搞好中美关系理解为唯一目的。这正如习近平总书记所说："合作是有原则的。"中美合作是在原则基础上的合作，不能认为中美合作本身就是目的，是第一位的，而中国捍卫自身的主权、安全和发展利益是第二位的，是为建立良好的中美关系而服务的。这样理解，就完全背离了以习近平同志为核心的党中央的指示精神和中华人民共和国的社会主义外交原则。韬光养晦与有所作为是一个问题的两个方面，缺一不可。现在，我国已经深度参与经济全球化，国际国内经济、政治、文化等两个大局亟待统筹。不能仅埋头国内经济工作，甚至仅一心一意维持 GDP 的增长，这样下去不仅无法维护 GDP 的持续增长，还会在不久的将来为我国稳定发展带来更多、更大的问题。

目前的格局表明，我国政治的稳定程度高于美国，稳定期也长于美国，这就给了我国尽可能管控好中美矛盾和尽快发展自己的战略期赢得了时间。特朗普上任以来，美国虽在就业率、股票市场、净资产与可支配收入比等方面一定程度上有所攀升，但其股市已处于周期高位，减税

---

① 李伟红、李学仁：《习近平会见美国贸易代表和财政部长》，《人民日报》2019 年 2 月 16 日。

使全球美资回流的资金没有进入实体经济，特别是其国债利率倒挂，强势美元走弱，使得美国并没有实力彻底封闭自己，孤立别人，一时无法改变在经济上"你中有我，我中有你"的中美格局。最近，特朗普总统突然向我国提出邀请我国参加裁军，有着多重意义，其中一个原因就是美国经济着实处于越来越困难的境地。我国政治经济制度和文化道义上的强大优势，人口、产能和市场体量较大、较多的优势等，都决定了我国是美国和西方跨国资本联合起来的改造对象，即用软实力、巧实力和巧竞争搞垮的对象，而不是用硬实力所能击垮的对象。随着我国国力的不断壮大，随着他们自身经济、政治和文化的全面危机的逐步到来，以美国为首的少数西方发达国家，必然会抱着"冷战思维"不放，会采取历史上采取过的甚至从来没有采取过的各种软硬手段，图谋搞垮我国。特别是他们寄希望于我国国内自乱，即他们所谓的"颜色革命"大功即将告成之日，就可能同时祭起必要的硬实力，使其成为压垮我国的最后一根稻草。

毫无疑问，我们当然希望建设一个和谐美好的世界，我们也必须与世界上一切国家进行全方位的外交，并尽最大气力争取与以美国为首的西方国家合作。但我们也会牢记列宁在实行新经济政策后所指出的那样："现在摆在我们共产党人面前的是截然不同的任务。我们现在对一切都要计算。""处在资本主义环境里，我们应当计算怎样保证我们的生存，怎样才能从我们敌人那里获得利益。敌人当然是要讨价还价的，他们永远不会忘记讨价还价，而讨价还价是为了占我们的便宜。这一点我们也不会忘记，我们决不会幻想某某地方的生意人会变成羔羊，而且会白白给我们各种好处。"① 正因如此，在处理中美关系时，原则必须坚持。什么

---

① 《列宁选集》第四卷，人民出版社 1995 年版，第 735 页。

是我们必须坚持的原则？在国内，最主要和根本的，一是坚持社会主义道路，二是坚持中国共产党的领导。在对外关系上，就是坚决捍卫国家领土和主权完整，捍卫国家政治经济金融安全和发展利益。在与美谈判中，牢记毛泽东关于在与美对抗问题上要防止"左"的倾向、在与美合作问题上要防止右的倾向的思想，坚决打破美方企图通过西方所谓规则规制诱导甚至倒逼我国进行所谓的"结构性改革"，让我国放弃社会主义道路和党的领导。

1960 年 2 月，毛泽东在读苏联《政治经济学教科书》的谈话中说："根本的问题是制度问题，制度决定一个国家走什么方向，只要还是社会主义制度，就决定社会主义国家总是要同帝国主义国家相对立的，妥协总是暂时的。"[1] 习近平总书记发展了毛泽东的这一思想。总书记在纪念改革开放 40 周年大会上说："改什么、怎么改必须以是否符合完善和发展中国特色社会主义制度、推进国家治理体系和治理能力现代化的总目标为根本尺度，该改的、能改的我们坚决改，不该改的、不能改的坚决不改。"[2] 如果套用这一原则，我们也完全可以说，在中美贸易谈判中，我们能让的可以让，必要时都可以让，但不该让的我们坚决不让。美国当局原来曾利用中美贸易摩擦，企图引诱我国在处理朝鲜半岛问题上作无原则让步。以习近平同志为核心的党中央审时度势，坚决捍卫我国的核心利益，从 2018 年 3 月至 2019 年 1 月，在仅仅 10 个月时间里，朝鲜劳动党委员长、国务委员会委员长金正恩接连 4 次访问我国，这就打乱了美国当局的战略部署，为争取东北亚和平和我国周边安全乃至新的重要的战略机遇期取得了重要的胜利。

我们坚信，以习近平同志为核心的党中央知己知彼，胸有成竹，指

---

① 《毛泽东年谱（1949—1976）》第四卷，中央文献出版社 2013 年版，第 321 页。

② 习近平：《在庆祝改革开放 40 周年大会上的讲话》，《人民日报》2018 年 12 月 19 日。

挥若定，进退有度，把原则的坚定性与策略的灵活性结合起来，把坚守的原则与必要的妥协结合起来，把眼前利益与长远根本利益结合起来，我国一定是中美贸易战的共赢者甚至是胜利者。

2. 坏事还是好事

中美贸易战如同 2008 年的国际金融危机，好像是突如其来，从此出发和认定问题，则往往认为中美贸易战如同国际金融危机一样，是绝对的坏事。从一方面说，这一看法完全有道理，因为中美经济贸易联系已经十分紧密。从第一产业看，美国是世界上耕地面积最大的国家，人均耕地 10 亩多。我国人均耕地面积排在世界第 126 位以后，全国人均耕地面积 1.39 亩，美国人均耕地面积是我国的 7 倍多。我国农村以家庭承包为经营单位，短期内不可能产生规模经营效益，美国亩产比我国高近一倍。我国肉、禽、蛋、奶和食油等副食主要靠进口解决，对美国的贸易依存度约为 30%，农产品中的大豆进口依存度高达 85%，美国大豆出口依存度 50% 且约 25% 的大豆出口至中国。就是国内产的肉、禽、蛋、奶等，也有相当比例是在华外资企业生产的。从第二产业看，目前在美国户外休闲业进口产品中，41% 的服装、72% 的鞋靴和 84% 的旅行用品来自中国。中国生产的玩具、箱包和家具分别占美国市场的 86%、61% 和 44%。目前在中国使用的苹果手机多达 3.1 亿部，是美国使用苹果手机的两倍以上。中国已经购置 1000 多架波音公司飞机，现在在中国运营的商用喷气式客机中 50% 以上是波音飞机。从第三产业看，2008 年以来的短短 10 年时间里，美国联邦债务已经从 10.6 万亿美元跃升到 22.01 万亿美元，而中国目前持有量为 1.12 万亿美元。美元若升值，不仅中国出口换汇会减少，而且外资还可能较大规模流出；美元贬值，中国外汇储备会缩水。一般跨国公司在中国投资回报率为 22%，2008 年美国在中国投资回报率却为 33%，而中国持有的美国国债的收益率仅为 3%—4%。

美国是全球最大贸易逆差国，中国是美国的第三大出口市场（占比 8%）、第一大进口来源国（占比 21%）和第一大贸易逆差国（占比 47%）。中国也是美国的第一大进口国。[①] 美国对世界特别是对中国开展贸易战，必然会极大影响世界的和平与发展，也必然会对实现中华民族伟大复兴的进程产生一定的不利影响。

但是，我们也必须看到事物的另外一面。毛泽东说："我们必须学会全面看问题，不但要看到事物的正面，也要看到它的反面。在一定条件下，坏的东西可以引出好的结果。"[②] 毛泽东在这里说的"一定条件下"，就是要发挥正确的主观能动性。自 1840 年以来，中华民族多灾多难，这是坏事，但是，多灾多难催生了中国共产党的诞生与壮大，催生了以毛泽东为杰出代表的老一辈革命家的诞生，促使中国人民的普遍觉醒，这才诞生了社会主义的中华人民共和国，这又是好事。"祸兮福所倚，福兮祸所伏。"祸与福在一定条件下可以相互转化。从一定意义上讲，仅凭道理教育不了人，没有灾难就没有辉煌。1965 年 2 月，世界知识出版社在《赫鲁晓夫言论》第三集的"出版说明"中引用了毛泽东如下的话："革命的政党，革命的人民，总是要反复地经受正反两个方面的教育，经过比较和对照，才能够锻炼得成熟起来，才有赢得胜利的保证。我们中国共产党人，有正面教员，这就是马克思、恩格斯、列宁、斯大林。也还有反面教员"，"如果只有正面教员而没有反面教员的作用，就不是一个彻底的辩证唯物主义者"。[③] 从一定意义上讲，没有蒋介石的"四一二"大屠杀，就诞生不了中国工农红军；没有惨烈的湘江一战，8 万多红军仅剩 3 万多，就不会有后来的遵义会议，就不会确立毛泽东在党内的领

---

① 以上主要数据来自新华社世界问题研究中心研究员李长久研究员。

② 《毛泽东文集》第七卷，人民出版社 1999 年版，第 238 页。

③ 《〈赫鲁晓夫言论〉第三集的出版者说明》，《人民日报》1965 年 2 月 26 日。

导地位。任何殷殷的正面教育都代替不了反面教员和反面教材特有的甚至是刻骨铭心的作用。

正因如此，1970年12月18日，毛泽东在会见美国友好人士斯诺时说："我是不喜欢民主党的，我比较喜欢共和党，我欢迎尼克松上台。为什么呢？他的欺骗性也有，但比较的少一点，你信不信？他跟你来硬的多，来软的也有"，"我喜欢世界上最反动的人。我不喜欢什么社会民主党，什么修正主义。修正主义有它欺骗的一面"。[①]

从另外一面讲，如同抗日战争一样，中美贸易战打得越持久、越惨烈，越能教育中国人民特别是各级领导干部。长期以来，帝国主义者总是把自己打扮成文明的高尚的人道的，欺骗了不少人。中美贸易战中，美国当局越是不讲道理，越是做出出格之事，对我国来说是坏事，但又能帮助我们进一步认清霸权主义的本质，坏事就能够变好事。强大而又蛮横的敌人，恰恰就是最好的老师。美国每一次对中国赤裸裸地捣乱，都能起到这种作用。1948年8月，面对美国帝国主义的封锁威胁，毛泽东曾经说："多少一点困难怕什么。封锁吧，封锁十年八年，中国的一切问题都解决了。中国人死都不怕，还怕困难吗？"[②]新中国成立后，我国的航天业一直是西方封锁的重点，改革开放后反倒对我国的航空业有一定程度的开放。试看今日两领域，我国的航天业倒已是全球的领跑者，而航空制造业却几乎是在原地踏步。在今后一些年内，在以习近平同志为核心的党中央的坚强领导下，中国共产党和中国人民在错综复杂的国际斗争中，将会经历更多风雨，经验更加丰富，中国必将会更加强大。而个别自以为是的霸权主义国家却常常事与愿违，一直在无意间做中国"最好的老师"。

---

① 《建国以来毛泽东文稿》第十三册，中央文献出版社1998年版，第164、170页。
② 《毛泽东选集》第四卷，人民出版社1991年版，第1496页。

3．偶然还是必然

有同志把美国发动贸易战的根本原因"善意"而又简单地归结为中国过早宣布了中华民族伟大复兴的宏伟规划，宣布了"2025 制造"规划，甚至归结为"厉害了，我的国"这样一句口号的提出；有同志把美国发动的贸易战归结为我党隆重纪念了马克思诞辰 200 周年；等等。他们认为，不这样做就不会刺激美国，就不会有中美贸易战；美国发动贸易战，是中方考虑不周，没有坚持"韬光养晦"的方针造成的，是一次偶然性事件。

笔者不赞成上述看法。马克思主义认为，事物的必然往往通过偶然开辟道路。中美之间突发贸易战，从表面看有偶然性，但必然性起支配作用。早在 1945 年 8 月 13 日，中华民族正沉浸在抗战胜利的锣鼓声中，毛泽东在论述《抗日战争胜利后的时局和我们的方针》时说：美国帝国主义"要把中国变成美国的附庸，它的这个方针也是老早定了的"①。1949 年 6 月，毛泽东在《论人民民主专政》中指出："我们要学习景阳冈上的武松。在武松看来，景阳冈上的老虎，刺激它也是那样，不刺激它也是那样，总之是要吃人的。"②美国政府不断更换班子，但美国历届政府要把中国变成美国的附庸这一根本企图从来没有改变过。认清这一点，异常重要。1989 年 6 月 9 日，邓小平在谈到"六四"政治风波时说："这场风波迟早要来。这是国际的大气候和中国自己的小气候所决定了的，是一定要来的，是不以人们的意志为转移的，只不过是迟早的问题，大小的问题。"③笔者认为，美国对华发动贸易战仅仅也只能是手段。要把中国变成美国的附庸，这才是美国的根本目的。

---

① 《毛泽东选集》第四卷，人民出版社 1991 年版，第 1132 页。
② 《毛泽东选集》第四卷，人民出版社 1991 年版，第 1473 页。
③ 《邓小平文选》第三卷，人民出版社 1993 年版，第 302 页。

为什么在 2018 年美国当局要打响中美贸易战？套用邓小平关于1989 年政治风波的讲话说，这场风波迟早要来。这是国际的大气候和中国自己的小气候所决定了的，是一定要来的，是不以人们的意志为转移的，只不过是迟早的问题，大小的问题。

美国之所以发起贸易战，是因为特朗普政府认为现行全球贸易格局不利于美国实体经济的发展。美国已经长期处于金融资本主义主导之下，但以美国的体量特别是金融霸权和军事霸权等，制造业的空心化、虚拟经济和实体经济产出比例的失衡等，必然使其实体经济难以支撑整个经济体的正常运转，也必然使美国金融危机爆发的频率和烈度不断提升，最终伤及其竞争优势。

（三）从眼前看，美国当局发动中美贸易战的直接目的

1. 为在朝鲜半岛生事

朝鲜半岛历来是帝国列强威胁、侵略我国的跳板。美国企图威逼中国在朝鲜半岛上无原则、无限度地让步，以配合美国搞垮朝鲜政权，这样他就可以在我国头部先插上一刀，进而在今后一些年内接着从钓鱼岛、台湾岛再在我国腹部捅上一刀，然后再从我国的脚下南海捅来一刀。三刀并捅，最终将会捅垮社会主义的中华人民共和国。以习近平同志为核心的党中央高瞻远瞩，在不到一年时间内 4 次会见朝鲜劳动党委员长、国务委员会委员长金正恩，打破了一些国家的罪恶图谋。朝鲜半岛紧张局势尽管有所缓和，但美国当局企图从朝鲜半岛入手威慑我国的战略企图绝对不会改变。在特定的条件下，美国当局仍会制造新的借口，在那里接着生事。

2. 为让中国多买他的东西

美国的重中之重是就业。中国在世界上是最大的市场。无论农业还是制造业或是服务业，中国大量购买美国的东西，美国就业率就容易攀

升，税收就得以维持，美国无论是在国内还是在海外的日子都会好过。

3. 全面打压我国第一、二、三产业发展特别是"2025 制造"规划

美国战略家基辛格曾说：谁控制了石油，谁就控制了所有国家；谁控制了粮食，谁就控制了人类；谁控制货币，谁就控制了世界。先看第一产业。当年我国在申请加入 WTO 时，时任美国总统克林顿就说，我们让中国加入 WTO 的目的之一，就是为了搞垮中国的农业。习近平总书记多次强调，我们自己的饭碗里必须盛着自己的粮食。认真贯彻落实习近平总书记这一重要指示，在今后一些年内将具有十分重大的意义。再看第二产业。美国当局如此对待我国没有上市的华为公司，如此"围剿"我国的 5G 产品，特别是企图打掉我国"2025 制造"规划，就是从根本上遏制我国未来的生存权和发展权。接着看第三产业。第三产业的核心是金融服务业及互联网领域。美国当局企图挤压我国金融、互联网等领域无度开放，这样有利于在遏制我国发展的进程中充分发挥其软实力和巧实力的作用，企图在可以预见的将来在金融领域一轮一轮地洗劫我国，并在意识形态领域引诱我国步入苏联亡党亡国之路。

以上三条，我们有我们的底线。我们正在以最大的诚意、最大的耐心、最大限度的"宽容"争得与美方合作共赢。这一方针是完全正确的。对于这一点，我们广大干部群众必须要有充分的认识。条件成熟时可适当对此进行一些必要的通气与教育，以消除一些干部群众不应有的误解。

（四）从长远和根本上说，中美最终冲突不可避免

1971 年 10 月 20 日，毛泽东与周恩来、叶剑英讨论中美关系时说："美国是'计算机的国家'，他们是算好了的。"[1]1975 年 12 月 2 日，毛泽

---

[1] 《毛泽东年谱（1949—1976）》第六卷，中央文献出版社 2013 年版，第 411 页。

东会见美国总统福特，在福特说要使全世界都相信中美两国关系良好时说："慢慢来。"当福特说打算在明年后改善双边关系时，毛泽东说："那好。希望以后两国友好。我们冲突一定是有的，因为我们中国和美国两国的社会制度不同，意识形态不同。"①

为什么中美冲突最终不可避免？

1. 中美合作共赢关系中的中方原有物质资源和发展方式的红利已相对匮乏

我国原有的物质资源主要指土地资源、各种物质资源、城乡居民存款再贷出资源、环境资源、市场资源、廉价劳动力资源，我国原有的发展方式主要指高投入、低产出的粗放型发展方式。美国立国的文化和哲学最深厚的基础是杜威的实用主义。以上六个资源丰厚时，外资到我国来赚钱容易，以上六个资源相对匮乏时，创新是我国唯一出路并下决心创新之时，美国还会与我们合作共赢吗？前不久，基辛格在北京访问期间的最后一次晚宴上说：中美关系再也回不到过去了，要重新定位。基辛格在这里用婉转的方式道出了他的真心话，此结论异常重要，不可忽视。这与其前几年所说"当今的国际体系正在经历四百年来未有之大变局"的思想是一致的。笔者揣测，基辛格提出此判断，其主要依据可能就是中国原有的物质资源和发展方式的红利基本上已被释放，美国将会"与时俱进"，企图采用新的办法在我国继续获取丰厚的利润。比如，挤压我国金融和互联网的无度开放，打压我国高科技产业和高端制造业的正常发展等。这也就是说，改革开放以来我国与美国合作共赢的原有方式、办法已经很难维持。

2. 美国国内经济问题严重

2008 年以来，美国基础货币发行量从 8000 多亿美元增加到现在的

---

① 《毛泽东年谱（1949—1976）》第六卷，中央文献出版社 2013 年版，第 627 页。

4 万亿美元。2019 年 2 月 12 日，美国财政部称，美国未偿公共债务总额已达 22.01 万亿之多。美国总债务为 130 多万亿美元。美国 80% 以上的财富来自以金融为核心的服务业，全国从事实业的人口不到 20%，美国成为债台高筑的双赤字国家。美国每年仅支付利息就有 1 万多亿美元，几乎等于中国政府一年的财政收入。这是典型的金融帝国主义国家长期积淀的根本性特征。冷暖自知的美国帝国主义，已呈现捉襟见肘的难过之态。美国国内困难越多，美国政府就必然越会采取种种手段加快把困难向其他国家和地区转移。

3．美国对我国实施和平演变企图进一步破灭

特别是党的十八大之后，以习近平同志为核心的党中央堂堂正正向世界宣布坚持中国特色社会主义的道路、制度、理论和文化这"四个自信"，这也促使着美国当局企图对我进行和平演变希望的破灭，并加紧对我国更多地采取硬的手段。

4．我国经济高速发展几十年，取得了举世瞩目的成就，但有不少深层次问题凸显，美国想对我国"半渡而击"

正如习近平总书记所说："在中国这样一个拥有 13 亿多人口的国家深化改革，绝非易事。中国改革经过 30 多年，已进入深水区，可以说，容易的、皆大欢喜的改革已经完成了，好吃的肉都吃掉了，剩下的都是难啃的硬骨头。"[①] 也就是说，我国正在涉渡改革之河的深水区，美国当局恰择其时，果断出手，企图强逼我从经济、政治、文化和对外政策全面实行符合他们利益的所谓的"改革"，即放弃党的领导，改变我国的社会主义制度。

5．意识形态和社会制度的根本不同

1959 年 10 月 1 日，毛泽东会见来访的赫鲁晓夫。赫鲁晓夫说："这

---

① 杜尚泽、陈效卫、兰红光：《习近平接受俄罗斯电视台专访》，《人民日报》2014 年 2 月 9 日。

次我们到美国去，感觉美国很怕中国。"毛泽东回答："它怕的不是今天的中国，而是明天的中国。"[①]1960 年 1 月 17 日，毛泽东在中共中央政治局扩大会议上说："帝国主义的策略是可以灵活运用的，它的本性是不能改变的，这是从资产阶级的本性不能改变而来的。只要有资产阶级存在，战争是不可避免的。但是一个时期，一个相当时期能够避免，这是可能的。"[②]1989 年 9 月 4 日，在经历了一场政治风波之后，邓小平在与几位中央负责同志谈话时说："帝国主义肯定想要社会主义国家变质。"[③]中国特色社会主义道路的成功本身，就是对美国资本主义制度与价值观的严峻挑战。美国在贸易谈判中特别强调中国的"结构性改革"，他们所说的"结构性改革"本质上一是要我国放弃社会主义道路，二是放弃中国共产党的领导。从眼前和局部看，我们与美国有不少利益交汇点，尤其是经济贸易往来相互额度占比高，但从根本和长远看，以美国为首的资本主义道路、理论体系、制度和文化与中国特色社会主义道路、理论体系、制度和文化是根本对立的。这一冲突，是根本性和本质上的冲突。当然，对于这一点，我们在外交场合要少讲甚至完全不讲，但在内部教育中则必须讲清楚，否则，没有迷惑我们的竞争和博弈方，反倒搞乱了国内广大干部群众的思想。

6. 即使中国搞资本主义，美国也不希望中国发展强大

美国当局直接喊出"让美国再次伟大"，从另外一面看，就是企图使别国其中包括我国永远处于从属甚至附庸的位置。第一次和第二次世界大战就是在资本主义营垒内先打起来的。对于社会主义的中国，美国能让你"和平崛起"吗?

---

① 《毛泽东年谱（1949—1976）》第四卷，中央文献出版社 2013 年版，第 193 页。

② 《毛泽东年谱（1949—1976）》第四卷，中央文献出版社 2013 年版，第 310 页。

③ 《邓小平文选》第三卷，人民出版社 1993 年版，第 320 页。

当今中美贸易战恰如当年的抗美援朝战争，是社会主义的中华人民共和国躲不开、绕不过、不得不应对的根本性冲突。由于我国应对得当，同时由于美国困难确实繁多，在具有共同利益的领域和问题上，可以达成共识，并使双方共赢。但在一些关键性问题上，中美之间往往针锋相对。对我国来说，从一定意义上讲，当前正在进行的中美贸易战是一场遭遇战，同时也必将是一场持久战。这是与当年的抗美援朝战争的不同之处。中美贸易战这场持久战如同行进在"风景"奇异的山阴道上，此时会山穷水尽，彼时又会柳暗花明，接着还可能是狂风骤雨等，各种可能甚至是难以预料的情况会应接不暇。对各种可能出现的情况，我们都应有相应的充分准备。

（五）积极管控和稳妥应对中美贸易战

1. 我们要释放最大的诚意，尽最大力量保持与美国良好的合作共赢的经贸关系与外交关系

1972 年 2 月，在与美国总统尼克松交谈时，谈到首都机场的大标语"全世界团结起来，打倒帝、修、反"的口号和毛泽东"只争朝夕"诗句时，毛泽东笑着说："这话像放空炮。"真正的共产党人只能是革命的浪漫主义与现实主义有机统一论者。我们深知，作为世界上最大的发展中国家和最大的发达国家，中美在和平共处五项原则基础上的合作将造福两国，也将惠及世界。中美之间必然会有竞争，但不必非做对手，更需要当伙伴。当今美国的 GDP 占全球第一位，现在仍是国际机构、国际秩序和国际规则的主要主导者，其产出目前在世界产出中约占 22%，但美元在跨境商品计价、储备、结算、流动性和融资等方面都占一半以上。美国的制造业在衰落，但绝大部分高新科技掌控在其手中。美国当前的军费开支超过其后 5 个军费开支最多国家的总和，超过全球军费开支的

三分之一。特朗普发誓要"让美国重新伟大"，就是企图保持其霸权主义的第一世界的位置。我国外交部多次表态，中国实现自身现代化的道路还很长，我们不会也不必去取代美国的作用。但是，美国内政与外交同样都有着难以消解的困难，同样有求于我。经过40年的改革开放，中美之间又在一定范围内和程度上形成相互依存的共同利益。美中之间在一定范围内和一定程度上还有合作共赢的空间。作为经贸利益高度融合的两个大国，作为世界第一和第二大经济体，中美两国政府既应对两国人民负责，也应对世界各国负责。我们始终希望双方心平气和地坐下来，通过平等和建设性对话，共同找出一个互利双赢的解决办法。我们将尽最大诚意争取与美国合作共赢的最大化。如果美国当局死抱着冷战思维与零和博弈不放，其必将在世界其他各国和各国人民面前输了理，就会"越使全世界的人都知道你无理"[1]。从另外一个角度讲，这也不是什么坏事。

2. 自朝鲜、越南战争之后，美国历任当局都深谙《孙子兵法》不战而屈人之兵之道和之妙，应高度警惕美国不断花样翻新的所谓"软实力""巧实力"和"巧竞争"

如果说特朗普刚刚就任之时，更多地迷信美国的硬实力的话，经过几年的历练，现在也越来越倚重美国的所谓软实力等。随着以我国为代表的发展中国家的崛起，美国与中国等其他国家的较量将综合使用贸易战、金融战、技术战、舆论战和军事冲突甚至战争边缘等手段，因此在关注看得见硝烟的战场的同时，更要高度重视看不见硝烟的战场。有时候，人们往往会觉得理论特别是概念比较枯燥，讲故事的方式可能给人印象更为深刻。什么是软实力、巧实力和巧竞争呢？2000年10月，笔者访问美国，与美国亚洲安全事务顾问交谈。笔者问："烦您开个药方，

---

① 《毛泽东文集》第七卷，人民出版社1999年版，第416页。

我们中国如何做，中美两国才能建立真正牢固的长期友好合作关系？"
他回答："中国必须变成民主国家。"笔者说："民主国家的概念太抽象。"
他回答："就像台湾那样总统直选。"大家看，他不仅把中国未来发展的
方向和道路规划得清清楚楚，还把我国神圣领土台湾十分轻松地分裂了
出去。笔者接着问："美国和中国目前政策都不变，在可以预见的将来，
你们有没有把握把中国变成您所说的所谓民主国家？"可能是所问问题
太尖锐，他犹豫了片刻，十分肯定地回答说："有！"2001 年 3 月，应
日本外务省的邀请，笔者率中国社会科学院代表团访问日本。访问期间，
曾与日本某大学的一位与其外务省关系密切的教授交谈，这位教授建议
说："你们要避免台海冲突，就要考虑实行'联邦制'、多党制；甚至
可考虑中国共产党改个名字，改一个字也行，也就是把中国共产党中的
'产'字改成'和'字，叫'中国共和党'，这样来，中美、中日之间的
一切障碍都不存在了。奥运会可以让你们申办成功，WTO 可以让你们加
入，另外人权、'六四'问题等也可以不再追究。否则，你们与台湾也很
难统一。"当笔者说"美日关系是美国为主导，你们日本人说了不算"时，
这位教授说："建议中国共产党改名字，是美国与我们等多方面反复商量
好的。"世界上最大的中国共产党改了名字，中国和世界将是什么状况
呢？2008 年 5 月，笔者到英国访问，与英国搞国际战略研究的负责人交
谈。笔者问："烦您坦率地谈谈中美关系的前景。"他说："中国要硬实力
崛起，美国则会举双手欢迎。中国若想软实力崛起，美中之间迟早必然
会发生直接的全面的冲突。"私下里，笔者又请他解释"硬实力"与"软
实力"在这里的特定内涵，他说："硬实力就是 GDP 增长，就是中国负
责生产，美国负责消费。软实力就是文化的自信与高科技的发展。"党的
十八大后，我们强调中国特色社会主义是科学社会主义和科技创新之后，
美国开打了中美贸易战。

3．由于我国的发展壮大和美国所寄予的和平演变企图的逐步破灭，美国已开始实施对我国进行全方位的打压、遏制政策，我们必须有所准备

美国国内贫富差距的急遽扩大，使其国内社会主义思潮也有些微显露，但由于强大资本的多年统治，美国人民无论在经济、政治还是文化上仍然处于极度的弱势。美国当前国内的主要矛盾还不是无产阶级与资产阶级的矛盾，而是工业资本与金融资本之间的博弈。但这两种力量又有着高度的契合点。国际金融垄断资本需要依赖美元霸权进行全球扩张，而美元霸权的持续有赖于美国的军事霸权，美国的军事霸权又有赖于美国掌控制造业的高端环节。在资本主义经济危机严重到无法通过各种"和平"手段解决的时候，通过对外发动战争或者引发其他国家与地区之间的战争，是符合工业资本即美国军工复合体与金融资本的共同利益的。最近有报道说，美国海军陆战队已经进驻我国台湾岛，这是在挑战我国的底线。一些人总是惧怕战争，怕因此使我国丧失新的战略机遇期。这种担心不是没有一点道理。但是，帝国主义亡我之心不死，这是更大的道理。这一更大的道理在管着其他小一点的道理。经济是基础，但政治是经济的集中表现，而战争则是政治的最高手段。2019 年 4 月 3 日，美国副总统彭斯在北约成立 70 周年纪念活动上竟然警告说："未来几十年中国将是北约最大的挑战之一。"距离遥远的中国竟然是北约的最大挑战之一，岂非咄咄怪事?! 这是我国改革开放以来从未有过的。彭斯还多次讲过类似话语。这绝不是其个人的偏见。这只能说明，这是美国要向中国发起挑战在寻找借口，其他任何解释都是无法讲得通的逻辑。从一定意义上讲，国内外敌对势力在我国布局已经多年。当我们要坚决捍卫我们国家的核心利益之时，他们就可能集中一切力量进行战略收网。先以软实力为主，主要是意识形态、金融等领域，然后是掀作街头政治，搞颜色革命等。也绝不

排除在我国周边生事，唆使其仆从国在我国边境挑起局部战争。我们决不能说和平是世界唯一的前景，一些狂人在准备着战争。这正如毛泽东在1959 年所说："帝国主义为了维持军火工业和夺取外国的利益，需要一定程度的紧张局势。"① 当然，他们对我国最先挑起的将会是代理人的战争。朝鲜半岛、台湾海峡、钓鱼岛、南海、中印边境等地，都是他们觊觎的地方。1958 年 9 月，毛泽东说："世界上的事情你不想到那个极点，你就睡不着觉"，"怕，它也打，不怕，它也打。既然是怕也打，不怕也打，二者选哪一个呢？还是怕好，还是不怕好？每天总是怕，在干部和人民心里头不鼓起一点劲，这是很危险的。我看，还是横了一条心，要打就打，打了再建设"。② 1959 年 12 月，毛泽东还说："即使签订了不打仗的协定，战争的可能性也还存在，帝国主义要打的时候，什么协定也不算数。"③ 社会主义国家的性质决定我们绝不能搞霸权主义，更不会侵略别人。我国总的方针是实行自卫和防御的反侵略战略，不能也不会不顾国力大搞军备竞赛。但新中国成立 70 年的实践已经证明，只有时刻准备打仗，不怕打仗，才能在任何时候、任何情况下都能扼住企图染指我国神圣领土的侵略战争的喉咙。习近平总书记一方面庄严宣告："中国决不会以牺牲别国利益为代价来发展自己，也决不放弃自己的正当权益，任何人不要幻想让中国吞下损害自身利益的苦果。"④ 一方面又特别强调："我们捍卫和平、维护安全、慑止战争的手段和选择有多种多样，但军事手段始终是保底手段。"⑤ 以习近平同志为核心的党中央未雨绸缪，抢占先机，大刀阔斧进行军队编制体制改

---

① 《毛泽东文集》第八卷，人民出版社 1999 年版，第 98 页。

② 《毛泽东年谱（1949—1976）》第三卷，中央文献出版社 2013 年版，第 436 页。

③ 《毛泽东年谱（1949—1976）》第四卷，中央文献出版社 2013 年版，第 264 页。

④ 《决胜全面建成小康社会 夺取新时代中国特色社会主义伟大胜利》，《人民日报》2017 年 10 月28 日。

⑤ 《在庆祝中国人民解放军建军 90 周年大会上的讲话》，《人民日报》2017 年 8 月 2 日。

革，深入开展反腐斗争，在我国南海采取必要的防卫举措等，都为我国赢得新的战略机遇期创造了十分有利的条件。

4．资本主义内部包括美国内部绝不是铁板一块，我们既要敢于斗争，又要善于斗争

比如，我们决不能低估美国与其他发达国家在根本制度和意识形态方面的高度一致性，但他们之间同样有着不同利益特别是经济利益。美国为了自己狭隘的一己私利，大搞单边主义、贸易保护主义等，已经引发其他发达国家的严重不满。我国坚定奉行独立自主的和平外交政策，尊重各国人民自主选择发展道路的权利，维护国际公平正义，反对把自己的意志强加于人，反对干涉别国内政，这已经赢得其他广大发达国家和发展中国家的广泛赞誉。又比如，这些年来，美国的跨国金融资本是最大受益者，相当比重的产业资本受损；美国的东西海岸地区是受益者，中部地区受损；美国的巨富阶层是受益者，所谓中产阶级面临向下社会流动的危险等。我国已经针对美国不同的地区和不同的对象，有区别地做好相应的工作。

5．美国既是真老虎，但在本质上又是纸老虎，胜利最终必然属于人民

1953 年 9 月，毛泽东说："美帝国主义者很傲慢，凡是可以不讲理的地方一定不讲理，要是讲一点理的话，那是被逼得不得已了。"①1958年 12 月，毛泽东说："帝国主义和一切反动派也有两重性"，"一面，真老虎，吃人，成百万成千万地吃人"。② 以美国为代表的国际垄断资本的本性是嗜血的，汲吞不了新的血液，它就必然死亡。所以，不管你是否刺激它，它都是要吃人的。它在本质上是真老虎，这毫无疑义。我们还应看到，以美国为首的西方强国已经发展了几百年，某些方面的制度也

① 《毛泽东军事文集》第六卷，军事科学出版社、中央文献出版社 1993 年版，第 354 页。
② 《毛泽东文集》第七卷，人民出版社 1999 年版，第 456 页。

远比我们成熟得多。况且它们经验丰富，在我国布局也已多年，在具体应对上，我们必须高度重视，决不能大意。对于这一点，我们决不能重犯我党历史上出现过的"右派幼稚病"。我们要牢记，美国是真老虎。这是建立在我们的战术思想上的。

1959 年 3 月 4 日，毛泽东在会见美国共产党中央书记杰克逊时说："无论从军事、政治、经济方面来看，美国都是扩张得非常大的。它越扩张得大，力量就越分散，反对的人也越多，这样，事情就会向它的意愿的反面发展了。美国就好像一个用双手抱着一大堆鸡蛋的人一样，鸡蛋堆得满满的，可是一动都动不得，稍一动鸡蛋就掉下来了。美国国内的情况也不那么好"，"这不是兴旺的征象"。[①]1970 年 10 月 8 日，毛泽东对来访的金日成说："这个美国，它管的地方太宽了，又要管亚洲，又要管欧洲，又要管中东，又要管非洲，又要管拉丁美洲，还要管它本国的人。现在世界大战可能性比较小，我看也是有原因的，就是帝国主义搞世界大战信心不足。美国的力量还是相当大的，但是它抓得很宽哪，力量不能集中，就难解决问题。要打，靠美国。而一打呢？势必有些地方的革命要趁机而起。第一次世界大战出了苏联，第二次世界大战出了我们这些国家。现在还不能断定它一定不打。总而言之，美国人进退两难。要退，它不愿意；要打，打不下去，它也难。"[②] 现在看来，美国当局依然是外强中干的纸老虎。从表象看，美国当局拿腔作势，气势汹汹，是挺唬人的。但从战略上看，金融帝国主义及其在各方面的代理人，都不过是垂死的力量，已经腐烂，没有前途。我们有理由蔑视他们。有人总想早一点结束中美贸易战，一心一意在我们国内搞建设，这一愿望无疑是很好的。但是，如果套用毛泽东在抗美援朝时的一系列战略思想，我们也完全可以这么说，中美贸易

---

① 《毛泽东年谱（1949—1976）》第三册，中央文献出版社 2013 年版，第 621—622 页。

② 《毛泽东年谱（1949—1976）》第六册，中央文献出版社 2013 年版，第 344 页。

战不是我们要打的，是美国当局要打的。这个仗要打多久时间，不是由我们所能决定的，是由美国当局决定的。我们的态度也只能是，他们要打多久，我们就打多久，一直打到他们服输的时候为止，打到我们完全胜利的时候为止。我们不怕拖，也不性急。该谈则谈，该打则打，该和则和。中国人民一旦站起来了，就不会容许世界上其他国家再用种种形式侵略我们。中华民族就是这样一个坚决战斗的民族。正因如是，必须深刻估计到各种可能遇到和必然遇到的困难情况。但是，我们在任何时候都深知，也正如毛泽东所说："美国帝国主义是外强中干的。我们要有清醒的头脑，这里包括不相信帝国主义的'好话'和不害怕帝国主义的恐吓。"[1] 同时，美国又是纸老虎。这是建立在我们的战略思想上的。

六、赢得未来发展重要战略机遇期的中国理念、中国方案

党的十八大后，以习近平同志为核心的党中央坚持把马克思主义基本原理同中国具体实际和当今时代特征相结合，应对世界百年未有之大变局、赢得未来发展重要战略机遇期的中国理念、中国方案日趋完善。

（一）正确判定时代方位，坚定信心，居安思危

1936年12月，全面抗日战争前夕，毛泽东指出："战略指导者当其处在一个战略阶段时，应该计算到往后多数阶段，至少也应计算到下一个阶段。尽管往后变化难测，愈远看愈渺茫，然而大体的计算是可能的，估计前途的远景是必要的。那种走一步看一步的指导方式，对于政治是

---

[1]《毛泽东选集》第四卷，人民出版社1991年版，第1132—1133页。

不利的。""须知敌人的统帅部，是具有某种战略眼光的。我们只有使自己操练得高人一等，才有战略胜利的可能。"①1945 年 5 月 31 日，毛泽东在《在中国共产党第七次全国代表大会上的结论》指出："预见就是预先看到前途趋向。""资产阶级在自然科学方面有很多好的预见，但在社会科学方面还是盲目的。只有产生了马克思主义，才对社会发展有了预见。"②他说："没有预见就没有领导，没有领导就没有胜利。因此，可以说没有预见就没有一切。""我们共产党是中国历史上的任何其他政党都比不上的，它最有觉悟，最有预见，能够看清前途。"③

要正确认识远景预见与"摸着石头过河"之间的辩证统一关系。任何真理都是有条件的，讲远景预见与"摸着石头过河"有着不同的前提条件。远景预见是指对前进的方向、路径、进程等战略问题的预测，而"摸着石头过河"则是在前进方向、路径、进程等重大战略明确之后，在实施过程中需要对进一步弄清的战术及细节问题的确认。我们在战略预见上，完全有理由也必须蔑视霸权主义和强权政治，不仅坚信帝国主义制度是要最终灭亡的，而且相信其已经从垄断阶段开始向腐朽、垂死的阶段过渡（当然，也绝不排除如列宁所说，在帝国主义进入腐朽、垂死阶段中，在特定的条件下，其有时仍会有较快发展的可能性），但我们在战术上一定要谨慎对待，好好研究，"摸着石头过河"。以上两者合起来就是：战略上要藐视敌人，战术上要重视敌人。在战略上藐视敌人，在战术上重视敌人，就是革命的乐观主义精神与科学的求是精神相结合。如果只讲在战略上藐视敌人，不讲在战术上重视敌人，就是空想社会主义者；如果只讲在战术上重视敌人，不讲在战略上藐视敌人，就可能陷

---

① 《毛泽东选集》第一卷，人民出版社 1991 年版，第 221—222 页。
② 《毛泽东在七大的报告和讲话集》，中央文献出版社 1995 年版，第 200 页。
③ 《毛泽东在七大的报告和讲话集》，中央文献出版社 1995 年版，第 203 页。

入庸俗的事务主义甚至悲观主义。正因如此，不能只讲远景预见与"摸着石头过河"中的其中一面，更不能把两者之间的辩证统一关系搞颠倒了。这也就是说，决不能在战略上重视敌人，在所谓的"小心求证"后认为"共产主义虚无缥缈"，而在战术上却藐视敌人，在所谓的"大胆设想"后认为"脚下之路全是坦途"。这一倾向，以习近平同志为核心的党中央正在着力纠正。

东欧剧变和苏联亡党亡国之后，马克思主义、社会主义、共产主义"失败论""终结论""虚无缥缈论"等论调纷至沓来。习近平总书记多次强调马克思主义信仰、社会主义和共产主义信念是我们的根和魂。2017年9月29日，习近平总书记在中共中央政治局集体学习时强调："时代在变化，社会在发展，但马克思主义基本原理依然是科学真理。尽管我们所处的时代同马克思所处的时代相比发生了巨大而深刻的变化，但从世界社会主义500年的大视野来看，我们依然处在马克思主义所指明的历史时代。这是我们对马克思主义保持坚定信心、对社会主义保持必胜信念的科学根据。"① 这是习近平总书记运用马克思主义关于人类历史发展规律这一基本原理同中国具体实际和当今时代特征相结合所做出的十分重大的结论。这是向世人又一次庄严宣告，中国特色社会主义坚持科学社会主义基本原则，是社会主义而不是别的什么主义。

"我们依然处在马克思主义所指明的历史时代"这一重大结论，是习近平总书记关于"人类社会正处在一个大发展大变革大调整时代""我们正面临百年未有之大变局"和"中国特色社会主义进入了新时代，这是我国发展新的历史方位"等一系列重要论述的科学依据，也是理解我们在可预见的未来仍然处于大有可为的重要发展战略机遇期的科学依据。

---

① 《习近平谈治国理政》第二卷，外文出版社 2017 年版，第 66 页。

全党必须高度重视和深刻领会习近平总书记的这一重大结论，这样我们才能不畏浮云遮望眼，位居顶层思维观察世界，进一步认清马克思主义所揭示的人类历史发展规律，正确理解马克思主义所指明的时代性质，科学判定当今时代方位，进一步坚定共产主义远大理想和中国特色社会主义共同理想，增强对共产党执政规律和社会主义建设规律这"两个规律"的认识，正确进行顶层设计并制定相应对内对外的路线、方针、政策以及相关的战略、策略等，确保中华民族伟大复兴中国梦的实现，确保中国特色社会主义宏伟事业的坚持与发展，确保中国共产党人和中国人民对人类文明发展与进步事业作出较大的贡献。

"我们依然处在马克思主义所指明的历史时代"这一重大结论，既包括马克思、恩格斯所说的大的历史时代，又包括列宁所说的帝国主义这一特定的小的历史时代。我们绝不能把列宁所判定的帝国主义时代仅仅理解为一二百年的时段，若是做此理解，就难以避免重犯我们党在历史上所出现的种种幻想、空想所导致的"左"倾冒进错误。随着金融帝国主义这一时代的深化，以 2008 年爆发的国际金融危机为标志，从总体上来说，帝国主义即国际垄断资产阶级则从垄断与寄生进一步向腐朽和垂死的历史阶段过渡。帝国主义时代同时又是无产阶级革命时代，也可以称之为无产阶级及其进步事业不断发展的时代。在帝国主义从垄断与寄生进一步向腐朽和垂死的历史阶段过渡时期，无产阶级及其进步事业不断发展的这一时代的根本特征会更加鲜明。当然，我们也深深知道，全球范围内经济领域贫富两极的急遽分化已经为这一发展方向提供了坚实的经济基础，但其进程的快慢则主要看世界各国人民特别是各个国家尤其是大国进步政党理论的成熟程度和主观能动性发挥的程度。习近平新时代中国特色社会主义思想的诞生与发展，为今后三五十年内世界社会主义的复兴与振兴提供了无比光明的前景。如果看不到这一历史发展的总趋势和可能出现的世界社会主义复兴更加鲜明的特征，就会对马克思主义、社会主义和共产主义从根本上丧失信心，对革命的宏伟大业采取消极无为的等待思想，甚至出现习近平总书记所严厉批评的想走"全盘西化"邪路的思想。

人们在谈论列宁对马克思主义的贡献时，往往只注意到他对开创十月革命道路的直接贡献，而对列宁关于从自由资本主义发展到垄断资本主义和国家垄断资本主义并进一步发展到国际金融垄断资本主义的更高层次的理论贡献关注不够。东欧剧变、苏联解体后，随着以美国为首的国际金融垄断资本为主导的经济全球化的深入发展，全世界财富迅疾向极少数人手里集中，全球范围内贫富差距急遽拉大，绝大多数人的相对需求和绝对购买力急遽减少，产品相对过剩这一典型资本主义经济危机的现象遍布全球各地，互联网的诞生与改进也不断促使人们的交流方式更加便捷，使人们的反思也愈加迅疾与深刻。当人们重温 1916 年正式出版的列宁《帝国主义论》时，会蓦然发现当年这位导师所阐发的帝国主义的本质及其种种特征现在全都更加清晰地呈现在自己的视野中。全球范围内贫富两极分化的铁的客观现实与人们的加速反思，使得当今世界的主要矛盾正开始以 99% 的人与 1% 的人的直接对抗而呈现出来，连教皇方济各和发达资本主义国家中有良知的著名学者都在强烈谴责目前极其野蛮残忍的资本主义的不可持续性。

以邓小平为核心的党的第二代中央领导集体的重要成员陈云在 1989 年明确指出："列宁论帝国主义的五大特征和侵略别国、互相争霸的本质，是不是过时了？我看没有过时。""那种认为列宁的帝国主义论已经过时的观点，是完全错误的，非常有害的。这个问题，到了大呼特呼的时候了。"[①]2008 年，美国金融危机爆发，这改没改变帝国主义的时代特

---

① 《陈云文选》第三卷，人民出版社 1995 年版，第 370 页。

征呢？列宁早在《帝国主义论》中指出："危机（各种各样的危机，最常见的是经济危机，但不是只有经济危机）又大大加强了集中和垄断的趋势"，"垄断正是'资本主义发展的最新阶段'的最新成就"。①美国当局点燃的中美贸易战的实质，正是美国金融加高新科技大资本企图维持其在全球垄断地位必然要采取的战略行动。如果我们不能认清这一必然性，就会产生许多不切实际的幻想，甚至采取错误的行动。

当然，列宁当年在《帝国主义是资本主义的最高阶段》中所谈及的帝国主义经济五个基本特征在当今世界已经有很多新的变化和深化，这些变化和深化非但没有解决原有的矛盾与问题，反而使其更加激化，以新的特征体现，并在政治和文化领域有种种表现并相互作用。研究这些矛盾与问题的变化及其趋势与对策，是当代共产党人一项极其重要的任务。

马克思、恩格斯在《共产党宣言》指出："过去的一切运动都是少数人的或者为少数人谋利益的运动。无产阶级的运动是绝大多数人的、为绝大多数人谋利益的独立的运动。"②环顾当今"地球村"，世界左翼与社会主义思潮已经在全球开始复兴。完全可以断言，在未来三五十年内，绝大多数人的、为绝大多数人谋利益的独立的无产阶级运动将如磅礴春潮在全球席卷，势不可当。这就是习近平新时代中国特色社会主义思想诞生的国际背景。彻底理解列宁关于金融帝国主义理论，有助于更加自觉地认识习近平总书记关于构建人类命运共同体思想以及"一带一路"等重大战略的重大现实意义和历史意义。

一个国家内部往往都有王朝兴衰的历史周期律。在向人类文明前进的征程上，大国和世界文明的兴衰有没有大体相同的历史周期律呢？自从世界步入世界历史之后，大国和世界文明兴衰更替的规律也就逐渐显

---

① 《列宁选集》第二卷，人民出版社 1995 年版，第 596—597 页。

② 《马克思恩格斯选集》第一卷，人民出版社 1995 年版，第 283 页。

现。苏联亡党亡国使得世界社会主义跌入低谷，而此后美国霸权主义国家的过度扩张，则正在加速世界帝国主义提前进入腐朽和垂死的阶段。只有认清当今世界所处的这样一个特定的具体的历史阶段，我们才能更加自觉地把毛泽东关于思想上政治上的路线正确与否是决定一切的重要指示和习近平总书记关于顶层思维、顶层设计和底线思维落到实处。这也意味着中国特色社会主义道路、理论、制度、文化不断发展，拓展着发展中国家走向现代化的途径，给世界上那些既希望加快发展又希望保持自身独立性的国家和民族提供着全新选择。我们正在为解决人类问题贡献着中国智慧和中国方案，必将为人类文明和进步事业不断作出新的更大的贡献。

习近平总书记 2016 年 1 月 18 日在省部级主要领导干部学习贯彻党的十八届五中全会精神专题研讨班上说：“守住底线，在贯彻落实新发展理念中及时化解矛盾风险。发展中国特色社会主义是一项长期而艰巨的历史任务，必须准备进行具有许多新的历史特点的伟大斗争。当前和今后一个时期，我们在国际国内面临的矛盾风险挑战都不少，决不能掉以轻心。”习近平总书记在讲话中还引用了毛泽东在七大上的讲话：“许多事情是意料不到的，但是一定要想到，尤其是我们的高级负责干部要有这种精神准备，准备对付非常的困难，对付非常的不利情况。这些，我们都要透彻地想好。”①

2019 年 1 月 21 日，习近平总书记在省部级主要领导干部坚持底线思维着力防范化解重大风险专题研讨班上又强调：“面对波谲云诡的国际形势、复杂敏感的周边环境、艰巨繁重的改革发展稳定任务，我们必须始终保持高度警惕，既要高度警惕‘黑天鹅’事件，也要防范‘灰犀牛’

①　习近平：《在省部级主要领导干部学习贯彻党的十八届五中全会精神专题研讨班上的讲话》，《人民日报》2016 年 5 月 10 日。

事件；既要有防范风险的先手，也要有应对和化解风险挑战的高招；既要打好防范和抵御风险的有准备之战，也要打好化险为夷、转危为机的战略主动战。"①

这就是说，习近平总书记关于"我们依然处在马克思主义所指明的历史时代"这一重大结论中，已经内蕴了既要坚持顶层思维、坚定信心，又要坚守底线思维、居安思危的思想。只有认真深刻领会习近平总书记关于"我们依然处在马克思主义所指明的历史时代"这一重大结论，我们才能在实现中华民族伟大复兴的征程上，紧紧抓住中国特色社会主义十分难得的机遇，既瞻望无比光明的前景，又从容应对十分严峻的挑战，准备走异常曲折的路。

毛泽东说："帝国主义是会搞欺骗的。帝国主义也有两条腿，有欺骗的一条腿，又有压迫的一条腿。"②在准备进行各种复杂形势下新的伟大斗争时，我们一定要把帝国主义本性这两种表现方式进一步认识清楚，同样如毛泽东所说：按照"中国的说法"——"两条腿走路"：一条腿是"跟它们在桌子上谈"，"是借此看一看，就可以暴露它们那一条腿有病"；另一条腿是进行"反殖民主义、反帝国主义的斗争"。③

从本质上说，资本主义的危机就是社会主义的机遇。资本主义的危难越多越大，社会主义的机遇也就越多越大。2008 年，国际金融危机爆发，从根本上说，这是中国特色社会主义最大的国际机遇，也是习近平总书记所主张的准备进行具有许多新的历史特点的伟大斗争的最为显著的特点。完全可以预言，在中国共产党坚强正确的领导下，在中华人民

---

① 《提高防控能力 着力防范化解重大风险 保持经济持续健康发展社会大局稳定》，《人民日报》2019 年 1 月 22 日。

② 《毛泽东年谱（1949—1976）》第四卷，中央文献出版社 2013 年版，第 389 页。

③ 《毛泽东年谱（1949—1976）》第四卷，中央文献出版社 2013 年版，第 389 页。

共和国成立 100 周年之际，即 2050 年前后，中国特色社会主义巍然屹立于世界东方，这必然会进一步促发自资本主义诞生 500 年来最大的资本主义危机的总爆发，以美国为代表的国际垄断资本所主导的贫富两极分化的经济全球化即将开启一个式微衰败的新时代，世界人民所要主导的公平公正合理的新的经济全球化将会从此扬帆远航。

时代的具体表象确实发生了极大的变化，但金融帝国主义的本质绝不会有丝毫改变，其步入衰败进程之后的疯狂和垂死挣扎即其野蛮性和反动性就会愈加鲜明地呈现出来。黎明前的黑暗绝不仅仅是一种自然现象。对今后斗争的残酷和惨烈程度，我们必须要有充分估计，并事先做好全面、全方位的应对预案，以更加积极主动地准备进行各种复杂形势下的新的伟大斗争。真正从思想等相关方面准备应对各种困难的预案，而不是口头说说而已，在迎击种种突然困难时，就会主动从容地赢得胜利。

这也就是说，在习近平总书记关于"我们仍然处在马克思主义所指明的历史时代"这一重大结论中，已经内蕴了既要坚持顶层思维、坚定信心，又要坚守底线思维、居安思危的思想。只有认真深刻领会习近平总书记关于"我们仍然处在马克思主义所指明的历史时代"这一重大结论，始终坚持和发展中国特色社会主义，我们才能在实现中华民族伟大复兴的征程上，既紧紧抓住十分难得的机遇，永远瞻望无比光明的前景，又从容应对十分严峻的挑战，准备走异常曲折的路，所谓的"修昔底德陷阱""中等收入陷阱""塔西佗陷阱""金德尔伯格陷阱"等种种"陷阱论"完全可以在社会主义的中华人民共和国的大地上休矣！

（二）高扬构建人类命运共同体旗帜，引领时代潮流和人类文明进步方向

1958 年 11 月，毛泽东为新华社编印的《参考资料》关于时任美国

国务卿约翰·杜勒斯在美国基督教会全国委员会上发表的演说另拟了一个提要式的标题："杜勒斯对国际形势的全面分析。——唱低调；——自己认输，说是在理论方面，组织纪律方面，西方不行；——招呼我们说：只要你们共产党埋头去办家里事，不出远门，西方就放心了。"[①]这一演说被作为八届六中全会文件印发。几十年来，美国还采取种种举措，在经济、政治、文化及科技上对我国进行严密封锁，军事上进行包围，企图让新中国"不出远门"。但由于我们自己发展壮大，1972年美国总统访华，宣布其封锁政策破产。随着改革开放的深入，中国大踏步地走向世界，世界也热烈地拥抱中国，中国特色社会主义也无比豪迈地跨入了新时代。

2015年9月28日，习近平主席在第七十届联合国大会一般性辩论时指出："世界格局正处在一个加快演变的历史性进程之中。和平、发展、进步的阳光足以穿透战争、贫穷、落后的阴霾。世界多极化进一步发展，新兴市场国家和发展中国家崛起已经成为不可阻挡的历史潮流。经济全球化、社会信息化极大解放和发展了社会生产力，既创造了前所未有的发展机遇，也带来了需要认真对待的新威胁新挑战。"正是基于以上前所未有的机遇和世所罕见的挑战，习近平主席接着庄严宣告："我们要继承和弘扬联合国宪章的宗旨和原则，构建以合作共赢为核心的新型国际关系，打造人类命运共同体。"[②]这是中国共产党人和中国人民面对新的机遇与挑战，以更大的勇气打开国门、走向世界，为人类文明和进步事业敢于担当精神的集中体现。

习近平总书记带头坚持和发展21世纪的马克思主义和当代中国的马克思主义。他站在人类历史和时代发展的高度，统筹国际国内两个大局，

① 《建国以来毛泽东文稿》第七册，中央文献出版社1992年版，第606页。
② 《习近平出席第七十届联合国大会一般性辩论并发表重要讲话》，《人民日报》2015年9月29日。

高屋建瓴地提出构建人类命运共同体重要战略思想，这是 21 世纪的马克思主义和当代中国的马克思主义的根本组成部分。构建人类命运共同体思想既契合人类共同发展的美好前景，又继承了中华民族优秀文化传统中的大同思想，还包括中国共产党人的共产主义远大理想和中国特色社会主义共同理想，巧妙地把中国梦与世界梦相衔接，为中国特色社会主义赢得了人类道义的制高点。

必须正确认识和深刻理解构建人类命运共同体的科学内涵。

1. 构建人类命运共同体的思想及时回应了时代的呼声

2017 年 5 月 14 日，习近平总书记在北京举行的"一带一路"国际合作高峰论坛上明确提出："和平赤字、发展赤字、治理赤字，是摆在全人类面前的严峻挑战。"①2019 年 3 月，习近平主席在巴黎中法全球治理论坛闭幕式上又明确把当今世界存在的"三大赤字"发展成为"信任赤字、治理赤字、和平赤字、发展赤字"这"四大赤字"。只有坚持逐步破解全人类面临的这"四大赤字"的严峻挑战，才能推动建设相互尊重、公平正义、合作共赢的新型国际关系，这个世界才能真正形成"和平、发展、共享"的局面，也才能称得上构建人类命运共同体的成功。

2. 构建人类命运共同体思想在不同历史时期有不同的内涵

构建人类命运共同体在现阶段的内涵，就是党的十九大报告所说的："建设持久和平、普遍安全、共同繁荣、开放包容、清洁美丽的世界。要相互尊重、平等协商，坚决摒弃冷战思维和强权政治，走对话而不对抗、结伴而不结盟的国与国交往新路。要坚持以对话解决争端、以协商化解分歧，统筹应对传统和非传统安全威胁，反对一切形式的恐怖主义。要同舟共济，促进贸易和投资自由化便利化，推动经济全球化朝着更加开

---

① 习近平：《论坚持推动构建人类命运共同体》，中央文献出版社 2018 年版，第 432 页。

放、包容、普惠、平衡、共赢的方向发展。要尊重世界文明多样性，以文明交流超越文明隔阂、文明互鉴超越文明冲突、文明共存超越文明优越。要坚持环境友好，合作应对气候变化，保护好人类赖以生存的地球家园。"以上内容也可以概括为"和平、发展、共享"这三个时代课题。到新中国成立100周年即中华民族实现伟大复兴之时，构建人类命运共同体思想可能会被赋予新的内涵。

3. 构建人类命运共同体思想是建立最广泛国际统一战线的根本战略

新民主主义革命和社会主义建设、改革开放事业证明，统一战线是赢得胜利的根本法宝之一。1940年，毛泽东指出："'共产主义是三民主义的好朋友'，两个主义结成了统一战线。"① 现在，世界各国人民面临的严峻挑战是"四大赤字"，造成"四大赤字"的根本原因是国际金融垄断资本在经济上的无限贪婪性，表现在政治上就是霸权主义和强权政治的残酷性，表现在文化上就是零和博弈和冷战思维的野蛮性。构建人类命运共同体这一占领人类道德最高点的思想的提出，得到世界各国人民和绝大部分国家的普遍赞誉和热烈响应。霸权主义和强权政治者也很难公开否定和抵制。这就为实现阶段性纲领和建立更加合理、公平、公正的国际关系新秩序奠定了坚实的思想理论基础。

4. 构建人类命运共同体是一个很长的历史过程，要经过极其复杂艰苦卓绝的斗争

2013年1月5日，习近平总书记在新进中央委员会委员、候补委员学习贯彻党的十八大精神研讨班上意味深长地说："邓小平同志说，巩固和发展社会主义制度，还需要一个很长的历史阶段，需要我们几代人、

---

① 《毛泽东选集》第二卷，人民出版社1991年版，第701页。

十几代人、甚至几十代人坚持不懈地努力奋斗。几十代人，那是多么长啊！"①可以说，构建人类命运共同体的时间段，可能比我们巩固和发展国内的社会主义制度还要长。对此，我们必须要有足够的思想和理论准备。国内大局与国际大局越来越紧密相连，构建人类命运共同体并非没有对立面。我们党要团结带领人民特别是引领世界各国人民构建人类命运共同体，就必须有效应对重大挑战、抵御重大风险、克服重大阻力、解决重大矛盾，准备进行具有许多新的历史特点的伟大斗争，任何贪图享受、消极懈怠、回避矛盾的思想和行为都是错误的。我们深知，世界上两大社会制度竞争和斗争的态势与力量对比正在发生新的变化，但世界社会主义发展仍然面临着巨大挑战。对贸易保护主义、单边主义、逆全球化思潮，对冷战思维、零和博弈的旧思维，对弱肉强食、动辄使用武力或以武力相威胁的丛林法则，对为一己之私挑起事端、激化矛盾和以邻为壑、损人利己等种种行为，我们必须旗帜鲜明地加以反对，绝对不可能与之和平共处甚至奢求共赢。

5. 构建人类命运共同体所依靠的根本力量是各国人民

正如习近平总书记在十九大报告所说："我们呼吁，各国人民同心协力，构建人类命运共同体。"②如何调动各国人民参与构建人类命运共同体的积极性？习近平强调："什么样的国际秩序和全球治理体系对世界好、对世界各国人民好，要由各国人民商量，不能由一家说了算，不能由少数人说了算。"③习近平总书记鲜明地提出了"共商、共建、共享"这"三大发展理念"，其中的共商、共建是手段，而共享才是构建人类命运共同体

---

① 习近平：《关于坚持和发展中国特色社会主义的几个问题》，《求是》2019年第7期。
② 《决胜全面建成小康社会 夺取新时代中国特色社会主义伟大胜利》，《人民日报》2017年10月28日。
③ 《习近平新时代中国特色社会主义思想三十讲》，学习出版社2018年版，第295页。

的根本目的和根本立足点，这无论在当今世界还是在人类文明史上，都有着极其重大的战略意义。从本质上说，世界的和平与发展必须为了世界各国人民，依靠世界各国人民，只有如此，才能达到共享这一根本目的。这是全人类道义和道德的最高点，是当今和今后世界文明观与价值观的最高峰。1973 年 2 月 17 日，毛泽东同来访的美国国务卿基辛格谈话时，基辛格说："我们同别的国家从未像对你们这样开诚布公和诚实地谈话。"毛泽东说："不要讲假话，不要搞鬼。你的文件我们是不偷的，你故意放在那里试试看嘛。我们也不搞窃听器那一套，搞那些小动作没用，有些大动作也没用。"① 毛泽东之所以这么自信，就是他和他所领导的中国共产党为的是人民，依靠的是人民，而美国历届当局所缺乏的恰恰是这一根本点。

6. 构建人类命运共同体的主张本质上是对马克思主义"真正共同体""自由人联合体"即共产党人的最高纲领和最终目标是共产主义思想的继承和发展

马克思、恩格斯指出："只有在共同体中，个人才能获得全面发展其才能的手段，也就是说，只有在共同体中才可能有个人自由。"② 马克思、恩格斯还在《共产党宣言》里郑重宣告："代替那存在着阶级和阶级对立的资产阶级旧社会的，将是这样一个联合体，在那里，每个人的自由发展是一切人的自由发展的条件。"③ 马克思、恩格斯明确提出并系统阐释共同体思想，并把作为无产阶级奋斗目标的共产主义社会命名为"自由人联合体"，这一共同体思想经历了从前资本主义时代的"自然的共同体"到资本主义的"虚假的共同体"再到"自由人的联合体"这一"真正共同体"的历史演进过程。1961 年 2 月，毛泽东会见法国一位参议

---

① 《毛泽东年谱（1949—1976）》第六卷，中央文献出版社 2013 年版，第 468 页。
② 《马克思恩格斯选集》第一卷，人民出版社 1995 年版，第 119 页。
③ 《马克思恩格斯文集》第二卷，人民出版社 2009 年版，第 53 页。

员。这位参议员说："法国离中国很远，那不要紧，但有一堵墙把两国隔开了。"毛泽东回答说："有各种不同的墙，有意识形态的墙，有社会制度的墙，有外交关系的墙，有经济关系的墙，这是暂时的现象，人民终究是要把墙拆掉的。意识形态的墙和社会制度的墙，只要在互不干涉内政的原则下，是可以拆掉的。"①毛泽东所说的墙是可以拆掉的，就是习近平总书记所说的构建人类命运共同体。构建人类命运共同体就是要让不同社会成员都能够参与"共商共建共享"式发展之中，不被强权逻辑和经济利益所囿，让发展的成果惠及全球大多数民众。这不仅是构建人类命运共同体的价值目标，同时也是努力追寻的实实在在的经济社会发展的目标和指标。在新自由主义给全世界带来众目共睹的种种灾难之际，习近平总书记创造性继承和发展了马克思主义"真正共同体"的思想，提出人类命运共同体的主张，强调各国地位的平等性，倡导国际关系民主化，最大限度地集合世界各国特别是各国人民投入人类文明与进步事业，这具有极大的战略意义。习近平总书记关于人类命运共同体的主张，汲取了中华优秀传统文化思想，但其根本理论渊源是马克思主义。

（三）坚持和发展毛泽东关于三个世界划分的理论，开展全方位外交，调动全球一切积极因素

如果说构建人类命运共同体是我们最终要实现的目标，那么坚持和发展毛泽东关于三个世界划分的战略思想，则是我们达到这一最终目标的可靠路径。

毛泽东关于三个世界划分的战略思想是根据时代的变化和发展逐步形成的。早在 1946 年，毛泽东在与美国记者斯特朗谈话时便提出了中间

---

① 《毛泽东年谱（1949—1976）》第四卷，中央文献出版社 2013 年版，第 537 页。

地带的思想："美国和苏联中间隔着极其辽阔的地带，这里有欧、亚、非三洲的许多资本主义国家和殖民地、半殖民地国家。"①1957 年，毛泽东又明确提出，世界上有"三种力量，第一种是最大的帝国主义美国，第二种是二等帝国主义英、法，第三种就是被压迫民族"②。1963 年，毛泽东提出："我看中间地带有两个，一个是亚、非、拉，一个是欧洲。""整个亚洲、非洲、拉丁美洲的人民都反对美帝国主义。欧洲、北美、大洋洲也有许多人反对美帝国主义。有的帝国主义者也反对美帝国主义，戴高乐反对美国就是证明。"③1974 年 2 月，毛泽东在会见赞比亚总统卡翁达时明确提出了三个世界划分的战略思想。他说："我看美国、苏联是第一世界。中间派，日本、欧洲、澳大利亚、加拿大，是第二世界。咱们是第三世界"；"第三世界人口很多"，"亚洲除了日本，都是第三世界。整个非洲都是第三世界，拉丁美洲也是第三世界"。④ 他认为，第三世界国家和人民才是国际上反对帝国主义、殖民主义和霸权主义的基本力量，是我国在国际斗争中应该团结和依靠的主要对象。毛泽东关于三个世界划分的战略思想具有重要的理论意义和现实意义，对于加强中国同"第三世界"国家的团结合作，改变世界政治力量的对比，维护世界和平，具有不可估量的作用。

毛泽东关于三个世界划分的战略思想是对马克思主义科学的世界历史理论和阶级分析方法的继承、运用和发展。"世界历史"并不是从来就有的，而是人类历史发展到近代以后，随着科学技术的进步，各个民族和国家通过交往而联结成一个整体的必然结果。科学技术的发展是资本

---

① 《毛泽东选集》第四卷，人民出版社 1991 年版，第 1193 页。
② 《毛泽东文集》第七卷，人民出版社 1999 年版，第 188 页。
③ 《毛泽东文集》第八卷，人民出版社 1999 年版，第 345 页。
④ 《毛泽东外交文选》，中央文献出版社、世界知识出版社 1994 年版，第 600—601 页。

扩张的翅膀，随着资本对全球的侵蚀，这个世界就逐渐形成"地主""富农"和"贫农"这三个营垒。极少数国家如当时的美国、苏联是"地主"，即第一世界，日本、欧洲、澳大利亚、加拿大是"富农"即中间派，亦即第二世界，广大的亚、非、拉其他国家即备受压迫和剥削的发展中国家是"贫农"即第三世界，这就为当时国际反霸统一战线的形成和发展奠定了根本的思想理论基础。有人说，三个世界划分战略思想具有强烈的民族主义色彩，与全球化精神相悖，这一指责是不公正的，是典型的数典忘祖。从一定意义上讲，正是毛泽东当年提出三个世界划分的战略思想，才赢得了后来世界"和平与发展"时代主题的到来，也才逐步赢得现在追寻更加公平、公正、合理的经济全球化时机的到来，一些人的指责是颠倒了因果关系。

邓小平高度评价毛泽东三个世界划分战略思想。邓小平指出："作为一个社会主义国家，中国永远属于第三世界，永远不能称霸"；到实现了四个现代化，"如果中国还是社会主义国家，就不能实行霸权主义，仍然属于第三世界。如果那时中国翘起尾巴来了，在世界上称王称霸，指手画脚，那就会把自己开除出第三世界的'界籍'，肯定就不再是社会主义国家了"。① 他还说，要全面加强对第三世界国家的工作，高度重视南南合作，积极推动南北对话，促进共同发展；中国将一如既往，同广大发展中国家在各个方面相互支持，密切配合，共同维护发展中国家的正当权益。他强调："中国现在属于第三世界，将来发展富强起来，仍然属于第三世界。中国和所有第三世界国家的命运是共同的。中国永远不会称霸，永远不会欺负别人，永远站在第三世界一边。"②

在面临百年未有之大变局时，毛泽东关于三个世界划分的战略思想

① 《邓小平文选》第二卷，人民出版社 1994 年版，第 112 页。

② 《邓小平文选》第三卷，人民出版社 1993 年版，第 56 页。

过不过时呢？1981年党中央《关于建国以来党的若干历史问题的决议》明确指出，毛泽东晚年"提出了划分三个世界的正确战略和我国永远不称霸的重要思想"①。笔者认为，这一思想不仅没有过时，而且随着经济全球化和国际金融危机的深化，愈发显示出强烈的现实意义。同时，我们也要清楚地看到，当今世界局势与毛泽东提出三个世界划分战略思想之时已经发生很大的变化，这一思想也迫切需要在新的历史条件下得到坚持和发展。

党的十八大之后，习近平总书记坚持和发展毛泽东关于三个世界划分的战略思想。习近平总书记多次使用过"第三个世界"这一概念，并在不同的外交场合分别就中美、中欧、中日、中亚、中拉、中非等地区和国家的外交关系作了一系列重要讲话。这些讲话高屋建瓴，内涵深刻，在本质上都是对毛泽东关于三个世界划分战略思想的坚持、运用与发展。

笔者认为，现在美国一家是第一世界；欧盟，包括英国、德国、法国、意大利、日本、加拿大、澳大利亚等都是第二世界，其他亚、非、拉国家是第三世界，中俄则是最为重要的第三世界即发展中国家。第一世界国家抱着冷战思维不放，企图以霸权主义和强权政治永远掌控世界。第二世界的国家具有两面性，既有压迫、剥削和控制第三世界国家的一面，又有在不同程度上受美国控制、威胁和欺侮的一面，因而是构建人类命运共同体可以争取联合的力量。第三世界国家深受帝国主义、殖民主义和霸权主义的侵略与剥削，是构建人类命运共同体的主力军。

构建人类命运共同体迫切需要我们开展全方位外交，以促进更高水平的对外开放。

---

① 《三中全会以来重要文献选编》下卷，人民出版社1982年版，第815页。

如何与美国这个全球唯一的第一世界打交道呢？笔者在前文第五部分已经作过专门的论述，这里不赘述，只是补充五点很不成熟的意见。一是始终坚持把原则的坚定性与策略的灵活性有机有效结合起来，目前首先是原则的坚定性，有了原则的坚定性才能确保我们的底线不被突破，才能打掉对方的任何妄想。正如 1946 年 7 月 6 日毛泽东基于当时国民党在美国支持下悍然发动内战时指出的："对美蒋的压力与要求，我们应当有所让步，但主要的政策不是让步而是斗争。如果我党既有相当的让步，而对其无理压迫与无理要求又能进行坚决的斗争，则其结果比较付出更多更大的让步反而要好些；如无坚决斗争精神，则结果将极坏。"① 二是要有必胜信念。以特朗普为代表的美国极右翼大资本继承了法西斯的衣钵。在特定条件下，美国有可能重新步入类似 20 世纪 50 年代新的麦卡锡时代。1965 年 10 月，毛泽东在会见越南党政代表团时指出："法西斯主义是最丑恶的，因而又是最软弱的最无生命力的。""要准备敌人欺骗你们。我们支持你们取得最后的胜利。胜利的信念是打出来的，是斗争中间得出来的。比如，美国人是可以打的，而且是可以打败的，这是一条经验。这条经验，只有打才能取得。要打破那种美国人不可打、打不败的神话。"② 三是要高度重视与美国当局的意识形态战。美国政府从经济、政治、文化、军事、科技等各方面对我国进行遏制，但所有遏制的背后或前面都有一个理论和舆论上的攻击。我们要高度重视这一客观现实，必须首先打赢各个战略要地前沿的理论和意识形态保卫战。战略要地前沿的理论和意识形态保卫战打赢了，战略要地就能守得住。四是要具体问题具体分析，针对不同对象采取不同政策。我们要把美国与其他发达国家区别开来，要把美国政府与美国人民区别开来，要把美国的国

① 《毛泽东文集》第四卷，人民出版社 1996 年版，第 146 页。
② 《毛泽东年谱（1893—1949）》下卷，中央文献出版社 2002 年版，第 105 页。

际垄断大资本与中小企业区别开来，要把美国政要、政客以及智库中的顽固派与开明人士区别开来，在美国当局发动的中美贸易战问题上，团结一切可以团结的力量，建成最广泛的反对美国霸凌主义即霸权主义即帝国主义的统一战线。五是中美贸易战可能的前景。如果像一些同志主张的对美要做出无条件妥协，10 年之内我国极有可能走上苏联亡党亡国之路，这并不是危言耸听。而把原则的坚定性与策略的灵活性结合起来，即使美国要对我国实行全面制裁，毫无疑问，社会主义的中华人民共和国必然展现出另一番新的天地，国际秩序将出现更加公正、公平的新局面。如同近 70 年前的抗美援朝这一立国之战一样，如今通过打赢中美贸易战这一强国之战，同样是不得不打。在以习近平同志为核心的党中央坚强领导下，我们坚信一定能够打赢并完胜。若如是，新时期大有可为的战略机遇期就有了十分可靠的国际环境。

如何看待第二世界并且处理与它们的关系呢？1962 年 1 月，毛泽东说："英国和法国是帝国主义，但它们是大帝国主义美国想吃掉的中等帝国主义国家，同美国有矛盾，日子也很难混，可以作为人民的间接同盟者。"①1963 年 9 月，毛泽东说："有的帝国主义者也反对美帝国主义，戴高乐反对美国就是证明"，"日本、加拿大对美国是不满意的"。②1964 年 1 月，毛泽东说："欧洲是欧洲人的欧洲，美国人去干什么？英国有个上议院议员，就是蒙哥马利元帅，他就反对北大西洋条约中美国人来称霸。"③现在法国总统马克龙、德国总理默克尔公开抱怨甚至谴责特朗普，意大利顶着美国压力参与我国倡议的"一带一路"建设等，这些都说明了美国企图损人利己的"一家伟大"即"一家独霸"言行触犯了众怒。

---

① 《毛泽东外交文选》，中央文献出版社、世界知识出版社 1994 年版，第 487 页。
② 《毛泽东文集》第八卷，人民出版社 1999 年版，第 343 页。
③ 《毛泽东文集》第八卷，人民出版社 1999 年版，第 374 页。

2019 年 3 月 26 日，习近平总书记在巴黎中法全球治理论坛闭幕式上提出"登高望远，面向未来，加强合作"时，提出了"坚持公正合理，破解治理赤字""坚持互商互谅，破解信任赤字""坚持同舟共济，破解和平赤字""坚持互利共赢，破解发展赤字"。[①] 这"四坚持、四破解"是团结第二世界各国和各国人民的鲜艳旗帜，也同时得到了第三世界各国与其他各国人民的热烈响应。

第三世界的崛起是"二战"后国际政治经济中的头等大事。作为一支新型政治力量活跃在国际舞台，第三世界是反对帝国主义、殖民主义、霸权主义、强权政治，构建国际政治经济新秩序的主要力量。但是，20世纪 90 年代前后东欧剧变、苏联解体几乎是对第三世界的毁灭性打击。冷战结束后，西方发达国家所倡导的全球化，从本质上讲是对 20 世纪 50—60 年代世界范围内兴起的社会主义运动和民族民主运动的反扑，是对广大第三世界国家的进一步侵害和"和平"蚕伐。从第三世界国家的角度看，资本主义全球化削弱了它们的国际地位和综合国力，致使其国家职能退化、生态环境恶化、文化意识西化，与发达国家的差距进一步拉大。在西方世界的诱导下，苏联和东欧国家纷纷走上了私有化道路，但它们并未实现预期的经济繁荣的目标。亚洲、非洲特别是一些拉美国家所推行的新自由主义政策不仅难医其经济痼疾，反而导致日益严重的经济衰退和金融动荡，社会危机频仍。广大第三世界国家的主要财富和市场已经被跨国垄断公司瓜分完毕，这些国家的财富和内需也急剧衰减。生产全球化与生产资料被国际金融垄断资产阶级私人占有之间的矛盾在全球范围内激化，这就引爆了 2008 年国际金融危机即国际生产相对过剩。危机爆发后，西方国家政治体制明显失灵，为跨国资本与跨国企业

---

① 习近平：《为建设更加美好的地球家园贡献智慧和力量》，《人民日报》2019 年 3 月 27 日。

利益服务导致包括发达国家在内的劳工权益受损和中等收入阶层明显萎缩，美国版的全球化方案使其相当程度上丧失了道义制高点，这无疑是中国的最大契机。习近平总书记多次访问广大第三世界国家，发表了许多深刻的重要讲话。他在党的十九大报告中明确提出了一个原则："坚持世界的命运必须由各国人民共同掌握，维护国际公平正义，特别是要为广大发展中国家说话。"[①]习近平就任党的总书记和国家主席后，出访的第一个国家就是俄罗斯。他在访问中明确指出："中俄关系是世界上最重要的一组双边关系，更是最好的一组大国关系。""中俄世代友好，永不为敌。"[②]习近平总书记的第二次出访地是非洲。他在访问中指出："中非人民在反殖反帝、争取民族独立和解放的斗争中，在发展振兴的道路上，相互支持、真诚合作，结下了同呼吸、共命运、心连心的兄弟情谊"；"中非从来都是命运共同体"，"中非关系的根基和血脉在人民，中非关系发展应该更多面向人民"。[③]正因如此，金砖五国、上海合作组织、20国集团、不结盟运动（亚非拉）、联合国等，这都应是我们外交活动的广阔舞台。笔者认为，从当前来说，在与广大第三世界的关系中，最为重要的是中俄关系。（1）中俄两国、两国人民在很多方面存在着长期根本战略利益的一致性，又都面临着性质基本相同的和平发展的良好机遇和严峻挑战，在经济等方面都有着较强的互补性。（2）发展中俄关系是中俄两国绝大多数人的共识。（3）两国对世界和地区事务的总体局势和发展有着基本的共识。（4）中俄两国都是地区和世界性大国，曾经走过相同的发展道路，有许多相同或相近的历史经历和经济政治文化发展背景，无论回顾历史还是面对现实，都有许多可供相互交流和借鉴的经验教训。

---

① 《习近平谈治国理政》第二卷，外文出版社 2017 年版，第 443 页。

② 习近平：《论坚持推动构建人类命运共同体》，中央文献出版社 2018 年版，第 9 页。

③ 习近平：《论坚持推动构建人类命运共同体》，中央文献出版社 2018 年版，第 14—19 页。

2019年4月26日，国家主席习近平在北京会见俄罗斯总统普京时指出："70年来，两国关系风雨兼程、砥砺前行，成为互信程度最高、协作水平最高、战略价值最高的一对大国关系。"① 这一重大结论，不仅十分中肯地评价了两国关系的历史，而且充分展示了两国关系未来的巨大价值。我们完全可以作出这样的判断，中俄关系健康、稳定、发展，世界就和平、稳定、发展，中美关系就掀不起向负面转向的大波澜，企图一家独霸的那个大国企图分裂欧洲，把俄罗斯肢解为八块，把中国肢解为七至九块的大战略永远是痴心妄想。只要中俄结成更加紧密的全面战略伙伴关系，印度就不会成为美国的一颗棋子，中印边界就不会生什么大事，金砖五国就可以进一步壮大，印度尼西亚甚至伊朗等国还有可能加入，逐步变成金砖七国、十国等。在特定条件下，欧盟甚至英国、日本以及澳大利亚、加拿大等就会公开表现出反抗美国过度欺压的一面。正因为中俄关系的极端重要性，这个世界上总有人在挑拨两国和两国人民的关系。毋庸讳言，中俄两国的内部都有亲美分子，都在各自内部企图挑拨破坏中俄关系，这一情况危害极大，两国对此都应保持高度警惕。笔者绝对不是主张中俄联合起来与美国对抗，而是说中俄只有牢固地联合起来，才能与美国、与欧盟、与日本等共同保卫世界和平，共谋发展共享大业，共同携手构建人类命运共同体。2019年3月8日，国务委员兼外交部部长王毅就"中国外交政策和对外关系"问题回答中外记者提问时指出："中俄将进一步加强战略协作，坚定维护《联合国宪章》宗旨和原则，坚定维护国际战略安全。只要中俄站在一起，世界就多一分和平、多一分安全、多一分稳定。"② 笔者认为，这一表态充分体现了以习近平同志为核心的党中央在中俄关系上的原则立场。

---

① 《习近平同俄罗斯总统普京举行会谈》，《人民日报》2019年4月27日。

② 习近平：《就中国外交政策和对外关系答中外记者问》，《人民日报》2019年3月9日。

我们是全方位外交，所以我们不仅要与各国政要、各国政党打交道，同时也要与左翼政党、与共产党打交道，要与各国人民打交道。最终寄希望于各国人民，才能进一步从根本上赢得和平、发展、合作的力度、时间和空间，构建人类命运共同体才有无比光明灿烂的未来。

（四）以更大决心促进更高水平对外开放，推动"一带一路"建设，坚持多方合作共赢

2019 年 4 月，39 位外方领导人、150 个国家、92 个国际组织、6000 多位外宾齐聚北京，共同出席第二届"一带一路"国际合作高峰论坛，推动共建"一带一路"沿着高质量发展方向不断前进。

"一带一路"是承载构建人类命运共同体和合作共赢的经济和文化载体，是在新的形势下在世界范围内走"农村包围城市道路"的创新性运用。2008 年国际金融危机以来，中国的发展和在这次危机中的表现，作为世界第二大经济体和世界经济的重要增长动力，中国经济的升级、提质、增效将对全球经济增长和创新发展作出重要贡献。邓小平曾说："只要中国不垮，世界上就有五分之一的人口在坚持社会主义。""中国稳住了，而且实现了发展目标，社会主义就显示出优越性。"[1] 通过"一带一路"建设，可以最大限度调动世界各国参与构建人类命运共同体这一宏伟事业。同时，面对全球性挑战和问题，中国作为负责任的大国，愿同国际社会一道，为世界的和平与发展发挥积极作用，作出更多建设性贡献。实践人类命运共同体理念的"一带一路"倡议，已经成为广大第三世界乃至众多第二世界国家实现合作共赢、共同发展的巨大合作平台，"一带一路"也将为推动更加均衡、包容和普惠的新型全球化注入持久的

---

① 《邓小平文选》第三卷，人民出版社 1993 年版，第 320 页。

新动力，将为世界发展带来新的机遇。

以美国为首的个别西方国家攻击"一带一路"倡议是"新殖民主义"。其实，这一战略与新老殖民主义有本质的不同。新老殖民主义采用的手段不同，但目的都是为了获得丰厚利润甚至超额利润。帝国主义时代基本的、极其重要的和必然发生的现象是已经分成压迫民族和被压迫民族。这个时代典型的国家形式不仅有殖民地占有国和殖民地，而且有各种形式的附属国，它们在政治上、形式上是独立的，实际上却被金融、财政和外交方面的附属关系罗网包围着。我国的"一带一路"倡议是毛泽东时代对外政策的坚持和发展。习近平总书记明确宣布，中国坚持对外开放的基本国策，坚持打开国门搞建设，积极促进"一带一路"国际合作，努力实现政策沟通、设施联通、贸易畅通、资金融通、民心相通，打造国际合作新平台，增添共同发展新动力；我们与参与"一带一路"建设的国家和经济组织都是合作共赢的关系，根本不存在任何的压迫、剥削关系。另外，习近平总书记还同时宣布，要加大对发展中国家特别是最不发达国家的援助力度，促进缩小南北发展差距。我们是这么说的，同时也完全是这么做的。这已经赢得广大发展中国家和不少发达国家的赞誉和参与。

国内外也有一些经济学家认为，美金原来被世界各国和各大经济体所接受，是以黄金作为锚；现在美元仍能成为霸权，这主要是因为石油结算用美元计价和各国把美元作为外汇储备的主要货币，故而使其成为世界经济之锚。在当今世界，用美元作为国际货币储备的约占62%，而以人民币作为国际货币储存的仅占2%。人民币要作为国际货币而自由兑换，以什么为锚呢？在经济全球化的大海里，如果没有稳定的锚，那将是一件可怕的事情。从一定意义上讲，这一担忧不是没有一点道理，我们应居安思危，必须避免这一担忧变成现实。但是，事在人为。首先是构建人类命运共同体的需要。中国倡导多边主义，秉持共商共建共享原则，坚持开放、绿色、廉洁理念，努力实现高标准、惠民生、可持续目标，引领新一轮公平公正合理全球化的兴起，必须会运用金融这一最主要的经济手段。人民币国际化是大势所趋。另外，除以人民币结算外，货币互换、易货贸易等也都是经济结算的重要方式。其次是抗衡美元霸权的需要。在这次中美贸易战中，美国当局咄咄逼人，企图强迫我们放弃金融主权。为避免世界陷入更严重的经济金融危机，我国从大局出发，在金融开放方面也做出一定的必要的有限度的让步。美国资金、银行进来，我们的资金、银行可以通过"一带一路"国际合作，形成对美国资金、银行进来的对冲，到"一带一路"沿线国家，与大家商量着办，推动各方各施所长、各尽所能，通过双边合作、三方合作、多边合作等各种形式，把大家的优势和潜能充分发挥出来，团结世界各国合作共赢，反击美元霸权。再次，人民币国际化有强大的精神之锚。毛泽东多次讲过，物质可以变精神，精神又可以变物质。2013 年 3 月，习近平担任国家主席后首次访问非洲，他在坦桑尼亚演讲时动情地说："上世纪五六十年代，毛泽东、周恩来等新中国第一代领导人和非洲老一辈政治家共同开启了中非关系新纪元。从那时起，中非人民在反殖反帝、争取民族独立和解放斗争中，在发展振兴道路上，相互支持、真诚合作，结下了同呼吸、共命运、心连心的兄弟情谊。今天，中非关系已经进入全面发展的快车道。""中非从来都是命运共同体，共同的历史遭遇、共同的发展任务、共同的战略利益把我们紧紧联系在一起，我们都把对方的发展视为自己的机遇，都在积极通过加强合作促进共同发展繁荣。"① 中非关系如此，中拉、中亚绝大多数国家同样如此。中国与世界上绝大多数国家

---

① 习近平：《中非永远做可靠朋友和真诚伙伴》，《人民日报》2013 年 3 月 26 日。

和世界各国人民有深厚友谊，这是一笔十分宝贵的精神财富，这笔财富同时是人民币国际化最可靠的精神之锚，这一精神之锚在正确认识和对待之后，可以变成无尽的物质之锚。

不仅针对中国的所谓"新殖民主义论""人民币锚论"站不住脚，所谓的"债务陷阱论""落后产能转移论""地缘博弈论""抢夺饭碗论"等也全都站不住脚。

七、关键是做好国内改革、发展和稳定工作

2019年5月21日，习近平总书记在南昌主持召开的推动中部地区崛起工作座谈会上明确指出："我国仍处于发展的重要战略机遇期，但面临的国际形势日趋错综复杂。我们要清醒认识国际国内各种不利因素的长期性、复杂性，妥善做好应对各种困难局面的准备。最重要的还是做好我们自己的事情，统筹研究部署，协同推进改革发展稳定各项工作，谋定而后动，厚积而薄发。"[①]

笔者认为，习近平总书记上述关于"最重要的还是做好我们自己的事情"的结论，同样适用于未来重要战略机遇期的赢得。做好我们自己的事情包括对外关系，包括当今正在应对的中美贸易战，但主要应是确保做好国内的改革、发展与稳定工作。从一定意义上讲，对外贸易战的主战场在国内，做好国内的改革、发展和稳定工作始终是赢得未来大有可为的重要发展战略机遇期最为基础性的工作。

改革开放40多年来，我们取得了举世瞩目的巨大成就，对于这一点必须充分肯定，不容置疑。但国内也出现了不少新的情况亟待我们去认

[①]《习近平在江西考察并主持召开推动中部地区崛起工作座谈会时强调 贯彻新发展理念 推动高质量发展 奋力开创中部地区崛起新局面》，《人民日报》2019年5月23日。

识，改革开放中剩下和新积累的一些难啃的硬骨头必须去啃。这些问题，如同中美经贸摩擦一样，躲不过，绕不开，只能迎着上，主动攻。

在国内的各项工作中，经济建设无疑处于中心位置，除爆发和即将爆发大规模的反侵略战争，我们都应毫不动摇地坚持以经济建设为中心。国内除经济建设外，还有其他许多工作同时要做。比如，我们所提的经济、政治、文化、社会、生态这"五位一体"建设中的其他四项重要工作，此外还有统领这"五位一体"建设的党的建设。前些年一些同志所讲的"要一心一意抓好国内经济建设"的提法可能有所偏颇，值得商榷。中国特色社会主义宏伟事业，如同演奏一阕气势恢宏的交响乐，国内工作必须以经济建设为中心，但经济建设绝不是唯一的工作；交响乐必须有主旋律，但也必须有和弦。做好国内工作必须主次得当，统筹兼顾。

国内工作多如繁星，且还要涉及其间的改革、发展和稳定等诸多方面的关系，论述做好国内工作，往往会挂一漏万。习近平总书记在倡导马克思主义思想方法和工作方法时，多次强调坚持问题导向。笔者试图从个人认为是国内最为重要和急迫解决的几个问题谈谈以下很不成熟的看法。

（一）切实加强党的政治建设是关键

我们之所以说切实加强党的政治建设是做好我们自己的所有事情的关键，就在于党和政治在整个社会中所特有的地位和作用。在整个社会中，经济是基础，但政治是经济的集中表现，并反作用于经济。在特定条件下，这种反作用又可能起决定性作用。政治还往往是文化的直接的决定性力量。领导我们事业的核心力量——中国共产党又是政治的上层建筑的核心。共产党不仅领导着经济中工业、农业、第三产业和科技事业等，而且领导着政治上层建筑中政府、军队、司法等其他重要部分，领导着文化上层建筑中的文化教育出版等事业。党的其他各项建设的状况如何，也往往直接和集中体现在党的政治建设上。中国要出问题，还是出在共产党内部。这是中国共产党成立以来特别是新中国成立之后，反复证明的颠扑不破的真理。党的十八大后，以习近平同志为核心的党中央一直高度重视党的政治建设。要赢得发展重要战略机遇期和实现中华民族伟大复兴的历史使命，必须把党的政治建设放在更加突出的位置。

1. 坚决维护习近平总书记党中央的核心、全党的核心地位，坚决维护党中央权威和集中统一领导是我国改革、发展和稳定的关键

马克思指出："每一个社会时代都需要有自己的大人物，如果没有这样的人物，它就要把他们创造出来。"①1920 年，列宁明确指出："阶级通常是由政党来领导的；政党通常是由最有威信、最有影响、最有经验、被选出担任最重要职务而称为领袖的人们所组成的比较稳定的集团来主持的。这都是起码的常识。"②列宁在这里除了强调其他条件外，还特别强调了比较稳定的领袖集团来主持。为什么呢？1921 年，列宁回答了这一重大问题："培养一批有经验、有极高威信的党的领袖，这是一件长期的艰苦的事情。但不这样做，无产阶级专政、无产阶级的'意志统一'，就会成为一句空话。"③毛泽东、邓小平都十分强调全党和全国的领导核心的作用。

社会主义中华人民共和国是以公有制为基础的，资本主义国家是以私有制为基础的，这一不同如同血液、骨肉和灵魂的不同。不同国家的

---

① 《马克思恩格斯选集》第一卷，人民出版社 1995 年版，第 432 页。
② 《列宁选集》第四卷，人民出版社 1972 年版，第 197—198 页。
③ 《列宁全集》第三十二卷，人民出版社 1958 年版，第 505 页。

一些体制、机制、管理方式与办法当然可以也应当相互学习借鉴，但也有着根本的不同，这些不同往往不是衣服而是皮肤的不同——衣服可以随意置换，而皮肤与骨肉、血液和灵魂往往是生死相依呀！中国共产党是执政党，中央政治局和它的常务委员会在中央委员会全体会议闭会期间行使中央委员会的职权，是要带领全体党员和全国人民制定落实经济社会运行的各项大政方针政策的。

早在 1937 年 3 月，毛泽东就指出："共产党人决不将自己观点束缚于一阶级与一时的利益上面，而是十分热忱地关心全国全民族的利害，并且关心其永久的利害。"① 党的各级领导班子要做到上述这一点，除各级领导干部的个人素养外，还需要作出制度性安排。我们党在解决干部终身制的问题上取得了重大的成就和经验，但从上到下的任期制又出现了值得注意的新问题，特别是有的领导干部在自己的任期内"杀鸡取卵""过度举债""吃光分净""污染环境""把自力更生、艰苦奋斗和创新放一边，以招商引资为纲"等短期行为。这些问题在今后一些年内将成为我们党和国家必须着力解决的重大难题。正因如此，列宁的论断——无产阶级政党"由最有威信、最有影响、最有经验、被选出担任最重要职务而称为领袖的人们所组成的比较稳定的集团来主持"——对于贯彻落实毛泽东的上述指示精神、保持党和政权永不变质具有重要意义。因此，建议从现在开始，在党和政府的各级领导班子中，逐步恢复实行过去已经证明行之有效的老中青三结合制度。

有人说，美国等西方国家是任期制，为什么没有出现"杀鸡取卵"等问题？美国的总统和国务卿不管经济，仅管外事和一定的社会运转等问题，而掌管其国内经济大权的恰恰是终身制并且是嫡传的资本家。美

---

① 《毛泽东文集》第一卷，人民出版社 1993 年版，第 483 页。

国建国 240 多年以来，实际统治美国的仅是罗斯切尔德、洛克菲勒、摩根等几大家族。他们绝不会仅仅为了眼前的蝇头小利而牺牲自己的长远和根本的利益。美国有立法权的参众两院基本上都由超级富豪组成，具有最后裁决资产阶级内部纠纷决定权的美国联邦法院 9 名大法官不仅是高薪制，而且是终身制。资本主义社会的上层建筑中的"一个总统"，"参众两院"，行政、立法、司法这"三权分立"，"多党竞选"，"新闻自由"即笔杆子、"军队国家化"即枪杆子这"两杆子"，"司法独立"这"一独立"背后，全部都是金钱操纵。前台表演的全是背后被金钱这根线和手操纵的木偶或其一部分。这都不仅维护了垄断资产阶级的眼前利益，又有利于维护整个资产阶级的长远和整体利益。正因如此，马克思、恩格斯在《共产党宣言》中指出："现代的国家政权不过是管理整个资产阶级的共同事务的委员会罢了。"①

新中国成立后特别是改革开放 40 年来，经过各种风雨，最终形成了以习近平同志为核心的党中央，我们要坚决维护。党中央是中国特色社会主义政治上层建筑中最为重要的部分，直接反作用于经济基础且在特定条件下起决定性作用，往往还直接决定文化的上层建筑。所以，坚定维护以习近平同志为核心的党中央的权威，是我们党和国家今后一些年紧紧抓住前所未有的机遇、应对世所罕见的挑战的命脉所系，是加强党的政治建设和赢得新的战略机遇期的关键所在。

现在有这样一种情况：一些人口头上也在高喊与党中央保持高度一致，但在贯彻落实相关指示时仅仅当"传话筒""录音机"，"上下一般粗"，而不是紧密结合本系统、本地区、本单位实际，创造性地决定自己的工作方针并认真抓好落实。这恰如毛泽东在 1930 年指出的那样："盲

---

① 《马克思恩格斯选集》第一卷，人民出版社 1995 年版，第 274 页。

目地表面上完全无异议地执行上级的指示，这不是真正在执行上级的指示，这是反对上级指示或者对上级指示怠工的最妙方法。"① 机械地盲目地执行上级指示，这也是形式主义、官僚主义和为官不为的一种典型现象。在开展"不忘初心、牢记使命"的主题教育中，也应当同时加以解决。

2. 确保党的性质、宗旨、指导思想和最高纲领的先进性和纯洁性，确保党和政权永不变质，这是我们党长期执政的根本法宝

1957 年 3 月，毛泽东指出："我看人民政府、共产党、老干部、新干部，只要是真心真意为人民服务的，吹不倒；半心半意为人民服务的，那就要吹倒一半；一点心思都没有，跟人民敌对的，那末就该吹倒。"② 真心真意为人民服务就必须舍弃舒舒服服。毛泽东在 1959 年 3 月强调："为人民艰苦地服务。"③ 要确保党的性质、宗旨、指导思想和最高纲领的先进性和纯洁性，从根本上说，就是要解决为什么人的问题。2019 年 5 月 31 日，习近平总书记在"不忘初心、牢记使命"主题教育工作会议上明确指出："守初心，就是要牢记全心全意为人民服务的根本宗旨，以坚定的理想信念坚守初心，牢记人民对美好生活的向往就是我们的奋斗目标，时刻不忘我们党来自人民、根植人民，永远不能脱离群众、轻视群众、漠视群众疾苦。"④ 我们必须深刻理解习近平这一结论的重大意义。我们进行"不忘初心、牢记使命"主题教育，应首先弄清什么是初心。习近平总书记明确指出：初心就是全心全意为人民服务。这也就是说，我们干的所有工作，包括实现中华民族的伟大复兴、坚持和发展中国特

---

① 《毛泽东农村调查文集》，人民出版社 1982 年版，第 3 页。

② 《毛泽东年谱（1949—1976）》第三卷，中央文献出版社 2013 年版，第 121 页。

③ 《毛泽东年谱（1949—1976）》第三卷，中央文献出版社 2013 年版，第 655 页。

④ 《守初心担使命找差距抓落实 确保主题教育取得扎扎实实的成效》，《人民日报》2019 年 6 月 1 日。

色社会主义最终实现共产主义、增强"四个意识"、坚定"四个自信"、做到"两个维护"等，说到底，都是为了人民。只有解决了为什么人的问题，守住全心全意为人民服务这一初心，我们党才能始终得到最广大人民群众的拥护，才能有战胜任何敌人与困难的勇气、办法和力量。不解决这一根本问题，反对形式主义和官僚主义就会成为一句空话。习近平总书记带头守住初心。2019年3月22日，习近平主席在意大利访问时，用平静的话语道出了铿锵有力的誓言："我将无我，不负人民。"国家主席、党的总书记在国际场合对人民的庄严承诺，必将激励广大党员特别是领导干部为确保党和政权永不变质而鞠躬尽瘁。这对一些心怀异念的领导干部也必将是一个有力的威慑。

3. 必须始终坚持党的领导，坚持党对全领域、全方位的领导

毛泽东、习近平都特别强调：党政军民学，东西南北中，党是领导一切的。在我国改革开放之初，国内学术界一位著名的领导说："毛泽东强调党是领导一切的，你能领导星星吗？你能领导月亮吗？这不是很荒唐之事吗？"其实，任何真理都是有前提的。毛泽东强调党领导一切的前提就是在党政军民学、东西南北中这一范畴内讲的。可以说，以上连最起码的形式逻辑也不讲地批评毛泽东，无疑助长了当时和后来历史虚无主义思潮的泛滥。

在建设中国特色社会主义宏伟事业中，我们为什么反复强调坚持中国共产党的领导？一是坚持党的领导是我国历史发展的必然和人民的庄重选择。二是中国共产党是中国特色社会主义事业的领导核心，处在总揽全局、协调各方的领导地位。三是坚持党的领导的根本理由在于党的宗旨是全心全意为人民服务。党坚持真理，修正错误，除人民的利益之外，绝没有自己任何的特殊利益。这也是我们党执政和长期执政的全部思想理论基础与全部合法性所在，是党最为深厚的阶级基础和群众根基

的政治立场与价值准则，这一鲜明的政治立场与崇高的价值准则使其他一切立场和价值观都黯然失色。现在有一种观点认为，革命时期要取得革命成功需要党的领导，在建设特别是改革时期，只要有一套健全的政治体制并依靠依法治国这一方略，人民就可以当家做主了，这是一种极大的误解。国际共产主义运动的历史已经证明，坚持党的领导不仅是无产阶级夺取和掌握国家政权的首要条件与普遍规律，同时也是社会主义建设和改革的首要条件与普遍规律。

4. 必须坚持党要管党、全面从严治党的重要战略部署

2012 年 11 月 15 日，习近平同志担任总书记不久即指出："新形势下，我们党的自身建设面临一系列新情况新问题新挑战，落实党要管党、从严治党的任务比以往任何时候都更为繁重、更为紧迫。我们必须以更大的决心和勇气抓好党的自身建设，确保党在世界形势深刻变化的历史进程中始终走在时代前列，在应对国内外各种风险和考验的历史进程中始终成为全国人民的主心骨，在发展中国特色社会主义的历史进程中始终成为坚强的领导核心。"[①] 这些年我们揭露出的令人触目惊心的腐败事实再一次雄辩说明，邓小平早在 1989 年政治风波后所说的——"常委会的同志要聚精会神地抓党的建设，这个党该抓了，不抓不行了"[②]——是完全正确的。当时的问题不仅是党内出现的严重腐败现象，更为重要的是一些人的正确理想信念的缺失或丧失。1989 年政治风波后，邓小平说："这次事件确实把我们的失误也暴露得足够了。我们确实有失误呀！而且失误很不小啊！"[③] 主要失误是什么？邓小平说："十年最大的失误是教育，这里我主要是讲思想政治教育，不单纯是对学校、青年学生，

---

① 《习近平关于协调推进"四个全面"战略布局论述摘编》，中央文献出版社 2015 年版，第 121 页。

② 《邓小平文选》第三卷，人民出版社 1993 年版，第 314 页。

③ 《邓小平文选》第三卷，人民出版社 1993 年版，第 312 页。

是泛指对人民的教育。"① 从整体看，在改革开放之初，有不少同志思想上僵化保守，但随着改革开放的深入发展，对共产主义远大理想信念不足甚至产生信仰危机逐渐成为党内与社会上的主要倾向。正因如此，习近平总书记特别强调："对马克思主义的信仰，对社会主义和共产主义的信念，是共产党人的政治灵魂，是共产党人经受住任何考验的精神支柱。"② "革命理想高于天。"③ 他还多次批评那种认为"共产主义虚无缥缈"的观点，要求各级领导干部特别是高级领导干部带头树立正确的理想信念，认为人民群众是历史发展最终的决定性力量。从一定意义上讲，全党同志特别是党的各级领导干部尤其是高级领导干部有信仰，人民才能有信仰，民族才能有希望，国家才能有力量。党要管党、从严治党也必须扎实抓好党的作风建设，用铁的纪律维护党的团结，维护党中央的权威。上述这些思想贯穿在以习近平同志为核心的党中央治国理政新理念新思想新战略之中。

党要管党，从严治党，还要紧紧抓住高级干部这一"关键少数"。如何抓住这一"关键少数"？一是下决心增强这一"关键少数"的马克思主义理论素养。可考虑把马克思主义基本理论素养列入中高级干部提拔使用的一个考核指标，这样才可能有助于进一步充分调动广大干部认真刻苦学习马克思主义基本理论的积极性和自觉性。二是这一"关键少数"在做决策时，必须出以公心。制度是外因，当然起着重要的制约作用，我们一定要加强制度建设，但世界观、人生观、价值观才是内因，才起着决定性的作用。现在一些干部勤勉工作的直接动因，仅仅是为了个人

---

① 《邓小平文选》第三卷，人民出版社 1993 年版，第 306 页。

② 习近平：《紧紧围绕坚持和发展中国特色社会主义 学习宣传贯彻党的十八大精神》，《人民日报》2012 年 11 月 19 日。

③ 习近平：《毫不动摇坚持和发展中国特色社会主义 在实践中不断有所发现有所创造有所前进》，《人民日报》2013 年 1 月 6 日。

升迁、小家庭过上好日子。用这样的世界观、人生观、价值观指导行动，在涉及一些与个人私利相关的事项时，往往会有意无意牺牲国家、人民和集体的利益，做出错误的决策来。

习近平总书记说：要有"刀刃向内的自我革命精神"①。从一定意义上讲，无论从全党还是从党员领导干部个人的角度讲，只有奔着以上两个问题去，以刮骨疗伤的勇气、坚忍不拔的韧劲坚决整治党风中存在的这两个问题，才是真正的刀刃向内，我们党才有希望，否则，党的建设最终都会流于形式。

（二）切实加强党的理论建设是基础

恩格斯指出："没有理论思维，就会连两件自然的事实也联系不起来。""错误的思维一旦贯彻到底，就必然要走到和它的出发点恰恰相反的地方去。"②列宁指出："没有革命理论，就不会有坚强的社会党。"③"社会民主党的伟大斗争并不是有两种形式（政治的和经济的），像在我国通常认为的那样，而是有三种形式，同这两种斗争并列的还有理论的斗争。"④

理论非常重要，绝不可忽视。批判的武器当然不能代替武器的批判，物质的力量只能用物质的力量来摧毁，但理论一经掌握群众，也会变成物质力量。理论这种斗争形式是必然的客观存在，政治和经济斗争这两种形式及其作用绝不可能替代理论斗争这一形式及其作用。政治和经济斗争决定理论斗争，但理论斗争又反作用于政治和经济斗争，并在一定条件下起决定性的反作用。列宁说："没有革命的理论，就不会有革命的

① 《守初心担使命找差距抓落实 确保主题教育取得扎扎实实的成效》，《人民日报》2019年6月1日。
② 《马克思恩格斯全集》第二十卷，人民出版社1971年版，第399页。
③ 《列宁选集》第一卷，人民出版社1995年版，第274页。
④ 《列宁选集》第一卷，人民出版社1995年版，第312—313页。

运动。"① 从根本上说，过去我们取得的所有成绩，都是正确理论指导的结果；过去我们的所有失误、挫折直至失败，都是错误理论导致的结果。理论正确，党、国家、民族和人民便有无比辉煌的明天；理论错误，就必然会有错误的行动。对辩证唯物主义和历史唯物主义的任何蔑视，在历史的长河中就必然会如恩格斯所说："是不能不受惩罚的。"② 也如列宁所说："而且不可避免地迟早注定要在政治上遭到破产。"③

中国共产党高度重视党的理论建设。早在 1940 年 6 月，毛泽东在延安就指出："理论这件事是很重要的，中国革命有了许多年，但理论活动仍很落后，这是大缺憾。要知道革命如不提高革命理论，革命胜利是不可能的。过去我们注意得太不够，今后应加紧理论研究。"④ 1945 年 5 月，毛泽东说："许多人不重视理论工作，似乎这个工作不要紧。对理论工作看法的动摇是不对的。"⑤ 1960 年 3 月，毛泽东指出："思想意识属于上层建筑的组成部分，它包括政治思想、理论，按照列宁所讲的，是经济的集中表现，它是要率领经济前进。"⑥ 马克思主义中国化的第一个成果——毛泽东思想诞生后，指导着中国革命和建设事业不断取得新的胜利。但是，理论建设绝没有句号。新的时代、新的形势和新的任务，迫切要求我们继续高度重视党的理论建设事业。

习近平总书记强调："我们党历来高度重视理论建设和理论教育，运用马克思主义基本原理指导中国的事情是我们的看家本领。"⑦ 他十分明

---

① 《列宁选集》第一卷，人民出版社 1995 年版，第 311 页。

② 《马克思恩格斯文集》第九卷，人民出版社 2009 年版，第 452 页。

③ 《列宁全集》第六卷，人民出版社 1986 年版，第 367 页。

④ 《毛泽东年谱（1893—1949）》中，中央文献出版社 1993 年版，第 193 页。

⑤ 《毛泽东在七大的报告和讲话集》，中央文献出版社 1995 年版，第 227 页。

⑥ 《毛泽东年谱（1949—1976）》第四卷，中央文献出版社 2013 年版，第 337 页。

⑦ 《习近平关于社会主义文化建设论述摘编》，中央文献出版社 2017 年版，第 66 页。

确地指出："国内外各种敌对势力，总是企图让我们党改旗易帜，改名换姓，其要害就是企图让我们丢掉对马克思主义的信仰，丢掉对社会主义、共产主义的信念。"① 在"不忘初心、牢记使命"主题教育工作会议上，他第一次提出并着重强调"理论强党"。所以，我们在加强党的政治、思想、组织、作风、纪律、制度这六大建设的同时，也要高度重视习近平总书记所强调的理论建设，并把总书记所强调的理论建设和理论教育切实落到实处。从一定意义上讲，理论建设是政治、思想、组织、作风、纪律、制度这六大建设的基础。"基础不牢，地动山摇"这八个字运用到这里，也同样合适。

受错误思潮的影响，一些人对马克思主义理论甚为轻视。学术理论界有同志认为，马克思主义本身连学问都算不上，何以侈谈以此为指导？有的从事实际工作的同志认为，理论仅是"吧嗒"嘴皮子的空谈，只有实干才能赢得战略机遇期，实现中华民族的伟大复兴。习近平总书记也指出："有的人马克思主义经典著作没读几本，一知半解就哇啦哇啦发表意见。"② 上述现象具有相当的普遍性，值得高度重视和认真纠正。

毛泽东指出："真理只有一个，而究竟谁发现了真理，不依靠主观的夸张，而依靠客观的实践。只有千百万人民的革命实践，才是检验真理的尺度。"③ 这就是说，政治可以多极化，文化可以多样性，社会思潮可以多元化，但真理不能也绝不会多极化、多样性、多元化。正确的理论即真理即事物的本质和规律只能有一个，这就是揭示了自然界、人类社会和思想最一般规律的放之四海而皆准的马克思主义。普遍规律当然寓于特殊性之中，但任何特殊性都要接受普遍规律的指导。所以，我们党

① 习近平：《在全国党校工作会议上的讲话》，人民出版社 2016 年版，第 8 页。
② 习近平：《在哲学社会科学工作座谈会上的讲话》，《人民日报》2016 年 5 月 19 日。
③ 《毛泽东选集》第二卷，人民出版社 1991 年版，第 663 页。

和国家的指导思想只能是马克思主义，而不能多元化。

对各个不同地区、不同部门实践的具体经验以及不同学科研究得出的相关结论必须重视，但这些经验和结论还亟待上升到马克思主义基本理论层面去再认识和再提炼，通过实践、认识、再实践、再认识乃至循环往复，然后运用在马克思主义普遍真理与新的实践的结合中诞生的新的理论，指导全党、全国以及各个地区、部门的工作及各门不同学科的研究，否则，仅以具体工作经验甚至粗浅感觉为指导，企图在技术和操作层面采取一点所谓的"新举措"解决问题，迟早都会碰钉子。

1945 年 5 月 31 日，毛泽东在党的七大说过："教条主义是哪里来的？是不是从马、恩、列、斯那里来的？不是的。他们经常在著作里提醒我们，说他们的学说是行动的指南，是武器，不是教条。人家讲的不是教条，我们读后变成了教条，这是因为我们没有读通，不会读，我们能责备他们吗？"[①]1957 年 3 月，毛泽东又明确指出："教条主义不是马克思主义，而是反马克思主义。"[②]有的人仅仅空喊几句马克思主义的口号或是教条主义式地对待马克思主义，甚至想把马克思主义的词句当作为自己谋求私利的敲门砖，这不仅不起什么正面作用，而且败坏马克思主义的声誉。其实，马克思主义的理论起不到应有的作用，往往是因为没有用科学的态度去对待它。运用后出现问题绝不是马克思主义理论本身的问题，而是我们自己不能正确理解和运用造成的必然结果。所以，绝不能把学习运用马克思主义解决不了甚至发生重大问题责任的板子打到马克思主义理论身上，而应实事求是地归咎于我们自己没有理解运用好的缘故。

实际上，每一个人都在有意或无意运用着不同的理论指导自己的行

---

① 《毛泽东在七大的报告和讲话集》，中央文献出版社 1995 年版，第 226—227 页。
② 《毛泽东年谱（1949—1976）》第三卷，中央文献出版社 2013 年版，第 100 页。

动，不用马克思主义正确理论指导，就可能用"左"或右的各种错误理论甚至西方理论指导自己的行动。担负的责任和工作的成效往往成正比。从这个意义上讲，要真正赢得新的发展的重要战略机遇期，各级党组织和党的各级干部特别是高级干部都应高度重视党的理论建设和理论教育。

斯大林是一位伟大的马克思主义者和无产阶级革命家。斯大林时期，苏联党的理论主体是共产主义，是马克思列宁主义，这是主要的一面，但是，实事求是地讲，由于时代的局限等，苏联党没有紧密结合当时苏联实际与时代特征，没有坚持马克思主义的普遍真理并创造出新的理论、写出新的著作来为当时的大局服务，这是导致赫鲁晓夫直至戈尔巴乔夫领导集团的产生和壮大并在短短 35 年内不仅丧失重要的发展战略机遇期甚至葬送苏联社会主义大业的重大原因之一。

从新中国成立到冷战结束再到今天，无论在国际还是国内，在实践上都给我们提供了正反两方面的十分丰厚的经验教训。中国是个大国，不仅是世界上最大的发展中国家，而且是最大的社会主义国家，其经济规模世界第二，人口是世界人口的 1/5 强。我国跨入了中国特色社会主义新时代，经济全球化、国际金融危机和世界多极化等都在深入发展，国内外无比广阔的舞台为我们坚持和发展马克思主义提供了十分丰厚的沃壤。坚持和发展马克思主义的十分艰巨而又光荣神圣的使命必然落到中国共产党人身上，我们要勇于担当，毫不懈怠。

要高度重视党的理论建设，坚持和发展马克思主义，还必须正确认识和处理对内教育、对外宣传和外交表态等各种关系。对象和场合不同，有时有些话语表达会有所不同，但本质上是共同的。理论彻底了，才能说服人、掌握人。不能形成几套本质不同的话语体系并相互矛盾、人为抵消。在外交和国际场合，我们也应适时并采用适当方式理直气壮地讲解我们所要坚持和发展的中国特色社会主义，对此绝对不能仅仅是消极回避。

什么是新时代中国共产党的理论建设？可以说，就是把马克思主义的普遍真理同中国具体实际、当今时代特征相结合，发展当代中国马克思主义、21世纪马克思主义。这其中有以下五个关键环节必须抓好：

1. 坚持为绝大多数人服务的根本原则

2016年5月17日，习近平总书记指出："坚持以马克思主义为指导，核心要解决好为什么人的问题。为什么人的问题是哲学社会科学研究的根本性、原则性问题。我国哲学社会科学为谁著书、为谁立说，是为少数人服务还是为绝大多数人服务，是必须搞清楚的问题。"①2016年12月26—27日，习近平总书记在中央政治局召开的民主生活会上明确指出："人民立场是马克思主义政党的根本政治立场，人民是历史进步的真正动力，群众是真正的英雄，人民利益是我们党一切工作的根本出发点和落脚点。"②党的性质、宗旨和纲领决定了我们党所坚持和发展的理论的性质和本质。早在1930年毛泽东就指出："在我们的斗争中，证明了是对的。我们的斗争需要马克思主义。我们欢迎这个理论。""读过马克思主义'本本'的许多人，成了革命叛徒，那些不识字的工人常常能够很好地掌握马克思主义。"③1945年，毛泽东又指出："一切从人民的利益出发，而不是从个人或小集团的利益出发。"④1957年，毛泽东还指出："我们国家要有很多诚心为人民服务、诚心为社会主义事业服务、立志改革的人。我们共产党员都应该是这样的人。"⑤毛泽东的话，习近平的话，

① 习近平：《在哲学社会科学工作座谈会上的讲话》，《人民日报》2016年5月19日。
② 习近平：《对照贯彻落实党的十八届六中全会精神 研究加强党内政治生活和党内监督措施》，《人民日报》2016年12月28日。
③ 《毛泽东选集》第一卷，人民出版社1991年版，第111页。
④ 《毛泽东选集》第三卷，人民出版社1991年版，第1094—1095页。
⑤ 《毛泽东著作选读》甲种本，人民出版社1966年版，第372—373页。

都是党和党员个人特别是党的高级干部的根本政治立场问题，是站在绝大多数人立场上还是站在极少数人立场上的问题。现在同样存在这样一种情况，恰恰是一些读了很多马克思主义"本本"的所谓专家学者在拼命否定马克思主义原理的正确性，在宣扬西方的种种错误理论。这些人中有的是直接为个人捞好处而营生，有的甚至是直接被国内外特殊利益集团所绑架，其中有的人往往头上还戴着各种耀眼的学术桂冠，有着不小的欺骗性。如果仅是口头上而内心里不是从为绝大多数人服务出发，而是从个人或小集团的利益出发，其坚持和创新的绝对不会是马克思主义，而是别的什么主义了。

2. 必须是坚持与发展相结合

在党的理论建设中，必须首先毫不动摇地坚持马克思主义的基本原理。毛泽东在 1959—1960 年初读苏联《政治经济学教科书》时说："马克思这些老祖宗的书，必须读，他们的基本原理必须遵守。"[①] 笔者认为，毛泽东、邓小平和习近平都多次谈到老祖宗不能忘，但理清他们所谈老祖宗的内涵十分重要。他们所谈的老祖宗，是指我们党思想、政治和理论上的老祖宗，是指马克思、恩格斯和列宁等，而绝不是指血缘、血脉关系上各宗各系的老祖宗，也不是中国传统文化中的孔子、老庄、佛学等，更不是西方的文化和文明。当然，对于中华民族优秀文化传统即广义上的老祖宗和西方文明在内的人类一切文明，我们必须学习、借鉴和有批判地继承，但这些在本质上都不是我们党指导思想的组成部分。1962 年 2 月，毛泽东说："不重视学习理论，天天搞事务，一定要迷失方向。"[②]1966 年 11 月，毛泽东在会见越南劳动党中央代表团时说："要学习马克思列宁主

① 《毛泽东文集》第八卷，人民出版社 1999 年版，第 109 页。
② 《毛泽东年谱（1949—1976）》第五卷，中央文献出版社 2013 年版，第 84 页。

义，全世界真正革命的共产党的共同基础是马克思列宁主义。"①

习近平总书记多次强调要坚持马克思主义毫不动摇。2015 年 12 月，习近平总书记在全国党校工作会议上明确指出："中国特色社会主义理论体系归根到底是以马克思主义基本理论为指导的，是把这些基本理论同中国具体实际相结合的结果。马克思主义就是我们共产党人的'真经'，'真经'没念好，总想着'西天取经'，就要贻误大事！不了解、不熟悉马克思主义基本原理，就不可能真正了解和掌握中国特色社会主义理论体系。"正因如是，习近平总书记同时强调：要加强"对马克思主义经典著作的学习研究"，要"读原著、学原文、悟原理，特别是要理解其中包含的马克思主义立场、观点、方法，不要浅尝辄止"。②2017 年 9 月 29 日，习近平总书记在中共中央政治局集体学习时指出："时代在变化，社会在发展，但马克思主义基本原理依然是科学真理。""背离或放弃马克思主义，我们党就会失去灵魂、迷失方向。在坚持以马克思主义为指导这一根本问题上，我们必须坚定不移，任何时候任何情况下都不能动摇。"③

要毫不动摇地坚持马克思主义，还有一个附带问题需要探讨一下，这就是马克思主义中国化与中国化的马克思主义这两个提法哪个更准确。1938 年 10 月，毛泽东在党的六届六中全会上提出："马克思列宁主义的伟大力量，就在于它是和各国具体的革命实践相联系的。""因此，使马克思主义在中国具体化，使之在其每一个表现中带着必须有的中国的特性，即是说，按照中国的特点去应用它，成为全党亟待了解并亟须解决

---

① 《毛泽东年谱（1949—1976）》第六卷，中央文献出版社 2013 年版，第 15 页。
② 习近平：《在全国党校工作会议上的讲话》，人民出版社 2016 年版，第 15—16 页。
③ 习近平：《深刻认识马克思主义时代意义和现实意义 继续推进马克思主义中国化时代化大众化》，《人民日报》2017 年 9 月 30 日。

的问题。"①根据《毛泽东年谱》的注释，上述"使马克思主义在中国具体化"是毛泽东在编辑《毛泽东选集》时改的，在 1938 年发表的《论新阶段》中是"马克思主义的中国化"。什么是马克思主义的具体化或中国化？就是毛泽东后来经常使用的"马克思列宁主义的普遍真理和中国革命的具体实践相结合"，或是"马列主义的普遍真理与中国具体情况相统一"。1962 年，毛泽东还提出："我们必须把马克思列宁主义的普遍真理同中国社会主义建设的具体实际，并且同今后世界革命的具体实际，尽可能好一些地结合起来。"②党的十八大后，习近平总书记多次强调"坚持马克思主义基本原理同中国具体实际相结合"，同时又强调"马克思主义中国化"③，同样没再使用"中国化的马克思主义"这一概念。笔者建议，不要使用"中国化的马克思主义"这一概念为好。因为马克思主义基本原理或是马克思主义的普遍真理，不仅属于中国，而且属于世界，是放之四海而皆准的真理。"中国化的马克思主义"这一提法，往往会使人误认为中国共产党指导思想的理论基础已经完全成熟，与马克思列宁主义这个"老祖宗"已经没有什么关系，这就可能无意识地、不自觉地淡化马克思主义中国化中马克思主义普遍真理或基本原理这一基础性部分。

在毫不动摇地坚持马克思主义的同时，毛泽东与习近平总书记都曾多次强调，对马克思主义要勇于发展，勇于创新。

早在 1958 年 5 月，毛泽东在中共八大二次会议上说："马、列是指导，不是教条，教条论是最无出息的，最可丑的"，"要产生自己的理论"。④1958

---

① 《毛泽东年谱（1893—1949）》中，中央文献出版社 2002 年版，第 94 页。

② 《毛泽东文集》第八卷，人民出版社 1999 年版，第 302 页。

③ 习近平：《在哲学社会科学工作座谈会上的讲话》，《人民日报》2016 年 5 月 19 日。

④ 《毛泽东年谱（1949—1976）》第三卷，中央文献出版社 2013 年版，第 357 页。

年 7 月，毛泽东指出：“马列主义基本原理是一致的，但是各国具体情况不同，马列主义者要善于独立思考来运用马列主义。”① 毛泽东在 1959—1960 年初读苏联《政治经济学教科书》发表谈话时又说：“任何国家的共产党，任何国家的思想界，都要创造新的理论，写出新的著作，产生自己的理论家，来为当前的政治服务，单靠老祖宗是不行的。”②

习近平总书记在强调坚持马克思主义的同时，也特别强调发展马克思主义。2016 年 5 月 17 日，习近平总书记在全国哲学社会科学座谈会上强调：“马克思主义具有与时俱进的理论品质”，“马克思主义是随着时代、实践、科学发展而不断发展的开放的理论体系，它并没有结束真理，而是开辟了通向真理的道路”；“对待马克思主义，不能采取教条主义的态度，也不能采取实用主义的态度”，“什么都用马克思主义经典作家的语录来说话，马克思主义经典作家没有说过的就不能说，这不是马克思主义的态度”；“把坚持马克思主义和发展马克思主义统一起来，结合新的实践不断作出新的理论创造，这是马克思主义永葆生机活力的奥妙所在”。③

把坚持和发展马克思主义内在有机地高度统一起来，就是如 1961 年 1 月毛泽东所说：“马克思主义中国化就是马克思主义普遍真理跟中国革命具体实践的统一。各国有些枝叶的不同，必须有些枝叶的不同，根本是一样的。”④ 这也就是说，马克思主义基本原理与各国实际相结合，是马克思主义的一个基本原则。在把马克思主义基本原理与各国实际和时代特征相结合的过程中，应当因地也应因时因势不同而灵活运用马克思主义。只要做到这一点，发展马克思主义就是自然、必然得到的结果。

---

① 《毛泽东年谱（1949—1976）》第三卷，中央文献出版社 2013 年版，第 384 页。

② 《毛泽东文集》第八卷，人民出版社 1999 年版，第 109 页。

③ 习近平：《在哲学社会科学工作座谈会上的讲话》，《人民日报》2016 年 5 月 19 日。

④ 《毛泽东年谱（1949—1976）》第四卷，中央文献出版社 2013 年版，第 526 页。

1959 年 12 月，毛泽东在主持中央政治局扩大会议时指出："马克思主义、列宁主义大发展在中国，这是毫无疑义的。"① 习近平总书记在第十八届政治局第 43 次学习时明确要求："深入总结中国特色社会主义实践，更好实现马克思主义基本原理同当代中国具体实际相结合，同时也要放宽视野，吸收人类文明一切有益成果，不断创新和发展马克思主义。"② 习近平总书记在纪念改革开放 40 周年大会的讲话中又指出："发展 21 世纪马克思主义、当代中国马克思主义，是当代中国共产党人责无旁贷的历史责任。"③

1962 年 1 月 30 日，在中国经济处于比较困难之时，毛泽东在扩大的中央工作会议上明确指出："从现在起，五十年内外到一百年内外，是世界上社会制度彻底变化的伟大时代，是一个翻天覆地的时代，是过去任何一个历史时代都不能比拟的。处在这样一个时代，我们必须准备进行同过去时代的斗争形式有着许多不同特点的伟大的斗争。"④ 习近平同志是党的十八大报告起草小组的组长。在报告起草过程中，他力主把"必须准备进行具有许多新的历史特点的伟大斗争"写入十八大报告。在这个"世界上社会制度彻底变化"和"翻天覆地"的伟大时代里，在进行具有许多新的历史特点的伟大斗争中，中国共产党人担负着坚持和发展马克思主义的特殊使命。坚持马克思主义，这是因为马克思主义揭示了人类历史发展的必然规律；发展马克思主义，这是因为未来的斗争既艰苦卓绝，又波澜壮阔。

我们深知，任何正确的理论诞生，都不是在敲锣打鼓中轻松实现，

---

① 《毛泽东年谱（1949—1976）》第四卷，中央文献出版社 2013 年版，第 247 页。

② 习近平：《深刻认识马克思主义时代意义和现实意义 继续推进马克思主义中国化时代化大众化》，《人民日报》2017 年 9 月 30 日。

③ 习近平：《在庆祝改革开放 40 周年大会上的讲话》，《人民日报》2018 年 12 月 19 日。

④ 《建国以来毛泽东文稿》第十册，中央文献出版社 1996 年版，第 32 页。

而是在十分激烈的斗争甚至是血与火、生与死的考验中才能呱呱坠地的。在当今中国，只要全党上下坚持以人民为中心的思想，着眼新的无比波澜壮阔的丰厚实践，实事求是地认真总结各方面的经验教训，在以习近平同志为核心的党中央的坚强领导下，我们完全有条件创新和发展21世纪的马克思主义和当代中国的马克思主义，一定完全能够实现毛泽东关于中华民族为人类作出更大贡献的宏伟遗愿。

3. 坚持"百花齐放、百家争鸣"这一繁荣发展我国哲学社会科学的重要方针

2016年5月17日，习近平总书记在全国哲学社会科学座谈会上明确指出："百花齐放、百家争鸣，是繁荣发展我国哲学社会科学的重要方针。"[①] 他还明确要求，要提倡理论创新和知识创新，要坚持和发扬学术民主，要正确区分学术问题和政治问题等。这些要求同时也是我们党坚持马克思主义基本原理和发展21世纪马克思主义、当代中国马克思主义的重要方针。1956年4月，毛泽东指出："讲学术，这种学术也可以讲，那种学术也可以讲，不要拿一种学术压倒一切。你讲的如果是真理，信的人势必就会越来越多。"[②] 1957年3月，他又指出："我们要提倡正确的东西，反对错误的东西，但是不要害怕人们接触错误的东西"，"马克思主义是科学真理，不怕批评，它是批评不倒的"，"各种不同意见辩论的结果，就能使真理发展。对于那些有毒素的反马克思主义的东西，也可以采取这个方法，因为同那些反马克思主义的东西进行斗争，就会使马克思主义发展起来。这是在对立面的斗争中的发展，是合于辩证法的发展"。[③] 不争论、不炒热，是在贯彻百花齐放、百家争鸣这一基本性、长

---

① 习近平：《在哲学社会科学工作座谈会上的讲话》，《人民日报》2016年5月19日。
② 《毛泽东文集》第七卷，人民出版社1999年版，第55页。
③ 《毛泽东文集》第七卷，人民出版社1999年版，第279—280页。

期性的方针下，是在一定条件下的具体的工作方针和具体办法，我们在处理一些特殊的具体问题时仍然需要采取这一方针，但这一方针并不是基本性的长期的方针。要辩证认识和处理习近平总书记所说的要敢于亮剑、敢抓敢管与不争论、不炒热之间的关系，绝不能使不争论、不炒热成为一些所谓的"开明绅士"和"老好人"的"防空洞"。

4."要下大决心培养一批立场坚定、功底扎实、经验丰富的马克思主义学者"①

习近平总书记在论述培养一支宏大的马克思主义理论队伍时，多次引用毛泽东的相关论述。2018年5月4日，习近平在纪念马克思诞辰200周年大会上指出："1938年，毛泽东同志指出：'如果我们党有一百个至二百个系统地而不是零碎地、实际地而不是空洞地学会了马克思列宁主义的同志，就会大大地提高我们党的战斗力量。'"②1955年3月，毛泽东指出："我们要作出计划，组成这么一支强大的理论队伍，有几百万人读马克思主义的理论基础，即辩证唯物论和历史唯物论，反对各种唯心论和机械唯物论。"③1957年7月，毛泽东指出："必须有自己的……马克思主义理论家的队伍。这是一个宏大的队伍，人少了是不成的。"④1963年，毛泽东指出："科学研究有实用的，还有理论的。要加强理论研究，要有专人搞，不搞理论是不行的。"⑤1975年4月，毛泽东感慨："我党真懂马列的不多，有些人自以为懂了，其实不大懂。"⑥毛泽东当年指出的"我党真懂马列的不多"的状况，现在也很难说有大的改善。

---

① 《习近平关于社会主义文化建设论述摘编》，中央文献出版社2017年版，第99页。

② 习近平：《在纪念马克思诞辰200周年大会上的讲话》，《人民日报》2018年5月5日。

③ 《毛泽东文集》第六卷，人民出版社1999年版，第395页。

④ 《建国以来毛泽东文稿》第六册，中央文献出版社1992年版，第550页。

⑤ 《毛泽东文集》第八卷，人民出版社1999年版，第351页。

⑥ 《建国以来毛泽东文稿》第十三册，中央文献出版社1998年版，第426页。

从一定意义上讲，我们党能否抓住和创造新的战略机遇期，全党特别是党的高级干部的马克思主义理论水平起着决定性的作用，下决心培养一支宏大的马克思主义专业理论研究与教学队伍也势在必行。不如此，就得吃苦头。最好的办法是不亡羊，次好的办法是亡羊补牢，最糟糕的是亡了羊还不去补牢。习近平总书记已经就加强党的理论建设和党的意识形态工作作出大量的论述，一些部署开始得到落实，这是我们党十八大后取得的一项重要成就。但要真正巩固这些成就，还有很多艰苦的工作要做，切不可忽视。

（三）牢牢把握党对意识形态工作的领导权

在探讨这一问题之前，应首先厘清党的理论建设和党的意识形态工作的关系。从广义上讲，党的理论建设与党的意识形态工作是一回事，是同义语。从狭义上讲，党的理论建设是党的意识形态工作的核心与灵魂，二者既互为条件，互为基础，又相互促进，相得益彰。

1. 高度重视党的意识形态工作

毛泽东说："凡是要推翻一个政权，总要先造成舆论，总要先搞意识形态方面的工作。无论革命也好，反革命也好。"① 以习近平同志为核心的党中央高度重视党的意识形态工作。2013 年 11 月 9 日，习近平在党的十八届三中全会第一次全体会议上指出："意识形态工作是党的一项极端重要的工作。面对改革发展稳定复杂局面和社会思想意识多元多样、媒体格局深刻变化，在集中精力进行经济建设的同时，一刻也不能放松和削弱意识形态工作，必须把意识形态工作的领导权、管理权、话语权牢牢掌握在手中，任何时候都不能旁落，否则就要犯无可挽回的历

---

① 《毛泽东年谱（1949—1976）》第五卷，中央文献出版社 2013 年版，第 153 页。

史性错误。"① 我国现在实行的是社会主义初级阶段的基本经济制度。在中国共产党的领导下，公有制在我们国家占主体地位，因而最广大人民群众不仅支配着物质生产资料，而且支配着精神生产资料。因此，马克思主义在我国意识形态领域占主导地位。但从整体上说，当今经济全球化仍是以西方发达国家为主导的，更何况各种媒体的各种技术优势如互联网等都掌握在西方发达国家手里。因此，随着经济全球化的深入，从我国的外部条件来说，国际垄断资本在占有精神生产资料方面有着十分明显的优势。因此，对集中表现为宣传舆论的意识形态的这种"内强外弱"的局面，我们必须给予高度关注。更何况即使在我们国内，由于方方面面的缘由，一些宣传舆论阵地特别是新兴媒体阵地，实际上不掌握在党和人民手中。这就在思想舆论领域出现了习近平总书记所说的红色、黑色和灰色"三个地带"的问题。② 从根本上说，经济基础决定上层建筑。但是，意识形态是一个国家和民族文化的灵魂，决定着这个国家的文化前进方向和发展道路，进而反作用于政治的上层建筑和经济基础。所以，完全可以说，意识形态领域是社会主义道路与资本主义道路、社会主义制度与资本主义制度必争的战略要地和战略高地，谁抢占了这一战略要地和战略高地，谁就争得了战略的主动权。中国取得抗美援朝、抗美援越等战争胜利后，以美国为首的西方国家越来越把搞垮社会主义中国的希望寄托在和平演变的战略上。我们必须把意识形态工作的领导权、管理权、话语权牢牢掌握在手中，任何时候、任何情况下都不能旁落，否则党的理论建设就是一句空话，我们就会犯无可挽回的颠覆性错误。当今国际金融危机正在深化，世界格局处于激烈变动之中，国内深化改革也出现不少新的情况，我们需要更加高度重视党的意识形态工作。

---

① 《习近平关于社会主义文化建设论述摘编》，中央文献出版社 2017 年版，第 33—34 页。
② 《习近平关于社会主义文化建设论述摘编》，中央文献出版社 2017 年版，第 30 页。

2. 牢牢把握党对意识形态工作领导权必须全心全意依靠人民

在资本主义制度统治下，尽管工人阶级可以自发地倾向于社会主义，但其自身只能产生经济主义和工团主义，而不会自发地产生正确的理论。正确理论的产生和发展，只能依靠先进的知识分子与以工农为主体的人民群众相结合，特别是需要先进的政党的指引。在社会主义条件下，人民既是意识形态建设的价值主体，同时又是实现其价值的实践主体，党的理论建设和意识形态工作必须紧紧依靠人民。毛泽东曾指出：社会主义制度下劳动者最大的权利，最根本的权利，是"劳动者管理国家、管理军队、管理各种企业、管理文化教育的权利"，"没有这种权利，劳动者的工作权、休息权、受教育权等等权利，就没有保证"，"社会主义民主的问题，首先就是劳动者有没有权利来克服各种敌对势力和它们的影响的问题。像报纸刊物、广播、电影这类东西，掌握在谁手里，由谁来发议论，都是属于权利的问题"，"人民自己必须管理上层建筑，不管理上层建筑是不行的。我们不能够把人民的权利问题，理解为国家只由一部分人管理，人民在这些人的管理下享受劳动、教育、社会保险等等权利"。① 党的理论建设和意识形态工作只有依靠人民，才能不断巩固与增强人民群众当家做主的意识，人民群众才会更加自觉地把个人命运与国家、民族和社会主义的命运紧密联系在一起，才能更加自觉地发挥自己的积极性、主动性和创造性，不仅能依法管理国家和社会事务，管理经济，而且以主人公的姿态积极参与管理文化的上层建筑和意识形态工作，包括参与理论建设和理论创新工作。在网络等新兴媒体不断涌现的今天，只有真正依靠人民，打好网络"人民战争"，才是有力有效抵制境内外敌对势力渗透和西化企图、搞好党的意识形态工作和理论建设的战无不胜

---

① 《毛泽东年谱（1949—1976）》第四卷，中央文献出版社 2013 年版，第 266—267 页。

的法宝，舍此别无他途。

3. 在党的理论建设和意识形态工作中必须旗帜鲜明，敢抓敢管，敢于亮剑

1957 年 2 月，毛泽东指出："马克思主义在开始的时候受过种种打击，被认为是毒草。现在它在世界上的许多地方还在继续受打击，还被认为是毒草。在社会主义国家里，马克思主义的地位不同了。但是就是在社会主义国家，还是有非马克思主义的思想存在，也有反马克思主义的思想存在。"[1] 2013 年 8 月 19 日，习近平总书记在全国宣传工作会议上明确指出："坚持正面宣传为主，决不意味着放弃舆论斗争。"[2] 2016 年 2 月 9 日，习近平总书记指出："宣传思想战线的同志要当战士、不当绅士，不做'骑墙派'和'看风派'，不能搞爱惜羽毛那一套。"[3] 习近平总书记在党的十九大报告中又指出："全党要更加自觉地坚持党的领导和我国社会主义制度，坚决反对一切削弱、歪曲、否定党的领导和我国社会主义制度的言行。"[4] 他还在 2018 年全国宣传思想工作会上指出："要旗帜鲜明坚持真理，立场坚定批驳谬误。"[5] 随着改革开放的深入，西方敌对势力贩卖的各种错误思潮，如"新自由主义""民主社会主义""公民社会""西方宪政民主""普世价值""历史虚无主义"在我国泛滥。上述与其说是一种学术理论思潮，不如说更是一种政治思潮，是特定的阶级和阶层的代表人物特定的政治、经济与价值观的表达，绝不是与我国经

---

① 《毛泽东文集》第七卷，人民出版社 1999 年版，第 230 页。

② 《习近平关于社会主义文化建设论述摘编》，中央文献出版社 2017 年版，第 27 页。

③ 《习近平关于社会主义文化建设论述摘编》，中央文献出版社 2017 年版，第 45 页。

④ 习近平：《决胜全面建成小康社会 夺取新时代中国特色社会主义伟大胜利——在中国共产党第十九次全国代表大会上的报告》，《人民日报》2017 年 10 月 28 日。

⑤ 《举旗帜聚民心育新人兴文化展形象 更好完成新形势下宣传思想工作使命任务》，《人民日报》2018 年 8 月 23 日。

济社会发展和党、国家、民族前途命运关涉不大的所谓"文人之见"，而历史虚无主义则是这些错误思潮的先导与基础。我们必须坚持正确政治方向，站稳政治立场，坚定宣传党的理论和路线方针政策，坚定宣传中央重大工作部署，坚定宣传中央关于形势的重大分析判断，坚决同党中央保持高度一致，坚决维护中央权威，牢牢坚持正面宣传为主。同时，我们决不能当开明绅士，决不能做"骑墙派"和"看风派"，要秉持实事求是的原则，组织专门力量，依据铁的事实，一件件及时揭穿各种谎言，给予造谣蛊惑者必要的法纪惩戒，给予糊涂者必要的引导，击败不断花样翻新的各种错误思潮特别是历史虚无主义，这样才能更加有力地教育和团结最广大人民群众，实现中华民族伟大复兴的中国梦。

中国共产党是中国工人阶级的先锋队，同时又是中华民族和中国人民的先锋队，代表国家、民族和最广大人民群众眼前和切身的利益和长远、根本利益。正因如此，中国的意识形态姓党，其党校、高校、各种研究机构、舆论机构都应姓党。文化可以有产业，但不能产业化。恩格斯指出："资产阶级把一切都变成商品，对历史学也是如此。资产阶级的本性，它生存的条件，就是要伪造一切商品，因而也要伪造历史。伪造得最符合资产阶级利益的历史著作，所获得的报酬也最多。"[1] 各级党委（党组）领导班子要对意识形态工作负主体责任，各级党委和领导干部要把宣传思想工作切实抓起来。看一个领导干部是否成熟，能否担当重任，一个重要方面就是看他重不重视、善不善于抓宣传思想工作。要切实强化党委（党组）领导责任制，把意识形态工作作为党的建设和政权建设的重要内容纳入议事日程，出了问题、情况清楚且是明显错误的，有关党委（党组）必须第一时间表明态度，对问题掩着护着的要严肃追究责

---

① 《马克思恩格斯全集》第十六卷，人民出版社 1965 年版，第 573 页。

任。要落实意识形态工作责任制，加强阵地建设和管理，注意区分政治原则问题、思想认识问题、学术观点问题。

4．意识形态领导权必须牢牢掌握在真正忠诚的马克思主义者手中

思想上政治上的路线确定之后，干部就是决定的因素。从一定意义上讲，意识形态工作的领导权决定管理权、话语权。意识形态领域的各级领导权必须牢牢掌握在真正忠诚的马克思主义者手中，只有这样才有可能建立一支宏大的马克思主义理论、历史、新闻等领域的研究和宣传队伍，才有可能建立一个又一个忠诚于党和人民事业的坚强的理论研究和宣传舆论阵地，战胜"历史虚无主义"等种种错误思潮才有可靠的政治和组织保障，党的理论建设和意识形态工作才有光明的前途。意识形态工作的领导权得不到很好的解决，管理权和话语权就是一句空话。

5．必须掌握互联网这一舆论斗争主战场的主动权

习近平总书记明确指出：互联网已经成为舆论斗争的主战场，"西方反华势力一直妄图利用互联网'扳倒中国'，多年前有西方政要就声称'有了互联网，对付中国就有了办法'，'社会主义国家投入西方怀抱，将从互联网开始'"，"他们的互联网活动能量和规模远远超出了世人想象。在互联网这个战场上，我们能否顶得住、打得赢，直接关系我国意识形态安全和政权安全"。[①]2019 年 1 月 25 日，习近平总书记在十九届中央政治局第十二次集体学习时又强调："我多次说过，没有网络安全就没有国家安全；过不了互联网这一关，就过不了长期执政这一关。"[②]党的十八大后，虽然我国网络安全工作明显加强，但由于长期积累的问题太多，"网络雾霾"现象依然严重。国内外敌对势力运用各种手段特别是现代化

---

① 《习近平关于总体国家安全观论述摘编》，中央文献出版社 2018 年版，第 103 页。

② 习近平：《加快推动媒体融合发展 构建全媒体传播格局》，《求是》2019 年第 6 期。

的新兴媒体，如数字报刊、移动电视、手机媒体、手机短信、微信、博客、微博客等，蓄意否定、歪曲、污蔑、攻击我国近现代革命史、党的历史，新中国社会主义革命、建设和改革开放的历史，特别是重点攻击党的领袖，有些内容极其荒谬、反动的微信、博客等甚至在西方一些发达国家生成，而在当今中国的各种新兴媒体上泛滥，具有极大的欺骗性。

治理这些现象应明确以下四个管理网络的原则：一是网络国家主权原则。网络有国界，我们不仅要有网络警察，还应专门组建中国人民解放军网络军队，捍卫国家网络疆界安全。前一段个别强国攻击委内瑞拉电网，值得我们警觉和引以为戒。二是网络平台公有制为主体原则。由于"文化产业化"口号的不当提出，有些关键平台被外资所控，这在平时就增加不少管理难度，在特殊时期可能更加难以管理，甚至成为国内外敌对势力点燃"颜色革命"的得力工具。尽管党的十八大后网络工作得到大大加强，但其平台不在党和人民手中，利用网络不断制造政治谣言（亦可被称之为所谓的"网络革命"）的现象屡见不鲜。因此，必须下决心把党在社会主义初级阶段的基本经济制度落实到网络建设领域。重要网络平台必须掌握在国有企业手中。三是网络平台责任原则。政府要加强对各种不同所有制网络平台的依法监管，对各种所有制平台一个标准管理，哪个平台出事哪个平台负责。前不久，德国曾出台对严重违规的平台一次罚款 5000 万欧元的法律。这个经验值得借鉴，只有这样才能倒逼平台加强对其出资者、经营者以及编辑、记者等的管理。四是网络实名原则。网上虚拟人要和背后现实人一一对应，责任依法追究到人。有的需要新闻媒体曝光，有的可以罚款，特别恶劣的可以在中央电视台曝光甚至依法追究刑事责任，而仅仅凭借封堵个别终端的办法解决不了问题。现在，这方面的技术已经不成问题，管理网络上虚拟人的言行若像依法管理城市里的汽车司机一样严格，网络就会清静很多。

当然，绝不能把网络管死了。网络也是倾听最广大人民群众呼声难得的好渠道，是贯彻"百花齐放、百家争鸣"的好场所。所以，要逐步健全相关法律法规，正确处理网络上两类不同性质的矛盾。

（四）切实抓好经济建设这一中心工作

在没有爆发大规模战争的危险下，必须毫不动摇地坚持以经济建设为中心。经济工作是多方面的，以下仅讲五个方面。

1. 要有过一段苦日子的思想准备

2019 年一开年，中央就举办了省部级主要领导干部坚持底线思维、着力防范化解重大风险专题研讨班，习近平总书记在开班式上明确指出：要"深刻认识和准确把握外部环境的深刻变化和我国改革发展稳定面临的新情况新问题新挑战，坚持底线思维，增强忧患意识，提高防控能力，着力防范化解重大风险，保持经济持续健康发展和社会大局稳定"[①]。

我国经济已经高速发展 40 多年，极大地增强了国力，有效改善了广大人民群众的生活，创造了世界经济发展史上的奇迹。但是，也应清醒地看到，40 多年来我国高速发展的经济是粗放型的。

2010 年年初，笔者曾撰写《七大资源相对匮乏呼唤加快经济发展方式转变》一文在相关内刊刊发，后在《红旗文稿》发表。文中指出："在未来一些年内，我国所面临的所有新情况、新困难中，可持续发展的七种资源可能出现相对匮乏的情况是最重要、最基础性的。"文中指出，这七个相对匮乏的资源一是土地资源，二是政府性投入资源即城乡居民存款总额再贷出去的资源，三是物质资源，四是环境资源，五是国际国内市场资源，六是劳动力资源，七是外资资源。文中还说："以上七种资源

① 《提高防控能力 着力防范化解重大风险 保持经济持续健康发展社会大局稳定》，《人民日报》2019 年 1 月 22 日。

带动了房地产、高速铁路公路机场等基础设施建设、汽车工业和外贸出口四个产业的高速增长，由此带动了钢铁、水泥、化工、电力、建材等30多个行业的超常规发展。"目前这些资源都在萎缩或相对萎缩，特别值得注意的是文中提出的占首位的土地资源。毛泽东在读苏联《政治经济学教科书》时说："现在我们都不算土地的价值；从古以来，没有不被破坏的房屋，但有不被破坏的土地；我国现有十五亿八千万亩耕地，绝大部分是古人留下来，是人们千秋万代的劳动所经营出来的，到现在我们也是每年把自己的劳动加到上面去；土地是最基本的生产资料，经济学家最好能算算土地的价值。"① 毛泽东的以上论述至今仍熠熠生辉。从一定意义讲，我们所有的财富都离不开土地，土地是所有财富之母；离开土地，我们一无所有，除非将来能到月球和其他星球上拿资源。

改革开放40多年来，除实行正确的改革开放政策这一决定性作用外，我们经济高速增长的另一个关键原因是960多万平方公里大地上的各种物质财富进入数据化、货币化领域，这是毛泽东时期"一化三改"、土地收归国有和集体所有为我们奠定的根本的物质基础。这样，搞经济特区、高新科技开发区，吸引外资，扩建城市，修建高速铁路、高速公路、机场等，不仅毫无成本，而且可以大规模出让土地，产生地租、级差地租、超级地租。另外，还可以把油田、煤田、稀土、金矿等矿山租赁出去，这其中释放了多少"红利"呀。我国的稀土储量占世界36%，但产量为世界90%以上，出口曾便宜到每公斤价格仅18元人民币，而国际市场价格竟高达每公斤1000美元。贵州黔西南、辽宁营口、云南川东三个金矿储量均超过100吨，远景储量分别为150、300、400吨，但外资控股分别为85%、79%、90%。70多年了，台湾历届当局都想修建

---

① 中华人民共和国国史学会：《毛泽东读社会主义政治经济学批注和谈话》下册，第579页。

一条环岛高速公路，但始终无果，因为土地私有，成本太高，公共财政根本无法负担。改革开放以来，我们"经营城市"即经营土地成就巨大，但现在土地财政与我们的粮食战略安全发生了严重冲突，房价也达到相当的高位。可以说，主要依靠土地财政维持经济增长的周期即将基本结束。如果我国经济发展方式再不下决心主动实行转变，将来就会被迫转变，届时代价会更大更多。习近平总书记高瞻远瞩，及时提出了"五大发展理念"，其中占首位的便是"创新"。现在必须排除一切干扰，认真扎实贯彻"五大发展理念"。创新并不是一朝一夕即可见效的事，加上美国对我贸易制裁，我们极有可能进入一个经济较为困难的时期。在特定条件下和必要时，建议给全体党员、全国人民讲清上述现状与道理，统一思想，对外下决心实施"共商、共建、共享"的"一带一路"倡议，对内坚定贯彻"五大发展理念"，依靠人民，有效启动内需，逐步实现共享，如此就没有渡不过的难关。

2．全面完整准确地理解和贯彻党的基本路线

党的十九大通过的新党章对党的基本路线的表述是："领导和团结全国各族人民，以经济建设为中心，坚持四项基本原则，坚持改革开放，自力更生，艰苦创业，为把我国建设成为富强民主文明和谐美丽的社会主义现代化强国而奋斗。"[①]但在实际工作中，不少同志往往只记住了朗朗上口并通俗易懂的"一个中心、两个基本点"，不记得甚至根本不知道党的基本路线的完整表述，不知道党的基本路线中还有"坚持四项基本原则"和"自力更生、艰苦奋斗"这一十分重要的战略思想，因而在实际工作中出现了不少重大偏差。如往往只记得坚持改革开放，忘记了基本路线中的坚持四项基本原则；只记得基本路线中的坚持以经济建设为

---

① 《中国共产党第十九次全国代表大会文件汇编》，人民出版社 2017 年版，第 70—71 页。

中心，在理解坚持以经济建设为中心时只记得以 GDP 为中心，并把经济建设的重心放到跑要项目和招商引资为中心上，往往忘记了"自力更生、艰苦奋斗"的精神。为建设而建设、为改革而改革、为开放而开放以及为招商而招商、为投资而投资，这就带来躺在床上吃祖宗、"杀鸡取卵"吃未来，环境污染，财富占有与收入分配拉大等一系列问题，因而带来现在美国制裁中兴、围剿华为乃至十分激烈的中美贸易战。

毛泽东思想活的灵魂是贯穿其中的立场、观点、方法，包括实事求是、群众路线、独立自主三个基本方面。独立自主的一个重要内涵就是"自力更生、艰苦奋斗"精神。要把我国建设成为富强、民主、文明、和谐、美丽的社会主义现代化国家，当然要争取外援，并尽最大可能利用世界各国方方面面的资源，但这个立足点只能放在我们自己长时段的自力更生和艰苦奋斗基础上。企图用金钱买回或用资源换回一个富强、民主、文明、和谐、美丽的社会主义现代化国家，这是完全不切实际的。2014 年 5 月 23 日，习近平总书记在上海考察中国商飞设计研发中心时指出："我们要做一个强国，就一定要把装备制造业搞上去，把大飞机搞上去，起带动作用、标志性作用。中国是最大的飞机市场，过去有人说造不如买、买不如租，这个逻辑要倒过来，要花更多资金来研发、制造自己的大飞机。"①2018 年 4 月 24 日，习近平总书记来到长江三峡坝区，察看三峡工程和坝区周边生态环境。在了解三峡工程发展历程、综合效益、科技创新的相关情况后，他深情地对大家说："这是我国社会主义制度能够集中力量办大事优越性的典范，是中国人民富于智慧和创造性的典范，是中华民族日益走向繁荣强盛的典范。真正的大国重器，一定要掌握在自己手里。核心技术、关键技术，化缘是化不来的，要靠自己拼

---

① 《蓝天追梦——记中国国产大飞机研制》，《经济日报》2018 年 9 月 7 日。

搏。13 亿多中国人民要齐心合力、砥砺奋斗，共圆中国梦！"①2018 年 9 月 2 日，习近平总书记在齐齐哈尔视察中国一重集团有限公司时指出："现在，国际上单边主义、贸易保护主义上升，我们必须坚持走自力更生的道路。中国要发展，最终要靠自己。"②2019 年 5 月 20 日，习近平总书记在考察江西金力永磁科技股份有限公司时指出："技术创新是企业的命根子。拥有自主知识产权和核心技术，才能生产具有核心竞争力的产品，才能在激烈的竞争中立于不败之地。"③习近平这些话，旗帜鲜明地倡导了"自力更生、艰苦奋斗"的精神。习近平总书记所倡导的这一精神，在今后改革开放的新的伟大实践中，必将结出灿烂的物质文明与精神文明之硕果。在重新强调自力更生的同时，当然要以更大的决心和勇气实行对外开放，这一点同样十分重要。

3. 经济工作的核心是所有制问题

2016 年 3 月 4 日，习近平总书记在全国政协联组会上明确指出："我们党在坚持基本经济制度上的观点是明确的、一贯的，而且是不断深化的，从来没有动摇。中国共产党党章都写明了这一点，这是不会变的，也是不能变的。"④

在社会主义初级阶段，必须坚持以公有制为主体、多种所有制经济共同发展，积极稳妥解决财富占有和收入分配上的差距。现在是扶贫，接着是共享，同时不断朝着共同富裕方向迈进，在中华民族伟大复兴之

① 《加强改革创新战略统筹规划引导 以长江经济带发展推动高质量发展》，《人民日报》2018 年 4 月 27 日。

② 习近平：《解放思想锐意进取深化改革破解矛盾 以新气象新担当新作为推进东北振兴》，《人民日报》2018 年 9 月 29 日。

③ 《贯彻新发展理念 推动高质量发展 奋力开创中部地区崛起新局面》，《人民日报》2019 年 5 月 23 日。

④ 《十八大以来重要文献选编》下，中央文献出版社 2018 年版，第 246 页。

时实现共富。只有毫不动摇地坚持社会主义初级阶段基本经济制度，才能直接和根本体现我国的社会主义性质，体现最广大人民群众的根本利益，我们党、国家和民族才有美好的前途。

中国国有企业是中华人民共和国的长子，为新中国革命、建设和改革事业作出了重大贡献。国有企业是我国国民经济中的中坚力量，是我国国计民生和国防建设的重要支撑，必须坚决贯彻习近平总书记关于把国有企业做强做优做大的重要指示，坚持国有企业为主导，在国有企业中必须切实保障工人阶级主人翁的地位，充分发挥其主人翁的作用。2016年10月，习近平在全国国有企业党的建设工作会议上指出："在中国共产党领导和我国社会主义制度下，国有企业和国有经济必须不断发展壮大，这个问题应该是毋庸置疑的；特别是各种敌对势力和一些别有用心的人重点拿国有企业说事，恶意攻击、抹黑国有企业，宣扬'国企不破，中国不立'，声称'肢解'是国有企业改革的最佳方式；醉翁之意不在酒！这些人很清楚国有企业对我们党执政、对我国社会主义制度的重要性，想搞乱人心、釜底抽薪。"我们要毫不犹豫、千方百计地把国有企业做强做优做大。在这次中美贸易战中，为什么美国总是企图把中国的国有企业打掉，就是因为在波涛汹涌的经济全球化大海里，只有强大的中国国企，包括我们的几大商业银行，像航空母舰一样，比较扛得住大风大浪的冲击。

在我国社会主义初级阶段基本经济制度的保障下，我国民营经济在我国国内有着良好的生存发展环境，但在经济全球化日益深入发展的条件下，一旦中国经济领域里的"航空母舰"即国有企业被打掉，有着几百年历史的国际各种垄断资本就会比较容易把中国的民营企业任意围猎鲸吞。华为完全依靠自己的力量成长起来，现在却被国际资本甚至个别帝国不惜动用国家力量、采用种种卑劣手段进行围剿。从一定意义上讲，中国的国有企业是中国民营企业在国际市场上合作、竞争、博弈、较量和壮大的护卫舰，各位民营企业家对此必须要有十分清醒的认识。

2013 年 11 月 12 日，习近平总书记明确指出："全面深化改革必须以促进社会公平正义、增进人民福祉为出发点和落足点"，"使改革发展成果更多更公平惠及全体人民"；"如果不能给老百姓带来实实在在的利益，如果不能创造更加公平的社会环境，甚至导致更多不公平，改革就失去意义，也不可能持续"。[①] 笔者认为，对教育、医疗以及水暖电气供应等关涉国计民生的公益事业，我们当然要解放思想，实事求是，进行必要的体制机制的改革，包括适当发挥资本其中包括外资的补充作用。但这些领域的改革，必须由各级政府更多、更好地发挥统筹性、引导性和决定性作用，始终确保公有制在这些领域占主体地位。这也正如习近平总书记所说："有些不能改的，再过多长时间也是不改，不能把这说成是不改革。"[②] 这也就是说，市场化、私有化绝对不是改革开放的同义语。如果不计后果地把这些领域市场化、产业化，各种资本就会用适当的所谓"高薪制"把优秀教师、医生及其管理人员从公立学校、医院挖走，并将很快以此为借口说公有制不好，在搞垮"公立""公有"后，很快也会垄断服务价格。这就必然会违背我们党始终坚守为中国人民谋幸福、为中华民族谋复兴这个初心和使命，还可能会给党、国家和人民带来灾难性后果而被载入史册。

另外，我们也要勇于在所有制方面创新。华为现在属于私营企业还是公有制属性的合作经济企业？笔者认为，按照《中华人民共和国宪法》的正式表述，华为属于社会主义劳动群众集体所有制经济，其诞生与壮大是中国人民在社会主义市场经济条件下新的伟大创造。当今的华为，人人持有股份，人人与企业共奉献、共兴旺、共患难、共进退，任正非功不可没。我们充分肯定华为在 5G 技术创新方面的重大创新，同时也要

---

① 《习近平关于全面深化改革论述摘编》，中央文献出版社 2014 年版，第 20 页。

② 《习近平关于协调推进"四个全面"战略布局论述摘编》，中央文献出版社 2015 年版，第 69 页。

充分肯定他们在所有制方面的重大创新。祝愿在社会主义中华人民共和国的大地上，各行各业的华为式的企业更多、更快地成长起来。

同时，在条件成熟的城乡，必须发展集体经济，这样食品、药品安全等才有进一步的可靠保障。这是因为食品安全仅靠企业外部监管这一条远远不够，内部监督才是决定性因素。公有制企业内部才可能建立真正的经济、政治等民主监督的体制机制，有效地制约各种损害广大消费者利益的唯利是图行为。在广大农村必须坚持耕地的集体所有制度，并不断发展新型农村集体经济，这样才能确保基层政权的社会主义性质，才能把党的领导落实到农村乡镇，也才能确保我国的粮食安全，确保广大农民逐步实现共同富裕，确保我国避免走拉美城市化道路，避免社会出现大的动荡。

当然，无论是国有企业还是集体企业，都应是原本意义上的国有企业和集体企业，是人民当家做主或集体成员当家做主的企业，而绝不能仅仅是名义上的。所以，毛泽东强调，管理权也是所有权。习近平总书记反复强调，要坚决反对官僚主义，与贪污腐败分子作坚决斗争。只有毫不动摇地坚持以公有制为主体，才能确保扶贫、共富和最终共富这一既是经济任务更是政治任务的圆满完成，也才能确保中国共产党的先进性和纯洁性，确保共产党长期执政。

在毫不动摇巩固和发展公有制经济的同时，要毫不动摇鼓励、支持、引导非公有制经济发展。在社会主义初级阶段，中国特色社会主义民营企业担负着光荣的使命，很多中国民营企业家必然具有中国特色社会主义的特色和中华民族优秀文化传统和优秀道德传统。在中华民族实现伟大复兴的征程中，必然有凯歌行进的豪迈，同时又有风雨交加的艰辛。我们深信，特别是在风雨交加之时，将有许多中国的民营企业家更加坚定地与党、国家、人民和民族站在一起，将有更多的华为式的企业出现。

没有这样的经济基础，中国经济社会必将最终发生动荡、动乱甚至出现邓小平所说的内战，这绝不是危言耸听。

4. 切实打好防范和化解金融风险攻坚战

打好防范和化解金融风险攻坚战是做好我国经济工作最急切的工作。我国金融市场逐步开放是必须和必然的，但必须按照习近平总书记的要求，深化对国际国内金融形势的认识，坚决打好防范化解包括金融风险在内的重大风险攻坚战，推动我国金融业健康发展。中国和美国同属一个世界经济体系，两国经济随着经济全球化的深入而不断融合，但"中美国"格局不是中国和美国独有的，事实上世界绝大部分国家和地区已经形成了经济上相互交融的胶着局面，背后是跨国金融资本对资源配置的决定性地位的不断增强。中国市场"甜"房市久矣，"苦"股市亦久矣，这样就把人们辛辛苦苦积累的财富引导、堆积在大量的钢筋水泥上，导致企业无法技术创新。但创新是实现中华民族伟大复兴的必由之路。适当发展包括对外资开放中国股市，以直接支持我国需要发展的第一、第二产业，十分重要。我国出台金融进一步开放的相关规定后，美国高盛公司分外看好中国股市，2019年3月10日，该公司出具报告认为，沪深300指数还有50%的上涨空间。此前，美国摩根士丹利估计，未来5年，人民币汇率市场化和中国资本账户开放可能吸引4000亿美元海外资金进入中国股市和债市；甚至认为，在最乐观的情况下，如果中国市场完全开放，那么资金流入规模可能超过1.2万亿美元。现在，美国又打开了降息通道，甚至有可能降到0—0.25的水平。美国金融大鳄借贷融资成本不断降低直至为零，不仅有可能推高我国人民币汇率，增加我国出口难度，还可能使境外资本项目涌入我国股市和种种金融衍生品市场。对此，我们必须予以高度关注。要严防我国股市成为国内外资本抽取本国普通股民血汗和国家社保基金等最为直接、便捷的通道。

5. 高度重视粮食安全

毛泽东早在 1960 年就说："凡是自己能办的，必须尽量地多搞。只有自己实在不能办的才不办。特别是农业，更应当搞好。吃饭靠外国，危险得很，打起仗来，更加危险。"[①] "粮食很重要，是宝中之宝，要突出出来，不要被棉花、大豆等东西压掉。没有粮食吃会死人，粮食不但决定吃饭，还决定畜牧业发展。"[②] 2017 年，我国仅进口大豆就高达 9500 多万吨，折合成耕地便有 8 亿亩左右，我国只有 18 亿亩耕地呀！另外，我国是大豆发源地，有着 5000 年的栽培历史，其品种达 2 万多，但现在我国大豆对外依存度达 80%，美国转基因大豆轻而易举地占领了我国国内市场。若按有效加工能力计算，目前国内大豆加工已被外资控制 50% 以上，外资四家公司还垄断了我国 80% 的大豆进口货源。另外，近年来，77 家国外种子公司已掌控我国 99% 高端蔬菜和我国东北地区 50% 的杂交玉米的种子市场。

对于转基因农作物的利害和要不要继续生产，争论十分激烈。笔者认为，从目前看，说转基因一定有问题或一定无问题，证据都不充足，这需要足够的时间和历史来检验。毫无疑问，对转基因技术的研究，我们必须紧紧盯上、跟上，但对转基因食品，我们则应十分慎重。为什么呢？一是既然确信转基因无害，为什么那么多发达国家却明令禁止种植和进口转基因食品？为何著名的国际会议都赫然标明不使用转基因食品？二是不知主张转基因食品无害的同志承不承认我们在生物科技方面与美国的差距。笔者请教相关科学家，都承认我们的差距不小。那我们怎么能用我们相对落后的生物科技检测技术，果断判定比较先进的美国转基因粮食和食品是绝对没有问题的呢？三是转基因种子是被外资掌控

---

① 《毛泽东年谱（1949—1976）》第四卷，中央文献出版社 2013 年版，第 320 页。

② 《毛泽东年谱（1949—1976）》第四卷，中央文献出版社 2013 年版，第 374 页。

的，在特定条件下他们从种子这一源头卡住我们的脖子，我们的饭碗就会空空如也！这些状况，必须引起相关领导和相关方面的高度警惕。

针对改革开放后出现的新情况，习近平总书记特别强调："总体看，我国粮食安全基础仍不稳固，粮食安全形势依然严峻，什么时候都不能轻言粮食过关了。在粮食问题上不能侥幸、不能折腾，一旦出了大问题，多少年都会被动，到那时谁也救不了我们。我们的饭碗必须牢牢端在自己手里，粮食安全的主动权必须牢牢掌控在自己手中。""我们的饭碗应该主要装中国粮。立足国内基本解决我国人民吃饭问题，是由我国的基本国情决定的，也是我们一以贯之的大政方针。一个国家只有立足粮食基本自给，才能掌握粮食安全主动权，进而才能掌控经济社会发展这个大局。靠别人解决吃饭问题是靠不住的。如果口粮依赖进口，我们就会被别人牵着鼻子走。"① 习近平总书记对粮食安全问题的阐述已经讲得十分到位。这是一个关系党、国家和民族生死攸关的重大问题。但是对习近平的指示，现在到底落实得如何？有一点应该也必须明确，决不能把粮食安全系在别国或别人的腰带上。

（五）切实做好必要的军事斗争准备

要探讨我国将来有可能面临较大规模战争之虞，现在看来是杞人忧天。因为我们有以习近平同志为核心的党中央的坚强正确的领导，有强大的中国人民解放军，有"两弹一星一潜艇"，有全国各族人民的坚强团结，有国内改革、发展和稳定的良好局面，我们的对手决不会干这样的傻事。但是，凡是合理的，就有可能变为现实存在。从一定意义上讲，对手的兵马未动，而舆论已经先行，经贸已经先行，金融已经先行，科

---

① 《十八大以来重要文献选编》上，中央文献出版社 2014 年版，第 661 页。

技已经先行，等等。香港前几天街头出现的混乱状况正是个别国家希冀今后一些年月在北京街头再次出现的，希望 1989 年的那场政治风波在神圣的天安门广场重演。在特定的条件下，如果国内改革、发展和稳定一旦遇到大麻烦，绝不排除我们的对手会果断出手展示其硬实力。当然，他们首先要挑唆和发动的还是其代理人与我们的战争。

被推为百代论兵之祖、千古武学之圣的孙子在 2500 余年前曰："兵者，国之大事，死生之地，存亡之道，不可不察也。"[1] 毛泽东在 1964 年春感叹："人世难逢开口笑，上疆场彼此弯弓月。流遍了，郊原血。"[2] 美国颇具影响的未来学家阿尔文·托夫勒和海迪·托夫勒夫妇在其重要著作《未来的战争》扉页上引用了托洛茨基这样一句话："也许，你对战争毫无兴趣；但是战争对你却兴趣甚浓。"[3] 他们还在该书中预言："我们将会看到一个未来战争和反战争都在其中进行的竞技场，即 21 世纪的全球体系。"[4] 战争与和平关系自身安危，是任何国家都必须审慎对待、正确处理的重大战略问题。战争与和平问题是关系人类命运和文明的生存发展的根本问题，是关系社会主义这一崭新制度的兴衰成败的大事，直接影响和制约着社会主义国家的军事战略、国防建设和军队建设乃至国家的安全、发展战略和内外政策一系列重大问题。要巩固和发展社会主义制度，对战争与和平问题不可不察。

人类有史以来，世界各国内部、国与国之间爆发过无数次战争。据不完全统计，从公元前 3200 年到公元 1999 年，世界上大约总共发生过

---

[1] 陶汉章编著：《孙子兵法概论》，解放军出版社 1985 年版，第 75 页。

[2] 《毛泽东诗词集》，中央文献出版社 1996 年版，第 124 页。

[3] ［美］阿尔文·托夫勒、海迪·托夫勒：《未来的战争》，阿笛、马秀芳译，新华出版社 1996 年版，扉页。

[4] ［美］阿尔文·托夫勒、海迪·托夫勒：《未来的战争》，阿笛、马秀芳译，新华出版社 1996 年版，第 294 页。

14600 次战争。战争既是人类各个阶级社会诞生的助产士，又是各个阶级社会灭亡的掘墓者。有学者认为，20 世纪 60—70 年代中国对苏联的战备是假想，虚构了一个实际上并不存在的强大的企图入侵之敌，因而对敌情判断严重失误，严重浪费了大量的人力、物力、财力，严重干扰了"四个现代化"的进程。也有学者认为，当时中国对苏联的战备是被迫进行的。笔者对后一种说法完全赞同。当然，在如此巨大的具体准备工作中，不可避免地出现了这样那样的失误。但是，正是因为中国从精神上和物质上做好了随时准备打仗的充分准备，正是因为以毛泽东为核心的党中央运筹帷幄，积极推进世界战略格局的重大演变，才有效遏制了苏联社会帝国主义者对我国发动大规模战争和核战争，有效消除了各种外患，保证了社会主义祖国的安全稳固和经济建设以及后来改革开放的顺利进行，从而也为维护世界和平作出了重大贡献。不仅如此，当时的战备工作还有力地推动了中国的经济建设、科技发展，直接推动了中美关系的改善和外交战线上一系列重要成绩的取得，也在很大程度上推动了中国西北、西南以及中部地区的开发与发展。现在，战争的根源没有消除，列宁讲，帝国主义是战争的根源，邓小平讲，霸权主义是战争的根源。列宁的判断是完全正确的，邓小平的思想是对列宁相关理论的继承和发展。战争往往与经济危机相伴。世界性的经济危机有可能在世界范围内的某些便于转嫁危机的地区引发战争，甚至是大规模的战争。社会主义和资本主义两种制度的斗争将是长期的，各种矛盾和历史遗留问题开始暴露、激化。白云苍狗，今是昨非。当人们迫切盼望和平与发展时应记住：当今世界，战争仍然是困扰着人类社会、同时也是困扰着社会主义的梦魇！2017 年 11 月 3 日，中共中央总书记、国家主席、中央军委主席、军委联指总指挥习近平视察军委联合作战指挥中心。他特别强调："中华民族伟大复兴绝不是轻轻松松、敲锣打鼓就能实现的。军事斗争是进行伟大斗争的重要方面，打赢能力是维护国家安全的战略能力。全军要强化忧患意识、危机意识、打仗意识，全部心思向打仗聚焦，各项工作向打仗用劲，尽快把备战打仗能力搞上去。"①

2019 年 5 月 25 日，台"外事部门"主管吴钊燮在推特上发文表示："我们与 AIT（美国在台协会）对口的'北美事务协调委员会'（北协）将更名为'台湾美国事务委员会'。"笔者认为，这绝不是更名问题，而是正式设立"台湾美国事务委员会"。2019 年 6 月 1 日，美国国防部发布的《印度 - 太平洋战略报告》把我国神圣领土台湾与新加坡、新西兰、蒙古国等一同列入"国家"，美国走得太远了。和平解放台湾是我们争取的最好前景，但绝不是我们的底线。在任何情况下，台湾绝不能分裂出去才是我们的底线。美国在台湾问题上一直在通过试探性进攻来摸中国的底牌和底线，但中国共产党人和中国人民对待分裂中国的态度一是坚决反对，二是坚决回应。威武不能屈，这是中华民族优秀文化传统的重要组成；威武不会屈，这是以毛泽东为代表的中国共产党人形成、以习近平同志为核心的党中央继承和发扬光大的朗朗风骨。我们要充分做好必要的军事斗争准备，扼住企图挑战我国主权、安全甚至分裂我国领土的侵略战争的喉咙。

做好国内安全稳定和发展工作千头万绪，这里仅列出以上个人认为比较紧迫的几项工作。党的政治建设属于政治领域，准备过苦日子、自力更生、所有制、金融和粮食安全属于经济领域，党的理论建设和意识形态（包括网络）工作属于文化领域。真正要上升到顶层思维，关键还是如前文所说，必须坚持以马克思主义为指导、坚持社会主义道路、坚持以人民为中心、坚持党的领导这四条。

---

① 习近平：《强化备战打仗的鲜明导向 全面提高新时代打赢能力》，《人民日报》2017 年 11 月 4 日。

第二篇

理论与历史篇

辩证唯物主义世界观方法论
是中国共产党全部理论与实践的思想基础

王伟光 [①]

2019 年新年伊始,《求是》杂志第 1 期发表了习近平总书记《辩证唯物主义是中国共产党人的世界观和方法论》一文, 意义重大, 非同一般。

近代以来, 当中华民族深陷于帝国主义侵略压迫给中国人民带来的沉重灾难之中时, 中华民族先进分子呐喊出 “振兴中华” 的民族最强音。在对指导救国救民各种思想武器的比较选择中, 中华民族先进分子接受了马克思主义, 把马克思主义作为实现民族复兴大业的唯一思想武器。从此, 中国共产党人运用辩证唯物主义世界观方法论, 把马克思主义与中国实际相结合, 创造了中国化马克思主义。在马克思主义和中国化马克思主义指引下, 中国共产党人带领中国人民浴血征战, 艰辛努力, 经

---

① 王伟光, 中国辩证唯物主义研究会会长, 中国社会科学院原院长、党组书记。

过革命、建设和改革的百年奋斗，取得了从站起来到富起来，再到强起来的伟大胜利，实现中华民族伟大复兴中国梦即在眼前，胜利在望。中华民族的百年奋斗史雄辩证明，中国人民的伟大胜利是马克思主义的伟大胜利，是辩证唯物主义世界观方法论的伟大胜利。学会运用辩证唯物主义世界观和方法论，中国共产党人就会无坚不可摧，无往而不胜。

一、辩证唯物主义是放之四海而皆准的科学真理

毛泽东指出："马克思主义有几门学问……但基础的东西是马克思主义哲学。"[①]马克思主义作为科学的理论体系，内涵有三个层次：第一个层次，也就是最高层次，是马克思主义哲学世界观方法论，也称马克思主义立场、观点和方法，即辩证唯物主义和历史唯物主义，可统称为辩证唯物主义。第二层次是马克思主义基本原理，也称马克思主义一般结论，是马克思主义经典作家运用马克思主义立场、观点和方法，认识自然、社会和思维客观规律而得出的科学理论。第三层次是马克思主义的具体结论，也就是马克思主义者运用马克思主义立场、观点和方法，根据马克思主义的基本原理，对特定历史条件下的具体问题作出具体分析所得出的具体判断。哲学世界观方法论层次、一般原理层次和具体结论层次，这三个层次构成了马克思主义系统的、科学的、不断创新的理论体系。

马克思主义哲学即辩证唯物主义，揭示了宇宙间一切事物的一般规律及其本质特征，是对自然、社会和思维最一般规律及其本质特征的科学概括，是颠扑不破、放之四海而皆准的真理。譬如，世界是物质的，

---

① 《毛泽东文集》第六卷，人民出版社 1999 年版，第 396 页。

物质是运动的，时空是运动的基本形式，运动是有规律的，对立统一是根本规律，规律是可以认识的；社会存在决定社会意识，社会意识是社会存在的反映，人的认识是社会实践的产物，实践是认识的源泉、动力与唯一检验标准；劳动创造了人与人类社会，人类社会由无阶级社会发展到阶级社会，再发展到无阶级社会，在阶级社会中阶级差别、阶级矛盾和阶级斗争是客观存在的，阶级斗争是阶级社会发展的直接动力；生产力是推动历史发展的最终动因，生产力决定生产关系，经济基础决定上层建筑的社会基本矛盾运动推动历史发展……这些辩证唯物主义关于自然、社会、思维最一般规律的真理，是马克思主义整个理论体系的核心、基础和前提，是马克思主义经典作家观察问题、分析问题、处理问题的立场、观点、方法，是共产党人观察认识问题的世界观，也是共产党人分析解决问题的方法论。掌握辩证唯物主义，也就掌握了真理，掌握了最锐利的思想武器，在实际斗争中就可以少犯错误、少走弯路、少受挫折。

马克思主义一般原理，是马克思主义经典作家们运用马克思主义立场、观点和方法分析判断问题而得出的一般结论，反映了事物发展的客观规律和必然趋势，也是客观真理。譬如，关于人类社会形态由低级到高级演变规律的理论，关于共产主义必然代替资本主义必然趋势的理论等，是马克思主义最基本的观点，是共产党人认识和处理一切问题必须遵循的基本原则，是不能违背的，违背了，就要犯认识上和实践上的错误。

马克思主义具体结论，是在特定条件下运用马克思主义立场、观点和方法分析具体问题而得出的具体认识，是人们在特定历史条件下处理具体问题的具体的指导方针和重要依据，会因时间、地点等具体条件的改变而改变，具有一定的历史局限性和认识局限性。譬如，马克思主义经典作家关于社会主义革命只能在几个西方发达资本主义国家同时进行才能取得胜利的具体结论，也就是通常所说的"数国同时胜利论"，是马克思在当时自由资本主义的历史条件下所形成的。在列宁所处的无产阶级革命和帝国主义阶段，由于时间、地点、条件的变化而改变，列宁发现了帝国主义经济政治发展不平衡的规律，得出了社会主义革命可以在帝国主义统治的薄弱环节率先实现，形成了"一国胜利论"，并指导十月社会主义革命取得成功。马克思主义的具体结论是有局限性的。条件变了，仍然死抱着马克思主义具体结论不放，脱离具体的现实条件，就会犯教条主义错误。给中国革命带来重大失败与挫折的，大多是因为教条主义错误而造成的。

学习掌握马克思主义，最重要、最根本的，是学习马克思主义哲学世界观方法论，即辩证唯物主义。把马克思主义哲学概括为辩证唯物主义和历史唯物主义，或统称为辩证唯物主义，这两种说法是一致的，都是正确的。那种认为辩证唯物主义只解决了对自然界一般规律的认识，而对社会、思维一般规律的认识尚未涉及的观点是偏颇的。辩证唯物主义是关于自然、社会、思维最一般规律的科学。自然、社会、思维三者既一致又有区别。人类社会说到底是自然的一部分，社会发展过程也是一个自然历史过程。人类社会是自然的一部分，又是自然的特殊部分，是自然界中由有意识的人有意识地利用自然、改造自然、对象化自然的特殊部分。思维是人的思维，说到底也是自然的一部分，是自然更为特殊的部分。人的思维是自然物质发展到一定阶段的产物，是作为物质的人脑的机能，是人在社会实践中对外部世界的反映，是人的社会实践的产物。人对自然的科学认识，如果不包括对人类社会发展一般规律、对人的思维一般规律的认识，就不可能完成对整个自然的科学认识。只有完成包括人类社会历史、人类思维一般规律的科学认识，才能完成对自然一般规律的全部科学认识，才能形成最彻底的辩证唯物主义哲学，才能完成对旧哲学的彻底改造，实现哲学革命。当马克思主义完成了对自然，同时完成了对社会历史和人类思维的认识，创造了历史唯物主义和唯物主义认识论，才真正创造了辩证唯物主义。辩证唯物主义是包括了唯物论、辩证法、历史观、认识论、价值观、人生观等全部观点在内的系统的科学体系。辩证唯物主义自然而然地包括了历史唯物主义和唯物主义认识论，同时，如果没有历史唯物主义和唯物主义认识论，也就没有辩证唯物主义。

辩证唯物主义之前的一切旧唯物主义的根本缺陷，一是唯物主义与辩证法的分离，唯物主义往往与辩证法分离，辩证法往往又与唯物主义分离；二是不能把唯物论与辩证法有机结合起来，揭示人类历史发展的客观规律，在历史观领域表现为历史唯心主义；三是不能把唯物论与辩证法有机结合起来，运用于说明人的思维是怎样产生的，人的正确思想是从哪里来的，不能揭示人类思维发展的一般规律。旧唯物主义表现在历史观领域和认识论领域都是唯物论与辩证法相分离，最终仍然坠入唯心主义泥坑。马克思主义哲学是彻底、完备的唯物主义哲学，突破了唯心主义和形而上学的局限，把唯物主义和辩证法结合起来应用于社会历史领域和人的思维领域，完成了历史观领域和认识论领域的彻底革命，从根本上克服了旧唯物主义的根本缺陷，克服了以往一切哲学在历史观和认识论上的唯心主义，使辩证唯物主义完成了对自然、社会、思维发展最一般规律的哲学概括，实现了唯物论和辩证法在一切领域的有机统一，构成了无产阶级及其政党正确思想路线的理论基础。

在辩证唯物主义那里，唯物论与辩证法是作为一个有机结合起来的思想体系。自然观、历史观和认识论也是统一的，历史观和认识论既是自然观的重要组成部分，又是自然观的特殊组成部分。这表现在：一方面，没有结合在一起的唯物论和辩证法作为科学世界观和方法论，就不可能对社会历史作出科学的说明，不可能对人类思维过程即认识过程作出科学的说明，不可能确立历史唯物主义和唯物主义认识论；另一方面，没有对社会历史过程的唯物论、辩证法的理解，对人的思维过程的唯物论、辩证法的理解，特别是对人类物质实践意义的揭示，就不可能完成唯物论与辩证法的彻底结合，从而也就不可能完成对整个世界的彻底的唯物论和辩证法的认识，不可能摒弃历史唯心主义和唯心主义反映论，不可能建立起完整的辩证唯物主义世界观和方法论理论体系。

辩证唯物主义、历史唯物主义和唯物主义认识论，构成马克思主义哲学严密的科学体系。只有掌握了有机结合起来的唯物论辩证法，才能揭示人的思维即人的认识的一般规律，同时也只有确立了唯物主义历史观，才能揭示人的思维即人的认识的一般规律。从马克思主义哲学体系的构成上来看，唯物主义认识论可以融入辩证唯物主义理论体系，是辩证唯物主义的重要组成部分，所以又把马克思主义哲学世界观和方法论合称之为辩证唯物主义和历史唯物主义。说到底，统称为辩证唯物主义。当然，在统一完整的马克思主义哲学体系中，绝不能偏废任何一个重要部分。正是在这个意义上说，辩证唯物主义是马克思主义哲学世界观方法论的全部。共产党人必须要用辩证唯物主义作为自己的世界观方法论，反对形形色色的唯心主义和形而上学，反对历史唯心主义，以正确指导实践。

二、辩证唯物主义是最科学、最管用的思想方法和工作方法

习近平总书记认为，当前，结合我国实际和时代条件，必须学习和运用辩证唯物主义世界观方法论着重解决四个问题：一是掌握世界统一

于物质，物质决定意识的原理，坚持从客观实际出发制定政策，推动工作；二是学习掌握事物矛盾运动的基本原理，不断强化问题意识，积极面对和化解前进中遇到的矛盾；三是学习掌握唯物辩证法的根本方法，不断增强辩证唯物思维能力，提高驾驭复杂局面、处理复杂问题的本领；四是学习掌握认识和实践的关系的原理，坚持实践第一的观点，不断推进实践基础上的理论创新。

马克思主义思想方法和工作方法是辩证唯物主义世界观方法论在实践中的具体运用。习近平总书记高度概括了辩证唯物主义最基本的观点，创造性地把辩证唯物主义基本观点转化为指导实践的思想方法和工作方法，为我们结合今天新的实际，掌握辩证唯物主义，指导实际工作指明了方向和路径。今天，学习辩证唯物主义，重点要掌握好以下几个方面最基本的思想方法和工作方法：

（一）一切从实际出发

世界是物质的，物质是第一性的，不是精神决定物质，而是物质决定精神，世界统一于物质性，是辩证唯物主义一个基本观点。

什么是物质，即怎样给物质下一个科学的定义，人类经历了一个长期曲折的认知过程。辩证唯物主义与旧唯物主义的区别不在于承认不承认物质是第一性的，而在于旧唯物主义把物质归结于某种具体的物质实体，而辩证唯物主义却给物质作了科学的定义。如中国古代朴素唯物主义"五行说"，直观地、形而上学地把世界归结于"金木水火土"五种最基本的物质元素，认为它们是构成世界的最原初的物质。古希腊唯物主义哲学把世界或归结于原子或归结为一团燃烧的火等某种具体物质形态。这些看法只不过是一种朴素的、缺乏科学根据的猜测。近代唯物主义根据当时自然科学关于原子是物质最小单位的认识，把原子归结为物质的最基本单位，具有不可分性、质量不变性，认为物质就是由原子构成的。原子说虽然是朴素唯物主义的进步，但仍然逃脱不了旧唯物主义的局限性。一切旧唯物主义虽然坚持了世界的物质性，但由于把物质直观简单、形而上学地归结为某种具体物质实体，无法说明世界的本原，最终导向唯心主义。

辩证唯物主义第一次科学地解决了物质概念问题，明确了科学的物质概念，确立了辩证唯物主义的物质观。恩格斯说："物、物质无非是各种物的总和，而这个概念就是从这一总和中抽象出来的。"[1] 哲学上的物质概念，不是指具体的物质形态或结构，而是指物质的全体，是对一切领域和一切物质形态的共同本质的抽象概括。列宁给物质下了一个科学的定义："物质是标志客观实在的哲学范畴，这种客观实在是人通过感觉感知的，它不依赖于我们的感觉而存在，为我们的感觉所复写、摄影、反映。"[2] 世界上千差万别的物质实体，其唯一的共同特征就是它们的客观实在性。辩证唯物主义的物质概念克服了旧唯物主义把世界归结于某种物质具体形态的形而上学局限性，对形形色色的具体物质形态作出了科学的抽象，奠定了唯物主义物质观的基石。马克思主义经典作家把唯物主义物质观的基本观点运用到历史观领域和认识论领域形成了科学的实践观，建立了实践基础上的唯物主义认识论，从而确立了包括实践观在内的最科学、最完备的唯物主义物质观。

坚持辩证唯物主义物质观，具体化为指导实践的思想方法和工作方法，可以归结为一句话：一切从实际出发。遵循辩证唯物主义物质观的基本观点，在实际工作中必须遵循实事求是、一切从实际出发的思想路线。实事求是，一切从实际出发，是马克思主义的精髓，是我们党从事

---

① 《马克思恩格斯选集》第四卷，人民出版社1995年版，第343页。

② 《列宁全集》第十八卷，人民出版社1988年版，第130页。

革命、建设和改革必须遵循的正确的思想方法和工作方法。正是基于实事求是、一切从实际出发的思想路线，中国共产党人把马克思主义与中国具体实践和时代条件相结合，一切从中国国情实际出发，制定了新民主主义和社会主义革命的理论、路线、方针和政策，取得了中国革命的胜利，完成了使中国人民站起来的伟大历史任务。也正是靠实事求是、一切从实际出发，我们党把马克思主义与中国国情、与建设改革实践相结合，走出了一条具有中国特色的社会主义道路，实现了富起来的伟大历史任务，正在向强起来进军。

（二）一切以时间、地点、条件为转移

世界是物质的，物质是运动的，物质和运动是不可分的，没有不运动的物质，也没有离开物质的运动，物质世界，包括精神现象在内的一切都处在永不停歇的运动、变化和发展之中，也是辩证唯物主义的一个基本观点。

一切都是运动变化发展的观点，运用到思想方法和工作方法上，就是一切以时间、地点、条件为转移。没有停止不前的实践，没有永恒不变的认识，也没有亘古不改的理论。世界是变化的，实践是发展的，一切事物都因时间、地点、条件的变化而变化。条件改变了，人们的认识，人们所采取的指导思想、行动路线、方针政策也要随着时间、地点、条件的变化而变化。俄国十月革命走的是率先在中心城市举行武装暴动取得政权，然后再向农村进军，以城市带动农村的革命道路。中国革命的具体情况与俄国不同，国情实际发生了根本变化，照搬俄国革命的具体道路就会遭受失败。中国共产党人从曲折和失败中找到了一条成功的道路，即农村包围城市的中国革命道路。理论创新，恰恰说明条件变化了，理论认识也会随之发生变化。一切以时间、地点、条件为转移，是实事求是、一切从实际出发思想路线的深化。

（三）具体问题具体分析

世界统一于物质，物质世界又是多种多样、千变万化的，每类具体物质形态的运动既存在与其他一切物质形态共同的普遍规律和一般本质，又具有其特殊规律和特殊本质，物质世界是一般与特殊、普遍与个别的有机统一，又是辩证唯物主义的一个基本观点。

个别就是指单个的、具体的事物。一般则是指不同事物之间在本质上的共同点。个别是具体的、特殊的、活生生的，而一般则是抽象的、普遍的、干巴巴的。比如，人们所看到的人是一个一个具体的人，或是男人，或是女人，或是黄种人，或是白种人，或是黑种人，这些一个一个的具体的人就是个别的人。而人们所说的人则是一般概念，因为不管是男人还是女人，是黄种人、白种人还是黑种人，这个人还是那个人，都具有人的共同本质，都是人。具体的人就是个别人，个别人是具体的、生动的、实实在在的人；一切个别人的共同的、普遍的本质则是一般的人。一般的人是人们在长期的实践中对千千万万具体的、个别的、特殊的人的共同本质的抽象认识，是一般概念。

个别和一般并不是彼此孤立、互相排斥的，而是具有内在统一性的。一般只能在个别中存在，只能通过个别而存在。在个别事物中，蕴含着一般、普遍、共同的本质和规律；如果离开了个别的、具体的事物，一般就是空洞的、虚幻的、没有内容的东西。不能设想，离开了一个个具体的、个别的、特殊的人，还能存在什么抽象的、一般的、普遍的人。从这个意义上说，"个别就是一般"，"任何个别（不论怎样）都是一般"。[①]

---

① 《列宁专题文集：论辩证唯物主义和历史唯物主义》，人民出版社 2009 年版，第 150 页。

不能把一般作为脱离个别的独立存在，与个别、具体的东西相提并论。

从认识个别到认识一般，从认识具体到认识抽象，从认识特殊到认识普遍，这是人类认识的一般规律。认识一般只能通过认识个别而实现，否则就会得出荒谬的认识结论。由于人的认识总是由个别到一般，也就是人的认识总是从认识个别事物开始的，进而认识到一般，然后再从一般认识到个别。没有对个别的认识就无法形成对一般的认识。因此，辩证唯物主义要求我们，"在分析任何一个社会问题时，马克思主义理论的绝对要求，就是要把问题提到一定的历史范围之内"[①]，"马克思主义的精髓，马克思主义的活的灵魂，就是对具体问题作具体分析"[②]。

共性与个性、个别与普遍辩证关系的道理，是辩证唯物主义的真理，不懂得这点，就等于背叛和抛弃了辩证唯物主义。这个道理在思想方法和工作方法上必然体现为对具体问题要做具体分析。具体问题具体分析是辩证唯物主义的精髓，是马克思主义思想方法和工作方法活的灵魂。

把马克思主义基本原理与中国特色国情相结合，是中国共产党人秉持具体问题具体分析的道理在思想方法和工作方法上的灵活运用。只有把马克思主义的一般原理应用于中国的"具体环境"和"特殊条件"，使之发生内容和形态的改变，才能形成适应中国实际需要的、具有中国内容和表现形态的、为中国人民所接受的中国化的马克思主义，才能用于指导中国的实际。既要肯定"一般性"，坚持马克思主义一般原理，又要肯定"特殊性"，坚持马克思主义一般原理与中国特殊实际相结合。不能因为强调"特殊性"而否定"一般性"，从而否定马克思主义一般原理；也不能因为强调"一般性"而否定"特殊性"，从而否定马克思主义中国化的必要性。因为强调"特殊性"而否定"一般性"，是拒绝和否定马克

① 《列宁选集》第二卷，人民出版社 1975 年版，第 512 页。
② 《列宁专题文集：论马克思主义》，人民出版社 2009 年版，第 292 页。

思主义的指导作用；因为强调"普遍性"而否定"特殊性"，就会脱离中国的具体国情，脱离中国的历史文化，脱离中国的人民大众。因为强调"普遍性"而否定"特殊性"，就是教条主义；因为强调"特殊性"而否定"普遍性"，就是经验主义。教条主义离开具体实际，生搬硬套马克思主义的结论和词句，拿来指导实践，就会走弯路，使事业遭受损失；经验主义否定马克思主义的普遍指导作用，拒绝马克思主义指导，离开马克思主义的正确指南，就会迷失方向。

（四）矛盾分析是最根本的分析方法

对立统一规律是世界最普遍、最根本的规律，社会、自然、思维等世界上的一切规律皆服从于它、根源于它。对立统一观点则是对立统一普遍规律的高度抽象，是辩证唯物主义的实质和核心观点，亦是辩证唯物主义的一个基本观点。

唯物辩证法认为自然、社会和人类思维有三大规律，即质量互变规律、否定之否定规律和对立统一规律，对立统一规律是其中最根本的规律。列宁认为，事物运动、变化和发展是"对立面的统一（统一物之分为两个互相排斥的对立面以及它们之间的相互关系）"[①]，这是辩证唯物主义关于对立统一规律的精辟概括。辩证唯物主义关于对立统一规律的哲学概括，从根本上揭示了事物的存在状态和发展规律，说明了事物发展的根本原因。人们认识事物及其规律本质，必须认识和分析该事物具体的运行规律及其特征。对立统一的观点和对立统一的分析方法，就是辩证唯物主义世界观和方法论，使之见诸实际，就是马克思主义思想方法和工作方法。

---

① 《列宁专题文集：论辩证唯物主义和历史唯物主义》，人民出版社 2009 年版，第 149 页。

　　毛泽东创造性地把对立统一规律形象地称为矛盾规律，把唯物辩证法的对立统一观点概括为矛盾观点，把对事物对立统一状况的分析称之为矛盾分析，并把掌握矛盾观点和矛盾分析方法上升到马克思主义思想方法和工作方法的高度。毛泽东是矛盾论的大师。早在 1937 年，为克服党内存在的严重的教条主义思想，他撰写了《矛盾论》，系统阐述了事物的矛盾法则即唯物辩证法的最根本法则。1956 年 12 月 26 日，毛泽东发表了《论十大关系》。《论十大关系》是运用对立统一观点即矛盾观点分析认识中国社会主义建设规律的典型范例。毛泽东以矛盾观点和矛盾分析方法为武器，实事求是地分析了中国社会主义建设的十大关系。十大关系问题是关乎中国社会主义建设全局的十大矛盾。毛泽东说："这十种关系，都是矛盾。世界是由矛盾组成的。没有矛盾就没有世界。我们的任务，是要正确处理这些矛盾。"①世界是辩证的，矛盾是辩证法的核心，辩证法的核心观点是矛盾观点。认识世界，必须用辩证法认识世界；用辩证法认识世界，必须用矛盾观点认识世界。矛盾概念形象地概括了万事万物的既对立又统一的、在对立统一中发展的最普遍的客观法则。矛盾观点是对立统一观点的辩证唯物主义中国化的通俗表述。毛泽东谆谆教导我们要学会用矛盾观点分析问题、认识问题和解决问题。矛盾观点是观察世界、认识世界、改造世界的世界观方法论，运用矛盾观点认识说明世界，就是世界观；运用矛盾观点分析改造世界，就是方法论。矛盾观点与矛盾分析法是一致的。

　　是否承认对立统一，即是否承认世界上的一切事物和现象都包含着矛盾，是否承认矛盾是事物运动、变化和发展的根本原因，是辩证法和形而上学两种世界观方法论的根本分歧。形而上学的基本特征是否认矛

――――――――――
① 《毛泽东文集》第七卷，人民出版社 1999 年版，第 44 页。

盾，否认事物的自我运动和自我发展，看不到事物自身的矛盾是事物发展的源泉和动力，否认事物根本性质的变化，把事物看成是不包含任何差异、变化的抽象的同一，认为事物内部是绝对同一的，同一事物永远是同一事物，不是别的事物；认为事物变化发展是数量上增减和场所上变化，并把这种变化归结为外部原因。在矛盾的普遍性与特殊性、同一性与斗争性、外因与内因、一般与个别、共性与个性、绝对与相对问题上，辩证法与形而上学都是有原则分歧的。辩证法是一种全面的、运动的、普遍联系的、突出重点的、对立统一的观点，形而上学是一种孤立的、静止的、片面的、割裂的、绝对同一的观点。形而上学与辩证法关于矛盾问题认识上的本质区别，决定了人们思想方法和工作方法的根本不同。

正确认识世界、改造世界，一定要学习马克思主义的对立统一观点，学会运用矛盾分析方法具体分析任何事物的特殊矛盾，认清矛盾的性质、特点，对不同质的矛盾采用不同的解决办法，分析矛盾，解决矛盾，从而推动事物的转化和发展。

（五）实践是检验真理的唯一标准

辩证唯物主义高度重视实践的作用。马克思、恩格斯自认是"实践的唯物主义"者。列宁认为："生活、实践的观点，应该是认识论的首要的和基本的观点。"[①] 实践的观点是马克思主义认识论的首要观点，同样是辩证唯物主义的一个基本观点。

马克思主义以前的旧唯物主义反对唯心主义，是应当肯定的。但它的根本缺陷是因为不了解实践的作用，因而在认识和解释社会历史和人

---

① 《列宁专题文集：论辩证唯物主义和历史唯物主义》，人民出版社 2009 年版，第 49 页。

的思维发展规律时，离开人的实践去说明社会历史和人的认识问题，不了解实践创造了人和人类社会，不了解实践在认识中的作用，不能把辩证法应用到社会历史和人的思维问题的认识上，把人看作感性的、被动的人，看不到人的实践能动性，看不到实践是认识的动力和源泉，离开人的社会性，离开人的历史，把认识看作对客观实在的直观的、被动的、消极的反映，结果自然又掉进唯心主义历史观和认识论的泥潭中。

辩证唯物主义第一次自觉地把实践作为自己哲学的基础，从而科学地说明了人类社会历史和人的思维发展历史，把唯心主义从历史观和认识论中彻底驱逐出去。在被恩格斯称作"包含着新世界观的天才萌芽的第一个文献"[1] 的《关于费尔巴哈的提纲》中，马克思涉及了实践在社会历史和人的思维发展中的根本作用问题，奠定了辩证唯物主义的理论基石。列宁认为，实践"不仅具有普遍性的品格，而且还具有直接现实性的品格"[2]。实践具有共通性和普遍性，个别的、特殊的事物的普遍本质与一般规律能够在实践中逐步显露出来，只要具备了同样的条件，实践就可以随时随地产生合乎规律的运动，从而证明规律与必然性的存在，证明正确的思想、理论是与规律相符合的，是对客观事物的本质的认识。更重要的是，实践具有直接现实性。实践作为在一定思想指导下的感性物质活动，能够把在实践中获得的认识经过感性阶段上升到理性阶段，形成理论、路线、方针、政策、计划、方案等，并将理论、路线、方针、政策、计划、方案付诸行动，并产生改造客观世界和主观世界的结果。如果在实践中达到了预期的目的，就证明了人的认识的正确性。如果经过反复实践都不能达到预期的目的，就是对于一种认识的证伪。判断一种理论、一个方案是否正确，要看它在实践中是不是行得通，看能不能

---

① 《马克思恩格斯文集》第四卷，人民出版社 2009 年版，第 266 页。
② 《列宁专题文集：论辩证唯物主义和历史唯物主义》，人民出版社 2009 年版，第 139 页。

取得预期的结果。

毛泽东特别强调实践第一的观点。他针对教条主义者轻视实践，不了解中国实际，不尊重中国实践及其经验，不重视调查研究，生搬硬套马克思主义的词句和外国革命的经验，给中国革命造成严重危害的现实，特别强调了实践的极端重要性。他把自己的辩证唯物主义的另一篇著作称为《实践论》。从实践是认识的来源、认识发展的动力、检验真理的标准和认识的目的四个方面说明了实践对于认识的决定作用，并以实践为基础，第一次对认识的辩证发展过程作了全面的论述，第一次将实践摆在改造世界的人的历史活动中，深刻揭示了实践在认识过程和社会历史进程中的基础地位和决定作用，创造性地发展了辩证唯物主义哲学。

马克思主义发展到今天，始终保持旺盛的生命力，不仅因为马克思主义解释的是反映自然、社会和思维发展普遍规律的真理，更因为一代又一代的马克思主义者既坚持辩证唯物主义，又发展辩证唯物主义，不断推进实践创新基础上的理论创新，实践、实践、再实践，认识、认识、再认识，实践需要理论，实践孕育理论，不断发展的实践推进理论的不断创新。列宁回答了帝国主义阶段的时代问题，并结合俄国国情和革命实践，找到了俄国革命的正确道路，成功地领导俄国十月社会主义革命，缔造了世界上第一个社会主义国家，创立了列宁主义。毛泽东把马克思列宁主义同中国具体国情和现实实践相结合，走出了一条不同于俄国革命道路的中国革命道路，创建了中华人民共和国，把中国引导到社会主义发展道路上，创立了毛泽东思想。以邓小平、江泽民、胡锦涛等为代表的中国共产党人把马克思列宁主义、毛泽东思想与中国改革开放新的实践永续结合，创立和不断充实了中国特色社会主义理论体系。在十八大以来的新时代条件下，习近平创立了新时代中国特色社会主义思想，进一步丰富发展了中国特色社会主义理论体系。

从作为思想方法和工作方法的指导意义上来看，实践是检验真理的唯一标准的观点，对于马克思主义政党来说至关重要。因为马克思主义政党最重视理论对实践的指导作用。那么，怎样检验理论的正确与否，这对于马克思主义政党来说又是至关重要的。马克思在《关于费尔巴哈的提纲》中指出："人的思维是否具有客观的……真理性，这不是一个理论的问题，而是一个实践的问题。人应该在实践中证明自己思维的真理性，即自己思维的现实性和力量，自己思维的此岸性。关于离开实践的思维的现实性或非现实性的争论，是一个纯粹经院哲学的问题。"① 只有人们的社会实践，才是人们对于外界认识的真理性的判断标准。判定认识或理论是否具有真理性，不是依主观上觉得如何而定，而是依客观上社会实践的结果如何而定。检验真理的标准只能是社会实践。

实践之所以是检验真理的唯一标准，是由真理的本性和实践的特性决定的。真理是人们的思想对于客观事物及其规律的正确反映，是主观与客观相符合的认识。判断一种认识是不是真理，在主观的范围内是不能解决的，客观事物本身也不能自动地把自己与人的认识相对照。作为检验真理的标准，既不能到主观领域中去寻找，也不能到纯粹客观的领域中去寻找，只能到能够把主客观联结起来的东西中去寻找。这只能是实践。

毛泽东在《实践论》中特别强调实践检验标准的唯一性。所谓唯一性，即只有一个标准。一种理论、一种思想、一个观点、一个办法是否正确，只能由实践来说话、来判断、来裁定。什么谁的指示、谁的讲话、谁的本本，都必须服从实践标准。改革开放之初展开的"实践是检验真理的唯一标准"的大讨论，是一场空前的马克思主义教育和思想解放运

---

① 《马克思恩格斯文集》第一卷，人民出版社 2009 年版，第 503—504 页。

动，把人们从对马克思主义教条化的理解、对错误路线的无条件地服从和执行、对个人的盲目崇拜迷信的思想禁锢中解放出来了，开启了社会主义改革开放的新篇章。坚定不移地坚持实践是检验真理的唯一标准，是中国共产党人必须遵循的马克思主义思想方法和工作方法。

正因如此，无产阶级政党必须勇于实践、善于实践，不但要善于认识世界，更重要的是在斗争实践中改造世界，建立一个新世界。并且要在实践创新基础上推进理论创新，在理论创新指导下进行实践创新，不断用实践检验理论，推动创新，这正是马克思主义政党永葆生命力的根本所在。

三、针对新的实际，真学真懂真信真用辩证唯物主义

毛泽东高度重视用辩证唯物主义世界观方法论武装全党，指导实践。早在井冈山斗争时期，他就写出《反对本本主义》这一坚持辩证唯物主义"一切从实际出发"根本观点的哲学名著，提倡辩证唯物主义，反对以教条主义、经验主义为主要特征的主观主义，反对形而上学，提倡实事求是、一切从实际出发的马克思主义思想路线。在抗日战争最困难时期，也是重要转折时期，毛泽东发动了全党的马克思主义教育运动，发表了《矛盾论》《实践论》《论持久战》等著名著作，用辩证唯物主义教育全党，武装革命，统一全党的思想，为中国革命的伟大胜利奠定了辩证唯物主义世界观方法论的思想基础。在社会主义建设时期，毛泽东发表了《论十大关系》《关于正确处理人民内部矛盾问题》《人的正确思想是从哪里来的》《学习马克思主义的认识论和辩证法》等重要著作，为探索中国特色社会主义建设道路提供了世界观和方法论的武器。无论在革命战争时期，还是社会主义建设时期，毛泽东反复强调全党要学哲学、

用哲学，学会用辩证唯物主义指导工作。在改革开放时期，邓小平、江泽民、胡锦涛等同志也反复要求全党学会运用辩证唯物主义世界观方法论分析和处理问题。

中国特色社会主义进入新时代，习近平总书记指出："今天，我们党要团结带领人民实现'两个一百年'奋斗目标，实现中华民族伟大复兴的中国梦，必须不断接受马克思主义哲学智慧的滋养，更加自觉地坚持和运用辩证唯物主义世界观和方法论，更好地在实际工作中把握现象和本质、形式和内容、原因和结果、偶然和必然、可能和现实、内因和外因、共性和个性的关系，增强辩证思维、战略思想能力，把各项工作做得更好。"①

为什么要学习和掌握辩证唯物主义，这是由辩证唯物主义的真理本性所决定的。我们共产党人所秉持的中国特色社会主义共同理想和共产主义远大理想，皆源于对辩证唯物主义真理的信仰，我们共产党人只相信真理，为真理而奋斗。

辩证唯物主义作为真理，除了显著的阶级性之外，其科学性在于实践性、发展性和创造性。辩证唯物主义第一个特点是实践性。辩证唯物主义之所以永不枯竭，永远具有蓬勃的生命力，首先在于它的实践性。辩证唯物主义始终强调要把马克思主义与常新的实践相结合，要同各国的实际相结合。毛泽东讲过：理论正确不正确，要拿到实践中去检验；实践是检验正确理论的标准，这就叫作唯物论。邓小平同志也讲过，一个科学理论的提出，都是总结、概括实践经验的结果。没有前人和今人、中国人和外国人的实践经验，怎样总结、概括出新的理论呢？马克思主义特别强调实践性，强调一切从实际出发，把理论同各国的实际相结合。

---

① 习近平：《辩证唯物主义是中国共产党人的世界观和方法论》，《求是》2019 年第 1 期。

正因为辩证唯物主义有这样一个根本特性，从而决定了我们党必须按照辩证唯物主义基本原则，高度重视理论和实际相结合。如果离开实践，不是理论与实际相联系，而是理论与实际相脱离，那么，就会把辩证唯物主义变成空洞的、无用的教条。只有坚持理论和实际相结合，辩证唯物主义才永葆蓬勃的生机和活力。

辩证唯物主义的另一个特点是发展性。辩证唯物主义之所以是真理，在于它不会永远停留在同一个水平上，永远向更高的水平发展。这种发展性，是由实践性带来的。辩证唯物主义要求人们实践、实践、再实践，同时也就需要对实践认识、认识、再认识。辩证唯物主义必然随着实践的发展而发展。实践常新，理论也常新。恩格斯讲过："我们的理论是发展着的理论，而不是必须背得烂熟并机械地加以重复的教条。"[①]恩格斯还讲过："马克思的整个世界观不是教义，而是方法。它提供的不是现成的教条，而是进一步研究的出发点和供这种研究使用的方法。"[②]辩证唯物主义是世界观和方法论的统一，只有运用它的立场、观点和方法不断地解决新的问题，才具有蓬勃的生命力，才会不断地向前发展。毛泽东在1959年底到1960年初读苏联《政治经济学教科书》的时候讲过：马克思、恩格斯、列宁的书必须读，这是第一。但是任何国家的共产党人，任何无产阶级的思想家都要形成新的理论，写出新的著作，产生自己的理论家。他还讲：我在第二次国内革命战争中和抗日战争初期，写了《实践论》和《矛盾论》，都是适应当时需要不能不写的，现在我们进入社会主义时代，出现了一系列的问题，如果不适应新的需要，写出新的著作，形成新的理论，这是不行的。任何孤立地、静止地研究辩证唯物主义，把它同现实生活中的生动发展割裂开来、对立起来，是毫无出

---

① 《马克思恩格斯选集》第四卷，人民出版社1995年版，第681页。
② 《马克思恩格斯全集》第三十九卷，人民出版社1974年版，第406页。

路的。总之，辩证唯物主义是发展的，必须随着实践的发展而不断充实新的理论内容。

辩证唯物主义还有一个特点就是创造性。辩证唯物主义是科学的理论，因为它同实际相结合，不断地在实践中提出新问题，解决新问题，提出新观点，形成新的哲学理论，这就决定了辩证唯物主义具有创造性的特点。创造性这一点，首先体现在马克思、恩格斯身上。他们随着实践的发展不断地思考和研究新的问题，不断地充实和完善自己的理论，继承了以往一切哲学的优良品质和科学观点，创立了辩证唯物主义，实现了人类哲学观的创新革命。列宁也体现了对马克思主义的创造性，他在帝国主义和无产阶级革命阶段，在俄国革命和社会主义新的探索实践中，充实和丰富了马克思主义哲学，形成了列宁主义哲学思想。毛泽东在中国革命和建设实践中，发展和丰富了列宁主义哲学思想，形成了毛泽东哲学思想。邓小平哲学思想是在马克思列宁主义哲学、毛泽东哲学思想基础上的创新。习近平同志在新的历史条件下，又开拓了马克思主义哲学的新境界。

实现辩证唯物主义在中国特色社会主义新时代的历史条件下的创造性运用和发展，必须做到：

第一，刻苦读书真学。一个人的哲学素养和哲学运用能力不是天生的，而是后天勤奋刻苦学习获得的。学习有两个途径：一是向书本学习。认真读书，认真研读马克思主义经典哲学著作，研读中国哲学史、外国哲学史，研读历史、文学、科学等著述。有条件的同志要多读书，条件差些的同志也要少而精地读书，不读书是绝对掌握不了辩证唯物主义的。二是向社会学习。社会是所大学堂，是无字之书，人民群众是老师。向社会学习，就是要向人民学习，向实践学习，勤于实践，善于从实践中获取真知。

第二，深入思考真懂。"学而不思则罔。"读书而不思考，接触实际而不研究，就等于吃东西而不认真咀嚼，囫囵吞枣，不会从书本中和实践中获得丰富的营养，即使读了书也是白读，接触了实际也是白接触。要做到真学而真懂，一要真正弄明白书中讲的道理，需要逐字逐句读，反复细致读，要弄清楚书中所包含的深刻道理。二要围绕书中所涉及的事例、典故、史实，多方面阅读相关的书籍，融会贯通多方面知识。三要结合思想实际和工作实际反复研究思考，多问几个为什么。

第三，坚定理想真信。共产党人坚定的理想信念是基于对真理的信仰而建立起来的。马克思主义也是一种信仰，是以真理支撑的信仰。辩证唯物主义是支撑共产党人理想信念的哲学依据和真理基础。学习辩证唯物主义而不相信它的真理性，是无法坚定理想信念的。学习辩证唯物主义，必须把它作为对真理的信仰、对真理的追求，要更加坚定对它所揭示的人类社会发展客观规律和必然趋势的信心和信念。不能把学习辩证唯物主义仅仅当作对知识的追求，更不能把辩证唯物主义当作追求功名利禄的梯子，当作解决温饱的饭碗，当作自己养家糊口的家伙，更不能把辩证唯物主义当作手电筒，只照别人不照自己，学习辩证唯物主义必须真信。

第四，联系实际真用。学习辩证唯物主义的目的在于运用。辩证唯物主义不仅仅在于解释世界，更重要的在于改造世界。毛泽东指出："不应当把马克思主义的理论当成死的教条。对于马克思主义的理论，要能够精通它、应用它，精通的目的全在于应用。"[①]他强调了一个十分重要的观点：学习理论的目的在于应用。学习辩证唯物主义怎样运用呢？他用了一个十分生动的比喻："有的放矢。"他说，马克思主义和中国革命

[①] 《毛泽东选集》第三卷，人民出版社1991年版，第815页。

的关系，就是箭和靶的关系。我们要用马克思列宁主义之箭，去射中国革命之的。学习辩证唯物主义必须做到"学以致用""有的放矢"。

学习辩证唯物主义真学真懂真信真用，"学以致用"，"有的放矢"，必须要解决好理论联系实际的学风问题，把辩证唯物主义运用到改造客观世界和改造主观世界的实际中去。毛泽东指出："学风问题是领导机关、全体干部、全体党员的思想方法问题，是我们对待马克思列宁主义的态度问题，是全党同志的工作态度问题。既然是这样，学风问题就是一个非常重要的问题，就是第一个重要的问题。"①学风问题是对待辩证唯物主义的根本态度问题，是马克思主义的一个基本原则问题。要学会运用辩证唯物主义研究和解决两个实际问题：一个是工作实际，一个是思想实际。马克思讲，无产阶级在改造客观世界的同时也要改造自己的主观世界，要联系和解决好客观世界和主观世界这两个实际。客观世界的实际，就是工作实际，包括国内外大局的实际、本地区本单位的实际、个人具体工作的实际。主观世界的实际，包括人们的思想实际，如个人的世界观、人生观、价值观，道德作风操行，政治思想状况等；党内和社会上带有普遍性的思想实际，如社会风气、干部群众的思想状况等。联系客观世界的实际也好，联系主观世界的实际也好，都是运用辩证唯物主义来认识、分析和解决工作实际和思想实际两个方面的问题，在改造客观世界的同时改造主观世界。解决两个实际的问题，一是解决能力问题，即提高运用马克思主义立场、观点和方法分析和解决工作实际的能力；二是解决品德问题，即提高思想政治素质、道德作风素质。解决两个实际，归到一点，都是要解决树立辩证唯物主义的世界观方法论问题，树立马克思主义思想方法和工作方法问题。

---

① 《毛泽东选集》第三卷，人民出版社1991年版，第813页。

中国特色社会主义进入新时代
在人类社会发展史上的重大意义

姜　辉[①]

习近平总书记指出："中国特色社会主义进入新时代，在中华人民共和国发展史上、中华民族发展史上具有重大意义，在世界社会主义发展史上、人类社会发展史上也具有重大意义。"[②]中华民族迎来了从站起来、富起来到强起来的伟大飞跃，新时代中国日益走近世界舞台中央，中国道路、中国理论、中国制度、中国文化日益深刻地影响和改变着世界，中国智慧和中国方案积极引领解决世界难题和人类共同问题，不断为人类作出新的更大贡献，在人类社会发展史上具有重大而深远的历史意义。

---

①　姜辉，中国社会科学院党组成员，当代中国研究所所长兼马克思主义研究院院长，习近平新时代中国特色社会主义思想研究中心执行主任。

②　习近平：《决胜全面建成小康社会 夺取新时代中国特色社会主义伟大胜利》，《人民日报》2017年10月28日。

一、为发展 21 世纪马克思主义作出新贡献

中国特色社会主义进入新时代，实践创新和理论创新都达到了前所未有的高度，马克思主义中国化实现了新飞跃。习近平总书记指出："把坚持马克思主义和发展马克思主义统一起来，结合新的实践不断作出新的理论创造，这是马克思主义永葆生机活力的奥妙所在。"① 以习近平同志为主要代表的中国共产党人，应时代之变迁，立时代之潮头，发时代之先声，从理论和实践结合上系统回答了新时代"坚持和发展什么样的中国特色社会主义、怎样坚持和发展中国特色社会主义"这个重大时代课题，形成了习近平新时代中国特色社会主义思想，既形成了当代中国马克思主义的最新成果，也科学构建了 21 世纪马克思主义的最新理论形态。

习近平新时代中国特色社会主义思想，深化了对共产党执政规律、社会主义建设规律、人类社会发展规律的认识，贯通了马克思主义哲学、政治经济学和科学社会主义，为发展 21 世纪马克思主义作出了原创性贡献。比如，坚持辩证唯物主义和历史唯物主义世界观和方法论，创造性运用实践的观点、矛盾的观点、群众的观点、全面发展的观点，树立战略思维、创新思维、辩证思维、历史思维、底线思维，丰富和发展了马克思主义哲学；提出并践行新发展理念，建设现代化经济体系，完善社会主义市场经济体制，进行供给侧结构性改革，推动形成全面开放新格局，丰富发展了马克思主义政治经济学；提出"八个明确"和"十四个坚持"，是对中国特色社会主义整体性、开创性的丰富发展；提出以人民为中心的发展思想，深化了社会主义本质理论；提出我国社会主要矛盾发生历史性转化，

---

① 习近平：《在哲学社会科学工作座谈会上的讲话》，《人民日报》2016 年 5 月 19 日。

发展了社会主义发展阶段理论；在新时代全面深化改革，提升了社会主义发展动力理论；推进国家治理体系和治理能力现代化，丰富发展了社会主义现代化理论；推进"五位一体"总体布局和"四个全面"战略布局，完善了社会主义全面发展理论；坚持党的全面领导，提出中国共产党领导是中国特色社会主义最本质的特征，是中国特色社会主义制度的最大优势，提出新时代党的建设总要求、党建新布局、党的组织路线，丰富发展了社会主义执政党建设理论；阐明人类社会历史发展的必然趋势，提出科学认识两大社会制度关系的新思想，丰富了关于正确处理社会主义与资本主义之间的关系的理论；提出推动构建人类命运共同体，丰富发展了马克思主义关于未来社会的理论；等等。这些具有重大理论意义和鲜明时代意义的新理念新思想新战略，是 21 世纪马克思主义的崭新内容。

习近平新时代中国特色社会主义思想在世界范围内产生广泛的感召力和影响力，得到普遍认同和高度赞誉。比如，有的认为这一思想极大改变了世界范围内马克思主义与反马克思主义、社会主义与资本主义的力量对比，一种新版的马克思主义理论正在形成；有的认为这一思想是世界百年未有之大变局中"东升西降"的标志性理论成果；有的认为这一思想富含中国近一个世纪的实践和探索经验，可供全世界学习和借鉴；等等。总之，这一伟大思想运用马克思主义观察时代、解读时代、引领时代，坚持马克思主义世界性与民族性的有机统一，以深远的历史眼光和宽广的世界眼光审视马克思主义创新发展的理论需要和实践需要，用鲜活丰富的当代中国实践来推动马克思主义发展，是 21 世纪马克思主义创新发展的旗帜和典范。

二、推动世界社会主义发展进入新阶段

中国特色社会主义进入新时代，"意味着科学社会主义在二十一世纪

的中国焕发出强大生机活力，在世界上高高举起了中国特色社会主义伟大旗帜"①。这表明，新时代中国特色社会主义成为 21 世纪科学社会主义的引领旗帜，成为世界社会主义发展的中流砥柱，成为推动人类社会发展进步的主导力量。新时代中国特色社会主义成功求解了社会主义发展史上的历史性课题。经济文化比较落后的国家在革命胜利后如何建设和发展社会主义，是社会主义发展史上的重大历史课题。马克思和恩格斯曾设想社会主义革命在发达国家同时取得胜利，并在生产力已达到较高水平的基础上进行新社会建设。他们也关注过俄国等经济文化比较落后的东方社会的发展道路问题，提出过跨越资本主义"卡夫丁峡谷"的设想，但由于他们生前未经历建设社会主义的实践，其见解设想大多是预测性的，可以说是对历史课题的"点题"。列宁在俄国十月革命胜利后，对经济文化比较落后的国家如何建设社会主义作了许多创造性探索，提出并实施新经济政策、实行工业化、发展先进文化、加强执政党建设等，并在实践中取得初步成效，可以说是对历史课题的实践"破题"。此后苏联进行数十年大规模社会主义建设，取得很大成就，也发生过严重错误，由于苏联解体而归于失败，最后以改旗易帜的"跑题"告终。中国特色社会主义进入新时代，我们党在理论、实践和制度方面全面推进科学社会主义进入新阶段，中国特色社会主义迎来了从创立、发展到完善的伟大飞跃，是对社会主义历史性课题的成功"解题"，具有重大的理论意义、实践意义、时代意义、世界意义，在科学社会主义发展史上作出了里程碑式的巨大贡献。

中国特色社会主义进入新时代，成为 21 世纪世界社会主义发展的引领旗帜和中流砥柱。习近平总书记指出："科学社会主义在中国的成功，

---

① 习近平：《决胜全面建成小康社会 夺取新时代中国特色社会主义伟大胜利》，《人民日报》2017年 10 月 28 日。

对马克思主义、科学社会主义的意义，对世界社会主义的意义，是十分重大的。"①东欧剧变、苏联解体近30年来，世界社会主义运动经历了从挫折低谷到谋求振兴的过程。在每个重要的历史节点，中国特色社会主义都对世界社会主义发挥了至关重要的历史作用。20世纪80年代末90年代初，东欧剧变，苏联解体，苏共垮台，"社会主义失败论""历史终结论"一度甚嚣尘上，然而中国顶住了巨大压力和挑战，把社会主义旗帜举住了、举稳了，捍卫和挽救了社会主义。21世纪初国际金融危机引发了整个资本主义危机，有许多理论家深刻揭示资本主义的体系危机、制度危机、价值危机，这实际上是资本主义制度结构性矛盾的集中凸显。中国特色社会主义进入新时代，中国"风景这边独好"，以无可辩驳的事实彰显了科学社会主义的鲜活生命力。中国特色社会主义道路越走越宽广，使世界范围内两种意识形态、两种社会制度的历史演进及其较量，发生了有利于马克思主义、社会主义的深刻转变。一位国外理论家这样评价说："中国实现了快速和可持续的崛起，在剧烈变化的国际事务中扮演着重要的角色。世界历史不仅没有被西方的'自由民主'所终结；相反，中国的崛起开辟了新的世界历史。"中国特色社会主义事业的成功，对于世界社会主义发展和人类社会进步，都具有深远的历史意义。新时代中国成为社会主义的中流砥柱，引领和塑造着21世纪世界社会主义。

三、拓展人类走向现代化新道路

中国特色社会主义进入新时代，建设富强民主文明和谐美丽的社会主义现代化国家，在探索符合中国历史传统、现实国情和时代发展趋势

---

① 《以时不我待只争朝夕的精神投入工作 开创新时代中国特色社会主义事业新局面》，《人民日报》2018年1月6日。

的现代化发展道路上，中国共产党人既坚定不移地走自己的道路，又博采其他发展模式之众长，走出了一条人类历史上前所未有的现代化新路。

世界各个国家和地区，不论其历史传统、社会制度、发展水平如何，都不可避免地、或早或晚地走上现代化道路。但现代化道路往哪个方向走、如何走，却有很大差异。在历史上，可以说西方国家在现代化道路上先行一步，其成功经验和积极成果是对人类发展的重要贡献。但据此认为西方道路是实现现代化的唯一"普世之路"，其他国家别无选择，必须模仿跟随、亦步亦趋，则是完全错误的。西方现代化道路有着固有的矛盾弊端、制度局限和历史局限，在 21 世纪初凸显出西方现代化危机。西方国家的种种乱象，如贫富差距悬殊、难民危机、民粹主义泛滥、恐怖主义猖獗、逆全球化和反全球化等，都标志着西方现代化之路走入了死胡同。一些追随西方、接受其提供的"现代化方案"的国家，要么陷入"中等收入陷阱"而长期停滞，要么成为依附于"中心国家"、受其控制和支配而丧失了独立性，要么在"结构性调整计划"的猛药"医治"下而陷入破产，要么在"颜色革命"中陷入政治动荡和国家分裂。

新时代中国现代化道路的开辟，开拓了一条不同于资本主义的全新现代化道路。它是依靠自身发展和艰苦奋斗实现的，完全不同于那种通过"血与火""剑与枪"的殖民掠夺手段的开拓；它是以人民为中心，以实现人民对美好生活的向往为目标，完全不同于那种实现少数国家发展和少数人获利的现代化；它是经济社会全面发展、人与自然和谐共生的现代化，完全不同于单纯追求经济增长和短期利益的片面畸形的现代化；它是和平的、造福于全人类的现代化，完全超越"国强必霸"逻辑和"修昔底德陷阱"对抗。总之，中国现代化打破了所谓现代化只有西方一种模式的神话，打破了所谓"核心国家"与"边缘国家"之间统治与依附的不平等体系，打破了发展中国家追求发展与让渡独立性之间的悖论，

"拓展了发展中国家走向现代化的途径，给世界上那些既希望加快发展又希望保持自身独立性的国家和民族提供了全新选择"[①]。14亿人的中国实现了高水平的全面的现代化，是人类历史上前所未有的大变革，意味着比现在所有发达国家人口总和还要多的人民进入现代化行列，其影响是世界性的。当我国成为世界上第一个通过走社会主义道路而不是走资本主义道路成功建成现代化强国时，它对人类社会发展的深远历史意义会更加充分地彰显出来。

四、为解决世界问题提供新方案

中国特色社会主义进入新时代，面对的世界正经历百年未有之大变局。"中国新时代"和"世界大变局"，是中国共产党统揽中国与世界、统筹国内与国际所作出的重大科学判断。正如习近平总书记指出的："当前，我国处于近代以来最好的发展时期，世界处于百年未有之大变局，两者同步交织、相互激荡。"[②] 在中国发展新的历史方位与世界演变新的格局交织激荡中，"中国共产党人和中国人民完全有信心为人类对更好社会制度的探索提供中国方案"[③]。

当今世界，经济全球化、社会信息化、文化多样化深入发展，全球治理体系和国际秩序变革加速推进，国际力量对比发生深刻变化。同时，世界面临的不稳定性不确定性突出，人类处在一个挑战层出不穷、风险日益增多的时代。世界经济增长乏力，金融危机阴云不散，发展鸿沟日

---

① 习近平：《决胜全面建成小康社会 夺取新时代中国特色社会主义伟大胜利》，《人民日报》2017年10月28日。

② 《坚持以新时代中国特色社会主义外交思想为指导 努力开创中国特色大国外交新局面》，《人民日报》2018年6月24日。

③ 习近平：《在庆祝中国共产党成立95周年大会上的讲话》，《人民日报》2016年7月2日。

益突出，兵戎相见不时发生，冷战思维和强权政治阴魂不散，恐怖主义、难民危机、重大传染性疾病、气候变化等非传统安全威胁持续蔓延。全球增长动能不足、全球经济治理滞后、全球发展失衡这三大根本性矛盾愈益突出，贸易保护主义、孤立主义、民粹主义等力量不断抬头。人类社会发展又一次来到一个"十字路口"：世界怎么了？应该怎么办？

在世界大发展大变化大调整的背景下，走近世界舞台中央的中国，为解决世界经济、国际安全、全球治理等重大难题指明了新的方向，提供了新的方案。中国发展理念、发展道路、发展模式的吸引力和影响力显著增强，中国日益发挥着世界和平建设者、全球发展贡献者、国际秩序维护者的重要作用。推动构建国际经济政治新秩序，推动经济全球化朝着公平合理的方向发展；遵循新发展理念，为人类社会发展贡献"科学发展、和平发展、包容发展、共赢发展"的新理念；积极发挥负责任大国的作用，引领全球治理体系改革，践行共商共建共享的全球治理观；倡导构建人类命运共同体，提出国际秩序新原则和人类社会发展新愿景；扎实推进"一带一路"建设，让沿线各国各地区人民获得实实在在的利益；推动各国以文明交流超越文明隔阂、文明互鉴超越文明冲突、文明共存超越文明优越。新时代中国特色社会主义以巨大的成功发展了自己，也造福于世界，在世界和平发展和人类进步事业中发挥着更加积极的作用。正在走向复兴的中国，为世界贡献更多中国智慧和中国方案。这在人类社会发展史上书写了浓墨重彩的一笔，具有重大而深远的历史意义。

坚持辩证唯物主义世界观与改造世界观

侯惠勤 [①]

  哲学是一切理论的世界观基础，因而高度重视思想理论建设的中国共产党在坚持什么样的哲学世界观问题上从来不含糊，这就是毫不动摇地坚持辩证唯物主义世界观。毛泽东指出："世界观是辩证唯物主义，这是共产党的理论基础。无产阶级专政与阶级斗争的学说是革命的理论，即运用这个世界观来观察与解决革命问题的理论。"当代世界风云变幻，波诡云谲，而搅动人们正确判断历史大势的一根魔杖，就是近些年来势汹汹的反唯物论思潮，即使在世界社会主义运动内部，借口批判普列汉诺夫和苏联教科书的教条主义而肆无忌惮地妖魔化辩证唯物主义的风头也很盛。面对这一新形势、新挑战，以习近平同志为核心的党中央旗帜鲜明地坚持辩证唯物主义世界观，多次申明辩证唯物主义是中国共产党人的世界观方法论。辩证唯物主义是中国共产党借以掌握客观规律、判

[①] 侯惠勤，中国社会科学院世界社会主义研究中心副主任，国家文化安全与意识形态建设研究中心主任，中国历史唯物主义学会会长。

断国内外形势、确定社会主要矛盾和中心任务以及自我革命要求的科学世界观方法论。因此，我们党对于辩证唯物主义世界观的坚持，从来不是依据所谓的普列汉诺夫和苏联教科书的解读模式，而是依据在自身的实践中逐步形成的对于这一世界观的科学理解。哲学社会科学工作者的一个重要使命，就是系统阐明中国共产党人对于辩证唯物主义世界观方法论的坚持和运用，是在改造客观世界的同时改造主观世界中实现的。本文试图从历史和思想逻辑方面，谈谈上述这股反唯物论的歪风是如何刮起来的，以及为什么坚持辩证唯物主义必须加强世界观的学习和改造。

一、哲学世界观的斗争与真假马克思主义

马克思主义在世界历史的大变动中诞生，也必然在新的历史大变动中经受考验。这种考验，在马克思主义成为世界社会主义运动的主流思想后，就集中在真假马克思主义之争上。历史证明，僵化教条和背弃基本原理是从"左"与右两个方面搞假马克思主义，而历史大变动中处于低潮的社会主义运动，则容易出现否定马克思主义基本原理的极右倾向。对于马克思主义和共产主义丧失信心，根子在怀疑历史发展的客观规律，怀疑马克思主义"两个必然"的科学结论，把社会主义的精神支点从科学理论转向伦理道德。因此，伴随着对于辩证唯物主义世界观方法论的否定，必然表现为哲学世界观上的斗争。

20世纪初，世界发生了三大变化：一是资本主义发展到了帝国主义阶段，除了其原有的阶级对抗，又形成了世界范围的资本主义宗主国和殖民地半殖民地人民的对抗性矛盾；二是在世纪交替相继完成的"物理学革命"，在推动新的工业革命发展的同时，也引发了人们关于世界存在和科学属性的思想混乱；三是继19世纪末欧洲无产阶级革命陷入"沉

默"至 20 世纪来临，民族解放运动也波澜不惊，革命前景不明。俄国作为当时世界历史大变化的聚焦点，深刻感受到了历史变动带来的思想冲击。俄国无产阶级政党内部率先爆发了争论，试图通过经验批判主义"回到康德"开始成为一种时髦的口号。列宁敏锐地认识到这是一场真假马克思主义之争，要害在党是否坚持辩证唯物主义世界观，而哲学世界观上的动摇将为僧侣主义、信仰主义等打开大门，从而根本颠覆党的指导思想。

问题的复杂性在于当时一大批科学家倒向了唯心主义哲学。虽然列宁称他们为"绝大多数现代自然科学家自发地主张的唯物主义认识论的拥护者"，但仅靠这种"自然科学的唯物主义"倾向根本无法有效防范倒向唯心主义的危险。20 世纪初的"物理学革命"打破了人们习惯地从"实体"方面认同物质的传统观念，致使一大批自然科学家从自发的唯物主义转向唯心主义，成为列宁所说的"伟大的科学家、渺小的哲学家"。自然科学家的这种"蒙圈"不仅有碍科学的健康发展，更加剧了马克思主义政党在指导思想上的混乱。唯物主义哲学确立物质本体，就是把客观实在及其规律作为科学的对象，把客观真理作为最高的价值追求。因此，坚持马克思主义必须遵循这一根本的哲学立场。但是，自发的唯物论在理论上不彻底，在实践上摇摆出错，不能把唯物主义坚持到底。坚持彻底的唯物主义，就必须自觉地用辩证唯物主义武装头脑，加强世界观的改造。

坚持辩证唯物主义世界观是需要勇气的。探索客观规律、追求客观真理首先难在摆脱狭隘利益眼界的束缚，真正敢于面对新陈代谢的历史趋势。列宁曾这样讲过："有一句著名的格言说：几何公理要是触犯了人们的利益，那也一定会遭到反驳的。"社会生活的重重迷雾，源自占统治地位的既得利益集团依托其强大经济统治力编织出的意识形态神话。要破除现存不合理的利益格局藩篱，为遭遇不公平命运的民众谋利益，不要说不能心存杂念，就是仅有同情心或善心也无济于事。革命的批判的精神是唯物辩证法的基本品格，它"要对现存的一切进行无情的批判，所谓无情，意义有二，即这种批判不怕自己所做的结论，临到触犯当权者时也不退缩"。所以，坚持辩证唯物主义世界观，首先需要具备大无畏的革命精神。

坚持辩证唯物主义世界观是需要艰苦付出的。社会历史领域较之自然领域的最大区别，就在于这是一个充斥着人类的意志、欲望及其能动作用的领域。在这一领域探寻客观规律不仅艰难，而且其结果很容易以忽视人及其能动性为由遭到曲解。但是，正如马克思所指出的，唯心主义对于人的能动性"只是抽象地发展了，因为唯心主义当然是不知道现实的、感性的活动本身的"。真正发掘人的主观能动性和创造力的是彻底的唯物论，即辩证唯物主义。俗话说得好，画鬼易画人难，要认识和把握不断变化的客观世界，做到一切从实际出发，不仅需要拨云见日，透过现象看本质，还需要与时俱进，永不懈怠。要认识和把握纷繁复杂社会现象中的历史大势，不仅需要批判的武器，还需要武器的批判，真正投身人民群众的革命事业。可见，坚持辩证唯物主义世界观方法论，就是一个不断地把改造客观世界与改造主观世界努力统一起来的过程，在推动世界革命变革的同时，不断地进行自我革命。

正因为如此，围绕是否坚持辩证唯物主义世界观方法论的斗争，就必然是关系马克思主义政党先进性和纯洁性的重大斗争。"回到康德去"，鼓吹伦理社会主义，本质上是屈从现实、放弃无产阶级政党领导人民开创历史未来责任的投降主义行为。马克思主义一再强调"现实"与"现存"的区别：马克思主义必须立足现实，但决不屈从现存。所谓立足现实，是按照历史规律和人民的根本利益去推动社会变革，造福人民，促进人的自由全面发展；而伦理社会主义的所谓"回归生活"，则是认同占统治地位的资本主义价值观，在不触动现有利益格局下为自己捞取一口羹。因此，把马克思主义科学信仰一分为二——一面是遥远彼岸的伦理冲动，另一面是"贴近生活"的利益诉求——是马克思主义政党思想堕落、政治变质的表现。坚持辩证唯物主义世界观，无疑是马克思主义政党沿着正确的思想路线前进的保障。

20 世纪初的历史前景在 21 世纪初似乎正在重演。20 世纪末东欧剧变、苏联解体的后遗症就是在世界范围内掀起了怀疑、否定马克思主义关于资本主义必然消亡、共产主义必然胜利科学判断的声浪。与此同时，新一轮科技革命蓄势待发，科学发现和创新层出不穷，但在哲学世界观上也似乎为否定世界的物质统一性提供了新依据。试图用最新科学证明存在着"灵魂"，存在着"生命轮回"，存在着非物质的"幽灵空间"等僧侣哲学、信仰主义，不仅成为西方一些科学家热衷的事情，也成为时尚的哲学。至于一些有违科学道德的所谓"科学实验"，更是屡屡发生。说到底，这不仅是人生观价值观出了问题，更是世界观出了偏差，是这些年来一边倒地否定唯物主义哲学的苦果。科学的发现及其运用之所以需要道德制约，这不仅是眼前利益、个人利益与长远利益、人类利益的博弈，归根结底是以自然界为基础的客观世界对于人类的制约，是人类的历史活动必须要遵循的客观规律。现代西方哲学否定认识论哲学的所谓"生存论转向"，其实就是彻底抛弃唯物主义哲学的主观唯心论转向，其特点就是把实践与认识论切割，打着消除"主客二分"的旗号鼓吹实践本体论，通过折中主义、相对主义和现象学消解唯物论与唯心论的界限，否定价值诉求的客观真理性而实现唯心论哲学的一统天下。面对这一严峻挑战，全党必须向以习近平同志为核心的党中央看齐，不断提高坚持辩证唯物主义世界观方法论的自觉性，努力改造世界观。

二、世界观的改造与我国知识分子的历史使命

面对西方的所谓"生存论转向"，党中央没有"转向"，但学界主张马克思主义哲学"实践论转向"的音量却很高，从中不难发现一些知识分子（其中许多是党员知识分子）在世界观方面的差距。在我国今天，关于知识分子的政治地位和社会价值，已经有很大的共识。对于党和国家来说，尊重知识、尊重人才是基本方针，国家栋梁、宝贵财富是总体评价；对于广大知识分子来说，科学无国界而科学家有祖国，知识无边界但知识分子有立场是价值共识。因此，报效祖国、担当民族复兴大任已成为知识分子群体日益自觉的行为，他们中的许多人已成为中国共产党员。但是，这并不等于说关于我国知识分子的价值取向方面已经没有问题了。且不说在历史的大浪淘沙中不时掀翻一些溺水者、吓退一些胆小者、淘汰一些观望者，就是在大体上顺应中国特色社会主义潮流的队伍中差异性也很大，这里不仅有先进后进之分、做事做人之别，更重要的是在同党和人民一条心上的差异，在中国特色社会主义认同上的差异。由于知识分子的社会影响力，这一差异不仅造成了个人在爱国奉献上的差距，而且可能成为我们开展在新的历史条件下思想舆论方面斗争的消极面。

毛泽东在 60 多年前有一个判断：我国知识分子"绝大多数人都是爱国的，爱我们的中华人民共和国，愿意为人民服务，为社会主义的国家服务"，同时又必须看到，"世界观的转变是一个根本的转变，现在多数知识分子还不能说已经完成了这个转变。我们希望我国的知识分子继续前进，在自己的工作和学习的过程中，逐步地树立共产主义的世界观"。毛泽东的这个判断是科学的，既对政治立场与世界观转变作了区分，又

指明了两者不可分割的联系。政治立场最接近社会经济基础，最容易随着经济基础的改变而改变；世界观则高悬于社会经济基础之上，可以在经济基础面前保持相对独立性。因此，一个自由个人主义者，在其世界观没有得到根本改变之前是可以为社会主义国家服务的，因为世界观问题而不信任甚至排斥这些知识分子是错误的。但是，世界观又不是无关紧要的纯粹私事，不仅关系个人政治立场是否自觉和坚定，还关系国家的意识形态安全，必须高度重视。

目前有两个新情况要求我们更加重视知识分子的哲学世界观问题：其一，中国特色社会主义进入新时代，其制度日益定型完善，对于哲学基础的要求不断增强，政治认同与哲学世界观的联系也日趋紧密。如果说，过去我们反对个人主义及其衍生的拜金主义、享乐主义等，主要是人生观方面的斗争，今天反对个人主义已经越来越具有政治意义。因为在过去，个人主义主要是个人的价值追求，而在今天，随着知识分子越来越成为国家公务员队伍的主体，个人主义越来越影响着个人的政治立场和制度认同。同时要看到，自由个人主义今天在我国尤其是知识界（包括部分党员知识分子中）还有相当的市场，存在着不少政治上拥护社会主义而哲学上信奉个人主义的学者。令人担忧的还在于，一些人并不感到这里有什么矛盾，认为共产主义可以与个人主义并行不悖，因而对于个人主义十分包容乃至放纵。实际上，这一状况已经成为增强"四个意识"（政治意识、大局意识、核心意识、看齐意识），坚定"四个自信"（道路自信、理论自信、制度自信、文化自信），做到"两个维护"（维护习近平同志在中央和全党的核心地位、维护党中央权威和集中统一领导）的重大思想障碍。说到底，在个人主义哲学世界观的基础上，不可能有坚定不移的中国特色社会主义的政治认同。因为坚持共产党的领导是中国特色社会主义制度的本质特征和最大优势，而个人主义哲学世界观却把"去中心"的个人中心视为人格独立、精神自由的根本，不仅嘲弄愿做"革命螺丝钉"的雷锋精神，而且不可能有坚定的共产主义信仰，不可能真正认同坚持共产党的领导。可见，坚持辩证唯物主义世界观方法论，不但要在全党及全社会开展学习辩证唯物主义、批判唯心论和形而上学的教育，更要针对个人自由主义的唯心论，加强世界观的改造。

其二，意识形态与社会存在的交叉融合日益明显，其功能发挥的侧重点向日常生活方式、信息网络交往和学科学术发展偏斜，使得世界观方法论的意识形态属性更为突出。本来，哲学社会科学都具有一定的意识形态属性，但西方真正的哲学社会科学学科体系、学术体系和话语体系的形成是在资产阶级古典理论逐步丧失优势地位以后，因而与马克思主义的哲学世界观方法论相去甚远。资产阶级古典理论敢于探索社会历史的发展规律，体现了资产阶级在上升时期追求真理的勇气，因而在世界观方法论上与辩证唯物主义有相通之处。马克思、恩格斯曾称黑格尔的客观唯心主义为"头足倒立的唯物主义"，列宁则作出过"聪明的唯心主义比愚蠢的唯物主义更接近于聪明的唯物主义"的判断。与此同时，他们也毫不客气地指出，包括黑格尔在内的唯心主义哲学家因极其害怕"唯物论"这个词而有意加以回避，这暴露了他们不敢完全直面客观真理的局限性。

进入帝国主义时代以后，西方哲学的主流不仅更加武断地否定唯物论哲学，而且完全蜕变为被黑格尔称之的"坏的唯心主义"即主观唯心主义，个人主义也迅速从张扬个性滑向自我中心。因此，在这一时期逐步建立并体系化的西方哲学社会科学，由于否定客观规律和客观真理，制造现象与本质的对立，因而表现出明显的科学与价值的二元论倾向。社会科学各学科大体上都是从抽象的人性假设出发，同时以实证主义的方式建立起学科体系，即在经验、局部、孤立基础上的模型化、数据化和概念体系，而根本排斥本质、规律和整体性。正因为如此，发展中国特色社会主义哲学社会科学，就不能照搬西方的学科体系和学术话语，而必须超越抽象人性论和实证主义的眼界，在批判吸收其合理因素的基础上，通过自主创新，建设自己的学科、学术和话语体系。这正是以习近平同志为核心的党中央赋予我国哲学社会科学界的重任。

虽然学界对于这一使命热烈地回应，但真实的进展不容乐观。不客气地说，现在学界实际上存在着一种集体的"无意识"，即把马克思主义世界观方法论视为"意识形态"而在学术上加以拒斥，致使马克思主义在哲学社会科学领域的指导作用流于表面。这一集体无意识的背后，就是去唯物论后的个人主义哲学意识。改革开放以后，许多学科在恢复、重建的同时，大量引进了西方的学科体系和学术规范。进入这些具体学科的学者如果不自觉地学习辩证唯物主义和历史唯物主义，就会自发地倒向以抽象人性论为基础的个人主义。囿于这一哲学视野，"科学"似乎就是与价值无涉，就是可以"证伪"，限于现象和经验范围，否则就是信仰，就只能以人性为最高尺度，因而价值前提就只能是人性预设。作为工人阶级的世界观方法论和建立在对人类历史发展规律科学认识之上的马克思主义，自然会被作为"宏大叙事"而排斥在学科体系、学术话语之外，其指导作用当然就是隔靴搔痒、无济于事了。要破除对实证主义科学观和抽象人性论的崇拜，就必须把辩证唯物主义世界观方法论的教育真正落实到国民教育中，而首要的是清除这些年来强加在唯物主义哲学上的种种污名，开展世界观方法论上的唯物论与唯心论的斗争。

三、把实践与认识论切割是"去唯物论"的哲学路径

不难看出，完成以习近平同志为核心的党中央提出的建设中国特色

社会主义哲学社会科学的学科体系、学术体系和话语体系，绝不是单个学科的孤立任务，必须首先把马克思主义的指导落到实处，把辩证唯物主义世界观方法论运用到学科的建设中。正是在这个至关重要的问题上，我国知识界今天存在着明显的短板，原因在于对唯物主义哲学的嘲弄和摒弃。这股风当然不只是哲学社会科学界的孤立现象，而是当代西方的总体哲学态势，是当今世界历史大变局对于坚持辩证唯物主义世界观的新挑战。探究其中的缘由，就哲学本身而言，把实践从认识论中分割出来并使之上升为本体论是关键一环。而由于实践是马克思主义哲学的重要特征之一，通过这种分割将其夸大为全部马克思主义哲学的核心，虚化以至否定物质本体论，其可能造成的思想危害就不易察觉，甚至还可能被吹嘘为"哲学创新"。

实践之所以与认识论不可分割，原因在于离开了认识论的实践必然超越唯物论与唯心论的对立，最终滑入主观唯心论的主体性哲学；反过来，排除了实践的认识论，也就失去了论证认识对象客观实在性的可能，在唯心论面前必然束手无策。所以，列宁、毛泽东关于实践的观点是"辩证唯物主义认识论首要的、基本的观点"是一个科学的论断，它不仅强调了实践对于认识论的决定作用，也强调了实践只能作为认识论层面的范畴加以定位。从认识论看，唯物论与唯心论的对立是基本问题，不容模糊，因为认识论首要的问题就是关于认识的来源问题。正如列宁明确指出的，哲学上两条基本路线的对立，就是"从物到感觉和思想呢，还是从思想和感觉到物？恩格斯坚持第一条路线，即唯物主义的路线"。坚持唯物论的认识论就必须确认认识本质上是反映论，即认识主体对于客观实在的把握，而物即客观实在是认识的来源。尽管唯心论的认识论形态各异，但共同点就是否认反映论，即否认认识的客观对象是物。因此，列宁指出，实践标准在马赫与马克思那里有着完全不同的意义。唯心主义的实践哲学只承认现象学意义的人类实践，即实践只能证明人的需要和人的经验，不能证明自在之物和客观真理。这种实践观支撑着历史多元论、相对论和选择论，不可能成为历史唯物主义的基础。只有唯物主义才承认"人类的实践不仅具有（休谟主义和康德主义所谓的）现象的意义而且还具有客观实在的意义"，证明"自在之物"不仅存在，而且可知。可见，把实践与认识论切割，本质上就是把实践与自在之物切割，从本体论上取消唯物论与唯心论的对立，从而否定物质本体论。

实践与认识论的这种内在关系证明了所谓"实践本体论"的荒谬。实践（认识论）可以架设自在之物和为我之物之间的桥梁，但实践并非"自在之物"本身。正如存在着唯物论与唯心论的认识论之别，也存在着唯物论与唯心论的实践论之别。实践天然具有功利性，但并不天然具有唯物性。以实践为基础的哲学，可以走向唯物论哲学，更容易走向意志论的唯心论哲学。也就是说，从实践出发或以实践为基础，不能解决世界的物质统一性、人类社会的客观规律性和客观真理问题，不能区别马克思主义哲学与唯心主义的实践哲学。因此，不能用实践说明唯物论，而必须用唯物论去说明实践。"在唯物主义者看来，人类实践的'成功'证明着我们的表象同我们所感知的事物的客观本性相符合。在唯我论者看来，'成功'是我在实践中所需要的一切，而实践是可以同认识论分开来考察的。"坚持认识论、逻辑和唯物辩证法的统一，才有辩证唯物主义世界观。辩证唯物论是马克思主义哲学的根基和核心。

从马克思哲学变革的基本历程看，马克思、恩格斯是在实现了唯物论的转向后，以此为基础才制定了科学的实践观，不能离开马克思的唯物论转向孤立地谈论科学实践观奠立了马克思哲学的基础。正因为如此，列宁反复强调，马克思是沿着费尔巴哈唯物主义的哲学路线继续前进，才创立了辩证唯物主义世界观。马克思与费尔巴哈在认识论上的一致性，决定了他的实践观也必然与费尔巴哈有着共同的基础，这种一致主要表现在两方面：其一，马克思认同费尔巴哈关于客观自然界是人类活动（包括实践）的基础，而人的认识活动只是通过语言的翻译去了解客观事物的观点。费尔巴哈认为：这些词不是没有意义的，不是没有客观内容的，但是，我还是应当把原文与译文区别开来。这就是说，主宾不能颠倒，认识论、实践观的正确导向是唯物论。马克思同样提出了要区分认识活动中的"正本"与"副本"（即现实历史及对历史的解析）问题，批判唯心论颠倒了两者的关系。尽管马克思在《关于费尔巴哈的提纲》中主要谈论费尔巴哈的不足，但仍然充分肯定了他"想要研究和思想客体确实不同的感性客体"，表明了与唯心主义实践观的对立。其二，马克思认同费尔巴哈不是人为自然界立法，而是自然界确立人类理性的界限的观点。这就是说，自然界的秩序、必然性等不是从意识、理性、逻辑等引申出来的，而是客观世界自身的属性。由此可以得出结论，自然辩证法是历史辩证法的基础，客观辩证法是主观辩证法的依据；自然界不是人类理性的一部分，而人类理性只是自然界的一小部分；人的能动性不是根源于人的精神，而是根源于认识客观规律性。因此，实践不可能是世界的本体。在《唯物主义和经验批判主义》中，列宁充分肯定了费尔巴哈的哲学贡献，甚至做出了这样一些重大的评价："费尔巴哈的观点是彻底的唯物主义观点"，"费尔巴哈把人类实践的总和当作认识论的基础"。列宁对于唯物论哲学的倾心，足以让那些蔑视唯物论哲学的人汗颜。

把实践与认识论剥离，通过去唯物论而鼓吹"实践本体论"，这股风在我国哲学界来势凶猛。当今我国思想理论界的一个最大的落差，可以说就是以习近平同志为核心的党中央旗帜鲜明地坚持辩证唯物主义，而我们的校园、课堂和教材却充斥着否定唯物论哲学的氛围。用实践哲学取代唯物论哲学被冠之以"创新"而成为时尚，否定辩证唯物主义和历史唯物主义的唯物论哲学传统被炫耀成"实践唯物主义的转向"，用"以实践为基础的唯物主义"否定唯物论与唯心论的对立被誉为马克思主义哲学的"现代化"，所有这些集中到一点，就是否定物质本体论，否定自然辩证法，否定客观真实的规律。实践本体论的要害就是否定自然辩证法。所以，坚持唯物论的实践观，关键是坚持自然辩证法。列宁突出强调恩格斯的下述思想："在《路德维希·费尔巴哈》里，我们同样可以读到：'外部世界和人类思维的运动的一般规律在本质上是同一的，但是在表现上是不同的，这是因为人的头脑可以自觉地应用这些规律，而在自然界中这些规律是不自觉地、以外部必然性的形式、在无穷无尽的表面的偶然性中为自己开辟道路的，而且到现在为止在人类历史上多半也是如此。'"

我们可以断定，20世纪80年代借助国外某些学者的观点公然否定自然辩证法，把辩证法限制在人类历史和实践领域，把马克思主义哲学仅概括为"历史唯物主义"，是实践本体论试图取代物质本体论的第一步。随后的20世纪90年代，借助西方哲学的所谓"生存论转向"，否定认识论哲学，从而抹杀唯物论与唯心论的对立，鼓吹马克思主义哲学的"实践唯物主义转向"，是实践本体论试图取代物质本体论的关键一步，是对辩证唯物主义的根本颠覆。与此相连，在一些人那里，恩格斯的《自然辩证法》和列宁的《唯物主义和经验批判主义》成了反面教材，只有在批判时才偶尔提及。去唯物论、否定历史客观规律必然造成理想信念混乱的恶果，干部队伍中"也有的对共产主义心存怀疑，认为那是虚无缥缈、难以企及的幻想；有的不信马列信鬼神，从封建迷信中寻找精神寄托，热衷于算命看相、烧香拜佛，遇事'问计于神'；有的是非观念淡薄、原则性不强、正义感退化，糊里糊涂当官，浑浑噩噩过日子；有的甚至向往西方社会制度和价值观念，对社会主义前途命运丧失信心；

有的在涉及党的领导和中国特色社会主义道路等原则性问题的政治挑衅面前态度暧昧、消极躲避、不敢亮剑，甚至故意模糊立场、耍滑头，等等"。有鉴于此，今天全党应该加强唯物论哲学教育，加强自然辩证法的学习和研究，反对形形色色的唯心论哲学。

四、世界观的转变是个根本的转变

毛泽东一贯强调知识分子的世界观转变，强调在知识分子中提倡并长期坚持学习马克思主义。不可否认，由于当时的历史条件，毛泽东把这种世界观的转变与知识分子的阶级属性、政治立场内在地联系起来，因而在今天需要与时俱进。但是，他的基本思想是正确的，在今天仍有指导意义。我们除坚持毛泽东关于世界观与政治立场之间相互关系的基本思想外，还要特别关注他的以下观点：

第一，思想阵地，包括个人的世界观，如果正确思想不去占领，错误思想就必然占领，不存在真空的所谓"思想自由"。现在有不少人借口"学术自由""人格独立"而宣扬所谓"价值中立"，拒绝学习马克思主义，拒绝谈论世界观改造，甚至把马克思主义的指导视为学术创新、个人发展的障碍，这正是今天这些人包括一些党员领导干部在内缺乏理论兴趣的根源。毛泽东对此指出，其实这是某些人头脑里旧思想对新思想抵制而产生的消极情绪："听说有些文学家十分不喜欢马克思主义这个东西，说有了它，小说就不好写了。我看这也是'条件反射'。什么东西都是旧的习惯了新的就钻不进去，因为旧的把新的压住了。说学了马克思主义，小说不好写，大概是因为马克思主义跟他们的旧思想有抵触，所以写不出东西来。"习近平也强调："我说过，思想舆论领域大致有红色、黑色、灰色'三个地带'。红色地带是我们的主阵地，一定要守住；黑色地带主要是负面的东西，要敢于亮剑，大大压缩其地盘；灰色地带要大张旗鼓争取，使其转化为红色地带。"开展具有许多新的历史特点的伟大斗争，尤其是思想舆论领域的斗争，应当包括世界观方面的斗争；领导社会主义现代化进程中的共产党人的自我革命，理应包括知识分子党员的世界观改造。

第二，学习马克思主义、改造世界观必须营造气氛，形成风气。我们今天要形成学习马克思主义的风气，必须破除"非意识形态化"的思想氛围。我们今天必须以经济建设为中心，以满足人民对美好生活的向往为追求，但这并不能成为非意识形态化的借口。大到国家经济建设、改革开放，小到个人修身齐家、做人做事，都有一个为了什么人的价值抉择，这是最大的政治，也是基本的意识形态，谁也回避不了。在今天，谁都可以打民意牌、民生牌、经济牌，但能否做到则由人民评判。问题在于无论人们做何种价值选择，都要落脚到这一选择的思想依据上，意识形态之不可回避就在这里。判断价值的思想依据无非是：或感觉主义，诉诸"良知"、亲情一类；或理性主义，诉诸主义、学说一类。应该说，从凝聚力、影响力来说，主义是高于良知的意识形态。马克思主义的不可替代作用，就在于它是科学的意识形态，是通过科学认识世界及其规律而掌握群众，从而成为改变世界的强大力量。正如习近平指出的："在人类思想史上，就科学性、真理性、影响力、传播面而言，没有一种思想理论能达到马克思主义的高度，也没有一种学说能像马克思主义那样对世界产生了如此巨大的影响。这体现了马克思主义的巨大真理威力和强大生命力，表明马克思主义对人类认识世界、改造世界、推动社会进步仍然具有不可替代的作用。"不学习马克思主义，就不可能站在人类精神发展的制高点上，这应成为我们社会的共识，更应成为我国知识分子的共识。

第三，学习马克思主义，改造世界观，必须投身党领导的伟大社会革命，与向人民群众学习紧密结合。改革开放前我们要求知识分子与工农群众相结合，主要从阶级立场和阶级成分方面看，这点在今天已经不适用。但是，多数知识分子由于社会分工，与基层的社会生活还是有距离的，因而深入生活、深入群众仍是知识分子世界观转变的必由之路。事实已经证明，大自然是人的命脉所在，实体经济是虚体经济的根基所在，生产和生活是精神产品的源泉所在。无论社会如何发展，知识如何重要，人才如何定夺，最深厚最活跃的源泉仍然是生活的生产和再生产，最强大最真实的创造力仍然蕴藏在人民群众中。密切联系群众，虚心学习人民，永远不会过时。这就是我们必须始终坚持的辩证唯物主义世界观。

研究当代中国史离不开对世界
社会主义史的研究[①]

朱佳木[②]

习近平总书记在纪念改革开放 40 周年大会上的重要讲话指出：五四运动以来我国发生的三大历史性事件，是建立中国共产党、成立中华人民共和国、推进改革开放和中国特色社会主义事业。当代中国史是把马克思列宁主义基本原理同中国革命具体实践结合起来的历史，也是总结我国社会主义建设正反两方面经验并借鉴世界社会主义历史经验、在世界社会主义出现严重曲折的严峻考验面前把中国特色社会主义成功推向 21 世纪的历史。他还强调：我们要坚持马克思主义指导地位和科学社会主义基本原则不动摇，当代中国共产党人责无旁贷的历史责任是发展 21 世纪马克思主义和当代中国马克思主义，对马克思主义的信仰、

① 本文系作者 2018 年 12 月 21 日在武汉大学"当代中国与世界社会主义研究中心"成立大会上的发言。

② 朱佳木，世界社会主义研究中心顾问，中国社会科学院原副院长。

对中国特色社会主义的信念、对实现中华民族伟大复兴中国梦的信心是指引和支撑中国人民站起来、富起来、强起来的强大精神力量。这些论述再次表明，当代中国的过去、现在和将来，都是世界社会主义的一部分。

当代中国本身是近代中国反帝反封建的民族民主运动与世界社会主义运动相互交织的必然产物。习近平总书记指出："马克思主义不仅深刻改变了世界，也深刻改变了中国。""十月革命一声炮响，为中国送来了马克思列宁主义，给苦苦探寻救亡图存出路的中国人民指明了前进方向、提供了全新选择。"^① 正是由于中国的先进分子选择了马克思主义，创建了中国共产党，中国共产党把马克思主义基本原理与中国具体实际相结合，带领人民推翻了"三座大山"，成立了中华人民共和国，才使近代中国变成了当代中国，使中国历史由近代史演进到了当代史。

当代中国史至今已近 70 年。只要对这一历史稍加回顾就不难看出，当代中国与世界社会主义是息息相关的，研究当代中国史离不开对世界社会主义运动史的研究，反之亦然。

例如，中华人民共和国成立之初的提前向社会主义过渡和开展大规模工业化建设，就是"二战"之后东方被压迫民族的独立运动风起云涌、世界社会主义运动高潮迭起、以苏联为首的社会主义阵营屹立欧亚大陆的结果，也是当代中国向社会主义阵营"一面倒"和抓住苏联允诺全面援助"一五"计划建设这一历史机遇的结果。它为中华民族以较快速度追赶先进民族提供了重要前提条件，同时也大大加强了世界和平与社会主义阵营的力量，改变了二战后国际冷战格局中的力量对比，为扩大世界社会主义影响作出了历史性贡献。

---

① 习近平:《在纪念马克思诞辰 200 周年大会上的讲话》,《人民日报》2018 年 5 月 5 日。

　　在 20 世纪 60 年代前期，当代中国决定从准备战争的角度考虑国内建设并对工业建设进行一二三线的战略布局，60 年代末 70 年代初又进入战备和掀起三线建设的高潮。这主要是两方面因素综合作用的结果。一方面，美国扩大侵越战争，妄图从南边威胁我国安全；另一方面，苏联赫鲁晓夫集团背叛马克思主义，引发中苏两党争论，进而破坏两国关系，对我国发出战争威胁，导致世界社会主义阵营分裂。在 70 年代初，当代中国之所以能打开中美关系大门，开启双方关系正常化进程，一方面是由于美国急于摆脱侵越战争的泥潭以便和苏联争霸，另一方面也是迫于苏联加剧世界社会主义分裂活动的必然选择。

　　在 20 世纪 70 年代末 80 年代初，当代中国决定实行对内改革对外开放政策，进而走上中国特色社会主义道路，其原因固然主要是由于我们通过近 30 年社会主义建设实践，发现原有经济体制中存在过于僵化的弊病，但同时也是因为苏联在争夺世界霸权过程中被逐渐削弱，最终导致自身分裂和社会主义阵营解体，使世界社会主义运动陷入了低潮。尤其是在此期间，广大独立了的亚非拉国家要和平、要发展的呼声日益高涨，西方资本主义世界为了调整经济结构、摆脱经济危机、扩大海外市场、寻求更大利润，主动向发展中国家转移制造业和输出资本，从而使和平与发展变成了时代的主要特征，使我国获得了与国际经济接轨、吸取国外先进管理经验和科学技术的战略机遇期。历史雄辩地说明，正是改革开放推动了中国社会主义事业的伟大飞跃，同时也挽救、捍卫、坚持和发展了世界社会主义事业。

　　习近平总书记说："中国特色社会主义是社会主义而不是其他什么主义。"① 这句话说明，改革开放后的当代中国仍然是世界社会主义的一部

---

① 《十八大以来重要文献选编》上，中央文献出版社 2014 年版，第 109 页。

分，而且由于在国土、人口、经济等方面所拥有的巨大体量，必然是其中的重要组成部分。当前，世界社会主义运动虽然总体仍处于低潮，但已经有了复苏迹象。西方资本主义的逆全球化和保护主义思潮、冷战思维虽然有所抬头，但当代中国发展的战略机遇期依然存在。当代中国处于社会主义初级阶段的基本国情和属于发展中国家的国际地位虽然没有改变，但国内主要矛盾已经发生了部分质变，距离世界舞台中央也已经越来越近。我国在改革开放后虽然根据国际形势变化调整了对外政策，奉行不输出革命和互不干涉内政的方针，但仍然继续同包括社会主义政党在内的各国政党进行着党际交流。只要中国特色社会主义事业向前发展，世界社会主义就不会消失。只要我们一如既往地坚持党的"一个中心、两个基本点"的基本路线，集中精力办好自己的事情，使当代中国的力量不断壮大，就一定会对世界社会主义事业产生越来越大的影响。

习近平总书记还指出："尽管世界社会主义在发展中也会出现曲折，但人类社会发展的总趋势没有改变，也不会改变。"[①]"在相当长时期内，初级阶段的社会主义还必须同生产力更发达的资本主义长期合作和斗争，还必须认真学习和借鉴资本主义创造的有益文明成果，甚至必须面对被人们用西方发达国家的长处来比较我国社会主义发展中的不足并加以指责的现实。"[②]这就告诉我们，当今的时代特征是和平与发展，但时代的性质仍然是资本主义向社会主义过渡的时代。为社会主义、共产主义理想奋斗，既不能丧失信心，也不能操之过急，而要有很强的战略定力和坚韧不拔的精神。只要我们一方面坚定社会主义、共产主义必胜的信念，另一方面脚踏实地地实行符合社会主义初级阶段的政策，集中精力做好

---

① 习近平：《在纪念马克思诞辰 200 周年大会上的讲话》，《人民日报》2018 年 5 月 5 日。
② 《十八大以来重要文献选编》上，中央文献出版社 2014 年版，第 117 页。

眼前的事情，认真准备社会主义与资本主义两种制度的长期合作和斗争，就一定会使中国特色社会主义事业从一个胜利走向另一个胜利。我们坚信，世界社会主义运动在可以预见的将来，一定会由低潮走向新的高潮，直至共产主义的最终实现！

中国共产党政治文化建设面临的迫切任务

梅荣政 [①]

习近平总书记说:"文化自信是一个国家、一个民族发展中更基本、更深沉、更持久的力量。"[②] 党的十九大明确提出"党内政治文化"的创新概念,继后的《中共中央关于加强党的政治建设的意见》等文件又进一步对"党内政治文化"做出了说明。这表明十八大以来我们党的政治建设已延伸、扩展到政治文化层面,这是对马克思主义政党执政规律、活动规律和建设规律的认识进入一个更基础、更深厚、更本质的层次的表现。党的政治文化建设涉及多方面的内容,本文仅就发展积极健康的党内政治文化面临的迫切任务提出看法。

① 梅荣政,中国社会科学院世界社会主义研究中心常务理事,武汉大学马克思主义学院教授。
② 《决胜全面建成小康社会 夺取新时代中国特色社会主义伟大胜利——在中国共产党第十九次全国代表大会上的报告》,人民出版社 2017 年版,第 23 页。

一、大力推动中央关于政治建设系列文件精神的落实

近几年中央颁发了一系列关于党的政治建设的文件。例如，2018 年 1 月 11 日《中共中央政治局关于加强和维护党中央集中统一领导的若干规定》、2018 年 10 月 1 日施行的《中国共产党纪律处分条例》、2018 年 10 月 17 日《关于新形势下党内政治生活的若干准则》、2019 年 1 月 31 日起施行的《中国共产党重大事项请示报告条例》、2019 年 1 月 31 日《中共中央关于加强党的政治建设的意见》、2019 年 3 月 3 日中央颁发的经修改的《党政领导干部选拔任用工作条例》等。这些重要文件，规定了党的政治建设的指导思想、目的任务、建设要求和具体部署，为党的政治建设提供了根本遵循。这些重要文件制定的党内法规就是党的政治文化最实际的内容，反映了新时代治党管党的规律，发展党内积极健康的党内政治文化关键是要用这些重要文件制定的党内法规武装党员和党员领导干部，这项工作做好做坏、做深做浅，决定党的政治建设方向和成效的大小。

为此，我们理论工作者当下要抓紧做好三个方面的工作：一是推动习近平总书记关于"读原著学原文悟原理"指示的落实。应不添油不加醋、原汁原味地解读党的政治建设的文件，帮助党员及其领导干部原原本本地真正掌握中央文件精神，特别是习近平总书记的相关系列论述，使其内化于党员和领导干部之心，外化于党员和领导干部之行。应避免以往出现过的不良现象，即热热闹闹喧腾一阵，继之文件束之高阁，或者一些单位未组织学习文件就请专家解读，结果党员和党员领导干部只知道文件解读者的理论观点，而不知道中央文件本身的思想内容，不知道习近平总书记的相关论述。二是揭露批判学习中的形式主义、官僚主

义的作为。形式主义、官僚主义那一套表面上轰轰烈烈，实际上理论学习脱离本单位、本部门、本行业的工作实际，特别在是否坚持正确的政治方向、政治道路的实际，学与做"两张皮"，知与行不搭界。就党员干部个人说，一些同志缺乏自我解剖精神，自己是否对党忠诚，是否真正具有"四个意识"，坚定"四个自信"，做到了"两个维护"，是否做到了旗帜鲜明讲政治，更是缺乏严肃的自查。如今，形式主义、官僚主义的作风，已经成为败坏党的优良学风、毁损党的形象和学习制度、为广大党员和人民群众所痛恨的沉疴毒瘤。为确保学习教育往深里走、往心里走、往实里走，真正做到学深悟透、融会贯通、真信笃行，必须揭露和批判形式主义、官僚主义的作风。三是要以满腔的热情，密切关注学习的动态发展，及时总结先进典型单位的做法和成效，从中发现具有规律性的经验并加以推广，以促进面上的学习。

二、澄清重大的政治理论是非

中央多次强调要澄清理论是非，划清马克思主义与反马克思主义的界限。理论上的坚定是政治坚定的前提和基础，在党的政治文化建设中澄清政治上的重大理论是非十分重要。较长时期以来，在党内政治生活中，对一系列重大政治理论问题产生了不同认识，而这些政治理论问题直接关系对党的"三个基本"的理解和践行，影响党的团结统一，所以必须予以澄清。

（一）关于社会主义时期阶级斗争问题

由于我们曾出现过阶级斗争扩大化的错误，后来在种种错误思潮干扰下，党内对这个问题产生了各种不同的看法。总体看，这些看法的基本倾向是否定马克思主义阶级斗争理论及其在我国社会一定范围的存在，由此给对内对外的实际工作带来了不良影响。党的政治文化建设应推动全党正确认识阶级斗争理论是马克思主义世界观的重要内容，是历史唯物主义不可分割的构成部分，是贯穿马克思主义三个主要组成部分的基础理论之一。马克思主义阶级斗争理论是国际性的学说，不能以某个国家关于阶级和阶段斗争的特殊性，去解读、甚至否定马克思主义阶级和阶级斗争学说的普遍性。

事实上，虽然关于社会主义时期的阶级斗争问题很复杂，但在理论领域和政治原则上我们党已经有非常明确的结论。党的十一届六中全会明确指出：在剥削阶级作为阶级消灭以后，阶级斗争已经不是主要矛盾；由于国内的因素和国际的影响，阶级斗争还将在一定范围内长期存在，在某种条件下还有可能激化；既要反对把阶级斗争扩大化的观点，又要反对认为阶级斗争已经熄灭的观点。邓小平同志指出："社会主义社会中的阶级斗争是一个客观存在，不应该缩小，也不应该夸大。实践证明，无论缩小或者夸大，两者都要犯严重的错误。"① 江泽民同志曾针对某个时期国内意识形态领域否定阶级斗争的错误倾向明确指出："我们纠正过去一度发生的'以阶级斗争为纲'的错误是完全正确的，但这不等于阶级斗争已不存在了。只要阶级斗争还在一定范围内存在，我们就不能丢弃马克思主义的阶级和阶级分析的观点和方法。这种观点和方法始终是我们观察社会主义同各种敌对势力斗争的复杂政治现象的一把钥匙。"② 习近平总书记在纪念马克思诞辰 200 周年的讲话中强调："坚持和运用马克思主义的实践观、群众观、阶级观、发展观、矛盾观，真正把马克思

---

① 《邓小平文选》第二卷，人民出版社 1993 年版，第 182 页。
② 《江泽民文选》第一卷，人民出版社 1994 年版，第 83 页。

主义这个看家本领学精悟透用好。"① 这里讲得非常明确：坚持和运用马克思主义的阶级观，是我们必须学精悟透用好的马克思主义看家本领之一。2019 年 6 月，习近平总书记又在"不忘初心、牢记使命"主题教育工作会议上要求："筑牢党长期执政最可靠的阶级基础和群众根基。"② 这里非常明确，如果我们淡忘了马克思主义的阶级观，就找不到、看不见我们党长期执政最可靠的阶级基础，即使看见了也不会依靠这个最可靠的阶级基础。工人阶级是现代最先进生产方式的代表，如果我们失去了工人阶级这个最可靠的阶级基础，自然不可能筑牢党长期执政的群众根基。所以，社会主义时期的阶级斗争是一个既关系我们党的根本性质又关系我们国家政治安全的重大问题。

从实际生活看问题也十分明显。在经济领域，一些人竭力反对我国现阶段的基本经济制度，力主"私有化"，妄图根本改变我国的社会性质，从事经济犯罪案例也十分惊人；在政治领域，一些势力直接否定党的四项基本原则，否定党的基本路线，攻击我们党的领导和党中央领导集体的核心领导人物；在意识形态领域，形势尖锐复杂，争夺领导权的斗争异常激烈；在社会领域，在美国等反共主义的支持、鼓励下，国内反动势力大搞民族分裂活动，有些人"五独俱全"，不时制造动乱，制毒贩毒活动亦很猖獗。在如此尖锐斗争的鲜活事实面前，岂能说阶级斗争在一定范围存在不是客观事实！这里有一个必须看明白的事实，就是反对我们说阶级斗争客观存在最激烈的人，往往是攻击我们党"三个基本"、攻击我们党中央领导最凶狠的人。也就是说，他们天天对我们搞阶级斗争，还不准我们说这是阶级斗争。因此，发展党的政治文化建设，

---

① 习近平：《纪念马克思诞辰 200 周年的讲话》，人民出版社 2018 年版，第 25 页。
② 《习近平出席"不忘初心、牢记使命"主题教育工作会议并发表重要讲话》，《人民日报》2019 年 6 月 1 日。

全党需重温马克思主义关于党建的基本原理和党中央领导人的一系列重大论述，面对现实，从政治的高度明确马克思主义阶级斗争理论的重要性，正确认识和处理我国社会发展现阶段复杂的阶级斗争问题，以确保党和国家的长治久安。

（二）关于无产阶级专政的问题

无产阶级专政在我国即人民民主专政。马克思在 1852 年总结自己对阶级斗争理论新贡献时明确指出："（1）阶级的存在仅仅同生产发展的一定历史阶段相联系；（2）阶级斗争必然导致无产阶级专政；（3）这个专政不过是达到消灭一切阶级和进入无阶级社会的过渡。"[1] 列宁在评价马克思这个论断时称：这表明了马克思主义国家学说的实质。他还强调："只有承认阶级斗争、同时也承认无产阶级专政的人，才是马克思主义者。马克思主义者同平庸的小资产者（以及大资产者）之间的最深刻的区别就在这里。必须用这块试金石来检验是否真正理解和承认马克思主义。"[2]

中国共产党领导人对无产阶级专政理论有很多重要论述。毛泽东著《论人民民主专政》，邓小平把人民民主专政列入党的四项基本原则。他指出："在四个坚持中，坚持人民民主专政这一条不低于其他三条。理论上讲清楚这个道理是必要的。"[3] 他强调，坚持人民民主专政是马克思主义基本原理，用人民民主专政来捍卫社会主义制度，没有什么输理的地方。他把四项基本原则列入党的基本路线，作为其中"两个基本点"之一。党的十八大报告、十九大报告都强调要坚持党的四项基本原则、坚

---

① 《马克思恩格斯文集》第十卷，人民出版社 2009 年版，第 106 页。
② 《列宁全集》第三十一卷，人民出版社 1985 年版，第 32 页。
③ 《邓小平文选》第三卷，人民出版社 1993 年版，第 365 页。

持人民民主专政。习近平总书记在首都各界纪念现行宪法公布施行30周年大会上明确指出：宪法确立的工人阶级领导的、以工农联盟为基础的人民民主专政的国体我们必须长期坚持、全面贯彻、不断发展。①

然而，一个时期以来，有股势力总是竭力攻击人民民主专政的理论和社会主义国家制度，对坚持和阐释人民民主专政的学者进行围攻。党内某些领导干部也置党的明确结论和宪法确立的国体于不顾，在这个重大原则问题上是非不分，精气神不足，甚至站在错误观点一方。这是多年淡化政治、淡化党性原则的后果。俗话说，"生于忧患，死于安乐"，也许是过去40年来改革开放太顺利了，人们长期生活于和平时期，产生了麻痹思想，滋生了"政治冷淡主义"，这很值得警惕！马克思主义的国家学说和国内外阶级斗争的严峻事实都告诉我们，国家政权是个根本问题，没有人民民主专政的国家制度就没有人民的一切。今天，我们加强党的政治文化建设，必须与否定人民民主专政的理论和国家制度的错误观点划清界限。

（三）关于党内团结与党内斗争、社会和谐与社会矛盾

在党内团结与党内斗争关系、社会和谐与社会矛盾关系上，曾有人将其绝对对立起来，只讲党内团结，不讲党内斗争；只讲社会和谐，不讲社会矛盾。有些人不懂得以适当的斗争求团结则团结存，以一味地妥协求团结则团结亡的道理，致使一些"潜规则"侵入党内，庸俗的思想作风蔓延。党的政治文化即党性文化，发展党性文化就要坚定不移地遵循习近平总书记关于党的自我革命的指示，用党性文化武装全党，批判种种错误观点，使全党保持和培养斗争精神，增强斗争本领，在进行伟

---

① 《十八大以来重要文献选编》上，中央文献出版社2014年版，第88页。

大复兴、伟大斗争、伟大工程、伟大事业中有政治底线，敢于斗争，敢于担当，营造良好的党的政治生态。

三、批判帝国主义的政治文化

帝国主义的政治文化是国际垄断资本经济、政治利益的集中表现，或者说是金融寡头对经济、政治和社会生活各方面全面统治的文化表现。金融寡头的统治是金融资本的本质特征，其在国内经济统治、政治统治地位的确立必然要求对外侵略扩张，通过资本输出、建立跨国公司、货币金融等手段，特别是以金融工具为武器，永不满足地疯狂占领国外市场、掠夺原料资源和建立势力范围，将全世界纳入资本主义的世界体系，以不可冒犯的世界霸主地位对世界绝大多数居民进行剥削和掠夺，实行殖民统治和金融扼杀。帝国主义的政治文化充分反映了金融寡头的贪婪、掠夺、霸权的本性，集极端的伪善、迷惑性和凶残于一体，是最反动最富有侵略性的文化，大致可分为"战争文化"与"和平演变文化"。今天，以美国金融寡头为典型代表的金融资本，均以"西方化""资本主义化""美国化"独霸世界财富和奴役世界各国人民为目的，在各不同时期会窥测方向、因势而变和调整对外战略重点，但他们的本性从未改变。近一个时期以来，美国对中国挑起的贸易战就是美国帝国主义政治文化的本质暴露，集中反映了它欲消灭中国特色社会主义而后快的政治诉求。

值得高度警惕的是，面对美国帝国主义政治文化的露骨表演，国内的崇美、媚美、恐美势力积极策应，用所谓修昔底德陷阱为美国的霸权行为辩护。有些人声称"维持美国在国际中优势地位是中国对人类的责任"，指责中国社会在用"战争思维"分析美国对华的"合法行为"，甚至发出投降主义的叫嚷"请向美国投降""现在投降是最体面时机，代价最小"等，可恨可鄙至极！奇怪的是，面对这些汉奸言论，在党员干部中有的不批判，不斗争，听之任之，采取自由主义态度；有的不以为然，仅视为个别人的极端言论，不必大惊小怪；更有甚者，有的表示同情，暗中支持。这表明了帝国主义政治文化对我国文化领域渗透的深重和对我们党内政治文化侵蚀的危害。它提醒人们注意，中国近代以来受帝国主义侵略、奴役所造成的殖民主义的心理不仅没有绝迹，而且在扩大对外开放的背景下还大有复活蔓延之势。

因此，加强党内的政治文化建设的迫切任务之一，就是要批判帝国主义的政治文化，批判崇美、媚美、恐美思想，揭露"投降派"的罪恶阴谋，戳穿"投降派"的反动本质，剖析"投降派"的卑劣目的，指出"投降派"将带来的灾难性后果，以筑牢我们的思想防线、政治长城，让帝国主义政治文化失去市场，让"投降派"成为过街老鼠。

四、批判侵入党内的腐朽落后的政治文化

党的政治文化是党的政治生活的灵魂，其建设要为严肃党内政治生活提供积极健康向上的政治文化支撑。为此，要坚决抵制侵入党内的庸俗腐朽的政治文化，包括自觉抵制商品交换原则对党内生活的侵蚀，狠刹权权交易、权钱交易、权色交易等不正之风，破除关系学、厚黑学、官场术等封建糟粕，坚决防止和反对个人主义、分散主义、自由主义、本位主义、好人主义，坚决防止和反对宗派主义、圈子文化、码头文化等。不破不立，只有清除了庸俗腐朽文化，才能营造风清气正的政治生态。

这是一项紧迫任务，又是一项基础性、经常性工作。为"实现正气

充盈、政治清明"①，我们必须锲而不舍，久久为功。在这方面，各级党校和主流媒体理应发先声，毫不含糊地宣讲和传播党的政治文化，批判侵入党内的腐朽落后的政治文化，绝不给腐朽落后的政治文化留下藏污纳垢之所。党员干部应当好带头人，站在思想理论斗争的前列，坚定不移地领导广大党员和人民群众刻苦学习和实践党的政治文化，理直气壮地批判侵入党内的腐朽落后政治文化，决不让腐朽落后政治文化的传播者有任何保护伞。党的理论工作者应当好意识形态领域的前哨战士，善于抓住事物的本质，阐扬彻底的理论，为确立以习近平同志为核心的党中央在全党定于一尊、一锤定音的权威，热情而真诚地鼓与呼。

当务之急是要遵照党中央的指示，把党的政治文化学习好、领悟好。要坚持彻底的科学性、坚定的革命性和自觉的实践性相统一的原则，把党的政治文化的博大内涵解读好、维护好、宣传好。同时，绝不当腐朽落后政治文化的旁观者，而是主动进攻，勇于亮剑，系统地揭露侵入党内的腐朽落后政治文化的种种表现，透彻阐明其产生蔓延的思想根源、阶级根源、历史根源和社会根源，联系反腐倡廉中惊心动魄的典型案例，深刻分析腐朽落后政治文化造成的危害，为党员及其干部提供震撼心灵的政治警示，使其不为腐朽落后的政治文化所迷惑。

---

① 《中共中央关于加强党的政治建设的意见》，人民出版社 2019 年版，第 5 页。

国际视野下中国政治发展的经验优势与理论结晶

——庆祝新中国成立 70 周年

张树华 [①]

新中国 70 年取得了世人瞩目的辉煌成就，创造了一个又一个历史奇迹。进入新时代的中国正在中国特色社会主义康庄大道上阔步前进。新中国 70 年的发展开创了中华民族伟大复兴的新纪元，破除西式自由民主和自由市场模式一统天下、无往而不胜的"神话"，开辟了科学社会主义的新境界，为国际上谋求自主发展的其他国家探索出一条新路。

环顾世界东方西方、南方北方，透过资本主义和社会主义的分析框架，中国成就无与伦比，中国道路独特而非凡。这其中既有饱含自身特色的内涵因素，也有可资比较分析的一般性原则和规律。在当今混乱迷茫的国际复杂形势下，70 年中国发展道路彰显出一些可贵的共同价值和普遍意义。

---

① 张树华，中国社会科学院世界社会主义研究中心副主任、政治学研究所所长、研究员。

一、世界历史进程中的中国发展道路

当今世界面临着百年未有之大变局，正处于政治经济大变革、大调整、大转折的历史时期。世界经济下行，国际政治对抗与冲突加剧。犹如车行至关键的十字路口，人类社会面临着"向何处去"的艰难选择。

西方政治天空中乌云密布，烟雾升腾。世界之乱源于西方政治，西式自由民主政治乱象是当今世界失序的乱源。

面对西方乱象，不久前法国总统马克龙不得不承认，西方霸权面临终结，西方模式即将谢幕。他要求法国政界要认清形势，反思和重新定位法国未来的角色。

当今世界格局的深刻变化颠覆了西方传统认知，冲击了几百年来独尊一统的西方思想体系和学术体系。西方传统政治学和经济学的概念与逻辑已经无力解释"西方之乱"和"世界向何处去"的命题。西方社会科学研究范式受到挑战，西式政治学、经济学教科书可能需要改写。

日出东方。西方之乱，中国之治。冷战结束后30年来世界政治进程的反转、中西政治图景的强烈反差给人以深刻启示。

新中国70年坚实的发展成就奠定了中国崛起的基础，中国的发展成为世界发展潮流转向与新时代开启的强大动力。

新中国70年来，尤其是改革开放40多年以来，中国的顺利发展所取得的伟大成就被外界誉为"21世纪最重大的政治事件"。

虽历经艰难坎坷，也有过曲折和惨痛的教训，但70年来中国社会主义发展道路是科学社会主义在当代世界最伟大而成功的实践。中国发展道路的成功，丰富和发展了马克思主义列宁主义学说，突破了西式自由民主和自由市场模式一元论及其理论和话语霸权，拓宽了世界社会主义的发展道路，为非西方国家提供了宝贵的可资借鉴的发展经验。

二、中国道路是全面性、协调性和实践性的统一，取得了历史性成功

与建党 90 多年、执政 70 多年的苏共失败丧权的命运相反，中国不但没有重蹈苏联的覆辙，还成功使 7 亿人脱贫，经济规模跻身世界第二大经济体。因此，近年来对中国奇迹的原因与中国道路的研究成为国际上的热门话题。

中国道路的关键秘诀何在？西班牙中国问题研究专家曾总结中国成功的十大经验，韩国学者则归纳中国共产党的八项成功秘诀。

我认为，中国道路成功的秘诀是：中国道路是立足中国国情自主探索出的，具有浓厚的本土化特色；中国道路坚持以民为本、以发展为先，最大限度调动了人民的积极性、创造性；中国道路强调一切从实际出发，这是其顺利成长的基本原因；中国道路坚持"五位一体"的有机统一，坚持"四个全面"统筹推进，坚持"五大发展理念"，从而实现了发展合力最大化；中国道路的关键秘诀是科学地处理了改革、发展、稳定的关系。

经济上的成就不是孤立的，中国奇迹的基石在于中国政治发展与经济体制改革的相互促进。中国稳定的政局和国家治理形式作为经济发展的保障，起到了保驾护航的作用。中国发展的价值取向和经验原则拓展了世界发展图景，丰富了人类发展的内涵和理念，深刻地影响着世界格局与人类社会进步的历史进程。

三、新中国 70 年发展的特质与优势

（一）中国政治发展没有照搬照抄他国现成的政治模式，符合中国历史文化传统，深植于中国大地，具有开创性和原创性

多少年来，西方主流社会思潮认定，西式所谓民主和自由市场模式是普世的、永恒的，是全人类"幸福的归宿"。冷战结束时，日裔美籍学者福山贸然宣告"人类历史至此终结"，西方自由民主制度将一统世界，是否拥有符合西方标准的政治、经济制度成为国际上一个国家好坏的唯一标尺。

30 年前，以苏联为首的东欧国家在长期冷战的政治对抗中遭受失败，分崩离析，改弦易辙。

不走封闭僵化的老路，不走改旗易帜的邪路，也不走照搬照抄的死路和全盘西化的绝路。这彰显了中国共产党非凡的政治抉择、政治智慧和政治定力。

2008 年世界性的金融危机爆发后，西方社会经济制度和社会治理模式或碰壁，或搁浅，不少国家面临着不稳定和不确定的未来。中国波澜不惊的应对和表现显得尤为突出，赢得世人称赞。中国经济成为世界经济发展的强大引擎。

（二）坚持中国共产党的领导，保证发展始终有一个稳定的政治核心

当代中国发展道路起始于中国共产党领导中国人民建设新中国的历史基点。

新中国成立 70 年来，中国共产党带领中国人民实现了国家独立、民

族解放和广大人民当家作主，保证了国家的主权安全、政治安全和社会安定。

坚持中国共产党的领导，保证了中国特色社会主义发展始终有一个稳定的政治核心。这一稳定的政治核心，有利于制定维护国家统一、民族团结、国民经济持续健康发展的战略规划，有利于形成代表最广大人民根本利益和国家长远利益的方针政策，有利于集中力量调配、整合资源，"集中力量办大事"，有利于维护稳定的政治发展氛围，维护社会安定，有利于"寻求最大公约数、增进最大共识度、形成最大凝聚力"，避免因利益分裂、社会冲突消耗改革发展的认同与合力。

（三）始终坚持人民主体地位，不断夯实执政基础和增强发展动力

坚持人民主体地位是当代中国发展的出发点与归宿。新中国成立之初，面对"一穷二白"的国情、西方强势围堵的世情，实现政治独立、经济自足、国家振兴是这一时期国家建设的首要任务。在这一艰难的历史时期，通过广泛、有效的社会动员，尽最大可能争取人民群众的支持，激发人民群众的活力，集中民力民智建设新中国，进而改变了国家贫穷落后的面貌。70 年来，人民群众作为新中国的主人投身国家建设，在政治权利得以保障的前提下，逐步实现了经济权利与社会权利。

四、中国特色社会主义政治发展道路的突出特征

70 年来，特别是改革开放 40 多年来，中国的政治发展进程以持续、稳定的发展，实现了全面、真实、有效的人民民主，提高了中国在国际上的竞争力和影响力，抵制住了西方以"民主、自由、人权"为幌子的

文化霸权的侵扰，破除了"民主激进主义"和"民主原教旨主义"的干扰，以坚定的政治立场、开放的发展视野，顺应人民的意愿，开辟了独具特色、卓有成效的政治发展道路。当代中国政治以全面发展的格局统合民主、秩序、效率，在不同时期和不同战略目标的要求下，实现民主、秩序、效率等政治价值的统一。中国特色社会主义政治发展道路的特征突出表现在：

（一）稳定性

稳定的政治秩序是当代中国得以进行改革与发展的必要条件。有序的政治参与建立在政治制度稳固、可调适的基础之上，既保障了人民的权利，又促进了政治制度在充满活力的环境中得以完善。法治与民主并行，意味着将政治发展的价值要素——民主与秩序相融合、相平衡，使人民群众公平、自由、发展的权利得以在法治的轨道上实现，并致力于权力监督、遏制腐败。有效的国家治理能力体现在当代中国的政治体系既能够抵御环境的挑战、冲击，有制度韧性，能够吸纳意见诉求，又能够实施高质量、见成效的政治管理，还能够解决公共危机带来的一系列问题。

（二）发展性

当代中国政治发展是中国特色社会主义现代化事业的有机组成部分，与经济发展、社会发展、文化发展、生态文明发展、人的全面发展相互协调，相互促进。这意味着政治发展与其他几个方面的发展紧密联系，政治作为上层建筑的一部分，不能脱离经济基础而单兵突进，也不能被庸俗化和简单化，演绎成类似西方选举政治那样的"短视政治"。中国的政治发展不仅致力于政治领域的各项发展目标，而且致力于中国特色社会主义现代化事业，服务于国家的发展大局。

（三）持续性

当代中国政治发展按照社会主义事业的总体部署进行。从新中国成立之初服务于实现工业化、现代化的发展，到改革开放之后服务于中国特色社会主义建设事业，当代中国政治发展一方面始终与国家发展总体战略保持同步，另一方面在发展大局的指导下，政治发展也有自身的战略、规划、步骤，依照规划逐步展开，形成连续、循序渐进的发展过程。政治发展犹如单行道，几乎容不得出错。因此，政治体制改革要不得急功近利和激进、冒进。尤其是中国这样一个人口众多、发展不平衡的大国，还未完成国家统一大业，还面临着种种威胁和挑战。

（四）协调性

协调性一方面体现在政治发展价值目标（民主、秩序、效率）的协调与平衡，另一方面体现在政治发展与经济、社会、文化等的发展相互协调。当代中国政治发展注重民主、秩序、效率的协调与均衡，在不同历史时期，政治发展服务于国家发展的阶段性战略。同时，政治发展注重与经济发展保持同步，相互促进，并致力于带动社会、文化、人的和谐发展。

（五）实效性

当代中国政治发展致力于实现政治稳定、政治秩序、政治绩效、政治能力、政治动员、政治廉洁等，不赞成对"民主、自由、人权"的抽象化、简单化的议论，主张以开阔的发展视野探讨民主和政治改革的方向和着力点。

五、中国政治发展的理论结晶与共同价值

习近平总书记多次强调要加强话语体系建设，要把我国的发展优势和综合实力转化为话语优势。他指出，支撑话语体系的基础是哲学社会科学体系。没有自己的哲学社会科学体系，就没有话语权。在理论研究中要多下功夫，多搞"集成"和"总装"，多搞"自主创新"和"综合创新"。

中国道路的关键是科学地处理了改革、发展、稳定的关系。作为中国道路的组成部分，当代中国的政治发展开辟了世界政治中一条独具特色而卓有成效的发展之路。

中国特色社会主义政治发展是全面性、协调性和实践性的统一，是民主、秩序、效能等政治价值的有机统一。

（一）中国科学地定义了"民主"，实现了政治全面发展

中国道路的出发点是：一切从实际出发，实事求是，最大限度调动人民群众的积极性。例如，对于民主问题，邓小平在 20 世纪 80 年代初期就曾指出，什么是民主？民主就是调动广大人民群众的积极性。

在政治全面发展的框架下推进人民民主，又以有效的民主形式推动政治发展。这是一种中国版的全新的民主观。升级版的新民主观意味着应发展优质民主，而不要劣质民主。

优质民主以主权安全、政治秩序稳定、经济社会稳步发展为前提，政治制度的吸纳整合能力与人民权利的有序扩展相互促进，相互融合。而劣质民主破坏政治稳定，影响政治效能，激起政治对立，进而引发社会混乱，导致民族分裂和国家解体。劣质民主徒具民主的形式，将民主

泛化、模式化、简单化、工具化、庸俗化，实则丢掉了民主应有的内涵和本质。

（二）树立"全面发展观"，以发展为先，推动国家各个领域的全面协调发展

政治发展应当有利于经济发展和社会进步，有利于政治、经济、文化、社会和人的全面发展，有利于社会各个领域的相互协调和共同进步。中国坚持发展为先，改革为要。发展是解决一切问题的基础和关键。发展是长期、复杂、永无止境的历史过程，同时又是循序渐进、分阶段、多层面的过程。

政治发展必须以特定社会的经济基础与现实国情为基础，建立多维的发展构架，服务于国家发展战略。政治改革和民主化要立足国情，坚持走自己的路，充分发挥我国社会主义政治制度优越性，积极借鉴人类政治文明的有益成果，但绝不照搬西方政治制度模式。

从新民主观到全面发展观，超越了西式自由民主一元论，突破了西方发展范式和话语霸权，大大提高了政治发展水平和国家治理能力，为社会全面发展提供了坚实的政治保障。

（三）从"全面发展"到"共同发展"

当前国际政治局势复杂严峻。世界经济逆全球化潮流凸显，国际政治不确定性增加，世界究竟向何处去？21世纪人类社会能否避免和远离战争、冲突、恐惧、仇恨、分裂、贫困、饥饿、混乱，迎来和平、安宁、安全、和谐、开放、包容、共享和清洁美丽的新世界？

当前，国际社会正面临治理赤字、信任赤字、和平赤字、发展赤字。破解"四大赤字"需要秉持公正合理、互商互谅、同舟共济、互利共赢

的理念，增进战略互信，减少相互猜疑，实现世界长久和平与共同发展。

文明共存、和平共处、平等共商、合作共建、公平共享、互利共赢。构建人类命运共同体的主张是新时代中国领导人提出的"世界梦"，是谋求共同发展、赢得未来的"世界观"。由一国的"全面发展"到国际间的"共同发展"，是对某些大国奉行的"单边主义""政治自私"及"本国至上"等行为的超越。以文明交流超越文明隔阂、文明互鉴超越文明冲突、文明共存超越文明优越，推动各国相互理解、相互尊重、相互信任。坚持共商共建共享的全球治理观，坚持全球事务由各国人民商量着办，积极推进全球治理规则民主化，维护多边主义，构建人类命运共同体。

用 GDP 评价新中国头 30 年建设成就的几个问题

李　强 [①]

目前，国史和党史学界在评价某个历史时期的建设成就尤其是经济发展水平时，经常使用和日益重视的一个指标就是国内生产总值（GDP）。不过，由于 GDP 是一个专业性很强的指标，其中的某些概念和方法与人们通常的认识并不一致，因此，在国史、党史的一些论文中经常发生误用、错用 GDP 的情况，特别是在用 GDP 评价新中国头 30 年历史时，问题更多。因此，本文尝试对新中国成立头 30 年的 GDP 指标进行一些分析，以方便大家更准确地使用 GDP 指标评价新中国头 30 年的历史和建设成就。

一、两种不同的核算体系及中国国民经济核算体系的演变

国民经济核算有两种基本体系，分别是物质产品平衡表体系（MPS）

和国民经济账户体系（SNA）。物质产品平衡表体系是基于马克思的剩余价值理论而建立起来的国民经济核算体系，20世纪90年代以前，这种核算体系在苏联、东欧、中国等计划经济国家广泛使用，其主要指标是社会总产值（社会总产品）和国民收入。国民经济账户体系是基于凯恩斯的所得—支出方法，经过斯通和库兹涅茨改造而建立起来的国民经济核算体系。这种核算体系广泛使用在美英等市场经济国家，GDP是国民经济账户体系的一个核心指标。在90年代以前，这两种指标体系都是联合国统计委员会承认和使用的核算体系。

物质产品平衡表体系和国民经济账户体系的区别很多，但本质上还是由于马克思主义经济学和西方经济学关于生产劳动和非生产劳动的理论差别所致。物质产品平衡表体系认为，在社会经济活动中，只有物质生产才创造价值，社会产品是物质生产部门生产的有用成果，非物质生产部门如文化教育、卫生医疗、公共事业、住宅管理、生活旅游等部门提供的各种服务，或者是没有经过人类劳动过滤的物质资源，或者虽然经过人类劳动却没有形成物质产品，或是家庭的自我服务的劳动成果，都不算是社会产品，其收入是国民收入的再分配过程中形成的，因而不计入社会生产的总量。从使用价值来看，社会产品包括工业、农业、建筑业三大部门的产品构成；从价值来说，社会产品由产品进入消费领域所需的社会必要劳动来决定，因此还必须把商业与货物运输部门的增加值计算进去。所以，社会产品的范围不仅包括工业、农业、建筑业三大部门，同时也包括商业和运输等部门的活动成果。

按照国民经济账户体系理论，劳动、资本、土地三要素共同创造价值，劳动创造工资，资本创造利润，土地创造地租，不区分物质生产和非物质生产，认为一切商品的生产和劳务的提供都是生产。根据这个理论，GDP是指按市场价格计算的一个国家（地区）所有常住单位在一定时期内生产活动的最终成果。生产活动包括货物的生产和服务的生产，提供或准备提供给其他单位的货物或服务的生产，生产者用于自身最终消费或固定资本形成的所有货物的自给性生产，自有住房①和付酬家庭雇员提供的家庭或个人服务的自给性生产。

通过比较可以看出，GDP（国民经济账户体系在相当大程度上可以由 GDP 代表）是为评价市场经济（商品经济）而设计的指标，而物质产品平衡表体系比较合适用来评价计划经济（产品经济）。如果用 GDP 评价计划经济，在绝大多数情况下都会出现低估和失真的情况。

新中国国民经济核算体系的演变随着我国经济体制的改革大体经历了三个时期。

第一个时期是从新中国成立到 20 世纪 80 年代初。新中国成立后，根据马克思主义的经济理论和苏联等社会主义国家的实践经验，实行的是物质产品平衡表体系。1952 年，政务院财经委员会颁布了《1952 年国民经济总产值估算办法》，国家统计局首先进行了工农业总产值调查。从 1954 年开始，国家统计局在学习苏联国民收入统计理论和方法的基础上开展了中国国民收入的生产、分配、消费和积累核算，正式采用了物质产品平衡表体系进行国民经济核算。这一时期的物质产品平衡表体系尽管存在一定问题，但从三个方面来看，物质产品平衡表体系与计划经济体制的国情是基本适应：一是物质产品平衡表体系没有统计的第三产业在当时的国民经济中所占比例较低，二是当时我国主要同社会主义国家进行比较，三是主要是社会主义国家同我国进行经济交流而西方发达国家对我国采取封锁禁运的政策。

---

① 对于居民自有住房来说，实际上没有发生出租行为，但在国民经济账户体系中的 GDP 核算中，为了保证住房服务的生产和使用以及居民消费水平的国际可比性和历史可比性，一般都把居住自有住房的住户视为对本住户提供了住房出租服务，而纳入房屋出租活动的核算。

第二个阶段是从 20 世纪 80 年代初到 90 年代，实行"中国式的国民经济账户体系"。80 年代初，计划经济多年累积的问题凸显，这其中，由于使用物质产品平衡表体系进行核算而导致的问题也是很重要的一个方面。[1] 另一方面，改革开放以后，物质产品平衡表体系不予统计的第三产业如金融保险业、房地产业、信息咨询业等发展迅速，在国民经济中的作用和所占比例越来越大。同时，这一时期中国与西方国家的经济交流大大加强，经常需要同资本主义国家的经济情况进行比较。因此，国家统计局于 80 年代初期开始研究国民经济账户体系的 GDP 指标。1985 年 3 月 19 日，国家统计局向国务院提交了《关于建立第三产业统计的报告》，其中提出要核算 GDP。[2] 1985 年 4 月 5 日，国务院办公厅发出通知，同意了这个报告。国家统计局从 1986 年开始进行中国国民经济核算体系方案的设计工作，该方案经过广泛征求意见，并在天津等省市进行试点验证，前后作了 7 次修订。1991 年经过再次修改和补充，形成了《中国国民经济核算体系（试行方案）》。

在这一时期，中国的国民经济核算体系实际上是物质产品平衡表体系和国民经济账户体系并存，即既保留物质产品平衡表体系，核算国民收入，又核算 GDP，所以称为"中国式的国民经济账户体系"。

第三阶段是从 2002 年起至今，实行的是国民经济账户体系。1990 年以后，由于东欧剧变、苏联解体，使用物质产品平衡表体系的国家日

[1] 江泽民在 1991 年中央工作会议上指出："中央提出从内涵上扩大再生产……这些话讲了很多年，但是成效不大。究竟是为什么呢？除了体制上的问题以外，恐怕很重要的原因，是同主要用产值和速度衡量经济工作的成绩有关。"李鹏在 1991 年 12 月召开的全国计划工作会议上指出，1992 年要"在保持总量平衡的基础上，保持一定的增长速度。要研究一套真正反映实际的经济指标考核的体系"。参见钟兆修编著：《中国国民经济核算的历史考察与展望》，中国环境科学出版社 2009 年版，第 393 页。
[2] 《关于建立第三产业统计的报告》提出建立国民生产总值核算，但在实施过程中以国内生产总值为主。

益减少，1993 年后，联合国统计委员会不再提供物质产品平衡表体系指标数据，这一因素对我国最终实行国民经济账户体系起了非常重要的作用。从 1999 年开始，国家统计局对《中国国民经济核算体系（试行方案）》进行了系统的修订，制定了《中国国民经济核算体系（2002）》，取消了物质产品平衡表体系的核算内容，清理了基本概念，调整了基本框架，正式采用了国民经济账户体系。

由此也可以看出，中国放弃物质产品平衡表体系而实行国民经济账户体系，原因是多方面的复杂的，并且在很大程度上是由具体历史条件决定的，而不是像有些人认为的那样，只是因为物质产品平衡表体系从理论到实践都是错误的，所以才改用国民经济账户体系。现在有一些学者简单地用以 GDP 为核心指标的国民经济账户体系理念去评价新中国成立头 30 年的发展，其中有些看法是不适当的。

从理论上讲，物质产品平衡表体系关于物质生产与非物质生产的划分，对于落后国家和发展中国家的经济健康发展具有重要意义。这个理论告诉我们，只有物质生产才创造新价值，非物质生产只能在物质生产的基础上才能存在和发展。如果物质生产的份额低于非物质生产的份额，非物质生产就只能是无源之水、无本之木，是不可能持续存在与发展的。在国民经济账户体系中，对不生产商品的劳动部门，是以统计这些部门劳动者的工资收入和固定资产虚拟折旧作为增加值的。但是，根据物质生产与非物质生产的划分，这些部门劳动者的工资并非来源于该部门的经营性收入，追根究底，是社会的商品生产部门净收入的一部分转移过来的。从西方特别是西方发达国家的"后工业化"经济表象上看，这种转移的非物质生产部分要大大超过物质生产部分，似乎可以说明物质生产与非物质生产的划分是错误的。事情当然不是这么简单。这种现象只是说明：物质生产与非物质生产理论不能简单地、无条件地搬用到实践中，因为在存在阶级和国家的历史条件下，发达国家可以通过历史形成的对其有利的国际价格和国际分工获取超额利润，通过这种国际收入转移，在本国物质生产比较小的份额下，维持本国非物质生产较大的份额。[①] 因此，落后国家和发展中国家不能盲目把西方发展模式当作经济发展的客观规律，而是应该根据各国的具体条件，重视物质生产和高科技的发展，打破历史形成的对它们不利的国际价格和国际分工，为自己国家的科学发展打下坚实的基础。

二、1952—1978 年 GDP 数据的推算及其存在的问题

由于中国在 20 世纪 80 年代中期才开始研究和试算国民经济账户体系，所以现在大家所使用的 1952—1978 年 GDP 数据并不是通常意义上的统计数字，而是在国民收入指标的基础上结合其他相关历史资料推算而来的。[②] 目前 1952—1978 年 GDP 的数据，主要有张风波、中国国家统计局、麦迪森三种。对于这种推算，学术界在计算方法、对相关历史资料的估计、所占的权重等方面存在较大分歧，而且其初衷也只是"为了满足经济分析和管理对数据的连续性和可比性的要求"，因此，在相关研究和引用时只宜作为参考。

由于 GDP 的核算范围大于物质产品平衡表体系的国民收入范围，因此，推算出来的 GDP 通常要大于物质产品平衡表体系的国民收入。表 1

---

① 从整个世界的经济状况看，世界总体的非物质生产绝对地低于世界总体的物质生产。因此，违反物质生产与非物质生产理论的现象只是特例，从一般生产和整个世界的经济状况看，区分物质生产与非物质生产的理论是正确的。

② 为了满足经济分析和管理对数据的连续性和可比性的要求，20 世纪 80 年代末和 90 年代初，国家统计局以物质产品平衡表体系的国民收入和其他有关历史资料为基础，先后补充推算出 1978—1984 和 1952—1977 年 GDP 生产核算和使用核算历史资料。

反映了其他国家 GDP 与物质产品平衡表体系国民收入间的差距。[1]

表 1　世界十个发达国家国民经济账户体系国民收入换算为物质产品
平衡表体系国民收入的比较（1978 年）

国家	单位	国民经济账户体系法（SNA）计算的国民收入	按物质产品平衡表体系法（MPS）换算的国民收入	SNA/MPS（％）
美国	（10 亿美元）	1724	1236	139.5
日本	（10 亿日元）	172980	127191	136.0
联邦德国	（10 亿马克）	1143	828	138.0
法国	（10 亿法郎）	1902	1345	141.4
英国	（10 亿英镑）	144	97	148.2
意大利	（10 亿里拉）	198173	136201	145.5
加拿大	（10 亿加元）	205	137	150.0
澳大利亚	（10 亿澳元）	88	66	134.2
瑞典	（10 亿克朗）	347	231	150.4
瑞士	（10 亿法郎）	141	105	134.1

资料来源：钱伯海：《东西方国民收入指标对比》，《宏观经济研究》1983 年第 23 期。

1988 年，由张风波主编的《中国宏观经济结构与政策》提供了 1952—1986 年 GDP 数据，这是比较早公布的新中国头 30 年 GDP 数据。张风波采用了世界银行提供的计算方法，并对一些权重进行了调整，其

---

[1]　将国民经济账户体系国民收入中的分部门数据扣除非物质生产部分，加上间接税，即得我国计算口径的国民收入。

计算公式为：

GDP＝国民收入＋折旧＋非物质性服务＋房租。在这个公式中，国民收入有历年的统计数，三项附加值的数量根据这些附加值在国民收入中的比重推算，具体比重见表 2。这样，上述计算公式变为：GDP＝国民收入 ×（1+ 调整系数）。

表 2　折旧、非物质性服务以及房租占国民收入生产额的比重单位（％）

时间	1952—1974	1975—1978	1979—1981	1982—1984	1985—1986
折旧	5.7	5.8	5.9	6.0	6.1
非物质性服务	6.6	6.7	6.8	6.8	6.9
房租	3.3	3.4	3.5	3.6	3.6
调整系数	15.6	15.9	16.2	16.4	16.7

资料来源：张凤波主编：《中国宏观经济结构与政策》，中国财政经济出版社 1988 年版，第 28 页。

对 1952—1978 年的中国来说，16% 左右的调整系数虽然与西方发达国家 30%—50% 的调整系数相比差距较大，但就非物质性服务和房租这两个方面来讲，商品经济越发达，其所占比重越大。1960 年，日本类似的系数为 19%，直到 1970 年才上升到 29%；印度类似的系数为 15%，直到 1977 年才上升到 24%；墨西哥类似的系数为 18%，直到 1977 年才上升到 19%。

对于国家统计局 1952—1978 年中国 GDP 数据的估算[1]，国内外学者由于缺乏资料，相关评价较少。到目前为止，引起中国学术界广泛关注

---

[1]　由于相关推算公式和有关参数十分复杂，本文不再介绍，可参见国家统计局国民经济核算司编：《中国国内生产总值核算历史资料（1952—1995）》，东北财经大学出版社 1997 年版；许宪春、田小青：《中国国内生产总值历史数据（1952—1977）的资料收集和测算方法》，《经济研究》1997 年第 9 期。

并且涉及 1952—1978 年 GDP 数据的评价，主要有经济合作与发展组织
（OECD）高级顾问安格斯·麦迪森撰写的专著《中国经济的长远未来》。
麦迪森认为中国国家统计局得出的 1952—1978 年中国 GDP 被大大低估
了。如他认为，中国 GDP1952 年应增加 38%，1978 年应增加 27%。图
1 和图 2 为国家统计局、张风波和麦迪森对我国 1952—1978 年 GDP 三
种估算值的比较。

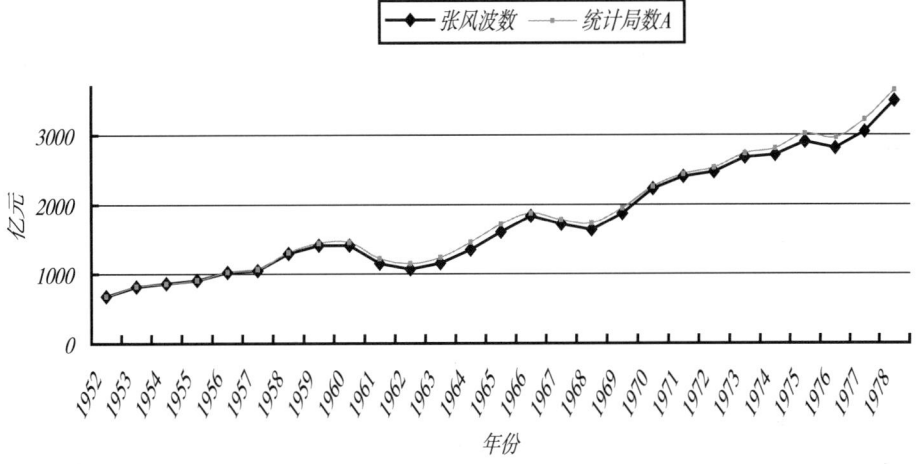

图 1　1952—1978 年国家统计局和张风波 GDP 估算值的比较

注：张风波数和国家统计局数 A 按当年价格计算。

资料来源：张风波主编：《中国宏观经济结构与政策》，中国财政经济出版社
1988 年版，第 29 页；国家统计局国民经济核算司编：《中国国内生产总值核算历史
资料（1952—2004）》，中国统计出版社 2005 年版，第 3 页。

把张风波提供的 GDP 同国家统计局公布的 GDP 进行比较可以看出：
除 1952 年、1954 年和 1955 年外，张风波 GDP 都小于统计局 GDP；两
组数据的差别并不大，两者偏差最小的是 1955 年，只有 0.1 亿元，偏差
率为 0.1%；两者偏差最大的是 1962 年，偏差率为 7.2%。

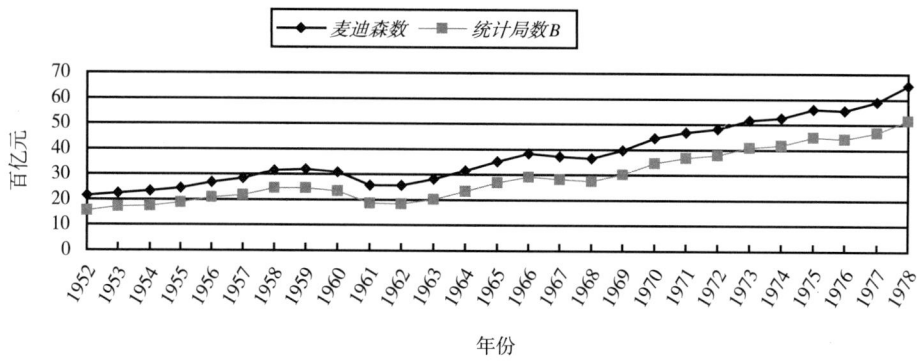

图 2　1952—1978 年国家统计局和麦迪森 GDP 估算值的比较

注：麦迪森数和国家统计局数 B 按 1987 年价格计算。

资料来源：［英］安格斯·麦迪森：《中国经济的长期表现（公元 960—2030 年）》，伍晓鹰、马德斌译，上海人民出版社 2008 年版，第 169 页。

　　把麦迪森提供的 GDP 同国家统计局公布的 GDP 进行比较可以看出：在 1952—1978 年中，麦迪森 GDP 都大于统计局 GDP，平均高了 29.8%；除 1975 年上调了 24.1% 外，其他年份的上调都在 25% 以上，其中上调 25%—29% 的有 10 个年份[1]，上调 30%—39% 的有 14 个年份[2]，上调高于 40% 的有 2 个年份[3]；两者绝对值相差最小的是 1953 年，为 540.84 亿元，绝对值相差最大的是 1978 年，为 1380.78 亿元；相对值相差最小的是 1975 年，偏差率为 24.1%，相对值相差最大的是 1962 年，偏差率为 40.9%。

　　对于国家统计局推算的 GDP 数据的评价，引起中国学术界广泛关注的还有世界银行的一个专门报告——《中国人均 GDP》。虽然这个报告只

---

① 分别是 1956 年、1958 年、1970—1974 年、1976—1978 年。

② 分别是 1952—1955 年、1957 年、1959—1961 年、1964—1969 年。

③ 分别是 1962 年和 1963 年。

是针对 1992 年 GDP 数据，但它提出的中国在统计 GDP 时存在的问题，也不可避免地会对 1952—1978 年 GDP 数据的推算产生影响，因此也应作为重要的参考。在报告中，世界银行对中国官方 1992 年 GDP 数据进行了较大幅度的向上调整，综合调整比率高达 34.3%，即中国 1992 年 GDP 数据被低估了 1/3。

对于国外的这两个评估，中国学术界并不完全认同，也有专门文章对此进行了分析。但中国学者也承认，中国 GDP 核算还存在若干问题。时任国家统计局国民经济核算司司长的许宪春在《中国 GDP 核算问题研究》一文中，从五个方面对此进行了分析，其中有三个方面的问题会对 1952—1978 年 GDP 数据调整有较大影响。

其一是住房服务。许宪春指出，受资料来源的限制和福利性住房政策的影响，中国住房服务增加值占 GDP 的比重很低，不仅低于发达国家，也低于其他发展中国家。① 这是中国 GDP 总量低估的主要方面。如 GDP 核算中只包括城市房地产管理部门提供的住房服务，没有包括企业、事业和行政单位向本单位职工及其家庭提供的住房服务；受公有住房房租普遍偏低的影响和资料来源的限制，城乡居民自有住房服务目前仅把按住房原值 2%—4% 折旧率计算的虚拟固定资产折旧作为总产出，同时作为增加值，所采用的折旧率偏低，也没有计算其他成本；等等。

其二是财政补贴。在纯粹的市场经济国家，财政对企业的补贴也是作为负的生产税处理的。然而在中国，许多情况下，财政对企业的补贴，包括价格补贴和亏损补贴，实际上是政府价格政策的结果。因此，比较合理

① 美国 2005 年 GDP 统计为 12 万亿美元，其中住房服务（住房消费）1.234 万亿美元。住房服务占美国 GDP 的 10%，其中的自由住房又大致占 3/4。加拿大住房服务占 GDP 的 15%，印度住房服务占 GDP 的 10%，而我国只占 3%—4%。按照许宪春的估计，如果参照其他资料进行调整的话，居民住房服务业增加值占 GDP 的比重比现行方法计算的相应比重要高出 4.7 个百分点。

的处理方法是，把这部分补贴作为政府的最终消费支出和对消费者的转移。

其三是企业内部的福利性服务。中国的国有和集体企业向本单位职工及其家庭提供不少基本的福利性服务，如医疗、托儿、教育、理发、洗澡等。与市场上同类服务相比，这些服务收费很低，甚至是免费的，从而导致相应服务业增加值的低估。同时，这类服务成本也被部分打入企业主营业务成本之中，从而也在一定程度上减少了企业主营业务的增加值。

值得指出的是，对于 1952—1978 年的中国 GDP 绝对量数据，在严肃的统计专业学术文章中，未见认为高估的观点。

三、未观测经济和产品经济对 GDP 的影响

统计学界公认，用 GDP 进行国民经济核算时，计划经济国家和发展中国家的经济总量往往被低估。这是因为 GDP 是为评价市场经济（商品经济）而设计的指标，核算 GDP 时，必须遵循市场原则。所谓市场原则，是指确定国民经济核算范围、分类、账户划分等内容时，必须从市场出发，考虑市场、市场活动和市场发展变化，国民经济主要总量的核算对象，要以是否进入市场为界限。由于计划经济国家和发展中国家商品经济不发达，大量劳动产品不是以商品形式存在和交易，不进入市场，没有价格，同时，有关的统计也很难保证质量，因此，计划经济国家和发展中国家的经济总量往往被低估。

传统观点认为，计划经济国家和发展中国家的经济总量被低估主要表现在未观测经济（Non-Observed Economy）方面。根据主要来自经济合作与发展组织（OECD）、国际劳工组织（ILO）、国际货币基金组织（IMF）、独联体联邦统计委员会、意大利统计局、荷兰统计局和俄罗斯国家统计委员会专家集体编写的《未观测经济测算手册》，未观测经济活

动由五个部分组成:(1)地下生产,指不按照管理规则而进行的生产活动,例如逃税、少付工资、不注册等行为;(2)非法生产,指被法律禁止和非授权的生产与服务,例如毒品和盗版等;(3)非正规生产,指生产规模较小而没有注册的生产,例如街头商贩等;(4)住户为自己的最终使用而进行的生产,包括作物种植、家畜饲养、房屋建筑等;(5)由于数据搜集系统存在的缺陷而发生的遗漏,例如企业统计范围不全、瞒报等。图 3 反映了部分国家未观测经济的大体规模。

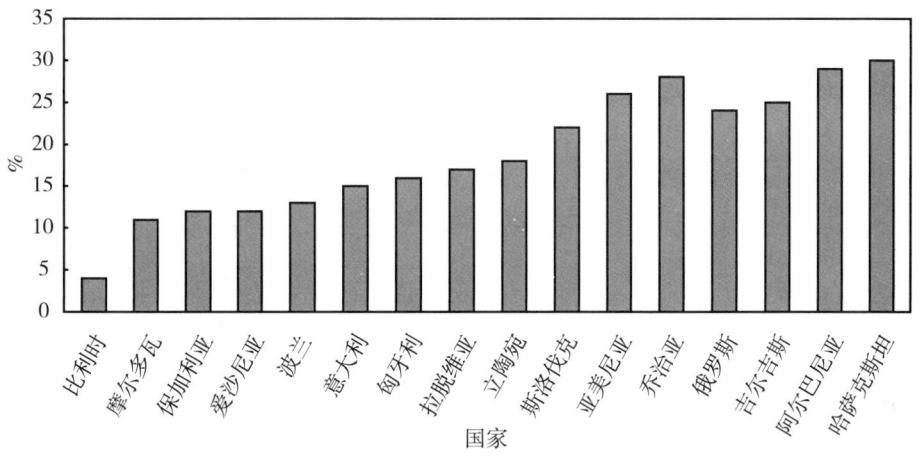

图 3　部分国家 1998 年未观测经济占 GDP 的比重

注:以上估算仅包括地下经济和非正规经济部分,部分国家为 1997 年数据。

资料来源:国家统计局国民经济核算司编:《中国国民经济核算知识问答》,中国统计出版社 2008 年版,第 18 页。

中国的常规国民经济核算涵盖了部分非正规部分活动和部分为住户自身使用的生产活动,但没有包括地下生产和非法生产活动,也没有包括因基本统计数据收集系统本身缺陷而遗漏的一些活动。因此,在 1952—1978 年 GDP 数据推算中,也应有部分未观测经济没有被包括进去。

近些年来,国内学者开始关注中国未观测经济问题,提出了几种估算数据。如李建军认为，中国改革开放后"两种口径的未观测经济规模占 GDP 比重介于 10%—49% 之间"。他在另一篇文章中指出："全国未观测经济规模占 GDP 比重平均为 29% 左右。"

更权威的数据来自 2004 年经济普查。这次经济普查方案涵盖了未观测经济中的非正规部门活动、为住户自身使用的生产活动和因常规统计数据收集系统本身缺陷而遗漏的一些活动，但仍未包括地下生产和非法生产活动。根据这次经济普查，2004 年我国 GDP 总量比原核算数增加了 23002 亿元，其中绝大部分是第三产业增加值，而以前的统计则低估了大约 20% 的 GDP。

当然不能简单地认为，由于没有如实核算未观测经济，1952—1978年 GDP 数据也被低估了 20%。首先，1978 年前，中国的第三产业规模本身较小，即使有所遗漏，也大大低于改革开放后的数量。其次，1978年前，地下生产、非法生产、企业瞒报等现象或者根本不存在，或者数量很少。[①] 最后，非正规生产在 1978 年前主要存在于农村，数量也较少。

因此，中国 1952—1978 年的未观测经济，从实际情况看，主要集中在企业统计不全、住户为自己的最终使用而进行的生产以及非正规生产方面。至于具体数量，还需要有关部门和学者加强研究，提出一个国内外统计学界都认可的数据来。

除了未观测经济，新中国成立头 30 年实行产品经济（计划经济）的具体特点，也是导致中国 1952—1978 年 GDP 数据被低估的重要因素。

未观测经济主要是指本身以商品形式存在或交易但未被统计的生产行为，产品经济主要是指本身不以商品形式存在或交易的生产行为。产品经济对 GDP 的影响主要由三个部分组成：（1）无酬或以低酬（剪刀差）

---

① 1978 年前，少付工资甚至不付工资的现象是存在的，并且数量不少。但这大多属于义务劳动的性质，不属于地下经济。

形式生产和交易的物质产品。如无偿调拨的物资 ①、以剪刀差价格上缴的农产品等。（2）无酬或以低酬形式提供的劳动力投入。如大修水利工程的农民工投入、城镇干部职工的义务劳动等。（3）无酬或以低酬形式提供的非物质服务。如卫生、文化、教育等。②

本文限于篇幅，主要以参加水利工程的农民工投入为例，分析第二部分的产品经济影响。根据国家水利电力部的统计，截止到 1976 年底，全国累计建成大中型水库 78000 多座，塘坝 650 万个，总库容量 4000 亿立方米；万亩以上的大中型灌区 6500 多处，全国灌溉面积达到 7 亿亩左右；机井 200 万眼，机电排灌动力 5400 万马力；堤防海塘 158000 多公里，并疏通开挖了大量河道沟渠。③ 这些伟大成就的实现，除了国家的一部分水利基建投资外，主要是通过广大干部群众掀起的农田水利基本建设运动建成的。④

在这些项目中，有些出工的社员领取的现金报酬或对其所在生产队的资金补贴由国家财政支付，因此作为水利基建投资计入了当时的积累额即国民收入总额。但是，参加水利劳动的社员的绝大部分活劳动，并没有以商品的形式出现，而只是存在于最终竣工的水库的实物形态中，体现为水库建设完成的工程量。因此，用国民经济账户体系核算时，这一部分劳动没有以成本方式计入水库项目的积累额，也就未计入 GDP。另一方面，虽然参加水利建设劳动的农民，在自己的生产队记了工分，但由于生产队的工分不参与国家财政和基建投资分配，因此，这只是增加了生产队工分的

---

① 有些调拨物资有账面价格，计入 GDP；有些连账面价格也没有，没有计入 GDP。

② 卫生、文化、教育等部门（非营利性的）的固定资产折旧和人员工资计入 GDP，但中国与西方不同的是，其人员提供了远远超出工资的义务性质的服务，而这些服务在西方是有价格的，并且计入 GDP。

③ 《当代中国的水利事业》编辑部编：《历次全国水利会议报告文件（1958—1978）》，第 637 页。

④ "每个冬春都有一亿以上的群众上阵，大搞农田基本建设。"《毛泽东思想指引我们大办水利电力事业》，《人民日报》，1977 年 9 月 17 日。

总量，而生产队分配的粮食和其他农产品的数量以及可分配资金并没有相应增加，在这种情况下，只能导致工分的分值相应降低。所以，这一部分劳动也没有计入农业增加值，同样未计入当时的社会总产值和国民收入。

不仅是水利建设，在后续的水利工程管理上，无酬或以低酬形式提供的劳动力投入也相当可观。如桃源县的水利工程管理，采取了国家固定职工、脱产的集体人员和亦工亦农人员共同管理的形式，在付酬上分别采取规定工资、投资记工、补助费和按同等劳力记工的方式。全县水利工程管理人员 14000 多人，国家固定职工只有 227 人，仅占 1.62%。[①]

再以医疗为例，新中国成立后到 1978 年，中国农村的合作医疗被世界卫生组织誉为"发展中国家群体解决卫生经费的唯一范例"。按照 1982 年的统计，农村赤脚医生总人数为 134.9 万人，农村生产队卫生员为 164.8 万人，农村接生员为 55 万人。由于国家财政对此拨款较少，这支大军主要由生产队负担，因此，这些人的培养与劳动和参加水利建设的农民劳动一样，很少能反映到国家 GDP 的增长上去，但如果在西方国家，这支大军将产生出天文数字的 GDP。类似于这样的情况还有铁道工程建设、军事工程建设等，如桥梁和隧道占 30% 以上的成昆铁路，其绝大多数人力劳动是由劳动力几乎零成本的铁道兵完成的。[②]

在研究新中国成立头 30 年的历史时，经常会碰到这样一个问题：从实物指标看，我们的发展成就很大，但从价值指标看，我们的发展成就则较小。有些学者据此认为，我国头 30 年的发展成就被高估了。从国民

[①] 《当代中国的水利事业》编辑部编：《历次全国水利会议报告文件（1958—1978）》，第 644 页。

[②] 铁道兵不仅修路，还在沿路无偿进行了大量建设，仅以绿化为例，1955 年的黎湛铁路沿线，就种植了观赏和有经济价值的各种树木 40 多万株。参见《王震传》编写组：《王震传》，当代中国出版社 1999 年版，第 538 页。

经济账户体系角度出发，得出这样的结论是有道理的，因为按照国民经济账户体系理念，一切劳动都是以商品的形式出现，实物指标高和发展速度快，在通常情况下都表现为价值量大，并且最终表现为消费的增多。但是按照物质产品平衡表体系，一个国家的经济发展，既可以价值形态存在，也可以实物形态存在，并且优先考虑物质生产的投入，而这种投入既不一定直接带来消费品的增加，也不一定表现在价值量的增加上，而是会在长时间内持续地发挥作用。新中国头 30 年的水利建设和农田基本建设，在改革开放后 30 年时间里为农业的快速发展提供了持续、坚实的基础，就是有代表性的证明。

另外，这种现象还可以从汇率法 GDP 与购买力平价法 GDP 的区别上得到解释。所谓汇率法 GDP，是指在进行 GDP 的国际比较时，必须要把本币换算成一种也适用于其他国家的计价单位，通常是以各国货币与美元的官方汇率的三年平均数作为基准汇率换算，这样换算出来的 GDP 称为汇率法 GDP。而购买力平价法也叫国际比较项目法，这种方法是以国内商品价格同基准国家同种商品价格比率的加权平均值为购买力平价计算的。国际比较项目法是由联合国统计局、世界银行等组织主持的一项旨在提供 GDP 及其组成部分的国际一致价格和物量的跨国比较体系，其研究的基本思路是通过价格调查并以 GDP 为基础，测算不同国家货币购买力之间的真实比率，从而取代汇率，把一国的 GDP 转换成以某一基准货币或国际货币表示的 GDP。①

因此，汇率法 GDP 可以看作是一个价值指标，而购买力平价法 GDP 在一定程度上是一个实物指标。由于一些历史的和现实的原因，落后国

---

① 通俗地讲，一件完全相同的衣服，在美国的价格是 10 美元，在中国是 10 元人民币，按照汇率法，这件衣服算成美国 GDP 为 10 美元，算成中国 GDP 为 1.54 美元（按 1 美元兑 6.5 元人民币计算），但按照购买力平价法，这件衣服算成的美国 GDP 和中国 GDP 均为 10 美元。

家和发展中国家的本币实际购买力与汇率所表示的购买力的差距往往较大，因此，经常会出现实物指标增加很多而价值指标增长较少甚至降低的现象，其建设成就被汇率法 GDP 等价值指标大大低估。

世界银行从 20 世纪 90 年代初开始列出以购买力平价法核算的GDP，但没有给出 1991 年前的历年购买力平价 GDP。安格斯·麦迪森在《中国经济长期表现（公元 960—2030 年）》中列出了中国 1952—2003年以 1990 年购买力平价法价格为基准的购买力平价法 GDP（见表 3）。

表 3　按国家统计局估算 GDP 换算的历年购买力平价法 GDP

年份	GDP（1）	GDP（2）	GDP（3）
1952	155548	231550	305854
1955	187677	279378	350908
1960	232962	346790	441694
1965	267404	398061	501769
1970	347506	517301	636937
1975	450772	671024	798346
1978	517055	769694	935083

注：GDP（1）为按国家统计局 1987 年人民币价格计算的 GDP，单位为百万元；GDP（2）为按国家统计局 GDP 计算的 1990 年价格购买力平价法 GDP，单位为百万国际元；GDP（3）为按麦迪森 GDP 计算的 1990 年价格购买力平价法 GDP，单位为百万国际元。

资料来源：［英］安格斯·麦迪森：《中国经济的长期表现（公元 960—2030 年）》，伍晓鹰、马德斌译，上海人民出版社 2008 年版，第 169、171 页。

由此可见，1952—1978 年，按照购买力平价法计算 GDP 会大幅度地提升我国 GDP 的数值，大体在 5—7 倍之间。[1]1990 年按汇率法计算的

———————————

[1]　具体计算方式参见［英］安格斯·麦迪森：《中国经济的长期表现（公元 960—2030 年）》，伍晓鹰、马德斌译，上海人民出版社 2008 年版，第 165—166 页。

我国人均 GDP 为 320 美元，与美国相比差距为 70 倍，但使用购买力平价法算出的我国人均 GDP 为 1950 美元，与美国相比差距只有 11 倍。若按汇率法计算，2000 年中国的 GDP 为 10799.4 亿美元，排在世界第 6 位；若按购买力平价法计算，2000 年中国的 GDP 为 50194 亿国际元，GDP 总量仅次于美国，排在世界第 2 位。①

通过上面的分析可以看出，如果不顾当时的具体历史条件，简单地套用国民经济账户体系理论和 GDP 去评价新中国特别是头 30 年的经济建设成就，是不妥当的。1981 年 1 月 16 日，邓小平在会见外国客人时指出："国际、国内都把这三十一年的成绩估计低了。总的来说，三十一年中，我们做了很多的事情，成绩不少，虽然也犯了一些错误，但不是一团漆黑。总结历史要把这个体现出来。"因此，在用 GDP 评价新中国头 30 年的建设成就时，应当非常慎重，给予必要的说明，并且使用社会总产值和社会总产品的若干数据和事实进行补充和调整，尤其是用汇率法 GDP 作国际比较时，应当同时提供购买力平价 GDP 作为参考指标。

最后需要指出的是，从专业的统计角度讲，本文提供的若干说明只是基础性的，若能对国史、党史学界的学者更准确地使用 GDP 有所帮助，则幸莫大焉。

---

① 根据 1990 年和 2000 年世界银行报告与《中国统计年鉴》相关数字换算。

从美国对华经济战看当前我国国际关系 研究领域存在的误区和误导

马钟成 [①]

最近几年，我国国际关系研究领域出现一些不正常现象。比如，研究美国问题的人，不少比较亲美；研究日本问题的人，很多人亲日；研究韩国问题的人，不少人亲韩；研究印度问题的人，很多人亲印；唯独研究俄罗斯的人，大部分是反俄亲美的。这一现象反映了当前我国不少研究国际关系的学者欠缺马克思主义基本原理的指导和学科建构，照搬照抄西方主流国际关系理论，自觉不自觉地按照美国的价值观和思维方式考虑问题。我国国际关系研究范式的西化，使我国在应对国际关系领域非常重大的变化或风险与挑战的时候，往往没有抓住本质，缺乏准确预判，有的咨询与建议甚至像蒋干盗书，正中他人下怀。这一点，在对特朗普政府及其政策的分析研判上表现得尤为突出。

---

① 马钟成，中国社会科学院世界社会主义研究中心特约研究员、海洋安全与合作研究院研究员。

一、对特朗普政府对华政策的要害缺乏深刻认识

特朗普政府对华政策的要害在于，它改变了自中美建交以来美国历届政府的对华政策的基础。特朗普上台以来，在对华问题上采取了一系列不同于以往的经济、政治、外交、军事政策，不仅突破了尼克松以来美国历届政府对中国的相关承诺，甚至有美国政客承认台湾是一个国家，美国政府解除美台所有层级官员的互访限制，而且准备通过立法方式确保美国可以采用军事手段阻挠我国解放台湾。这充分暴露了特朗普是自尼克松以来最反华、最反共的美国总统，特朗普政府是自罗斯福新政以来最右翼、最保守、最亲资本的政府。

众所周知，1979 年中美建交的前提是，美国政府接受中国提出的建交三原则：同台湾断交、撤出驻台军队、废除美蒋条约。美国承认中华人民共和国政府是中国的唯一合法政府，承认只有一个中国，台湾是中国的一部分。也就是说，美国不能分裂中国、支持"台独"是中美建交、中美和平友好、中美两国不是敌人的一个基本前提。而且，中国的改革开放政策正是建立在美国不支持"台独"、中美关系稳定的国际条件之上的。现在，特朗普政府明显是要取消和摧毁这个基本的前提和条件。如果美国作出根本性的战略调整，推行像 20 世纪 50 年代那样的，甚至比那时还狠毒的反共反华战略，那么中国改革开放的基本国际环境和条件还能够存在吗？对于这一至关重要的问题，在特朗普上台之前及上台初期，我们的国际关系学界没有作出恰当的预测。即便是在今天，在特朗普已经打出一系列组合拳，局势已经基本明朗的情况下，中国的一些国际关系学者仍在回避这一问题。他们的思路大体是这样的：中国学习借鉴美国的市场经济，中国市场化、私有化、自由化取向的改革开放高于

一切，因此中国必须对美国友好，无论美国做什么，中美关系只能搞好，不能搞坏。因此，即便是美国已经突破和摧毁了中美建交的前提条件，中国也只能对美妥协，保持中美关系的友好状态。这种处理中美关系的思路，实质就是对中国独立自主的改革开放政策根本性的颠覆。

二、对特朗普政府对外政策调整的本质缺乏深刻认识

特朗普在竞选时发表了大量反全球化言论，上台后奉行"美国优先"原则，调整对外政策，退出一些国际机制或国际组织，搞贸易保护主义、单边主义，对一些国家钢铝产品加征关税，对中国商品加征关税。美欧一些智库据此认为，特朗普的当选是"逆全球化"思潮的产物，特朗普的政策反映了一种反全球化倾向。我国很多国际关系学者也照搬照抄这些分析和结论，将特朗普政府的外交政策定性为回归孤立主义传统、逆全球化等，而没有认识到特朗普通过转嫁矛盾为美国垄断资本争取更大利益的对外政策的本质和真正目的。

第二次世界大战结束后，尤其是冷战时期，美国对外政策的主要目标是遏制苏联代表的社会主义的影响，维护自己的世界霸权地位。因此，美国在对外政策上，对苏联等社会主义国家采取经济封锁和政治演变、对盟国采取经济扶持和政治压制政策。但是冷战结束前后，世界政治经济环境发生了重大变化。首先，苏联解体，美国外在的社会主义运动压力减轻。其次，日本、德国以及韩国等盟国的汽车、钢铁、化工、机械等传统行业开始反超美国并对美国形成冲击。最后，随着中国明确市场经济改革方向，美国企图通过支持中国市场经济改革和加入 WTO 改变中国政治制度。与此同时，美国垄断资本像其他发达国家一样，将一些低端与低附加值产业向成本较低的发展中国家转移以获取高额利润，美

国国内产业空心化逐渐加重，相关产业失业人数增加，对富人征收的个人所得税大幅削减，贫富不均加剧，福利社会难以为继。尤其是 2008 年国际金融危机以后，中国坚持走中国特色社会主义道路，实现稳定高速增长，国际地位不断上升，美国改变中国政治制度的意图落空，而且美国的国际地位相对下降，国内社会矛盾不断加剧。在这种情况下，特朗普政府感到美国"亏"了，必须进行冷战结束以来最大的对外政策调整。首先，调整与盟国的关系，把美国为对抗俄罗斯、中国、伊朗等国家所负担的义务与成本转嫁给盟国，让自身减轻负担，享受更多的权力和利益。其次，调整对华关系，要求中国降低关税，减少美国贸易赤字；更重要的是要求中国实行国企私有化，全面开放金融与核心产业，放弃"中国制造 2025"行动纲要，并对政治体制作出根本性的调整与改变。所以，特朗普政府对外政策调整的本质是推脱"责任"、减轻"负担"、转嫁矛盾、缓和国内危机，其目的是维护美国的世界霸权和"老大"地位，为美国牟取更大的利益。

美国不是全球化的受害者而是受益者。自第二次世界大战结束以来，美国一直是世界经济的得益者，尤其是在新自由主义全球化盛行的近 30 年里，全球范围内劳动力市场竞争使资本剩余价值率处于历史最高时期，美国及其垄断资本更是最大的受益者，而且美国垄断资本至今仍居于全球经济价值链顶端。

美国也不是中美贸易中的吃亏方。中美建交以来，两国以市场原则为基础发展经贸关系，美国主要作为资本和技术提供者，向中国出口高附加值技术密集型产品，而中国主要作为中低端广大、优质而廉价的劳动力提供者，对美出口低附加值劳动密集型产品。美国利用其金融、资本和科技优势，用较少劳动量和价值的高附加值商品，换取了中国较多劳动量的低附加值商品。中国对美国的巨额贸易顺差，主要是通过以低于其价值的价格向美国出售巨量的劳动力以及贱卖宝贵资源和产品形成的。中国名义上得利而实际上亏了，美国表面上亏了而实际上赚了。

美国是全球化的受益者，但是由于巨额利润流向少数资本和技术所有者，造成美国财富分配不均加剧、贫富差距加大，失业增加、社会不平等扩大，以及族群撕裂，国债高筑等问题。在国际金融危机、难民危机等因素影响下，受民粹主义的煽动，美国等发达国家的一些民众将自身面临的问题归结为参与全球化的后果，一时间，反全球化、逆全球化声音甚嚣尘上，单边主义、贸易保护主义日渐抬头，愈演愈烈。但是，美国国内问题从根本上讲是美国垄断资本集团剥削本国底层民众的结果，是美国自己的社会制度造成的，与中国等其他国家没有关系。

在美国还是全球化的受益者、美国垄断资本仍居于全球经济价值链顶端的情况下，特朗普根本不是要从全球事务中抽身的孤立主义者，相反，他是要推脱应当承担的责任，奉行更加赤裸裸的帝国主义和干涉主义，不仅要加强基于市场与自由贸易原则的剥削，还要加强基于军事威胁、政治控制的强制性的超经济的剩余价值剥削，从而给美国垄断资本争取更大的经济财富，并让美国底层民众也从中多分得一杯羹。一句话，他所追求的是更加帝国主义、干涉主义和殖民主义化的美国垄断资本全面主导的全球化秩序。所谓"特朗普搞新孤立主义"一说更多的是迷惑中国决策层的烟幕弹。

三、对美国国内政治走向缺乏深刻认识

对外政策是对内政策的延伸，对外政策服从并服务于对内政策。美国调整对外政策，挑起中美贸易摩擦，根本原因在于 20 世纪末以来美国国内推行新自由主义政策，贫富差距加剧，阶级矛盾严重，垄断资本统

治面临统治危机。我国的一些国际关系学者没有看到美国乃至整个世界的政治经济环境和条件的根本性改变，对美国国内政治轨迹缺乏深入了解和分析，对1994年美国发生的所谓"金里奇革命"的影响估计不足，所以犯了刻舟求剑的错误。

1929年世界经济大危机动摇了美国的资本主义秩序。罗斯福上台后，推行新政，重塑民主党。此后，在1933年至1981年的48年里，民主党几乎全面控制了国会两院，连艾森豪威尔、尼克松、福特三任共和党总统的国内政策也高度民主党化和罗斯福化。里根上台后，开始推行新自由主义政策，但是民主党控制的局面直到1994年极右翼的"金里奇革命"发生后才根本改变。

1994年9月27日，新保守主义阵地《旗帜周刊》的主编威廉·克里斯托与共和党领袖纽特·金里奇和迪克·阿米等人组织了360多位保守派人士集会并签署了新保守主义宣言《美利坚契约》，完成了历史上最广泛的保守派动员。随后，共和党在当年11月的国会中期选举中大获全胜，金里奇也担任了共和党众议院议长。《美利坚契约》是当时共和党的竞选纲领，其中的10项内容包括：平衡联邦预算、授予总统单项否决权的议案、削减福利、改革社会福利制度、减税、增加军费、削减资本利得税、限制国会议员任期等。可以说，特朗普2016年的竞选主张和《美利坚契约》一脉相承。特朗普政府的组织基础也和"金里奇革命"密切相关，金里奇后来成为茶党的主要代表人物，而且是特朗普在共和党高层的核心支持者。

共和党在1994年国会中期选举中的大胜，使它40年来第一次夺得国会参众两院的控制权，并赢得多数州长的职位。而在中期选举中败北的克林顿及民主党为了在1996年大选中保住总统宝座，在一些重大问题上同共和党妥协，向共和党靠拢，接受了共和党国会提出的保守主义的节支减税并举的 7 年平衡预算计划。1996 年 1 月，克林顿在《国情咨文》中宣布"大政府时代结束了"，正式抛弃了罗斯福新政以来民主党的社会自由主义观念，转向新自由主义政策。至此，美国政治走向发生彻底改变，民主党的国内政策高度共和党化，国会控制权绝大部分时间掌握在共和党手中，美国的基本政治生态呈现出民主党向中右方向发展、共和党向极右方向发展的特征。2008 年爆发的国际金融危机使美国政治进一步向右转。特朗普的上台标志着美国进入了一个史无前例的极右翼保守主义势力主导的历史时期。

早在上台之前，特朗普及其共和党右翼势力就已经表现出他们的猖狂反华反共特点。2016 年 7 月，在特朗普影响下，共和党新党纲不仅史无前例地高调支持台湾，并且对中国共产党十八大以来的政策展开攻击。在 2016 年 4 月的大选中，特朗普直言不讳地在推特上叫嚷要让中国为美国"埋单"。所有这些都充分暴露了美国垄断资本财团对我国的真实政治和经济战略意图。但是我国一些国际关系学者在特朗普上台之前，不是真正按照马克思主义的基本原理尤其是列宁的帝国主义论来分析特朗普的系列基本信息，而是按照所谓的"新孤立主义"框架以及所谓"特立独行的商人"来界定特朗普的，完全忽略了特朗普背后的极右翼政治经济集团和相关势力，完全抛弃了科学的阶级分析法，致使很多干部和群众误以为特朗普上台后会大搞战略收缩、对华友好，甚至误以为中国做出一些让步就能使特朗普改弦更张。这些观点对党和政府决策造成了非常严重的干扰和误导。

中国应对美国对华经济战争，真正的敌人和对手并不在美国，真正的敌人就在我们内部。一定程度上说，中国内部的新自由主义买办势力已经和美国联手来颠覆中国。彭斯在演讲中说："苏联垮台之后，我们认为中国将不可避免地成为自由国家。带着这份乐观，美国在 21 世纪前夕向中国敞开大门，将中国纳入世界贸易组织。此前的政府作出这个决定，希望中国的自由将蔓延到各个领域——不仅仅是经济上，更是政治上，希望中国尊重传统的自由主义原则、尊重私人财产、个人自由和宗教自由，尊重人权。但是这个希望落空了。中国人民自由的希望仍没有实现。北京仍然口头上在说'改革开放'，然而邓小平的这个著名政策已经变得空洞。"2018年11月13日，彭斯在接受《华盛顿邮报》采访时又强调，中国必须"在经济、军事和政治活动方面做出根本性的改变"。党的十八大以来，中国内部的新自由主义势力正是按照同样的逻辑指责以习近平同志为核心的党中央，给党中央施加压力，要求"改弦更张"的。而特朗普政权不仅是要"规训"中国的外交和对外贸易，还要按照美国自由主义理念全面解释、规划、指导、控制中国"邓小平的改革开放政策"。

在今天这样一个全球化的时代，全世界的资产阶级开始联合起来了。中国一些新自由主义学者和官员及其背后的非法暴富阶层和买办势力，在当前中美贸易战及博弈中扮演的正是勾结美国的"秦桧"角色，其应对政策，第一是对特朗普政权的经济勒索和侵略要求步步退让，让中美贸易战和经济危机的成本和代价由中国劳动人民承担；第二是以私人资本外逃美国为由要挟党和国家，提升外资及私人买办资本在中国的特权和地位，在国内则进一步推行新自由主义私有化、市场化和自由化，尤其是产业和金融对美国等西方国家全面开放，进一步剥削和压榨中国劳动人民。其直接结果则是让中国劳动人民割肉去补贴美国，以缓和美国的经济金融危机，维持特朗普代表的垄断资本，维持新法西斯政权的稳定性，帮助特朗普政权镇压美国的左翼社会主义运动。一旦这样做，中国过度向美国"输血"，帮助特朗普遏制和镇压了美国左翼社会主义运动而稳固其统治秩序后，中国国内的社会矛盾就会激化，那个时候，中国的新自由主义集团就会抛弃一切伪装，公开勾结美国，颠覆、肢解中国。

四、对我国为什么"能"改革开放的前提缺乏深刻认识

当前中国一些国际关系学者对美国真正执行的理论和政策丝毫不了解。早在 1942 年，美国耶鲁大学国际研究所主持人斯皮克曼就在其《世界政治中的美国战略：美国与权力平衡》一书中指出，战争的结束不是权力斗争的结束，以中国的大小、地理位置、天然资源与人力来预测，中国将成为大陆强权，"一个现代的，焕发活力的，军事化的四亿人口的中国，不仅仅是日本的威胁，更是对西方权力在西太平洋地位的威胁……流行的观点或许会继续将日本看作最大威胁，但很久以后平衡将倒向中国一方，我们将不得不在远东采取曾经在欧洲的政策"，即像当年援助英国对抗欧洲大陆那样援助日本对抗中国。

斯皮克曼的地缘战略思想对美国对外政策产生了深刻影响。1945 年日本战败，美国不仅没有将琉球交给中国，也没有实施中美共管，而是自己独占琉球，顺便也独占了不属于琉球而属于中国台湾的钓鱼岛。此后，美国一直坚定地阻挠我们解放台湾。也就是说，在日本战败而短时间内难以崛起的背景下，美国就已经开始重新提防中国的崛起，而那时的中国还不是共产党执政，而是国民党政权仍然占有绝对优势并可能在战后成为强大国家的中国。1946 年 11 月，美国政府宣布托管琉球。1947 年 10 月 18 日，国民党的国民政府行政院院长张群提出琉球群岛应该归还我国，遭到美国拒绝。可以想象，即使内战中国民党一方获胜，美国对国民党主政的中国仍然会采取一半利用（对抗苏联）、一半限制甚至肢解的策略。美国可以扶持一些小国对抗中国、苏联及其他国家，但是绝对不会允许苏联和中国发展起来。

如果今天中国真的按照一些学者绘制的蓝图走下去，无论是像叶利钦

那样走自由主义发展模式，还是像苏哈托、皮诺切特政权那样采用新权威主义方式，政治上搞独裁专制，经济上搞新自由主义和资本主义私有化，外交上向西方靠拢，美国都要打压中国。中国越乱越弱，美国对中国下手肢解的动作就越明确。殷鉴不远，叶利钦时代的俄罗斯就是例证。

2018 年是中国改革开放 40 周年。在纪念改革开放的同时，我们不仅仅是要懂得当年为什么要改革开放，我们更要懂得当年为什么"能"改革开放。我们能改革开放的首要前提是有一个和平发展的国际环境。自赫鲁晓夫以来，苏联与美国搞所谓的"戴维营精神"（美苏版的 G2），进而又提出了"三和路线"（即与美国"和平过渡""和平竞赛""和平共处"），全面背叛了国际共产主义运动，然而，中国自那个时候起就站在对抗美国帝国主义霸权的第一线。在越南抗美战争中，真正发挥关键作用的是中国而不是苏联。美国的国策一直是"柿子专挑软的捏"，"打不败的对手就是朋友"。正因为中国当年将美国打疼了、打怕了，深陷越战泥潭的美国总统才不得不在 1972 年访问中国，与中国握手言和，以谋求体面地撤离越南，从而腾出手来击垮了对美国一直妥协退让的苏联。一定程度上说，改革开放 40 多年中国和平发展的环境，是毛泽东那一代领导人通过抗美援朝、抗美援越等战争手段重挫美国，以及通过自力更生、艰苦奋斗积累的以"两弹一星"为代表的雄厚的工业物质基础留下的和平红利。

特朗普政府全面实施对华遏制政策，企图和中国的新自由主义势力联手将中国推入美国划定的半殖民地性质的新自由主义改革轨道上去。我们只有继承毛泽东和邓小平与美国博弈的经验教训，在对美斗争中将美国再一次打赢、打怕，才能为未来 30 年的中国争取到和平发展的战略机遇期，而要做到这一点，首要的前提条件就是排除新自由主义势力对中国经济、政治、外交政策的一系列干扰和误导。

《我看中国新时代》

——读克伦茨的新作

李瑞琴 [1]

一、向德国人宣传中国特色社会主义新时代

作为一位耄耋之年、饱经沧桑的外国前政要，享受退休生活，写写回忆录，理所应当。可克伦茨为什么要不辞辛苦撰写一本关于中国特色社会主义的书呢？在中国察哈尔学会 2018 年 12 月举行的专门研讨其新作的研讨会上，克伦茨介绍了他的写作目的。

克伦茨说，他从 2011 年起，每年应中国社会科学院邀请来华参加在北京举行的"世界社会主义论坛"，2018 年是他第八次参会。这让他有机会到中国许多地方参观访问，观察了解中国发展的真实情况。他认为自己既是东欧剧变、苏联解体的亲历者，也是中国改革开放的见证人，

---

① 李瑞琴，中国社会科学院世界社会主义研究中心特邀研究员、马克思主义研究院研究员。

两种身份使他感到他对中国特色社会主义、世界社会主义运动有话要说。

克伦茨第一次来华是在 1989 年 9、10 月，他作为民德党和国家领导人率领东德党政代表团参加中华人民共和国成立 40 周年庆典。当时正值东欧剧变、苏联解体前夕。回国后不久，他就接替昂纳克成为民德党和国家最高领导人；但是上任还不到两个月，他就辞职并被开除出党，再后来又被当局判刑入狱。也许正是这种特殊的经历，让他至今难忘那次访华时邓小平与他会面时的情景。当时他对邓小平说：中国和东德都是在 1949 年建国的，中国是 10 月 1 日，东德是 10 月 7 日，中国是东德的大姐。而邓小平一方面坚定地表示：无论任何人还是任何事，都无法阻挡中华人民共和国的社会主义道路；另一方面，他意味深长地提醒说：民主德国的同志要警惕，敌人是无处不在的。克伦茨在研讨会上不无遗憾地说：可是东德对邓小平富有深意的提醒没有给予足够的重视，也没有采取措施。

克伦茨说，他撰写《我看中国新时代》是这样几个原因促使的：

第一，中共十九大报告让他感到震撼。克伦茨说，中共十九大召开时，他正在北京，习近平总书记的报告让他在思想上受到强烈的震撼，在感情上受到巨大的冲击。他研究了马克思主义文献，对中国特色社会主义进行了分析，他认为中国特色社会主义理论、道路和制度在世界上任何国家都是鲜见的。习近平新时代中国特色社会主义思想提出了一些全新的概念，比如人类命运共同体、"一带一路"国际合作等。尽管中共十九大报告是中国的，但报告中坚持的马克思主义、社会主义理想精神，对向往社会主义道路的国家和人民都有教育意义。

第二，西方媒体对中国的扭曲报道让他感到愤怒。克伦茨说，包括德国媒体在内的西方媒体很少报道中国的积极正面形象，他们关于中国的信息往往是"片面的""错误的"，与中国现实情况"相去甚远""很少搭界"，充满"政治偏见"。他认为，德国媒体的这种做法说明，他们骨子里是反共的，他们希望中国成为一个没有前途的国家，出现"阿拉伯之春"。克伦茨愤怒地说：这些媒体对中国的歪曲完全是无稽之谈！因此，他决心用自己的努力揭露反驳媒体的虚伪本质，反驳他们对中国的攻击。

第三，他对中国人民、中国共产党满怀友好感情。作为20世纪80年代曾经为民主德国与中国恢复友好关系作出贡献的前民德领导人，克伦茨对中国的好感有着"历史渊源"。他至今记得著名的德国共产党人恩斯特·台尔曼1927年说的话："全人类的目光都注视着中国。"他把1956年民德领导人乌布利希率团参加中共八大时向毛泽东主席赠送民德出版的马克思恩格斯列宁斯大林著作看作两国友谊的"根本基础"，把40年后马克思诞生200年之际中国向马克思故乡特里尔赠送马克思铜像看作"革命友谊的延续和往来"。他充满感情地表示，他期待中国在中国共产党成立100年时取得新的成就，因为那也是他的一个节日。

正是对社会主义的坚定信念、对中国人民和中国共产党的友好感情和让德国国民了解一个真实的中国的愿望，促使他撰写《我看中国新时代》一书。

二、歌颂中国特色社会主义的巨大成就

中国的改革开放取得了举世公认的巨大成绩。克伦茨对中国发展变化的感受比生活在中国的人们更深刻。他在1989年访华期间曾到四川和浙江参观访问，2011年以来又八次来华，每次他都要到北京之外的其他地方或实地考察或旧地重游。他说："中国正在崛起！所到之处，满目清新。"他曾经到访的地方"几乎完全看不出原貌了"，"到处都是住宅大厦、

社会设施，其他基础设施建设，不能不让参观者对中国人的巨大成就肃然起敬"。

克伦茨认为，中国最大的成就是解决了十几亿人口的温饱问题。他在书中写道："中共十九大报告的开端有这样一句话：'我国稳定解决了十几亿人的温饱问题。'这一客观、质朴的宣言，引发了我的感慨。这个宣言涉及了多少人的命运，况且，世界上还有多少国家不能解决忍饥挨饿这一基本问题！很难设想，这一宣言的背后，意味着多大程度的辛勤努力。这个国家在最近的历史上还曾经处于赤贫状态。仅仅这一句话就坚定地展示了人道主义，展示了这个国家为争取实现人权而作出的努力。"他说：什么是中国特色社会主义？"在我看来最贴切的答案是：中国的社会主义意味着所有人都能够过更好的生活。"

中国政治的稳定性、连续性与愿景的长期性令克伦茨感叹不已。他说，中共十九大召开时，习近平与前两任领导一起走上主席台，一起宣布国家新时代的开始，这一场面给他留下深刻印象："这是中国共产党步调一致、紧密团结、中国政策延续性的理想展示。"这不仅是中国领导人之间团结和谐的一个强烈象征，也是中国人民紧密团结、共同夺取胜利的象征。这一场景在欧洲是看不到的。他说："我感到具有重大意义的是，党的十九大为中国人民展示了一个新时代的愿景。在一片乱象、毫无前景的当今世界中，拥有这样愿景的国家独一无二。缺乏愿景的不仅是德国政界，全世界都缺少愿景。中国愿景的长期性尤其令人印象深刻。中国的第一号人物居然把愿景目标投射到 21 世纪中叶，我没有见到全世界还有哪个国家的政治家能够做到这一点。"作为一位政治家，克伦茨深知中国保持安定的重要性。他说："中国如果发生动乱——如后来的伊拉克、叙利亚或利比亚——将给已经一片混乱的世界带来更大的动荡。"

作为一位前社会主义国家领导人，克伦茨在东欧剧变、苏联解体后一直在思考社会主义的历史命运和未来前途问题，其中包括中国特色社会主义符不符合马克思主义，是资本主义的还是社会主义的，中国改革开放为什么能够成功，等等。为了回答这些问题，他重读《共产党宣言》，研究马克思关于私有制的论述，并用马克思主义来分析新时代中国特色社会主义思想。最终，他得出的结论是：习近平的思想与《共产党宣言》的思想是一致的；中国特色社会主义道路是"一条适合于中国的社会主义道路"。他说："我坚信，对社会发展及其相互关联作出具体分析的三卷本《资本论》，其逻辑说到底还是赞成这条中国道路的"，习近平在党的十九大上的报告是"一部现代化的、具有现实意义的社会主义纲领"。他认为："在有效利用市场法则和相应的资本主义方法方面，只要其结果是为了人民的福祉，我不认为这是回归资本主义。"他还认为，邓小平说的"不管白猫黑猫，捉到老鼠就是好猫"，"这句话的含义是：在一个社会主义社会中，人民的福祉是根本性政治目标，是压倒其他一切的头等大事"。

克伦茨认为，中国的成功首先在于它在改革开放之初确定了四项基本原则，即坚持社会主义道路、坚持人民民主专政、坚持共产党的领导、坚持马列主义、毛泽东思想。这四条是"不可改变的先提条件，至今有效"。克伦茨根据自己的切身体会认为，一定要坚持马克思主义和社会主义。他说："凡是怀疑社会科学或蔑视马克思的人，便会犯下无法弥补的错误。"因此，他对中国领导层仍然坚持马克思列宁主义，毫不动摇地把马列主义视为中国特色社会主义的"社会科学指南"感到宽慰。他认为中国社会主义的发展证明了马克思主义的正确性："一方面是中国的成就，另一方面是当今世界的重重矛盾，形象地证明了马克思和恩格斯的学说，也包括列宁的学说，并非已经过时。"中国共产党坚持以马克思列宁主义为基础，这是"反驳那些反对马克思和列宁的凶手的最强有力的证据"。

他指出："中国共产党从苏联解体中得出的教训，不同于某些欧洲政党。历史证明，没有共产党的领导，就没有社会主义。"

他认为，中国成功的另一条重要经验就是坚持理论联系实际，反对教条主义。他认为："中国共产党的立场是：世界上没有固定的政治体制模式。对任何一种体制进行评判时，不应采取脱离实际的观点，不应脱离其自身的社会和政治条件以及历史和文化传统。外来的体制不应机械地移植到其他国家或者中国。国家的特点决定国家的发展。中国的社会主义因而具有中国的特色，它并不能移植。"中国特色社会主义"是在中国共产党领导下，与人民共同商议、为了人民利益而科学产生的成果"。"中国以其改革开放政策清晰地定义了社会主义发展目标。"

中国成功还有一条重要经验，那就是保持战略定力，坚持改革开放。克伦茨说：中国领导层在社会发展的时期内始终保持着远大目光，始终遵循着战略目标并切实贯彻执行，他们的做法给我留下了深刻印象。通过观察，他以为："尽管不利的国际环境对中国构成了巨大的挑战，但是中国领导层明确地表示要坚持政策持续性和改革开放，坚持几代人和全民族的团结。他们要'在和平的年代以远大目光居安思危'，防范国际形势中隐藏的危机。他们呼吁民众要有'改革和创新的勇气'，要求党和国家担负责任的所有干部，破除'思想僵化和故步自封'。""值得关注的是，中国共产党高度重视一分为二地看待其党的历史，包括胜利和失败、高潮和低谷。"

克伦茨高度评价中国取得的巨大成就，但他反对对中国进行理想化宣传。他认为："在一个如此巨大的国家，有着如此众多的民族，有着如此众多的历史残留，当然会有接踵不断的忧愁和层出不穷的困难，当然会有大量的社会和政治问题。但是，在我看来，主流是已经取得的进步和面向未来的现实规划。我的印象是，中国领导人很清楚中国特色社会主义发展过程中面临的种种困难和风险，因为这条道路是史无前例的。"而且，他以自己的亲身经验告诫人们："不要以傲慢的眼光看待其他国家的新的通往社会主义的道路，不要以为存在着某种毫无矛盾的理想社会主义。""任何时候和任何地方都不可能存在'理想的社会主义'。"他提醒西方人，中国人对自己哪些地方不完美比外国人更加清楚。"中国人不需要外国的监护人、教师爷和自以为是的指手画脚者。"在评论中国的社会主义的时候千万不要忘了这个国家的历史和它建设社会主义的条件。

克伦茨对中国的光明前景充满信心。他说："中国共产党迈上的道路，虽然会遇到与已经消亡的社会主义所经历的不同的新问题和不一样的困难，但是只要共产党人依然发挥积极作用，只要意识形态工作能够达到高质量，尤其是只要公民与国家之间建立了信任关系，中国的未来就会取得更大的成就。"他坚信中国共产党作出的"决不能在根本性问题上出现颠覆性错误"的承诺，"绝不会再犯苏联的错误"。他认为："中国的政治形势十分清晰和稳定。美国及其盟友所希望的'阿拉伯之春'，根本就无法在中国立足，颠覆政权的企图毫无胜机。"

三、赞扬中国高举社会主义旗帜对于世界社会主义的重要意义

如前所说，克伦茨在东欧剧变、苏联解体后一直在思考社会主义的历史和未来问题，把中国放在世界大背景下，把中国特色社会主义放在世界社会主义运动中来考虑，是克伦茨及其《我看中国新时代》一书的一个重要特点。

克伦茨认为，中国特色社会主义是对东欧剧变、苏联解体后出现的"社会主义失败论"的有力驳斥。他说，东欧剧变、苏联解体后，有人断

言马克思主义已经死亡了，资本主义掌握了世界的主导权并获得了永久的胜利。但中国的发展传递的是另一种信息："沦亡的是一种以苏维埃为主导的社会主义模式"，但苏联的失败并不是社会主义的失败。社会主义的中国正在崛起。他认为，那些认为社会主义已经完结，资本主义已经成为历史的最终主宰者的历史观充满了反共色彩，"成果卓著的中国特色社会主义与他们的历史观格格不入"。

克伦茨认为，中国的胜利是对世界社会主义的一种鼓舞。他说：中国特色社会主义证明，"在一片混乱、令人沮丧的当今世界，最令人期待的是：资本主义并不是历史的主宰"。"中国的经验表明：现实存在过的社会主义的历史，并未因为1991年苏联被击垮和欧洲社会主义失败而终结。过于草率的断言社会政治大变革已经定局、资本主义已经最终统治整个世界，马克思主义已经死亡、社会主义被最终战胜，显然是忽视了中华人民共和国的存在。"现在在世界左翼中，还有人对中国特色社会主义有不同的看法，有人甚至认为中国已经偏离了社会主义，但绝大多数都承认中国是社会主义的承载者。

克伦茨认为，中国的成功为世界社会主义提供了宝贵经验。克伦茨说："凡是真正想要社会主义的人，都绕不开中国人民的经验，无论是好的经验还是不够好的经验。在我看来，每一个国家的社会主义都应该有自己的民族特色，而不应像已经消亡的那个模式那样，期望适用于所有国家。社会主义应当是一个远大目标，是一项百年世纪工程，是一个非常长期的发展进程。社会主义应当积极地参与世界经济、参与国际分工，从而能够在生产领域和科技领域达到迅速的进步，而这一切应当有利于人民的福祉。"

克伦茨认为，新时代中国特色社会主义对当代世界具有伟大的意义。他说："中国给予社会主义以新的鼓舞。"中国具有示范作用。"中国可能成为教科书，吸引亚洲、非洲和拉丁美洲其他国家思考，究竟应该怎样塑造本国的今天和未来。"他指出："我坚信，承担人类进步先驱者角色的，18世纪是法国1789年的大革命，20世纪是俄国的十月革命，21世纪将由中华人民共和国担当。犹如1917年列宁及其新国家的同志们所胸怀的雄心大志，21世纪中国的雄心大志同样意味着艰辛的先驱事业。"

克伦茨对中国为解决当今世界和平与发展问题作出的贡献给予高度赞扬。他指出：世界上没有一个国家像中国一样，如此详尽与平和地向世界各国人民提出和平计划。他高度赞扬习近平总书记提出的建立"人类命运共同体"的倡议，认为"这一倡议对我们这个充满战争和动乱的世界意义重大"。"在当今这个颇不安宁的世界上，中华人民共和国是一个维护和平稳定的堡垒。构建人类命运共同体的中国纲领，即是一个例证。""中国提出的'一带一路'国际合作新倡议……可以取代目前处于主宰地位的新自由主义全球化模式"，"无论今天还是未来都会影响到世界的力量对比尤其是中国与美国之间的力量对比。这一切的发生，根本就没有借助军事联盟，因而堪称史无前例"。在他看来，中国政府一贯奉行不结盟政策、坚持和平共处五项原则，因此"中国是可以信赖的"。

四、揭露和驳斥西方媒体出于意识形态偏见对中国的扭曲报道

克伦茨对中国和中国人民充满感情，对中国发展有着深刻的理解和肯定，但是面对以思维严谨著称的德国读者，他要求自己在对中国的观察和认知上不要让自己因为对中国的感情所左右而丧失客观性，而要做到客观公正，要以事实和数据作为自己观察和思考的支撑。正因为做到了这一点，他在德国所做的数十场演讲座无虚席。

克伦茨在书中分析道："2016年，全世界共记载226起武装冲突，

其中 18 起被列为最高的战争级别。仅在奥巴马担任总统期间，美国就发动了 8 起战争。沙特阿拉伯轰炸了也门，德国也参与了几场战争……中国没有在世界任何地区发动战争。在世界局势很不稳定的今天，这一点具有重大意义。"

克伦茨认为，包括德国媒体在内的西方媒体，长期以来习惯于戴着有色眼镜看待中国。他们提供的关于中国的信息往往是"片面的""错误的"，充满"政治偏见"，与中国的现实情况"很少搭界"。他批评这些媒体在中共十九大刚刚开始时，就无端猜测大会不会有什么新意。他嘲笑有的德国记者把习近平总书记报告中一共提到"社会主义"多少次、提及"马克思"多少次当作一种"红色的假象"，用以掩盖如今到处充斥的野蛮资本主义、剥削和追逐利润的现象，甚至用大会代表中有百万富翁和亿万富翁来否定中共性质和国家社会主义制度。对此，克伦茨批驳说："那又怎样呢？世界上除此之外，哪里还有一个政党的路线明确规定'以社会主义市场经济推动经济持续健康发展'？""如果有人把中国说成资本主义国家，那么为什么整个资本主义世界都要以反对中国为己任？"他一针见血地指出：西方为什么要害怕中国？他们是"害怕中国的示范作用"，害怕"中国的'经济实力'和这个国家背后的'共产党机器'"。

克伦茨还从认识论的角度分析了西方媒体政治偏见产生的根源。他认为，这主要是欧洲中心主义和反共思想在作祟。他说："德国主流倾向是以欧洲中心的思维方式来观察世界的，在中国问题上尤其如此。"他指出："欧洲中心主义的思维方式不能现实地反映中国图像，也常常反映出骨子里的某些反社会主义思想，反映出傲慢的自以为是。"他借用联邦德国前总理赫尔穆特·科尔的话进一步论证自己的观点，科尔说："人们是在用德国的或者欧洲的尺度而不是用中国的历史、当地的生活方式和风俗去衡量中国。用德国的死板视角去观察中国的实际情况，已经证明很可能产生有害效应，因此也就脱离了那些重要的信息。"克伦茨指出：从根本上讲，西方媒体和统治者不愿意承认社会主义的中国能够取得卓越成就。"对他们来说，最好有一个没有共产党的中国。""他们的意识形态狭隘性阻碍了实事求是的思维。"

《我看中国新时代》一书约 12 万余字，篇幅不长，但笔触生动、深沉质朴、意蕴悠长，处处闪耀着睿智的思想火花。克伦茨这位耄耋老人毕生信仰马克思主义，在自己的社会主义祖国沦为西方的一员之后，他虽历经磨难，仍不改初心。而这些年的多次访华经历又让他找到了他的祖国丢失的一切。他对中国的真挚情感、他对历史的怅然回望、他对中国社会主义感到的欣喜与鼓舞，无不带着曾经的民主德国也有过的闪光岁月的痕迹。难以割舍的过往，无法忘却的教训，使作者在该书结束时发出无限感慨："我本不愿意参与'如果当年……那么现在会是什么样？'之类事后假设的群体游戏，然而，我却时而会扪心自问：如果我们当年采取一个同样的战略，并肩走上中国几十年来一直在走的'改革开放'之路，那么今天的世界会是什么样呢？我知道，这个问题只是一个多么不切实际的梦想而已，但是有时八旬老人也可以抱有梦想啊！"读到此处，我们仿佛看到一位历经沧桑但依然百折不挠的八旬老人在回望东欧剧变无以复加的惨痛教训时的内心痛苦，和他对理想与梦想的执着与坚守。克伦茨的身上体现了一种共产主义精神，他的《我看中国新时代》一书也反映了这种精神。中国前驻德大使梅兆荣在为本书作序时指出："克伦茨在为该书中文本所写的序言里声明，这本书针对的阅读对象主要是德国读者。这意味着，他是针对德国读者的思想状况和德国统治精英的对华态度而发声的。但笔者读后感到，此书对中国读者也富有启示和教益。"克伦茨的书非常值得一读，他的精神更值得我们学习。

第三篇

国际共产主义运动与国外
共产党的新发展

2018 年国际共产主义运动焕发新的生机

潘金娥 [①]

2018 年，时值马克思诞辰 200 周年和《共产党宣言》发表 170 周年之际，各种纪念马克思的活动在世界各地隆重举行，人们重新认识马克思和马克思主义，再次肯定《共产党宣言》的历史价值和现实意义。

中国、越南、古巴等国都举行了隆重的纪念活动和学术研讨，高度肯定了马克思主义的历史价值及其对当今社会主义建设的现实指导意义。非社会主义国家的共产党也举行了丰富多彩的纪念活动。其中，俄罗斯联邦共产党主办了纪念马克思诞辰 200 周年国际论坛，40 多个国家的共产党派代表参加；日本共产党下属的新日本出版社主办的《经济》月刊策划了"推荐马克思经济学"专题；德国举办了"从特里尔走向世界：卡尔·马克思的思想及其对世界的影响"主题展览。英国、法国、比利时、葡萄牙、意大利、印度等国共产党都举办了各式各样的纪念活动。这些

---

① 潘金娥，中国社会科学院世界社会主义研究中心特邀研究员、马克思主义研究院研究员。

纪念活动充分表明，尽管两个世纪过去了，马克思主义依然闪烁着真理光芒，继续指引国际共产主义运动不断发展。

2018 年，国际共产主义运动在马克思主义的指引下重新焕发生机。

一、国外社会主义国家改革稳步推进，亮点频出

（一）越共召开十二届七中、八中全会，加强党员干部队伍建设和政治系统革新

2018 年 5 月 7—12 日，越共中央在河内召开十二届七中全会，集中讨论干部队伍尤其是战略级干部队伍建设问题。会后颁布了《关于加强建设德才兼备的各级干部队伍尤其是战略级干部队伍的决议》《关于干部、公务员、职员、武装力量和企业员工的薪酬制度改革的决议》《关于社会保险政策改革的决议》三项重要决议。越共十二届八中全会以 100% 的赞成率提名越共中央总书记阮富仲为新一届越南国家主席人选，越南第十四届国会第六次会议通过了越共中央政治局的提名，阮富仲宣誓就任越南国家主席，从而实现了越南最高领导职务"党政一肩挑"。此举被某些媒体解读为越共权力集中化，然而，越南官方强调这一安排并非制度性变革，而是眼下没有比阮富仲更合适的人选。由此看来，不排除越共十三大恢复原先"四驾马车"权力结构的可能。

值得注意的是，2018 年越共在反腐方面取得了突破性进展，查处了一批性质恶劣、案情复杂、金额巨大、舆论关注的大案。并且还将反腐利剑指向越共高层，大批高级干部、国有企业高管涉案，其中就包括原越共中央政治局委员、胡志明市市委书记丁罗升。2017 年 12 月丁罗升被捕入狱，2018 年经过两次审判，丁罗升被判处 30 年监禁。这是越南有史以来审判的最高职位官员。与此同时，还有一批社会舆论高度关注

的经济腐败大案纷纷浮出水面。总体来说，越共反腐为选拔干净、廉洁、德才兼备的十三大领导班子奠定了基础。

（二）古巴修改宪法推进更新进程，加强同社会主义国家的交往

在 2018 年 4 月举行的古巴第九届全国人民政权代表大会上，57 岁的迪亚斯·卡内尔接替劳尔·卡斯特罗，当选古巴国务委员会主席兼部长会议主席，实现了最高领导层的更替。劳尔·卡斯特罗仍然担任古共中央总书记和军队总司令。与此同时，在政治局和国务委员会中仍然有 80—90 岁老人在位。2018 年 6 月，劳尔·卡斯特罗宣布成立修宪委员会，启动古巴宪法修改进程，并派出代表团到中国和越南调研。当年 7 月，古巴通过了新宪法修订草案。该草案修改的重点是国家和政府机构的设置和运行，包括党在国家机构中的地位作用、全国人大常设机构、国家主席、国务院总理和地方机构关系等方面；还阐明了古巴所有制结构、资源分配方式和外资等问题。新宪法草案明确指出：古巴经济制度的基础是社会主义全民所有制和计划经济领导体制，同时兼顾社会各方利益，考虑市场调节作用，并对市场进行监管；古巴认可的所有制形式包括社会主义全民所有制、合作社、混合所有制、政治及群众组织及个人所有制；国有企业是国民经济的主体；劳动是古巴社会倡导的根本价值；除按劳分配外，古巴人民还享有广泛的、平等的社会服务及福利。同时，国家鼓励引进外资，但外资必须合理保护和利用古巴的人力资源及自然资源，尊重古巴主权独立。

值得注意的是，古巴新领导人上台后，加强了与社会主义国家的交往和联系。2018 年 5 月，迪亚斯·卡内尔访问了委内瑞拉；同年 11 月，当选古巴国务委员会及部长会议主席后，卡内尔对俄罗斯、中国、朝鲜、

越南及老挝进行了国事访问，并在访问期间表达了有意借鉴越南和中国改革开放的经验。这些举动表明，卡内尔领导下的古巴将继续坚持共产党的领导和社会主义道路的政治取向。

（三）朝鲜内政外交战略发生重大转变，转向集中精力发展经济和振兴科技

2018年，朝鲜发展战略发生重大转变。朝鲜最高领导人金正恩在2018年的新年致辞中宣布暂停核试验。在元旦过后召开的朝鲜劳动党七届三中全会上，金正恩宣布："在朝鲜稳定地跃居世界一流政治思想强国、军事强国地位的当前阶段，全党全国集中一切力量进行社会主义经济建设，这就是我们党的战略路线。"为推进新战略路线的顺利实施，朝鲜劳动党明确提出了三项保障措施：一是集中全国一切力量；二是充分发挥党组织的领导作用；三是构建新的国家权力结构，即党组织—内阁—各个职能部门，全国上下形成一个统一整体，衔接有序，确保执行到位。朝鲜劳动党七届三中全会之后，朝鲜推出新一轮经济开发区建设，新设经济开发区23个，希望以此推动对外经济合作新局面。

在强调经济建设的同时，金正恩还提出"全民科技人才化"计划，目标是把全社会所有人培养成相当于大学水平的知识分子型劳动者和科学技术发展的承担者。在朝鲜劳动党七届三中全会上，金正恩提出了"以科学突飞猛进，以教育保证未来"的战略口号，并明确了加快建设科技强国、人才强国的任务和途径。

朝鲜实现战略转变的根本保障是破除外交封锁。因此，金正恩同时在外交上主动积极作为。他在2018年新年致辞中表示："有必要打破冻结的朝韩关系现状，迎接民族发展史上特殊且有重大意义的一年。"接着，朝鲜主动宣布停止核试验，废弃北部核试验场，此举赢得了相关国

家的赞赏。朝鲜派出代表团参加平昌冬奥会，金正恩开始频繁地与外国领导人接触。中朝首脑三次会晤，朝韩首脑三次会晤，朝美首脑在新加坡首次会晤。2018 年 3 月，金正恩首次访问中国，中朝两国领导人就发展新时期的中朝关系达成了原则共识。中朝关系迅速恢复密切交往，体现了社会主义国家之间深厚的传统友谊基础，也有利于朝鲜打开外交局面。金正恩在 2019 年新年致辞中表示，将继续加强同社会主义国家之间的交流合作。2019 年 2 月，金正恩首次访问越南，再次表示要珍惜和加强社会主义国家之间的传统友谊。

关于朝鲜今后的发展模式，朝鲜表示愿意学习中国和越南社会主义经济建设经验，坚持自力更生路线，建设朝鲜式社会主义。

（四）老挝人民革命党加强党的建设，中老两党加强交流，夯实中老命运共同体内涵

2018 年 5 月，老挝人民革命党十届六中全会召开，重点研究党的建设问题，提出加强干部队伍建设，坚持民主集中制，确保选人用人公正透明、正确全面。出台了《关于后备干部队伍建设计划的决议》和《关于建设廉洁坚强稳固的党组织的命令》。会议强调，不断加强党委、纪委、立法机关、审计机关、检察机关和建国阵线、群众组织的监督作用，以巩固党的执政基础和国家政权，稳定军心民心，确保党的领导地位，保障国家经济社会持续发展。同年 10 月，十届七中全会召开，进一步研究加强党的自身建设。该党加大反腐败力度，出台措施惩治官僚主义、脱离群众和贪污腐败等问题，对两个省部级干部进行了处分。同时还强调，要进一步推动革新开放，为 2021 年 3 月召开老挝人民革命党十一大做准备。

2018 年，中老两党两国构建了常态化的交流合作机制，中老两党领

导人通过双边互访、年度会晤、多边场合会见等形式，保持和加强中老两国党政军高层交往的优良传统，巩固了政治互信。中老具有战略意义的命运共同体建设得到进一步充实。中老命运共同体的成功实践，将为深化社会主义国家之间的合作、建立社会主义国家命运共同体树立典范。

二、世界各国共产党积极活动，部分共产党做出战略调整，总体形势喜中有忧

（一）西方国家共产党围绕三个主题举行纪念活动

一是各国共产党以多种形式纪念马克思诞辰 200 周年和《共产党宣言》发表 170 周年。

二是多党举行共产党建党 100 周年纪念活动。2018 年是多个共产党成立 100 周年的纪念日，包括希腊共产党、芬兰共产党、乌克兰共产党、德国共产党、匈牙利共产党、阿根廷共产党、奥地利共产党等。

三是多国共产党举行了代表大会，提出了新的发展战略和口号。其中，印度共产党（马克思主义）第二十二次代表大会《政治决议》指出，必须依照马列主义原则和民主集中制原则，建立遍布全国的、强有力的党，并且将增强党的独立性放在重要位置。叙利亚共产党第十二次全国代表大会提出了"为建立更广泛的国际反帝阵线而斗争"的口号。匈牙利工人党第二十七次全国代表大会提出了建立"强大的匈牙利工人党"的口号。法国共产党三十八大通过了《21 世纪共产党宣言》，重提共产主义目标，呼吁增强党的团结和战斗精神。

（二）一些共产党做出了重大战略调整，国际联合有所加强

2018 年，尼泊尔最主要的两个左派政党，尼泊尔共产党（联合马

列）和尼泊尔共产党（毛主义中心）于 5 月 17 日宣布正式合并，成立了尼泊尔共产党。此次合并是尼泊尔共产主义运动史上的里程碑事件，也是 2018 年国际共运重大事件。新成立的共产党以马克思列宁主义为指导思想，并且采取双主席制——尼共（联合马列）主席奥利和尼共（毛主义中心）主席普拉昌达同为新党主席，两位主席权力相等，两党人轮流出任政府总理。

此外，还有一些共产党在全国和地方议会选举中取得了显著进步。比如，比利时工人党在 2018 年 10 月举行的比利时地方选举中，在法语地区一些市镇中得到超过 15% 的支持率，有望在 2019 年全国大选中取得新进展。俄罗斯联邦共产党近几年力量有所恢复，党员已达 16.2 万，在 2018 年 9 月举行的俄罗斯地方选举中，支持率提高了 1.1—1.7 倍。

与此同时，有些共产党则遭遇选举挫折。其中，在印度地方选举中，印度共产党（马克思主义）在执政 25 年之久的特里普拉邦失去执政地位；巴西共产党与劳工党结成的竞选联盟在全国大选中败北，且在国民议会和参议院的席位均有所减少。还有一些国外共产党面临着国内政治环境恶劣，不断受到执政当局打压，比如乌克兰共产党、波兰共产党、摩尔多瓦共产党人党、苏丹共产党等，在 2018 年陆续遭遇暴力搜查、逮捕、不公正审判等各种形式的攻击和迫害。

为此，一些共产党根据国内外形势变化进行理论革新和战略调整。其中，2017 年 12 月召开的西班牙共产党二十大重新将列宁主义作为党的指导思想，恢复民主集中制组织原则，制定了构建更积极的议会外行动战略。2018 年西班牙共产党连续召开四次中央全会，致力于落实二十大精神，加速推进更广泛的左翼力量团结，实现联合左翼向社会运动转型的任务。此外，各国共产党加强了多边、双边联系和交流，加强了国际和地区层面各党间的相互沟通、经验分享和团结协作。2018 年 11 月，第 20 次共产党和工人党国际会议在希腊召开，该论坛已成为世界各国共产党最广泛、最主要的联系渠道，而以欧洲共产党会议、圣保罗论坛为代表的共产党及左翼政党年度盛会，则成为共产党的经常性的理论交流平台。各国共产党的国际联合趋势日趋明显。

三、资本主义国家深陷制度困境，大规模社会运动频发，民粹主义突显

（一）逆全球化思潮与"新冷战"思维威胁国际秩序

近两年来，逆全球化现象在欧美发达国家日益突显，主要表现为民粹主义复兴、英国脱欧、美国"退群"、贸易保护主义加剧等。

2016 年，英国通过了脱欧全民公投。根据《里斯本条约》规定，英国将于 2019 年 3 月 29 日子夜正式脱离欧盟，然而，议院和政府间陷入了反复扯皮状态。实际上，英国脱欧所体现出的民粹主义倾向在欧洲具有很强的代表性。

特朗普就任美国总统以来，提出"美国优先"的口号，实行贸易保护主义和单边主义。2018 年，美国在同许多国家和地区尤其是与中国的经贸往来中采取了保护主义举措，频繁加征关税，退出美国认为不利于自己的多个国际组织。美国挑起中美贸易摩擦，对中美双方乃至世界经济和国际局势都产生了不利影响。不少学者认为，如果处理不好，世界将进入"新冷战"状态。2018 年 12 月 31 日，美国前总统卡特在《华盛顿邮报》发文指出，如果政府高级官员无法对中美关系作出正确判断，"两国之间爆发当代冷战也将不再是天方夜谭"。同年 10 月 4 日，美国副总统彭斯在哈德逊研究所发表演说，指责中国"影响并干预美国的国内政策和政治"，强调中国成为美国的威胁。实际上，所谓"新冷战"的

根本原因是美国感到过去几十年来对中国采取的所谓"接触战略"（实则为"和平演变"战略）已经失败，中国不仅没有走西方式"民主道路"，反而发展出了自己的政治模式，并对亚非拉国家甚至西方国家产生很大影响，越来越多的国家学习和仿照中国的体制，这让以美国为首的西方资本主义国家感到其制度和价值观受到了"威胁"，于是重新对中国采取"遏制战略"。西方国家继续秉持冷战思维，其背后体现的正是霸权主义与强权政治。

（二）欧洲社会民主主义遭受重创，右翼势力上升，民粹主义运动泛滥成灾

过去两年里，欧洲国家的社会民主主义迎来寒冬。英国工党、法国社会党在 2017 年都沦落为在野党，德国社民党的日子也不好过，奥地利社民党和捷克社民党在近期的选举中败北，奥地利极右翼政党进入政府内阁。这些选战的政治风向标志着当今欧洲社会民主主义遭受重创。在这样的背景下，德国、英国、法国和意大利的民粹主义和各种右翼思潮泛滥成灾，社会安定受到威胁。

2018 年 8 月，一名德国男子被刺后不治身亡，随后一名叙利亚男子和一名伊拉克男子被逮捕，此事引发了一系列抗议活动。同年 10 月 13 日，柏林有 24 万人上街游行，反对仇恨和排外的种族主义，反对右翼挑衅歧视、地中海难民死亡和社会福利缩减等。参与示威活动的人越来越多，形成对抗局面并造成了多人受伤。

法国也多次爆发罢工和群众运动，其中以"黄背心运动"影响最大。2018 年 11 月 17 日，"黄背心运动"示威抗议活动爆发，此后不断蔓延，马克龙政府被迫作出妥协，取消上调燃油税计划。然而，示威抗议者们的怒火并未平息，人们要求政府上调最低工资标准、降低税收、增加社

会福利、放松大学入学限制等。值得注意的是，"黄背心运动"中法国极左翼和极右翼都参与其中，夹杂各种社会诉求和政治诉求，明显有别于传统左翼运动。

在南欧各国，一些国家左翼民粹主义发展受阻，议题化民粹主义和右翼民粹主义影响扩大，反紧缩的罢工斗争频发。在意大利，反移民、反欧盟的"五星运动党"赢得 2018 年全国大选，成为议会第一大党，并与极右翼"北方联盟"组成联合政府。在西班牙，名不见经传的极右翼地方政党 VOX，在传统左派大本营安达卢西亚的地方大选中一鸣惊人，获得 10% 支持率和 12 个议席，这是 1978 年独裁政治终结后极右翼政党首次在西班牙政治中得到一席之地。

这些群众性抗议运动，以社会底层民众为主，他们对当前的社会贫富分化、强权和不公强烈不满，希望通过示威活动改变生活状况。显然，这些运动不再是传统意义上的社会运动，更不是阶级运动，基本上是一体多元，成员复杂，有去组织化、去中心化的成分。在这些运动中，欧美各国共产党的影响是有限的，未能发挥引导作用。这些现象表明，国外共产党需要根据新的社会发展形势，及时调整纲领和斗争方向，以迎接新的机遇和挑战。

四、结语

2018 年，在国际格局大发展大变革大调整的背景下，国际共产主义运动和世界社会主义前景在中国的引领下重新焕发生机。与此同时，西方资本主义社会的民粹主义、孤立主义泛滥，各种逆全球化乱象丛生。一些西方资本主义国家的右翼势力为维护其意识形态霸权和制度霸权，重新以冷战思维发动对中国新一轮的遏制和围堵，企图阻止中国特色社会主义的发展，扰乱中华民族复兴的步伐，进而阻止中国道路和中国模式日益增长的世界影响力。2018 年，两种制度的斗争通过经济贸易之争、发展模式之争显现出来。

当前，虽然中国特色社会主义的巨大成功对推动世界社会主义走出低谷、孕育复苏发挥了重要作用。但世界上"资强社弱"的基本格局未能改变。当前西方民粹主义大爆发，大都源于人民对社会现状的不满，希望通过抗议实现改变，然而，各国共产党并未在这些社会运动中发挥重要作用，这些社会运动显然还处于组织领导缺乏且各种诉求未能统一的自发状态。因此，在当前条件下，各国共产党如何在纷繁复杂的社会运动中发挥引领作用？世界社会主义国家的改革与创新如何做到既能坚持正确方向又能实现突破性发展？国际共产主义运动的各种力量如何实现合作和联合？中国在国际共产主义运动中应发挥怎样的作用？这些问题依然需要进一步探讨。国际共产主义运动和世界社会主义的发展仍需砥砺前行。

发达国家共产党的活动空间及其现实局限

轩传树 [①]

在十月革命鼓舞和共产国际的帮助下，西方国家的工人运动和左翼力量于 20 世纪 20 年代纷纷建立共产党。近百年来，这些国家的共产党经历了从十月革命到苏共二十大战争与革命背景下的高歌猛进（1917—1956 年），从苏共二十大到东欧剧变、苏联解体大分裂背景下的独立探索（1956—1989 年），从东欧剧变、苏联解体到十月革命 100 周年低潮中的调整重组（1989—2017 年）三个"30 年"的发展历程。由此可见，发达国家共产党与国际共产主义运动和十月革命存在着非同一般的内在联系。那么，在国际共产主义运动迎来十月革命 100 周年之际，在全球金融危机、欧债危机以及全球化和反全球化双向并行，世界局势动荡不安的当下，发达国家共产党将会有怎样的新变化、新态势？是否意味着一个新"30 年"的开始？为此，笔者拟对 2017 年以来发达国家共产党

① 轩传树，中国社会科学院世界社会主义研究中心特邀研究员，上海社会科学院国外社会主义研究中心主任。

的内外活动及其局限性进行分析。分析主要基于两个维度：一是思想维度，从代表大会和十月革命 100 周年纪念活动看其怎么想；二是实践维度，从议会内外活动及其党际交往看其如何做。

一、召开代表大会：研判形势，调整战略策略

2017 年，日本共产党、德国共产党、希腊共产党、爱尔兰共产党、澳大利亚共产党、西班牙共产党等相继举行全国代表大会，选举产生新的中央委员会，分析国内外形势，提出新的政治主张，作出新的战略选择。

（一）认为当今世界仍然处于帝国主义阶段，阶级斗争和战争风险依然存在并日益深化

2017 年 3 月 25—27 日，德国共产党召开第二十二次全国代表大会。会议认为，当今世界处于帝国主义发展的一个阶段，即国际金融帝国主义阶段。在这个阶段，工人阶级面临着被剥削被压迫的现实处境，尤其是美国在特朗普上台之后，金融资本势力逐渐扩大，逆全球化和种族主义抬头，这些都对工人阶级不利，阶级矛盾进一步加剧。与此同时，帝国主义国家之间的矛盾加剧，帝国主义国家发动侵略和战争的风险进一步增强。阶级矛盾和帝国主义国家之间的矛盾为社会主义运动提供了更多的发展空间和回旋余地。因此，共产党需要在德国、欧洲以及世界范围内加强对工人运动的领导。

2017 年 3 月 30 日—4 月 2 日，希腊共产党召开第二十次全国代表大会。会议认为，当前国际帝国主义之间的竞争进一步加剧，新的联盟和集团正在形成，地区的、局部的或全面的帝国主义战争危险都在增强，

区域大国和帝国主义核心国的干涉将会继续。这种干涉包括直接军事干涉、外交、政治手段以及经济战。

2017 年 11 月 18 日，爱尔兰共产党召开第二十五次全国代表大会。会议认为，资本主义政治经济体系在全球、区域和国家层面均陷入了政治、经济、环境、文化和伦理等一系列相互关联的危机之中，资本主义国家为应对这些危机而采取的措施进一步加剧了阶级矛盾。

（二）认为共产党作为反对帝国主义的领导力量，需要按照列宁主义原则加强自身建设

在分析国内外形势基础上，西方发达国家共产党认为，当前的主要任务是积极领导劳工运动，反对法西斯势力，为社会的进步而斗争，为社会主义而斗争。在德国共产党看来，就是要遵守列宁主义原则，针对当今资本主义的垄断特征寻找未来无产阶级革命方式。现阶段的战略目标是找到工人运动的力量，反帝国主义反法西斯的力量，从防守中走出来。希腊共产党认为，共产党不仅是工人阶级的先锋队组织，而且是所有立志为推翻资本主义、实现社会主义和共产主义而斗争的志愿者的革命组织。共产党必须坚持民主集中制，这是革命性质不可或缺的前提条件；必须坚持集体领导，这是保证党和各级组织的团结、统一，各项工作正常运转的必要前提，也是培养干部、发挥全体党员能动性和积极性的必要前提。

2017 年 12 月 1—3 日，西班牙共产党召开第二十次全国代表大会第二阶段会议。这个曾经主张放弃列宁主义的政党，在这次会议上重提列宁主义，重新确立民主集中制作为党的组织原则。

2017 年 12 月 1—3 日，澳大利亚共产党召开第十三次全国代表大会。会议认为，必须突出党的自身建设，在工人阶级及其潜在盟友中发

挥更大影响力；党的使命与任务是通过参与和平与环境保护运动确保人类的生存，为此，党组织必须在社区、工会和群众运动等各个领域开展工作；党员应该成为非党派组织的积极分子，并以适当的方式向这些组织介绍党的政策和主张，亮明党的观点。

（三）认为共产党要加强同反帝国主义的社会进步力量团结合作，建立统一战线或人民阵线

希腊共产党主张，一方面，要进行反对机会主义的斗争。反对激进左翼联盟政府向人民发出的各种"意识形态误导"，它总是以"左"的形式出现，但其实质是与资本家勾结，以欺骗工人阶级和人民群众。另一方面，要重组劳工运动。加强希腊共产党同群众组织的联系，在各行业、各地区创建大量的人民委员会，创建革命工人和人民阵线，将工人运动、农民运动和个体户运动有机联合起来，以开展反垄断、反资本主义的斗争。

爱尔兰共产党已经意识到，竞选仅仅是一种斗争形式和手段，而不是最终目的。诸如国家民主、经济独立和主权等核心问题是不可能通过竞选途径得以实现的。解决这些核心问题必须建立广泛的统一战线，建立由工人阶级领导的拥有共同纲领的全爱尔兰反帝联盟。动员人民为摆脱帝国主义控制，建立新型国家而斗争。

澳大利亚共产党决定加强三个层面的团结合作，即左翼政治力量的团结、工人阶级的团结和民主的、人民的团结。澳大利亚共产党认为自己是这个统一战线的重要组成部分。

2017年1月15日，日本共产党召开第二十六次代表大会。会议肯定了在野党统一战线的积极作用，明确提出建立并进一步扩大这种统一战线，以促进日本共产党的"第三次跃进"，争取在各个选区中增加议席。

二、纪念十月革命 100 周年：总结经验教训，明确使命与道路

在十月革命 100 周年之际，希腊共产党、澳大利亚共产党、葡萄牙共产党等纷纷举行纪念活动，其他发达国家共产党积极参加这些纪念活动。他们还集体参加了在俄罗斯圣彼得堡举行的第十九届世界共产党与工人党国际会议，对十月革命的历史地位和世界意义给予充分肯定，并且在总结十月革命经验教训的基础上着重讨论了未来社会主义道路选择等现实问题。

（一）充分肯定十月革命的历史地位和世界意义

葡萄牙共产党在高度评价十月革命的同时重申葡共的性质和共产主义理想，强调葡共要为维护人民利益、实现社会主义和共产主义发挥应有作用。

爱尔兰共产党指出，俄国革命对帝国主义给予了沉重打击，一个新的工人阶级国家政权诞生，全球力量对比发生了重大变化。

塞浦路斯劳动人民进步党认为，十月革命开辟了一个新时代，战胜了资本主义的侵略，开辟了社会主义道路。十月革命的伟大成就和革命精神培育了一代又一代人，鼓舞着劳动人民和被压迫者为推翻资本主义、实现社会主义而斗争。

澳大利亚共产党指出，在伟大革命家列宁的领导下，工人阶级掌握政权，苏俄人民经受住了战争、外国军事干涉、贸易禁运等形式的破坏，取得了许多资本主义国家不可比拟的好成绩。当然，从苏联社会主义建设中也可以学到很多教训，100 周年纪念就是反思这些问题、总结经验

教训的时候。

希腊共产党指出，十月革命至今仍然是各国人民开展社会主义运动的光辉灯塔，中国共产党正是在马克思列宁主义指导下，坚持革命原则，取得了辉煌成就。希腊共产党总书记季米特里斯·古楚巴斯在第十九届世界共产党与工人党国际会议的主旨发言中进一步指出："十月革命改变了人类的命运和航向，是终结资本主义暴行的开始，也是新社会的黎明。但是，遗憾的是这个进程在 1991 年被打断了。由于苏联解体，当代资产阶级没有了顾虑和担心，便开始对工人阶级发动持续的攻击，工人阶级逐渐失去了曾经拥有的福利与权益。"

（二）探讨社会主义道路选择

葡萄牙共产党认为，列宁指出所有国家都将实现社会主义，这是一条基本规律，但并不是所有国家都会以同样的方式实现社会主义，各个国家共产党及其革命力量具体情况不同，因此，彻底摆脱资本主义的具体道路是多样的。

意共领导人马可·里佐认为："列宁及其领导的十月革命教育我们，通过议会选举'夺取'国家政权的理论没有任何科学依据。无视列宁的国家学说而接受资产阶级民主制及其在战略层面的游戏规则，必将导致无产阶级的失败。这已经发生在智利，也发生在战后的意大利，并且正在委内瑞拉上演。不与资本主义制度进行坚决的、毫不妥协的决裂，无产阶级革命是不可能成功的。"

美国共产党针对当前资本主义疯狂进攻和法西斯主义抬头的状况指出："要打败这些反动势力，需要最广泛的联合阵线。当然，没有共产党作为战斗的核心，我们是赢不了的。"

三、开展议会内外斗争：抗议本国政府，维护民众利益

西方发达国家共产党一般都将参加议会竞选视为自身实践活动的重要内容之一，积极参加地方、全国乃至欧洲议会的选举。2017 年是日本、德国、法国大选之年，这三个国家的共产党积极参与，争取选民。日本共产党在竞选中进入议会并产生了一定影响，不过，仅获得 12 席，相比上届选举（2014 年）的 20 席少了 8 席，说明严重"退步"。德国共产党近 20 年来在竞选中始终是支持其他左翼政党的"配角"，这回首次提出参加竞选，在议会斗争中迈出重要一步。法国共产党人革命党推出党的书记安东尼奥·桑切斯参加竞选，尽管结果不尽如人意，但宣传了党的主张。正如该党在接受《国际共产新闻》专访时所说："我们参加选举，就是为了带来革命思想，简单地说，就是向资本主义发动进攻，通过斗争打倒资本主义，实现社会主义。"

总体来看，西方发达国家共产党一般很难进入议会，即使是像日本共产党这样能在议会中获得议席的，也由于所占议席过少而难以发挥实质性作用。既然无法在议会中发挥实质性影响，那么就参与现实斗争。西方发达国家共产党一般善于抓住有利的时间和事件积极发声，直接参与或发动群众运动，以体现自身的存在价值和影响力。

（一）在国际劳工运动史上的重大时刻举行纪念庆祝活动，唤起历史记忆和教育动员民众

国际劳工运动史上的重大时刻无疑为后人留下了丰厚的遗产，也为未来积累了宝贵经验，所以，每每在这样的时刻都有共产党活动的身影。

2017 年 3 月 4 日国际三八妇女节前夕，希腊共产党举行庆祝活动，

数以百计的来自各个年龄层次的人士出席，活动的口号是"与希腊共产党一起争取女性平等，满足女性的当代需求"。

也是在 3 月 4 日，西班牙共产党发文指出："十月革命是包括妇女在内的被压迫人民起来反抗的结果，革命废除了妇女在法律上的不平等地位，革命后的苏联政权始终致力于改善妇女生活工作条件。尊严和体面的工作是失业妇女应该争取的权利，现在要为此进行反抗和斗争。"

2017 年 4 月 28 日国际劳动节前夕，加拿大共产党发表庆祝声明指出："资本主义的本质始终是一个阶级对另一个阶级的剥削，为了私利和统治阶层的利益而不惜牺牲劳动者、青年、妇女、移民、土著人民的利益，自由党（执政党）与特朗普政府的合作将使加拿大处于危险的十字路口。"

2017 年 5 月 1 日国际劳动节之际，希腊共产党总书记迪米特里斯·古楚巴斯参加了劳工团结联盟在雅典举办的罢工集会活动并发表演说。

（二）在重大国际会议召开之际发动民众走上街头，抗议资本主义集团

西方发达国家共产党一般认为，欧盟、北约乃至二十国集团（G20）都是帝国主义垄断资本力量联合的实践平台和具体机制，因此，每当这些组织开会或举行重要活动时，发达国家共产党便纷纷发表声明，发动民众走上街头进行抗议。

2017 年 3 月 21 日，希腊政府和欧盟、国际货币基金组织正在召开欧洲集团会议，希腊共产党在全国各地组织示威活动，呼吁人民抵抗反人民的紧缩政策的制定，呼吁本国政府不参与战争干预。

2017 年 7 月 8 日，二十国集团峰会在德国汉堡举行，数以千计的示

威者聚集在会场外，举行了一场反对资本主义的示威游行，德共、意共、希共等共产党和工人党都参与其中，呼吁人们联合起来。

2017 年 12 月 14 日，葡萄牙共产党就欧盟"永久结构性合作"防务合作协议正式出台并发表看法。葡共认为，欧盟此举的结果是"增加了战争的危险"。葡共呼吁欧盟成员国的所有进步力量行动起来，解散北约，反对欧盟军事化，抵抗帝国主义战争。

（三）参与或组织各种社会运动，维护弱势群体利益

发达国家共产党代表所有劳动者和人民的利益，致力于建立一个团结、公平的社会，不仅坚定地站在工人阶级一边，同时也积极参与或支持声援其他阶层的群众性运动。

一是维护工人农民的利益。希腊共产党组织农民运动，反对激进左翼联盟—独立希腊人政府和欧盟旨在维护垄断组织和大农民的利益而把中小型农户赶出土地的政策。德国共产党声援亚马逊的罢工活动，认为亚马逊的成功是剥削工人的结果。西班牙共产党发文声援普拉特机场工人为提高工资待遇而进行的斗争，认为"政府的紧缩措施并不是捍卫工人利益，而是捍卫商业利润，必须反对"。

二是致力于提高公共服务质量。爱尔兰共产党发动"水权运动"，举行全国性示威游行，阻止政府将自然资源和公共服务私有化；声援铁路工人，认为"体面的公共交通需要适当的国家资金，而政府却在利用经济危机对人民实行'紧缩'"。比利时共产党发表公报，声援公共服务系统人员的罢工，这次罢工除了维护自身的劳工权利外，还呼吁提高公共服务质量。

三是捍卫医疗养老等社会保障。2017 年 2 月 21 日，西班牙共产党发文声称，将在达卢西亚举行游行以捍卫养老金制度。西班牙共产党强

调，养老金制度不仅直接影响已退休人员是否能过上体面生活，还会对几代人产生深远影响。同年9月8日，德国共产党发表文章，对医疗机构的运营方式表示抗议。德国共产党认为，如今的医院运营方式就像大公司一样，利润最大化已成为其首要目标。面对国内发生的抗议房租上涨游行示威活动，德国共产党主席发表声明，表示坚决站在租房者的立场上，谴责资本主义使一切都成为商品。德国共产党呼吁，兴建新的市政房屋，始终如一地实施相关禁令，防止股市对住房的投机行为，禁止资本进入房地产领域。

四是维护少数族群权利。2017年3月4日，加拿大共产党在60多个城镇举行集会，谴责种族主义和新法西斯运动。加拿大共产党认为，种族主义的实质是白人至上。因此，他们要求议会立即采取措施，打击有组织的种族主义势力，同时还主张所有被迫害的人团结起来，与工会和人民组织合作，共同打击种族主义势力。同年6月23日，加拿大共产党和共产主义青年团发表声明，声援同性恋和变性人群体，认为为了推进社会进步，必须建立包括劳工、土著人民、青年学生、妇女、老人、农民、移民、环境保护主义者、和平活动家，以及同性恋、变性人群体在内的"人民联盟"。2017年8月23日，西班牙共产党对"胡安娜事件"发表声明，声援妇女反对家庭暴力的斗争，并表示要与"胡安娜"们团结一致捍卫正义。

四、加强国际合作：建立合作机制，回应国际热点问题

尽管发达国家各共产党在理论、战略、策略上存在差异，但不影响各国共产党之间的交流合作。一方面是建立合作交流机制，凝聚共识，积蓄力量；另一方面是对热点问题积极发声，相互声援与支持。

（一）进行不同层次的合作交流

一是国内合作。例如，丹麦国内有 4 个共产主义性质的政党，相互之间已经在好几个领域开展合作，目前正在准备建立一个统一的、以马列主义为指导的、强大的、革命性的共产党。2017 年 11 月，四个政党统一提名了地方政府选举候选人，为四党合并迈出重要步伐。西班牙共产党采取了更为广泛的阶级联合方针，对内联合左翼力量，共产党整体加入联合左翼，同时保持自身的独立性；对外同其他政党广泛合作。在 2016 年大选中，西班牙共产党主导的联合左翼与西班牙激进左翼政党"我们能"党组建竞选联盟，进一步彰显了西班牙共产党在阶级联合上的广泛性、多元性和超阶级性。澳大利亚共产党十分重视政党间的联合与合作，总书记鲍勃·布里顿在第十三次全国代表大会上指出："我很高兴看到我们与澳大利亚共产党——马列的关系进一步密切。""在这场正在展开的斗争中，我们需要有共同目标的盟友，在阶级斗争中打败我们共同的敌人。"

二是区域性合作。发达国家共产党认为，当前帝国主义之间有联合，机会主义也有某种程度的联合，为了打败帝国主义和机会主义，彰显马列主义的科学伟大，必须推进共产主义运动在革命基础上重新集结起来。因此，在冷战后始终相对活跃的希腊共产党的倡议和协调下，于 2006 年起开始有了"欧洲共产党会议"，至 2017 年已经召开 10 次会议。会议的主要内容是向广大工人和人民揭露欧盟帝国主义本质；痛批改良主义、机会主义；声援各国共产党，反击资产阶级的诽谤污蔑；组织和发动形式多样的罢工、游行示威等活动。2013 年，欧洲共产党会议决定成立新的合作平台即欧洲共产党和工人党"倡议"，其目的是研究和阐释欧洲问题，尤其是关于欧盟及其运行框架对人们生活的影响问题；加强成员党之间多元化和开放性的合作与协调行动。2017 年，欧洲共产党和工人党"倡议"共发布 9 份声明，内容涉及欧洲工人阶级、青年问题、妇女问题、教育问题、环境问题、防卫政策、移民问题、选举问题、社会问题、恐怖主义问题、难民问题等十多个方面，有些问题甚至已经超过欧洲范围。

三是世界性合作或全球性合作。比较典型的是世界共产党工人党国际会议。从 1999 年起，世界共产党和工人党每年召开国际会议，交流情况与看法，分析形势与趋势，提出任务与对策。这是世界各共产党工人党重新联合的一种新形式。这个会议同样是由希腊共产党发起，西方发达国家共产党积极参与。2017 年 11 月和 2018 年 5 月，中国共产党连续两次举办"中国共产党与世界政党高层对话会"，吸引了 50 个国家 75 个共产党的 100 余位领导人和代表参会，其中也包括发达国家共产党。各国共产党又多了一个世界性的合作交流平台。这种国际性的合作交流平台对于相互交流经验与看法，凝聚世界共产党、工人党，促进共产主义运动大有裨益。

（二）对国际热点问题积极发声

尽管西方发达国家共产党普遍是小党、在野党，但他们从不置身事外，而是积极对国际热点问题表明自己的立场与观点，在对兄弟政党的斗争和全球正义运动进行声援的同时，对帝国主义的侵略战争和干涉政策进行谴责。这种声援和谴责在一定意义上也践行和拓展了国际合作。就 2017 年国际热点问题来看，西方发达国家共产党的境外活动或党际活动大致有如下几个方面内容：

一是对兄弟政党代表大会给予祝贺。2017 年，发达国家共产党先后向日本共产党、德国共产党、希腊共产党、爱尔兰共产党、澳大利亚共产党、西班牙共产党等共产党全国代表大会发去贺电，有的还到会祝贺。此外，其他地区共产党召开全国代表大会时也会发贺电以示问候和祝贺。如，2017 年 6 月 2—4 日乌拉圭共产党第三十一次代表大会，6 月 22—25 日委内瑞拉共产党第十五次代表大会，7 月 10—15 日南非共产党第十四次代表大会，7 月 13—16 日哥伦比亚共产党第二十二次代表大会，11 月 17—19 日巴西共产党第十四次代表大会等，都收到了来自发达国家共产党的贺电。2017 年 10 月 18—24 日中国共产党第十九次全国代表大会召开时，收到了 165 个国家 454 个主要政党发来的 1340 多份贺电，其中就包括发达国家共产党在内。

二是声援处于困境中的其他国家共产党。2017 年 2 月 14 日，瑞典共产党在其官网上发布了一则名为《国际共产主义政党谴责禁止乌克兰共产党的企图》的新闻公告，公告内容显示：许多国家共产党和工人党联合发表声明，对正在进行的旨在禁止乌克兰共产党的基辅审判进行谴责。第一批签署声明的有澳大利亚共产党、法国共产党、希腊共产党、英国共产党、瑞典共产党、德国共产党等 15 个发达国家共产党。此外，希腊共产党和英国共产党分别发表声明和文章，欧洲共产党和工人党"倡议"专门派出代表团访问乌克兰，以表达对乌克兰人民和乌克兰共产党人的支持。

受到发达国家共产党关注和声援的，还有波兰共产党和俄罗斯共产党。2017 年 11 月 23 日，欧洲共产党和工人党"倡议"谴责波兰当局的"司法迫害"事件，指出其真实目的是迫使波兰共产党非法化。11 月 27 日，葡萄牙共产党谴责波兰当局迫害波兰共产党，要求停止政治迫害。2017 年 5 月 9 日，俄罗斯政府逮捕了两名庆祝反法西斯战争胜利的俄罗斯共产主义工人党干部，希腊共产党的欧洲议会议员索蒂里斯就这一事件向欧盟外交与安全政策高级代表费代丽卡·莫盖里尼提出质疑，谴责这种"粗暴的逮捕和迫害行为"，并指出这是"针对俄罗斯联邦共产党"。

三是声援各国反对帝国主义侵略的正义斗争。主要围绕叙利亚问题、巴勒斯坦问题、委内瑞拉问题、朝鲜问题和古巴问题等，谴责以美国为首的帝国主义侵略战争与干涉政策，捍卫各国人民选择自己的社会和政治发展道路的权利。

针对 2017 年 4 月 6 日特朗普政府轰炸叙利亚事件，加拿大共产党、葡萄牙共产党、希腊共产党、澳大利亚共产党、美国共产党等相继发表声明，强烈谴责美国对叙利亚的空袭，认为这是一场战争犯罪，一场明显违反国际法、侵略叙利亚国家主权和领土完整的行为，指出美国的目标不是打击恐怖主义，而是加强其在中东和世界的霸权。为此，上述发达国家共产党呼吁本国劳工民主运动和所有爱好和平的人民反对美国空袭，反对本国政府支持或参与战争。芬兰共产党为在叙利亚空袭中丧生的民众举行了追悼会，芬兰共产党主席在追悼会上指出："战争从来不是解决国家问题的方法。现今的人们生活在一个多元化的时代，每个人的基本安全问题必须得到保障。"

针对巴以问题，西方发达国家共产党始终支持巴勒斯坦人民反对以色列占领巴勒斯坦领土的斗争。2017 年 12 月 6 日，美国总统特朗普发表声明表示，将美国驻以色列大使馆从特拉维夫迁至耶路撒冷，实质就是承认耶路撒冷是以色列的首都。对此，西方发达国家共产党纷纷发表声明，强烈谴责特朗普宣布耶路撒冷为以色列首都的决定，认为这一决定表明了美国对以色列犹太复国主义政策的公然支持，否定了巴勒斯坦人民的基本权利，也违反了国际法；认为美国这种行为是向巴勒斯坦人民宣战，是向中东所有为本地区的复杂政治问题寻求和平政治解决方案的进步人民和国家宣战，会危及整个中东和平进程，后果相当危险且不可预测。发达国家共产党纷纷表示，他们将继续支持巴勒斯坦人民主权和独立的正义事业，呼吁本国政府和人民警惕美国的政策，尊重国际法，保护巴勒斯坦人民的基本权利，主张巴以和平问题必须通过外交手段来解决。

针对委内瑞拉问题，葡萄牙共产党、澳大利亚共产党在委内瑞拉2017年制宪会议选举前就发表声明，重申声援玻利瓦尔革命和委内瑞拉人民，谴责帝国主义干涉和破坏稳定的犯罪行为。澳大利亚共产党还在悉尼市政厅外组织了一次集会，以支持委内瑞拉人民在星期六的选举中投票。针对西方国家及其国际组织不承认委内瑞拉选举结果并以制裁甚至军事入侵相威胁的行径，发达国家共产党表达了强烈谴责和抗议。他们认为，西方国家对委内瑞拉人民的权利和玻利瓦尔革命成果进行干预的行为侵犯了委内瑞拉国家利益，破坏了恢复政治稳定的可能和机遇，委内瑞拉问题应该由委内瑞拉人民自己来决定和解决，美国政府的干预只能对委内瑞拉人民造成更大伤害。并指出，美国之所以热衷于干预拉美地区主权国家，目的在于维护其霸权和新自由主义政策的永久化，援引澳大利亚共产党一篇署名文章《为什么美国想摧毁委内瑞拉政府》的观点，就是因为委内瑞拉拥有世界上最大的石油储量，就像美国为了石油攻击伊拉克和利比亚一样，他们也想从委内瑞拉人民身上获取这些财富。发达国家共产党在对西方国家进行谴责的同时，还呼吁本国人民行动起来，反对本国政府对委内瑞拉采取制裁措施。

针对美国政府对朝鲜和古巴的威胁性言论和各种制裁行为，发达国家共产党一方面谴责特朗普对朝鲜及其导弹试验的威胁性言论是对该地区及世界和平的严重危害，谴责美国政府对古巴政策的改变及其对古巴经济、商业和金融的封锁，认为特朗普及其政府不是世界警察，没有权力威胁"惩罚"朝鲜和古巴；另一方面鼓励朝鲜劳动党和古巴共产党以及两国人民对美国干涉主义进行斗争，坚决捍卫两国人民选择自己的社会和政治发展道路的权利及其追寻社会主义革命道路的努力。

总之，针对以上这些国际热点问题，发达国家共产党旗帜鲜明地反对美国、北约、欧盟破坏和平的侵略行为，揭露帝国主义为干涉和战争而开脱的借口和谎言，支持叙利亚人民的反抗斗争，声援玻利瓦尔革命和委内瑞拉、古巴、巴勒斯坦等国人民的正义斗争。在发达国家共产党看来，当今世界和平与稳定的真正威胁来自美帝国主义及其盟国。战争始终是帝国主义的本质属性，当前帝国主义对主权国家的暴行空前疯狂，美帝国主义近年来在中东的行为并不是出于对平民生活的真正关心，而是为了"踢开"不符合美国地缘政治和商业利益的"绊脚石"。发达国家共产党认为，美国的好战已使世界朝着第三次世界大战的方向发展，美帝国主义的侵略已经直接或间接地威胁着全球各个独立国家和各国人民。发达国家共产党表示，面对战争的危险，发达国家共产党一般能站在国际主义立场上，对特朗普政府以及本国政府的战争行为进行强烈谴责，对受战争侵略和威胁的他国人民给予及时有力的声援，甚至呼吁本国人民起来进行斗争。

五、现实活动空间的有限性

从西方发达国家共产党近年来的国内外活动情况看，他们普遍能够直面帝国主义的挑战和进攻，充分利用资本主义深陷经济危机和现实社会主义国家不断取得成就的有利形势，对当今世界格局以及资本主义系统性危机进行分析和研判，在各种国际热点问题上积极发声，以此来努力改变被动局面。但是，在实际问题的解决办法和革命方法手段的选择上往往无能为力，在道路选择、理论创新、政策调整以及国际联合等活动空间上仍有严重局限。因此，其边缘化地位以及社会影响力薄弱的现状也就难以有根本性改变。

（一）道路选择空间的有限性

在西方发达国家议会民主体制下，议会选举是现代政党的主要活动平台与衡量标准，这些国家的共产党只有参加各级议会和政府的选举，才能彰显政党力量、体现政党主张。当前，西方发达国家共产党已经认识到，在资本主义框架下，资产阶级国家不会因为一个左翼的政府当权而被拆除，选举本身并不是斗争目的，仅仅是一种斗争形式。因此，西方发达国家共产党反对把一切工作归结为议会斗争，但又不能不参加议会选举。

"共产党不能成为一个为了选举而存在的党，但还是要继续参加各级选举，甚至将议会外斗争视为争取民众支持以为未来下一次选举奠定基础。"这是发达国家共产党在道路选择上面临的最为现实的尴尬。而且，对共产党来说，议会斗争本身又明显存在两个方面的制约和掣肘。

一方面是来自西方选举制度的制约。议会民主体制下的选举政治就是金钱政治，选举成败往往取决于选举经费的多寡，而选举经费主要来自政府财政（按照党员规模或上一届议员席位的比例拨付）和社会（尤其是企业集团的政治献金）。这两种经费来源，对于代表普通民众以及弱势群体的左翼边缘小党来说都是非常有限的。而且，发达国家共产党为了强调自身的独立和纯粹，一般不愿接受政府财政拨付的政治资金，也不愿接受来自游说集团的政治献金，这些政党的选举经费主要来自党员党费和党报党刊的销售收入。选举经费的匮乏使政党处于不利地位，在竞选过程中有时不得不因为经费的紧张而放弃一些选区。来自选举制度的障碍还体现在发达国家大多实行单议席选区制，在单一选区胜者得全票。共产党作为西方社会中的小党，即使得到了一定数量的选票，但如果没达到相对多数也是毫无价值的。这种赢者通吃的选举制度使西方共产党处于极为不利的地位。更何况在西方议会体制下，首相有权解散国会提前进行大选。通常情况下，执政党往往是在对自己有利的时机宣布解散国会提前举行大选，而对于在野党来说，由于信息不对称，其往往在提前选举面前显得处处被动。日本共产党之所以在 2017 年众议院选举中"退步"，一是经费不足，二是安倍突然宣布解散国会，提前举行大选，使日本共产党措手不及。

另一方面是来自传统支持力量的压力。选择议会道路的发达国家共产党，为了获得体制内的认可，多以建设性反对派作为自身定位，妥协合作的意愿明显。他们在议会内或政府内往往是站在政府或资本的一边，自然就疏远了传统的选民，远离了工会组织。因此，自金融危机以来发生的很多罢工、占领运动，其背后虽有共产党或传统左翼政党的影子，但往往并不是直接的领导者和指挥者，而是以参与、声援居多。这样一来，发达国家共产党对社会运动的领导力和影响力就相当有限，更谈不上推进这些运动走上社会主义轨道。

总之，参与当代发达资本主义国家政治生活的共产党，要么沦为议会制选举政党，失去自身特色，要么保持自身特色，作为抗议型政党（或称"反对派"）而在国家政治生活中处于无足轻重的边缘化地位。正如斯洛文尼亚著名左翼学者 S. 齐泽克在 2002 年发表的《为列宁主义的不宽容辩护》一文中所述，面对全球资本主义的最新进展，特别是以信息技术为基础的后工业社会的到来，东欧剧变、苏联解体后的左派思潮在意识形态斗争中获得了许多新的发展，同时也面临着很多困境和诱惑，其中最大的威胁就是自由主义的议会民主制所形成的潜在"思想控制"。

（二）理论政策调整空间的有限性

东欧剧变、苏联解体后结构性的政治剧变和经济转型引发了全球范围内资本主义力量的再次崛起，西方发达国家共产党作为反资本主义的力量面临着巨大压力。为了生存与发展，西方发达国家共产党曾一度去极端化，讲求实用性，结果淡化了自身意识形态的光谱，身份标签模糊，传统选民流失。现在，全球金融危机加剧了社会矛盾和贫富两极分化，阶级和阶级斗争重返欧美政治舞台，为发达国家共产党重塑社会主义意识形态和社会主义话语自信带来宝贵机遇。因此，当前发达国家共产党又有回归传统理论和组织原则的趋势。

但是，理论政策的调整面临两方面制约。

第一，外部制约。一方面，新自由主义仍然在西方社会意识形态领域占据主导地位。当今世界是国家垄断走向全球垄断的全球金融帝国主义时代（或称"国际金融垄断资本主义"），新自由主义是金融帝国主义的理论先导。在今天的西方国家，不论是右派、中间派还是左派，实质上都是新自由主义的虔诚信徒。冷战结束后，就连西方主流左翼政党社会民主党也新自由主义化了。这说明新自由主义仍然牢牢地占据着意识形态方面的主导地位。尽管随着经济危机的到来与日益深化，新自由主义也曾饱受质疑，但其影响根深蒂固，西方发达社会的统治阶级仍然需要依靠新自由主义来应对经济危机以及由此引发的社会矛盾。

另一方面，民粹主义强势崛起。全球金融危机的发生与深化，使阶级和阶级斗争话题重回欧美政治舞台，"这一状况极有可能重塑现实世界的政治格局"。面对社会的两极分化、下层民众的不满和重提阶级斗争，欧美发达国家各种民粹主义强势崛起。民粹主义并不关注问题背后的真实原因，而是充分利用大量难民和移民及其给人民尤其底层民众带来的焦虑，在无理论指导的情况下为社会不满者提供了表达愤怒的渠道和付诸行动的动力，从而吸引了大量下层民众，如2016年美国大选中选民对特朗普和桑德斯的支持，英国的脱欧公投，西班牙"我们能"党（左翼民粹主义）、德国"选择党"、法国"国民阵线"（右翼民粹主义）在最近的选举中崭露头角等。相比之下，西方发达国家共产党无论是回归传统理论抑或坚守，其规模和政策调整空间都会受到限制。尽管共产党的组织者已经注意到民粹主义分子在加紧拉拢和攻击，准备通过参与医疗保健、移民和环境的斗争来巩固党的地位，以此抑制极端主义政党的影响力，但最终还是丧失了对社会反抗运动的及时反应和有效引导，无法与更为激进的民粹主义抗衡。因此，像希腊共产党这样坚守传统理论的发达国家共产党，虽然避免了因理论调整而造成的思想混乱，"保证了党成为一个巩固、团结的组织"，但始终只能"维持一个独特的、小的生存环境"。

第二，内部制约。理论政策的调整容易引发两大负面后果：一是导致党内思想不统一，引发政党分裂，且分裂之后相互攻击，从而导致既有的有限力量进一步分散、弱化。这一点无论在过去还是在当前，都一再上演。二是调整的内容与未调整的内容相互之间构成内部矛盾，容易引发外界质疑。例如，日本共产党自21世纪以来进行理论调整，为其塑造了一幅更柔和、更务实的形象。在政策调整中，日共放弃了进行社会主义革命的目标，但没有放弃民主集中制、党的名称和实现共产主义社会的目标等基本立场和本质特征。可是在外界看来，日共的理论调整仍然是不彻底的，其动机令人生疑。用西方学者的话说就是："调整的连续性加上不可改变的'伪装'，为反对者提供了怀疑的武器，质疑它的变革真诚性，认为它不过是一种适应环境变化的策略而已。"这就使竞争对手有了攻击的借口。在2017年大选中，竞争对手攻击日本共产党"暴力"，"将给国家和人民带来专制、不幸和不自由"等，对选民进行拉拢和恐吓。不独在理论的调整，即使是选举策略的调整也有可能遭到指责。2016年举行参议院选举时，日本共产党同其他在野党结成"在野党统一战线"，威力初显，共同推举的候选人几乎全部当选。但这一策略在 2017 年众议院选举时就被安倍攻击："日本共产党为了政权可以与价值观不同的政党同流合污，这样的政党是没有原则和立场的。"

面对欧美地区的政治极化，西方发达国家共产党有些无所适从，向右调，讲妥协，比不过主流左翼社会民主党；向左走，论激进，比不了新近崛起的左翼民粹主义。其结果就是在意识形态上丧失了其在 1968 年之后所拥有的地位，失去了适应时代发展的理论制高点，甚至产生了思想危机，这才是问题的关键所在。理论制高点的丧失主要表现为对当今时代的定义、社会结构、党的社会基础、政权和所有制关系等关键问题未能作出正确判断和解答。社会主义运动需要理论阐释和话语导向，当下发达国家共产党缺乏的就是统一且稳定的意识形态。正如比利时工人党主席在接受采访时谈道："如今，选民们对统治欧洲的执政集团感到厌恶，一些政治势力利用社会最边缘的群体，比如难民和移民作为替罪羊，使群众很容易被吸引。作为左派的我们不仅要坚决拒绝这类言论，更关键的是，我们要在推广自己话语的同时行动起来。"

（三）国际合作空间的有限性

发达国家共产党在谋求联合斗争的过程中，面临着国内和国外两个层面的现实局限。

第一，国内联合的现实困境。目前，发达资本主义国家几乎所有人口都处在出卖劳动力的工人阶级地位，但资产阶级政治策略却成功地把这一庞大的无产阶级队伍分化成众多的小众群体，而且这些群体之间往往又相互冲突，其背后的左翼政党为了选票也彼此竞争。尽管有时也会有暂时的合作，但总体来看，各国内部左翼力量之间既有联合也有竞争。

第二，国际联合的现实困境。发达国家与发展中国家的工人阶级利益并非完全一致，尤其是在对待全球化和逆全球化问题上。从理论上讲，经济全球化使资产阶级可以在世界各地自由雇用劳动力，将本国的劳资矛盾转嫁到不同国家工人阶级之间的矛盾上，从而在客观上达到了破坏无产阶级联合的作用。事实上也确实如此。

在发生金融危机之前，资本主义全球化主要表现为发达国家的低端产业向发展中国家转移，财富向发达国家集中。在帝国主义的中心地带也即发达国家，越来越多的人口因此而受益于非生产性工作和特权职位，发达国家的工人阶级也因此享受到较好的社会福利和相对上游的工作岗位。但是，广大发展中国家及其人民为了抗议他们在全球化过程中受到的不公平待遇，仍在不断开展反全球化运动。

金融危机后，曾经到处推销新自由主义和主张全球一体化的欧美国家却一反常态地搞起"逆全球化"来，并获得发达国家普通民众的支持。在他们看来，正是因为全球化，大公司将制造业转移到发展中国家，发展中国家工人阶级抢走了他们的饭碗，大规模移民也削弱了他们的就业机会和社会福利。由此可见，东西方不同发展水平国家的工人阶级之间有联合也有矛盾，因而，发达国家共产党往往立足本民族国家利益，对他国共产党尤其是发展中国家执政的共产党有所声援，但也保持一定距离。

这一点从西方发达国家共产党对中国共产党的态度就可以略见一斑。这些共产党肯定中国的经济增长、政治稳定以及中国共产党的长期执政经验；承认中国是当代现存社会主义的典范，在两制共存与对抗中具有意识形态上的重要性；努力维护中国的国际形象和地位，对中国特色社会主义的未来发展寄予极大期望；同时也希望中国共产党对其进行支持，包括物质上、道义上、理论上的支持。但这并不意味着他们就支持中国路线和战略。此外，发达国家共产党作为现存体制的反对者，一般情况下凡政府主张的政策一般都反对。所以，当希腊总理齐普拉斯提出希腊参与"一带一路"计划的具体建议时，就遭到希腊共产党的反对。因为希腊共产党认为，政府参与这一计划是为了迎合希腊国内资产阶级的"野心"，与工人的利益毫无关系。

当帝国主义国家的人民已经放弃国际反帝团结，帝国主义核心地带的共产党如何从思想上、政治上和组织上加强团结合作就成为现实问题。尽管现在有世界共产党和工人党国际会议这样的交流平台，但是始终难以也不可能就这些现实问题提出可操作性的措施；尽管每次会议与会者都会发出坚持国际主义原则、加强共产党的国际团结等类似的共同呼声，但是对于以什么形式来体现团结这一问题，各国共产党却始终看法不一。

综上所述，在西方的现存体制下，发达国家共产党依然是处于边缘地位的合法小党，党员人数少，社会影响力弱，这一现状短期内难以得到根本性改变，其道路选择、理论调整以及国际联合所面临的现实困境等问题一时难以解决。但是，他们对资本主义现实进行揭露与批判，在国内外热点问题上为社会正义鼓与呼，始站在道义的制高点上。其理想主义情怀、响亮的口号和明确的政治站位，始终发挥着社会良心的作用，给弱势边缘群体以慰藉与希望。我们期待着他们早日走上复兴之路。当然，这种期待是建立在理性范围之内的。

2018 年国外共产党的新发展与新态势

于海青[①]

2018 年，国外共产党在谋求世界社会主义复兴的道路上砥砺前行。各国共产党从时代发展和本国实际出发，对马克思主义进行深入探讨，努力恢复力量，扩大影响，加强国际和地区性联合，捍卫社会正义和广大劳动者的根本福祉，积极进行理论和实践创新，探索社会主义建设和发展规律。国外共产党在多维度、多领域实现了新发展和新进步，但也面临着不同层面的发展难题与挑战。

一、围绕重要纪念日掀起理论讨论与历史反思热潮

2018 年适逢马克思诞辰 200 周年和科学社会主义第一部纲领性文献《共产党宣言》发表 170 周年，各国共产党召开会议，组织论坛，撰写文

---

① 于海青，中国社会科学院世界社会主义研究中心特邀研究员、马克思主义研究院研究员。

章，以最隆重的方式迎接这两个纪念日的到来。2月24—25日，葡萄牙共产党举办以"遗产、干预和斗争——改造世界"为主题的纪念马克思诞辰大会。2月26日，越南共产党主办"《共产党宣言》——当今时代的理论与实践价值"国际研讨会。5月4日，意大利重建共产党召开以"马克思2018：重建共产主义，重建欧洲"为主题的纪念大会。俄罗斯联邦共产党于5月11—12日主办纪念马克思诞辰国际论坛，有40多个国家共产党的代表参加。日本共产党主办的《经济》月刊于2018年第5期策划专题"推荐马克思经济学"。从2018年5月开始，日共中央主办的《学习》杂志连续三期刊载前党主席不破哲三的文章《学习党纲中的未来社会论——纪念马克思诞辰200周年》。5月28日，中国共产党在深圳举办纪念马克思诞辰专题研讨会，75个国家共产党的代表共聚一堂，深入研讨马克思主义理论问题和世界社会主义运动的现状与前景。总的来说，各国党高度评价《共产党宣言》作为科学社会主义奠基之作的重要性及其方法论价值，强调马克思对工人阶级革命世界观的形成以及人类经济、政治和哲学思想的发展作出了决定性贡献，一致认为马克思主义在当代世界仍然发挥着不可替代的作用。

2018年也是人类发展史、世界社会主义和国际共产主义运动史上重要纪念日竞相汇聚的一年。各国共产党举行不同形式的纪念活动，反思峥嵘历史，传承革命精神，激励共产党人自强不息、团结奋进。比如，德国共产党与捷克和摩拉维亚共产党发表共同宣言，纪念标志着二战开端的"慕尼黑阴谋80周年"；拥有30个成员党的共产党地区性联合组织"欧洲共产党倡议"发表书记处声明，纪念斯大林格勒保卫战胜利75周年。2018年还是列宁共产主义青年团成立100周年、俄国社会民主工党建党120周年、菲律宾共产党建党50周年、巴拉圭共产党建党90周年以及一批在十月革命影响下建立的共产党如希腊共产党、芬兰共产党等的百年诞辰。各国党在众多纪念活动中表达了以马克思主义世界观和行动推动实现工人阶级自我解放，以及与其他劳动阶层联合起来共同构建社会主义—共产主义新世界的决心。

二、突破与困境交织的议会政治实践

2018 年是国际金融危机爆发的第十个年头。后危机时代的西方世界政治乱象丛生，经济复苏乏力，社会矛盾尖锐，仍然处于风雨飘摇之中。国外共产党在复杂多变的国际国内局势中顽强生存，不懈斗争，致力于恢复组织力量、扩大社会基础、提升支持率和影响力。2018 年国外共产党的议会政治实践喜忧参半，呈现突破与困境相互交织的发展局面。

尼泊尔共产党实现了近年来世界社会主义运动的局部性突破，在 2017 年底取得执政地位之后，目前是资本主义世界唯一执政的共产党。2018 年 5 月 17 日，联合执政的尼共（联合马列）和尼共（毛中心）正式合并成立了尼泊尔共产党，成为尼泊尔有史以来最强大的政党。但从半年多的执政实践看，两党在一些重要理论问题上存在不同认识，比如党的目标到底是实现人民民主还是社会主义，仍然有待深入讨论、弥合分歧。

2018 年，多个国家举行了全国和地方议会选举。有的党在选举中取得了显著进步，比如比利时工人党近年来民意支持率提升，2014 年曾历史性地获得 2 个全国议会席位。在 2018 年 10 月的地方选举中，其在法语地区一些市镇中得到超过 15% 的支持率，有望在 2019 年全国大选中取得新进展。东欧剧变、苏联解体后一直在曲折中前行的俄罗斯联邦共产党，最近几年力量有所恢复，目前党员已达 16.2 万人。在 9 月的地方选举中，俄共影响力较 2017 年明显增强，在市杜马选举、州长选举和立法议会选举中，支持率提高了 1.1—1.7 倍。有些共产党遭遇选举挫折，比如在塞浦路斯总统大选中，金融危机前一度执政的劳动人民进步党未能扭转困局，作为独立候选人参选的劳进党人马拉斯经过两轮选举最终落败。继 2011 年丢掉西孟加拉邦之后，在 2018 年 2 月的印度地方选举中，印共（马）在执政 25 年之久的特里普拉邦失去执政地位。这样一来，在印度传统的红色地带中，目前印共（马）仅在克拉拉邦拥有执政权。而受右翼力量崛起、左翼政治退潮影响，巴西共产党与劳工党结成的竞选联盟在 11 月的全国大选中败北，巴共丧失执政伙伴地位，在国民议会和参议院的席位均有所减少。但需看到的是，尽管存在不少困难，这些党在其国内仍然拥有不同程度的影响力。有些共产党则处境维艰，比如意大利两个主要共产党——重建共产党和共产党人党，与其他一些左翼小党共同组建的"权力属于人民"联盟，在参加 3 月举行的全国大选时，仅获得 1.1% 的支持率。这是自 2008 年以来意大利共产党人首次未能跨越议会门槛，其在国内政治中已沦为边缘化小党。

一些共产党虽然能够参与国家政权，但面临着不同程度的发展难题。比如捷克和摩拉维亚共产党，由于支持 ANO2011 和社会民主党的少数派政府组阁，从而终结了近 30 年的在野党身份，2018 年开始对政府政策制定发挥建设性影响。但作为东欧地区唯一具有影响力的共产党，捷摩共近年来力量下滑非常明显，近四年党员数减少 1.4 万，仅余 3.7 万人，且党员老龄化现象非常严重。自 1994 年南非首次举行不分种族的大选以来，南非共产党一直作为"三方联盟"成员参与执政，但是联盟内部一直矛盾冲突不断。2017 年后，由于不满非国大内派系纷争、贪腐盛行，南非共与非国大关系降到历史最低点，党内独立参与竞选呼声日渐高涨。2018 年，为获得更多国家治理权，南非共与非国大围绕联盟改革以及在地方立法机构和议会中推进独立预选结构等问题进行激烈博弈，但未能达成共识，三方联盟"斗而不破"的格局仍然难解。

还有一些国外共产党的国内政治环境恶劣，不断受到执政当局打压，从而面临严峻的生存问题。比如乌克兰共产党、波兰共产党、摩尔多瓦共产党、苏丹共产党等，在 2018 年陆续遭遇暴力搜查、逮捕、不公正审判等各种形式的攻击和迫害。为此，多国共产党开展联合行动，通过发表声明、示威抗议等方式，强烈谴责一些政府的"反共主义""去共产党化""虚无历史""将共产主义与法西斯主义并列"等行径，对这些陷入困境的共产党进行支持和声援。

三、探索新发展方向的变革与创新

2018 年，国外共产党从国内外形势变化和自身实际情况出发，进行理论革新和战略调整，出现了一些新的发展动向。

在社会主义国家执政的共产党顺应时代潮流，深化对社会主义建设规律的认识，革新开放在多个层面实现重要推进。越南共产党近年来不断加大引入外资和市场开放力度，深入参与全球生产链和价值链，推动 2018 年越南经济增长率创近 10 年来新高。老挝人民革命党通过系列改革措施发展经济，解决债务问题，加快立法进程，积极对接"一带一路"倡议，"变陆锁国为陆联国"战略取得新进展。古巴共产党以修宪为突破口，承认私营经济和外资发展，续写古巴经济模式"更新"的新篇章。朝鲜积极融入国际社会，半岛和平曙光初现，劳动党七届三中全会提出"集中一切力量进行社会主义经济建设"的战略路线，揭开了朝鲜改革开放崭新的一页。

2018 年，法国、匈牙利、意大利、叙利亚、印度、英国、德国、捷克等多个国家共产党召开了新一届全国代表大会，也有不少国家的共产党召开中央全会或通过了党的重要决议，一些党在理论战略上进行了具有方向意义的调整和变革。4月18—22日召开的印共（马）二十二大，分析了党在当前需要面对的四大挑战，即新自由主义经济政策的冲击，社会两极分化加剧，议会民主体制和宪法受到攻击，印度独立外交政策被抛弃。为应对这些挑战，印共（马）大会制定了构建左翼和民主的替代政策，通过强化人民斗争，实现对印度统治阶级的政策替代。11月23—25日召开的法共三十八大，是2017年法共大选失败后举行的重要会议。会议选举法比恩·鲁塞尔担任新一任全国书记，继2013年变更党证上的徽记之后，会议取消了党徽上传统的镰刀和斧头图案而代之以欧洲左翼党的五角星标志。大会经过激烈讨论，通过了题为《21世纪共产党宣言》的文件，重提共产主义的未来目标，呼吁加强党的团结和战斗精神，开展以捍卫购买力、打击避税、推动生态变革为主题的积极行动，开启了法共发展新征程。在2017年12月党的二十大第二阶段会议上，西班牙共产党重新将列宁主义作为党的指导思想，恢复了民主集中制组织原则，制定了构建更积极的议会外行动战略。2018年，西共连续召开四次中央全会，致力于落实二十大精神，加速推进更广泛左翼力量团结以及实现联合左翼向社会运动转型等任务要求。

党的建设是2018年国外共产党的关注重点。越共十二届七中全会提出干部队伍建设任务，将发挥领导干部主动性、创造性与对权力的监督监察充分结合，大力营造健康良好的政治生态。葡萄牙共产党中央委员会通过了关于加强党的建设的决议，从开展党员干部的政治和意识形态培训、强化党在工厂企业中的组织和领导、改进宣传工作方式等方面提出推进党建新举措，以建设一个更强大、更具影响力的葡共。意大利共产党一大明确指出，加强党的建设是应对当前危机和挑战，推动意大利和欧洲社会主义运动复苏的关键问题，尤其强调以民主集中制为根本原则的组织建设是共产党与民粹主义政党"网络民主"相区别的标志，提出推动党支部建设实现"质的飞跃"是意共的主要任务。匈牙利工人党二十七大把党建提升到攸关党的生死的高度，提出了充分利用互联网宣传党的原则和主张以及重视党员数据库建设的党建总要求。加强组织建设是法国共产党三十八大的重要内容。法共提出，必须重视企业党组织建设，大力发挥地方党组织作用，把法共建成一个革命的政党。

四、国际性与地区性联合稳步推进

2018 年，国外共产党多边、双边联系密切，交流互动频繁，极大推动了国际和地区层面各党间的相互沟通、经验分享和团结协作。

近年来已成为世界共产党最广泛、最主要联系渠道的"共产党和工人党国际会议"，于 11 月 23—25 日在希腊雅典举行了第 20 次会议，91个共产党参加了会议讨论和协商。会议围绕反对帝国主义战争和军事主义、捍卫共产主义运动史与无产阶级国际主义、加强国际团结、争取妇女权利和解放等重要议题达成共识。2018 年会议的亮点，是中国共产党参加了会议筹备（国际工作组）的相关工作。中国代表高度评价会议的贡献，认为会议在过去 20 年间为各国党间交流和对话提供了重要平台，表示中国共产党将"在坚持差异性和相互学习的同时，在新型党际关系基础上与各国党加强沟通与扩大合作关系"。尽管与会各党在关于社会主义实现道路等问题上仍然存在不同看法（比如有些党反对实现社会主义阶段论和参与资本主义政府，而其他一些党则更加强调革命过程的复杂性），但总体上共识大于差异，团结高于分歧，共产党和工人党国际会议在国外共产党的国际联合实践中日益凸显重要作用。

在地区层面，以"欧洲共产党会议"和"圣保罗论坛"为代表的共产党及左翼政党年度盛会，为国外共产党的经常性联系搭建了平台。4
月 11 日，来自 27 个欧洲国家的 32 名共产党和工人党代表在布鲁塞尔参
加了由希腊共产党组织的第 11 次"欧洲共产党会议"。会议的主题是反
对欧盟、推翻资本主义与构建社会主义的工人阶级运动。与会代表就各
国工人运动形势、工人阶级团结斗争、斗争内容和方向、参与工会运动、
工人运动重组的困难与可能性等问题进行了深入交流。7 月 15—17 日，
第 24 届"圣保罗论坛"在古巴哈瓦那召开，来自拉美和加勒比海地区的
100 多个共产党、左翼组织和团体的 430 多名代表与会。会议围绕确立
反殖民主义、支持反帝团结与和平立场进行了广泛讨论。

此外，一些共产党如印共（马）与葡共、希腊共产党、墨西哥共产
党、日本共产党与越南共产党等进行了深入的双边交流。法共《人道报》
节、葡共《前进报》节等传统庆典活动，也仍然是各国党间密切互动的
重要载体。

五、深化反右翼与捍卫经济和民主权利的斗争

争取和捍卫广大劳动者的政治、经济和社会权利，一直是国外共产
党斗争实践的核心内容。2018 年，国外共产党的相关行动突出表现在三
个层面。

一是开展反右翼民粹主义斗争。随着右翼民粹主义风潮蔓延全球，
各国共产党发出了反右翼斗争的动员令。2018 年 9 月 13 日，美国民主
社会主义者伯尼·桑德斯在英国《卫报》发表文章，呼吁国际进步力量团
结起来，以应对"新极权主义轴心"的崛起，构建 1% 统治的替代力量。
欧洲左翼党对此积极回应，表达了与北美左翼寻求沟通渠道和方式，进
行富有成效的合作的强烈愿望，强调只有左翼和民主力量团结一致，才

能阻止极右翼势力的发展，重启民主发展进程。英国、奥地利、瑞典、西班牙、厄瓜多尔、哥伦比亚等多国共产党也发起反对国内极右翼思潮，以及右翼新自由主义政策的街头行动，一些共产党在斗争中积极寻求与其他左翼力量结成反极右翼联合阵线。比如，在拥有"巴西特朗普"之称的博尔索纳罗当选总统后，巴西共产党向全国民主力量发出构建广泛人民团结的倡议，号召进行公民、爱国、民主和人民斗争，捍卫民主和人民权力。12 月 1 日，巴共与另一马列主义小党"圣保罗自由国土党"举行了合并大会。

二是大力支持群众性社会行动。2018 年最具代表性的，是各国共产党对 11 月以来在法国爆发并蔓延至欧洲多国的"黄马甲运动"的积极声援。法国共产党亲身参与运动，提出增加工资、大规模投资公共交通以及实现基于社会公正的生态转型等七点建议。希腊共产党发表支持声明，谴责法国政府对工会行动和民众自由的限制，强调只有实现劳工运动的重组，推进工人的组织化程度，强化阶级导向，才能确保工人和各社会阶层的声音得到重视和响应。

三是围绕新政治议题开展行动动员。2018 年，国外共产党还积极参与女权、环保、争取移民和同性恋权利等新社会运动。有些党如比利时工人党参与组织了 5 月 19 日在布鲁塞尔举行的"为同性恋而自豪"大游行，呼吁开展更多行动以实现对多样性的尊重。也有些党如美国、西班牙、意大利等国共产党从对"ME TOO"运动、性别平等的关注中，发起对父权制和男性优越论的批判，并将捍卫女性权利与争取社会主义的斗争结合起来。

总的来看，2018 年国外共产党多元化、多样性发展态势明显，各国党所处国内环境不同，发展境遇不同，面临的问题也不尽相同。但是，在加强相互联系、完善自身建设、结合本国本党实际努力创新理论和实践方面，各国党却展现出一些相似性特征，体现着国外共产党当前发展的一般趋势。在处于百年未有之大变局的当今世界，国外共产党机遇与挑战并存，困难与希望同在。这些积极的发展动向，对于国外共产党实现力量恢复以及世界社会主义运动的重新振兴，无疑具有重要意义。

共产国际的宝贵经验

[俄]根·安·久加诺夫[①]

一、通过团结获得解放

世界革命力量团结在无产阶级国际主义旗帜下是 1919 年前共产主义运动发展的合乎规律的结果。马克思和恩格斯在其早期著作中就强调了不同国家的工人联合起来共同进行反对资本和争取社会主义胜利的斗争的必要性。这一精神在《共产党宣言》提出的"全世界无产者，联合起来！"的口号中得以体现。

第一个国际无产阶级组织是 1847 年由马克思和恩格斯直接参与创立的共产主义者联盟。该组织的章程规定："同盟的目的是：推翻资产阶级政权，建立无产阶级统治，消灭旧的以阶级对立为基础的资产阶级社会和建立没有阶级、没有私有制的新社会。"

---

① ［俄］根·安·久加诺夫，俄罗斯联邦共产党总书记。

　　然而，形成真正的群众性工人阶级组织的条件是后来才出现的。这得益于无产阶级人数的增加、无产阶级从资产阶级的影响下解放出来以及对自身利益的觉醒。1864 年国际工人协会即第一国际的创立具有重要意义。第一国际尽管存在内部矛盾，但在组织无产阶级的协同行动方面发挥了重要作用。第一国际的第一次代表大会就通过了 8 小时工作制、保护妇女和童工的决议。在关于工会的决定中，提出了将无产阶级的经济斗争与政治斗争紧密结合起来的主张。这一切都成为工人反对雇佣劳动制度和资本权力斗争的重要环节。而且，马克思的支持者还捍卫了无产阶级专政、土地社会化、工人阶级和农民联盟的思想。第一国际由于支持巴黎公社招致资产阶级政府的迫害。在欧洲陷于反动氛围的情况下，第一国际于 1876 年解散。

　　恩格斯继承了已故朋友和志同道合者的事业，领导了建立新的联合组织的工作。1889 年成立的第二国际在一些最重要问题上坚持了马克思主义立场。然而，到 20 世纪初，一些党的修正主义立场得到了加强。他们推行阶级合作、"劳资关系和谐"、拒绝革命斗争的思想。最后，在第一次世界大战爆发后，机会主义占了上风。德国、法国、英国的社会党领导层支持"将战争进行到胜利结束"的口号，甚至加入资产阶级政府。这些人放弃无产阶级国际主义，转到帝国主义势力阵营。至此，第二国际实际上已不复存在。

二、在通往共产国际的道路上

　　唯一忠于马克思主义及其无产阶级革命斗争思想的政党是布尔什维克。在《战争和俄国社会民主党》的宣言中，列宁难过地指出："在这一具有重大的世界历史意义的关头，当今的第二社会主义国际……的大多数领袖力图以民族主义偷换社会主义。由于他们的这种行为，这些国家的工人政党不但没有起来反对政府的罪恶行径，反而号召工人阶级使他们的立场与帝国主义政府的立场一致起来。"由此，布尔什维克领导人强调，觉悟的无产阶级的主要任务是"维护自己的阶级团结，捍卫自己的国际主义，坚持自己的社会主义信念，反对各国'爱国主义的'资产阶级集团的猖獗的沙文主义"。

列宁号召与第二国际的机会主义领导人彻底决裂并建立新的联合组织。他强调："无产阶级的国际没有灭亡，也不会灭亡。工人群众定将冲破一切障碍创立一个新的国际。机会主义目前的胜利是不会长久的。战争造成的牺牲愈大，群众就会愈加看清机会主义者背叛工人事业的行为，愈加认清把枪口转向各自国家的政府和资产阶级的必要性。"

建立共产国际的一个重要步骤是 1915 年举行的反战的齐美尔瓦尔德会议。来自 11 个国家的社会主义者—国际主义者，包括来自俄国布尔什维克的列宁和季诺维也夫与会。然而，很大一部分代表反对同第二国际决裂，并拒绝"本国"政府在帝国主义战争中失败的口号。在这次会议上建立了列宁领导下的左派。"齐美尔瓦尔德左派"坚持与第二国际领导人彻底决裂，并强调只有社会革命才能确保永久和平。

第二次国际反战会议于 1916 年在昆塔尔举行。会前，列宁撰写了《俄国社会民主工党中央委员会向社会党第二次代表会议提出的提案》，寄给各国左翼社会党人。提案指出，社会主义革命是通往真正民主和平的唯一途径。革命的社会民主党人呼吁与社会沙文主义者彻底决裂。虽然会议的中间派大多数不接受布尔什维克关于和平和创立第三国际的口号，但左翼的立场得以加强。迈向共产国际建立的下一步是进一步团结国际工人运动的革命分子。

第三国际成立于伟大的十月社会主义革命胜利之后。十月革命创建了历史上第一个劳动人民的国家，为全世界的工人和民族解放运动提供了强有力的推动力。各国社会党的左翼摆脱了机会主义者，组建了新的组织。1918 年，德国、匈牙利、波兰、荷兰和其他几个国家的共产党诞生。许多社会党转到了革命的立场。

以列宁为首的俄共（布）是创立新的国际的倡议者。该党始终如一地实践了团结各国劳动人民与资本进行胜利斗争的思想。列宁写道："我们反对民族敌意、民族不和、民族隔离。我们是国际主义者。我们力求使世界各国的工农紧密团结起来，完全融合成为一个统一的全世界苏维埃共和国。"

创立共产国际的组织工作始于 1919 年 1 月。在列宁的倡议下，苏维埃俄国、奥地利、匈牙利、波兰、芬兰、拉脱维亚等国共产党，美国社会主义工人党和巴尔干革命社会民主组织在莫斯科召开代表会议。会议讨论了国际大会的召开问题，通过了告革命的无产阶级政党和团体的呼吁书，并制定了新的国际纲领草案。

三、首批伟大胜利的旗帜

共产国际第一次代表大会于 1919 年 3 月 2—6 日在莫斯科举行，来自 21 个国家的 35 个政党和团体的 52 名代表出席了会议。大会决定建立一个新的联合组织，讨论并通过了《共产国际纲领》和《致全世界无产阶级的宣言》。在这些文件中，十月革命之后的时代被称为"资本主义崩溃和全世界共产主义革命开始的时代"。因此必须与机会主义彻底决裂，实现劳动人民的国际团结。

第三国际宣称是先前联合组织的后继者，同时强调了第三国际与先前组织的根本区别。正如 1919 年 3 月 7 日的《真理报》所说："如果第一国际预测了未来发展并指出了其路径，第二国际聚集和组织了一百万的无产阶级，那么第三国际是进行公开的群众性行动、采取革命性措施的国际。"文件强调："社会党人对资产阶级世界秩序的抨击足够了。国际共产党的任务是推翻它并在此基础上建立社会主义制度。我们呼吁所有国家的男工和女工在共产主义旗帜下联合起来，这已经是第一批伟大胜利的旗帜。"

共产国际执行局是共产国际代表大会闭会期间的领导机构，在第二次代表大会后成为共产国际执行委员会。共产国际执行委员会在工作中完全遵循民主集中制的原则，并且只对共产国际代表大会负责。

应该强调的是，共产国际并不只是将不同国家的政党联合起来，它还成为许多国际组织的中心，其中包括共青团国际、红色工会国际、援助革命战士国际组织、红色体育国际等。共产国际开办了一些教育机构：国际列宁学校、西方少数民族共产主义大学、东方劳动人民共产主义大学和中国劳动人民大学。

共产国际第二次代表大会对国际的组织机构做出最终安排。这次大会于 1920 年 7 月 19 日在彼得格勒开幕，从 7 月 23 日到 8 月 17 日继续在莫斯科举行。与第一次代表大会相比，第二次代表大会更具代表性，来自 37 个国家的 67 个组织的 217 名代表来到苏维埃俄国参与大会工作。会议讨论的主要问题是无产阶级政党的策略。

列宁在关于国际形势和共产国际任务的报告中指出了两个同样不能令人容忍的错误：一个是低估资本主义危机的深度，另一个是幻想资本主义制度可能迅速和自动崩溃。列宁重申了他在大会开幕前不久发表的《共产主义运动中的"左派"幼稚病》一文中的主要观点，严厉批评了所谓的左派共产主义、宗派主义、否认党的纪律、缺乏与群众组织的联系等错误，并呼吁同"左"和右的机会主义作斗争。

　　为了帮助世界共产党避免错误，第二次代表大会批准了加入共产国际的条件。这一文件共有 21 条，其中包括：承认无产阶级专政是革命斗争的主要原则，与改良主义者彻底决裂，承认民主集中制，合法和非法斗争方法相结合。

　　大会通过了《共产国际章程》。大会通过的关于民族问题和殖民地问题的决议也非常重要，这个决议指出，民族解放运动已成为世界革命进程的组成部分。共产国际在这方面的任务，就是将发达国家的无产阶级的斗争与被压迫民族的斗争联系成统一的反对帝国主义的运动。

　　共产国际的决定指出，世界上第一个社会主义国家的建立为殖民地和半殖民地人民开辟了绕过资本主义阶段而向社会主义发展过渡的前景。与此同时，大会强调了同民族主义偏见斗争的必要性。

四、争取统一的工人阵线

　　由于革命浪潮的衰退和资本主义制度的暂时稳定，各国共产党人需要妥善地重建防守条件下的政治路线。布尔什维克在新经济政策的框架内这样做了，但是共产国际的一些支部，包括德国、意大利、奥地利等国的共产党，要求继续采取进攻策略。这不能不在国际第三次代表大会期间的辩论中反映出来。来自 52 个国家 103 个政党的 605 名代表于 1921 年 6 月 22 日齐聚莫斯科，辩论持续至 7 月 12 日。列宁的观点赢得了令人信服的胜利，并在 7 月 1 日的演讲中得到了论证。根据列宁的说法，共产党人不应该坚持旧的、在过去曾是正确的、而如今已被生活本身从议程中删除的口号，必须分析总的形势并根据形势改变策略。在当时的具体情况下，这意味着号召立即对资产阶级堡垒发起进攻的口号是不现实的。那些要求这样做的人是在把无产阶级置于致命的冒险之中，并可能摧毁自己的党。在这种情况下，列宁认为最重要的任务是扩大群众支持和共产党人争取工人阶级的大多数。在某些情况下，这并不妨碍与其他政治组织就组建统一的工人阵线达成妥协。于是，大会批准了列宁提出的策略提纲。

1922 年 11—12 月举行的第四次代表大会继续讨论了策略问题。列宁在报告中解释说，革命的暂时退却可以、而且也应该被用来准备对资产阶级制度进行新的进攻。这在欧洲极右翼独裁政权上台的背景下尤为重要。在分析意大利和匈牙利的事件后，共产国际在当时就预见到了法西斯主义的巨大危险，并指出抵制这一危险的主要手段是建立工人统一阵线。有鉴于此，列宁提出了"到群众中去"的口号。这一口号可以理解为"为了共产主义思想征取广大无产阶级群众"。

共产国际第四次代表大会是列宁参加的最后一次代表大会。共产国际第五次代表大会是在列宁逝世几个月后（1924 年 6 月 17 日—7 月 8 日）举行的，并且笼罩在对这位无产阶级领袖的纪念氛围之中。大会批准的提纲指出，共产国际活动的主要任务是组建真正的列宁主义政党，或者说将其布尔什维克化。这样的政党的主要特征是：群众性、机动性、拒绝教条主义和宗派主义、忠于革命马克思主义原则、民主集中制和团结一致。

无论是在联共（布）内，还是在世界共产主义运动中，托洛茨基主义的活跃强烈要求对它加以揭露。1925 年 3—4 月，共产国际执委会第五次扩大全会指出托洛茨基主义是"孟什维主义的变种"，是欧洲机会主义与激进的左翼言论的杂烩。

1928 年 7 月 17 日—9 月 1 日在莫斯科举行的共产国际第六次代表大会揭露了托洛茨基主义彻头彻尾的反革命性质。大会还强调资本主义所有矛盾急剧恶化的时期已经迫近，全球经济危机爆发的迹象就是证明。

大会的决议号召共产党人和无产阶级同新的世界大战的威胁作斗争。大会强调，捍卫苏联"符合阶级利益，是国际无产阶级光荣的义务"。大会通过了共产国际的章程和纲领。纲领对资本主义和世界共产主义运动的目标进行了科学阐述，要求所有共产党在国际形势恶化和反动势力进攻的背景下加强纪律，无条件地执行共产国际领导机构的决定。

法西斯主义者在德国的上台，要求共产国际对新的条件进行深思熟虑的集体分析并采取相应的策略。1933年底举行的共产国际执委会第十三次全体会议强调把建立统一的工人阵线作为打击法西斯主义威胁的主要手段。

共产国际第七次代表大会已成为巩固进步力量的历史性重大事件。大会于1935年夏天召开。各代表团的组成充分地反映了国际形势的变化：在76个组织中，只有26个组织可以合法地开展活动，而其他组织都处于地下状态并遭到追踪。被投入法西斯酷刑室的恩斯特·台尔曼当选为大会名誉主席。除了关于国际执行委员会和监察委员会活动的报告，会议讨论的主要问题如下："法西斯的进攻和共产国际为争取工人阶级反法西斯主义的统一而斗争的任务"（发言人季米特洛夫）和"帝国主义的战争准备和共产国际的任务"（发言人陶里亚蒂）。大会明确而深刻地将法西斯主义定义为"金融资本的极端反动、极端沙文主义、极端帝国主义分子的公开恐怖独裁"。因此，会议将重新审视与社会民主党的关系以及统一一切能够反对法西斯危险和新的世界大战威胁的力量问题列入议程。大会提出了人民阵线的主张，即在统一的工人阵线的基础上团结农民、城市小资产阶级和劳动知识分子，以及建立人民阵线政府作为广义的阶级联盟政权的原则。此外，大会断定新的瓜分世界的战争已经开始。大会认为战争的主要煽动者是德国、意大利和日本等法西斯帝国主义政权。一旦法西斯侵略开始，共产党人和工人要站在"争取民族独立的战士的前列，并将解放战争进行到底"，要"不惜一切手段和代价协助红军战胜帝国主义军队"。大会的决定对世界事件的进一步发展产生了重大影响。共产国际对 20 世纪 30 年代反战和反法西斯运动的贡献怎么估计都不为过。在法国和西班牙，人民阵线上台执政，它们动员群众投入反法西斯主义的斗争。在中国，共产党人和国民党建立了抗日统一战线。

五、共产国际的遗产

随着第二次世界大战的开始和德国法西斯军队入侵苏联，共产国际及其政党处于对敌斗争的前线。与此同时，共产国际中不少政党提出了共产国际继续存在是否合宜的问题。

首先，共产国际的建立在各国共产党的建立阶段是完全合理的。随着各党力量的加强，既定的国际组织形式在某些情况下变成了无产阶级组织发展的障碍。

其次，第二次世界大战要求对共产国际作为整个共产主义运动的统一中心作出重大调整。侵略国的许多党处于地下状态，而其他党则在遭受进攻的国家内开展活动。这要求他们制定独立的策略，统一领导几乎不可能。

最后，为了确保反法西斯力量行动的统一，有必要消除一切干扰，包括关于苏联干涉别国内政和某些共产党缺乏独立性的谎言。

出于这些原因，1943 年 5 月 15 日，共产国际执委会主席团决定解散共产国际。所有支部都支持这一决定。

关于共产国际的目标，斯大林认为，共产国际的理论和实践在于组织一场反对资本主义的群众性革命运动。其任务如下：第一，在巩固西方的共产党方面、在共产党争取工人群众中的大多数方面进行工作；第二，在加强西方工人争取工会团结的斗争、加强我们联盟中的无产阶级与资本主义国家的无产阶级之间的友谊……方面进行工作；第三，在加强我们国家的无产阶级与被压迫国家的解放运动之间的融合方面进行工作，因为这些国家是我们同帝国主义斗争中的盟友；第四，在加强我国社会主义因素方面、在社会主义因素战胜资本主义因素方面进行工作，因为这一胜利对所有国家的工人进行革命性变革至关重要。因此，他认为，共产国际必须把自己的任务集中于团结整个国际工人阶级，以进行预防战争、保卫苏联、将帝国主义战争变成争取社会主义的战争的斗争上。为此目的，工人共产党员必须首先征服具有革命思想的非共产党的工人、无党派人士、社会民主主义者、工团主义者、无政府主义者、工会会员，以及属于纯粹资产阶级组织的诚实工人。

我们可以自信地说，共产国际已经完成了这些任务。共产国际的历史意义在于，它在世界范围内把马克思列宁主义与群众工人运动结合在一起，推动建立无产阶级政党和动员劳动人民在反对帝国主义和法西斯主义的斗争中捍卫自己的利益，加强工人们的国际团结，把殖民地和附属国的民族解放运动引上了一个新的水平。共产国际开展的工作为后来的成就奠定了基础，其中包括共产党人在许多国家取得胜利并形成世界社会主义体系。

共产国际解散后，各国共产党并没有失去彼此的联系。1947年，共产党和工人党情报局在波兰成立。它联合了苏联、波兰、捷克斯洛伐克、匈牙利、南斯拉夫、保加利亚、罗马尼亚、阿尔巴尼亚、法国和意大利的共产党。

共产党和工人党情报局于1956年不复存在。共产党和工人党的国际会议成为国际合作形式。这些会议于1957年、1960年和1969年在莫斯科举行。会议通过的纲领性文件有助于分析国际关系体系和世界革命进程。

与此同时，在一些共产党的活动中，尤其是在苏共中，负面倾向即官僚化、教条主义、理论工作的僵化倾向有所加重。对斯大林"个人崇拜"的揭露和苏中关系的恶化给国际共产主义运动带来巨大打击。许多欧洲共产党逐渐放弃了马克思列宁主义的基本原则，转向欧洲共产主义立场。这造成了持续至今的欧洲左翼运动的深度危机。

对苏联的罪恶破坏和东欧的一系列"天鹅绒革命"导致了革命力量的暂时撤退，然而，共产主义理想只是过去遗产的说法破产了。中国坚持忠于社会主义原则取得了巨大成就并成为世界强国。越南、老挝、古巴和朝鲜继续走社会主义的发展道路。拉丁美洲的左翼政府尽管受到帝国主义的巨大压力，但并没有放弃。全世界数以百万计的劳动人民拒绝接受带来贫穷、不平等和腐朽的新自由主义秩序，他们在马克思和列宁思想的创造性发展中看到了出路，而马克思和列宁的思想确信了正义和社会的进步。

今天的共产党正在扩大接触，并寻求加强联系的方法。自 1998 年以来，共产党和工人党的国际会议每年均会举行。2017 年第十九次会议在俄罗斯举行，会议主题是"纪念伟大的十月社会主义革命 100 周年"，会议通过的文件确认了对全球发展趋势的总的看法，并强调了全球各进步运动之间协调行动的重要性。

共产党的区域联合也在进行。"共产党联盟—苏共"联合了原苏联地区的 18 个组织。拉丁美洲的左翼政党每年在"圣保罗论坛"的框架内聚会，并邀请其他大陆的客人参加，讨论热门话题。

我们今天迫切需要共产主义力量之间加强联系。世界资本正变得更具侵略性和无耻性，它彻底抛弃了"民主"和"人权"的面具。在这种情况下，全世界劳动人民的团结提上了日程。而这一任务只有坚定地站在争取社会主义的纲领之上的共产党能够完成。

正如斯大林在苏共第十九次代表大会上的讲话中所强调的，资产阶级"抛弃了"资产阶级民主自由的旗帜，"抛弃了"民族独立和国家主权的旗帜。"共产主义的和民主主义的政党的代表们"必须举起这面旗帜，因为除了他们，再也没有人能举起这面旗帜。为了这项事业的成功，铭记并了解共产国际的经验至关重要，而今年正是共产国际创立 100 周年。

（中国社会科学院世界社会主义研究中心特邀研究员、

马克思主义研究院研究员刘淑春译）

世界左翼力量联合起来　构建公正合理的全球治理秩序

——谈久加诺夫新作《全球主义枪口下的俄罗斯》

陈爱茹 [①]

　　久加诺夫是俄罗斯联邦共产党中央委员会主席和苏联地区共产党联盟组织"共产党联盟—苏联共产党"领导人。他的《全球主义枪口下的俄罗斯》一书于 2018 年 7 月在俄罗斯出版，2019 年再版，并即将由中国社会科学院当代中国出版社出版该书的中文版。该书深刻揭露了美国主导的全球化的危害，高度评价了中国特色社会主义的发展成就，尤其是习近平提出的"人类命运共同体"理念，对于我们了解俄罗斯共产党对美国主导的全球化的看法、对中国特色社会主义建设特别是中国提出的"构建人类命运共同体"理念的认识和态度具有重要价值。本文下面简要介绍该书的几个主要观点。

---

①　陈爱茹，中国社会科学院世界社会主义研究中心特邀研究员、马克思主义研究院副研究员。

一、全球主义理论体系存在方法论缺陷

久加诺夫在书中首先从概念上廓清了"全球化"和"全球主义"的区别。他指出，"全球化"概念与"全球主义"概念之间的相互关系，大致相当于"帝国"与"帝国主义"的相互关系。帝国早在几千年前就存在了，而帝国主义作为资本主义的一个特殊阶段，直到 19 世纪末 20 世纪初才出现。因此，全球化伴随着人类的整个历史，是一个不可阻挡的发展趋势，而作为资本主义新阶段的全球主义，则是在 20 世纪末 21 世纪初才成为现实的。

在廓清概念的基础上，久加诺夫揭示了全球主义的理论基础及其缺陷。他指出，全球主义是以西方的五个"全球化哲学"理论为基础的。第一个理论是伊曼纽尔·沃勒斯坦的"世界体系"理论。根据这个理论，世界体系是由相互作用的"高度发达的中心区、永远贫穷的边缘区和起缓冲作用的半边缘区"所构成的，每个区域承担的经济角色各不相同，其中"边缘区"为"中心区"提供原材料、初级产品、廉价劳动力和销售市场；"中心区"生产加工制成品向"边缘区"销售，并控制着世界体系的金融、贸易市场运转；"缓冲区"介于二者之间。第二个理论是卡尔·波普尔的"开放社会"模式。这个理论认为，作为一种社会机制，需要不断地现代化，"开放社会"需要不断地西方化，即西方模式及其言行准则和价值观对整个世界的影响力不断增强。第三个理论是布热津斯基论证的作为世界新地缘政治基础的美国霸权主义。第四个理论是阿塔利论证的作为货币文明的商品制度。这个理论认为，贸易制度是人类发展的最高形式和终极形式，"金钱崇拜是一种普遍和绝对的价值观"。第五个理论是福山的"历史终结论"，它将资本主义制度视为历史发展的

顶峰。

久加诺夫指出："西方的'全球化哲学'，口头上宣扬'创新'、'自由'和'进步'，实际上具有明显的保守性。"它们企图建立一个所谓的"运作良好的全球合作体系"。这个体系将逐步承担全球稳定责任，扮演国际"摄政王"的角色，并最终"以恰当的方式，使美国作为第一个、唯一一个，也是最后一个真正的世界性超级大国的作用合法化"。

久加诺夫指出，总的来说，全球主义理论体系在方法论上存在三个严重缺陷。第一个缺陷是蓄意粗鄙的实证主义。"全球化的施工者"完全脱离道德规范和价值观，毫无伦理禁忌和约束，他们甚至把道德贬斥为必须放弃的落后的"意识形态"。例如，罗马俱乐部成员米·梅萨罗维奇说，他"并不是从坚定的意识形态立场"出发的，而是以无偏见的科学方法论为基础来审视世界的。但是，久加诺夫指出，那些声称在对社会进行研究时要"摒弃意识形态"的全球主义者，实际上却充满了意识形态偏见和蓄意为之。

第二个缺陷是以极端个人主义原则为基础的。在全球主义者的描绘中，人类将以自治个体的集合体形式出现，他们不仅缺乏任何道德规范观念，而且丧失了一切民族和宗教方面的特征。民族和文化，族群和文明，在研究中被有意识地忽略了。之所以如此，是因为对于全球主义者来说，任何民族特征和文化特征都不过是一块绊脚石。德国学者约翰·盖特纳正确地评论说："对于罗马俱乐部、基辛格和三边委员会来说，人民作为推动力量，只是威胁其世界体系的危险源。"为了实现其对整个世界资源的控制，全球主义者顽固不化，无视甚至企图取消不可能机械地取消的明显现实，质疑并改变各国人民对其领土和资源所拥有的主权观念。

第三个缺陷是寻求使资本主义经济体系平衡的方法。到目前为止，西方的稳定是通过大规模重新分配资源和原料来保证的，为此广大"第三世界"国家被当作"缓冲器"。但是，这种违背各国人民意愿的重新分配，已经越来越难以为继。因此，我们看到全球化意识形态中发生了重要的世界观转变，目睹了放弃民主制和建立独裁制度情形的发生，而所有这一切都是打着"维护国际稳定与和平"的骗人旗号进行的。例如，罗马俱乐部的一位报告人欧文·拉兹洛毫不掩饰地谈到"技术精英的高尚独裁制度"管理下的"全球体系"。而罗马俱乐部第二份报告的合著者爱德华·彼斯特尔迎合道："我们西方民主制的两个重要制度——议会民主制和社会自由市场经济，都具有显著的弱点；它们能够做出的回应，绝大部分是短期的。"对于这种赤裸裸的反民主态度，德国新闻界一针见血地指出："由于缺乏理智，全球性计划要求独裁统治才能运作。因此……对于政治而言，它将不会带来任何好处，因为作为解决方案，它只会造成战争。"

久加诺夫揭露了美国主导的全球化的目的。他指出，以西方"全球哲学"理论为基础的美国主导的全球化从根源上讲具有保守性，其目的是多方面的。一是把世界建设成一个公开的、以法律为保证的"服从的金字塔"。处在塔顶端的是美国，与之并列但略低一点的是其盟友，而处在最低端的则是"第三世界"国家，俄罗斯、乌克兰、白俄罗斯、外高加索共和国、中亚和其他"后苏联国家"都苟活在这个层级。二是建立公开服从于美国的超国家权力机构。就其实质而言，这是一种敌视地球上数十亿人的独裁政权。三是确立对世界能源与原料源头的控制，让金融体系从属于自己，进而掌控整个世界经济。四是在军事上摧毁那些试图保护自己民族—国家利益的国家，除掉抵抗美国霸权的领导人。五是严格控制信息流，将自己的价值体系强加给世界，找借口将所有异见者归为恐怖分子，对其实行压制。六是把俄罗斯能够对抗这些计划的力量完全而彻底地封锁起来，阻碍"后苏联地区"的地缘政治与民族复兴。

七是营造恐惧与绝望气氛，开启"恐怖秋千"，以此剥夺人类为自己的权利与幸福生活而斗争的意志与能力。简而言之，美国主导的全球化的目的，就是要用压路机的方式彻底消除所有民族差异，用一个标准来衡量所有的一切；不是让不同国家和人民和睦相处、相互丰富，而是把他们彻底摧毁；让狭窄的"精英"圈为了自己的私利而从经济、政治、文化—信息上统治人类其余部分，剥削其劳动与自然资源。

二、美国主导的全球化将人类发展引入僵局

久加诺夫在《全球主义枪口下的俄罗斯》中认为，美国主导的全球化造成世界层面和国家内部的两极分化愈演愈烈，正将人类引入发展僵局。

他指出，在美国主导的全球化下，资本主义利用不等价交换、信贷绞索、制裁和武力等手段威胁剥削"第三世界"、攫取其自然资源和人力资源，它作为"一条单行道"，确保了一小部分国家的人口即"金十亿"的繁荣，同时让世界其他地区陷入贫穷落后。

久加诺夫在书中特别强调"金十亿"的概念，认为从中可一窥美国主导的全球化的缺陷和不道德。他指出，美国主导的全球化把世界上的人分成两部分，一部分是约占世界人口总数15%的生活在发达国家的"金十亿"，另一部分是约占世界人口总数85%的生活在发展中国家的其他人。他们之间的裂痕表现在生活方式上，是富有和贫穷、奢华和节俭的分野。用马克思主义的话来说，就是剥削与被剥削、压迫与被压迫的分野。而且他们之间的社会经济差距已经达到触目惊心的程度。根据国际研究组织"乐施会"的最新报告，当今世界26名顶级富豪掌握的财富相当于全球一半人收入的总和。只要其中一个富豪拿出1%的个人财富，

就能够让拥有 1 亿人口、饱受霍乱、麻疹和艾滋病困扰的国家（比如埃塞俄比亚）全国的公共卫生支出翻一番。上述引文是久加诺夫为即将出版的《全球主义枪口下的俄罗斯》中文版撰写的序。久加诺夫指出，这些残酷的事例是对资本主义全球化进行的严厉评判。

更为严重的是，全球化战略家企图通过"新世界秩序"，将这两部分人的差别在结构上固化下来。因为按照他们的设计，"金十亿"享受最高的消费水平，生活在"高度有组织的地区"或"第一梯队"国家，那里集中了满足其商品生产与服务需要的绝大部分行业，是所谓的"技术区"。进入这个"技术区"的"第二梯队"国家扮演着原料库和装配车间的角色，其作用就是确保"高度有组织的地区"的居民必要的生活质量。而"经济上没有希望"的地区属于全球劳动分工的第三个区域，它们为"第一梯队"国家生产对本国有污染的产品，其居民将在不影响现有世界秩序的范围内自给自足，"金十亿"国家在这个区域内没有任何重大的经济利益。在这种国际分工下，世界稳定和西方福祉的主要威胁将来自边缘区，即"组织性较差的地区"，它们将对"新世界秩序"的稳固和效率形成永久挑战，因此必须将那里的赤贫居民在金融和经济上隔离起来。新世界秩序的建筑师们打算借助全球军事—政治独裁统治消除这些威胁。久加诺夫指出，这样一来，当代资本输出者将在新的全球国际分工的基础上加强对世界经济的控制，"受压迫的国家（无产者）注定了要成为'金十亿'国家的原料附庸"，主要资本主义国家的居民将构成一个新的统治种族，而不管其道德、文化和精神发展水平如何。用"新世界秩序"的主要思想家之一雅克·阿塔利的话来说："在未来的新世界秩序中，会有失败者，也会有胜利者。自然，失败者的人数将超过胜利者的人数。他们会为争取过上体面生活的机会而努力，但是他们多半不会有这样的机会。"美国前任总统奥巴马曾经说：如果超过十亿的中国居民也像澳大利亚人、美国人现在这样生活，那么我们所有人都将陷入十分悲惨的境地，因为那是这个星球所无法承受的。久加诺夫指出，奥巴马的话反映的正是美国主导下的全球国际分工体系的现状，有人为他辩解说这是从"环保"角度讲的，"不宜过度解读"，这些人完全是别有用心。

久加诺夫指出，世界分化充分证明了自由主义的资本主义僵化、保守、反人类的本性，证明了美国主导的全球化正日益走向其历史的末路。21世纪的现实已经清楚地说明：西方文明在经济"落后"的国家和地区对环境的破坏、对全球不可再生资源的消费、对廉价劳动力的剥削，已经达到不可忍受的程度。在这种情况下，即将爆发生态灾难，而生态灾难将首先影响到在经济上处于不利地位的地区，它们正在逐渐变成有毒废物堆积场和有害的"初级"产业区。此外，沿着"富裕的北方—赤贫的南方"断层线爆发了极为激烈的冲突和动乱，或许今天还没有人能够预言这些冲突和动乱将会造成何种后果。

久加诺夫指出，如果说在工业时代初期，各国内部占主导地位的"体制内"阶级矛盾、社会不公引发了破坏力巨大的革命性爆炸事件，今天，人类面临着由于发达国家和发展中国家国民生活质量之间的空前差距而引发全球性的体制间激变的可能。人类历史处在一个分水岭，只要越过这个分水岭，政治改变就不可避免。

三、习近平提出的"人类命运共同体"理念是对全球主义的替代

久加诺夫在《全球主义枪口下的俄罗斯》中充分肯定了中国特色社会主义取得的巨大成就，认为中国的成就和中国提出的"人类命运共同体"理念，对世界社会主义和人类发展具有重要的历史意义。

久加诺夫通过列举翔实数据，充分肯定了中国在中国共产党总书记习近平领导下所取得的成就。他说："40 年前，中国的国内生产总值排名世界第 10 位，现在已经是世界第 2 位。20 世纪 80 年代初，中国国内有近 7 亿贫困人口，现在已不到 5000 万，而且这个数字还在不断减少。此外，今天的中国还是国家外汇储备和工业生产的世界纪录保持者。中国已经进入太空，科学领域的发展速度也非常惊人。"中国的大多数经济指标已经达到世界第一或第二。中国经济每年都在以美国和欧洲主要国家都不曾达到的速度实现增长。中国已成为世界上最大的商品（包括高科技领域商品）出口国。在发电量、大多数有益矿藏的开采量、粮食、肉类、棉花和种子的产量方面，中国已经成为世界上首屈一指的国家。人民币已成为世界主要货币之一。总之，"中国在昨天还受到列强非常傲慢的对待，而今天已经稳居与其伟大历史相称的地位"。久加诺夫认为，中国的成就和进一步发展符合全人类利益，对社会主义和人类发展具有重要的历史意义。他指出："毫无疑问，到 2049 年，中国将建立起建成社会主义社会的物质—技术基础，达到极高的发展水平。这将是一个具有重要的世界历史意义的事件，因为现在的中国正在变成一个新的、全球性的一极，吸引世界上所有进步的、社会导向的力量。换句话说，中国的进一步发展符合全人类利益。"

久加诺夫认为，中国不仅证明社会主义是一个选择，而且提供了一个成功的具有优越性的中国模式。东欧剧变、苏联解体后，社会主义运动进入低潮，反对社会主义的人大肆宣扬社会主义是一种乌托邦。但是事实说明，"社会主义并不像世界各地的反对者灌输的那样是一种乌托邦，而是具有巨大潜力的现实。过去 30 年里，中国就是一个利用社会主义可能性的令人信服的范例"。久加诺夫指出，中国人民选择了最适于解决自己的最重大任务、满足国家发展需要的发展模式。实践表明，这种选择是无比成功的。中国模式的优越性展示了社会主义取代资本主义的必然性。"在中国共产党的领导下，中国展示了在资本主义体制之外的另一种令人信服的备选方案。它提供了将经济现代化与一国社会优先事项相结合、将私人在生产领域的主动性与国家对经济的管控相结合的出色范例，提供了国家同腐败现象和侵犯公民社会权利的现象坚决斗争的出色范例。共产党领导下的中国以其取得的成就向全世界证明，这种对摇摇欲坠的西式资本主义的替代方案的说服力和无条件性。中国展示了经过革新的社会主义的方向，而这种革新的社会主义乃是摆脱席卷当代西方的、全球性社会危机和道德危机的唯一出路。"他坚信："中国在当代世界的主要历史使命正在于此。"

久加诺夫高度评价中国新一代国家领导人和习近平提出的"人类命运共同体"理念。他指出，在习近平的领导下，中国提出新的国际关系架构，即"人类命运共同体"理念，主张为了世界各国人民的利益建立一个公平的世界秩序，这一理念对全世界的未来都具有重要意义。它显然是美式全球主义的对题——那种美式全球主义给全世界带来的只是危机和毁灭。他指出，所谓的"新世界秩序"形成便不可逆转的说法是没有依据的。能够替代全球主义的世界性抉择在社会主义思想中得到了最完整、最恰当的体现。但是，20世纪的最后10年却是以世界社会主义和整个国际左翼运动发生深刻危机为标志度过的。针对广泛传播的一个观点：作为一种思想、一种社会制度，社会主义未能经受时间的考验，已经耗尽了创造潜力，久加诺夫认为，通过中国取得的成功，可以断言，当前的社会主义危机是增长的危机，而不是衰退的危机。

相反，久加诺夫说，西方自由民主正失去其原有的"光环"，表现为"世界各地，尤其是资本主义心脏地带的美国和欧洲，都陷入了不同程度的动荡"。在国际政治舞台上，美国丧失了道义的力量和立场。2017年益普索发布的一项全球调查报告显示，美国在国际舞台上的正面形象正在崩塌，而中国的正面影响渐渐被全世界看到。2017 年 6 月，皮尤研究中心发布的报告显示，特朗普上台后，人们对美国总统的信任度从 64%下降到了 22%。受访者对美国的好感度也从 64%下降到了 49%，不喜爱程度则由 26% 上升到了 39%。世界发展前景堪忧，美国主导的全球化也正日益走向其历史的末路。

久加诺夫倡议世界左翼力量积极参与广泛的国际运动，建立新的、公平的世界秩序。他认为，在构建新的世界秩序上，莫斯科可以也应该成为北京的主要盟友。他呼吁世界左翼力量团结起来，共同致力于构建公正合理的全球治理秩序。

劳尔·卡斯特罗主政以来古巴共产党的新变化

杨建民[①]

从 2006 年 7 月接替病中的菲德尔·卡斯特罗担任古巴国务委员会主席兼部长会议主席，到 2011 年 4 月当选古巴共产党中央委员会第一书记，再到 2018 年 4 月卸任古巴国务委员会主席兼部长会议主席职务，留任古共中央第一书记，劳尔·卡斯特罗已经在古巴主政 12 年。这期间，古巴共产党顺应社会发展要求，实现党和国家工作重点转移，努力探索新的社会主义发展模式，积极出台改革措施，开展全方位外交，使党、国家和社会发生了很多新的变化。

一、实现党和国家工作重点转移，探索新的社会主义发展模式

首先，实现党和国家工作重心转移，强调党和国家当前主要任务是

① 杨建民，中国社会科学院世界社会主义研究中心特邀研究员、拉丁美洲研究所研究员。

发展经济。长期以来，古巴共产党一直把革命当作党和国家的首要任务，并强调优先发展社会福利和公共服务部门；经济不是重点工作，还常常受到种种客观和主观因素的影响和干扰。东欧剧变、苏联解体后，古巴失去了苏联和东欧社会主义国家的援助、市场以及政治依托，经济陷入严重困难，进入近 20 年的"和平时期的特殊阶段"。劳尔主政后，努力把党和政府的工作重点转移到经济上来，强调古巴当前面临的主要任务是发展经济，只有搞好经济，才能坚持和发展社会主义。他在 2008 年"七二六"讲话中指出："最早我们说芸豆与大炮同样重要，形势恶化后我们说芸豆比大炮更重要。现在国家面临的问题也是如此。"由此揭开了古巴"模式更新"的序幕。

其次，坚持社会主义制度，进行"结构变革"和"观念变革"。古巴长期实行计划经济体制，劳尔主政后开始强调"模式更新"。2010 年 10 月 31 日，他在古巴中央工会第 86 届全国理事会扩大全会闭幕式上说："古巴不抄袭任何其他国家（的模式），在更新古巴经济模式的进程中，绝不会放弃社会主义建设。"他强调，古巴的做法是根据本国特点的"土生土长的产物"。2010 年 12 月 18 日，他在人民代表大会上说："我们正在采取的措施和所做的修改都是更新经济模式所必需的，是旨在维护和巩固社会主义，使社会主义不可取代。""社会主义建设应该根据各国的特点来进行。我们已经很好地吸取了这一历史的教训。我们不会照抄任何国家，过去我们的照抄给我们带来了不少问题，很多时候是因为我们照抄照搬得不好，尽管我们并不是不了解别人的经验。我们学习别人的经验，包括学习资本主义国家的好的经验。"2011 年 4 月，古共六大通过了作为劳尔改革顶层设计的《党和革命的经济和社会政策的纲要》（以下简称《纲要》）。文件提出，今后 5 年甚至更长时间，古巴将实现经济和社会模式的"更新"。文件确定了改革目标和基本原则，规定古巴经济模式的目标是巩固社会主义制度、促进国家经济的发展和人民生活和道德水平的提高。

第三，坚持社会公平，反对平均主义。古巴长期实行计划经济，相应地在思想上比较强调平均主义，导致了严重的"大锅饭"现象。劳尔主政后，对平均主义提出严厉批评，认为平均主义严重曲解了社会公正和平等这一重要的社会主义原则。他指出："社会主义意味着社会公正和平等，但这是权利的平等，机会的平等，而非收入的平等。平等不是平均主义。归根结底，平均主义也是一种剥削形式，勤劳的劳动者受到不勤劳的劳动者甚至好吃懒做者的剥削。"尽管如此，《纲要》依然强调，古巴在社会保障方面不会放弃任何一个人。

第四，坚持计划经济，承认市场作用，放宽经济政策，促进经济发展。在相当长的一段时期里，古共认为市场经济、商品价值规律是资本主义的根本属性。菲德尔·卡斯特罗认为，市场规律造成了人类最自私、最无情的制度，即资本主义制度。而社会主义的本质特征是计划经济和公有制。市场经济与计划经济的相互区别，正如资本主义与社会主义的相互对立。因此，直到劳尔改革之前，古巴利用市场方式进行改革在理论上仍然停留在对资本主义的"让步"方面，反对利用各种经济杠杆调节社会经济。

劳尔主政后，提出变革"思想和观念"。2011 年 4 月出台的《纲要》强调，古巴在更新社会主义经济模式的进程中将继续以发展生产资料社会主义公有制为主，同时也发展个体经济；在分配制度方面，实行"按能力和劳动"进行分配的原则；在市场与计划的关系方面，要以发展计划经济为主，同时注意市场因素的作用，考虑市场的趋向，建立各种市场。2013 年 7 月，劳尔在八届人大会一次会议上的讲话中，将古巴变革的总体方向概括为"维护和推动社会主义在古巴的发展，推动建设繁荣和可持续的社会主义；确保基本生产资料的社会所有制，承认其他非国有经营形式发挥的作用；在不否认市场存在的同时重申计划是管理经济不可或缺的手段"。2016 年 4 月，古共七大召开后出台《古巴社会主义发展的经济社会模式的理念》（以下简称《理念》）等重要文件，其中《理念》认为，国家承认市场的客观需要，引进供需规则（市场）与计划原则并不冲突，两者可以共存，互为补充，造福国家。该文件还特别指出中国的改革开放和越南的革新进程就已经成功地证明了这一点。在变革"思想和观念"的同时，古巴还采取了发展个体经济、将闲置土地分给农民等放宽经济政策的举措。

现在，古巴允许市场在国家计划的框架内发挥资源配置作用，在坚持基本生产资料社会所有制的基础上，实现所有制和经营方式的多元化；更加有效地通过宏观经济手段和计划对经济进行调节；在分配方式上开始使用物质激励和精神激励相结合的方式。应当说，古巴对社会主义本质的认识有所突破，但是对私营经济发展依然持谨慎态度。如 2016 年 4 月出台的《理念》禁止所有权和财富集中在非国有制形式的自然人和法人手中，提出利用税收手段保护低收入者，对非公经济的利润进行调控。2017 年 7 月，劳尔在全国人大通过新的《经济社会政策纲要》时指出，古巴不允许产权和财富集中到私人部门。鉴于同一个古巴人已经有人拥有三四家甚至五家餐馆的现实，该文件明确不允许古巴人拥有多种生意。总体上讲，古巴对市场的认识还在不断发展，而且这个过程还远未结束。

二、坚持党在国家中的领导地位，加强党的组织和制度建设

第一，坚持党在国家中的领导地位，坚决捍卫一党制。为了客观评

估党的工作，并以革新的精神实施必要的变革，使党的工作能够与时俱进，加强对"更新"进程的领导，古共在党的历史上第一次在六大召开后不到一年的时间里召开了第一次全国代表会议，通过了《古巴共产党的工作目标》和《第一次全国代表会议关于党的工作目标的决议》（以下简称《工作目标》）两个重要文件。《工作目标》指出，古共是古巴社会和国家的最高领导力量，是革命的合法成果，是有组织的先锋队。古共是马克思主义、列宁主义的党，是马蒂思想的党，是古巴唯一的政党，其主要使命是团结所有的爱国者建设社会主义，保卫革命的成果，并为在古巴和全人类实现公正的理想而继续斗争。劳尔在第一次全国代表会议闭幕式上指出，古巴必须坚持共产党的领导，必须坚持一党制。他强调："古巴共产党是古巴社会和国家的最高领导力量，是革命的合法成果，是有组织的先锋队，党与人民一起，确保革命的历史进程。我们将永远不会放弃这一条。"他指出："放弃一党制意味着使帝国主义在古巴的一个或多个政党的合法化，从而牺牲古巴人民团结的战略武器。"他还指出："我并不忽视任何其他国家实行的多党制，我严格尊重联合国宪章规定的自决权和不干涉他国内政的原则。但是，根据古巴为独立和民族主权长期斗争的经验，面临蛊惑人心和政治商品化，我们捍卫一党制。"

历史表明，在古巴革命的各个重要复杂时刻，古共一直处于斗争的最前沿。而如今在古巴更新社会经济模式的改革过程中，古共依然走在时代的前列。

第二，加强和改进党的建设，实现组织生活正常化。一是定期召开党的代表大会。古共曾于 1975 年、1980 年、1986 年、1991 年和 1997 年举行过党的代表大会，但在 1997—2010 年的 14 年里，没有召开一次全国代表大会，党内组织生活很不正常，中央领导层老龄化问题越来越严重。古共六大决定，今后每年应至少召开两次中央委员会全会，讨论更新经济模式和经济计划的实施情况。2012 年 1 月，古共召开了第一次全国代表会议，专门讨论党的工作。2016 年 4 月，古共又如期召开了七大。党内组织生活的正常化不仅有利于党的建设，还有利于党更好地发挥对国家的"模式更新"进程的领导作用。二是改革高级领导干部任职制度。2011 年 4 月，劳尔在当选党的第一书记的古共六大讲话中，提出对包括国务委员会主席和各部部长在内的高级领导人的任职制度进行改革。2012 年 1 月，古共第一次全国代表会议就此作出了明确规定。2016 年，劳尔在古共七大上提出新当选的中央委员不得超过 60 岁，新当选的政治局委员不得超过 70 岁。按照这一原则，古共七大选举产生了第七届中央委员会。2018 年 4 月，古巴第九届全国人民政权代表大会选举迪亚斯－卡内尔担任国务委员会主席和部长会议主席职务，劳尔不再担任上述职务。古巴最高领导层换届迈出了重要步伐。

第三，加强干部队伍建设，改进工作方法和作风。由于长期执政，古共党员干部在工作作风上出现了一些问题，比如官僚主义和教条主义等。劳尔针对这些问题，提出了严厉的批评。他在 2011 年 8 月 1 日全国人民政权代表大会例会开幕式上强调必须"改革工作方法和作风"，指出过去的方法和作风已经不符合现实需要，在很多情况下阻碍了对错误的纠正。他向全体国民宣布，进行社会和政治改革的时候到了，呼吁各级领导克服官僚主义恶习。为了从制度上克服官僚主义，古共决定弱化国家在农业、零售业、运输业、建筑业等行业中的作用，增加私营企业主、合作社和租赁业主对经济的参与程度。劳尔还带头表示承认并纠正错误，吸取经验教训。他说："我们十分清楚我们所犯的错误，我们现在讨论的《纲要》标志着纠正错误的道路和必须更新我们社会主义经济模式的开始。""要么我们纠正错误，不然我们在悬崖边徘徊的时间已告结束，我们就会沉没下去，并且会葬送几代人的努力。"他还呼吁古巴人要对一些领导人存在的"狭隘的、排斥（改革）的观念"加以彻底分析和纠正。他指出，古巴革命的"最大敌人"不是"美帝国主义"，而是古巴人"自己的错误"，如果对这些错误进行深入分析，就会将之转化为经验。

为了加强干部队伍建设，2011年10月，古巴成立国家和政府干部高等学院，其宗旨是培养高质量的、有真才实学的、具有科学态度的干部，以落实党的《纲要》。目前，该学院设有公共管理班和企业管理班，学员在该校脱产学习8周，毕业后授予证书。授课的教员来自哈瓦那大学、高等理工学院和各政府部门等。学院还将陆续开设其他培训班，并将在哈瓦那各区和全国各地设立分校。2012年古共第一次全国代表会议通过的《古巴共产党的工作目标》对工作方法和作风、政治思想工作、干部政策和党团关系等方面进一步提出了目标和要求。

三、开展全方位外交，对外关系出现新变化

劳尔主政十多年，古巴的对外关系方面发生了重大变化。全方位多元外交、加强外交的经济功能是当前古巴外交的新特点，外交要为国内改革提供良好的外部环境，获得援助、贸易与投资，有利于国内通过模式更新进一步改善投资环境，在提高经济内生动力的同时也吸引外资，实现经济发展。在恢复与原苏东国家关系的基础上，古巴的外交重点是与西方国家关系的正常化和保持与中国和拉美左翼国家的紧密关系。这也是古巴适应国内"模式更新"和国际形势变化的结果。

第一，实现美古关系正常化。2014年12月17日，美古两国领导人宣布启动邦交正常化进程，使一直处于敌对状态的两国关系出现了历史性转折，实现了古美关系正常化第一阶段的三大目标，即将古巴从"支恐名单"中删除、恢复外交关系和实现高层互访。两国首脑在2015年

4月的美洲峰会上实现了首次会晤，并于同年7月20日正式恢复外交关系。2016年3月，奥巴马访问古巴，成为88年来首次访问古巴的美国总统。双方就人权、赔偿、移民等问题展开对话，达成了有关环保、恢复直邮等方面的协议。美国方面还放宽了对贸易和侨汇的限制。2017年1月，奥巴马在卸任前发表声明，宣布美国即刻终止"干脚湿脚"政策。1966年《古巴调整法案》规定，古巴人在入境美国一年后可获得美国绿卡，1995年，克林顿政府修改该法，规定遣返在海上被美海岸警卫队拦截的古巴偷渡者，但继续接收成功踏上美国领土的古巴人。所谓"干脚湿脚"政策由此而来。自2014年底美古启动两国关系正常化进程以来，这一政策一直是美古关系正常化面临的障碍之一。但这一切在特朗普总统上台后发生了逆转，特朗普宣布撤销奥巴马时期"完全不公平"的协议，开始重新加强对古巴的封锁，同时减少驻古外交人员，颁布对古巴制裁的企业名单。2018年底再次追加制裁名单，美古关系再次回到冰点。

第二，改善对欧关系。2014年2月，欧盟外长会议就与古巴启动政治谈判达成一致，并得到古巴的积极响应，标志着欧古关系正常化进程的正式启动。2015年双方的高层互动举世瞩目，先是负责欧盟外交政策的负责人莫盖里尼访古，接着是时任法国总统奥朗德访问古巴，成为美古改善关系以来首位访问古巴的西方大国元首。2016年3月11日，古巴和欧盟签署旨在推动双边关系正常化的框架协议。11月，欧古签署《政治对话与合作协议》。2017年11月，该协议正式生效，开启了古巴与欧盟关系的新阶段。

第三，仍然视拉美左翼国家、中国和俄罗斯的关系为古巴外交的重要依靠力量。由于委内瑞拉陷入政治经济危机，对古巴的援助大幅减少，中国再度成为古巴第一大贸易伙伴。但由于古巴经济长期低迷，中古贸易始终维持在十多亿美元，而且主要内容是援助，在双方投资和贸易方面难有突破。这有待于古巴方面"模式更新"进程取得重要成果时才可能改善。

俄罗斯与古巴的合作也不断深入。2017 年 5 月，俄罗斯石油公司宣布向古巴提供 25 万吨石油及其衍生品，俄罗斯对古投资显著增长。

古巴的全方位多元外交取得重大成果，已与世界上 180 多个国家建立了外交关系，设立了 140 多个使领馆。全方位多元外交为古巴领导层权力交接和"模式更新"创造了良好的外部环境。

四、支持拉美左翼运动，巩固古巴在世界社会主义运动中的地位

古巴在世界社会主义运动中的地位十分重要。十月革命胜利后，社会主义思潮在拉美得到广泛传播，成为影响拉美政治发展的重要思潮之一。1959 年革命胜利后，古巴主动将民族民主革命转变为社会主义革命，成为第一个走上社会主义发展道路的拉美国家。从此，古巴共产党就成为拉美各国共产党的召集人，古巴成为拉美左翼与社会主义思想的策源地。冷战时期，古巴直接支持了拉美和非洲的社会主义运动。21 世纪初，拉美左翼在批判新自由主义和资本主义声中纷纷上台执政，实现群体性崛起。这一批左翼政党虽然与共产党和社会主义没有直接关联，但借鉴和吸收了马克思主义和本土社会主义的思想。拉美新左翼实现群体性崛起，组织"世界社会论坛"，与"世界经济论坛"分庭抗礼，指出"另一个世界是可能的"，"一个社会主义的新世界是可能的"。委内瑞拉的查韦斯率先打出了"21 世纪社会主义"的旗号，他的思想就受到了菲德尔·卡斯特罗的重要影响。

劳尔主政后，古巴利用拉美左翼崛起的新形势，继续在思想和策略

方面发挥重要作用，支持拉美左翼进步运动，与委内瑞拉、玻利维亚等国家建立战略联盟。作为古巴党和国家最高领导人，劳尔像菲德尔·卡斯特罗一样，积极参加拉美左翼的各种活动，经常到拉美左翼执政的国家站台助威。查韦斯在委内瑞拉执政后，古巴和委内瑞拉建立了联盟，并一起组织了美洲玻利瓦尔联盟，试图摆脱市场至上和赤裸裸的资本主义，寻求新自由主义的替代方案。拉美左翼的替代方案和古巴的社会主义"模式更新"发生在同一时期，它们互相影响、相互支持，甚至在反对美国的帝国主义政策方面都保持了一致。当前，委内瑞拉玻利瓦尔社会主义革命遇到了严重危机，还遭到了以美国为首的西方国家和利马集团在国际上的孤立和打压。而古巴仍然坚定不移地支持委内瑞拉等左翼执政国家对本国发展道路的探索，其方式不仅限于派出医生、教师等社会服务人员，还包括提供国家治理经验和执政党建设等智力支持。

综上可见，古巴社会主义对西半球乃至世界社会主义运动的发展至关重要，其模式更新的成败亦非常关键。作为世界上唯一一个在西方文化背景下建设社会主义的国家，古巴不仅拥有得天独厚的自然环境，还有受教育程度普遍比较高的高素质人口，当然也面临着人口老龄化日益严重、投资不足等发展瓶颈，其发展模式完全有可能和东方社会主义模式有所不同。因此，古巴通过"模式更新"探索符合自身国情的社会主义发展模式，不仅可以解决长期以来困扰古巴的经济发展问题，还必将丰富世界社会主义运动的发展经验。

古巴 60 年来文化强国的经验及启示

毛相麟 [①]

2019 年 1 月 1 日是古巴革命胜利 60 周年。60 年来，在美国的不断打压下，人口仅有 1122 万的社会主义古巴经受了空前的困难，但至今仍岿然屹立在世界上，表明了古巴社会主义具有强大的生命力。其成功原因是多方面的，古巴努力创建文化强国是重要的原因之一。本文将就这方面的实践经验及启示作一些介绍和探讨。

一、党和国家执行了正确的宽严相济的知识分子政策

（一）始终坚持党对知识分子的积极引导和明确要求

革命胜利初期，古巴的知识分子阶层对革命的态度是：那些在革命前殖民地文化主导下享有特权的知识分子起初摇摆不定，继而后退躲避，

---

① 毛相麟，中国社会科学院世界社会主义研究中心特邀研究员、拉丁美洲研究所研究员。

最后明确否定革命；那些冒充博学的知识分子的立场则是公然反对革命。与此同时，一些忠于革命的知识分子在迅速加快的革命步伐、汹涌澎湃的革命浪潮面前感到吃惊，甚至害怕。当时的作家和艺术家们普遍担心在革命的政权下还有没有创作的自由。为此，菲德尔·卡斯特罗（以下简称"卡斯特罗"）召见了部分进步的作家和艺术家，研究革命的文化政策问题。他指出："在1942年著名的延安文艺座谈会上，在流血牺牲的战争尚难预料其结果的环境下，毛泽东能够引导忠诚的知识分子同其他阶级的人员、工人和农民一道参加中国新社会的建设。在古巴，当革命开始时，却缺乏明确而坚定的导向。"于是，这些文化人士按卡斯特罗的谈话精神于1960年11月发表了一份以《走向为革命服务的民族文化》为题的宣言书，阐明了革命时期知识分子的历史责任，号召大家团结起来，在革命进程中发挥独特的作用。经过数月的酝酿，1961年6月，古巴召开了由党政领导人主持的、古巴知识界代表性人士参加的关于文化问题的讨论会。卡斯特罗在闭幕会上发表了长篇讲话，回答了与会者提出的各种问题，提出了建设社会主义文化的方针、政策和措施，为这次会议作了总结。《对知识分子的讲话》（以下简称《讲话》）这一重要讲话被视为文化问题的纲领性文献。他在讲话中对知识分子政策提出了著名的论断，即"参加革命，什么都有；反对革命，什么也没有"，或者说，"参加革命，就有一切权利；反对革命，就没有任何权利"。

卡斯特罗的这一论断是一个指导性原则，体现在日后的党和国家的文献中。1975年召开的古共一大通过的《古巴共产党基本纲领》中有关党的文化政策的内容如下：党的文化政策是"鼓励以马列主义为原则、具有阶级精神的艺术和文学表现形式，包括以下方面：吸收本国文化的优秀传统；批判地赞同、加工和发展世界文化；利用艺术表现的多种多样的、创造性的形式，真实反映我们所生活的世界；鼓励创造性地观察未来，将艺术、文学与群众及其最重要的利益相结合；反对资本主义腐朽的、反人类的艺术和文学表现形式，以声援所有进步和革命运动的感情培养人"。

1976 年的古巴宪法规定："社会主义国家应该是：实现劳动人民的意愿，保证国家对教育、科学技术和文化的发展；作为为人民服务的人民政权，应该保障所有人都有学习、参加文化和体育活动的机会。""国家指导、促进和推动教育、文化和科学的全面发展。国家的教育、文化政策遵循下列原则：国家的教育、文化政策的基础是马克思列宁主义确立和发展的科学世界观。有艺术创作的自由，但其内容不应危害革命。有艺术表现形式的自由。为提高人民的文化水平，国家努力繁荣和发展艺术教育、创作才能、艺术研究和欣赏能力。"这些具有约束力的条文成为全体国民从事文化活动所必须遵循的行动指南。

后来，古巴宪法经过几次修改，但其中有关文化的条文没有大的变动。由于古巴始终坚持执行党的社会主义文化政策，所以保证了文化事业沿着社会主义道路健康发展。

（二）为知识分子创造宽松的社会氛围

一位中国前驻古巴大使曾说，古巴"政治严格，但社会氛围十分宽松"。古巴为知识分子提供了良好的条件，使他们得以充分发挥他们的才能。如享誉世界的著名诗人尼古拉斯·纪廉（1902—1989）和著名的芭蕾舞蹈家阿莉西娅·阿隆索（1921— ），他们在党和政府的关怀下都对古巴社会主义文化的发展作出了卓越的贡献。

卡斯特罗是这样评价新老知识分子的，他说："由于开展了社会主义革命"，新一代知识分子"培养了出来，加入了那些当年忠于祖国的知识分子行列。今天，我国知识分子的数量大大增加，他们能力更强，觉悟更高，革命性更强"。

诚然，古巴的知识分子政策也曾走过一段弯路。那是在 20 世纪 60 年代后期，古巴领导人的思想过于激进。到 70 年代前期，文化政策出现了过"左"的偏差。这段时期可称为"灰色的五年"。70 年代后期，错误的政策逐步得到纠正，在 1978 年和 1979 年两年中，释放了许多被错误关押的人。

在这里，需要澄清一个问题，即一些西方传媒多次提到古巴官方承认所关押的政治犯有 2 万人，或者更多。然而，事实真相是：第一，所谓"官方承认"，卡斯特罗只讲过一次，时间是在 20 世纪 60 年代；第二，所谓"政治犯"，绝大部分都是当时参与山区暴乱的违法农民，而不是知识分子；第三，2 万人中还包括革命前的重案犯人。一些西方传媒不顾讲话的时间和有关情况，断章取义，不断重复"2 万人"，甚至任意夸大人数，旨在诬蔑古巴。一位严肃的美国学者指出，在古巴最困难的特殊时期，"所关押的政治犯人数有所增加，接近 1000 名犯人"。

（三）党和国家对不同政见者的政策是宽大的

在这里，有必要先介绍一下具有国际影响的两个案例，即帕迪利亚案和逮捕 75 人案的处理情况。

帕迪利亚案的情况如下：埃韦尔托·帕迪利亚（1932—2000）是古巴诗人，长期生活在西方国家。1960—1962 年，政府任命他以报社记者身份到欧洲和苏联从事文化交流活动。他从 1963 年起逐渐对革命不满，发表了一些反革命诗作，其中一首是：

> 有时是必要和不可避免的 / 一个人为了一个民族而牺牲 / 然而从来也不应该 / 整个民族为了一个人而牺牲

1968 年，古巴作家和艺术家联盟的评奖团将帕迪利亚的诗集《不参加游戏》评为获奖作品。这一诗集中有这样一首短诗：

> 诗人！把他一脚踢出去！／他在这儿什么活都不干／他不参加游戏／他从不激动／从不清楚地表白自己的立场／他的眼睛看不到奇迹／时间都花在挑错上

获奖名单公布后，国内舆论有不同意见。《橄榄绿》杂志首先发表批评文章，认为这部诗集不仅不应得奖，而且应该受到批判。随后，文艺界人士纷纷发表批判文章，认为作者过去的一些诗作含有影射、攻击革命的内容。1969 年，一个名为凯斯勒的联邦德国教授来古巴访问，古巴安全部门以间谍罪将他逮捕。帕迪利亚与此案有关，因此也于 1971 年 3 月 20 日被捕。帕迪利亚被捕的消息传出后，30 名欧洲和拉美左翼文化人士于 4 月 9 日通过法国《人道报》联名发表致卡斯特罗的公开信，声称对古巴"用镇压的手段对付行使批评权利的知识分子和作家表示关切"。随后，卡斯特罗对这些左翼人士公开地提出尖锐的批评。同年 4 月 25 日，帕迪利亚被释放。4 月 27 日，他在作家和艺术家联盟召开的大会上作了自我批评。数日后，卡斯特罗再次公开猛烈抨击这些左翼人士。5 月 22 日，法国《人道报》发表了 60 名文化人士第二封联名致卡斯特罗的公开信，声称以逼供方式使帕迪利亚认罪，使人想起"斯大林主义最肮脏的年代"，包括其"镇压制度"等。帕迪利亚出狱后，政府根据他调换工作的要求，安排他到哈瓦那大学教授英国文学。1979 年，美国参议员爱德华·肯尼迪等人出面要求卡斯特罗让帕迪利亚移居国外。1980 年 3 月 16 日，帕迪利亚被允许出国。后来，他在美国亚拉巴马州奥本大学任教。2000 年 9 月 25 日，他因心脏病去世，终年 68 岁。关于此案，有必要说明：第一，帕迪利亚的被捕是因为他与一个德国人的间谍案有关，而不是因为他发表了反对革命的诗作。第二，政府安排他到哈瓦那大学当教授，既发挥了他的特长又照顾了他的尊严。第三，当国外有人接收他时便同意他移居国外。第四，当第一封外国左派的公开信发表后，卡斯特罗的反应显然有些过度，但也可以理解。因为公开信的署名者中有些人曾在古巴革命胜利后被古方邀请来古巴进行指导，他们回国后发表的论著严重歪曲了古巴的现实，卡斯特罗对此已十分不满。而这一次他们作为友人，完全可以先直接向古方了解情况后再作判断，可是，他们在不明真相的情况下急忙地串联一些人，把言过其实的谴责公之于众，力图施加国际压力，这显然是极不友好的行为，不能不使人愤怒。

逮捕 75 人案的情况如下：2001 年 1 月，美国总统乔治·布什上台后，宣布要以先发制人和突然袭击的方式来对付损害美国利益的国家。此前，美国政府把古巴说成是世界上支持恐怖主义的七个国家之一，甚至美国官员还诬蔑古巴在研制生物武器。2002 年 11 月，美国政府派出一个名为詹姆斯·卡森的人担任驻古巴的美国利益照管处的主任。此人是个顽固的反古派，上任后，他利用外交邮袋，带进了数千只收听反古电台的收音机、小册子、传单、行动指示等物品。2003 年 2—3 月，他多次召集异见者的头目们开会，讨论颠覆古巴的计划。他们的计谋是鼓动群众性的移民风潮，然后美国以制止向美国移民为借口入侵古巴。美国企图向古巴开战的危险已迫在眉睫。古巴政府为了国家的安全，果断下令逮捕 75 人。由于政府采取了这一措施，古巴才终于避免了一场后果难料的战争。关于此案，需要说明的是，逮捕这些人不是因为他们持有不同的政见，而是因为他们的行为触犯了古巴刑法中关于危害国家安全罪。

从以上情况看，古巴政府对帕迪利亚案的处理是恰当的，对逮捕 75 人案的处理则是依法行事。20 世纪 90 年代的特殊时期开始后，政府允许异见者移居国外，他们离开后仍保留他们在国内的财产，可以不受干预地向国内的亲友汇款和回国探亲。因此，他们不是政治概念上的"流亡者"。

二、把提高人民文化生活的质量作为革命的目标，使人民从文化生活的实行者变为创造者

卡斯特罗在《讲话》中说："革命的目标之一和基本宗旨之一，是发展艺术和文化，使艺术和文化成为人民的真正的财富"，"我们也要创造使人民的一切文化需要得到满足的条件"。与此同时，革命政府应向人民普及文化，"尤其是开始到人民中去发现天才，把人民从实行者培育成创作者，因为归根到底，人民才是伟大的创作者"。为了贯彻这一讲话的精神，古巴先后采取了以下几项措施：

第一，1962 年在全国开展大规模的扫盲运动。这一年是古巴革命后的第三年，在百废待兴的情况下，革命政府动员全国的力量开展扫盲运动，在一年之内把古巴的文盲率从革命前的 23.6% 下降到 3.9%，使古巴一跃成为拉美国家中国民识字率最高的国家，从而为在全民中建设社会主义文化奠定了基础。

第二，在 20 世纪 60 年代前期和中期先后建立起各种文化机构，以便加强中央的统一领导和促进文化事业的发展。据不完全统计，这一时期所建立的文化机构有近 20 个，涉及文化领域的方方面面。在这些机构中，多数是政府部门和国营企业，也有社会团体。

第三，实行文化提高与普及并重的政策，大力发展群众性文化组织。20 世纪 60 年代初在全国普遍建立起来的业余艺术爱好者小组和人数不断扩大，到 1975 年已有 20 万人，1985 年发展到 157.8 万人。这表明古

巴民众已十分广泛地参与了文化生活。

第四，为了不断提高国民的文化水平和满足国民日益增长的文化需求，党和国家大力发展文化事业。到 1985 年，全国已有 319 家公共图书馆、222 个专业图书馆和 70 个大学图书馆，有书店 311 家。1981—1985 年，平均每年出版 4000 万册图书。到 1989 年，全国有报纸 29 种，其中日报 18 种，总发行量 4.5 亿份。全国有广播电台 55 个，其中全国台 5 个、国际台 1 个，日总播放量 335346 小时（1988 年）。全国有电视台 5 个，日总播放量 11091 小时。全国有博物馆 211 家、文化之家 262 个、诗歌之家 27 个、画廊 136 个。

三、在古巴建设社会主义文化，必须进行斗争

根据古巴的国情，必须进行斗争才能建设好社会主义文化。通过持续的斗争所取得的胜利增强了国民的成就感和自豪感，从而增强了古巴人民的文化自信。卡斯特罗说，古巴"是在特殊环境下同帝国主义开展思想领域的斗争的"，"我们坚定不移地相信，我们的思想、尊严和道德是正义的，我们有能力拿起这些武器向帝国主义的所谓消费社会的一切腐败现象挑战"。的确，古巴接受了挑战并取得了胜利。60 年来，古巴集中进行过四次意识形态战役。

第一次是在 20 世纪 80 年代中后期。古巴的外部环境出现了两个不利的因素：一是于 1980 年上台的美国总统里根加紧了对古巴的颠覆活动，二是苏联和东欧社会主义国家的改革进程从 80 年代中期开始走向邪路。在此情况下，古共中央决定在全国范围内开展一次惩治腐败、重振革命精神的运动，即"纠正错误和消极倾向进程"。这一进程在政治上增强了团结，为日后突发的大灾难储备了抗震的能量。

第二次是在 20 世纪 90 年代中期。在内外夹击下，古巴领导人号召全国人民投入思想战役，进行反击。在国内，产生于 80 年代后期的异见者在特殊时期日益活跃，到 90 年代中期，这股势力进一步发展。在国外，1992 年末，美国开始加强对古巴的经济封锁。与此同时，美国一方面增派特务潜入古巴搞破坏，另一方面支持在美国的反古分子多次驾驶轻型飞机，侵入古巴领空抛撒反古传单，制造混乱。1996 年 2 月，美国政府强化了对古巴的经济制裁。在此形势下，古共中央于同年 3 月召开四届五中全会，卡斯特罗在会上宣布"不仅要在党内和干部中，而且要在全体人民中开展一场强大的意识形态战役"。

第三次是在 20 世纪和 21 世纪的世纪之交。为了争取一名男孩回国，古巴当局再次发动全国性的声援活动。1999 年 11 月 22 日，6 岁的小男孩埃连·冈萨雷斯跟随其母亲和继父搭乘小船从古巴北部海岸出发，企图偷渡去美国。途中遭遇大风浪而翻船，包括埃连的母亲和继父在内的乘客大多落水身亡，只有埃连等 3 人被救起。美国移民局将埃连暂交他在美国的叔祖父照看。埃连的生父胡安·冈萨雷斯得知后，要求将埃连送回古巴同他一起生活。由于美国的右翼政客和流亡美国的反古组织的插手操纵，美国司法部门企图扣住埃连不放。古巴民众得知这一情况后表示强烈反对。卡斯特罗表示坚决支持其生父的正当要求，号召广大民众参与声援。经过长达 7 个月的斗争，2000 年 6 月 28 日，埃连终于回到古巴。卡斯特罗说，要回埃连是"古巴人民有史以来打得最漂亮的一仗"。

第四次是在 21 世纪之初。2001 年 2 月，以奥斯瓦尔多·帕亚为首的一批异见者试图通过全民公决修改宪法，以否定古巴的社会主义制度。他们经过一年多的鼓噪，于 2002 年 5 月将凑满 1.1 万人签名的请愿书正式提交全国人代会。然而，此时全国人代会收到另一份请愿书，即由古巴工人中央工会等 8 个群众团体提出的、载有 819 万多人签名的请愿书，要求通过全民公决，重申古巴是"社会主义的、独立的主权国家"，宣布其社会主义制度是"不可侵犯的"。于是，全国人代会决定举行特别会议，专门讨论修宪问题。结果是所通过的决议申明古巴社会主义制度是"不可更改的"，将此决议作为"特别条款"载入宪法。至此，异见者鼓噪多年的图谋以彻底失败告终。

四、忠实继承古巴历史上革命的文化传统，在国民中培育文化自信

古巴领导人一贯把今天的革命斗争视为历史上革命斗争的继续。卡斯特罗在古共一大上说："从光荣的拉德马哈瓜时期起直到今天，革命的旗帜一代又一代地被传了下来。"古巴宣布实行社会主义制度后，不改国名、国旗、国徽，国歌也均承袭原作，这在当时的所有社会主义国家中是绝无仅有的。在古巴最困难的时候所举行的古共四大的口号是"我们祖国的未来将是永远的巴拉瓜！"1992 年修改的宪法把爱国、反帝的民族英雄马蒂的思想作为全民的指导思想之一。2019 年的新宪法将菲德尔思想列入全民的指导思想中。这些社会主义文化本土化的努力为国民增添了民族自豪感和文化自信心。

不仅如此，古巴的先进文化对其他国家同样产生了积极的影响。一是从 20 世纪末开始，拉美国家中先后上台执政的左翼政府纷纷效法古巴的经验，在本国开展大规模的扫盲运动，受到民众的普遍欢迎；二是古巴多年来对包括拉丁美洲和非洲在内的一些第三世界国家派出大量的教师和医生，进行支教和行医，他们的敬业精神获得了这些国家的赞誉；三是 21 世纪初，古巴向 17 个国际体育组织派出了 100 多名国际裁判员，还向一些国家派出数以百计的体育教练和运动员。上述活动大大地改善

了古巴的国际形象。2018 年 11 月，当古巴在联合国大会上谴责美国对古巴的经济制裁时，受到除美国和以色列外的所有国家的支持。

综上所述，这些经验的取得归根结底还在于古巴党和国家对建设社会主义文化的高度重视。在世界上，古巴无论是从国土面积还是从人口数量上看，都只能算是一个小国，经济也不发达。然而，古巴却是一个被世人所公认的教育强国、医疗强国和体育强国，总之是文化强国。这是一个奇迹，而古巴的上述经验则是创造奇迹，乃是该国能生存和发展的重要原因。

印共（马）对莫迪政府上台以来印度政治秩序改变的理论分析和战略应对

王　静[①]

2014 年 5 月，带有印度教民族主义背景的印度人民党代替世俗国大党上台执政。此次政权的更迭标志着印度政治经济秩序的深刻转变，更加彻底的右翼新自由主义经济政策和保守的印度教特性计划开始在印度占据主导地位。

一、印度大财团及其控制的商业媒体共同打造了"莫迪浪潮"和"古吉拉特邦神话"

2014 年 5 月，前古吉拉特邦首席部长莫迪当选政府总理，此次胜选被媒体描述为席卷全国的"莫迪浪潮"和一次"极大的""历史性的胜

① 王静，中国社会科学院世界社会主义研究中心特邀研究员、马克思主义研究院副研究员。

利"。印共（马）总书记西塔拉姆·亚秋里撰文披露，所谓"莫迪浪潮"主要是由商业媒体制造的，"极大的""历史性的胜利"都是空洞的谎言。亚秋里认为，尽管莫迪在2014年大选中赢得了胜利，但是印人党的胜利十分有限（尚不考虑操纵和造假因素），仅得到了31%的选票，在69%民众反对和不支持的情况下组建了政府，创造了历任中央政府最低得票率。据官方媒体报道，这次大选仅有66%民众参与投票，而实际投票率更低。

印人党胜选的"秘密"是什么？一方面，在印度财团的鼎力支持下，媒体着力对莫迪和古吉拉特邦进行包装。据统计，在大财团支持下，印人党2014年的全国大选宣传经费高达500亿卢比，印度媒体1/3的选情是围绕莫迪展开的。另一方面，更为深刻的原因是，由于印人党主要竞争对手国大党的急剧衰落，另外69%的选票以极为分散的形式分布在各式各样的党派中，其中任何一个党派〔包括国大党和印共（马）领导的左翼联盟〕都无力吸纳和整合多数民众力量。

印人党尽管代表少数大资产阶级财团和高种姓群体的利益，但是其依靠的上级组织国民志愿团，以卓越的组织和严格的纪律著称，具有极强的号召力、鼓动力和雄厚的经济能力。甚至在印度左翼看来，这是一个具有法西斯主义特征的半军事化组织。国民志愿团—印人党有能力控制和动员相对大比例数量的选民。印度大财团亟需一位强力推行激进新自由主义政策的政治代表。印度推行新自由主义政策27年以来，社会政治和经济持续陷入危机之中，包括催生出了极左翼的人民武装反抗斗争。当前大资产阶级的普遍共识是，新自由主义是一个"未完成的议程"，其全部收益尚未实现，当务之急是防止新自由主义逆转。

在印共（马）看来，"印人党和国大党具有相同的阶级属性，即大资产阶级和大地主利益的代表者"。2015年2月出任德里首席部长的平民党领导人阿温德·凯杰里瓦尔曾经指责莫迪和拉胡尔·甘地大同小异，无非是穆克什·安巴尼（2018 年 7 月新晋亚洲首富）的两张脸，并指责安巴尼财团像东印度公司一样操纵着印度政府。据悉，安巴尼家族长期与国大党保持密切联系，财团创始人曾在 1980 年协助国大党掌权。但 2009 年辛格第二任期以来，双方关系疏远了。原因是安巴尼家族嫌辛格改革太缓慢，转向支持莫迪。根据 2015 年数据，印度前 5 名顶级富豪均来自古吉拉特邦或者与古吉拉特邦有密切联系。安巴尼财团深度参与乃至主导了莫迪政府上台后推行的大规模国企私有化活动。

印人党在 1998—2004 年和 2014 年至今约 10 年执政期内，均延续和贯彻了国大党自 1991 年以来推行的新自由主义政策，二者在政策的内容和方向上均具有一致性。然而，高度组织化和具有卓越执行力的国民志愿团—印人党显然更加符合大财团和大资本的利益要求。在印共（马）看来，此次政权更迭是"强硬的莫迪"代替了"软弱的辛格"。

印人党利用宗教和民族矛盾转移阶级矛盾的战略获得巨大成功。1991 年施行新自由主义改革以来，印度贫富分化迅速拉大。2015 年《福布斯》指出，印度最富有的 1% 人口占有全国总财富的 50%，最富有的 10% 人口占有全国总财富的 75%。针对迅速激化的社会矛盾和阶级矛盾，出现了两种形式的回应：一种是"极端左翼"的回应，即 2000 年以来印度毛主义武装斗争运动的高涨；另一种是"极端右翼"的回应，即 1989 年以来印度教民族主义势力的急剧扩张，印人党在印度主流政治中的急速蹿升就是最好证明。

作为一支由高种姓控制的政党，印人党要上台执政，面临的最突出的矛盾和问题，是如何在印度教人口比例高达 82% 的印度社会中，将低种姓、贱民、部落民纳入选举战略，如何在建构"印度教徒票仓"的过程中，在社会矛盾激化的背景下，"消除阶级战争"，"淡化和转移"高种姓和低种姓之间的阶级矛盾和对立。

印人党动员民众的一个典型手段是通过建构一个穆斯林他者形象，挑唆教派矛盾，煽动宗教对立，在印度教徒中建构"印度教民族主义认同"，实现"印度教徒选票仓"计划。1990 年 9 月，为了赢得低种姓的支持，国大党维普·辛格政府决定执行在教育部门和政府部门提高低种姓职位的保留比例的"曼达尔计划"。该计划对印人党造成直接威胁。在此背景下，印人党断定，只有通过纯粹的宗教方案方可统一印度教徒。印人党发动了"罗摩战车游行"，将印度教徒的注意力从"曼达尔计划"转移到清真寺。"罗摩战车游行"突出了穆斯林对印度教徒的威胁，从而将分散的印度教徒重新聚合起来。

印人党煽动民众的另外一个战略手段是用宗教特性淡化和转移"阶级矛盾"。一方面，为了"擦去因经济和社会衰落造成的悲伤与痛苦的泪水"，国民志愿团领袖戈瓦尔卡建议资本家"在每个住宅区、工厂旁边或失业收容所建一座庙，并安排每周唱诵印度教祈祷歌和做礼拜，谈论宗教话题"。按照印度教意识形态，工人和资本家属于一个大家庭。印人党的意图是让大部分资本家虔诚地遵守印度教信条，这样与工人之间的矛盾就会得到某种程度的缓和。另一方面，在层出不穷的社群暴力事件中，国民志愿团及其附属组织经常煽动印度教工人攻击穆斯林工人。国民志愿团创办"湿婆神军党"的初衷，就是为了粉碎自 1980 年代以来一度在孟买强大的工会组织，为国内外资本利益服务。此外，2002 年高达上万人伤亡的古吉拉特邦教派骚乱中，失业的低种姓印度教徒受到高种姓印度教徒的唆使攻击穆斯林群体，成为印度教教派分子的打手和牺牲品。参与此次骚乱的"神猴团"成员主要来自失业的年轻印度教徒。

二、莫迪政府加速推进新自由主义进程

1989 年是印度政治的分水岭，国大党失去一党独大地位，日趋衰落；印人党开启上升势头，从"政治不可接触者"逐渐发展为国大党最大的挑战者。在经历了 1998—2004 年短期执政后，2014 年，印人党再次赢得全国大选，改写了印度政治版图。印共（马）分析认为，2014 年大选改变了印度政治走向，进入了史无前例的极右翼印度教势力主导的历史时期。

（一）莫迪政府的央企全面私有化政策

莫迪政府上台后，首先裁撤了国大党 1950 年仿照苏联体制而建的推行计划经济的中枢"国家计划经济委员会"，代之以"国家改革委员会"。此举意味着莫迪政府对印度建国以来就有的利用国家权力约束财团和资本政策的彻底否定与抛弃，去掉了国大党政府的民主社会主义残存，为进一步的经济自由化打开空间。

莫迪政府的大规模私有化集中在三个方面：首先，国有企业全面私有化，例如国防工业、铁路、银行等；其次，国有企业向外商投资百分之百开放；最后，基本服务业例如电力分配、水供应、医疗健康、教育和交通等私有化。按照国家改革委员会制定的私有化路线图，235 家央企中的 74 家将被出售或者关闭。莫迪指定与其关系密切的安巴尼财团旗下的信实基金管理公司提供资产评估及快速出售方案，提出出售 10 个对印度经济具有战略意义的央企。印共（马）指出，印度人民党正在有计划地采取措施来削弱运行良好的国有企业，让它们出现问题，从而为私有化铺平道路。许多国有企业被迫向政府支付超过法定标准的红利，有

时高达 50% 或者超过 50%。这是一个精妙的连环设计，目的是让国有企业出现问题，创造出低价甩卖给国内外私人资本的理由。

（二）莫迪政府的金融自由化政策

在莫迪政府统治下，政府对资本的限制日益松绑，例如莫迪政府放松了对企业银行贷款的限制，简化企业破产程序，将工业许可证期限从 2 年增加为 7 年等。莫迪执政期间，银行的巨额不良资产大幅增加——从 2.3 万亿卢比增加到了 6.8 万亿卢比。国有银行被迫对私营企业价值 3.5 万亿卢比的不良贷款进行重组。这些重组意味着私营企业借新还旧，而旧贷款属于已经违约的贷款。方案内容也包括按完全有利于违约私企而有损银行利益的方式修改付款条款。印度储备银行副行长维萨·埃卡利亚对不良资产危机的解决方案是将一些国有银行再私有化，放弃政府在一些银行中的股份，以利于私人投资者。

莫迪政府允许外国直接投资 100% 进入印度经济的战略领域如国防、铁路、电信、民航、卫星、电力、石油、矿产和煤炭等国家战略行业，但对来自中国的高科技企业如华为公司等则进行了种种限制。这在一定程度上显示印度财团及莫迪政府对美国及西方垄断资本有一定的依附性。

（三）莫迪政府稀释劳工法和削减社会福利

莫迪上台以来，对原来的劳工政策进行了大幅度改革，重点是修订之前与劳动雇佣制度相关的法案，例如 1948 年的《工厂法》、1961 年的《学徒条例》和 1988 年的《劳动法》。后两项法律的修订旨在增加企业用工的灵活性。由此导致的后果是，企业的合同工和临时工数量大幅增加，妇女就业率下降到 23.7%。此外，莫迪政府在拉贾斯坦邦设立了"劳动法改革实验室"，印度人民党统治的其他各邦如马哈拉施特拉邦、古吉拉特邦、中央邦都紧随其后。这个实验室唯一的议程是在"简化劳动法以适应企业利益"的幌子下达到世界银行的"经营环境便利度"审核标准。

莫迪政府以削减政府赤字为借口，砍掉了中央预算中多项福利计划条款，包括砍掉向数百万贫穷儿童免费发放食物计划拨款的一半，削减了向农村地区提供干净饮用水方案的拨款，削减贱民保留就业计划，从而使贱民青年失业率高涨。

三、莫迪政府全方位推进"印度教特性计划"

根据统计，得到9000万张选票就能赢得印度大选胜利。为了长治久安，2014年获选后，印人党推行"扩员运动"，截至2015年7月12日，印人党党员人数从3500万增长至1.1亿人，成为全球最大政党。印人党执政后，迅速将国民志愿团骨干成员安插进国家各种机构的核心位置。目前，印人党已经在印度29个邦中的19个邦掌权。在全国议会中，印人党成为主要多数，占有绝对优势。印度历史上也首次出现了总统和副总统都隶属于同一个政党的情况。

所谓"印度教特性"意识形态，是由印度教大会主席萨瓦卡尔在20世纪20年代提出的，强调印度教文化价值观，认为印度教民族是"印度教、印地语、印度斯坦"的结合。在宗教、文化、语言和神圣领土的叠加中，印度教民族主义正式形成。随后，国民志愿团领袖戈瓦尔卡借用西方民族理论，提炼出民族五元素，证明了"印度教民族"的合理性。萨瓦卡尔和戈瓦尔卡共同发展了"印度教民族"理论，认为印度教国家应该是"印度教民族"多数人的国家，穆斯林和基督徒被排除在外。

1998—2004年在印人党第一次执政期间，国民志愿团启动了被媒体称为"橘黄色化教育"的重塑印度教育和文化政策计划，该计划旨在将印度教特性意识形态上升为印度的国家主流意识形态和文化。国民志愿团一方面根据印度教特性意识形态修改历史教科书，推行相应教育政策和方案，另一方面默许准军事组织暴力攻击反对"印度教特性计划"的个人和组织。2004年国大党重新上台后，重新修订历史教科书，删除了印度教特性计划内容。

2014年莫迪政府上台后，迅速利用国家政权展开"印度教特性计划"蓝图。印人党按照印度教特性意识形态删改历史教科书，重新任命教育和科研决策层。例如，尼赫鲁大学、海得拉巴中央大学和本地治里大学等中央大学被勒令修改教材、更换学科教师。印度大学委员会、印度历史研究协会和印度社会科学研究委员会等教育与文化机构的负责人都被撤换成印度教徒或者接受印度教思想的人。

莫迪执政前后，伴随着"印度教特性"意识形态全面复兴，印度社会发生多起印度教积极分子暗杀反对"印度教特性计划"的知识分子和学者的事件。2013年8月20日，印度著名理性主义者纳伦德拉·达博尔卡在自家附近散步时被刺杀。2015年2月16日，资深的共产党领袖、右翼团体的反对者葛文德·潘萨莱在家门口被凶手开枪击中死亡。2015年8月30日，知名学者、卡纳塔克邦一所大学的副校长卡尔伯吉在家中遇刺身亡。2017年9月5日，印度知名媒体人、莫迪总理的长期批评者高莉·兰克什在班加罗尔市的自家门口遇刺。上述谋杀案的受害人都长期致力于批评印度教极端民族主义，批判种姓制度、歧视妇女、神棍迷信等价值观。

共产主义思想和政党团体被当作重要的意识形态敌人。第二任国民志愿团最高长官和国民志愿团的主要理论家戈尔瓦卡认定，共产主义者为他们的三大敌人之一，其他两个敌人为穆斯林和基督教徒。"印度教特性计划"的推行者将左翼团体作为主要的意识形态敌对者，同时认为共产主义思想是将印度转化为"印度教国家"工程的最大挑战。根据印共（马）揭露，国民志愿团—印人党正在联手打造一个反共产主义运动的联盟，设法将左翼赶出固有的政治空间。

四、莫迪政府新自由主义政策的恶果和社会矛盾的激化

莫迪政府面临的最大挑战是"就业问题"。据印度劳动局数据统计，在 2015 年间，8 个密集劳动业总共只增加了 13.5 万个工作岗位。莫迪政府的激进私有化政策使失业率迅速攀升：失业率从 2011—2012 年的 3.8% 上升到 2015—2016 年的 5%。失业人数由 2016 年的 1770 万上升到 2017 年的 1780 万，预计到 2018 年会达到 1800 万。根据 2017 年经济合作与发展组织的一项调查显示，有 30% 的 15—29 岁年轻人既没有工作也没有接受教育或者培训。一个新的特征是，IT 部门的大量裁员，成千上万名员工被解雇了。女性加入劳动大军的比例出现了明显下降。

新自由主义政策施行 25 年之后，印度成为了全世界最不平等的社会之一。一份 2016 年全国抽样调查数据表明，全印度最富有的 1% 人口占有全国财富的 28%，而在 1991 年，这个数字是 11%。

受到新自由主义政策的影响，农业价格无法覆盖投入成本，而在 WTO 和美国的施压下，印度政府正在取消对数百万农民的价格支持和采购承诺。莫迪执政期间，农民自杀率持续上升。印度人民党统治的马哈拉施特拉邦的农民自杀率一直高居印度前列，2015 年达到了前所未有的 4291 起。印度人民党统治的中央邦、切蒂斯格尔邦共发生 6535 起。其他作为"绿色革命"成功范例的旁遮普邦和哈里亚纳邦农民自杀事件频发。妇女、贱民、部落民和少数民族的境遇也进一步恶化。4 年来，妇女的经济独立、人身安全和人身自由权利出现严重倒退。针对妇

女的家庭暴力、性侵、网络犯罪和对贱民妇女的种姓暴力增加。在 2016 年，印度平均每天发生 106 起强奸案，儿童强奸案的数量惊人地增加了 82%。由于政府施行的群体边缘化政策，针对贱民的公共预算和社会福利遭到削减。由于种族矛盾激化，针对贱民的犯罪率持续增高。政府出台了各项土地获取计划，迫使部落民大规模迁徙，放弃原有土地并经历无产化的残酷过程。印共（马）认为，极右翼印度教准军事团体在穆斯林少数民族中制造了恐惧和不安，印人党政府处理此类事件表现出的明显偏见，加剧了穆斯林的不安全感。而官方公开称穆斯林为"恐怖分子"和"反国家分子"的极端做法，导致穆斯林原教旨主义和极端主义的发展。

莫迪上台执政 4 年间，社会矛盾激化，激起巨大反抗浪潮。印度工人、农民、知识分子和学生反抗运动迭起，爆发了全印度乃至全球有史以来最大规模罢工运动、25 年来全印最大学生示威运动、农民示威运动和知识分子抗议活动等。但让人惊奇和不安的是，由于莫迪政府的新自由主义政策对美国和西方垄断资本有利，一向以"自由"和"民主"自居的西方世界在面对如此巨大的反抗浪潮时鲜有新闻聚焦，对于史无前例的、频繁发生的针对学者、知识分子和学生的暗杀也没有任何谴责与制裁。

印度工人大罢工。2015 年 9 月 2 日，在 10 个大型工会的支持下，银行业、建筑业、制造业等行业的 1.5 亿工人开展大罢工，反对稀释劳动法和加速新自由主义改革。2016 年 9 月 5 日，印度的劳动工会组织了 1.8 亿工人大罢工，要求提高待遇，抗议莫迪政府的经济政策。上述两次罢工创造了全球最大规模罢工记录。

农民游行示威运动。自 2018 年 3 月 6 日起，印度马哈拉施特拉邦近 4 万农民高举红旗开始长征抗议，要求包括豁免贷款和提高农产品价格。

自 2018 年 6 月 1 日起，印度 7 个邦的农民开始为期 10 天的罢工，要求政府保障农民最低收入，宽免农业贷款。

2014 年以来，多起暗杀知识分子事件和对自由言论的压制事件，引发了印度文学界、科学界和艺术界的激烈抗议。2015 年 9 月，60 多名印度作家站出来谴责印度教极端势力迫害知识分子，将印度文学最高成就奖退还国家文学院，对印度的"不容忍"氛围表示抗议。2015 年 10 月 22 日，印度科学家追随作家们的抗议，发起向总统穆克吉网上请愿的抗议。10 月 28 日，来自印度主要科研机构的 100 余位科学家，包括国家级奖章获得者、3 位英国皇家学会院士和一位美国国家科学院外籍院士签署声明，对"印度教的迫害风气以及印度教特性计划对科学与理性精神的腐蚀"表达了深深的忧虑。同月，300 多位印度知名艺术家和来自世界各地的艺术家共同签署请愿书，谴责莫迪上台后未能对频繁发生的印度教极端主义分子迫害知识分子和宗教少数团体的罪行作出明确表态。2015 年 11 月，莫迪访问英国时，美国 200 多位知名作家联署公开信，要求英国总理卡梅伦当面向莫迪提出有关印度言论自由和教派流血冲突的质疑。

印度左翼学生运动是印度政治在大学校园里的延伸和折射。莫迪政府实施的激进新自由主义政策和"印度教特性计划"引发了左翼学生运动的高潮，以及印度共产党领导的左翼学生组织和印人党领导的右翼学生组织在校园中的对峙。

尼赫鲁大学被誉为"共产主义运动的摇篮"，尼赫鲁大学的学生会也长期由印度共产党旗下的学生组织例如全印度学生联盟、全印度学生协会等主导。印人党上台后，极右翼学生团体在上级组织国民志愿团的支持下日趋嚣张。2016 年 2 月，尼赫鲁大学学生会主席库玛尔因为参加了一场纪念克什米尔人阿法沙·格鲁就义周年的诗歌朗诵会而被印度政府指控煽动颠覆国家政权罪逮捕。在这场诗歌朗诵会上，左翼学生和极右翼学生团体成员发生冲突。不久前，极右翼学生团体成员与库玛尔竞选学生会主席时，败给了库玛尔。事件发生后，内政部长拉杰纳特·辛格偏袒右翼学生组织，攻击尼赫鲁大学是恐怖主义分子的"贼窝"。印度媒体分析称，政府有可能关闭尼赫鲁大学，此次事件不过是政府找借口打压尼赫鲁大学的左翼学生势力。该事件引发了印度 25 年来最大规模的全国性学生示威。

五、印共（马）的战略应对

在对时代特征和印度社会矛盾认识的基础上，印共（马）制定了实现社会主义和共产主义的最终战略目标。考虑到印度的经济发展水平，工人阶级及其组织的政治思想成熟程度，以及印度垄断资本主义统治与种姓、社群和部落机制的独特结合的现状，印共（马）《党纲》规定，现阶段的革命是"反封建反帝反垄断性质的、由工人阶级组织和领导的新型人民民主革命"。印共（马）主张采取议会和议会外斗争相结合的"和平手段"完成现阶段革命任务。印共（马）认为，印度现在的议会制度虽然是资产阶级统治的一种形式，但也体现了进步，为人民维护自身利益以及在一定程度上干预国家事务和为民主与社会进步作斗争提供了机会。除了通过选举直接在中央和邦政府执政外，印共（马）还主张利用那些摆在面前的机会来使现任政府为广大人民提供救济，努力在现有的限制中推行替代性政策。

自 1967 年以来，印共（马）及其领导的左翼阵线在喀拉拉邦、西孟加拉邦和特里普拉邦长期执政，是印度政坛中仅次于国大党和印人党的"第三大力量"。上述左翼阵线长期执政的三个邦被外界誉为印度"左翼运动的堡垒"。喀拉拉邦是世界上第一个共产党通过议会选举获取政权的地区。长期以来，左翼阵线和国大党在喀拉拉邦的分支交替执政。在左翼阵线的牵制下，国大党上台后也会执行相对"左倾"的邦路线政策。印共（马）领导的左翼阵线在西孟加拉邦连续执政 35 年，但 2010 年左翼阵线在选举中败给了地方政党"草根"国大党，遭受重大冲击。自 1993 年起，印共（马）及其领导的左翼阵线在特里普拉邦连续执政 25 年。

针对 2014 年印人党赢得选举胜利以及印共（马）在选举中的表现，2015 年 1 月，印共（马）中央委员会出台了《政治路线审查报告》，对党的长期战略进行反思。

第一，印共（马）批评作为一种改良主义观点的议会主义思想。这种思想主张把党的活动限制在议会选举上，并且将党参加议会选举曲解为党主要是通过竞争性选举保证先进性的。印共（马）认为，议会主义的错误观点导致对群众运动、党的建设和开展思想斗争工作的忽视。在未来工作中，要把议会和议会外工作结合起来，加强群众运动和政治斗争。

第二，片面追求选举联合，降低了左翼阵线的准入标准。印共（马）总结认为，35 年来除了"左翼堡垒"之外，并没有成功地在全印度范围内形成左翼阵线，应该在政治战略路线内部寻找原因。问题根源在于，印共（马）曾经断定建立全印度左翼阵线是一个难以实现的远期目标。党从十三大（1988 年）开始建设左翼和世俗力量的统一，左翼阵线降格为宣传口号，而实际上执行的是"左翼民主世俗联盟"。

第三，印共（马）分析认为，左翼阵线无法建立的重要原因是，印共（马）在全印度整体实力难以提高，党在提高独立性方面一直没有进展。在过去 25 年里，党员数量和群众组织数量稳步上升，党员人数从十四大时的 58 万增加到 20 大时的 104.5 万。群众组织人数从十四大时的 2880 万上升到二十大时的 6100 万。但上述增长主要集中在喀拉拉邦、西孟加拉邦和特里普拉邦。这三个邦的党员人数占目前总党员人数的 73%，这三个邦的群众组织人数占党在全印群众组织人数的 76%。这就出现一个现象，党员和群众组织人数增长，党和群众组织的号召力以及党的选举能力并未提高。整体状况是，党在一些邦维持强大实力，但在党的力量弱小的邦和地区实力却有所下降。

第四，左翼政府未能处理好新自由主义问题。在印共（马）执政期最长的西孟加拉邦，由于在贯彻新自由主义政策时，未能处理好向农民征地的问题，导致了政权的丧失。

工人阶级的新变化与共产党人的当前任务

——第二十次共产党和工人党国际会议的成果和特点

王喜满　管淑娇　巩效忠[①]

2018 年 11 月 23—25 日，来自五大洲 73 个国家的 90 个共产党和工人党在雅典举行第二十次世界共产党和工人党国际会议。会议主题是"当代工人阶级及其盟友以及工人阶级的政治先锋队——共产党和工人党在反对剥削和帝国主义战争，以及争取工人和人民权利、和平与社会主义斗争中的任务"。与会各党围绕主题交流经验、交换看法、共商大是、发表声明、发出呼吁、规划行动。大会向世界各国共产党和工人党发出《呼吁书》，并针对各种热点焦点问题签署了 15 份《团结声明》。

① 王喜满，中国社会科学院世界社会主义研究中心特邀研究员，辽宁大学马克思主义学院教授；管淑娇，辽宁大学马克思主义学院硕士研究生；巩效忠，辽宁大学马克思主义学院硕士研究生。

一、会议召开的背景

第一，马克思诞辰 200 周年纪念活动在世界各地热烈举行。在社会主义国家，中共中央总书记习近平发表了以"纪念马克思诞辰 200 周年"为主题的重要讲话，越共中央召开了以"马克思的思想遗产与时代意义"为主题的国际学术研讨会，古巴举行了以"何塞·马蒂、卡尔·马克思与社会主义"为主题的研讨会，等等。在非社会主义国家，纪念活动也丰富多彩，如德国举办了以"从特里尔到世界：卡尔·马克思及其思想影响至今"为主题的展览，英国多地举行了国际研讨会和马克思主题观光活动，美国主流媒体《纽约时报》等刊发文章《生日快乐，马克思！你是对的》，加拿大共产党在蒙特利尔举办大型的马克思主义冬令营，菲律宾大学和阿根廷塞万提斯国家大剧院用诗歌、短剧、歌曲和艺术品等形式纪念马克思诞辰。全球性的纪念活动表明，"两个世纪过去了，人类社会发生了巨大而深刻的变化，但马克思的名字依然在世界各地受到人们的尊敬，马克思的学说依然闪烁着耀眼的真理光芒！"

第二，帝国主义造成的多重内外危机牵动着世界神经。暴露了资本主义制度弊端的 2008 年金融危机，进一步引发资本主义国家内部深层次的社会政治文化危机，社会贫富差距日益拉大，极右翼政党迅速崛起，民粹主义肆意蔓延，霸权主义和贸易保护主义使国际形势复杂多变，大国之间摩擦不断，局部战事和地区紧张日益升级，成千上万的人流离失所，恐怖主义事件不时发生，自然环境遭受极大破坏，世界和平与发展大势遭到严重挑战。揭露和批判帝国主义的本质和罪恶是争取和平、民主、平等和社会主义斗争的重要任务。

第三，工人阶级和广大人民群众反剥削反压迫与争取民主和社会主义的斗争取得新进展。叙利亚、伊拉克、利比亚、阿富汗、巴勒斯坦、委内瑞拉等国人民的反帝民主斗争备受瞩目，印度、伊朗、哈萨克斯坦、乌克兰、希腊、法国、西班牙等国工农群众发起的示威游行和大规模抗议活动引发热议，中国、越南、古巴、朝鲜、老挝这些社会主义国家坚持走具有本国特色的发展道路和在全球与地区进行的独立自主的外事活动广受关注。如何看待和推进这些积极斗争是共产党和工人党义不容辞的责任。

第四，世界各地反共产主义反社会主义事件引起广泛关注。在苏丹、委内瑞拉、俄罗斯、刚果、格鲁吉亚、波兰等国，共产党和工人党普通党员甚至党的领导人遭到刑事起诉并被判刑。在土耳其、法国、希腊、印度、哈萨克斯坦等国，工农群众示威游行活动遭到暴力镇压，数以百计的人受伤或被逮捕。面对诸多资本主义统治阶级的疯狂反扑，共产党人应该加强团结，凝聚力量，发出共同的声音，采取联合行动。

二、会议达成的共识

与会政党围绕当前的国际和地区形势、工人阶级新变化和先进性、共产党和工人党的主要任务等问题展开深入交流，最终签署了15份团结声明，发表了充满共识和规划行动的《呼吁书》，有力地促进了共产党和工人党政策的整合。

（一）当前国际和区域形势的主要特点是不稳定和不确定

不少国家共产党分析了不稳定和不确定的国际形势特点。巴西共产党强调，国际形势的一个显著特征就是局势的不稳定性和不确定性对和平构成严重威胁。世界正在经历一场资本主义制度内在矛盾所引发的文明危机，帝国主义国家呈现出越来越好战的倾向。丹麦共产党认为，特朗普上台以来，国际局势的特点是帝国主义的旧联盟解体。一年多以来，美国外交政策的战略方向正在发生转变，欧盟在不断解体，美国与土耳其、韩国等国家之间看似牢不可破的联盟关系也开始瓦解。美国共产党指出，肆无忌惮的种族主义、反犹太主义和右翼民族主义的政治力量的上台是全世界面临的一个很大的危险。在美国，特朗普正领导着一个极端右翼和法西斯主义倾向的政府。孟加拉国共产党强调，在目前的新自由主义时代，世界各地随处可见的是种族主义、原教旨主义、仇外心理和宗派沙文主义等极端行动，包括所谓的"文明的西方"。印度共产党认为，当前形势的特点是经济危机不断加深，美国和北约在各大洲不同国家的侵略不断加深。

与会政党纷纷揭露帝国主义是造成国际形势不稳定不确定的原因。爱尔兰共产党认为，造成当前形势的原因是帝国主义正陷于日益加深的危机中。在世界各个层面，帝国主义的内在矛盾使其陷入经济、政治、环境、文化和道德的等若干相互关联的危机之中。南非共产党指出，当前全球各地不利的国际局势是由资本主义制度的深层危机引起的。苏丹共产党强调，当前国际局势的发展是资本主义的结构危机继续加深、帝国主义的军事进攻加剧的结果，尤其是美帝国主义正在发动经济和地缘战略攻势，在世界范围内与俄罗斯、中国等国家开展竞赛和斗争，在亚非拉等热点地区密谋推翻反美政权。西班牙人民共产党指出，当前国际形势的进一步恶化源于资本主义需要降低资本增值难度，获得新市场和新原材料，并设法扭转其历史衰落的过程。加拿大共产党指出，我们相聚在一个危险不断升级的时刻，世界正在受到来自战争加剧、法西斯主义死灰复燃和环境危机的直接威胁，而这些都植根于当前的资本主义危机。会议通过的《呼吁书》指出，国际形势不稳定性和不确定性的主要原因是帝国主义国家之间的矛盾日益加剧并在各地实施干涉主义。

（二）阶级结构新变化并没有改变工人阶级的历史使命和先进性

俄罗斯联邦共产党指出，世界工人阶级的总量不是减少了而是增加了，工人阶级仍然在社会变革中起着关键作用。"45 年前，现代资本主义国家最受欢迎的'预言家'之一丹尼尔·贝尔宣布后工业化社会即将来临，那时，工业生产将发挥微不足道的作用，无产阶级将会灭亡。但现实是，自'预言'以来……计算机和互联网并没有'取消'工业时代……在老牌资本主义国家，工人人数的减少已经远远被在亚洲、非洲和拉丁美洲的工人人数的增长所弥补，并且工人人数还在不断增长。"资产阶级无视统计数字，不断宣称在"后工业社会""信息社会"中工人已经所剩无几，目的是"为了让我们共产党人放弃同广大无产阶级群众的联合，使工人们不再把自己看作能够挣脱资本主义枷锁的强大力量。我们认为，一个左翼政党放弃工人阶级在社会主义斗争和无产阶级专政中的关键作用，必然导致政治认同的丧失和社会影响力下降"。

印度共产党（马克思主义）强调，既要看到工人阶级面临的挑战，又要认清工人阶级的地位和使命，需要有意识地去唤醒它。在广大的第三世界国家，无论是传统的工业部门还是新兴产业的雇工都在增加，但是普遍存在的问题是工人的工作是没有保障的，签订劳资合同的仅占就业工人的 22.5%，知道并加入工会组织的仅有 36%。这就需要共产党组织有意识地教育和组织工人群众。

不少共产党强调工人阶级的地位和作用没有改变。乌克兰共产党指出，在乌克兰，关于工人阶级消失的理论在实证方面没有得到证实。工人阶级仍然是产品生产的主体，是资本主义社会的主要阶级之一。绝大多数劳动者对大型企业和土地私有化持否定态度，认为社会贫富分化是绝对不公平的现象，对政府各部门、国家最高领导人、银行、保险公司表示不信任。保加利亚共产党指出，新资本主义不仅改变了现代资产阶级的结构，而且也改变了现代无产阶级的结构，但没有改变资本主义两大阶级的制度形成因素——生产资料的所有制形式和等价交换物——货币，因此，工人阶级的历史使命和作用是不会改变的。希腊共产党总书记季米特里斯强调，工人阶级由于其在资本主义生产中的地位，客观上是唯一的革命阶级，是社会主义—共产主义社会的建设者，是相对于其他群众力量的领导力量。只有工人运动才具有最强的革命性，才能发展成为一个始终如一的阶级革命运动。

（三）马克思主义是适时而有效的

纪念马克思诞辰 200 周年是会议的主要议题之一。与会政党从不同角度阐述马克思主义的适时性和有效性。

不少共产党认为，马克思主义思想正确，是行动的指南。奥地利劳动党认为，马克思主义是科学的理论指南。辩证唯物主义和历史唯物主义、马克思对资本主义的分析、列宁的帝国主义理论、民主集中制意义上的布尔什维克党派理论等，是共产党分析和认识问题的理论指导，是制定战略和目标的行动指南。印度共产党认为，马克思列宁主义是伟大的、整体性的革命学说，是全世界工人阶级建立最公正的社会、争取和平、自由和更美好生活的伟大斗争的各个阶段的指路明灯。越南共产党强调，马克思主义理论指出了共产党作为无产阶级斗争的组织者和领导者的作用——共产党员是工人阶级中最具有开创性、最坚决、最有组织的人。一百多年过去了，马克思列宁伟大的思想遗产，为我们今天的斗争照亮了前行的路。

不少共产党认为，资本主义发展的现实印证了马克思主义的有效性和适时性。葡萄牙共产党和孟加拉国共产党认为，资本主义国家的统治阶级及其同伙不断说马克思主义是"老的""死的""不相关的""错的"，但是为什么他们花那么多钱和时间攻击一个所谓的死的思想？答案很简单，它根本没死。事实上，既然马克思主义揭示了资本主义国家统治阶级的真相，他们就必须竭尽一切对人民群众特别是工人和青年隐藏这些事实。2008年以来的资本主义结构性危机的加深再次肯定了马克思主义的有效性和必然性。

一些共产党从影响力的角度来阐述马克思主义的有效性。捷克和摩拉维亚共产党认为，马克思主义仍然是当今世界最具影响力的思想。不研究马克思的著作，就不可能了解现代世界。爱尔兰工人党认为，马克思主义的影响极为广泛，它对世界的影响不仅体现在政治、经济、历史、哲学和革命理论与实践中，而且体现在社会学、地理学、人类学和文学中。马克思的思想是成千上万本书和论文的主题，它激发了被他称为"历史火车头"的革命。

希腊共产党总书记季米特里斯认为，马克思主义的有效性的关键在于它与实践的正确结合。革命纲领的存在、马克思列宁主义世界观和无产阶级国际主义原则、新型政党建设理论等，无可否认地构成了共产党的当代思想武器，也是我们共产党人的思想优势。问题在于我们在日常行动中怎样创造性地运用它。老挝人民革命党强调马克思的科学理论思想是世界上和人类历史上最伟大的理论思想，马克思列宁主义是符合老挝国情的。

（四）共产党在各种斗争中的任务是发挥先锋队作用

与会各党在会上纷纷从本国斗争需要角度阐述了本党发挥先锋队作

用的具体任务。委内瑞拉共产党认为，委内瑞拉面临帝国主义与委内瑞拉、资本和劳动这两对主要矛盾，共产党人当前的任务是在争取民族解放和社会主义的斗争中充当先锋，建立一个广泛而庞大的反帝民主阵线，为建设一个真正社会主义的民主国家而奋斗。越南共产党提出今后几年的主要任务是：第一，在政治、思想和组织上加强建设，不断创新和整顿，努力提高党的知识水平、政治技能、道德品质和领导能力。第二，保持党内团结，确保党内活动有充分的民主和纪律。第三，经常进行自我批评，反对个人主义、机会主义、官僚主义、腐败、浪费和一切分裂派。最重要的是，重视培养党和民族革命事业的下一代接班人，培养一支德才兼备的廉洁的干部队伍。拉脱维亚社会主义党提出其目前的重点工作领域是加强和充实党的队伍和积极揭露执政党的政策。西班牙人民共产党认为其基本任务是"转向工人"，在意识形态领域强化工人阶级意识形态独立性，在政治领域揭示政府的阶级性质的提案，在组织领域使党真正进入工作中心和主要生产部门。澳大利亚共产党人提出其首要任务是建立最强大的工人和其他被剥削人民的联盟，以抵抗和打败资本主义进攻；尤其是要在激进的、有阶级意识的基础上重建工会，将工人的意识形态水平提高到社会主义者的水平。罗马尼亚共产党和葡萄牙共产党认为，建立左翼和反对帝国主义的联盟以反对法西斯主义和反对战争是共产党人和进步人士最紧迫的任务，因为资本主义中较为反动和激进的政党逐渐把法西斯主义和战争作为解决资本主义体制性和结构性危机的"出路"。俄罗斯共产主义工人党认为，把马克思主义者同歪曲马克思主义的人划清界限仍是一项紧迫的任务。

也有不少政党提出了国际共产主义运动的宏观战略和具体斗争方向问题。孟加拉国共产党认为，共产党人需要加强意识形态斗争，充分暴露和强烈反对全球帝国主义全球化和新自由主义的欺骗性方法、纲领和政策，反对反动右翼势力及其意识形态；需要在各地与群众有机地接触以加强阶级斗争，以便在各自国家建立社会主义经济和政治秩序；需要加强独立行动和协调行动的能力，根据情况的变化快速做出调整和改变工作方法。德国共产党认为，国际共产主义运动的首要任务是制定共同战略，与此同时，要维护各方的独立性及其对工人阶级的责任，拒绝干涉主义或中心主义。墨西哥共产党认为，共产党人活动的关键就是它在工人阶级中的干预和行动。工人阶级在哪里，工作重心就在哪里。共产党人要以工人阶级的经济政治需求为导向，把具体的日常的斗争与社会主义革命的战略斗争联系起来，并根据阶级结构和垄断集中化趋势、各工会的活动、不同领域的工人阶级的意识形态倾向、工人的生活条件、每一场斗争的效果等，不断地改进和调整共产党自身的政策和行动。马其顿共产党认为，作为工人阶级真正的先锋队，共产党人和工人党必须揭露长期出卖工人利益的社会民主党的背信弃义。如今所谓的左翼政党并不像它们所声称的那样是真正的工人党，因为它们忘记了自由市场是工人阶级最大的敌人，声称支持"自由市场政策"，没有自由市场就不可能有民主政体。他们与社会民主党一样背叛了社会主义。我们共产党人的根本任务是使工人队伍认识到这些假冒的社会主义者。黎巴嫩共产党认为，世界各国共产党的任务是根据社会主义革命和建设的经验并结合各自的物质条件，制定各自的政治和经济纲领。阿拉伯地区共产党人面临的挑战是如何发挥其历史作用，在该地区建立一个世俗、民主和民族的国家，使这一地区走一条社会主义道路。

（五）签署 15 项团结声明并规划 2019 年行动方案

与会政党为了声援世界各地争取和平、民主、平等和社会主义的正义斗争，签署了 15 项团结声明，其中包括《团结古巴的声明》（87 个党签署）、《与波兰共产党团结在一起的决议》《反对美国对伊朗发动战争的决议》（84 个党签署）、《支持朝鲜劳动党和朝鲜人民争取朝鲜独立与和平统一以及朝鲜半岛和平与安全的正义事业的声明》（64 个党签署）、《团结塞浦路斯劳动人民进步党的声明》（63 个党签署）、《关于巴勒斯坦的团结声明》（62 个党签署）、《声援也门人民的声明》（58 个党签署）、《支持科索沃成为塞尔维亚共和国的一个组成部分的声明》（41 个党签署）、《声援苏丹人民斗争的团结声明》（39 个党签署）、《与巴西共产党和巴西的共产党团结的声明》（37 个党签署）、《全世界共产党和工人党声援乌克兰共产党的声明》《反法西斯斗争不是过去的事，而是今天的任务》的声明（34 个党签署）、《关于格鲁吉亚的声明》（29 个党签署）、《声援波兰共产党员弗拉基米尔·别索诺夫的声明》（24 个党签署）、《关于刚果爱国者联盟中央委员会书记奥列格·奥列格维奇·霍尔赞的声明》（23 个党签署）等。

会议最终通过了一份《呼吁书》，对未来一年的行动计划做了详细规划。如在北约成立 60 周年之日和第二次世界大战爆发 80 周年之日开展反对帝国主义战争和干涉主义的斗争，在共产国际成立 100 周年之日和十月革命 102 周年之日开展捍卫社会主义历史成就和价值观的活动，在"三八""五一"等重要节日开展斗争，在世界各地开展声援古巴、委内瑞拉、巴勒斯坦和朝鲜等国人民的斗争等。

三、会议的特点

第一，本次会议彰显出希腊共产党的巨大影响力。当代世界共产党和工人党国际会议的发展壮大与希腊共产党的直接贡献密不可分。20 年前的 1998 年，希腊共产党为纪念《共产党宣言》发表 150 周年和本党建党 80 周年，召开了一次关于"当前形势下的共产党的任务"的国际会议，并在此次会议上作出了由希共举办第一次当代世界共产党和工人党国际会议的决定。在会议创建之初，在没有其他国家共产党愿意举办该会议的情况下，希共主动承担重任，投入大量人力物力连续举办了 6 次世界共产党和工人党国际会议。在该会议得到世界各国共产党普遍认可之后，该会议从 2006 年开始转战世界各大洲。此后，希腊又于 2011 年、2018 年承办会议，得到了与会政党的高度评价，显示出一个党员人数不足 3 万的小党致力于推动共产党和工人党国际联合的强大信心和在世界共产主义与社会主义运动中的巨大影响力。

第二，与会政党有几个新现象。一是中国共产党第一次作为工作组成员参会。工作组不是会议领导机构，但作为会议迄今为止唯一的常设机构，在会议举办相关事宜、会议声明草案提交审议等方面起着决定性作用。中国共产党在第十九次大会上申请加入会议工作组，以工作组成员的身份参加了此次大会。不过中共在大会通过的 15 项声明中均未签字。二是有两个新面孔参会，一个是多米尼加共和国革命力量，另一个是哈萨克斯坦社会主义运动。从 1999 年到 2017 年，世界共产党和工人党国际会议一共召开了 19 次，总共有 119 个政党参加会议，上述两个新面孔的参会，使参会共产党和工人党数量增加到 121 个。可以说，世界上一些比较大的共产党都参加过这一国际会议。三是参加会议政党的地缘分布广泛。参加这次会议的 90 个政党有 46 个来自欧洲，26 个来自亚洲，12 个来自美洲，5 个来自非洲，1 个来自大洋洲。

第三，会议运行机制和内容出现新变化。一是此次会议的官方网站首次设立了关于会议主办方主办国情况以及其他与会党向会议提交的本党本国情况的介绍栏目，并且刊发了希腊共产党、白俄罗斯共产党、乌克兰共产党、马耳他共产党、马达加斯加争取独立大会党、哈萨克斯坦社会主义运动、印度共产党（马克思主义）等党的情况介绍。二是此次会议首次发放了与会议主题有关的与会政党的重要文件，希腊共产党、朝鲜劳动党和土耳其共产党向会议提交的本党代表大会文件或者重要讲话文稿。三是此次会议的主题突出工人阶级与联盟、共产党人的当前任务。关于共产党人的当前任务一直是会议的主题之一，而讨论分析社会阶级结构的新变化则是一个比较新的议题，之前的会议偶尔谈到，但不是作为会议主题来展开的。四是会议体现了团结精神。实际上，从第一次共产党与工人党国际会议开始，就有不同的观点和分歧，在参会者众多的情况下，这也是正常现象。但在2013年年会上，非主办方希腊共产党单独发表了一份与主办方葡萄牙共产党发表的《新闻公报》内容不同的《新闻公报》，打破了由主办方发表一份《新闻公报》的惯例，从而使内部争论公开化。2014—2016年的三次会议同样出现了不同观点的《新闻公报》。但2018年会议充分体现了国际共产主义运动的团结精神。从各党发言来看，争论已经消失，建议更加温和，而且各党还达成了15份团结声明，制定了2019年的工作重点和具体行动方案，反映了会议的团结精神。

共产国际的经验和教训：欧洲共产党和工人党未来合作与展望

——2019年欧洲共产党和工人党"倡议"纪念共产国际一百周年会议评析

元晓晓 [①]

　　欧洲共产党和工人党"倡议"（以下简称"倡议"）是2013年10月1日在希腊共产党的倡导下建立的欧洲共产党和工人党团结合作的组织。该组织成立的主要目的是与"欧洲左翼党"相区别，"倡议"认为："欧洲左翼党"是由民主社会主义政党和共产主义政党组成的，且参加欧洲议会选举，已经不是纯粹意义上的共产党的联合组织。而"倡议"则是在坚持科学社会主义原则基础上，以建立一个消除剥削和贫困，真正实现社会公平和正义为目标的纯粹的共产党联合组织。目前，该组织主要进行有关欧洲问题的研究，尤其是欧盟通过的对人民生活产生较大影响

[①]　元晓晓，中国社会科学院世界社会主义研究中心特邀研究员，中共中央党校科学社会主义教研部博士生。

的政策研究。2019 年 2 月 16—17 日，由土耳其共产党主办的倡议纪念共产国际成立一百周年的会议在土耳其伊斯坦布尔召开，与会政党围绕"为共产主义奋斗：100 年的政治遗产"这一主题，就欧洲共产主义运动的衰落、苏联解体、与社会民主党的关系等问题进行了深入讨论。

一、纪念共产国际一百周年会议的召开背景

（一）东欧剧变、苏联解体后国际共产主义运动陷入低潮，欧洲共产党和工人党影响力逐渐式微

此次会议的召开，旨在加强共产党和工人党的交流与合作，扩大共产党的影响力。东欧剧变、苏联解体使欧洲共产主义运动遭受毁灭性打击，欧洲共产党纷纷改旗易帜，其继承者由于政治立场不同及历史遗留问题难以解决，呈现分散化、碎片化状态。目前欧洲各国内存在多个共产党，例如，丹麦国内目前就有四个共产党，且各党之间相互掣肘，意见相左；意大利重建共产党和意大利共产党（2016 年）经过了几次分裂和重组，仍然难以合并。这种分散化和碎片化的状态严重削弱了各国共产党的整体实力。"倡议"希望通过这次会议，加强共产党和工人党之间的交流与合作，树立共产党人的形象和信心。

（二）右翼势力沉渣泛起，欧洲反共势力长期歪曲事实，抹黑共产党和共产国际，致使人们对共产党充满误解，此次会议就是要正视历史，对反共势力进行反击

现今欧洲资产阶级执政党在公开场合诋毁共产党，将共产党视为破坏社会稳定的极端分子，限制共产党的活动，否定共产党的存在和联合，夸大共产国际的历史错误，借由苏联解体否定十月革命和社会主义。例

如，意大利共产党的"权力归人民"选举联盟多次遭到政府的破坏；乌克兰"禁止共产主义和法西斯主义标志及其思想"的法案使乌克兰共产党被迫转为地下党，随时有被逮捕的危险。此外，近年来欧洲右翼政党上台执政、社会民主党右转等外部因素使欧洲共产党和工人党的生存空间不断被挤压。在波诡云谲的世界局势面前，欧洲共产党和工人党应以史为鉴，吸取教训，展望未来。

（三）防止社会主义改良思潮侵蚀，廓清对社会民主党的认识

欧洲社会主义改良思潮具有深刻的历史根源。1871年巴黎公社失败后，法国工人运动陷入低潮，而德国资本主义迅速发展使德国工人运动和德国社会民主党成为国际工人运动的中心。但一战爆发后，德国社会民主党首先违背《巴塞尔宣言》，支持政府的战争政策，这促使某些社会民主党与他们自己的资产阶级政府结盟，社会改良主义思潮在欧洲蔓延开来。虽然欧洲共产主义政党在与社会民主党的合作中逐渐认识到其资产阶级的妥协性不会改变，但其为此付出了巨大的代价，造成了目前党内派别林立、社会信任度骤降的局面。现今某些共产党仍没有意识到社会民主党的本质，对其仍抱有幻想，此次会议的召开就是要重申共产国际成立时反对民主社会主义的政治和意识形态的宣言，廓清对社会民主党的认识。

二、对共产国际经验教训的反思与回顾

此次会议中，欧洲共产党和工人党充分肯定了十月革命的历史意义。十月革命使共产党人看到了建设社会主义国家的希望，打开了世界社

主义运动的新局面，深刻影响了欧洲共产主义运动的进程。1919 年共产国际的成立进一步促进了国际共产主义运动在世界的传播和发展，帮助其他国家建立起共产主义政党，但由于指导方针的错误，致使共产主义运动遭受挫折，最后迫于国际局势的变化和各国共产党的日渐成熟，共产国际在 1943 年解散了。欧洲共产党和工人党结合自身实践，对共产国际的历史经验教训进行了深入剖析。

（一）肯定共产国际初建时期的成绩（1919—1924）

欧洲共产党和工人党认为，共产国际在列宁指导下取得的成绩是值得肯定的，共产国际的成立使人类真正开始了从资本主义迈向社会主义进而实现共产主义的历史征程，它将共产主义的火种传向亚非拉等殖民、半殖民国家和地区，推进了当地的革命进程。列宁去世前共产国际召开的第四次代表大会对国际共产主义运动具有指导意义。在这次大会期间，共产国际制定了共产国际的任务、组织路线，批判第二国际轻视农民的错误倾向，强调各国建立共产党、掌握革命领导权的重要性，并提出了"到群众中去"的口号，鼓励世界人民建立广泛的反帝统一战线。正如土耳其共产党主席凯末尔·奥库扬在会议开幕致辞中指出："一个世纪之前，来自世界 21 个国家 35 个政党和 52 名代表聚集在莫斯科，他们都希望打破旧的社会秩序，把人民从剥削中解放出来。在共产国际的帮助下，欧洲共产党迅速成长起来，组织工人阶级开展罢工斗争和反法西斯斗争。今天我们不能抹杀历史，更要向为共产主义而献身的人致敬。"

（二）对共产国际中期错误的反思（1924—1934）

列宁去世后，共产国际的领导人经过多次变动。由于对世界局势研判失误，这段时间共产国际错误频仍。在共产国际错误思想的指导下，欧洲共产主义运动屡受挫折。

第一，共产国际误判国际局势，夸大 1929 年资本主义危机，认为新的革命浪潮就要到来，犯了"左"倾冒险主义错误，给欧洲共产主义运动带来深重灾难。与会政党指出，在十月革命刚刚胜利的 20 世纪初，世界社会主义的革命形势并不成熟，它缺乏必要的经济基础和社会基础，当时并没有形成资本主义垄断世界的局面。土耳其共产党在大会上强调，在革命浪潮此起彼伏的"冒险主义"时期，共产国际旨在夺取资产阶级政权的主张是不合时宜的，各国共产党并没有思考"夺取政权"的条件是否成熟，我们理论上准备不足，战术上打击"资本主义"也为时过早。

第二，共产国际第五次大会提出的建立统一战线策略并不符合当时革命形势的需要。共产国际第五次大会提出建立统一战线，其主要目的是反对社会民主党，而不是同他们联盟。在共产国际的指导下，欧洲共产党忽视各国间国情的差异，不假思索地把社会民主党归到资产阶级反革命的范畴，阻碍了革命的进程。共产党（意大利）表示，1926 年意大利共产党博尔迪加和大多数领导人站在顽固的立场上，希望建立一个"纯粹的、没有污染的"政党，拒绝与其他政党开展任何形式的合作。在这种思想的指导下，共产党参与了由人民突击团、社会主义者、无政府主义者等组成的武装反法西斯团体，但由于缺乏反法西斯运动的经验，武装斗争失败，严重消耗了反法西斯团体的力量。

第三，彻底否定了共产国际推行的"布尔什维克化"运动，认为其不仅强化了共产国际对各国共产主义运动的干预，也把苏联经验神圣化，忽视各国的客观实际，使共产主义运动步履维艰。西班牙共产党在大会上公开了共产国际和西班牙共产党的信件内容："为了完成资产阶级民主革命的任务并将其转变为无产阶级革命，西班牙共产党的布尔什维克化是一个不可缺少的条件"；要求西班牙共产党改进不足之处，即"在党的战斗性和党的组织路线上，我们必须纠正他们（西班牙共产党）的错误，在政策活动和西班牙共产党内部工作上做出一个根本性的转变"。各国共产党认为，共产国际推行的"布尔什维克化"运动对共产党人的自主性和积极性有一定限制。

（三）共产国际后期调整的成就（1935—1943）

1935 年，共产国际召开了第七次代表大会，这是共产国际解散前召开的最后一次会议，这次大会为团结反法西斯力量进行斗争起了重要作用。鉴于各国共产党逐渐成熟和革命形势的需要，共产国际于 1943 年解散。

首先，欧洲共产党和工人党肯定了共产国际七大的历史地位和贡献，认为其在国际共产主义运动史上是一次具有历史转折意义的会议，对各国开展反法西斯斗争具有指导意义。共产国际第七次代表大会指出，为反对法西斯主义各国共产党，可在工人统一战线的基础上建立广泛的人民阵线，共产党人保持无产阶级政党的独立性。许多共产党在人民阵线方针指导下，赢得了国内人民的支持。例如，共产国际七大之后，西班牙共产党和西班牙工人社会党讨论建立人民阵线，并在 1936 年组成人民阵线联盟，这使西班牙共产党在国内获得较高的支持率，在 1936 年议会选举中共获得 17 个议席。

其次，七大后共产国际改变了过去过分集中的领导方法，各国共产党拥有了较大的自主权，制定了符合本国实际的政治目标和斗争策略。对于受二战影响较大的国家来说，其主要任务是联合各个阶级开展反法西斯斗争，这些国家出于战争需要，开始和社会民主党合作。例如，法国共产党要求其党员和资产阶级政党、城市和乡村的中间阶级团结起来，一起开展反法西斯的战争。对于北欧地区受二战影响较小的国家来说，其共产党在革命中意识到社会民主党不可能彻底反对资本主义，表示不可能与其进行合作。例如，挪威共产党在大会上讲述了社会民主党对共产党人的迫害，并在会议中指出："社会民主党人支持帝国主义和军事集团，参与北约行动，促进资本主义全球化的扩张，侵害工人阶级的利益，他们早已放弃了成为工人阶级政党的目标，放弃了对国际工人阶级和反帝国主义的声援。"

三、欧洲共产党和工人党的现实斗争策略

2008 年金融危机后，资本主义国家针对此次危机的措施并未扭转经济发展的颓势，其支持率不断下降，这些因素给了右翼政党发展的空间。右翼政党上台后，利用人们的恐惧心理，实行保护主义政策，打压共产党。在此次会议上，各党结合社会主义的斗争经验，就欧洲共产党和工人党的现实斗争策略进行了探讨。

（一）坚定马克思主义信仰，提高党应对风险的能力

第一，坚持马克思主义，克服教条主义。欧洲共产党和工人党一致认为，苏共二十八大戈尔巴乔夫放弃社会主义道路只是苏联解体的"导火索"，其根本原因在于苏联的问题积重难返，最后走上了改旗易帜的邪路。在当前右翼势力和资产阶级政党不断抹黑和攻击共产党，世界局势并不利好的情况下，欧洲共产党和工人党必须坚持马克思主义，克服教条主义倾向。俄罗斯共产党工人党—苏共指出，事实上，在苏共二十大和苏共二十二大上，苏共已放弃马克思主义，已经不是一个正统的共产主义革命性政党。除此之外，苏共把国家单纯理解为统治阶级的工具，忽视了社会中其他阶级的利益，经济上的"修修补补"并没有改变僵化

的经济体制，反而最后被市场经济所取代。斯洛伐克共产党表示："社会主义如此强大，以至于任何敌人都不可能击败它，它只能被自己的错误所击败。"如果共产党采用形而上的方式解决问题，那就不能理解事物的本质，不能认识发展的世界，所以一遇发展就僵化，马克思主义就变成了一种教条主义。因此，各党要把马克思主义与客观实际相结合，在实践中坚持和发展马克思主义。

第二，廓清对社会民主党的认识，拒绝社会主义改良思潮的侵蚀。与会政党表示，任何问题的形成都不是简单的，是在历史的积淀中生成和演化而来的。社会民主党披着社会主义的外衣，不断笼络工人阶级，把工人阶级和资本主义联系起来，使其成为资本主义的建设者。没有社会民主党，资产阶级就不可能有效地打击共产党人，社会民主党利用其在工会和工人运动中的影响力，成为资产阶级与共产党人斗争中最有效的武器。二战结束后，社会民主党通过有效的管理和完善的福利制度及他们在平息工人运动方面所做的工作，成为资本主义制度的优秀管理者。土耳其共产党指出：共产国际成立伊始，谁也不会预想到资本主义会在世界舞台上继续存在，虽然共产党人仍坚信资本主义终将被社会主义所替代，但"为什么社会主义胜利如此之晚？历史经验表明，我们经常忽视社会民主党的局限性和腐败性，因此我们走了很多弯路"。与会政党表示，如果共产党没有坚定的马克思主义信念和严明的政治纲领，很容易陷入"议会主义"与社会民主党合作的陷阱。未来欧洲共产党和工人党要坚定信念、防微杜渐，拒绝社会主义改良思潮的侵蚀，提高党抵御各种风险的能力。

（二）选择适合本国国情的社会主义道路

在此次会次上，各国共产党达成了社会主义不仅仅是俄国解决国内矛盾的方案，也是战胜资本主义的一般方案的共识。"倡议"基于国际共产主义运动社会历史条件和国际国内经纬的变化，充分尊重各个国家共产党和工人党对于实现社会主义方式的选择，提出了欧洲共产党现阶段的历史任务和斗争策略。

欧洲共产党和工人党认为，在革命条件成熟之前，共产党要不断加强党的执政能力建设，探索适合本国国情的社会主义道路。匈牙利工人党表示，社会革命需要具备以下条件：一是统治阶级无法用传统手段治理国家，设法采取非传统措施，如军事独裁或法西斯主义；二是大多数劳动人民在现有制度框架下无法找到解决问题的办法；三是必须有一个纪律严明、有组织的共产党，且具有反资本主义的意识形态和坚定的掌握政权的愿望。目前欧洲的政治局势和共产党的自身水平并没有达到革命的条件，因此，共产党必须不断加强自身建设，为实现社会主义革命创造条件。首先，党的建设要时刻在路上，共产党要做好执政的准备。例如，匈牙利共产党虽然成立于 1918 年 11 月，但 1919 年 3 月社会主义革命条件就已成熟，匈牙利共产党上台执政。因此，共产党要不断提升自己，争取广大人民的支持，时刻做好掌权准备。其次，共产党必须能够获得工人阶级的支持，联合或分裂中产阶级，孤立资产阶级。最后，社会主义的实现取决于共产党能否找到适合本国国情的方式。在国际共产主义运动史上，虽然苏联、匈牙利、南斯拉夫等社会主义国家探索失败，但仍为接下来开展社会主义运动起到了警示作用。此外，目前中国、越南等国社会主义建设经验值得借鉴和学习，欧洲共产党和工人党要立足国情、拓宽视野，探索符合本国国情的社会主义道路。

在实现社会主义的方式选择上，"倡议"强调尊重各国共产党和工人党的自主权，只要符合本国国情，实现社会主义的方式也是多样的。例如，共产党（意大利）指出，共产党（意大利）的首要任务是动员人民开展阶级斗争，创造工人运动的革命性阶级。参加议会选举和其他选民机构是共产党（意大利）的一种斗争形式，但不是唯一的选择，共产党（意大利）拒绝任何以选举为目的联盟协议。过去25年的历史经验表明，联盟间的龃龉只会阻碍共产党的发展，共产党（意大利）必须保持党自身的独立性，审慎推进社会变革。土耳其共产党则认为，参加议会选举仍是土耳其共产党夺取政权、改变资本主义制度的重要手段，因为在土耳其除了土耳其共产党外，没有任何政党对资本主义制度提出质疑，其他政党只是为了赢得选举，并没有坚定的阶级立场。土耳其共产党与其他政党不同，它正在为备受经济危机煎熬的工人寻找替代资本主义的方案，并努力团结工人进行有组织的斗争。在即将举行的2019年地方选举中，土耳其共产党将参加土耳其81个城市和821个地区市议会选举，并且提出81个地区的市长候选人。

（三）积极开展社会主义运动，加强共产党之间交流与合作

第一，积极开展社会主义运动，加强与欧盟和北约的斗争。资本主义矛盾日渐凸显造成了世界的动荡和不安，战争、难民潮、经济危机、大规模失业、工人的贫困和环境污染等问题层出不穷，而欧盟和北约的存在并没有使这些问题得到改善，反而使人们的生活雪上加霜。美国为维持其世界霸权，利用北约成员国作为谋利的工具，打着民族主义的旗号，加大对巴尔干地区人民的剥削，并不断加大其在乌克兰、巴尔干半岛、中东、亚洲、拉丁美洲和世界各地的侵略活动，而欧盟在许多问题上充当了北约的"帮手"。因此，反对欧盟和北约的斗争永远不会停止，作为发起"倡议"的成员，将积极开展社会主义运动，脱离欧盟、北约和其他所有帝国主义组织，为实现社会主义而奋斗。

第二，在协商一致的基础上建立新的共产党国际合作组织，加强各国共产党和工人党之间的交流合作。与会政党表示，自共产国际解散后，

世界舞台上就没有再成立国际性的共产主义组织和机构。虽然近年来共产党和工人党会议为各国共产党提供了交流的平台，但世界上共产党力量分散，加之组织路线、政策主张各不相同，各国共产党缺少对话和合作协商的精神。相形之下，资本主义区域合作化和集团化的趋势不断加强，资本主义国家在世界上建立起如世贸组织、国际货币基金组织、北约等世界性的组织和机构。21 世纪不能缺少共产党的交流合作组织，对于共产党人来说这变得尤为重要。虽然近年来欧洲共产党和工人党不断强调党的政治建设和独立性建设，但这并不排除共产党之间的团结合作、协商与交流。未来共产党成立的国际交流组织，是以推翻资本主义为目的，以协商民主和互相尊重为基本原则的。今后，欧洲共产党和工人党将积极参加共产党人的国际交流活动，也希望"倡议"发挥更大的作用，吸引世界上更多的共产党人加入进来，促使新的共产党国际合作组织尽早成立。

四、纪念共产国际一百周年会议的作用和意义

（一）各共产党认真总结欧洲共产主义运动史上的经验和教训，在多个问题上达成共识，为接下来欧洲共产党和工人党开展活动奠定了基础

来自欧洲的 21 个国家的共产党和工人党对共产国际、苏联解体等历史问题进行了客观而全面的分析和评价。马其顿共产党、克罗地亚社会主义工人党、拉脱维亚社会党和斯洛伐克共产党对欧洲原社会主义国家的探索进行了总结。各党一致认为，苏联解体并不是社会主义的终结，而是苏联社会主义道路探索的失败，坚定了共产党和工人党实现社会主义的信心。欧洲共产党和工人党揭露了社会民主党作为资产阶级政党的

两面性和妥协性，有效遏制了党内机会主义和教条主义的发展，为共产党独立探索社会主义道路扫清了思想上的障碍。

（二）从欧洲共产党和工人党的现实斗争策略来看，各党对实现社会主义方式的选择更加科学，其目标也更加清晰、明确

从会议的发言中可以看出，欧洲共产党和工人党在复杂博弈关系中成长与蜕变，各党摆脱了唯"议会选举"的错误做法，开始结合党情国情世情来选择实现社会主义的方式，在这一过程中也认识到党的建设的重要性，把党的建设嵌入社会主义探索中，提出了"党的建设永远在路上"的理念。对于欧洲共产党和工人党来说，这可谓是党的建设方面质的飞跃，也使我们对未来欧洲共产主义运动充满期待。

（三）"倡议"虽然在欧洲共产主义运动联合和交流上作出了贡献，但在包容性上仍需加强

"倡议"坚持反欧盟、反资本主义、反帝国主义的原则，为克服机会主义、加强反帝阵线的联合起到了积极作用，但由于过分强调其性质和立场，将"欧洲左翼党"成员排除在外，削弱了"倡议"的影响力。例如，欧洲实力和影响力较大的法国共产党、葡萄牙共产党、意大利重建共产党等都没有加入进来，如果未来"倡议"能在互相尊重、平等协商的基础上与"欧洲左翼党"展开合作，将会进一步提升其影响力，把共产主义政党的整体优势发挥出来。

世界社会主义黄皮书

YELLOW BOOK OF WORLD SOCIALISM

世界社会主义跟踪研究报告

〔2019—2020〕

—— 且听低谷新潮声（之十六）

中国社会科学院世界社会主义研究中心　主编　李慎明　姜　辉

中国社会科学院马克思主义理论学科建设与理论研究工程资助项目

下册

当代中国出版社
Contemporary China Publishing House

2020 年·北京

第四篇

以史为镜篇

毛泽东是如何战胜逆境的?

王立华 [①]

一个人要做成一些事，要取得成功，总会遇到逆境，总要有一个不断接受挑战、战胜逆境的过程，甚至需要在绝望处求生存谋发展。从这个意义上讲，伟人毛泽东走出逆境走向胜利的品格与智慧，对我们有极大的启发和帮助。

一、毛泽东早年的"三落"

（一）第一"落"，是在刚上井冈山时

1927 年 9 月，毛泽东领导秋收起义，按照原定计划率部攻打长沙，受挫后，放弃计划，调转方向上了井冈山。此举遭到中央临时政治局的严厉批评和处分，决定给他"开除中央临时政治局候补委员"和"撤销

---

① 王立华，昆仑策研究院副院长兼秘书长、高级研究员。

现任省委委员"的处分。但是中央特派员于 1928 年 3 月到井冈山传达决定时，将处分决定误传为"开除党籍"。毛泽东刚刚在井冈山站稳脚跟，在三个县建立了工农革命政权，不但没受到表扬，反而被开除党籍了。不是党员了，前委书记和党代表自然也当不成了，于是他改当师长。4 月，朱毛会师，他特意背上一支短枪，幽默地说："背上盒子枪，师长见军长。"

这一"落"时间是一个月。这一个月里，因为没有毛泽东的指挥，红军遭遇"三月失败"。后来才知道中央是给了处分，但开除党籍是误传，不是政治局候补委员了，党代表还是能当的。于是朱毛会师后成立工农革命军第四军，朱德当军长，毛泽东当党代表、红四军军委书记。这一落一起，毛泽东由师长变成了军党代表。

（二）第二"落"，是在下了井冈山后

当时人民军队处在初建时期，领导层对如何建军存在分歧，其核心问题是如何处理党与军队的关系。军队指挥谁说了算？是个人还是党委？用怎样的方式说了算？1929 年 6 月，红四军在福建龙岩召开第七次党代表大会，会议否定了毛泽东提出的必须反对不要根据地建设的流寇思想和必须坚持党的集权（当时对民主集中制的称谓）领导原则的正确意见，在选举前委书记时，陈毅当选书记，而中央指定的前敌委员会书记毛泽东没有当选。这是毛泽东一生唯一一次让下级"夺了权"。会后，他离开红四军主要领导岗位，去地方指导工作。

这次打击把毛泽东推向政治生涯的又一个低谷，他当时病得很重，以至共产国际误发"讣告"，说中国红军的领袖毛泽东因病去世了。

这一"落"时间是半年。因为排挤掉毛泽东，红四军乱哄哄地打了大败仗，损失严重。中央让陈毅去上海汇报情况，毛泽东也给中央写信

反映情况。根据陈毅的汇报，中央负责人李立三、周恩来指示，一定要把毛泽东请回来。陈毅亲自把毛泽东请回来继续主持红四军工作。毛泽东回来后，筹备召开了红四军第九次党代表大会，会议通过了彪炳史册的《古田会议决议》，纠正了红四军党内的错误思想，明确提出"红军是一个执行革命的政治任务的武装集团"，确立了人民军队建军的基本原则，明确了军队思想政治工作的任务内容及一系列方针方法，毛泽东重新当选为红四军前委书记。

这一落一起的最后结果，肯定了党对军队的领导原则，这是我军最根本的原则，也是人民军队不变的灵魂。

（三）第三"落"，是在瑞金直到长征初期

这一"落"有几个特点：一是时间最长，从 1931 年底到 1935 年初遵义会议。二是打击最深，几乎所有职务都被撤了。三是受苦最大，用毛泽东的话说当时他被孤立了："不但一个人也不上门，连一个鬼也不上门……还好，我的脑袋没有被砍掉。"[①] 四是最惊心动魄，几乎经受了能想到的所有挑战。

这一落一起的结果，使毛泽东从中央的边缘领导成为核心领导。

二、毛泽东的苦难辉煌

（一）连续取得反"围剿"巨大胜利

朱毛红军下井冈山后，在赣南、闽西一带创建了革命根据地，从 1930 年冬到 1931 年秋，灵活机动，以弱胜强，不到一年时间连续打破

---

① 《中共党史资料》第一辑，中共党史资料出版社 1982 年版，第 176 页。

三次"围剿"，取得了令人难以置信的巨大胜利：三次反"围剿"共歼敌7万多人，近2万国民党军战场起义，红军发展到6万多人，根据地扩展到28个县250万人口，总面积达5万多平方公里，后来全盛时达8万多平方公里，蒋介石被迫通电下野。

按理说，取得如此巨大的成就，应当给予充分肯定、表扬和鼓励，但结果恰恰相反。因为当时从苏联回来的同志占据领导地位，他们主张像俄国十月革命那样先夺取中心城市，然后夺取全国政权。而毛泽东则主张把重点放在农村，建立农村革命根据地，走农村包围城市的道路，还要反对本本主义，这就注定了他会时运不济。

（二）不断遭受打击直到靠边站

连续三次反"围剿"的巨大胜利，非但没有给毛泽东带来表彰和重用，反而使他一而再、再而三地遭到排挤打击。

一免军职。1931年1月，第一次反"围剿"胜利后不久，根据中共六届三中全会后的中央决定，项英在宁都小布组成中共苏区中央局（毛泽东等9人任委员），撤销中共红一方面军总前委；建立由中共苏区中央局为领导的中央革命军事委员会（朱德、毛泽东等任副主席），取消以毛泽东为主席的中国工农革命委员会。11月，在中央苏区第一次代表大会（即赣南会议）上，毛泽东的一些正确主张受到指责。不久，中华苏维埃共和国执行委员会成立中央革命军事委员会，取消红一方面军总司令、总政委，毛泽东虽然任中央革命军事委员会委员，但已失去红一方面军总前委书记和总政委的职务，被剥夺了对红军的领导指挥权。紧接着，毛泽东当选中华苏维埃共和国中央执行委员会和人民委员会（即临时中央政府）主席。用任弼时的话说："在组织上使他脱离军队的直接领导。"

二免党职。1932年1月，周恩来来到瑞金，开会贯彻中央"进攻路线"占领大城市、讨论打赣州的问题。多数与会者执行中央指示，而毛泽东坚决不同意，认为凭红军当时的力量根本打不下来。他还在叶坪主持中共苏区中央局会议时提出，随着日军大举侵华，势必引起全国人民的抗日高潮，国内阶级关系必将发生变化。他的看法被中央代表团某些成员指责为"右倾机会主义"，结果会议中途另选了主持人。当时有人还说"打下赣州再和老毛算账"。会后毛泽东生病了，带着贺子珍和警卫员到瑞金城郊东华山古庙休养。

三免工作。毛泽东在东华山养病期间，彭德怀受命担任前敌总指挥，率部攻打赣州。结果不出毛泽东所料，打了 33 天，伤亡 3000 多人，不但未打下赣州，反被敌人包围了一个师。无奈之下，周恩来让项英去请毛泽东。毛泽东连夜冒雨赶往前线，边走边调兵遣将，使被围红军部队脱离了危险。于是中央便让他以临时中央政府主席的身份随恢复后的红一方面军总部行动。毛泽东带领林彪部队改变原定作战方向，出其不意地东进福建，一举拿下龙岩、漳州，缴获了大量枪支弹药给养，筹集经费 100 多万元。同年 8 月，毛泽东重新担任了红一方面军总政委。

但是在要不要攻打中心城市的问题上，毛泽东因为坚持反对打赣州，主张向敌人统治薄弱、党和群众力量较强的赣东北发展，在 1932 年 10 月中共苏区中央局全体会议（即宁都会议）上遭到批评。会议通过了周恩来提议的毛泽东"仍留前方助理"的意见，同时批准他"暂时请病假，必要时到前方"。会后，中革军委决定，毛泽东"暂回中央政府主持一切工作"，红军总政委由周恩来兼任。毛泽东实际上被撤销了军事领导权，他只能到医院去休养了。

四肃影响。毛泽东到长汀福音医院休养，与伤愈即将出院的福建省委（时称闽粤赣省委）代理书记罗明谈话，概括地总结三次反"围剿"斗争取得胜利的经验，指出福建和江西一样，应加紧开展广泛的地方游击战争，配合主力红军的运动战。罗明听后深受启发，回去后传达毛泽东的谈话精神，以游击战方式向敌人力量薄弱地区发展。1933 年 1 月，临时中央进入中央苏区，罗明在迎接路过福建的博古时向他汇报说，正在按照毛泽东的意见开展游击战，这使博古非常恼怒。他一进入苏区就组织批"罗明路线"，又扩展到批邓、毛、谢、古（即邓小平、毛泽覃、谢维俊、古柏），指责他们是"毛派"，撤销了他们的职务。甚至连毛泽东的亲属贺子珍、贺敏学、贺怡（毛泽覃妻）也受到牵累，被免去职务或调换工作。后因共产国际关系，毛泽东才被允许继续主持临时中央政府工作，但被免去人民委员会主席一职，改由张闻天担任，他只担任执行委员会主席这个虚职，主要工作是号召植树、检查春耕、在苏维埃大学里给学生讲授如何开展乡村苏维埃工作。

五患重病。毛泽东被撤职后又患了病。长征出发时，毛泽东与贺子珍的儿子毛毛送给了老乡，从此再也没见到。后来毛泽东在延安对曾志讲："我当时就那么想，读书吧！坚持真理，坚持原则，我不怕杀头，不怕坐牢，不怕开除党籍，不怕处分，也不怕老婆离婚，一切我都不在乎，我只一心一意去多读书。"[1]

（三）紧要关头抓住转机

失去毛泽东的领导后，红军第五次反"围剿"遭到惨败，不得不撤离根据地开始战略转移。在这生死存亡的紧要关头，毛泽东通过一系列工作，扭转不利局面，最后在遵义会议成功崛起。

一是争取了两个人物。他们是王稼祥和张闻天，二人都曾经反对毛泽东。毛泽东先争取的是王稼祥。他是军委副主席兼总政治部主任，打

---

[1] 曾志：《一个革命的幸存者——曾志回忆实录》下，广东人民出版社 1999 年版，第 329—330 页。

赣州失败后，他转变了思想，在宁都会议上站出来为毛泽东说话。他说我与毛泽东并非旧交，相反与王明、博古却是老同学、老同事甚至同乡，对中央指示也一直是服从和执行的，但从几次反"围剿"胜利中，从打赣州的教训中，感到毛泽东的指挥是正确的。后来王稼祥受伤到后方住院，成为毛泽东最坚定的拥戴者。毛泽东说，王稼祥是从教条宗派中第一个站出来支持我的。张闻天是中央政治局常委，党的主要负责人之一，中宣部部长。他最初也曾起劲地反对毛泽东，后因第五次反"围剿"失败，与博古、李德产生分歧，被排挤到后方当政府主席，毛泽东任没有实权的执行主席。他们都住在云山古寺的一个院子里，经常接触交流。开始，两人只是谈点儿文学，后来张闻天公开流露出对博古的不满，与毛泽东共鸣点也越来越多，逐渐接受了毛泽东的正确主张。王稼祥和张闻天分化出来，对后来的事态发展作用很大。

二是提出了两个要求。首先是在长征开始时毛泽东要求与王稼祥、张闻天一起行军。长征之前，在得知张闻天对中央最高"三人团"将政治局委员分散到各军团有意见后，毛泽东立即向中央提议，将他和张闻天、王稼祥安排在一起，博古认为两个躺在担架上的病号，加上张闻天也出不了什么大事，就批准了这个要求。于是他们经常讨论党和红军的大事，尤其是第五次反"围剿"失败的教训，最后得出的结论就是不能再让博古、李德指挥下去了，这才有了后来的一系列行动。其次是在湘江战役后要求讨论失败的原因。湘江是长征突破的第四道封锁线，湘江一战使红军从8万人减少到3万多人，全军上下对博古、李德非常不满。毛泽东提议要讨论失败原因。周恩来同意他的意见，但鉴于蒋介石尾追甚急，许诺稍微安顿后开会，从而为后面的斗争提供了条件和机会。

三是斗争了三个回合。第一个回合是通道会议，改变了红军的行军方向。过湘江后，周恩来在湖南省通道县主持召开中央负责人紧急会议，讨论红军行动方向。李德坚持按原定计划北上湘西与红二、六军团会师；毛泽东从敌军重兵阻拦红军主力北上这一情况出发，力主往西，向敌人力量薄弱的贵州进军。王稼祥、张闻天、周恩来等多数人赞成毛泽东的意见，连博古也没有否定。会议通过了毛泽东的提议，这就是著名的"通道转兵"。第二个回合是黎平会议，改变了原定战略方针。进入贵州到达黎平后，在中央政治局会议上，博古等又提出按照原定方针北上与红二、六军团会师，再创建新的根据地；毛泽东主张继续向贵州西北进军，在川黔边建立根据地。王稼祥、张闻天、周恩来都支持毛泽东，并以政治局决定的形式明确毛泽东的主张为新的战略方针。李德因自己的意见被否，会后与周恩来大吵大闹。博古知道后对周说："不要理他。"中央最高"三人团"从此分化。第三个回合是猴场会议，会议决定由中央政治局决定重大军事问题，从而否定了"三人团"的军事指挥权。在贵州瓮安县猴场召开的这次中央政治局会议，再次否定了李德的主张，同时作出一个重要决定："关于作战方针以及作战时间与地点的选择，军委必须在政治局会议上做报告"，从而否定了"三人团"的指挥权。这三个回合的斗争成果，为毛泽东在遵义会议上的崛起提供了比较充分的准备和条件。

（四）遵义会议进入领导核心

前面三个斗争回合，并没有从根本上解决问题。王稼祥对毛泽东提出，到遵义召开政治局扩大会议，把他们轰下来。毛泽东说，就我们两个人开得起来吗？要活动活动。他建议王稼祥先同张闻天通通气。王稼祥对张闻天说，应该让毛泽东同志出来领导。张闻天说："毛泽东同志打仗有办法，比我们有办法，我们是领导不了啦，还是要毛泽东出来。"王稼祥又找到周恩来，婉转地提出到遵义开会，周恩来毫不犹豫地支持这个建议。王稼祥又找到其他负责人交换意见，取得大家支持后，便通知博古到遵义开会。

1935 年 1 月 7 日，红军占领遵义，15 日，中央政治局召开扩大会议。会上围绕总结第五次反"围剿"以来的情况，先由博古作主报告，再由周恩来作副报告，然后张闻天作彻底否定博古报告的反报告。紧接着毛泽东发言，他提出其他问题暂不争论，先着重解决军事路线问题。他讲了近两个小时，主要思想后来写成了《中国革命战争的战略问题》一文。陈云回忆说，毛主席讲得非常有道理，非常系统，一下子大家折服了。毛泽东讲完后王稼祥发言，他批判了博古、李德的错误，表示完全赞同毛泽东的发言，建议取消李德、博古的军事指挥权，提议解散"三人团"，把军事指挥权交给毛泽东。其他同志的发言也很激烈。朱德说："丢掉了根据地，牺牲了多少人命！如果继续这样的领导，我们就不能再跟着走下去！"周恩来也全力推举毛泽东领导红军。当时周恩来是政治局常委的第三号人物、"三人团"成员和中革军委副主席，朱德是中革军委主席、红军总司令、红一方面军总司令，是中央领导下的军队一号人物，他们的表态实际上等于大局已定。

会议开了三天，决定增选毛泽东为中央政治局常委，取消"三人团"，取消博古、李德的最高军事指挥权，周恩来仍为党内对于指挥军事上下最后决心的负责者。虽然博古没有交出总负责的权力，但周恩来从中国革命的最高利益出发，自觉地把自己置于助手地位，让毛泽东全权指挥红军的军事行动。[①] 毛泽东实际上成为中央红军的最高指挥者和全党的领导核心。所以，遵义会议的意义极为重大，它结束了王明"左"倾冒险主义在中共中央的统治，确立了以毛泽东为代表的新的中央领导，

---

① 杨尚昆：《追忆领袖战友同志》，中央文献出版社 2001 年版，第 39 页。

在最危急关头，挽救了党，挽救了红军，是我们党和军队发展史上一个转折点，也是毛泽东走出逆境从低谷中崛起的标志，从此，党和军队在他的领导下转危为安，从胜利走向胜利。

三、成为领导核心后战胜五大挑战

遵义会议确立了毛泽东的领导地位，虽然毛泽东只是政治局常委，但他的意见已在中央起决定作用。当时，如何巩固领导地位，使革命事业转危为安走向胜利，仍面临着来自多方面的重大挑战。一直到延安，这样的重大挑战对于毛泽东至少还有五次。

一是来自原来领导人的挑战。毛泽东领导红军后，希望打个胜仗来改变处境，大家也对他寄予很高的期望，但第一仗却打败了。遵义会议后没几天，在土城打了第一仗，毛泽东亲自指挥，周恩来和朱德协助，本来情报说敌人只有 6000 余人，是贵州战斗力很弱的"双枪"军，但一交手才发现，对方不是黔军，而是战斗力比较强的川军，人数有 1 万多，并且大批增援敌军马上就到，红军打得非常艰难被动。最后，毛泽东提议召集中央政治局主要领导人开会，决定立即撤出战斗，停止执行原定北上四川的计划，西渡赤水，开始了红军长征中举世闻名的四渡赤水之战。首战失利对毛泽东打击很大。更为严峻的是，大家让毛泽东领导的强烈呼声也跌落下来，博古迟迟不交权，凯丰也鼓动他不交。土城战役几天后，在云贵川交界处一个叫鸡鸣三省的地方，张闻天提出让博古交权，周恩来也找博古谈，让他交权，让毛泽东来指挥。但毛泽东从大局考虑，说服大家同意让张闻天做党的总负责人。① 博古听说交给莫斯科回

---

① 《周恩来军事文选》第四卷，人民出版社 1997 年版，第 563 页。

来的同学，才比较痛快地把象征权力的印章、文件和记录等交了出去。随后政治局常委分工，由张闻天在党内负总责任，而毛泽东是周恩来在"军事指挥上的帮助者"。

二是来自领导层多数不理解的挑战。二渡赤水后，毛泽东指挥红军在娄山关和遵义一带，用5天时间歼敌2个师8个团，俘虏约3000多人，缴获大批军用物资，取得了长征以来最大的一次胜仗，驱散了土城失败的阴影。几天后，张闻天和周恩来提议，在红军总部之下设立前敌司令部，任命朱德为前敌司令员，毛泽东为前敌政治委员。但毛泽东的职务到第六天又被拿了下来。事情是这样的：遵义战役胜利后，一军团司令员林彪、政委聂荣臻给朱德写信，建议打打鼓新场。在狗坝召开的中央负责人会议讨论进攻打鼓新场的计划时，朱德发言认为林、聂建议可行，大家也都同意，唯独毛泽东坚决反对，张闻天要少数服从多数表决。毛泽东急了，说：如果你们坚持打打鼓新场，我这个前敌政委不干了！张闻天说不干就不干吧，坚持让大家表决，结果除毛泽东外都同意林彪的建议，同时撤销毛泽东前敌政委一职，由彭德怀代理前敌总指挥。会后，毛泽东回到住处辗转反侧，深更半夜提着一盏马灯，走了五六里山路去找周恩来，建议缓发作战命令。正好周恩来刚收到情报，敌人几支部队正在向打鼓新场集结，如果按原计划打，有可能陷入灭顶之灾，就接受了毛泽东的意见，第二天一早再次举行中央负责人会议，说服与会者放弃前一天的指令。毛泽东又恢复了职务。鉴于作战情况瞬息万变，指挥不能少数服从多数而需要集中，他提议成立三人团全权指挥军事。会议一致通过他的建议，决定由毛泽东、周恩来、王稼祥组成新的"三人团"。毛泽东这次成了名副其实的核心决策者。

三是来自得力战将不服气的挑战。1960年5月，英国元帅蒙哥马利访华时对毛主席说，您指挥的辽沈、平津、淮海三大战役，可以与世界上任何伟大的战役相媲美。毛泽东回答：三大战役没什么，四渡赤水战役才是我的得意之笔。四渡赤水后，党和红军巧妙地跳出了包围圈，巧渡金沙江，实现了北渡长江的目的，取得了战略转移的决定性胜利，从被动走向主动。但当时许多部队主要领导和一些中央领导对毛泽东表示不理解。林彪甚至给中央写信说毛泽东指挥部队不合适，建议毛、周、朱随军主持大计，由彭德怀担任前敌指挥。理由是部队走了许多不必要的弓背路，这样下去会把部队拖垮。这个意见在当时是有代表性的，连一直支持毛泽东的王稼祥都曾对张闻天说：光打圈圈不打仗，可不是办法。[①]彭德怀等也流露出同样的思想。1935年5月，政治局在会理城外的铁厂召开扩大会，史称"会理会议"。会议批评了林彪提出的错误意见。毛泽东在会上严厉批评林彪写信是彭德怀鼓动的，改变中央军事领导的意见，是违背遵义会议精神的。周恩来和朱德在会上都坚决支持毛泽东，指出在危机情况下，正是由于采取兜大圈子、机动作战的方针，才摆脱了敌人的重兵包围。会议要求维护遵义会议确立的政治领导和军事领导的团结，立即北上，同红四方面军会合。

四是来自实力派分庭抗礼的挑战。1935年6月，中央红军翻过夹金山后，与红四方面军会师懋功。当时中央红军有2万多人，从上到下缺衣少粮，而红四方面军8万多人，军容整齐，兵强马壮，粮草充足。领导四方面军的张国焘也是一个老资格，1918年下半年毛泽东在北京大学图书馆当助理员时，他已经是北大学生领袖；在中共一大上，毛泽东做会议记录，他则作为李大钊的代表被推为会议主席；张国焘还是党内少有的曾与列宁谈过话的人。会师后，张国焘仗着自己人多枪多，与中央争权。他先是反对中央和毛泽东北上创造川陕甘苏区根据地的路线，提

---

① 徐则浩：《王稼祥传》，当代中国出版社2006年版，第145页。

出南下川、康的主张，继而又提出组织问题，要博古退出政治局、周恩来退出军委，增补红四方面军 9 人当政治局委员（当时中央政治局一共才 8 人），并以问题没有解决为借口，延宕红四方面军主力北上。张闻天曾跟毛泽东商量把总负责位置让给他，毛泽东表示不行：一是张国焘要抓军权，这个位置他不一定满意；二是如果真让他坐上这个位置，会带来很多麻烦。1935 年 7 月，中央政治局芦花会议为团结张国焘，同意周恩来辞去红军总政委职务，由张国焘接任，并任中革军委的总负责者；周恩来调中央常委工作，在张国焘尚未熟悉情况前，由周恩来暂时帮助。直到 8 月中央政治局会议（沙窝会议）增补了陈昌浩和周纯全为政治局委员，陈昌浩任红军总政治部主任，张国焘才同意北上。但他又以各种理由主张南下，反对北上，目的未达到便要"彻底开展党内斗争"。这个电报被叶剑英获知后报告毛泽东，9 月 9 日，毛泽东被迫带中央红军先行北上，11 月中旬到陕北时还剩下不到 7000 人。而张国焘率部南下后，10 月 5 日在四川省理番县卓木碉召开会议，另立"中共中央""中央政府""中央军委""团中央"，自任"临时中央主席"，宣布开除毛泽东、周恩来、博古、张闻天等中央领导的党籍并下令通缉。毛泽东后来说，那是他一生最黑暗的日子。在当时的情况下，要解决张国焘的问题，肃清党内"左"倾路线，迫切需要共产国际的支持。就在这时，受共产国际和斯大林委派，回国与中共中央恢复联系的林育英（化名张浩）也到了陕北，带来了共产国际的最新精神和密电码。中共中央根据共产国际指示精神，决定建立最广泛的抗日反蒋统一战线，同时让张浩以国际代表名义帮助做张国焘的工作。国际代表站在毛泽东一边，抗日已是今后的主要任务，中央很快与张学良达成停火默契，等等，这些新变化对张国焘打击很大，加上他南下作战受挫，损兵折将，8 万多红军打得只剩下 3 万多，实践证明毛泽东的北上路线是正确的，张国焘的南下是错误的，最后连跟他最紧的陈昌浩都不愿再跟了，他不得不于1936年6月正式宣布取消非法的"临时中央"。10月，红一、二、四方面军实现大会师。后来，因西路军惨败，张国焘受到中央批判，1938年清明节，他借代表边区政府去黄帝陵祭奠之际逃跑叛党，当了国民党军统特务，连他的警卫员都没跟他走。

五是来自"钦差大臣"争夺领导权的挑战。1937年七七事变后，红军改编为八路军、新四军开赴抗日前线，开辟敌后根据地，进行独立自主的游击战，形势发展很好。就在这时，毛泽东迎来新的更大挑战。同年11月底，王明从苏联回国，开始了党内新一轮争夺领导权的斗争。王明曾在向忠发叛变后代理党的总书记，后来他指定博古留在中央负总责，自己跑到苏联担任了中共驻共产国际代表团团长，同时担任共产国际执委会主席团委员和政治书记处候补书记，主管中国和亚洲各国的共产主义运动。回国前，斯大林和季米特洛夫专门接见他，要他回国后纠正毛泽东提出的在统一战线中坚持独立自主原则等主张。因此，王明既是共产国际领导，又是带有尚方宝剑的"钦差大臣"，一回来就召开了12月政治局会议，在会上作《如何继续全国抗战与争取抗战胜利呢？》的报告，提出右派投降主义的主张，批评洛川会议以来中央采取的正确方针和政策，否认统一战线中的独立自主原则，主张"一切经过统一战线"。党内大多数都支持王明，张闻天甚至在会上提出自己不再担任总书记，有意把位子让给王明。由于毛泽东、朱德、彭德怀、任弼时等的抵制，王明的错误意见没有形成决议。会议决定，改组中央书记处，成立中共七大筹备委员会，毛泽东任主席；增补王明和康生（两人从苏联一起回来）、陈云为书记处书记；由周恩来、王明、秦邦宪、叶剑英组成中共代表团，负责同国民党谈判；由项英、周恩来、秦邦宪、董必武组成长江局，领导南方各省党的工作。王明提出他要在七大上作政治报告。按规矩，只有党的一号领袖才能在党代会上作政治报告。在武汉，王明以中共中央和毛泽东的名义发表宣言和谈话，基本成了"第二政治局"，甚至要在武汉建立第二中央。这种状况持续大约有半年时间，毛泽东又一次处在少数和孤立的地位，他甚至对李维汉说："我的命令不出这个窑洞。"①1938年3月，一一五师师长林彪负伤后被送回延安，就谁当一一五师师长的问题上，一天内发了两个命令：一个是中央军委主席毛泽东下的，让一一五师政治部主任罗荣桓代理；一个是八路军集总下的，让343旅旅长陈光代理。因为集总的命令早下了几个小时，就以集总的命令为准。后来，王明建议让任弼时去苏联汇报中国抗战形势和党的情况，毛泽东顺水推舟采纳了他的建议。但此时的任弼时已是毛泽东的坚定支持者。他去后，与在苏联养伤并担任中共驻共产国际代表的王稼祥一起，把中国党的真实情况向共产国际作了汇报。共产国际负责人季米特洛夫郑重地对他们说：应该告诉大家，应该支持毛泽东同志为中共领导人，他是在实际斗争中锻炼出来的，其他人如王明，不要再去竞争当领导人了。这时是1938年下半年，全面抗战开始一年多了，北方局按照毛泽东的主张，取得了很大胜利，红军由改编时5万余人发展到18万多人，还建立了大片敌后抗日根据地。而王明搞"一切经过蒋介石"，新四军政委项英听他的，在南方处处碰壁，发展不了。事实使大家认清了是非。王稼祥从苏联回来后，1938年9月29日至11月6日，中共扩大的六届六中全会在延安召开，会上传达了季米特洛夫的指示，批准了以毛泽东为代表的中央政治局的路线，明确了毛泽东的领袖地位。尽管共产国际指示要以毛泽东为首，但毛泽东还是让张闻天继续负总责，自己仍担任政治局常委，直到4年半后的1943年3月，通过延安整风运动，大

---

① 李维汉：《回忆与研究》上，中共党史资料出版社1986年版，第443页。

家都比较清楚地认识了王明"左"倾路线的错误，而张闻天也很难再在中央书记处继续工作，政治局才作出机构调整决定，由毛泽东担任政治局主席和书记处主席，而且书记处"会议中所讨论的问题，主席有最后决定之权"，从组织上确立了毛泽东在全党的核心领袖地位。这时，离1935年1月的遵义会议已经过去了8年时间。

四、处在逆境时怎么办

从伟人毛泽东的经历中，我们可学到一些带根本性的态度和方法。

（一）"四不"

一是不消极对待。一个人取得那么大的成就，却遭受那么多不公正的打击，一般情况下会陷入消沉，有的甚至另立门户，走向反面，而毛泽东是怎么做的呢？周恩来曾回忆说，在撤销毛泽东红军总政委职务时，毛泽东对他说：需要我的时候，打个招呼我就来。没过多长时间，红军打赣州受挫，周恩来派项英去请他，他二话没说就跟着来了，迅速帮助前方解决了危机。在第五次反"围剿"过程中，他已经靠边站了，但是他看到战场形势很严重，还是给领导者连献三计破围，虽然他的建议被置之不理，但他自己没有把自己置身度外。自己不把自己边缘化，谁能把你边缘化呢？当时有些会议不通知他参加了，但是只要让他出席他都去，去了就在会上力陈自己的意见，不管人家是不是喜欢听，说真话并坚持真理。如果当时他随波逐流，大家也就不会在失败时反思他的正确。毛泽东说，在那段时间，他看马列主义的书，搞农村建设工作，对党的决议是服从的，他坚持三条：一是少数服从多数，二是不消极，三是争取在党许可的条件下做些工作。直到新中国成立后，毛泽东还说：我没有吃过洋面包，没有去过苏联，也没有留学过别的国家。一些吃过洋面包的人不信任，认为山沟子里出不了马克思主义。从 1932 年秋开始我没有工作，就从漳州以及其他地方搜集来的书籍中，把有关马恩列斯的书通通找了出来，不全不够的就向一些同志借。我就埋头读马列著作，差不多整天看，读了这本，又看那本，有时还交替着看，扎扎实实下功夫，硬是读了两年书。后来写的《矛盾论》《实践论》，就是在这两年读马列著作中形成的。毛泽东利用受难的时间读书，总结经验，写出大量马克思主义中国化的经典著作，指导中国革命一步步走向胜利。

二是不放过机遇。伟大人物之所以伟大，就在于能在关键时刻和关键点上，勇敢机智地抓住机会，积极行动，改变困境，从而改变历史走向。如果只是被动地等待时来运转，即使天上掉馅饼也砸不到自己头上。有利条件是自己创造的，好的形势格局也是在斗争中争取来的。如果不是在长征开始时，坚决要求与王稼祥、张闻天同行；如果不是通道会议提出改变行军方向；如果不是一个一个地谈话，争取多数支持；如果不是在得知张国焘图谋不轨时果断决策，带领部队连夜北上；如果不是争取共产国际代表张浩同意，巧妙地克服张国焘分裂；如果不是让任弼时、王稼祥等人去共产国际汇报党内真实情况，得到共产国际的坚定支持，等等，中共的历史会是什么样子呢？毛泽东不是坐等时来运转，而是坚持不懈地斗争，正是因为抓住每个可能的机会努力做工作，才有了最后伟大的成功。

三是不简单行事。毛泽东处理复杂问题时，总是比别人考虑得更周到细致，更留有余地，更加着眼长远。遵义会议上，他完全可以一步成为党和军队的总负责人，但他出人意料地推荐张闻天，坚持让他先干些时间，其中深远的考虑常人难及。张闻天自己也曾说，他当总书记是毛主席提议的。20 世纪 60 年代，毛泽东说，遵义会议上有的人要我代替博古（当总书记），我说那不行，那样斯大林就不同意了。硬要这样搞，那就会弄僵了。我们在第三国际会成为不合法的了。还是要斯大林信得过的人来出头露面。实践证明，这样做是对的。实际上并不影响我的领导地位。实践证明，这一考虑不只对第三国际和斯大林有用，对团结当时从苏联回来的同志，包括后来开展与张国焘分裂活动的斗争，也起到了极为重要的作用，博古、李德、凯丰还有后来到红二方面军的任弼时等，都坚定地站到毛泽东一边。中央红军单独北上时陈昌浩曾派人追，他的副参谋长李特拿枪逼近毛泽东，曾最排挤毛泽东的李德二话没说，抢上前去双手抱住李特，把他拖到几十米外。在遵义会议上李德根本不肯认错，此时却挺身而出保护毛泽东。[1] 在接到张国焘另立"中央"并开除毛泽东等中央领导党籍的电报后，大家都很气愤，杨尚昆、叶剑英等都主张开除张国焘的党籍，毛泽东说："你们这样就做绝了，开除了张的党籍，后面没有文章可做了。要知道，他虽然已经没有共产党员的气味了，但还控制着四方面军啊！"[2] 毛泽东从团结四方面军同志的角度出发，坚持不开除张国焘的党籍，暂不给张做结论，不宣传张的错误，斗争只限于党的高层，中央红军的师级干部都没有传达，给张留一个北上的面子，后来做工作就有了余地。而张国焘南下后却召开3000人大会，在卓木碉宣布另立"中央"，宣布开除中央主要领导人党籍，甚至通电不许中央机关称"中央"。对此毛泽东冷静回答，我们可以称中共中央西北局，你张国焘也不要称中央。当时如果沉不住气，后果将不堪设想。即使在张国焘南下破产后到陕北，毛泽东也是先派他的老部下徐海东去见面，劝他不要再争，再派周恩来和杨尚昆等前去迎接。因为杨尚昆与张国焘过去比较熟悉，主席专门向他交代不要国焘国焘地随便叫，切记要

---

[1] 《杨尚昆回忆录》，中央文献出版社 2001 年版，第 145 页。

[2] 《杨尚昆回忆录》，中央文献出版社 2001 年版，第 148 页。

叫他总政委，还指示林彪率红军大学的学员迎接，使他能够体面地与中央其他领导见面。在与王明作斗争时，尽管王明非常强势，毛泽东也没有与他搞得势不两立，而是等待大家在实践中觉悟，派出王稼祥、任弼时去苏联汇报真实情况，使共产国际在了解真实情况后发话，王明最后不得不低头服输。最后当党的主席，也是在王明回来后提出不设党的总负责，把张闻天排在政治局常委的第九位，整风中连他自己都认为不适合当领袖时，毛泽东才水到渠成地成为领袖。

四是不动摇信念。毛泽东曾评价自己："略可自慰者，立志真实（有此志而已），自己说的话自己负责，自己做的事自己负责，不愿牺牲真我，不愿自己以自己做傀儡。待朋友：做事以事论，私交以私交论，做事论理论法，私交论情。"① 他多次说，路线之争不得不争，这都是一样的道理。刚进京时，周恩来曾讲如何学习毛泽东。他说："当他的意见没有被大家接受时，他就等待，有机会他就又讲，又教育，又说服……在十年内战的时候就是如此。我们主张打大城市，毛主席认为我们的力量小，不应该打大城市，应该集中力量建设根据地。但是毛主席的意见大多数不赞成，大家要打，他也只好跟着打。结果打败了，毛主席赶快在会议上提出：打败了证明这个办法不行，换一换吧！大家还不接受，他只好再等待，又跟着大家走。"② 正确的意见为大家接受，要经过很大的坚持和忍耐，这个争取和等待过程是痛苦的，而转折和胜利也往往在最后的坚持中。

（二）"二对"

所谓本体，是借用哲学名词讲战胜逆境对自己的要求，主要有两点：

---

① 《毛泽东书信选集》，人民出版社1983年版，第18页。
② 《周恩来选集》，人民出版社1980年版，第337页。

一是思想认识要对，二是措施办法要对。自己是正确的才能令人服气，才能引导事业走向胜利，如果自己错了，就不能坚持错误，就要改弦易辙，服从真理。

怎样保证自己的思想认识正确？毛泽东曾多次讲，没有调查就没有发言权。他比教条主义高明，比其他领袖高明的一个要诀，就是注重调查研究，掌握大量别人没有掌握的情况。刚上井冈山时，他在调查中了解到，从前这里有个山大王叫朱聋子，官府拿他一点儿办法都没有，几十年都抓不住他，为什么呢？朱聋子的诀窍是：不用会打仗，只要会打圈。毛泽东由此受到很大启发，他对大家说，我们把这位山大王的办法改进一下，既要会打圈，又要会打仗，打得赢就打，打不赢就走，既保存自己，又可消灭敌人。第一次反"围剿"胜利间隙，他写了近10万字的《寻乌调查》，长征路上那么艰苦，随身的许多东西都扔掉了，有几份调查报告手稿却一直珍藏在身边，最后带到了延安。

怎样保证自己的办法正确？最根本的还是要调查研究。20世纪60年代，毛泽东在广州的一次会议上说：凡是忧愁、没有办法的时候，就去调查研究；一经调查研究，问题就出来了，问题就解决了。打仗也是这样，凡是没有办法的时候就去调查研究。他讲到第二次反"围剿"时，敌我力量悬殊不知道该怎么打，就与彭德怀两个人跑到白云山上，跑了一天，在那里看到很多地方，做出如何包抄敌人的计划，最后打胜了。如果不去看呢？就每天忧愁，就不知道如何去打。他还把自己过去写的调查报告专门印发给大家学习。他教导大家说："调查就像'十月怀胎'，解决问题就像'一朝分娩'。调查就是解决问题。"[1] 在总结自己的失误时说，我这个人是官做大了，像从前在江西那样的调查研究做得少了，我

---

[1] 《毛泽东著作选读》上册，人民出版社1986年版，第50页。

自己的毛病当然要坚决改正，也希望同志们从此改正。他要求全党大兴调查研究之风。

（三）"三点"

认识事物发展的根本规律，才能使自己看得长远，才能在逆境中安之若素，沉稳应对。要认识哪些规律呢？

第一，发展是否定之否定。马克思主义哲学的否定之否定规律，揭示了事物发展的道路是波浪式前进、螺旋式上升。这也是中国传统文化的根本道理。没有不变的事物，没有永远的兴盛，也没有永远的低谷，没有永远的顺利，也没有永远的逆境，是那种否极泰来的领悟，由此可以保持战胜逆境和困难的信心。

第二，万事万物相辅相成。"祸兮福所倚，福兮祸所伏"，"自古英雄多磨难，从来纨绔少伟男"，"艰难困苦，玉汝于成"，等等，这是杰出人才成长的规律，也是成就事业的必经之路。

第三，反者道之动。这是老子哲学带根本性的思想原理。相反的东西是前进的动力，是事物发展不可缺少的条件，不管你有没有感觉到这个规律，事物发展的最后结果就是如此证明的。中国近代几近亡国灭种，反而激发了全民族万众一心的抗争，几代人奋斗创造了今日辉煌。毛泽东历尽磨难三落三起，最后终成顶天立地的伟人。可见，经受磨难是好事不是坏事，大磨难有可能成就大人才，就看能否摆脱一般人的视野和心态，把自己放到更高层面上去对待困难和逆境。

（四）四句话

在爱女李讷大学毕业时，毛泽东送给她自己喜爱的四句话。

第一句话："天将降大任于斯人也，必先苦其心志，劳其筋骨，饿其体肤，空乏其身，行拂乱其所为，所以动心忍性，增益其所不能。"

这是孟子的话，千百年来曾激励过无数仁人志士，它揭示了一个深刻的道理：如果上天要赋予你重大责任和使命，一定要先对你进行严酷的考验和试探，使你不断遭受失败和挫折，使你处于生不如死的逆境，让你内心痛苦绝望，身体疲乏无力，忍受饥寒交迫的煎熬，还要不断地打乱你的设想和计划，使你要做的事情颠倒错乱，总不如意。你只有坚持下来，想出办法克服困难，磨炼出钢铁般的意志，积累起丰富的经验，增长了一般人所不具备的定力和能力，才有可能担负更大的责任。所以，面对逆境和种种不如意，不堪重任的人会怨天尤人，悲观丧气，而真正能担当大任的人会将之看作难得的机遇。当你有了这样的认识境界时，还有什么困难不能征服吗？难道不感到事业人生完全是另一番风光吗？

第二句话："彻底的唯物主义者是无所畏惧的。"

一切都是物质运动的形式和过程，即使生死也不例外，物质永恒不灭，有什么可怕的？所以彻底的唯物主义者无所畏惧。"无所畏惧"这个词，是延安时期大家经常说起的。1988 年 5 月，美国一位叫德穆克的来访者，托人转给耿飚一本影集，扉页上写着："送给无所畏惧的领导——耿飚。"第一页是两人的合影老照片。为什么这样称呼呢？那是 1944 年，美军驻延安观察团一个七人观察组，由耿飚带部队护送穿过敌占区。德穆克是美军观察组组长，他问耿飚：怎样评价这次伟大的冒险行动？耿飚回答说："无所畏惧！"这群美国军人听后感到非常"OK"，便把这次行军称作"无所畏惧行动"，称耿飚是"无所畏惧的领导"。当无所畏惧成为大家共同的信念和品格，还有不能克服的困难、不能战胜的敌人吗？肯定是天下无敌的！

第三句话："道路是曲折的，前途是光明的。"

这是事物发展的客观规律，也是在逆境面前的根本信念。延安时期毛泽东常说，革命的道路如同河流一样曲折蜿蜒，要准备走"之"字路，走"之"字路是世界上任何事物发展的原则。著名作家刘白羽回忆说："当毛主席讲到前途是光明的，道路是曲折的时候，他安详沉静地朝前望着，举起右手掌慢慢向前方推去，这是推动历史前进啊！这时我的心情特别庄严，什么艰难险阻，困苦重重，都不在话下，就是付出生命，也会马上站起来毅然决然走上前。"当你认识到这样的真理时，一切不如意都成了成功的前提，都是为达到光明的前途做准备，困境和困难又算得了什么呢？

第四句话："在命运的迎头痛击下头破血流但仍不回头。"

有了前面三条，坚决不回头的人生态度也就成为必然，还有什么困难和逆境克服不了呢？

南斯拉夫政治改革弱化党中央权威的教训

张海雷 [①]

20世纪60年代，南斯拉夫国家发展中潜伏的一系列问题浮现出来，其中一个重要方面就是共产党中央权威的弱化，党对社会主义发展和改革的组织力、控制力越来越弱，改革越来越偏离共产党领导和社会主义方向，这是南斯拉夫改革失败、最终走向解体的重要原因之一。

一、南斯拉夫政治改革弱化党中央权威的主要原因

南斯拉夫政治改革之所以走上弱化党中央权威之路，可以从当时的国际国内现实尤其是南斯拉夫与苏联的关系中寻找答案。

---

① 张海雷，中国社会科学院世界社会主义研究中心特邀研究员、中国社会科学院大学马克思主义中国化博士研究生。

（一）南斯拉夫的政治改革面临着外部种种压力

南斯拉夫的政治改革是在内外压力下进行的，从建立社会主义始，西方国家就从未放弃过对其进行打压制裁和渗透欺骗，虽然这是几乎所有的社会主义国家都会面临的严峻考验，但特殊的地理位置和战略地位使南斯拉夫面临的考验更多更大。从社会主义阵营内部来看，自二战开始，苏联经常为了本国利益而置南斯拉夫的利益于不顾，将其当作"以货易货和讨价还价的对象"，导致两国共产党之间出现矛盾；在战后领土归属的问题上，苏联和南斯拉夫又产生了新的分歧，这些分歧迟迟未得到化解；在南斯拉夫建立政权后经济恢复和国家建设问题上，苏共企图对其经济、财政、信贷、外汇等进行全面的控制，后又干涉南共的领导，甚至在南斯拉夫建立情报网猎取政治、经济等方面情报。可见苏联的大国沙文主义暴露无遗。1948 年，南斯拉夫共产党与苏共决裂，苏联单方面从南斯拉夫撤走全部军事顾问和文职专家，停止对其援助和支持，欧洲共产党情报局对南共进行了种种错误的指责并将其开除出组织，苏联和东欧国家单方面撕毁了同南斯拉夫签订的一切贸易和经济协议。

（二）南斯拉夫民族状况的复杂性

一组数字可以概括南斯拉夫的国情："一二三四五六七八九"，一是一个联邦，二是两种文字，三是三种语言，四是四个宗教，五是五个民族，六是六个共和国，七是七条边界，八是八个领导人，九是九个政府。其中，语言、文字、民族、边界问题产生于南斯拉夫社会主义建立之前，是南共在建立政权时不得不考虑的现实条件，而上述四个因素中，民族问题尤其棘手。从公元 9 世纪起，南部斯拉夫人不断建立王朝，但没有一个王朝政权占有南斯拉夫全境，而且建立的王朝都不是强国，都是"短命王朝"，往往是一代雄主之后王朝便分崩离析。在更长的历史时期里，南斯拉夫各民族处于分隔和受异族统治的状态，长期的"分而治之"导致境内的各民族在语言、文字、宗教、生活习惯、政治文化归属等方面的差异性显著。在政治关系和文化交流上，不同的民族有不同的交流交往对象；在经济上，各民族之间的生产力水平、经济状况、生活状况更是参差不齐；在地理形态上，有天然的地理分界将这些民族相对隔开。这些阻碍因素一直影响着这些民族之间的关系，南共对此不能无视。南斯拉夫解放后，人民建设社会主义的积极性暂时掩盖了这一问题，南共对这一问题也有所忽视，甚至在1953年修宪时撤销了民族院。直到1959年，南共中央执行委员会才重新关注民族问题，进入60年代之后，也试图采取一些措施重视并解决民族方面的问题，但随着政治上对中央政治权威的逐渐弱化，民族主义的影响逐渐增强，最终成为导致中央权威不断弱化的"催化剂"。

（三）南斯拉夫改革未能正确认识现实，未能正确把握马克思主义基本理论

南斯拉夫共产党对当时现实与实践的误判，是其政治改革弱化党中央权威的主要原因之一。南斯拉夫改革肇始于两大阵营、两种意识形态对立之时，南共与苏共决裂后，苏联和东欧一些国家对南斯拉夫实行经济封锁，施加政治压力，南斯拉夫第一个五年计划已经无法实施，经济上、政治上遇到巨大困难，随后又遇到严重的自然灾害，出现了严重的饥荒，严峻的国内经济形势"倒逼"南共找寻出路。当时，最明智、最有利的选择无非是依靠社会主义国家的联合，依靠亚非拉国家的支持，为自己营造良好的国际环境。而此时与苏联决裂，尽管苏联大国沙文主义是主要原因，但南斯拉夫共产党也没能充分发挥策略的灵活性，从而

将自己国家置于不利的处境。另一方面，在对马克思主义基本理论上，在关于"社会所有制"、"国家消亡"、从党的领导到"党的引导"、联邦制等理论问题上，南共不顾自己的落后国情和严峻的国际形势，不顾马克思主义经典论述与本国现实的巨大差异，忽视马克思、恩格斯、列宁对于党的统一性和组织性的极端重要性、民主集中之集中的重要性等重要论断，弱化党的领导和国家宏观调控的能力。对马克思主义经典理论的误读误用给南斯拉夫政治改革带来了极大的风险，这为南斯拉夫日后走向改革失败和国家解体的悲剧埋下了伏笔。

二、南斯拉夫政治改革弱化党中央权威的认识误区和实践偏差

在南斯拉夫政治改革进程中，南斯拉夫共产党采取较为激进的策略和方法将弱化党中央权威贯穿始终，从权威基石的摧毁到权威主体的撕裂，南斯拉夫改革沿着弱化党中央权威的道路越走越远。

（一）自治利益多元：南斯拉夫中央权威的基石被摧毁

关于无产阶级革命胜利后所建立的社会制度，马克思指出："随着工业的发展，无产阶级不仅人数增加了，而且结合成更大的集体……因而无产阶级内部的利益、生活状况也越来越趋于一致。"社会主义建设需要共同利益作为现实基础，在艰苦卓绝的反法西斯战争中，南斯拉夫各地区、各民族已经形成了较为坚实的共同利益基础，在恢复经济、建设社会主义的早期阶段，严峻的国内和国际形势又为其建立共同利益基础提供了现实条件。从东西方两大阵营对立到冷战的这段时期，各社会主义国家不仅在国内有条件创造社会主义建设和改革的共同利益基础，在整

个社会主义阵营形成共同利益的可能性也十分明显。

南斯拉夫共产党没有很好地理解和运用马克思主义这一经典论断，没能很好地认清这一国内国际形势与时代机遇，反而提出了"自治利益多元主义"这一主张，认为"我国的民主政治制度进一步发展的基础，必须是政治垄断主义的逐渐消亡，而代之以真正的自治政治多元主义，即自治主体个别和一般的真正自治利益的多元主义"。纵观南斯拉夫的形成发展史，一直"没能形成统一的国家，而是受周围强国的统治"，这导致民族利益的不一致性、民族发展的不同步性、民族文化的差异性等阻碍因素的存在，但严峻的国际国内形势、特殊的时代任务、崭新的社会制度及发展方向为实现民族高度团结、民族共同发展、各民族文化交流交融与共同繁荣提供了可能性与必要性。这时的南斯拉夫共产党应该认清形势，把握机遇，在社会主义建设和改革中代表这一正确方向。但南斯拉夫共产党从1948年批判"斯大林国家主义"开始，使中央政府不断向企业、地方、共和国、自治省放权，而下放的权力大多被共和国、自治省截留。结果导致尾大不掉，把南斯拉夫统一的市场分割成八个相互封闭的市场，形成共和国、自治省各自为政的分散局面，逐渐摧毁了树立党中央权威所依赖的国家共同利益的基石。

（二）从"党的领导"到"党的引导"：中央权威力量的弱化

在社会主义建设和改革中坚持和加强党的领导，在南斯拉夫不仅体现了无产阶级政党的性质和社会主义建设与改革的要求，它还是正确应对当时面临的严峻的国内和国际形势、维护国内的社会稳定、民族团结的必然要求。无产阶级政党一方面代表无产阶级的共同利益，另一方面代表整个运动的利益，这决定了在社会主义革命和建设中必须坚持和加强共产党的领导。而且，根据革命与建设的经验，越是在环境比较恶劣的时期，越是在任务比较艰巨的时候，越是取得重大成功之时，越是要坚持党的领导而不是放弃党的领导。为坚持并加强党的领导，需要加强而不是弱化党中央的权威。

从"党的领导"到"党的引导"的转变，表明了南共领导者们弱化党中央权威的态度和观点。南共领导人错误地认为，过于强化党的领导会造成"共产党的变态，变得与国家机器、甚至与警察机器等同，这样一来，无产阶级国家的原则变成了一个人独裁或者围绕他的机关的独裁的原则"。在具体的改革中，1952 年南共六大是南斯拉夫共产党和南斯拉夫社会主义发展的一个分水岭，从那时起，在党的领导方面的去权威化改革使党在社会主义发展方面的领导力、控制力、管理力逐渐削弱。那次会议将南斯拉夫共产党更名为"南斯拉夫共产主义者联盟"，是南斯拉夫共产党"联邦化"的滥觞。在组织上，该会议提出要进行适当分权和党政分工，在行政单位和社会团体内不再建立基础组织支部，位于其中的党员只能以个人身份在工作中贯穿党的纲领，基础组织建设的取消大大削弱了党的领导；在具体政治问题和社会问题的决策和解决上，放弃了先由党组织决定再交给人民阵线批准执行的做法，而是越过党组织，直接交于人民阵线讨论决定，这使党的领导仅仅停留在形式上，而对社会主义建设和改革的重大事务并没有决定权。这时候，少数人提出了"民主就是一切"的观点，否认工人阶级及其先锋队的作用，认为先锋队不是由无产阶级的阶级特性决定的，而应该"由讨论决定"。发展到这里，南斯拉夫共产党的党建理论已经偏离了马克思主义政党指导原则，无政府主义和民粹主义已经严重地侵蚀了这个政党。实际上，它也逐渐失去了无产阶级政党应有的组织结构和组织性、纪律性，失去了对社会主义建设和改革的领导和掌控，这种去中央权威化改革使南斯拉夫共产主义者联盟失去政权成为必然，也使南斯拉夫发展偏离社会主义方向成为必然。

（三）国家在消亡中：中央权威源泉的移除

关于"国家消亡论"，恩格斯在《反杜林论》中讲道："无产阶级将取得国家政权，并且首先把生产资料变为国家财产。但是这样一来，它就消灭了作为无产阶级的自身，消灭了一切阶级差别和阶级对立，也消灭了作为国家的国家……国家真正作为整个社会的代表所采取的第一个行动，即以社会的名义占有生产资料，同时也是它作为国家所采取的最后一个独立行动。"鉴于此，南斯拉夫提出了自己的国家消亡论：一是无产阶级夺取政权后国家立即开始消亡；二是国家消亡是一个过程，这个过程包括整个社会主义时期；三是国家消亡首先从经济职能开始；四是国家经济职能消亡的形式是社会所有制和工人自治。恩格斯论述国家消亡是以发达资本主义为研究对象的，而南斯拉夫在建立社会主义之前，经济比较落后，生产方式陈旧，各地区经济发展不平衡，民族关系错综复杂，民族统一在历史上不占主流。因此，社会主义国家不但不能够消亡，还应该增强其职能，使国家政权为社会主义建设和改革开放提供强有力的政治保障。

但南共领导人认为，"社会主义国家是、而且必须是特殊形式的国家，即日益消亡的国家。它的社会作用和它的组织必须是这样的：就是这个过程将有可能不以国家作用的具体体现着的主观愿望为转移，而随着社会主义的加强和社会主义关系的确立而改变"，社会主义建设与改革一开始就呈现出或多或少的无政府主义特质。以"国家经济职能消亡"为例，1951 年，南共对中央计划管理体制进行改革，先是撤销国家管理委员会，紧接着又撤销了联邦计划委员会和大部分联邦－共和国的经济部和总经理部，与此同时，制定了一些放松消费产品的价格管制、取消农产品"统筹"的法令。1954年颁布关于工资的法令，把控制工资的权力下放给地方政府，同年开始建立"垂直联系的自治组合的梯级系统"，上述措施虽然取得一定效果，但同时也导致了新的问题，即在联邦中央去权威化的同时伴随着共和国及自治省的权威化，在经济上开始形成分裂割据、"尾大不掉"的局面，这为国家的分裂解体在经济上埋下了隐患。

（四）联邦制：中央权威的先天不足

列宁在1913年前对联邦制持完全否定态度："我们在原则上反对联邦制，因为它削弱经济关系，它对一个国家来说是一种不合适的形式。"斯大林也认为联邦制不利于解决民族问题。列宁、斯大林的论断也符合南斯拉夫的国情：在如此严峻的国际形势和时代背景下，再加上较为复杂的民族关系，联邦制也不利于南斯拉夫的稳定和发展。在十月革命前夜，列宁第一次承认联邦制可以作为"向集中制共和国"的过渡形式，但同时需满足许多重要的条件。1918年，列宁第一次决定建立"苏维埃民族共和国的联邦"。斯大林认为，到十月革命时，俄国各民族处于完全分离、隔离的状态，采取联邦制可使这些民族由分散趋于接近、趋向联合；民族问题比十月革命前预料的复杂得多。联邦制可以作为解决民族问题的有效武器。而南斯拉夫的民族问题显然比俄国要棘手得多。南斯拉夫境内各个民族在经济、政治、文化上更为分散化的特点，决定了联邦制对建立团结、统一、强大的南斯拉夫社会主义国家而言，只能是一种过渡形式，但在实施联邦制之后，南斯拉夫的政治方向应该是一体化而不是分离化。

从列宁与斯大林的观点来看，联邦制对南斯拉夫而言不能算是一个错误，但这种与生俱来的先天不足不容回避，在社会主义建设和改革中应弥补这种先天不足而不是加剧它。但不无遗憾的是，南斯拉夫在联邦制的基础上进一步将权力分散化。1963年，南斯拉夫开始在领导制度上实行轮换制，在1967、1968年宪法修正案中对议会做出重大调整，撤销联邦院。此前不久，南斯拉夫在共和国、自治省一级建成议会，这意味着各个共和国、自治省的自主权力达到顶峰。根据1974年宪法，由于联合劳动基层组织、政治利益共同体、地区共同体等社会、经济、政治基本自治单位的大量建立，国家管理职能进一步缩小，联邦的权力进一步下放，联邦政府除了国防、外交外，几乎将全部权力下放到地方，联邦与共和国之间，各共和国、自治省之间的重大问题通过协商达成协议，并经签订社会契约等方式解决。至此，中央政府对各个共和国、自治省的权威大大削弱，各共和国、自治省之间也出现了松散化、独立化倾向。

（五）政党联邦化：中央权威主体的撕裂

列宁认为："无产阶级在争取政权的斗争中，除了组织，没有别的武器。"这种组织性首先应体现在党员与党组织的关系上。在俄国党的建党大会上，列宁和马尔托夫就党章草案的第一条发生了意见分歧。该分歧的焦点就是作为一个党员是否必须参加一个党组织的问题。马尔托夫认为只要承认党章并且愿意在党章的指导下积极工作的人就算得上是一个党员，但是，列宁认为，党员和群众的明显区别就是党员必须参加一个党组织，"共产党只有按照高度集中的方式组织起来，在党内实行近似军事纪律那样的铁的纪律，党的中央机关成为拥有广泛的权力、得到党员普遍信任的权威性机构，只有这样，党才能履行自己的职责"。列宁还十分重视党中央与下属党组织的关系，在俄共（布）第十次代表大会上，列宁郑重宣布："代表大会宣布毫无例外地解散一切按这个或那个纲领组成的派别（如'工人反对派''民主集中派'等等），并责令立即执行。凡不执行代表大会这项决定者，应立即无条件地开除出党。"南斯拉夫社会主义建设和改革更需要一个集中的、组织严密的执政党。

然而，南斯拉夫共产党认为："党在国家生活和社会生活中再也不能起发号施令的作用。党将继续决定总路线，但作为指导力量，要以说服的方法来为实现总路线而斗争。"随着南斯拉夫改革的不断推进，政治领域的去权威化倾向在南斯拉夫共产主义者联盟的组织上体现出来，南共联盟中央对共产主义者联盟组织控制不足，联盟组织对党员尤其是高级领导干部控制力不强。自1968年起，在党政机构领导人的配置上，南共片面强调各民族"一律机会均等"，实行联邦各共和国党的领导人"轮流坐庄"的原则，并把它推广到一切全国性社会团体的领导机构。南斯拉夫联邦中央领导人均由各共和国、自治省选派，因而在很大程度上容易受本民族的影响和牵制，一些领导人往往只是从本民族的立场和利益出发，对南斯拉夫如何克服经济危机，如何进行政治体制改革等全局性的问题政见不一，分歧严重。这时，南共联盟的组织的非集中化、中央领导的权威弱化与南斯拉夫固有的联邦分散问题、民族矛盾问题、区域冲突问题等错综复杂地交织在一起，已经到了必须采取强有力措施的危急关头。但是，由于1980年南共联盟内权威领袖铁托的去世，随之党中央形成了因失去超凡魅力型权威人物而出现的巨大的"权威真空"，党内没有人有能力、有资格、有条件建立新的超凡魅力型权威。南斯拉夫在长达近30年的政治改革过程中，没能建立起具有凝聚力的理性型权威以形成新的中央权威态势，这一缺失已经使南共处于解散的边缘，也导致南斯拉夫社会主义联邦共和国逐渐走向解体。

三、南斯拉夫政治改革弱化中央权威的教训值得社会主义国家借鉴

虽然南斯拉夫的改革是在较为特殊的时代背景下、面对较为特殊的

国际国内形势进行的，但留下的深刻教训至今仍然具有借鉴意义。苏联在社会主义建设中坚持党中央权威的思路是正确的，但苏共片面地讲权威而忽视自主、片面地讲集中而忽视民主、片面地讲社会主义阵营要求而忽视社会主义国家独立自主需求，这些"矫枉过正"的理念和实践，是造成苏联社会主义失败的复杂原因中的重要因素。因此，不管从南斯拉夫还是从苏联来看，对党中央权威的错误态度是留给社会主义国家改革的最大教训。

自 20 世纪 50 年代以来，大多数社会主义国家都进行了社会主义改革，但唯有中国特色社会主义一枝独秀，展现了持久的生命力和光明前途。中国之所以取得社会主义革命、建设和改革的伟大胜利，很重要的原因就是自觉维护了党中央权威，不断加强和改善党的领导，不断提高党的领导水平和执政能力。中国在经济体制改革中，注意发挥公有制经济的优势，坚持以按劳分配制度为主，通过公有制夯实党执政的物质基础；在政治改革中能正确处理好民主、法治与党中央权威之间的关系，坚持党的领导、人民当家做主和依法治国的有机统一；在思想文化建设中，注意维护并增强党中央的思想理论权威，增强马克思主义作为主流意识形态的主导性、统摄力；在社会建设和生态建设中，充分发挥党的统一领导作用，发挥党在顶层设计、社会动员、群众组织、思想引领等方面的作用，并以此维护和强化党中央权威；在党的建设中，不断加强党的政治建设、思想建设、组织建设、作风建设、纪律建设，把制度建设贯穿其中，提升全党的政治意识、大局意识、核心意识、看齐意识，使党中央权威不断增强。

习近平总书记指出："党的历史、新中国发展的历史都告诉我们：要治理好我们这个大党、治理好我们这个大国，保证党的团结和集中统一至关重要，维护中央权威至关重要。"在中国特色社会主义进入新时代的今天，我们需要进一步凝聚全党全国各族人民对党中央权威的共识，进一步凝聚人心，增强自觉维护党中央权威的"四个意识"，秉持在社会主义革命、建设和改革过程中坚持党的集中统一领导、维护党中央权威的优良传统，团结一心，艰苦奋斗，不断取得建设中国特色社会主义伟大事业的新胜利！

国际金融秩序和香港的金融稳定

陈　元 [①]

一、国际金融秩序，经济发展的机会和弱肉强食的战场

冷战结束后，和平和发展成为主流，世界正向多极化发展，发达国家和发展中国家经济上的合作、分工成为主要方面。这是新形势下的基本特点，使国家之间的关系很大程度上变成了投资、贸易、金融领域的合作和斗争。对发展中国家来说，这既是巨大的发展机会，又是斗争的新战场。金融体系，是各国经济发展的中枢和命脉；国际金融市场，是各种经济关系的集中反映；各国货币之间的关系，是经济、政治、综合国力的反映。经济上的较量，最终表现为金融的较量和斗争。

这种金融的较量，首先是主要工业化国家之间，即七国之间的较量。美元对日元、马克汇率的波动，是美、日、德之间经济实力消长的反映。

---

① 陈元，中国社会科学院世界社会主义研究中心特邀研究员，中国人民银行原副行长。

随着日本、德国经济实力的增长，美元一统天下的局面开始让位给三种货币三足鼎立的局面。美国长期以来靠发行货币支付其贸易逆差和财政赤字，与此同时，为全世界提供货币用于贸易结算和外汇储备。这种独家的特权，通过较量，开始让日本和德国分享。发达国家不断地向国际金融市场注入各自的货币，成为世界贸易结算货币和储备货币，同时也成为国际资本流动的主要货币。这些货币调动的，是全世界的商品和劳务。

在冷战后，资本流动既带来了全球经济的发展，同时也变成帝国主义输出资本重新瓜分世界的工具和形式。这是一个以强欺弱、大鱼吃小鱼，没有任何监管的强权金融的残酷领域。帝国主义使用的武器，不再是炮舰、核武器，而是强势的货币，是以他们的综合国力为基础的，由他们发行的国际结算和储备货币。

国际资本流动和资本项目可兑换首先是发达国家为自己资本输出和控制别国经济而制定的规则，其次才是发展世界经济。发展别国经济，只是其手段和过程而已。在资本流动的开始阶段，对发展中国家是一片玫瑰色的图画，外资流入、投资增长、就业增加、工业化加快、新兴市场经济在世界上显露头角。其积极作用，使不少发展中国家天真地认为可以实现世界大同了。但后一阶段，就变成黑色的图画，在宏观经济管理失误之后，出现了墨西哥和泰国的金融危机，美国和日本又以更直接和赤裸裸的形式重新瓜分和控制这两国的经济。人们这才恍然大悟，这个世界是大不同的。

在发达国家和发展中国家之间的较量中，发展中国家处于劣势。发展中国家虽然可以利用外资，但国力有限，货币不强，宏观经济管理经验不足，失误不断。这使得国际经济金融一体化的过程，既是其经济发展的过程，又是被发达国家金融控制和吞并的过程。失误就导致金融危机，储备耗尽，本币大幅贬值，债务大增，支付危机，最后被迫大量向外借款，国家经济成为别国的附庸。

国际资本市场上近年形成了大量套利基金。美日德三国大量向全世界注入货币，形成资本流动，使相当一部分资金分离出来专门从事投机。同时由于西方主要货币之间的汇率长期大幅波动，又使这些基金大规模投机迅速获利壮大，其资金数量已超过全世界中央银行的外汇储备总和。由于他们还可以大量从银行贷款，使任何一个中央银行都望而生畏。这些基金拥有成千的第一流的经济、政治、法律、金融的分析专家，网络遍布全球，昼夜不停地运作，严密地注视着世界上各国家、市场、企业状况，竭力把每个角落的每个机会都变成现实的利润。这是资本市场喂肥的嗜血动物，一旦哪个地方出现宏观决策错误，他们就像狼一样地蜂拥而上，加速金融危机的爆发。

在亚洲，虽然日元还达不到被普遍接受的国际结算和储备货币的地位，但已开始在资本流动中占有一席之地。日元随着日本经济的壮大不断升值，造成日本制造业大量外移，日元成为投资的货币，通过贷款和投资大量流向亚洲国家。各国对日大量负债，泰国就是一例。借助日元的力量，日本在重新扩张势力。

所以发展中国家要特别清醒地利用外资，这是一场新的战争，既要抓住时机引进、利用外资，又要清醒地看清形势，不要被发达国家的花言巧语所骗，失去警惕，把机遇变成了风险，落入圈套。

此外，一个重要的教训就是在国际经济一体化中，既要充分利用外资，又要防范风险，就必须注意不要犯宏观管理的错误。墨西哥和泰国的经验证明犯错误的代价就是失去经济主权，受人控制。在一个公开的统一的世界市场经济中，要想不断地从开放政策中受益，就要使自己的宏观管理经得住对手和敌人的百般苛刻的批评和挑剔，不犯错误，无懈可击。只有充分有效地防范外资的可能冲击和风险，才能真正地利用好外资。我们也应认识到防范外资的风险，不能回到闭关自守。既要看清帝国主义本质，又要善于利用外资并制约帝国主义的扩张性，使外资为我所用。掌握好斗争的度，既要防范风险，反控制，又不破坏和平和发展的大格局。

二、香港国际金融中心的地位和风险

在充满机会和风险的国际金融市场上，香港作为金融中心，保持它的稳定，就更为复杂、困难。为看清稳定的基础，首先要看清香港国际金融中心的地位。世界上，有着两种不同类型的国际金融中心。一种是纽约、东京、法兰克福和伦敦，这些是国际结算、储备货币的发行地，是以其国力和主权为基础的，是资本流动的发源地。香港、新加坡、卢森堡是另一类国际金融中心，是国际资本流动再分配的中心，不是源而是流，是以规模有限的但是健全的本土经济支撑一个小而坚挺的货币，建立起国际信心，进而发展起银团贷款、外汇、债券市场和股市多种服务功能的金融中心。

第二类国际金融中心功能上是第一类金融中心的派生中心，是从属的，是从事国际资本的二次分配。它是介于发达国家和发展中国家之间的，长期以来靠高质量的服务竞争而形成的。其功能的大小强弱，完全靠法律框架的完善、市场机构的发达程度、专业人员水平高低等服务能力而定。其地位是从属的、脆弱的和此消彼长的。第一类金融中心的地位是主导的、巩固的，彼此间既争夺又共享瓜分世界的权力，而第二类中心是与此无缘的。

第二类金融中心的本土经济是否健全，是本币的国际信心的基础。

本币虽然国际化程度不高，但可以充分自由兑换。因此，这类金融中心的功能和本币的作用既有联系，又有区别。本币稳定固然重要，没有本币稳定就没有信心，但本币稳定并不就是一切，本币稳定除了服务于本土经济之外，还要服务于资本流动。资本的集聚和再分配才是目的，才是金融中心的主要功能。进一步说，本土经济的健全和本币的稳定都是为资本流动服务的，都是从属的。而这些流动的资本来源于第一类金融中心，香港本土并不产生国际流动的资本，资本来自纽约、东京、法兰克福和伦敦。港币也并不代表自己产生的资本，而只是资本再分配的中介。

因此，港币的供应量除了有限的本土经济需要之外，主要取决于流经香港的国际资本的数量和速度，这也是为资本流动服务的。

这就存在一种风险和矛盾，即能力有限的本土经济要支撑国际化的资本流动和分配所需要的信心。资本流动额大大大于本土经济的规模，使得本币的货币供应量大大超过本土经济的需要，一旦资本流动减少就会出现本币过剩即出现贬值压力。这时候，本土经济即使很健全也无法避免贬值。也就是说，本币的稳定不仅仅取决于本土经济，更主要取决于国际资本流动的变化幅度，这是一个难以控制的市场变化，资本流动越是达到很大的规模，超出本土经济很多，这种风险就越大。

因此，第二类金融中心稳定是取决于它为第一类金融中心服务的能力是否超出自己的稳定的限度，如果超出了限度，就会稳定不住，就会出现贬值和功能受损害以至外资逃离的灾难。从这一点来看，第一类金融中心是主导的、扩张性的以至破坏性的，第二类金融中心是从属的、脆弱的和易受冲击的。

只要港币的支撑功能不变，本土经济规模就有制约作用，这就要求香港金融中心的功能不能无限扩张，也不是越大越好，其规模和功能要和本土经济有一个适当的比例。如果对这一点不清醒，盲目扩大资本流动的规模，超出自己的能力，错误一旦被人抓住，就会成为国际投机势力的目标，最后垮下来。

因此，可以概括地说，香港金融中心的基本矛盾是有限的本币稳定能力即有限的外汇基金和财政结余，同不断扩大的资本市场之间的矛盾。资本市场交易量超过一定规模，港币无法提供稳定有效的交易结算工具，就会导致信心危机。有限的港币，支撑不了规模过大的金融中心功能。

三、当前形势和对策

自 1995 年墨西哥危机以来，香港货币已连续多次被冲击，虽然香港本土经济健全，外汇储备充足，中国经济形势好，外汇储备也充足，但仍然冲击不断。香港虽然抵御住了冲击，但由于香港至今仍鹤立鸡群，实行联汇制，《基本法》又规定香港不实行外汇管制，资本市场有巨额的外资进出，所以投机者虽然数次败退，但仍处于主动进攻的地位，随时伺机卷土重来。香港虽然数次击退进攻，但摆脱不了被动防守局面。

香港现有的防御手段，已显出其弱点。香港的外汇储备虽然充足，但是干预外汇市场抛美元却是在打消耗战。经过最近两次冲击，外汇储备已从 826 亿下降到 817 亿美元。如冲击连续不断，只靠财政结余和金管局的市场运作，很难迅速补充外汇储备，难免有一天会大幅下降到动摇信心、触发全面危机的程度。另外，大幅度提高利率已对银行和地产股价产生影响。近日股市连续下跌，对投机者是个鼓励。他们看清高利率时间稍长，负面作用就显示出来，卖股票又可得到港币头寸，用于冲击港币。尽管香港已是服务业为主，但仍有对利率敏感的地产业和卷入很深的银行业，金管局在利率上的选择空间有限。

当前香港全部港币存款为 15500 亿港元，相当于近 2000 亿美元。香港股市已在世界上排名第五位，市值已达 46000 亿港元，约为 5900 亿美元。外资在交易中占 30%—40% 的比重。如出现 20%—30% 的股市波动，将有数百亿美元的外资离开股市，如果它们离开香港，投资别处（出于商业原因，这种可能性很大），会带动本地资金合计上千亿美元资金离开香港，这构成对 800 亿的外汇基金无力承受的挤兑港币的巨大风险。这是一种最坏的情况，但为保持香港国际金融中心的地位，我们要做好最坏的准备，争取主动，不能听天由命，受人摆布。在这种形势下，从香港金融中心的基本矛盾分析入手，早做对策预案，逐步完善。

第一，稳定香港的外汇储备，实行稳健的财政政策。增强实力，不犯错误，保持形象。扩大本币的稳定能力和基础。

第二，调整香港经济结构，进一步使本土经济服务化，减少经济对利率的敏感度。

这两项为在港币功能不变时，扩大基础以增强稳定性，都会有效果，可称为"开源"。开香港本土经济之源，增强港币稳定之源。但受经济规模制约，有一定限度，因而是治标的办法，对防范风险作用有限。

还有另外的方法，就是在港币功能不变时，控制金融中心的功能不要超过港币的稳定能力。这些是不花钱、少花钱的治本的办法。

第三，在港币功能不变时，放弃盲目追求资本市场扩大的目标，控制资本市场的规模。

第四，使资本市场和本币相对脱离，如股票市场以美元及日元计价和交易。发展第二上市市场。香港的生命力在于资本适度的"流"，而不必介意用哪种货币结算。降低房地产贷款的比重，适当隔离房地产业和银行业。

在资本市场方面，针对股票结算全由港币承担的弊端，可以考虑股市增加以美元和日元挂牌交易，并发展在纽约、东京的第二上市市场，以削弱股市波动对港币的冲击。可能的影响是香港外汇交易额会下降，并影响港币的法币地位。作为国际金融中心，本币作用的降低并不是实质性的变化，因为港币作为主权的象征意义并不大。如果逐步引入股票的外币结算，市场可逐步接受并消化其负面影响，可最终使股市扩大不再构成对港币稳定的压力。香港的地产业也成为资本市场的延伸，很多房地产资金都是在股市上赚了钱投入的，作为长期投资保值升值的工具，短期投机也占很大比重。地价飞涨固然给政府和企业带来很高收入，但也有租金过高，造成金融中心成本过高和银行贷款比重大、风险大的弊端。如能消除银行过多贷款房地产，也会消除利率变化使银行损失，以至拖垮银行的隐患。加快按揭公司发展也有助于分散房地产贷款的风险。

第五，联系汇率在过渡时期对稳定信心起了积极的作用，我们也公开表态支持联系汇率制度。在特定的历史条件下它发挥了不可替代的作用。当前周边国家都放弃固定汇率后，对香港联汇制的批评开始增多。联汇制的问题并不在于失去利率的调节功能，也不完全在于受美国影响，而在于它是港币现有功能的结果。港币的作用是为资本流动提供有效的中介。在这个功能不改变之前，汇率的稳定是不可缺少的。联汇制是被迫采取的，是港币功能的必然结果。港币当前以稳定汇率为首要目标，以利率浮动为手段保汇率稳定，方向是正确的，但方法可以改进。重要的问题是时机的选择，在港币支撑作用没淡化之前修改联汇制有动摇信心的风险。

以上各点，是为稳定香港国际金融中心地位的一些设想。这些设想如能实现，可基本使香港金融中心的地位得到巩固。虽然规模不是最大的，却是健康的。现在的形势发展需要尽早研究预案，以防形势发展出现不测，失去主动权。

关于世界贸易史的几个事实

——基于中美贸易争端的一个延伸性阐释

陈人江 [①]

2008 年全球金融—经济危机爆发 10 年来，贸易保护主义在全球范围内重新抬头且日益加强，国家之间贸易壁垒增高，贸易争端增多。所谓贸易保护主义，即一国采取种种措施对对外贸易进行管制，限制国外进口，以确保本国商品在国内市场中的优势，同时为本国商品出口、争夺世界市场提供优惠的政策和主张。当一国实施贸易保护主义时，有可能会引起一系列报复和反报复的措施，使贸易伙伴国之间的争端升温加剧，俗称贸易战。应该说，国与国之间的贸易争端乃至贸易战是全球贸易保护主义激烈化的一个表现，并对世界经济总体运行造成严重影响。在这种形势下，2018 年初中美之间爆发了贸易摩擦，且至今尚未偃旗息鼓，成为当前全球关注的一个焦点，并引发了舆论热议。

[①] 陈人江，中国社会科学院世界社会主义研究中心特邀研究员、马克思主义研究院助理研究员。

面对美国在贸易问题上咄咄逼人的保护主义攻势，有人竭力鼓吹中国应高扬自由贸易大旗，保持继续开放立场，有人则疾呼中国应借机相应实施保护主义，以增强自主创新能力。悲观喟叹"中国打不起赢不了"者有之，乐观预言"打不起来"或"很快结束"者亦有之。贸易保护主义和贸易战在漫长的世界历史进程中并非新鲜事物，种种流行的观点却在某种程度上折射出人们在一些基本问题上存在的认识误区，这种误区又来自对世界贸易史缺乏了解，从而导致对当前情势把握不准。我们不应该孤立地看待中美贸易争端，而是要把中美贸易争端放到世界历史的广阔视域中来认识，从世界贸易的发展规律来把握，这样才能获取更全面的信息，从历史中汲取经验教训，避免战略误判。

一、迄今为止，贸易保护主义的历史比自由贸易的历史更为悠久

纵观整个资本主义世界体系的发展历程，世界贸易的最早形态并非自由贸易。古代社会就存在远距离跨境贸易，但是直到15世纪末地理大发现之后，真正具有世界性质的国际贸易才开始兴起并获得显著的发展。其背后的根本推动力，是代表新兴民族国家力量的西欧专制君主和新兴商业资产阶级对聚敛货币财富、加速资本原始积累的迫切需要，而对外贸易实现顺差被看作获取和积累货币资本的重要途径之一。为此，君主专制国家开始运用国家权力来干涉对外贸易，限制货币流出，增加货币流入，提高贸易顺差，降低贸易逆差。这种早期的贸易保护主义在理论上的代表是重商主义。从15—18世纪漫长的向资本主义经济形态过渡时期，重商主义的保护主义政策一直在国际贸易中占据主导地位，保护关税制度也于17世纪产生于英国。

15 世纪末—19 世纪初，英国实行了长达 300 多年的贸易保护主义，直到 19 世纪 40 年代英国工业革命已经顺利完成后，才开启了以不威胁本国工业绝对优势地位为前提的自由贸易化进程。即便如此，也不能说 19 世纪出现过一个全球自由贸易的阶段，因为 19 世纪的贸易自由化主要是英国及其帝国殖民地或附属国单方面采取的自由贸易。相反，19 世纪中后期，贸易保护主义在国际社会蔓延，主要国家如德国、奥匈帝国、俄国、法国、美国、意大利都实行高关税，保护关税被看作当时文明国家的正常政策。20 世纪初至第一次世界大战前，英国主导下的全球贸易自由化才取得不小的进展，各国关税壁垒普遍降低，全球贸易额的增长和资本流动都达到了一个相当高的水平。但随着第一次世界大战的爆发，各国重新纷纷筑起关税壁垒，无论是贸易自由化还是资本自由化，都遭到了阻隔。而且到了 20 世纪 20 年代，英国重新祭出贸易保护主义的大旗，英国霸权下的贸易自由化进程中断。

取代英国成为世界经济中心的美国，在其历史上绝大多数时期也是和贸易保护主义联系在一起的。美国取得 1776 年的独立战争胜利后不久，时任美财政部长的汉密尔顿就提出了旨在"保护幼稚产业"的贸易保护主义主张。1815 年之后，美国正式实施贸易保护主义。美国即便在 19 世纪 90 年代实现了工业崛起和 20 世纪初跃居世界第一工业国之后，仍然没有放弃保护关税制度，只有在 1913 年至一战结束前威尔逊总统任期内实行过短暂的降低关税政策。但是到了 1922 年，美国政府再次提高关税，而当前贸易争端中普遍采用的保护主义手段——"反倾销"政策——第一次出现在 1922 年的《关税法》中。二战结束后，已取得资本主义世界体系霸权地位的美国才举起了自由贸易的旗帜，并在此基础上建立了以美国为首的西方自由主义世界经济体系。但是，由于 20 世纪 70 年代国际市场竞争日渐激烈，同时德国和日本经济的崛起对美国的经济优势地位构成挑战，在美国又形成了新的贸易保护主义浪潮，自由主义的世界经济体基础有所削弱。只是在 20 世纪 80 年代末以来出现了新的经济全球化趋势，而美国由于冷战结束，一超独霸，才再次成为经济全球化（包括贸易自由化）的倡导者和主导者。

综上所述，无论是资本主义世界体系形成之前，还是资本主义世界体系形成的时期，国际贸易史的大多数时期都由贸易垄断、特许专营、保护关税占据，国家间由于经济竞争爆发激烈的贸易战，更是历史的常态。自由贸易只是在 19 世纪中期之后英国单方面的自由贸易进程中、20 世纪初至一战之前、二战结束后的短暂时期以及 20 世纪末以来的全球化浪潮中才成为主流。

二、资本主义扩张中，自由贸易与贸易保护主义通常相辅相成

不能简单地把自由贸易看作是贸易保护主义的对立面。二者从根本上来说是相辅相成的，在资本主义世界市场时代，它们统一于资本主义经济发展和扩张基础之上。首先，两种政策的最终目标一致。无论是自由贸易还是贸易保护主义，都是一国经济实力发展和壮大的手段，尤其是对于资本主义国家来说，这两种手段都服务于本国资本集团争夺和主导世界市场的需要。资本主义原始积累时期，贸易保护主义能够聚集起资本力量，推动产业的建立和发展，促进国内自由贸易，从而缩短生产方式从小生产向资本主义大机器生产过渡的时间。在本国资本主义发展过程中，通过贸易保护主义，经济落后国家可以有效扶植支柱产业，加速发展民族工业，增强国家经济实力，最终提升自由贸易参与度。例如，英国通过 15—16 世纪的保护主义政策对毛纺织业的扶持，使毛纺织业在

16世纪末成为英国的民族工业，超过了原先在世界毛纺织业市场上领先的佛罗伦萨和尼德兰，其出口占了全国商品出口的90%。而自由贸易有利于资源在全球范围内优化配置，促进资本主义世界市场的扩张。国家通过自由贸易，可促进自身的经济活力，有利于参与世界市场竞争。其次，两种政策都以参与对外贸易的途径来实施。对于自由贸易来说，对外贸易本身就是其内在的命题。而贸易保护主义从源头上看也绝非主张闭关锁国。例如，重商主义者从来都主张通过对外贸易顺差来增加国家的货币和财富，他们不是只限制进口，还大力鼓励出口。贸易保护主义通常只被看作阶段性的而非永恒的，同时，不是在所有产品或产业上，而只是在特定产品或产业上实施贸易保护。例如近代的贸易保护主义者美国的汉密尔顿、德国的李斯特等人主张保护幼稚产业，也是从最终成熟产业打开国际市场，在国际市场上取得竞争优势出发的。在这种情况下，贸易保护主义可以看作是为实现自由贸易而实行的暂时性措施。

在世界历史发展的各个不同时期和国家发展的各个阶段，贸易保护主义和自由贸易交替出现和主导。15—18世纪是资本主义的童年时期，资本主义还未在任何国家成为主导的生产方式，这一时期重商主义盛行，强制性的贸易保护政策促进民族国家内资本主义经济关系不断壮大。19世纪40年代英国率先完成产业革命后，具备了称雄独霸世界市场的实力，对外贸易的基调变为了自由贸易。恩格斯曾形象地描述过19世纪英国和其竞争者是如何交替使用自由贸易和保护主义的手段的："那些在四十年前认为唯有自由贸易才是救星的人的儿子们，现在却如此狂热地呼吁实行用'诚实的贸易'和惩罚性税率等要求拙劣地掩盖起来的保护关税制度。当英国工业家开始认为自由贸易会使他们破产，并要求政府保护他们对付外国人竞争的时候，这些竞争者抛弃今后毫无用处的保护关税制度并且用英国自己的武器——自由贸易去摧毁日益软弱的英国工业垄断地位的关头也就来到了。"

一战至二战期间，资本主义世界不断陷入大大小小的经济危机当中，各国纷纷高筑关税壁垒，贸易保护主义再度成为主导形态。二战后，为了尽快实现经济恢复和工业重建，各发达资本主义国家又逐步推进贸易自由化，但同一时期，亚非拉的许多发展中国家为了发展民族工业，建立独立工业体系，采取了进口替代的保护主义政策。20世纪80年代以来资本全球化趋势不断增强，世界各国尤其是广大发展中国家希望利用国际资本，发挥比较优势，纷纷加入资本全球化的国际分工体系中，自由贸易也相应地成为主流的政策和理念。

另一方面，几乎没有国家是完全只实行一种政策，而是两种政策相互并存和巧妙结合的，因为任何国家的大工业资本，不仅追求垄断国内市场，而且也尽可能追求垄断世界市场。例如，在早期的工业化进程中，"英国在国内市场上实行的保护关税制度，又用在国外对它的商品的一切可能的消费者实行自由贸易作了补充"。当前，特朗普执政的美国尽管一方面对中国挥舞贸易保护主义的大棒，另一方面又与加拿大、墨西哥共建自由贸易区，与欧盟和日本签订自由贸易协定。

三、贸易保护主义和贸易战是世界经济危机和大国霸权收缩阶段的正常现象和必然结果

15世纪以来世界贸易开启的历史，同时也是在世界贸易和世界经济中占据主导地位的霸权国家不断更迭的历史。意大利学者乔瓦尼·阿锐基将迄今为止的历史划分为四个霸权周期，分别是15—17世纪初的热那亚周期、17—18世纪的荷兰周期、18世纪末—20世纪初的英国周期和19世纪末至今的美国周期。每个霸权周期都由处于主导地位的国家的霸权

上升和霸权下降两个阶段组成。许多国际政治经济方面的研究已经表明，经济危机和萧条阶段以及霸权衰落阶段，通常是贸易保护主义加强和贸易争端快速增多时期。

首先，经济危机和萧条时期，国际和国内的需求萎缩使世界市场上的竞争更为激烈。一方面，各国本能地通过贸易保护主义来保护国内市场，减少外部竞争，以扶植新兴产业，重振本国制造业，复苏经济；另一方面，更拼命对外争抢市场，通过输出本国过剩资本和商品来减缓国内危机，由此更容易引起各国之间的贸易摩擦。例如，美国在19世纪40、50年代的最高总关税为30%，内战之前的1860年甚至降到了15%左右，但是在内战经济大萧条的这段时间里，进口关税就骤升到40%—50%。在1873年危机之后至1893年，世界经济陷入了长期的停滞和萧条，这导致了19世纪最后25年保护关税在主要国家和世界范围内盛行。

20世纪30年代的世界经济大萧条是另一个贸易保护主义盛行和贸易战激烈的历史时期。正是在1930年纽约股市崩溃后，美国出台了臭名昭著的《斯穆特－霍利关税法》，此法将总体税率从之前的约15%提升到近20%，最高关税比率接近60%，成为历史上最高关税。这一举措引起了世界其他国家报复性提税，各国货币竞相贬值，进口管制加强，由此也加重了30年代的全球经济大萧条。而2008年经济危机以来，世界范围的贸易保护主义趋势不断增强。根据WTO数据统计，2008—2009年金融危机期间，全球反倾销年平均发起案件数约202起；2013—2015年为年平均241起；2016—2017年已增长为年平均约266起。2015年全球范围内的国际贸易保护措施数量比上一年度增长了50%。根据我国商务部统计，2016年上半年，中国出口产品共遭遇来自17个国家（地区）发起的65起贸易救济调查案件，同比上升66.7%，涉案金额85.4亿美元，同比上升156%。其中，反倾销案件46起，反补贴案件13起，保障措施案件 6 起。而在对中国出口产品发起贸易救济调查的国家中，立案数量最多的是美国和印度。也就是说，美国绝不是唯一对中国发起贸易保护主义的国家，中国与许多国家都存在程度不一的贸易争端。而美国的贸易保护主义也不是只针对中国，美国与它的盟友欧盟、加拿大、日本之间也都存在贸易争端。根据全球贸易预警的统计数据，2018 年 1—7 月，美国出台的贸易限制措施达到了全球比重的 33%。

其次，与一国经济发展阶段和自由贸易的关系一样，在霸权兴盛的时期，由于在世界市场上的竞争力处于绝对优势，霸权国家通常乐于采取自由贸易政策。但正如世界体系理论代表人物沃勒斯坦所说的，这是在霸权垄断支配下的全球自由贸易。一旦霸权进入衰落期，霸权国家为了挽救这种颓势，便竭力运用保护主义作为维持既得优势和势力范围、打击新兴对手的武器。这也相应地引起了主要竞争对手的同等措施，借此形成连锁反应，贸易争端随之扩散到其他贸易伙伴国中，贸易战更容易爆发。

英国于 1651 年通过了《航海法案》，并在 1660 年修订为《航海条例》。这个条例规定：欧洲、美洲和非洲的一切商品要运抵英国，必须要通过由英国船员管理的船只；欧洲国家生产的商品要运入英国，必须通过该商品生产国的船只或英国的船只。这个条例最大限度地保护了英国的海上贸易利益，同时沉重打击了荷兰的海上专营贸易，对荷兰的海上贸易霸权是一个严重的威胁。因此，荷兰和英国在 17 世纪 60、70 年代爆发了三场战争，英国取得了胜利，加速了荷兰霸权的衰败。

20 世纪初，由于德国、美国等新兴工业国在世界市场上对英国工业制成品出口国的主导地位构成越来越严峻的挑战，甚至大有取而代之之势。在这种情况下，英国通过了一系列的贸易保护主义措施，如 1915 年不顾美德等国反对颁布的旨在保护其汽车工业的《马克凯恩法案》，1921

年针对进口的精密仪器、化学品、金属制品征收 50% 关税的《保护工业部门法案》，1923 年具有建立无差别贸易壁垒意味的《进口关税法案》，自此，英国走上了贸易保护的不归路。

20 世纪 70 年代以来，美国在世界经济中的霸主地位不断遭遇来自欧共体、日本和社会主义阵营的苏联等多方的威胁，后者在经济和科技的各个领域与美国的差距不断缩小。与战后全盛时期相比，美国在世界国民生产总值和世界出口总额中所占份额也大为缩减。因此，有一种普遍的说法是，1973 年的经济危机之后，美国就开始进入了其霸权的收缩阶段。正是从 20 世纪 70 年代以来，在美国和主要贸易国家之间多次爆发了激烈的贸易争端。1950 年，美国的平均关税率只有 13%，但 1971 年尼克松总统宣布，在征税基础上对所有进口商品一律征收 10% 的附加税，正式拉开了贸易战的序幕。

当前正是世界经济萧条期和美国霸权衰落期两个周期的叠加时期，中美贸易争端的爆发无疑源于多种因素的综合，包括浅层的重振经济的要求和深层的维持霸权的原因，而美国在世界范围内频频挑起贸易战，尤其是针对主要竞争对手（如中国）的种种举措也完全不出意料。贸易战是当前世界局势的必然结果，美国处在这样的一个历史关头，贸易保护主义是其本能的、必然的选择，绝不是某一任政府或总统个人的特殊偏好。因而，不能把当前美国的贸易保护行径（或中美贸易争端）仅仅归于特朗普政府的"好战"。面对美国国家实力要么扩张而衰落和要么收缩而重振的两难选择，特朗普政府未必比小布什政府甚至奥巴马政府更为"好战"，更加"保护主义"。根据统计数据，在特朗普执政第一年的 2017 年，美国发起的贸易保护措施共 141 起，反而低于奥巴马第二个任期内 147 起 / 年的平均水平。2017 年以来，美国的贸易保护主义措施逐渐集中针对中国这个贸易最大顺差国，即便如此，2017 年对华实施的贸易保护措施并没有比 2016 年增加，这两年的措施数量均为 83 起，略少于奥巴马 8 年任期的平均数量（84 起 / 年）。

四、贸易战通常是一个长期过程，很难实现速战速决

世界贸易史的发展伴随着大大小小的贸易战，历数其中有名的、规模较大的尤其是处于重要历史时刻的贸易战：17 世纪的英荷贸易战、英法贸易战、20 世纪 30 年代的斯穆特 – 霍利贸易战、70 年代之后的日美贸易战、美苏贸易战、美欧贸易战、21 世纪初的钢铁贸易战……便会发现，这些贸易战有如下特点：都发生在主要国家之间，因而涉及的产业领域广，具有世界性影响，同时持续时间长。特别是 20 世纪中后期以来由美国主动挑起的大的贸易战，都会延续几年甚至数十年。

英国为与荷兰争夺海上贸易霸权，颁布了相当于禁止性关税的《航海条例》，从而引起与荷兰之间的名副其实的"贸易战"。英国颁布《航海条例》的第二年，便爆发了英国与荷兰之间的第一次战争，随后，在1665—1667 年、1672—1674 年又爆发了两次英荷战争。直到 1674 年英荷两国签署《威斯敏斯特条约》，英荷之间的海上贸易战才正式结束，前后持续时间长达 22 年。

法国在 1667 年颁布税则，对几乎所有进口货物进行征税，主要是排斥从英国和荷兰进口的工业品，由此也招致英荷两国采取相应的报复措施，对法国商品提高关税。法国对此的回报是于 1672 年入侵荷兰，1679年两国关系恢复正常。而法国与英国则围绕禁止性关税展开了漫长的争吵，双方不断采取限制和报复措施。18 世纪初，英国便彻底否决了与法国的自由贸易协定，直到 1783 年《凡尔赛合约》之后才停止了两国的贸易争端。

著名的 20 世纪日美贸易战同样持续很长时间。从 20 世纪 70 年代初到 1991 年，美国针对日本共启动了 15 次"301 调查"，时间长达 10 多年。

美国在 20 世纪 60 年代初有预谋地开启了和苏联之间的"石油战"。最初美国要求西方各国抵制苏联石油出口，实施大口径输油管道禁运，而围绕输油管道禁运，美苏就纠缠和防攻了近 10 年。尔后通过逼迫欧佩克产油国提高产量，操纵国际油价下跌，使苏联石油出口严重受阻，并迫使西欧盟国停止对苏联资本输出和机械设备供应及技术支持，掐断苏联石油命脉。美国在 80 年代最终赢得石油战争的胜利，这一过程持续了近 20 年。从 60 年代末开始，美国陆续对欧洲的香蕉、布料、地毯、玻璃、钢铁等提高关税，欧洲则对美国的大豆、鸡肉、飞机、电器及在欧的美资企业加税，贸易战后来蔓延到金融领域，最终发展为黄金储备战，持续了 30 多年，直至 2000 年通过谈判才得以终结。

五、结语：以史为镜

世界贸易史若干事实表明，自由贸易并非迄今为止的国际经济关系的常态。当涉及作为自由贸易机制建构背景的经济全球化时，同样不难理解全球化（以贸易自由化为标志之一）的退潮为什么总是反复发生。全球化最基本和最重要的主体是民族国家，国家的重要职能之一就是保护和发展本国经济，这蕴含了贸易保护主义存在于全球化过程中的合理性和必然性。全球化实质上"是国家政府对本国经济活动的发展和保护与市场经济力量的世界性释放的矛盾运动过程"。

因此，基于真实的世界贸易史，我们可以获得以下启示：首先，如果仅仅看到全球化与自由市场相联系的一面，认为多边或全球自由贸易将普惠世界各国，看不到民族国家的经济利益与全球自由市场冲突和对立的另一面，那么必然陷入自由主义全球化的一厢情愿的幻想，从而无法理解贸易战产生的客观性和内在必然性。其次，既然自由贸易和保护主义都是调节国家间经济实力对比以及国际生产关系的手段，并不存在孰优孰劣、根本对立的问题，那么，发展中国家应该向发达国家学习，对这二者采取现实的灵活的为我所用的态度。第三，由于民族国家主要基于本国利益参与自由贸易和全球化，全球化进程便充斥着国家尤其是大国间的斗争和博弈——这种斗争和博弈归根结底是在最大程度地争夺全球化的主导权（包括规则的制定权），这决定了每一次的斗争和博弈（包括国家间的贸易争端）既有当下性意味又折射出长远性。这要求我们：冷静应对，做长期准备，对历史发展的趋势和未来既不一味悲观也不盲目乐观。

青春经历的真实解读

——《解放日报》对600位知青进行的访谈与调查

《解放日报》社会调查中心

　　一部电影《致我们终将逝去的青春》，是对那段知青岁月的致敬。那些亲历过上山下乡的人们，又是怎样解读生命中那段至关重要的青春经历的呢？

　　中国社会学会方法研究会、上海知识青年历史文化研究会和上海神州市场调查公司在知青展馆内外对当年的600位知青进行了问卷调查。《解放日报》社会调查中心根据统计数据，结合本调查中心获得的文案进行研究分析，形成了本份调查报告。

　　此次调查采用配额抽样方法，运用问卷面访方式进行，由复旦、同济、财大、上外等上海高校部分学生实施。在被调查对象中，男性占60.5%，女性占39.5%；59岁以下占13.1%，60—63岁占55.2%，64—67岁占24.3%，68岁以上占7.4%。当年上山下乡地点在东北、内蒙古、云贵的占49.5%，安徽、江西的占21.4%，上海、浙江的占12.6%，其他省市的占 16.5%。当年上山下乡的类型中，插队的占 40.5%，集体插队或国营农场的占 24.7%，生产建设兵团的占 31.7%，其他占 3.1%。

一、青春风华，激扬还是幼稚

有一位作家曾这样说："青春是用来追忆的，当你怀揣它时，它一文不值，只有将它耗尽后，再回头看，一切才有意义。"

曾经的知青，现在大都是 60 岁以上的人了，经过 40 多年生命过程的沉淀，回首青春时期的经历，现在更多的是冷静和理智。知青去农村，20 世纪 50 年代起被倡导，60 年代展开。对当时的知青来说，他们到农村去，是为了消灭"三大差别"，带有积极的理想主义色彩，邢燕子、侯隽、董加耕等一大批优秀青年，便是他们的典型代表。到了 1968 年，则是城市里初中、高中以及中专、技校的毕业生，随着"知识青年到农村去"的最高指示，毫无例外地奔向广阔天地，当时的说法叫"一片红"。

调查表明，不管是早期的下乡，还是以后的"一片红"，大部分年轻人是比较自觉的。有 43.5% 受访者表示，去农村是听从党的指示；有 18% 的受访者表示，是自觉接受贫下中农的再教育；有 15% 的受访者表示，是迫于环境和形势的压力。以后依次为，希望在农村锻炼自己的能力，改变农村的面貌和随大流。

二、上山下乡，砥砺还是磨难

20 岁不到的青年人，凭着一腔热情，来到农村。青山绿水，偶尔居住是一种享受，但是，当经年累月生活在这里的时候，那些艰难是难以想象的。北国严冬的冰封千里，南国的湿热百虫，让城市的青年极度困苦。即使在上海崇明农场，知青田先生也是感慨良多："不说农忙时候的抢收抢种了。就说冬天吧，传统是冬闲。但是，农场冬天要修水利，疏浚河道。天寒地冻，上千人沿河排开，一批人下到河里，用铁锹一锹一锹挖泥，一批人用竹簸箕把泥从河床挑到河堤，从日出干到日落。这样的劳作要持续一个多月。"不过，田先生还是有些骄傲："那时候，农场的河道，绝不会淤塞，河堤则像石头砌的一样齐整。"

十分困苦的生活，原始的劳作，很少的收获也使知青反思。知青卜大华于1968年去陕北插队，他后来回忆说："到了陕北，我第一次发现，中国还有这么落后、贫穷的地方！那些曾为革命洒过鲜血的老红军、老农民，仍在吃糠咽菜，看到这些，我流下了眼泪！这是我用自己的头脑思索后得出的结论。"从这层意义上说，知青的艰苦岁月也是思想解放的萌芽。在本次调查中，有75%的受访者认为知青经历让自己接触到了人民大众，更深刻地了解到了国家的现状。

艰苦的生活让更多人思考。在本次调查中，当问及对知青经历的整体看法时，有50.5%的受访者选择了"辩证对待"，有22%的受访者认为这段经历值得肯定，有9.2%的受访者抱怨知青生活，同样有9.2%的受访者认为自己的知青经历应该否定。以后依次为，应该汲取相关教训，应该忘却这段痛苦的经历。

进入新时期，知青们花费了更多的努力追赶时代步伐。他们中的不少人已经取得了令人敬佩的成就，成长为社会的中坚力量。知青经历磨炼了他们的意志，让他们走出青年时代的狂热，走向成熟和理智。在本次调查中，认同知青经历"丰富了人生经历，加深了对生活的思考"的占了81.8%，认为知青经历对自己事业有所帮助的占了88.1%。

三、回城之际，兴奋还是叹息

1973年，知青在农村的情况开始引起社会各界的关注。毛泽东主席当时对一封知青家长的信作出批示："全国此类事甚多，容当统筹解决。"1978年10月，云南景洪农场教师、上海知青丁惠民等人给当时的国务院副总理邓小平写了一封公开信，希望在中央帮助下返城。

十一届三中全会后，知青大批回城从云南开始。时任农林部副部长、农垦总局局长的赵凡，受中央派遣到云南调查国营农场的知青问题，当时他的另一个身份是国务院知青工作领导小组办公室副主任。赵凡到昆明后，连夜到农垦局了解情况，然后和各层级的同志开会，成立解决知青问题的领导小组。经过调查研究，赵凡和时任云南省委书记的安平生给中央打电报：在自愿的情况下，愿意留在农场的欢迎，好好搞建设；不愿意留下来的都走，分四批两年完成。自此，波澜壮阔的知青上山下乡潮转化为知青回城潮，上山下乡运动就此终结。

在本次调查中，对"知青经历给您一生带来什么遗憾"这一问题，有49.3%的受访者认为，知青经历带来的最大遗憾是失去了正常读书学习的机会；有21.3%的受访者认为，背井离乡失去亲人关爱和家庭温暖；17.3%的受访者认为，失去了正常的青春体验。以后依次为过分劳作损害健康，特殊经历损伤心灵等。

四、国家个人，命运是否相连

1700万知青从中国的大城市、中型城市涌进广阔的农村，场面可谓波澜壮阔，这是一段令个人和国家都难忘的岁月，它掀动了整个社会，触及了无数家庭，但这一代人的命运，始终与国家的命运紧紧相连。

受访者范先生异常平静："首先，知青上山下乡，不能脱离特定的历史背景，尤其是计划经济的背景来看待知青上山下乡的问题。其次，'文革'前的知青上山下乡是国家劳动力调配工作的重要一环，旨在为无法在城市升学就业的青年开辟新的就业道路。最后发展为'一片红'，具有明显的延续性。无论是主动要求去的，还是被动下乡的，都是当时的形势使然。大约2000万知青在这样的形势下去了农村这个广阔天地。"

在被问及您认为知青经历对自己事业发展是否有帮助时，有24.8%和53.3%的受访者回答说获益匪浅和有所收获，有5.9%和9.9%的受访者回答说帮助很小或没有帮助，只有6.1%的受访者认为知青经历阻碍了自己事业的发展。

知识青年上山下乡这场运动，对这一代人正确地认识自己，正确地认识历史发展的内在规律，正确地认识这个伟大的民族和国家的未来，都有很大的帮助。同时，对于广大中国农村而言，大批知青的到来，缩小了城乡"三大差别"。在此后近20年内，知青们成为乡村民办教师、"赤脚医生"、农业技术人员等，是农村发展的带头人。他们的到来不仅增加了农业劳动力，也在短时间内向原本封闭落后的农村传播了先进的知识与思想观念，为后来政府执行农村政策起到了重要的启蒙和铺垫作用。而且，这种社会支援方式与平衡发展的观念，使广大城市青年对中国乡村产生了深厚的情感联系。在本次调查中，有70.2%的受访对象认为，上山下乡的地点是自己的"第二故乡"。

受访者顾女士说："我们这一代人，一起下乡，一起回城，都和国家的形势紧密相连。和任何一个时代的人一样，我们中有的人，经过磨难，事业有成。有的成了政治家，有的成了企业家，有的成了教授专家。不过，大多数人是普通市民。我现在退休了，退休工资不高，由于过去读书少，个人发展机会也不多，而我的孩子就不一样了，事业有成，我也感觉不错。"

实现邓小平"两个飞跃"思想的有益探索

——对烟台市推进"党支部领办合作社"的调研

江　宇　　戚桂峰[①]

党的十八大以来，习近平总书记高度重视农村基层党建和集体经济发展，要求"把好乡村振兴战略的政治方向，坚持农村土地集体所有制性质，发展新型集体经济，走共同富裕道路"，"农村基层党组织是农村各个组织和各项工作的领导核心"。习近平总书记的这一要求为新时代乡村振兴指明了方向，也是与邓小平关于实现我国社会主义农业发展"两个飞跃"的思想是一致的。

1990 年 3 月 3 日，邓小平同几位中央负责同志谈话。在谈到农业问题时，邓小平指出："中国社会主义农业的改革和发展，从长远的观点看，要有两个飞跃。第一个飞跃，是废除人民公社，实行家庭联产承包为主的责任制。这是一个很大的前进，要长期坚持不变。第二个飞跃，是适

① 江宇，中国社会科学院世界社会主义研究中心特邀研究员，国务院发展研究中心副研究员；戚桂峰，中共山东省委党校教授。

应科学种田和生产社会化的需要，发展适度规模经营，发展集体经济。这是又一个很大的前进，当然这是很长的过程。"邓小平同志提出的实现农业"两个飞跃"的主张，科学地揭示了我国农村生产力与生产关系的矛盾运动规律，指明了我国农业改革和发展的方向，阐明了这两个发展阶段的相互关系。

随着废除人民公社、实行家庭联产承包为主的责任制，农村发生了巨大变化，"第一个飞跃"早已实现，而"第二个飞跃"，即适应科学种田和生产社会化的需要，发展适度规模经营，发展集体经济，虽不乏先行个案，但总体尚未启动。目前，以统分结合为特点的农村经营体制，比较好地解决了"分"的问题，但除了滕头、代村等个别典型，还没有一个地区全面系统地解决"统"的问题，这是制约乡村振兴、实现"第二个飞跃"的一大瓶颈。如何在市场经济中把农村重新组织起来？这个历史性课题已经迫切地摆在了我们面前。

2017年以来，山东省烟台市抓住"党支部领办合作社"这个牛鼻子，带动乡村政治、经济、文化、社会、环境和党建全面振兴，面貌焕然一新，成为我国第一个在全市范围以党支部领办合作社推动农村集体经济发展的地区。这是习近平同志"走组织化的农村市场化发展路子""发展新型集体经济，走共同富裕道路"思想的生动实践，是事关全局的重大改革突破。我们自2017年起，对烟台市的实践进行了跟踪调研，情况报告如下：

一、烟台市实践最大的特点是"党支部领办"，最大的突破是"全市推进"

烟台市是山东省农业大市，曾面临"集体穷、支部弱、群众散"的问题：年轻人才外流，群众集体意识淡化，公共事务荒废，产业升级乏力，各种矛盾不断，党支部缺乏威信。有的合作社富了大户，穷了群众；有的资本下乡圈地，与民争利，甚至与党组织争夺影响力。面对这些问题，烟台市委、市政府把农村基层党建和产业发展结合起来，创造性地提出"党支部领办合作社"的设想，由组织部门牵头，各部门通力协作，于 2017 年选择 11 个村试点，2018 年选择 100 个村示范。目前，全市 1300 多个村党支部领办了合作社，占行政村总数的 20.2%，集体增收 3.8 亿元，群众增收 4.9 亿元，初步走出了一条在党的领导下发展壮大农村集体经济的新道路。其主要贡献在于：

——最大的特点是"党支部领办"。习近平总书记指出："农村工作千头万绪，抓好农村基层组织建设是关键。"烟台市在加强农村党建的实践中发现，如果村集体经济"空壳"，那么党的领导必然也是"空壳"。于是他们创造性地提出党支部领办合作社的思路。党支部领办合作社，即村党支部成员代表村集体注册成立合作社，村集体以集体资产等入股，农民以土地、劳动、资产或现金等入股，发展适度规模经营。这种模式，核心是以党的组织力提高农村的组织力，以党的信用提高群众的信心，以党的宗旨和纪律保证合作社"姓公不姓私"，为共同富裕服务。同目前比较普遍的由种田大户、企业或少数富裕村民领办的合作社相比，这种模式有几个优势：一是有利于加强党的领导，避免政治、经济"两张皮"。烟台市提出，壮大集体经济必须在党组织统一领导下进行，党组织站前台，唱主角，这是任何人不能逾越的底线。二是有利于调动群众积极性。支部成员当先锋，带头认筹资金，发动群众入社，发挥党的威信和党员示范作用，打消群众顾虑。三是有利于规范管理。合作社负责人受党的纪律约束，可以防止利益输送、化公为私，防止土地过度集中到少数人手里，防止土地用途发生根本性变化，造成农村贫富差距过大，确保合作社健康发展。四是有利于共同富裕。党支部领办合作社，要体现党的宗旨，支部成员在分配时没有特殊利益，绝大部分合作社收益留给集体和分给社员，并向普通社员倾斜，这是最有利于共同富裕的办法。东院头村支书林贤说：私人领办合作社，是多数人帮少数人致富；党支部领办合作社，才是共同致富。总之，党支部有其他任何组织不可比拟的政治和组织优势，这些优势同经济优势结合起来，就能激活全局，带动乡村振兴。

——最大的突破是"全市推进"。改革开放以来，我国涌现出一批集体经济发展较好的村庄，如浙江滕头村、山东代村、河南南街村等。但这些村庄都有一些特殊性，而在市场经济条件下，做强做大农村集体经济，仅靠少数"明星村"还不够有说服力。烟台市是全国第一个在全域推进党支部领办合作社的城市，支部领办的集体经济已经不再是"孤岛"，而是呈现星罗棋布、你追我赶的景象，有从星星之火转变为燎原之势。这证明了，在市场经济下做大做强集体经济并非特殊现象，只要找准路子，经过努力，大多数条件一般的村庄都是能做到的。全域推进还有利于在乡镇甚至更大范围实现联合，增强规模经营和抗风险能力；有利于在不同模式之间比较选择，尽快形成完善的模式。

——最大的优势是"多位一体"。过去，人们比较重视合作社在产业发展方面的功能，认为农村专业合作社主要是经济组织。而我国传统文化和历史经验都表明，农村基层组织应当同时具有产业、金融、供销、民生、基层治理等多方面功能。当前农村存在的问题，一定意义上就是因为这些功能被割裂了。烟台市的党支部领办合作社与一般专业合作社的区别就在于，突破了经济方面专业功能的局限，发挥党组织协调各方的优势，融生产、供销、金融"三合作"于一体，把经济效益发挥到最大。更进一步，党支部不是单纯追求经济目标，而是统筹考虑政治稳定、社会发展、乡风文明、生态可持续等多方面的目标。这种"多位一体"的合作社，能够实现农村的全面均衡和可持续发展，是农民和农村真正需要的合作社。

——既重建了集体经济，又没有走"回头路"。对于重建集体经济，很多人最大的担心是走人民公社的"回头路"，烟台市在实践初期，也有很多干部群众存在这样的担心。烟台市用实践证明，当前建设集体经济完全可以避免"走回头路"。一是环境不同。人民公社时期，我国为了工业化积累需要，从农村提取过多，而当前我国已经进入过剩经济，城市有大量资源可以反哺农村。二是机制不同。党支部领办合作社不是支部包办，村民入社和退出完全自愿，土地承包权仍归农民，产品在市场上经营，收益按股份和贡献分配，而不是"一平二调"。三是管理水平。今天的农民经过市场经济洗礼，管理水平有所提高，可以避免粗放管理导致的大锅饭。

实际上，在调研中许多村干部表示，当年农村有组织化的优势，搞了大量农田水利基本建设，但没有市场环境；近些年来，有了市场环境，但组织削弱了。现在搞党支部领办合作社，就是要把两个时期的优势结合起来，走习近平总书记提出的"走组织化的农村市场化发展路子"。

二、烟台市实践表明，党支部领办合作社是乡村振兴的成功路径

乡村振兴千头万绪，到底从何下手？怎么抓才能事半功倍？烟台市的实践全面回答了这个问题。实行党支部领办合作社短短两年，烟台农村产业面貌、村庄面貌、党组织面貌、群众面貌都焕然一新。我们党做工作一向强调抓主要矛盾，党支部领办合作社就是抓住了乡村振兴的主

要矛盾。这一件事做好了，其他各项工作就都顺势带动起来了。

——算经济账，增强了集体实力，促进了共同富裕。同其他合作社模式相比，党支部领办合作社能够以多种渠道，最大限度促进产业发展，提高群众收入。一是通过加快农村产业发展提高收入。党支部领办合作社，有利于加强土地集约，改善水利土壤灌溉交通等基础条件，延长农村产业链，推进多种经营，这些都有利于从总体上提高集体和群众收入。衣家村曾是一个"缺人、缺水、缺路"的贫困村，实行党支部领办合作社以来，农民义务劳动修建了盘山路和水塘，仅改善果树灌溉条件一项，每亩果园就增收约7000元。栖霞市全域推进党支部领办合作社，实行土壤修复，引进新技术，实行统一标准、统一品牌，每斤苹果价格至少达到原来的2倍。莱州市田家村通过注册品牌、综合开发，苹果售价从7元/斤且销路不好提高到12—14元/斤，半年时间增收40万元。东院头村集体购买农资，每年为群众节支200多万元。二是在分配上向广大群众倾斜。同其他模式相比，党支部领办合作社，能牢牢掌握分配的主动权，真正把饭碗端在自己手里，把未来土地和产业增值的空间留在集体和村民手里，避免了土地和产业收益被资本一次性买断，农民只能获得少量租赁费用和打工收入，收入低，没后劲，没保障。烟台市设计了一系列机制，保障群众利益。党支部领办的合作社土地流转费用普遍在500—2000元，远高于民间的土地租赁价格。东院头村甚至达到4000元，这是当时每亩地最高的纯收入。为了不让社员吃亏，栖霞市提出，科学建立利益分配机制，农民二次分红比例不低于40%，村集体持股以10%—20%为宜，单个社员出资不宜超过20%。这都是为了在分配上最大限度向群众倾斜。三是更有利于引导和约束社会资本为集体经济服务。农业产业化离不开城市资本和企业的参与，但放任资本下乡很容易损害村民利益甚至造成土地兼并。只有党支部领办合作社，才有力量引导并约束下乡的社会资本，在分配上确保村集体及农民的利益稳定和最大化，同时社会资本也能获得合理收益，实现多赢。北洛汤村以合作社同企业合作，企业前期投入 50 多万元，改善苹果种植条件；向阳村同企业签订草莓保护价收购协议；西石河头村同企业签订定向种植销售合同；苗家沟村与企业签订协议，企业销售返利给村集体。烟台市的实践说明，要实现社会资本和企业的双赢，关键在于党支部通过领办合作社，把村集体重新组织起来。

——算政治账，党找到了群众，群众找到了党。烟台市各级党组织深刻认识到，如果集体经济"空壳"，那么党的执政地位早晚也会"空壳"；"三会一课"搞得再规范，脱离经济发展，也是空中楼阁。通过党支部领办合作社，党巩固了在农村执政的经济基础，做实了村支部的领导核心地位，党的威信大幅提高，村干部精神状态焕然一新，真正找到了"当家人""领头羊"的感觉。不少村书记告诉我们，他们看到了多年以来没有见到的党员和群众团结奋斗、热火朝天的动人场面，体验到了多年以来没有过的荣誉感和成就感。集体经济实力强了，为村民办实事办好事了，党的凝聚力更强了。农民通过自己和党组织一起奋斗，获得幸福生活，也会更加珍惜和感恩，避免出现"福利陷阱""扶贫过度"等现象。衣家村在村集体没有积累的情况下，创造性实行"劳动力入股"模式，即社员集体劳动积累"工票"，由工票折合股份，有效解决资金短缺问题。我们亲眼看到，在"工票"还不能兑现的情况下，全村男女老少战天斗地，打深井，建水塘，通山路，83 岁的老大娘也天天上工，全村人还在深夜冒着风雪，用自己的衣服抱着猪苗步行三公里送到养猪场。官道镇实现了党支部领办合作社全覆盖，打破了一家一户的限制，可以在全社进行流水线式的分工。在新的果树育苗时，各村书记带领群众凌晨两点就开始排队领取树苗，披星戴月，分秒必争，只用 10 天就完成了种植任务。他们说，多年没有见到这样上百人大规模会战的场面了。之所以这样做，就是因为党支部和村民形成了利益共同体，村民愿意在党支部的带领下为自己的幸福而奋斗，农村发展焕发了内生动力。

——算民生账，农村民生改善，社会治理全面加强。党支部领办的合作社不仅是经济组织，也是社会组织，它为改善农村民生提供了基础和平台，缓解了农村老龄化、"空心化"、家庭分居、家族矛盾等问题。一是集体经济为改善民生提供了经济基础。群众把土地流转到合作社后，无须劳作就可获得稳定收益，这是解决老龄化，实现脱贫最长久、最根本的途径。北洛汤村靠集体经济收入举办了食堂，100多名70岁以上的老人可以免费吃饭。原来有矛盾的家庭，经常一起吃饭，矛盾也化解了。我们亲身体验，中午有两荤一素、三荤一汤，老人吃得很高兴，笑逐颜开，拉着我们聊天。他们说："这是村干部给我们带的好，归根到底是共产党好！"他们给食堂取名"铭恩食堂"。二是集体经济有利于吸引和留住人才，增强村庄活力。栖霞现代农业产业园在全国招募优秀人才担任合作社和配套企业的管理人员，已经有39名各类人才落户，其中还有清华大学等顶尖高校毕业的研究生。莱州市小草沟村党支部领办合作社开展苗木种植，培养了80多名农民技术人员，扩大了就业空间。三里沟村和北洛汤等村庄把妇女组织起来就近就业，让她们既能获得收入，又能随时照顾家庭。三是化解了许多长期积累的矛盾。过去土地和集体资产"分"得过散，缺乏协调力量，积累了许多矛盾。党支部领办合作社后，盘活了集体资产，增强了支部威信，为解决这些矛盾创造了条件。田家村合作社选择了党性强、威信高、邻里关系好的社员分别组成老干部委员会、慈善义工协会、青年志愿者创业团队，从事社会管理。合作社把一家一户的村民的心连在一起，村民看到发展的希望，6年没有拆掉的违章建筑，3天内全部自行拆除了。

——算生态账，合作社让山水林田湖焕然一新。村容村貌是村庄的"脸面"，党支部领办合作社，激发了群众主动建设美好家园的内生动力，掀起了整治环境、美化家园的热潮。我们所到的不少村庄，都把打扫卫生、恢复生态作为党支部领办合作社的"开局之战"，通过整治山水田园环境，改变村庄面貌，取得群众信任。很多支部领办的合作社，加强土地集约经营，实行水土共治，推广绿色种植，减少面源污染，促进了生态振兴。还有不少村庄以民宿等旅游资源入股，建设美丽乡村。亭口镇依托合作社创办了水利联社，把原来各村各户分散管理的水库、池塘连为一体，统一调配水源，科学灌溉。今年烟台市遇到多年未有的旱情，以往旱年，农户只能浇两遍水，仅够维持果树存活，但今年可以浇五六遍，旱情也没影响苹果质量。

实行党支部领办合作社以来，烟台市各级党组织和广大党员，把党的政治、理论、组织、制度优势转化为乡村全面发展振兴的巨大动力，带着党的初心和使命在田园大地上描绘出锦绣画卷，让人民看得到希望，记得住乡愁，让烟台大地真正成为"希望的田野"。"墟里斜阳浅照，山间莺懒封喉。门前烟斗鬓双秋。地荒天亦老，何处寄乡愁。定向领航追梦，黎民持股同舟。再将天地细相酬。田园铺锦绣，黄土展风流。"当地基层干部刘学刚满怀喜悦创作的这首"临江仙"，正是对党支部领办合作社前后变化的生动描述。

三、烟台市的实践能够成功，归根结底是因为各级党组织和广大党员不忘初心，认真践行了总书记的思想

从 20 世纪 90 年代邓小平同志提出"两个飞跃"主张起，许多地方都在探索如何在市场经济条件下将农民重新组织起来。为什么烟台能够在

这些探索中取得今天的成效呢？这离不开党的十八大以来以习近平同志为核心的党中央坚持中国特色社会主义道路，校正党和国家的航线，为加强集体经济提供了宝贵的政治前提；离不开烟台市委和全市各级党组织与广大党员干部真正践行了总书记关于发展集体经济的思想，不忘初心，牢记使命，勇于担当。从2017年只有少数干部理解、认可党支部领办合作社，到今天全市上下你追我赶，热气腾腾，这来之不易的局面，经过了艰辛的调查研究、统一思想、层层发动的过程，积累了丰富的经验。

——各级书记亲自动手，抓好"一号工程"。烟台市委书记张术平、市长陈飞带头学习习近平总书记关于乡村振兴的重要论述，高度重视党支部领办合作社。张术平同志说，实现乡村振兴关键在党，各级党组织书记要真正当好领头雁和一线总指挥。市委常委会专门研究出台村党支部领办合作社指导意见，纳入市委"三重"工作。市财政专项列支1000万，市农业农村局、供销社、商务局等各司其职，全力支持，特别是下决心解决了支农项目资金支离破碎的问题。在市委带动下，市、县、乡三级党委书记亲自宣讲，亲自调研，亲自设计方案，靠前指挥，形成了"书记动手、全党办社"的局面。

——组织部门主动担当作为，把党建和农村工作紧密融合。"三农"问题不仅是一个经济问题，更是政治问题。烟台市委组织部认为，乡村振兴是全党的共同行动，组织部门责无旁贷，使命在肩，强调"抓集体经济是组织部门的主业，村党支部不带领群众发展集体经济就是失职缺位"。烟台市各级组织部门在党委政府领导下，自加重担，主动作为，站到推动党支部领办合作社的第一线，各级组织干部成为抓农村基层组织的行家里手。基层干部说，市委组织部的同志"是最痴迷于这项工作的"。结合党支部领办合作社，他们把那些讲政治、敢担当、能带富、会服务的优秀人才选进村级班子，出台《从严管理村干部三十条》，果断调整个别有畏难情绪、软弱涣散的村干部。2019 年，东院头村分红时，烟台市的许多干部在微信群里互相庆祝，说"有什么比看到老百姓幸福更让人高兴的呢"，仿佛比他们自己致富还要高兴。

——高度重视理论建设，用自觉的理论指导实践。2017 年时，烟台全市上下对党支部领办合作社的认识还不统一，一些村、乡镇甚至区县的干部也不了解。对此，烟台市高度重视理论建设和思想动员。组织部长于涛经常引用总书记的话"我们党是高度重视理论建设和理论指导的党"，要求干部"做事之前一定要从理论上想清楚"。烟台市各级干部认真学习总书记《谈治国理政》《摆脱贫困》等著作，针对认为支部领办合作社是走"回头路"、没有政策不能干、没有资金无法干、群众不支持不能干、党支部不能领办等认识误区以及思想保守、求稳怕乱、私心作祟等思想实际，摆事实，讲道理。党委书记和组织部部长纷纷走上讲台，上级给下级讲，分管领导给部门讲，支书给村民讲，有的村在领办合作社之前讲了几十次课，特别是全市开展了两次大规模培训。我们接触的不少干部，都曾有过从一片茫然、不够理解到逐步理解、找到感觉，再到尝到甜头、自觉推动的思想转变过程，各级党委深入细致的理论工作起了重要作用。

——走群众路线，让群众自己解放自己。党支部领办合作社，不是包办代替，更不是违背农民意愿。我们在调研中感到，基层干部群众中蕴含着组织起来的巨大潜力，只有让农民切身认识到合作的好处，合作社才能有稳固的基础和长远的发展。因此，烟台市在推动工作中，没有搞一刀切和强迫命令，而是像毛泽东同志在《愚公移山》里说的那样："我们一定要坚持下去……也会感动上帝的。这个上帝不是别人，就是全中国的人民大众。"我们听到无数这样的故事：市委组织部部长逢人便动员党支部领办合作社；有的村支书数九寒天在大街上讲了 3 个小时，村民没有一个人离开；有的驻村干部花两个月时间一家家做工作、讲道理，1

次讲不通就去 10 次；有的村支书顶着家人的不解和埋怨，带头拿出自己的产业和土地入股合作社；有的乡镇干部为了动员一户村民流转撂荒的土地，"三顾茅庐"去外地做工作……他们通过深入细致的工作，教育了群众，感动了群众，征服了群众，让广大群众发自内心地认可了党支部领办合作社。在办社过程中，又注重充分发挥党员会和村民大会的作用，把尊重群众意愿、保护群众利益贯穿合作社建章立制、管理运营全过程，保证群众在合作社的话语权。

——把顶层设计和基层探索结合起来。党支部领办合作社，要靠基层的积极性，各级党委又适时在基层实践的基础上提炼提升，进行了缜密的顶层设计。烟台市委、市政府通过 11 个村试点、100 个村示范，在产业选择、入社办法、经营方式、收益分配等方面，探索出了各具特色的经验。在此基础上，市委组织部认真总结提炼，形成了《党支部领办合作社操作实务 30 问》等，让基层干部群众一看就知道怎样操作。栖霞市官道镇党委认真细致做工作，实现了党支部领办合作社覆盖 30 多个村，并且提出章程、资金、物资、分配、印章等"七个统一"，在党支部领办合作社起步阶段就高标准予以规范。

烟台市的实践表明，在市场经济条件下，集体经济必须发展起来，也必然能够发展起来；发展农村集体经济，已经是实践提出的迫切要求；基层党组织和农民当中蕴含着"组织起来"的强大动力，只要各级党委善于发掘和引导，就能够焕发出强大组织力。

四、烟台市实践的启示：大办新型合作社是当前应对大变局、开展伟大斗争的战略选择

当前，我国正处于全面建成小康社会的决胜阶段，中华民族正处于

走向伟大复兴的关键时期，我们正在进行具有许多新的历史特点的伟大斗争。农村是我们党干革命起家的地方，也是面对伟大斗争最重要的经济增长点、最重要的社会稳定器之一。因此，大办新型合作社，不仅是解决农业农村问题的必然，也是当前应对大变局、开展伟大斗争的战略选择。

第一，这是解决农村突出矛盾的需要。近年来我国将进入一个风险高发的时期，经济风险、社会风险都可能转化为政治风险。烟台市的实践表明，在我国人多地少、农业产业化程度低、农村人才流失严重、老龄化到来、农村基层治理薄弱的形势下，只有党支部领办合作社，才能从根本上一揽子解决这些问题。

第二，这是开辟经济增长和就业新空间的需要。当前，我国已经从短缺经济转变为过剩经济，城镇和工业部门大量产能过剩，这为以工哺农、以城带乡提供了有利条件。启动农村这个巨大的投资和消费市场，是我国经济发展的战略性选择，而要更好地承接城市资源的转移，就必须把农村组织起来，提高农村对城市资本和劳动力的吸纳能力。只有在党的领导下把农民组织起来，才能避免资本下乡可能出现的风险。烟台市的实践表明，利用城市经济下行的机遇，让更多优质资源回到农村，把农民组织起来，激活农村，让农村各种资源的收益留在农村和农民手里，这样做能够补上农村这个最大的"短板"，也将成为宏观经济增长的强劲动力。

第三，这是打赢中美贸易战的需要。未来几年，中美贸易摩擦将对我国经济造成不可忽视的影响。新中国成立以来，每次遇到重大经济危机时，农村都起到了"缓冲器"和"蓄水池"的作用。现在面对前所未有的外部压力，也必须发挥好农村的这个作用，这就必须增强农村发展的韧性和空间。党支部领办合作社，有利于促进"三农"问题的解决，扩大国内需求，吸纳农村劳动力，提高农产品竞争力，改善农村公共服务，归根结底，有利于稳定国内大后方，更好地服务于国际斗争。

习近平总书记在 2017 年中央农村工作会议上要求，注意总结先进典型，发挥其对推动乡村振兴的示范作用。为此，我们建议：

一是给予先行先试权限，大力支持烟台试点。当前，要进一步深化试点，需要对现行法律法规、体制机制进行进一步突破。例如，突破《合作社法》关于党支部（具有公共管理职能）不能直接作为合作社成员的规定，突破部门界限，整合涉农资金，解决合作社贷款担保问题等。建议确定烟台为"加强农村集体经济建设综合实验区"，给予烟台市更大先行先试权限，鼓励继续试点。

二是积极总结、推广烟台经验，形成更大声势。烟台市是全国第一个在全域推动党支部领办合作社的地级市，已经初步形成了完整的经验、丰富的模式。建议有关部门加强对烟台经验的关注和支持，对成熟的经验进行总结宣传，早日在全国推广。

有理有利有节的中国：风雨不动安如山

——重播抗美援朝经典影片引发的热评、启迪和建议

集体采访，单超执笔[①]

一、经典不老，在中美贸易战的紧要关头大放异彩

我们采访了北京市委市政府系统的 8 位党员干部（正局级 1 位，副局级 1 位，处级 4 位，科级 2 位），他们表示："以前就经常看主旋律影视剧，最近每天都看"，"很过瘾，看了真振奋"，"早就该放"，"看了，都是老片子，不错"，"几部剧都很提气，本子好，演得也不错"，"老美确实太欺负人了，是该统一思想和立场了"，"《冰血长津湖》还挺新的，应该多拍几部这样的好片子"，"其实还有很多类似的题材应该挖掘，比如近年来的'一带一路'使亚非拉地区、尤其是东欧原社会主义国家发生的变化，有很多很好的故事值得发掘"。

[①] 参加采访与整理的人员有：郑志发、周栋梁、薛金华、傅维、简婷、罗叶丹、陈荣荣、刘小兰、郑宜凡、卜蝴蝶，执笔：单超。

江西上饶某文化站退休职工程徐花说：我年轻时在文化站出售电影票，革命影片的排片率和上座率比其他影片都要高出很多。退休后就不再像以前那么关注新闻了，但这次我和老伴一起观看了电视上重播的老电影，看得热血沸腾。革命老电影比其他影片更加真实，每次重看都能够一次又一次地激动人心。现在重新播放，不但可以让年轻一代感受战争年代的革命热情，也可以增强他们的爱国心和自信心。

北京大学中文系文学博士贾嘉说：连续在黄金时段播映《英雄儿女》《上甘岭》《奇袭》《冰血长津湖》《铁道卫士》《长空比翼》等抗美援朝题材的老电影，紧跟时事，用电影这样一种文艺作品呼应当下，不少人被电影中的英雄情怀感动得热泪盈眶，电影频道此举赢得了广大观众和网友的称赞和力挺。重听《我的祖国》《英雄赞歌》等脍炙人口的熟悉旋律，透过《英雄儿女》《上甘岭》等影片中一个个取材于真实战斗生活的英雄故事，我们得以重温一个人、一支军队、一个民族无论什么时候都需要的不屈的精神。影片所歌颂的那种承受压力、应对挑战的坚韧品格，那种舍生忘死、不屈不挠的伟大气魄，那种团结一心、敢于斗争的过人胆识，是中华民族精神特质最生动的体现，也是这场伟大战争留给我们的宝贵精神财富。以史为鉴，鼓舞士气，做好持久战的准备，也从历史中获得勇于斗争、战胜一切敌人的信心和力量。

教育部高等学校社会科学发展研究中心副研究员王雪凌说：经典影片再现了抗美援朝这段可歌可泣的历史，表现了中国共产党领导下的人民面对强大的敌人誓死不屈的精神，淋漓尽致地体现了中国人民不怕牺牲、勇敢斗敌的英雄气魄，以及团结统一、无私奉献的爱国主义精神。央视电影频道连续播出《英雄儿女》《上甘岭》《奇袭》等影片，表明了我们决不屈服于霸权主义的意志和决心，激发了中国人民的革命英雄主义和爱国主义精神。经济霸权主义对中国是行不通的。比起60多年前，今天的中国早已发生了翻天覆地的变化，我们有信心有能力战胜霸权主义，实现中华民族的伟大复兴。

华南理工大学马克思主义学院讲师陈荣荣说：连播《英雄儿女》《上甘岭》《奇袭》等老电影，网上讨论热烈，好评如潮，很多人表示"震撼灵魂""鼓舞斗志""酣畅淋漓"。为何60年前的老片子能激起如此反响？这是因为电影烘托出来的视死如归的凛然大义、邪不压正的气场、精神饱满的战斗意志、积极向上的生活态度、关爱团结同志的热心、为了集体甘于奉献的信念震撼人心。影片把社会主义的大爱表现得淋漓尽致，使观众获得灵魂洗礼和心灵升华。虽然今天电影技术的"硬件"比当年先进得多，但相比今天大多数的商业电影，我更偏爱这些老电影在艺术和思想方面的感染与熏陶。《英雄儿女》等电影之所以能够感动人，是因为它符合社会主义的文艺标准，坚持了"为人民服务、为社会主义服务"的根本方向，贯彻了集体主义、爱国主义和国际主义的社会主义精神。我们在艺术创作上应反思过去在某些领域个人主义思想占主导的现象，尽力扭转文艺创作中的错误价值观，同时在宣传上应加强社会主义艺术品的引领作用。

中央音乐学院讲师李先灵说：经典影片的力量让人震撼。《英雄儿女》中志愿军战士王成手持步话机高喊"向我开炮"的高大形象影响了一代又一代人，而今天，《战狼2》中海军舰长眼含泪水，大喊"开火"的场景也令无数观众感动落泪。首先，主旋律电影制作只有扎根人民群众的思想实际，与时俱进，不断丰富影片的精神内涵，才能引发观众的思想共鸣。其次，新时代主旋律电影制作既要防止低级红，也要警惕高级黑；既要避免创作模式僵化，也要反对过度商业化与过度娱乐化。再次，主旋律电影制作应自觉担当时代使命，警惕西方错误价值观的渗透，传承正确的政治理想、爱国情怀和价值观念，努力实现时代性与先进性的统一。

吉林财经大学教授、中国特色社会主义政治经济学研究中心主任丁堡骏说：这是无产阶级文艺路线的体现，唯物主义历史观的回归。唯物主义历史观认为，一个时代的文艺是随着一个时代的社会生产方式的变化而演变的。抗美援朝、保家卫国是新中国成立初期的时代主题。抗美援朝是人类社会历史发展中的历史性的大事件，反映抗美援朝题材的文艺作品必将随着时代的发展和社会生产方式的进步而大放异彩。现在中美贸易摩擦和贸易争端公开化，中央电视台连续几天在黄金栏目时间热播这些抗美援朝题材的作品，受到了广大人民群众的欢迎和好评。中央电视台的工作是值得称道的。

二、播放及时，社会各界备受鼓舞，深受教育

（一）帝国主义亡我之心不死，社会主义必将巍然屹立

中国社会科学院大学研究生院马克思主义研究系博士研究生张海雷说：特朗普的伎俩是资本主义、帝国主义反动本性的缩影。当今这个时代仍是从帝国主义向社会主义过渡的时代，仍是帝国主义国家对广大发展中国家侵略、掠夺和奴役的时代。帝国主义正凭借着金融、科技、文化和军事的霸权肆意侵犯他国利益，"构成了当今世界资本新帝国主义时代的特征"。但是，历史最终的发展趋势不是反动势力所能左右的，试图以卑劣的伎俩阻挡历史潮流注定会失败的。当今这个时代也是无产阶级革命的时代，对中国来讲就是中华民族胜利的时代，就是科学社会主义胜利的时代，也是马克思主义胜利的时代。我们把马克思主义基本原理与中国具体实践相结合，在实践中丰富和发展马克思主义，形成了最新理论成果。在习近平新时代中国特色社会主义思想伟大旗帜下，正昂首阔步地走在强起来的路上。中国的胜利不仅是中华民族的胜利，这个胜

利更属于全人类。从这个意义上讲，中美贸易战仅仅是滚滚历史潮流中的小小漩涡。

南昌大学马克思主义学院教授郑志发说：我在大学里讲授"爱国主义教育与民族精神培育"这门课，经常给学生推荐和讲解爱国主义教育影视片，其中就有《英雄儿女》《上甘岭》等。中美两国一个是世界上最大的发达国家，一个是世界上最大的发展中国家，对世界和平与发展负有重大责任。这些年来，中美合作的确取得了不少成果，两国人民乃至世界都因此受益。但是，美国资本主义的本性和霸权主义的本质决定它容不得其他国家赶超自己，害怕自己的霸权及利益受损，多次对有竞争力的国家进行打压。美国还公然把中国视为最大的竞争对手，甚至给中国贴上不同政治制度、不同文明、不同人种的标签，公然发动对我国的贸易战，并在南海搅局、染指台湾事务等方面无所不用其极。在这种情况下，中国人民岂能坐视不理？中国人民爱好和平，但并不惧怕任何威胁。"朋友来了有好酒，豺狼来了有猎枪！"

中共温州市委党校青年教师简婷说：和平来之不易，正是这些脊梁不倒的中国军人为我们赢得了和平的环境。今天，美国霸权主义在各领域对我国进行打压，其不可告人的目的是逼迫中国放弃核心利益，阻止中华民族的伟大复兴。

网民老灌塘－红河说：CCTV-6太棒了！这样的电影不是播放得多了，而是太少了，前几年网络上甚至出现抹黑英烈的事情。我们决不能忘记那些为了新中国、为了中华民族而英勇献身的革命先辈。现实证明美帝亡我之心不死，中华儿女必须拿起刀枪捍卫我们的国家利益！

华南理工大学马克思主义学院讲师陈荣荣说：在美国不断挑战我们底线、威胁我们核心利益的时候，我们必须亮剑。中美贸易战虽是困局，但从长远来看，只要处理得当，我们定能因"祸"得福。它在倒逼我们全面深化改革，倒逼我们形成独立自主的高科技体系，也在最大程度上使我们凝聚民心，而民心是我们赢得贸易战的定海神针。

（二）传承革命精神，向革命先烈致敬

中国社会科学院大学马克思主义学院大二学生郑宜帆说：1950 年，为了新中国的长治久安，志愿军战士在"抗美援朝，保家卫国"口号的感召下，舍生忘死，赴朝参战，谱写了一段波澜壮阔的战争史诗。以抗美援朝为题材的经典电影通过对一个个英雄人物的刻画，展现出一种大精神与大情怀，更揭示了我们的战争是人民战争，人民是力量之源这一客观真理。在这场关乎民族存亡与民族尊严的人民战争中，志愿军战士宋阿毛留下这样一封绝笔："我爱亲人和祖国，更爱我的荣誉，我是一名光荣的志愿军战士！冰雪啊！我决不屈服于你。哪怕是冻死，我也要高傲的耸立在我的阵地上！"我们并非生在一个绝对和平的年代，我们只是生活在一个和平的国家，和平来之不易，正是这些脊梁不倒的中国军人为我们赢得了和平的国内环境。

北京市某机关公务员说：共和国的英雄们是为千万个孩子和亲人而牺牲，他们永远都是最可爱的人。

网友天高云淡说：昨晚看了 CCTV-6 播放的《冰血长津湖》，其中有一段情节感人至深。在一次冲锋之前，团长作战前动员，战士对团长说，我们冲锋不怕死，但是冲锋之前能不能给我们每人发几个土豆……冰天雪地哪有土豆啊！团长听到战士提出来的要求后号啕大哭，无以应对……看看今天我们的衣食富足，更加感恩这些最可爱的人。

网友竹子说：我们是看着这些老电影长大的一代人，如今重看一遍。比照我们现在的富裕生活，更加怀念为了祖国奋不顾身、英勇顽强的英雄们，向他们致敬！没有他们，哪有现在的强盛祖国，他们是民族英雄，

会永驻中国人民心中。多放映这些歌颂英雄的电影，让一代又一代的中国人挺起胸膛，保卫我们神圣的祖国！

网友蓝色闪电说：如果我们忘记了屈辱的历史，忘记了他们的牺牲，我想他们一定会感到更冷、刺骨的冷！

网友咏絮说：炎黄子孙，不要忘记曾经艰难险阻舍生忘死的来路，更不要怕荆棘丛生却依稀可见曙光的前路！生来倔强，灵魂不屈，要战便战，战之能胜！

（三）我们的底气来自党的坚强领导，我们的信心和力量源泉是千千万万的人民

华北电力大学马克思主义中国化协同创新中心主任、马克思主义学院副教授骆小平说：犹记年幼之时搬着小板凳看这些老电影的场景。如今我已过而立之年，与父亲重温这些影片，依然初心不改，热血沸腾。父亲与他的老战友们已从军近50年，战友们聊天时仍英气十足，他们语气一致地说道："帝国主义都是纸老虎，我们有那么多英雄儿女有担当、有毅力，那么艰苦的战斗我们都胜利了！"老电影所展现的中国人民不屈不挠的民族精神，在新时代同样可以放射出新的光芒。我们对抗国际"大台风"的底气从哪里来？毛泽东说"建此伟业，雄立东方"，我们的底气就来自党的坚强领导，来自我们千千万万的人民，来自我们每个人对坚毅、勇敢的民族精神的传承，来自全体人民对美好生活的向往和追求，来自全世界人民对人类命运共同体的情怀和担当。大国博弈，十年相争拼的是战略和战术，百年相争拼的是民族精神与人民底气。我越来越坚信"人民是力量和信心的来源"。

教育部高等学校社会科学发展研究中心副研究员王雪凌说：坚持独立自主是应对霸权主义的根本途径。毛泽东说："我们是主张自力更生的，

我们希望有外援，但是我们不能依赖它，我们依靠自己的努力，依靠全体军民的创造力。"中国要维护自身主权和利益，必须要坚持中国特色社会主义道路，坚持依靠中国人民自己的力量。在不公平的世界经济秩序中，若要不受国际资本的控制，就要坚持独立自主的路线，首先做好自己的事情。中国只有致力于自身的经济发展和科技发展，才能真正掌握自己的前途命运，才能避免霸权主义的欺凌。

三、以史为鉴，从历史中获得勇于斗争、战胜一切敌人的信心和力量

通过采访及对网上舆情的观察与把握可以看出，社会各界对近期集中播放抗美援朝等题材主旋律经典影片的反应，总体是持正面肯定态度的，受访者普遍认为此举彰显了爱国主义情怀和不惧强暴、不畏艰险的斗争精神，以及不怕牺牲、机智勇敢的英雄气魄。《英雄儿女》《上甘岭》《奇袭》《冰血长津湖》等优秀影片政治站位高，艺术性强，教育意义大，集中播放上述影片确实让人备受鼓舞，深受教育。通过梳理各方反响，我们提出如下思考与建议：

第一，弘扬党的革命文化是实现中华民族伟大复兴的精神动力。红色经典的播放引发了国内各界广泛的好评，受到广大观众的称赞，很多观众观看时热泪盈眶，热血沸腾。其关键原因就是这些红色经典影片是弘扬我们党革命文化的典型代表，它表现了中国人民敢于斗争的坚强意志，再现了中国人民团结一心、争取胜利的奋斗历史，讴歌了革命英雄主义精神，给中国人民提供了源源不断的精神力量。实现中华民族的伟大复兴，不仅要具备强大的物质基础，更要具备强大的精神力量。这些红色经典影片就是我们精神力量的源泉。通过观看这些经典老电影，我

们不仅缅怀了革命先烈的先进事迹，更坚定了中国人民不畏强权、坚决维护国家独立和民族尊严、实现中华民族伟大复兴的决心。

第二，对于主旋律文艺作品，尤其是有关反抗帝国主义、霸权主义压迫，彰显中国人民、中国政府坚定立场等题材的影视剧，应提前着手，统筹谋划，长期准备。建议将中国近代史上由先进阶级领导的反对外来侵略斗争的影片有计划地列入电影频道的播放时间表，从民族精神、历史斗争中汲取必胜的力量和信心。建议在"一带一路"的深入合作实践中，与沿线各有关国家和方面合作，挖掘各地反帝反殖以及民族解放运动、经济社会发展的有关题材，创作、拍摄文艺影视作品，在加强文化交流、促进民心相通的同时，深化世情、民情研究，提升马克思主义在相关领域的影响力。

第三，以中美贸易战为背景，应当推出一批展示新时代、新形势、新特点的影视剧。这样做在鼓舞士气和振奋民心的同时，又忠实记录了这段历史，为后人留下了一笔丰厚的精神财富。在主旋律文艺作品的编导、拍摄过程中，要注意遵循艺术规律，结合技术条件和受众需要，注意发挥抖音、微视频、网络文学等新兴平台的特长和优势，更好地彰显主旋律作品的时代性、大众性和创新性。

第四，进一步突出电视台、媒体、网络的公益性，注重发挥其社会效益，弘扬主旋律。媒体作为社会公器，必须把讲政治放在首位。中央及地方电视台作为党和国家舆论宣传的重要阵地，不能为了追求收视率和经济效益而忽视社会效益，理应肩负起舆论引导、思想引领、价值导向的积极作用，为团结群众、凝聚人心、服务大局作出应有贡献。过度的市场化只会让这些本应作为国家社会公器的平台左右为难。

第五，青年学生的思想教育值得重视。我们采访中发现，青年学生对于当前中美关系、中美历史走向等重大问题较为关注，并有着自己较为独特的看法和想法。一是青年学生的思想独立性较强，视野较为开阔，观点也较为全面。由于他们生活的环境是中国综合国力飞速发展、国家地位不断提升的阶段，他们并未像有的人所说的那样充满恐美、媚美、崇美情绪，对中美关系能够较为客观地看待，对于中国的未来充满信心，对于美国的霸权主义行径充满愤慨。但网络上一些所谓"公知"却在企图引导广大干部群众特别是青年学生"恐美""崇美""媚美"，这一倾向值得我们高度警惕。二是青年学生认识中美问题的视角大多还停留在经济、文化、历史等领域，绝大多数人还不会用马克思主义基本理论来审视中美关系，能用阶级理论、革命视角去分析中美关系的人更少。青年学生的思想教育需要我们高度重视，注意教育与引导。

第五篇

美国动态篇

关于美国大幅度调整对华政策的解读、思考和建议

王立强 [①]

一、封杀和接触是美国对华政策的两个支点，要求中国改制是美国的核心要求

2018 年，因美方全面改变对华政策，使中美关系出现历史性拐点。关于美国对华政策为什么会出现 180 度的大调整，社会上有各种各样的分析。但最根本的原因是美国想要确保其对世界的统治，不是让中国走上资本主义道路成为它的附庸，就是用金融贸易等手段铲除社会主义中国的威胁，这可以算作"美国优先"原则在对华关系上的具体表现。彭斯副总统于 2018 年 10 月 4 日的讲话中，以最严厉的措辞批判了社会主义，并以解释美国恢复对华友好前提的方式，表明了中国必须向资本主义方向变革的态度。

特朗普总统是商人出身，他的商业集团和中国也有业务往来，他突

---

① 王立强，中国社会科学院世界社会主义研究中心秘书长。

然变脸给中国设定了一个政治目标，似乎超出了他的商人本色。但是，我们结合美国经济金融化转型的历史，就不难发现隐藏在其后的经济目的和险恶用心，那就是打通最后一公里的阻碍，让美国的金融垄断资本在中国实现金融化的资本积累。金融渠道畅通了，美国才容易凭借自己的金融实力搬空中国的财富，用低价将中国最优良的资产收入囊中。在特朗普总统的天平上，不是千亿的订单平衡不了他的"政治利益"，而是中国允许美国获取的商业利润平衡不了美国希望得到的金融垄断利润。

中美建交以来，接触和封杀始终是美国对华政策的两个基本内容。一边封堵，一边诱导，千方百计使中国走上改旗易帜的道路。国内一些人之所以感觉不到美国封杀中国的政策，第一是因为中国的媒体揭露不足，第二是因为美国只在第三国坚决地堵截和封杀中国，在中国本土则换上一副亲善温和的文明面孔，执行接触战略，鼓励中国与世界接轨。当然，其中也出现过洪博培大使这样的个例，他亲自走上北京街头鼓动"颜色革命"，将美国反对中国政府的态度暴露无遗。

苏丹是美国在第三国封杀中国最典型的事例之一。了解了美国在第三国坚定地堵截和封杀中国的历史，我们对美国今天的态度就丝毫不会感觉突兀了。因为美国的行为逻辑没有改变，接触战略只是美国的权宜之计，逼中国改制才是它的真实意图。

苏丹是非洲国土面积最大，地下石油资源丰富的国家。在中石油来到苏丹之前，英美法等国的石油勘探队都来过苏丹，勘探或开发苏丹的石油。苏丹石油含酸较高，在国际市场卖不出高价，而且对输油管道腐蚀极其厉害。中石油在很多国家知难而退的背景下，得到了一个接手别国转让油田的机会，与苏丹开展了石油合作。中石油用了 10 年的时间，不但帮助苏丹采出石油，掌握了炼油技术，而且还生产出了石油的下游产品——塑料。中国给苏丹带来的工业能力是西方百年海外采油史中从来没有发生过的事情。

苏丹的成功吸引了其他有石油资源的非洲国家，他们要求中石油到他们国家去复制苏丹的成功。就在中石油的榜样效应正在形成之际，美国跳了出来，无所不用其极地封堵中国和苏丹的石油合作，不允许中国影响其他非洲国家。

2004 年 6 月 29 日，美国国务卿鲍威尔带着约 300 名美国海军陆战队队员及达尔富尔人道主义危机的话题到访苏丹，直接要求苏丹总统巴希尔断绝与中国的石油合作。遭到拒绝之后，美国当年就利用联合国使达尔富尔问题国际化，组织国际声讨，为外部干预苏丹事务奠定基础。国际刑事法院于 2009 年 3 月 4 日，以涉嫌在苏丹达尔富尔地区犯有战争罪和反人类罪为由，宣布正式对苏丹总统巴希尔发出逮捕令。这是国际刑事法院首次对一个国家的现任元首发布逮捕令。逮捕令遭到苏丹政府拒绝后，美国就鼓动与苏丹接壤的乍得武装分子频繁越境对油田和炼油厂进行武装骚扰。为保护油田，中国向苏丹派出了维和部队。美国的上述措施没有取得明显成效，索性利用苏丹的种族矛盾，鼓动和支持南苏丹独立，于 2011 年肢解了苏丹，以儆效尤。

东北亚国家和东南亚国家是我国的近邻，美国要封堵中国绝对不能放过这些国家。凡是与中国奉行友好政策的邻国，美国出面对之施压、捣乱直到搞政变，从不手软。最新的案例是缅甸昂山素季事件。为了反对缅甸军政府，美国率领西方势力把昂山素季捧上了天，给她戴上各种桂冠。由于昂山素季最终选择站在中国一边，她的桂冠就都被拿走，从西方的盟友变成了西方的敌人。

二、现实无情解析了垄断资本的行为模式和目标

小资本与垄断资本获取利润的途径截然不同。小资本需要抓住商机

获取利润，垄断资本追逐的是垄断利润和超额利润，它另有一套行为模式。实现行业垄断是保证实现垄断利润的唯一途径，所以垄断资本需要先把别人的资产收到自己的旗下才能完成行业垄断，进而保证垄断利润，这就形成了垄断资本先投资后奴役的行为模式。垄断资本可以撒出大量的资金去铺垫市场，它也有足够的耐心等待市场成熟，最后的企业兼并还要选择资产价格最低的时候去完成。从殖民主义者出现到当下的国际金融垄断集团，它们追逐垄断利润的套路始终没有改变。我们今天喝的咖啡，吃的腰果、香蕉等，不少就来自这类永久驻扎在发展中国家的国际金融垄断财团或者跨国公司。

美国在今天和中国打贸易战完全符合金融垄断资本先投资后奴役的规律。美国垄断资本认为，培育中国市场花了很多钱，用了很多时间，现在是收获垄断结果的时节了，可中国共产党还在挡路，因此不能再耗下去了，必须向中国摊牌，要求中国彻底走上资本主义道路。

中国人民摆脱帝国主义压迫已经近 70 年。经历了两代人，我们对帝国主义吃人的警觉本能弱化，有人已经认不清帝国主义的吃人本质了。他们把中国人民在党领导下创造出的世界发展奇迹归功于美国的恩惠，认为得罪了美国，中国就再也不可能发展了。我们必须结合现实，从中美贸易战开始，层层剥笋，将美国垄断资本追求的真实目的暴露在光天化日之下。

（一）美元本身就是不平等的象征，中美国民贸易基本平衡的现实不容混淆

特朗普在中美贸易问题上采用哀兵策略，宣称中国的贸易顺差过大，美国一直在吃亏。美国有世界上最精明的商人群体，连老牌的大英帝国都被美国逐出美洲大陆，世界霸主地位也被它取而代之，难道这样精明

的美国人宁愿吃亏也要帮助中国人民发展吗？

显然不是。根据中国社会科学院世界政治经济研究所采用国民贸易统计方法研究的结果，中美国民之间的贸易是基本平衡的。原产地统计法和国民贸易统计法的区别在于，国民贸易统计是按照利益归属的国籍进行统计，而原产地统计法则按照生产所在地进行统计。按照原产地统计法，在中国设厂的美资企业的外销数量都计入中国的对外贸易量。按照不同的统计办法，自然就会出现贸易数量上的差异。美国政府是采用两种统计方法来了解对外贸易情况的，但它不对外公布国民贸易统计数据。因此，美国政府对中美国民贸易基本平衡的真相是心知肚明的，特朗普揣着明白装糊涂，借原产地统计法给出的数据是硬要加增中国进口商品的税负，显然是别有用心的。

美元本身就是不平等、不公平的象征。特朗普不愧为商人出身，他居然能罔顾事实，指责中国与美国进行不公平、不平等的贸易！确实，世界上不是所有人都明白，美国不是用真金白银而是用纸币在换取别国大量的商品。丧失了商品属性的美元难道不是从本质上使商品贸易改变了性质，变成不折不扣的不等价、不公平、不平等的交易吗？特朗普真的没有道理用"不公平、不平等的贸易"来指责中国。我们应该联合所有被特朗普指责从事不公平贸易的国家，围绕使用美元交易是否公平的问题展开全球大讨论。垄断资本御用的经济学家对美元从"美金"变"绿纸"的话题一向讳莫如深。今天，美国债台高筑，世界各国难道就不可以共同评估美国的国际信誉吗？今天，债务人美国反倒来逼债权人中国打开自己的金库，允许它进去搬钱还债，天下还有这样的道理吗？

（二）美国并不是中国工业和技术发展的主要来源地

自布雷顿森林体系解体后，美国经济开始金融化转型。高端产业流向欧洲，中下端产业的一部分进入中国。就整体而言，美国不是近 40 年中国主要的技术来源地。

从中美经贸内容来看，中国为美国提供的主要是物美价廉的吃穿用等日用品。这些都是美国可以用货币向全世界采购来的普通商品。美国的消费市场倒是值得一提，它进口数量巨大，对拉动中国出口还是有所贡献的。美国用提高关税的办法缩小美国市场对中国的贡献自然要冲击中国的生产企业，但是，美国政府的举措也帮助我们进一步认清市场在经济战中的作用，为我们提高驾驭市场经济的本领提供了参照。

工业产值在美国 GDP 中只占 20%，服务业占 70%。2015 年，美国服务业对华出口额高达 484 亿美元，顺差为 333 亿美元。对华服务业出口在 2014 年为美国创造了 27.3 万个就业岗位。美国出口给中国的主要商品是：大豆、飞机、载人机动车辆、未梳棉花、铜废碎料、处理器及控制器、放大器、玉米、废纸等。美国经济的特点及对华贸易的基本数据都表明，美国的核心利益不在制造业而在金融业。

（三）为垄断资本利益服务的经济理论

垄断资本御用的经济学家及其发明的经济理论，或是人为地割裂先投资后奴役的周期，或是只讲投资产生的结果。接受投资国家后续发生的一切都被抛在经济学研究范畴之外。至于为什么这些国家发展举步维艰，就和他们无关了。2000 年 6 月，法国经济学大学生在互联网上发表了一封对经济学界的请愿书。请愿书认为，现有的经济学教学存在着严重缺陷：数学本身已成为一种追求的目标，新古典经济学对经济学的支配地位是压倒性的和不公正的，教条的教学方式不允许批判性的和反思性的思考。请愿书认为，西方主流经济学的这种智力缺陷，已使它没有能力解决真实世界中许多重要的问题，因此呼吁对经济学教育体系进行改革。

纸是包不住火的。无论资本的御用经济学家怎样帮助资本主义洗清罪孽，谎言必然会被现实戳穿。带给穷人饭碗的企业同时也是资本奴役劳动者的牢笼。垄断资本营造的现代经济，不是劳动者的乐土，而是资本登上霸主地位的阶梯。

（四）资本积累的金融化转型是美国要求中国改制的核心因素

美国经济完成金融化转型，积累资本的方式也就从产品利润转移到了金融利润。实现金融利润与实现垄断利润对外部的制度环境要求完全不一样。

有了垄断企业就可以实现垄断利润。因此，获取垄断利润的前提和核心是能否逐步让企业垄断市场，形成垄断企业。反垄断法各国基本都有，但是各国设定的标准并不相同。而实现资本积累金融化则对国家的制度安排有明确的要求。它要求国家的司法体系必须承认和保护在利润最大化原则掩护下的所有金融投机活动。而中国共产党恰恰是在这点上始终没有松动，所以中共今天成为资本攻击的头号目标。

金融垄断、金融投机活动、金融危机相互之间有什么关联？它们与资本积累的金融化又有什么内在的联系？

世界排名前 30 位的金融机构掌握有超过全球 GDP 的财富，这就是今天国际金融垄断的规模。他们凭借财力，可以在任何一个国家的资本市场上"坐庄"，设局挣取"快钱"。

在资本市场人为设局，操纵股市来实现自己人的投资利益最大化，就是金融投资活动。

借助股市、利用金融投机鲸吞财富是资本积累的金融化主渠道。只要有人利用股市鲸吞财富，就必然会出现金融危机。只要一个国家为金融投机提供法律保护，金融危机就不会消失，而是重复上演，为资本大鳄提供源源不断的财源。这就是资本积累金融化与金融危机之间内在的联系。

"金融危机"这个词其实具有很大的欺骗性。一部分人实现了投资收益最大化，一部分人血本无归，这才是"金融危机"的全部内容。可在现实世界里，很少有人告诉大众，金融危机爆发时财富没有凭空蒸发，而是从一部分人的口袋中转移到了另一部分人的口袋中，有一批人从别人身上发了大财。更没有媒体去披露，股市庄家集体套现离场是造成"金融危机"的基本事实。媒体只把资本离场后剩下的"一地鸡毛"展现给大家看，并用这"一地鸡毛"哄着百姓继续掏钱去弥补金融损失，填平钱"窟窿"，为金融资本下次洗劫百姓财富做好准备。

有两位美国教授研究了 800 年来的金融危机历史。根据他们的研究，金融资本 800 年以来都用"这次不一样"来回应民众的责难。代表金融资本家利益的学者的意思是，之所以这次没能避免金融危机，是因为这次的危机和上次的危机不一样。两位教授的研究结论则完全不同。他们认为，只要国家的司法体系承认和保护金融投机活动，金融危机就是无法避免的。靠金融危机来攫取财富是挣钱最快的方法和途径，也正是美国现在实现资本积累的主要方式和主要渠道。统计数据也支持两位教授的结论：美国经济完成金融化转型之后，世界发生金融危机的次数成倍增长。贫富之间的鸿沟非但不见弥合，还在穷国后边又多出来 60 多个"失败国家"；为了摆脱"无望"和"绝望"，上亿人口在洲际之间流动……这些血淋淋的现实难道还不能说明，世界人民应该反对和反抗国际金融垄断集团的暴行吗？

总之，只要政府站在资本一边，保护他们剥夺百姓的权力，资本积累的金融化路径就畅通无阻。让美国人着急的第一件事是鲸吞财富的路径在中国至今还没有打通。让美国人着急的第二件事是，时间耽误得越长，中国就越不好对付。让美国人着急的第三件事是，实施接触战略以来给中国投的钱和投入的人力，不但都打了水漂，而且可能还帮助了中国发展。"美国不能再当冤大头了！"这是特朗普和彭斯在不同场合反复重复的一句话。

（五）站起来的中国人民不接受垄断资本的逻辑

资本不但要在体力上奴役劳动者，更要在精神上奴役他们。资本要让劳动者相信，因为有了资本家，没有活路的穷人才能有地方去挣钱，从而才能生活下去。因此，他们要人们相信，以资本家为核心的制度是天下唯一合理的社会制度。幸好，指导我们思想的理论基础是马克思列宁主义。我们坚持以人民为主体建设自己的国家，所以，我们不接受资本家的这套逻辑。我们欢迎外国资本家来中国兴办企业，帮助中国发展，我们也愿意为此向这些资本家支付合理的报酬或正常的资本回报，但是，我们拒绝依附资本，拒绝让政府以资本为核心。

美国资本搭上了中国发展的快车。从中国的迅猛发展中得到了丰厚的回报是美中两国能长期保持并发展经贸关系的另一个基本原因。但是，"中兴事件"表明，美国统治集团内部发生了变化。他们对正常的商业利润丧失了兴趣，攫取超额利润的冲动让他们等得已经不耐烦了。他们害怕给中国太多自主发展的时间，甚至认为他们的战略已经被中国利用来发展自己，从而成长为一个不可遏制的挑战者。他们不能再等了，他们要卡住中国的脖子，执意要让中国听命于资本的指挥，在中国实现他们屡试不爽的先投资后奴役的老套路。

根据美国与苏联东欧社会主义集团博弈期间成功的战术，可以推断美国对中国也会采用类似的三大策略。第一，成功解体苏联的经历，会让美国的战略家把分裂共产党领导层作为第一目标。特朗普政府将无所不用其极地向中国施加最大的政治、经济和军事压力，然后静观中国领导层的分化迹象。只要有一点裂痕被确认，他们马上就会采取措施加深裂痕。美国就是用这套办法成功分裂了铁托和苏联的领导。第二，借助金融优势，策动金融攻击。当年香港金融保卫战之后，西方对双方的攻防进行了全面细致的复盘，结论是：美国基金再坚持两周，输掉这场金融博弈的就是中国。就从事金融战的实力、经验而言，我们对自己处于劣势地位应有清醒的认识，并立足在这个判断的基础上，设置多重的保护机制，严防死守不出现系统性错误的底线。第三，我们对美国的武装挑衅必须保持高度警惕。人民军队必须加强战备训练。我们打败来犯者的把握越大，发生武装冲突的概率才越低。在帝国主义垂死挣扎时期，时刻做好迎战准备是中国保持独立自主最重要的举措。

三、承认区别和利用区别可以成为反击霸权的对策

站起来的中国人民不能接受垄断资本的逻辑，也绝对不可能放弃独立自主去换取美国的投资和奴役。美国副总统彭斯的讲话里充斥着美国式的傲慢和对社会主义中国的无知，他们需要多花点时间来理解中美之间在发展模式上的本质区别。从根本上说，恢复中美友好的主动权握在美方手里，只有美国收回自己的妄想，中美关系才能回到理性的轨道上。只要美国不一意孤行，中美之间就不会发生全面对抗。

所谓让美国回归理性指的是：美国认识到中美之间发展道路的不同；美国认识到中国不可能走美国的道路；美国尊重中国自己选择的发展道路；美国收回现行的霸权政策，双方回归正常国家之间的关系。

有不少人认为，中美之间大量的经贸利益迟早会让美国回头。但是先投资后奴役的资本主义规律决定了，中国让出再大的经济利益也比不上美国通过中国金融市场获取的超额利润和通过奴役中国获取的垄断利润，因此，这个选项被美国人排除了。中国需求巨大，多采购一些美国商品是可以的，这并不损害我们的原则。然而，这一策略并不可取——虽然这种举措会起到缓解危机的作用，但距离对方的胃口太远，无法从根本上让美国回归理性。

还有人认为，在中国技不如人的状况没有得到根本性改变之前，中国应该满足于世界第二的位置，甘居中国目前占据的世界生产链条中的位置，不要让"老大"感觉自己受到威胁。这种观点对中国现状的评价较为客观，但对美国的判断却失于表面化和主观化。美国感觉到威胁是肯定的，但是美国的对策不是停留在让中国收敛竞争的锋芒，而是要用金融手段，彻底消除中国对美国造成的威胁。把美国的感受作为我们调整政策的标准，恐怕会马上突破中国的所有政策底线，走上自我毁灭的道路。

改革开放以来，邓小平同志审时度势，根据中国必须加速发展经济的需要，果断调整了全党的工作重点，以经济建设为中心取代了"以阶级斗争为纲"，形成了以四项基本原则为框架的对外合作格局。这次历史性转变的核心是把资本从单纯的敌对力量划入合作对象。中国凭借自己的能力，竟用30年时间构建起了完整的工业体系，大胆引进资本，解决了中国工业完成现代化最需要的经济要素，使中国得以迅速发展，用40年时间就成长为世界第二大经济体，创造了发展的世界奇迹。这种政策调整的深度和历史转变的规模不亚于我党为推动抗日救国、化死敌为盟友的第二次国共合作。无论是国内人士还是国际人士，产生不理解或者对中国发展方向产生误判实属正常。

在美国看来，中国共产党同意与资本合作，鼓励私人企业发展，这就说明中国出现了与资本主义趋同的发展势头，这既是美国挣钱的机会，又是扩大资本主义阵营的机会。正是基于这样的判断，美国制订了国内接触、国际遏制的两面政策，它要推动中国朝向资本主义发展。西方专家唱衰中国的论调此起彼伏，满足了西方中心主义者的虚荣心；中国的韬光养晦政策也使西方更缺乏真实信息。在这两个因素的相互作用下，西方政客对中国的前进方向出现误判是完全有可能的。发生这种主观主义的错误根源在他们自己，因为只需稍加留意就不难发现，中国在内政和对外关系领域主张的理念和行为范式与西方的主张完全不同。

随着中国经济、社会的持续发展，人民拥有的财富数量直线上升，改革带来的发展成果日益强化人民的共同利益而不是瓦解这个共同利益，共产党对中国社会主义事业的领导愈发坚强。在这三大因素的作用下，人民主体地位的内涵越来越实在，越来越丰富；人民主体地位激发出的国家活力越来越旺盛，中国用 70 年时间就彻底改变了社会的整个面貌。这个成就显示出了社会主义制度的优势，不仅让资本主义国家相形见绌，而且给他们的体制带来了压力和冲击。

在国际领域，中国主张在追求本国利益的同时，兼顾他国合理关切，增进人类共同利益，促进共同发展与繁荣。合作共赢理念是完全不同于资本主义的行为范式，它顺应了世界相互依存的大势，得到越来越多国家的理解和支持。中国赢得了国际道义，美国想封杀也办不到了。相反，美国的国际霸权受到了来自四面八方的挑战，连他自己也承认其霸权在衰落。

《中华人民共和国宪法》规定，中国在目前阶段的基本经济制度是以公有制为主，多种所有制经济共同发展。中国共产党的政策允许与资本合作，这是不是搞资本主义？美国今天带头表明了否定的态度，这从反面证明中国选择的发展道路不是资本主义道路。现在美国人也明白了"橘生淮北则为枳"的道理，知道了中国的私营企业与美国的私营企业没有可比性。世界发展到今天，中美关系走到这一步，以人民为主体和以资本为主体的两个制度也就到了全面分野的节点。中美关系出现拐点正是我们迈过这个历史节点后，符合历史逻辑而必然出现的现象。

资本主义国家在根本发展道路上苦苦相逼。断绝他们臆想和希望的最好办法，莫过于我们更高地举起社会主义的大旗，用更清晰、更明确、内容更丰富的制度创新，首先和特别是在国家的投融资体系进行制度创新，在聚集、运用和分配社会财富的领域落实社会主义原则，让全世界从制度上看清中国特色社会主义道路与资本主义道路的根本不同。受国际经济总体下行的影响，受市场机制痼疾的影响，我国也不同程度地出现了有效需求不足的经济现象。之所以称之为市场机制的痼疾，是因为资本主义的药方从来没有解决这个问题。我们有社会主义制度的优越性，用社会主义的"药方"一定能治好市场机制的痼疾，我们要用事实来彰显社会主义市场经济的优越性。善于利用中国的发展来解读中国特色社会主义道路，也是我们断绝资本主义国家臆想和希望的有效办法。

简而言之，不管中国和美国在过去并行了多少时间，他们仍旧是两条道上跑的车。从今以后，我们证明中国道路正确的最好途径和办法不是以美国为参照，衡量中美之间的距离又缩小了多少，而是要说明中国道路与资本主义道路的差别与不同。这种区别越明显，我们承受的国际趋同压力越小，凝聚国家的力量越强。这种区别和差异是我们的体制、机制有别于西方制度的现实支点，是我们理直气壮反击冷战、热战和金融战的道义基础，也是我们与金融帝国主义保持安全距离，进行自我保护最有效的措施。

四、市场既是绞杀资本密集型企业的利器，又是支撑技术或者企业发展的战略资源

金融垄断资本近 50 年的统治使市场经济运行发生了重大改变。其中最重大的变化，是"市场"排在了"资本"和"技术"这两个要素之前，成为拉动经济发展的首要因素和第一资源。市场作用的提升为中国开辟了一个新的战略维度，在以征服土地和人口为传统的热战之外，市场本身变成了作战空间并创造出了利用市场绞杀企业的新型作战样式。市场资源只要运用得当，对资本密集型企业既具有毙敌于无形的能力，也可以推动技术直上九霄，独步世界舞台。中国手机市场发展的历史、美国芯片企业来华合资的初衷都是最好的证明。毫无疑问，市场作用的提升大大巩固了我们奉行互利共赢政策的基础，丰富了我们具体操作的抓手，奠定了我们与不友好国家进行柔性"经济战"的物质基础。

我们首先扼要回顾这三大要素的变化历史，进一步明确市场成为资本软肋的原因。中国使用"洋火""洋钉"的时代，就是技术优先的时代，那时候有资本、有市场都不管用，只有掌握了工业制造技术，才能实现技术进步、经济发展。实现工业化的时代，必然是资本优先的时代，工业化生来就需要大量的资金投入，没有充裕的资金，要发展经济是绝对办不到的。市场经济一统天下之后，市场就成为支撑发展的战略资源，没有市场就卖不出去产品，卖不出去产品，技术也就无用武之地。资本的软肋是销售，没有销售就无法实现利润，没有利润就无法实现资本积累，没有了资本积累资本就将枯竭和死亡。简而言之，今天谁掌握了消费市场，谁就拥有了拉动经济持续发展的充分必要条件。

13 亿人口构成的统一的中国消费市场是我们今天最大的发展优势、

最深厚的发展资源，是中国能让资本屈服的魔力源泉，也是中国得以持续发展的源泉。中国的飞机订单曾在历史上发挥过重要的平衡作用，解决过不少我们面临的国际政治难题。中国在引进全球高铁技术的过程中，依靠中国市场巨大的消费潜力，折服了所有的外国投标人。资本的根本就是利润。明白了其中的道理，我们就懂得了资本家可以与共产党合作的道理，就不难理解美国高通公司、特斯拉公司为什么不顾中美贸易大战，不怕特朗普施加压力也要来中国设厂，设立研发中心的初衷。

当然，西方资本家也不傻，他们一再谋求搞垮中国的国有企业，要求彻底私有化就是要拆解和分化中国的统一市场，让我们难以形成合力来折服资本，让我们无法借助中国市场来支撑自己的发展。这是我们必须十分警惕的事情。

特朗普政府提高关税，不让美国消费市场支撑中国企业的生存和发展，就是把市场当作武器使用的一个范例。这也提醒我们，千万不能把中国改革开放单纯解释为中国市场无条件对外开放，开放，再开放。中国新时代改革开放的政策应该完整地表述为"改革开放和互利共赢"。中国的进一步发展要求我们学会把开放市场和中国的发展需求结合起来；利用市场服务于我国的发展，在对外开放的进程中，完整、准确地把握互惠和互利的政策，在执行过程中将它们更紧密地结合起来。

我们应该感谢特朗普政府帮助我们认清世界上还存在着不接受我们互利共赢理念的国家，既然做不到互惠和互利，我们也没有必要死缠烂打请他合作，因此，美国挑起贸易战给我们发挥市场作用创造了一个顺势而为的好机会。用好中国的市场资源，首先就是拒绝敌对势力侵占和使用我们的发展资源。没有了市场，利润下降，资本才能感觉到疼，到这个时候，资本必然会改变对中国的态度。我们可以尝试用这样的方法和敌对势力展开柔性的经济战。

中国新时代的改革开放，互利共赢不再只有经济含义，互惠和互利应该融合为一个有机的整体。这就是说，我们在对外经济合作中，要敢于给资本立下规矩，对违反规矩者，需要用退市来进行处罚。敌人是我们最好的教员，认真向其学习，我们才能不断丰富与资本斗争的武器。

五、运用底线思维提出三项举措

美国改变对华政策才刚刚开始，更大的挑战还在后面，我们做好应对最坏情况的准备，才能转危为安。单纯脱离接触是消极的防御，只有积极的防御才能更有效地保护自己。我们在以下三个方面采取不同的对策，可能有助于缓解来自美国的经济压力和武力威胁。

美国要鲸吞中国的财富离不开股市炒作。建议政府近期不托市，适当时机甚至应采取抑制股市上升的措施。让中国股市持续保持一段"地板价"，好处大于坏处。股市的本质就是炒卖预期。

建议利用蔡英文辞任党主席、民进党地方选举失利的机会，放宽"一国两制"的条件，实现祖国统一。实现了两岸统一，哪怕是形式上的统一，也可以起到釜底抽薪的作用，杜绝美国利用台湾地区将中国拖进武装冲突的可能，不给其用武力阻断中国和平发展进程的任何机会。

美国的金融发展让我们明白了一个道理：信誉货币时代的"钱"只是一种发展资源，而不是传统意义上自身拥有商品价值的"等价物"。信誉货币掌握在垄断资本集团手中，它是鲸吞他人财富的媒介；掌握在人民手中，它是助推发展的甘露。新中国成立之初，信誉货币就成功地振兴了百废待兴的国家，支撑了抗美援朝战争。今天，中国银行业受资本家银行"嫌贫爱富"的影响太深，几乎彻底遗忘了人民银行曾经的丰功伟绩和成功的经验。

建议借鉴我党领导金融业的优良传统和成功的金融政策，加大对"一带一路"沿线友好国家的人民币贷款而不是外汇贷款。用这种办法可以有效增加海外订单，利用境外市场需求拉动国内企业走出低谷。只要这些贷款的总额不超过中国企业的供给能力，就不会造成中国的通货膨胀。

六、结语

人类文明史昭示我们，一个国家，值得深度开放的是人文交往，否则就没有文明的互鉴和人类文明的进步。中国发展到今天，无条件地开放市场无异于使用自己的宝贵发展资源去养活他人。如果是亲人，是朋友，我们可以和他们分享发展资源。如果我们拿自己的宝贵资源去接济敌人，那难道不是在重演农夫和蛇的故事吗？

中国人民可以通过立法渠道，制定出明确的、可以向世界公布的中国开放市场的章法，例如友好互利原则、对等原则、战略资源互惠开放原则等。对不懂得尊重别人发展权利的民族和国家，我们当然也无法与之共享中国的发展资源。现在是中国利用自己市场优势的大好时机。让我们和朋友互通有无，让我们和商人等价交换，让我们用人文交流来化解敌意。只要世界上还存在着无法从制度上容忍中国的国家，中国就应该用"互利"做大门。可以做到互利的，允许进入中国市场，分享中国的发展资源；居心不良，进来捣乱的就应该拒之门外。这不是民粹主义，也不是经济民族主义，这只是一个由人民当家做主的国家与资本及资本主义国家的共处之道。

美国阶级斗争的未来

——工会复兴的激进之路

[美]李·舒什塔尔 [①]

对美国工人运动来说，2018年2月是福祸相依的一个月。2月24日，为防止美国最高法院在亚努斯案中作出反工会的判决，美国公共部门工会在各城市举行游行集会。但是，此次游行集会规模较小，政治倾向性较为模糊，并不成功。如果法院中的反劳工人数占多数，公共部门工会的处境会非常尴尬。这种情况同之前以《劳动权法》来管理私营部门，却把私营行业工会的地位降低到一个世纪以来最冰点很相似。

然而，正当美国公共部门工会准备认输时，西弗吉尼亚州的教师们不干了，一夜之间冒出的"野猫罢工"，堪称无组织罢工的经典。俄克拉荷马州的教师们也忍不住了，于同年4月初开展了类似行动，向劳工们淋漓尽致地展示了他们的斗争艺术。更打脸的是，这些无组织的"野猫

---

① [美]李·舒什塔尔，美国左翼报纸《社会主义工人》编辑。

罢工"居然取得了实实在在的胜利，这就更加反衬出美国工会尤其是公共部门工会的无能，而且私营部门工会也面临同样艰难的处境。这些都说明，美国劳工运动在经历了数十年日益严重的危机后，目前正面临如何继续生存下去的考验。

一、工会和工人运动长期衰落的历史回顾

自 20 世纪 60 年代以来，美国工会和工人运动的发展经历了三个历史阶段。

（一）第一阶段，发生在 20 世纪 60—70 年代，可谓轰轰烈烈的序章

1955 年，美国劳工联合会和美国产业工会联合会合并为"美国劳工—产业工会联合会"，正处于顶峰状态的美国劳工运动开始走向衰落。当时仍有 30%—40% 的潜在劳动力在工会组织中，战斗力相当强，但是，"大工党"的领袖们将共产党和社会主义者从工会中清除出去，并将扩大后的工会官僚机构与国家劳资关系委员会、政府理事会和劳工管理机构进行联合，此后，他们没有组织过任何有效的劳工运动。由于缺乏一群有能力并且愿意处理此类工作的激进分子，其组织的劳工运动必然失败。然而，与此形成鲜明对比的是，由美国普通民众自发组织的新一轮劳工运动却拉开了轰轰烈烈的序幕。

到 20 世纪 60—70 年代，美国劳工运动终于以一场普通民众的反抗运动形式爆发，其中充满了民权、黑人权力、妇女以及反对越南战争的群众运动。复兴的革命左派在斗争中发挥了重要作用。1970 年，爆发了由主要城市的大量非裔美国人劳工领导的、全国性的、被定性为非法的

"野猫邮政罢工"。此后，罢工的参与人数和罢工频率不断上升，1974 年达到最高峰。这一年，千人以上规模的罢工发生了 424 起（2016 年仅为 15 起）。

工会官僚机构试图利用这股热潮来扩大自己的权力，这是一种激进的商业工会主义，他们大部分都不是由进步人士领导的。例如，服务业雇员国际工会成功组织了大规模的公共部门工会，美国教师联合会的复兴也经历了类似过程。

（二）第二阶段，20 世纪 80 年代至 20 世纪末，迂回反复的斗争

到 20 世纪 80 年代初，公共部门的工会主义急剧扩大，代表了大约 40% 的工人，州和地方的集体谈判立法——不管自愿与否——在东北、中西部和西海岸获得通过，甚至时任加州共和党州长的罗纳德·里根也签署了一项法案。然而，蜜月期并没有持续多久，公共部门实质上成为"让步谈判"的实验室——与管理层坐下来，不是为了讨价还价，而是为了让步。

1991 年，改革者罗恩·凯里当选为工会领袖，上述情况有所改变。1995 年，美国劳工—产业工会联合会的领导人 40 年来第一次领导斗争，"胜利者"是服务业雇员国际工会主席约翰·斯威尼，他在负责该行业的工人运动时采取了最为有效的组织方法，目的是重振 20 世纪 50 年代和 60 年代的劳资"伙伴关系"。但是，这种尝试很快失败了。

（三）第三阶段，21 世纪以来，艰难生存的低潮

2001 年，由于经济衰退和制造业进一步裁员，劳工运动进入低潮并导致了 2005 年的分裂，发生了由国际工会和卡车工人领导的、被命名为

"变革以赢得联邦"的荒谬变革。从表面上看，争论的焦点是花多少钱来架构新的工会组织，但潜台词是"花多少钱来维持衰落的工会"。

2008 年，巴拉克·奥巴马当选美国总统，这似乎预示着一个更加美好的未来。奥巴马承诺要把他的罢工警戒线带到白宫，支持"雇员自由选择法案"，精简工会组织。然而，这项法案的立法议程在民主党控制的国会毫无进展。从那时起，"胜利变革"就开始了内部分裂。

2010 年，刚上任的威斯康星州州长斯科特·沃克采取了一项措施，削弱了 60 年前成立的该州公共部门工会的权力。2011 年 2 月，该州发生了大规模的抗议活动和长达数周的占领州议会活动，全美各地的工会成员和支持者情绪化，全天候的抗议活动预示着几个月后将出现一场"占领运动"。全国工会领导人赶往现场，但工会官员并没有呼吁采取行动，而是朝着一个看似风险较低的方向发起了一场召回运动。最后的结果是，此次召回行动失败，威斯康星州的公共部门工会元气大伤。

到 2016 年大选时，工会实力持续削弱。美国大萧条以来经济增长的缓慢、制造业工作岗位的持续流失以及人们对民主党的幻想破灭，这些都为特朗普竞选团队在贸易问题上扮演工薪阶层（白人）的捍卫者创造了机会。

二、特朗普的冲击：劳工与政治

（一）特朗普政府与工会领袖

2016 年，特朗普上台，共和党接管白宫和国会，成为自 20 世纪 20 年代以来最右翼、最反工会的政府。

一些工会领袖面对特朗普政府及其种族主义和反移民政策畏缩不前。例如，在特朗普上台之前，服务雇员国际工会的玛丽·凯·亨利就宣布削减 30% 的预算，因为他们已经预感到最高法院将在亚努斯案中作出不利于工会的负面裁决。

一些工会领袖对特朗普政府抱有幻想，支持或者至少尝试过接触特朗普。例如，建筑工会领导人希望能从特朗普承诺的基础设施预算中受益，于是纷纷涌向白宫；美国汽车工人联合会主席丹尼斯·威廉姆斯、美国钢铁工人联合会主席里奥·杰拉德和国际机械师协会主席鲍勃·马丁内斯等，纷纷与特朗普接触，要求提高贸易壁垒，退出北美自由贸易协定。

一些工会领袖对特朗普政府的态度摇摆不定。例如，2017 年 4 月，美国劳工—产业工会联合会总裁理查德·杜鲁姆卡在美国钢铁工人联合会大会上的讲话中说：现在出现了两个截然不同的派别，华尔街派想要破坏唐纳德·特朗普对工人的承诺，而另一派则正在为劳动人民的权利而斗争。

美国劳工—产业工会联合会的左倾分子与工会领导人在是否接触特朗普的问题上产生分歧。但是，特朗普很快就用事实给出了答案。2017 年 10 月，美国劳工—产业工会联合会在圣路易斯举行了首席信息官大会。对于此次会议，特朗普政府无论是在经费预算上还是组织建制上都进行了大力缩减，这说明特朗普政府明显不支持工会的类似活动。

（二）左倾趋势

不可否认，工会中的左翼确实取得了一些成果。伯尼·桑德斯和独立工党的支持者成功地通过了一项超越"较小邪恶"的政治决议，他们的另一项决议是呼吁独立。左翼还成功通过了一项呼吁全民医保的决议。

这些决议获得通过，反映出工党领导人对左派势力的态度变得更加宽容。这其中一部分原因是他们不再有力量和能力去压制左派，另一部分原因是他们仿佛感受到了左翼带来了发展活力。

三、从数字看美国劳工危机

美国的工会密度、罢工水平在全国总人数中的占比，反映出特朗普时代劳工面临的挑战。最新一项调查表明，对工会和产业结构的调整，在不平等、贫困和预期寿命方面对工人阶级产生了更为广泛的影响。尤其是妇女，非洲裔、拉美裔及其他有色人种以及同性恋、双性恋和变性者等受压迫的劳工阶层，他们的处境最糟糕。特朗普政府的劳工政策将加剧这场劳工危机。

对于这种情况，莎伦·史密斯在《纽约时报》的权威报道中说得很清楚："在二战后的经济繁荣时期，美国的工人阶级是世界上收入最高的阶层。但在 20 世纪 70 年代中期，他们的工资开始螺旋式下降。今天，美国工人阶级是经合组织国家中工资最低的。经合组织 2014 年报告指出，美国 26% 的行业雇员，年收入低于 23390 美元。"

（一）待遇不公加剧

与以往一样，受压迫的工人在这种日益恶化的不平等现象中首当其冲。2017 年 12 月，非裔美国男性的收入仅为白人男性的 69.3%，非裔美国女性的收入为白人女性的 82%。劳工统计局的数据表明，西班牙裔工人的情况更糟，黑人家庭的财富中值（国民财富序列的中间点）在 2053 年很可能为零。对于拉丁美洲人来说，要想这种情况有所好转，可能是几十年后的事。

妇女的工资仍然很低，只占男子每周收入中位数的 81.3%，并且伴随低工资的同时是高比例的性骚扰——现实情况更糟。最近几年的两项研究发现，有一半的女性在餐馆和快餐店工作时面临"非自愿"性行为。

不断加剧的种族主义和性别歧视是经济结构调整的必然结果。在过去 30 年中，美国经济发生了翻天覆地的变化，极大地加剧了对美国工人的剥削。金穆迪最近在《在新地形上》一书中指出，制造业工作岗位的流失给工会带来了沉重打击，工会人数从 1979 年的 1950 万降低到今天的 1250 万。

（二）工会密度降低

美国制造业在历史上是工会密集的中心，但是，目前制造业的失业情况变得更加复杂。生产正在向非工会地区转移，这种转移通常是由美国非工会经营的不同资本实体进行的，如德国、日本和韩国汽车制造商。这种局面的形成还有其历史原因——20 世纪 40 年代和 50 年代，资本主义在南方建立了新的生产中心，并将南方反工会劳动法推广到美国的其他地方。现在，资本家们将美国制造业从工会中解放出来的长期计划即将实现。1983 年，约 32.1% 的耐用品生产线上的工人是工会代表，2017 年，这个数字仅为 10.1%。

往上追溯，仅仅几十年前，在南卡罗来纳州、亚拉巴马州和密西西比州，这些地方的非工会制造业集群，其密集度是现在难以想象的。南卡罗来纳州的北查尔斯顿建造了第二家拥有最新技术的 787 客机，致使 2017 年的工会选举戏剧性地失败了。此外，制造业总产出在各州的排名也揭示出生产转移到非工会地区后工会密度降低的情况。2016 年，加州以 2889.8 亿美元位居制造业总产出榜首，但工会密度仅为 15.5%。得克萨斯州的制造业产值为 2257.8 亿美元，但工会率只有 4.7%。北卡罗来纳州的制造业产值达 997.8 亿美元，是美国第五大制造业产出州，但工会密度仅为 3.4%。亚拉巴马州在制造业产出中排名第 23 位，为 357.2 亿美元，但工会率只有 7.4%。亚拉巴马州的工厂产量将会继续增长，因为该州最近被选为一个价值 16 亿美元的丰田马自达工厂的所在地，这也预示该州的工会率将继续下降。

1964 年，印第安纳州的工会密度达到了欧洲的平均水平（40.9%），今天仅为 9%。1964 年，威斯康星州的工会率为 34%，到 2016 年只有 8.4%。

四、集体谈判与罢工

（一）工资谈判

20 世纪 60 年代中期，像全美汽车工人联合会和国际机械师协会这样的工会，都曾经为工人的薪酬和福利制定了标准，甚至也为国际商业机器公司和施乐这样的非工会巨头制定了标准。但是，2009 年，作为政府救助通用和克莱斯勒的条件之一，美国汽车工人联合会同意了所谓的"新行业标准"的薪酬和条件。也就是说，为了与丰田、本田、起亚等公司的美国业务保持一致，工人的薪酬和福利被逐步下调，44 年的工会斗争成果被葬送，且较低的新员工工资标准也被锁定。

在大萧条时期遭受裁员和让步的沉重打击后，工会一直在艰难地争取恢复过去的工资福利，但是，效果不尽如人意。近年来，工会通过谈判争取到的加薪幅度与平均工资涨幅大致相同。其实，平均工资涨幅本身就接近通货膨胀率。2017 年美国平均工资增长了 2.9%，而基本工资的平均涨幅为 2.7%。

即使在目前劳动力市场吃紧的情况下，工会谈判的加薪幅度通常也低于资本家为吸引新员工给的"高工资"待遇。根据招聘网站 Glassdoor.com 的数据，联合包裹仓库兼职工人 2018 年的起薪为每小时 11.06 美元，而亚马逊仓库助理的起薪为每小时 12.63 美元。前者是工会谈判的薪酬，后者是资本家为吸引新员工而支付的薪酬，两者相比，工会谈判明显毫无效果。

（二）权力谈判

当然，还有一种说法，工会的优势不在于工资谈判而在于权力谈判。工人利用集体行动，包括罢工，不仅可以在工资和福利上讨价还价，还能在工作条件上讨价还价。例如，禁止种族主义、性别歧视、仇视同性恋、老板偏袒等。但是，这些斗争最终都必须以工人们的罢工（拒绝劳动）为撒手锏。

然而，如果工会准备通过组织罢工达到权力谈判的目的，那基本实现不了。由于长期的劳工危机和工会的官僚化，许多工人认为工会是一种遥远的东西，类似于提供福利的保险机构，不是一个能够为他们的利益而战、保护他们不受骚扰、将他们从无休止地非人性化地提高生产率要求中解脱出来的组织。即使工会在某些领域如日益重要的物流网络中站稳脚跟，工会的活动和工作也基本是无效的。

在这种情况下，在著名的教师罢工浪潮中，许多罢工的西弗吉尼亚教师并不是该州三个教师工会的成员，这一点也就不足为奇了。俄克拉荷马州的情况也很相似——大约有一半的教师不是俄克拉荷马州教育协会的成员。

（三）谈判与罢工

在过去的 10 年里，罢工水平持续平缓，这是当前工人罢工意识和信心的真实写照。据劳工统计局 2017 年报道："2007—2016 年，是有记录以来罢工水平最低的 10 年，平均每年大约有 14 次重大停工。2009 年主要停工次数仅为 5 次，是最低的一年。"

但是，2015—2017 年发生的少数几次大罢工值得注意。在某些情况下，工会取得了明显的胜利。一是因为工人在不断发展的经济中发挥了更大的杠杆作用，二是因为普通工人的积极行动。最重要的罢工胜利发生在 2016 年，威瑞森 3.9 万名员工参与其中，美国通信工作者工会在该公司的扩张阶段拥有较大影响力，并且这次胜利的罢工在 45 天里获得了民众的积极热烈支持。尽管这次罢工的结果仍然存在缺陷，但美国通信工作者工会在关键问题上击败了该公司，使该公司在 18 年中受到四次沉重打击。美国通信工作者工会通过斗争取得的成绩有：该公司放弃了更改退休政策，放弃了一项驱赶工人的计划，取消了一项令人讨厌的技术人员生产率计划，同意在零售商店建立工会立足点。

在大多数情况下，工会的表现欠佳，他们斗不过那些久经沙场的资本家老狐狸。2016 年，全美护士联盟工会下属的明尼苏达州护士协会为抗议阿利纳医疗网络，进行了 37 天的罢工，这次罢工意外地遭遇了资本家组织严密的"结痂手术"。最后的谈判结果是，护士们屈服于资本家的要求，用一份由阿利纳控制的健康计划来代替护士专用健康计划。这说明，医院的资本家正在采取企业资本家的手段来对付医疗行业工会。全美连锁医院的人力资源政策协会的劳工律师罗杰·金指出："雇主（资本家）的胜利对全国都有影响。"

工会的主要战略是，在试图"壮大工会"的同时，尽可能地对资本家少做让步。但是，在没有可靠打击武器的情况下，工会的任何反抗都是有限的。

资本家们的核心要义依旧是反工会。在奥巴马时代，劳工部曾公布过一项数据，有 71%—87% 的资本家聘请反工会顾问。当时劳工部还发布了一条规定，要求资本家公开他们的财务支出，以检验资本家们在聘请反工会顾问方面的投资程度。但是，这条规定现在已经被特朗普政府撤销。

1993 年，一部名为《工会破坏者的自白》的书出版了。书中披露的各种"绝招"已被当今的资本家们奉为反工会的《圣经》，并且在 25 年后的今天被其运用得炉火纯青。

（中国人民公安大学马克思主义学院讲师禚明亮、

中国人民公安大学本科生唐淑臣摘译，

曲阜师范大学政治与公共管理学院教授郑曙村审校）

美国高关税及贸易保护主义的历史基因

倪　峰　侯海丽[①]

美国贸易政策大致可以分成三个阶段。第一阶段是从建国初期，特别是从 1789 年联邦宪法赋予国会征税权之后至 1933 年，主要采取保护性质的高关税政策。第二阶段是从 1934 年《互惠贸易协定》实施后至 1973 年，在自由贸易主义指导下，美国通过签订双边和多边贸易协定，走上了低关税政策之路。在这两个阶段中，关税是贸易政策的重点。第三阶段从 1974 年开始，美国自由贸易转向"公平贸易"，实际上是新贸易保护主义回潮，通过诉诸非关税壁垒，以达到促进贸易、保护国内经济的目的。

① 倪峰，中国社会科学院美国研究所党委书记、研究员；侯海丽，中国社会科学院研究生院博士研究生。

一、贸易保护主义指导下的高关税政策时期（1789—1933 年）

美国 1776 年建国时，13 个原英属殖民地结成了松散的联邦，根据美国第一部宪法，联邦政府没有征收关税的权利，这导致国家财政匮乏，只能靠举债度日。邦联内部各州各行其是，在贸易和关税问题上，各州都有自己的标准，甚至各州之间互设壁垒，严重影响了国家统一市场的形成和经济的发展，同时给外部商品以可乘之机，例如，英国大肆向美国倾销商品，将政治殖民变成了经济殖民。

为了应对这种危机，1787 年，制宪会议在费城召开，会议形成了一部全新的宪法，即《美利坚合众国宪法》，并在 1789 年获得美国 2/3 的州的赞成票。该宪法第一条第八款前三项规定："国会有权规定并征收税金、捐税、关税和其他赋税，用以偿付国债并为合众国的共同防御和全民福利提供经费；但是各种捐税、关税和其他赋税，在合众国内应划一征收；以合众国的信用举债；管理与外国的、州与州间的，以及对印第安部落的贸易。"从此，国会获得了之前属于各州的贸易和关税管辖权，为扫除各州之间的贸易障碍、发展统一的国内市场奠定了基础。在此之后的 1789 年 7 月 4 日，美国颁布了第一部在全国范围内统一执行的《关税法案》，开始了有迹可循的利用关税服务国家经济的时代。

从 1789 年到 1933 年，这一阶段又可以分成三个小的时间段：1789—1815 年，高关税政策的萌芽形成期；1816—1860 年，高关税政策的争论摇摆期；1861—1933 年，高关税政策的确立发展期。

1. 高关税政策萌芽形成期：1789—1815 年

1789 年《关税法》第一节开宗明义地宣布："为了支持美国政府解

决债务问题，鼓励及保护制造业的需要，对进口商品、制成品和货物征税。"由此可见，该《关税法》的主要目的是为联邦政府提供财政收入，并同时鼓励和保护本国制造业。但由于其关税水平比较低，对制造业的保护力很弱，依然抵挡不住英国廉价优质商品的大批涌入。

1791 年，亚历山大·汉密尔顿发表了《关于制造业的报告》，系统阐述了利用关税"保护幼稚产业"的思想。汉密尔顿认为美国应大力发展处于劣势的工业制造业，因而主张实行高关税政策。但当时以托马斯·杰弗逊为代表的美国大部分精英人士的思想还偏重农业立国，认为美国应发展农业，大力向欧洲出口农产品和初级原材料来换取廉价的工业制成品，因而主张实行低关税政策。最终汉密尔顿的报告在国会没有通过。

1801 年，主张农业立国的杰弗逊当选美国总统，并于 1805 年获得连任，这使其农业立国的思想得到持续贯彻。但 1806 年 6 月美舰"切萨比克"号遭英国海军袭击的事件，使杰弗逊在发展民族工业制造业方面的思想发生了转变。此事件促使国会在 1807 年通过了《禁运法案》。杰弗逊原本认为，工商业国在贸易中必然依赖农业国，英国需要美国的粮食和原材料，《禁运法案》的实施必将给英国以沉重的打击，从而迫使英国放弃对美国的敌对政策。但事与愿违，禁运没有对英国造成影响，却对美国的经济造成了致命的打击。意外的是，禁运期间美国的制造业由于没有外部竞争并得到了来自对外贸易和航运业的资金支持而得到发展。鉴于此，杰弗逊逐渐意识到美国经济的脆弱和发展民族制造业对于民族独立和国家强盛的重要作用。杰弗逊经济思想的转变为下一步关税政策的转向奠定了基础。

詹姆斯·麦迪逊上台执政后，美英矛盾不断加深，第二次美英战争在1812 年爆发。战争期间陆续出台的四个贸易法案使美英之间的商品交流中断，同时美国所有进口商品的关税增加了一倍。这样一来，关税增加财政收入的职能客观上转变为保护发展中的工业的职能。美国高关税贸易保护主义思想初步形成。

2. 高关税政策争论摇摆期：1816—1860 年

美国就关税政策的争论从第一部《关税法案》颁布以来就没有停止，起初主要体现在以汉密尔顿为代表的工业立国思想派和以杰弗逊为代表的农业立国思想派之间。到了 1816—1860 年，美国就关税政策的争论大致形成了南北两派。南方传统种植园农业经济主张发展自由贸易，实行低关税政策，便于农产品的出口；北方工业制造业经济主张贸易保护主义，实行高关税政策，鼓励和发展仍然处于弱势的民族工业。在双方的争论博弈中，短短 40 余年，美国就出台了 7 部《关税法案》。关税政策摇摆变动，关税税率忽高忽低。以 1833 年为界，美国前期连续出台了 3 部提高关税的法案，后期 4 部法案对关税既有提高也有降低。

1816 年《关税法案》的出台标志着美国开始通过关税政策实现贸易保护主义的真正尝试。该法案的制定秉承了汉密尔顿《关于制造业的报告》的主张，将进口商品分成三类，分别征收不同税率的关税。第一类是美国国内有足够供应的工业产品，征收高关税来保护国内此类产品的制造业，以免受外国商品的冲击；第二类是美国国内只能部分供应的产品，征收相对较低的进口关税；第三类是美国不能生产的产品，只征收更低的财政性关税。但刚刚经过第二次美英战争的英国，不甘心放弃美国市场，以低于成本的价格大量向美国倾销商品，使这部《关税法案》的保护作用收效甚微。

1818 年美国第五任总统詹姆斯·门罗在国会咨文中提出"关税尤其应该为襁褓中的制造业和与国家独立密切相关的行业提供保护"。此言一出，立即引起争论。支持者认为，美国经济低迷是由于对制造业的保护力度不够，应当提高关税；反对者认为，高关税会限制美国进口，降低财政收入，影响国家财政。支持者当中，参议员亨利·克莱最为知名，他提出了著名的"美国体系"之说。克莱认为"美国体系"是："保护制度加国内改进，即征收保护性关税以利于制造业者，建立国内市场和改善交通运输以利于农民。"1824年，美国国会终于通过了新的《关税法》，大幅提高了钢铁、铅、羊毛、大麻等商品的进口关税。

但随着英国降低进口羊毛的关税，毛纺织成品的价格大幅降低，销往美国的毛纺织品相较美国本国产品仍然有较大的价格优势，对美国的毛纺织工业造成了很大冲击。在以毛纺织工业为代表的各利益集团压力之下，美国于1828年通过了内战前税率最高的一部《关税法案》。由于该法案损害了南部奴隶主集团的利益，被他们称为"厌恶关税法"。在南方的竭力反对之下，国会于1830年和1832年两次降低关税税率，使之大致降到1824年的水平。但南部各州仍然持反对立场，僵持中，南卡罗来纳州废除了1828年和1832年《关税法案》并扬言要退出联邦。在亨利·克莱的调解下，国会于1833年通过了一个《关税妥协法案》。规定从1834—1842年逐步降低关税，直至将所有关税降到20%。该法案的出台暂时平息了南北双方就关税的争论。

1837年经济危机袭来，政府财政逐渐吃紧，国内经济陷入困难。在此背景下，辉格党人于1842年推出了新的《关税法案》，再次提高了关税税率。经济危机过后，南方民主党人于1846年推出了《沃克关税法案》，关税税率再次降低。在此期间，西部州纷纷加入联邦，增加了美国的进出口总量和政府财政收入，加利福尼亚州发现了金矿，欧洲各国局势动荡以及爱尔兰发生大饥荒，美国的农产品出口量大增，使美国经济出现了繁荣的景象。于是在1857年，国会又通过了一部新的《关税法案》，进一步降低了关税。该法案规定的税率一直持续到1861年南北战争的爆发。

纵观美国前两个阶段70余年的历史，随着第一部《关税法案》的出台，美国改变了建国初期各州各自为政、混乱无序的贸易政策，逐渐采取了适度的贸易保护主义政策。在此期间关税政策多有变动和摇摆，归根结底是美国还没有真正解决国家经济发展道路的问题。四年内战帮助美国解决了这个问题，从而坚定了美国以高关税政策为特征的贸易保护主义的决心。

3. 高关税政策确立发展期：1861—1933 年

1861 年，美国南北战争爆发。战争期间，联邦政府急需筹措战时经费，国会不断提高美国关税。高关税不仅给联邦政府带来巨额收入，客观上也保护了美国的弱势工业，促进了工业发展。战后，美国共和党长期执政，使战时的高关税政策保留下来，并得到了进一步加强。

《莫里尔关税法》是这一阶段的第一部关税法案。虽然《莫里尔关税法》比 1846 年关税法的税率高，但战时急剧增长的军费需求，使联邦财政仍然不堪重负。随后关税不断提高。1864 年，美国通过了新的关税法，根据该法案，几乎所有外国进口商品都必须缴纳关税，平均关税税率达到了 49%。

战时关税不仅帮助联邦政府筹措到了急需的经费，同时也保护了美国的工农业，使美国出现了战时的经济繁荣。战后高关税的继续存在虽然受到了质疑，但由于共和党人控制了国会和总统职位，美国战时的高关税政策仍得以延续。

民主党在 1884 年、1886 年、1888 年分别提出降税议案，但都没有通过。美国 1888 年大选，共和党同时控制了白宫和国会两院，为税率更高的关税法案的出台提供了保证。1890 年，以威廉·麦金莱为主席的财税委员会推出了《麦金莱关税法》并获得通过。该法案大幅提高了工业产品的关税，尤其是羊毛、毛纺织品和棉纺织品，加大了对相应工业的保护力度。同时值得注意的是该法案在美国历史上第一次附加了一个

"互惠"原则的条款。但此种"互惠"原则不是降低贸易壁垒的战略,而只是贸易报复的手段。因为当其他国家对美国产品征收"不公平"关税时,该法案授权美国总统可以向此国家征收报复性关税。

《麦金莱关税法》的出台对于当时工业产值已经超过英国并逐渐成为世界头号资本主义工业强国的美国来说具有特殊意义。它不仅保护了美国国内已经存在但尚处于弱势中的工业,还通过高关税政策催生了国内原本没有的产业,并且将贸易保护的思想发展到保护成熟工业上,这就促进了美国从自由资本主义向垄断资本主义的过渡和发展。同时该法案第一次应用"互惠"原则,将贸易保护扩展到国外,为美国商品开拓海外市场提供了法律基础。

1896 年,共和党人威廉·麦金莱入主白宫,很快于 1897 年出台了《丁利关税法》,《丁利关税法》是 19 世纪美国最后一部关税法,该法案的出台标志着美国贸易保护主义达到历史顶点。

19 世纪末的高关税贸易保护政策客观上加剧了美国托拉斯垄断问题。为了解决这一问题,1909 年,国会通过了《佩恩－埃尔德里奇关税法》,将关税税率大幅降低,但该法案没有触动高关税贸易保护主义体系。被普遍认为是自由贸易先声的 1913 年《安德伍德关税法》,将美国的关税降到内战以来最低点,平均税率 27%。实际上,该法案仍然是以贸易保护主义为原则的,因为新税法主要减免了美国当时在世界上占领先地位的产品的关税,其他一些产品如化学药品的关税则不降反升。该法案提出以"竞争性"关税政策促进国外商品与国内商品竞争,以利于降低国内商品物价,降低垄断。

第一次世界大战于 1914 年爆发,严重影响了新税法的实施。战争结束后,欧洲各国财政困难,纷纷诉诸高关税政策,美国只能以高关税政策应对。1922 年,美国出台了《福特尼－麦坎伯关税法》,高关税贸易保护主义重新得势。连续三任共和党政府延续了高关税政策，并于 1930 年通过了臭名昭著的《斯慕特－霍利关税法》。在当时世界经济大萧条的背景下，这部法案招致其他国家的疯狂报复，不但没有扭转美国经济衰退的困局，反而加剧了大萧条的严重程度，美国经济和世界经济陷入了崩溃的边缘。决策者逐渐认识到，在保护国内经济上，高关税政策第一次失效了，惨痛的代价呼吁政策的彻底转变。

至此，高关税贸易政策走完了近 150 年的历史，在这 150 年中，美国从一个积贫积弱的殖民地依附经济体一跃成为雄踞世界之巅的垄断资本主义经济体，经济地位的转变使高关税贸易保护主义政策不再适应其发展，美国必须做出改变。历史将这一重任交给了富兰克林·罗斯福。

二、自由贸易主义指导下的协定关税时期（1934—1973 年）

1932 年，民主党人富兰克林·罗斯福当选美国第 32 任总统，标志着一个新时代的到来。在这一时期，美国的政治、经济、社会、文化等都发生了深刻的变化，作为经济政策的重要部分，美国的对外贸易政策也开始发生转变。1934 年《互惠贸易协定法》的出台，开启了美国低关税自由贸易之路。以第二次世界大战为分界线，美国的低关税时期可分为双边协定关税时期和多边协定关税时期。战前，美国主要通过签订双边贸易协定达到降低关税促进贸易的目的，战后，美国则大力提倡多边协定将自由贸易推进到更高层次。

（一）双边协定关税时期：1934—1945 年

1934 年，《互惠贸易协定法》出台。该法案的一大特点，即"无条件最惠国待遇"原则。法案规定美国与任何一国政府或机构签订贸易协议所达成的优惠待遇均自动适用于所有其他与美国签订贸易协议的国家，与此同时，其他国家之间达成的贸易优惠待遇也直接适用于美国。根据这一原则，一个国家一旦与美国签订贸易协议，就会被迫卷入以美国为核心的双边和多边自由贸易体系。无条件最惠国待遇为美国的出口导向型企业打开了国际市场，使其形成了推动美国自由贸易立法的利益集团。为了满足该利益集团的诉求，美国低关税自由贸易政策向纵深发展。

截至 1945 年，美国与 27 个国家签订了 32 个互惠贸易协定，降低了 64% 的进口商品的关税税率，使美国关税税率在 1930 年的水平上降低了 40%。二战后，美国一跃成为世界第一超级强国。冷战的出现，促使美国大力推行欧洲经济复兴计划，并在亚洲扶植日本，帮助日本恢复经济。以美国为核心的多边贸易协定体系应运而生。

（二）多边协定关税时期：1946—1973 年

"二战"后，欧洲满目疮痍，无论是战败国还是战胜国，经济都陷入了困境，美国经济此时一枝独秀，重建稳定的世界经济秩序迫在眉睫。基于《互惠贸易协定法》的双边贸易政策已经不能适应现实的需要和时代的发展，美国凭借自身强大的综合实力，开始着手建立多边关税协定，创建世界经济贸易新秩序。

在金融领域，1944 年，美国建立了"布雷顿森林体系"，形成了各国货币与美元直接挂钩、美元与黄金挂钩的固定汇率制。布雷顿森林体系为多边自由贸易体系奠定了基础。接着，美国着手建立国际贸易组织，经过讨论，在哈瓦那国际会议中诞生了《哈瓦那宪章》。但由于美国国内政局的变化，杜鲁门总统没有将该宪章提交国会批准，这就导致了国际贸易组织的流产。但在 1947 年筹备国际贸易组织的过程中，23 个成员国于日内瓦讨论并形成了一个多边关税减让协定——关税及贸易总协定，从而开启了战后国际关税互动的机制。在此之后，美国国会七次批准延长了《互惠贸易协定法》。

进入 20 世纪 50 年代后，美国国际收支开始出现非经常性逆差和经济增长率低等问题。国会认为，这是由于自由贸易推行不够彻底，美国没有充分利用新增的国际市场来扩展国内经济。事实上，随着马歇尔计划在西欧的成功实施，战后西欧国家迅速恢复经济。50 年代，欧洲逐步联合起来，并最终建立了欧洲经济共同体。到了 60 年代，欧共体在经济上日益独立于美国，形成了抗衡美国的经济力量。欧共体的关税同盟和共同农业政策对美国自由贸易的推行产生了巨大阻力。于是在 1962 年，美国出台了进一步推动自由贸易的《贸易扩大法》。

美国总统肯尼迪希望借助该法案能够建立一个没有关税壁垒的大西洋自由贸易区，打开欧共体的市场；借助英美特殊的关系，建立密切的欧美关系，并最终建立一个大西洋共同体。该法案扩大了总统在贸易谈判中的权力，确定了关税谈判一揽子交易的原则。在该法案的授权下，美国参加了关贸总协定第六轮谈判（即"肯尼迪回合"），这是关贸协定前六轮谈判中范围最广、削减幅度最大的一次。

另外，该法案明确提出反共产主义经济。实际上，在冷战初期，美国支持欧洲复兴计划，帮助日本经济复苏时主动削减关税，并对欧洲各国和日本的关税壁垒一定程度上持容忍态度的主要原因就是美国相信强大的西欧和日本能在欧洲和亚洲抵抗共产主义经济的入侵，保证美国商品有充足的国际市场，保证自由贸易在西方世界顺利推广。只有维护美国的经济霸主地位，美国才有力量与苏联抗衡。

20 世纪 60 年代末，来自西欧和日本的竞争越来越威胁到美国的经济地位，美国经济实力出现相对衰落，美欧日之间贸易摩擦不断。美国开始要求西欧、日本扩大市场开放，给美国提供对等的竞争机会。美国国内贸易保护主义出现回潮，有关贸易保护的议案被相继提出。1971年，面对国内经济困难、国际收支恶化、美元危机等问题，美国总统尼克松提出了"新经济计划"。该计划规定对进口物品一律增收 10% 的附加关税。美国实行了 30 多年的低关税自由贸易政策受到威胁。

三、新贸易保护主义下的非关税壁垒时期（1974 年以后）

为应对关贸总协定第七轮多边贸易谈判，纠正欧共体和日本的贸易歧视政策，降低和消除贸易壁垒，1974 年，美国国会出台了《贸易改革法》。新的法案从过去的"自由贸易"转向"公平贸易"，扩大了总统推动贸易自由化谈判方面的权限范围，增加了对国内产业的保护措施。因此，这一法案的出台成为美国贸易政策的又一转折点，从此，美国开始实施自由贸易旗帜下的新贸易保护主义政策。

新贸易保护主义和美国 1934 年以前的贸易保护主义区别在于，旧贸易保护主义主要通过关税壁垒即高关税来实现对本国经济的保护，而新贸易保护主义是在总体关税水平较低的情况下，通过设立非关税壁垒来实现对本国经济的保护。非关税壁垒与关税壁垒相比有以下特点：非关税壁垒具有更大的灵活性和针对性，非关税措施的保护作用比关税的作用更为强烈和直接，非关税壁垒具有隐蔽性和歧视性。正因为非关税壁垒与关税壁垒相比有如此多的"优点"，在美国自由贸易主义的旗帜下，非关税壁垒大行其道。

为了增加对国内产业的保护，1974 年《贸易改革法》在许多方面对之前的相关法案做了重大修改。如修订了 1962 年《贸易扩大法》中的调整援助条款，降低了美国产业受到进口损害的认定条件，加强对进口竞争所受损害的补偿，保护国内竞争力薄弱的产业。又比如在 1962 年《贸易扩大法》的第 252 项条款的基础上设立了第 301 项条款，根据该项条款，美国总统有权对其他国家针对美国的不公平贸易行为实施报复。由于在实施过程中是由美国单方面认定贸易公平与否，使该条款带有很浓的贸易保护主义色彩。另外，为了给美国的商品寻找更广阔的市场空间，1974 年《贸易改革法》规定了美国对发展中国家的普遍优惠制度。普遍优惠制度也称普惠制，由 1968 年联合国贸易与发展会议第二届会议通过，1970 年为第二十五届联合国大会所采纳。普惠制要求发达国家承诺对从发展中国家或地区输入的商品，特别是制成品和半制成品，给予普遍的、非歧视的和非互惠的关税优惠待遇。但该法案同时要求总统在考虑给予发展中国家普遍优惠制度时，要确保美国能够进入其市场、获得其资源。因此，对于普惠制的获得或撤销完全掌握在美国手里，美国完全是从自身实际利益出发，而非国际道义出发来指定普惠制的受益国。

1974 年《贸易改革法》观其名称便可窥见其意，即改革过去自由贸易的政策，推行新的"公平贸易"政策，但在实施中，美国经常采取单边行动，以公平之名行保护之实。

20 世纪 80 年代在里根经济学的刺激下，美国经济出现复苏并逐渐走出衰退。但财政赤字持续走高，贸易逆差不断扩大，国际收支状况继续恶化，进一步刺激了贸易保护主义。1984 年，美国国会出台了《贸易与关税法》，授予了美国贸易代表主动行使 301 条款的权力。1988 年出台了《综合贸易与竞争力法》，增补了 1974 年《贸易改革法》的 301 条款，设立"超级 301 条款"和"特别 301 条款"。这些条款的设立，使得美国经常挥舞贸易的大棒，威胁和报复其他国家，采取单边行动，将国内法凌驾于国际法之上。进入 80 年代以后，美国开始重新关注双边贸易协定，以期抗衡欧共体等区域经济共同体，如 1988 年签署的美加自由贸易协定，在此协定基础上，于 90 年代发展成为区域性的北美自由贸易协定，并于 2018 年推出升级版的北美自由贸易协定，即"美国—墨西哥—加拿大协定"。

20 世纪 90 年代以来，美国与贸易伙伴之间的纠纷不断。自 1994 年 4 月 15 日世界贸易组织（简称 WTO）成立以来，美国和其他贸易国家越来越多地利用 WTO 来解决贸易争端。但美国贸易单边主义倾向不减，多次绕开 WTO 框架，以国内贸易法来解决贸易争端。更有甚者，美国要求其他国家按照美国的国内法律行事，否则就对其实施制裁。如 1996 年出台了《赫尔姆斯－伯顿法》，对与古巴有贸易关系的外国公司进行制裁，赤裸裸地展现了美国单边主义的贸易政策和干涉别国内政的野蛮行径。

21 世纪的到来并没有使美国改变新贸易保护主义的道路。2001 年"9·11"事件的爆发，小布什政府祭起反恐的大旗，将贸易与民主、自由、人权捆绑在一起，借贸易来推行政治主张，干预别国内政，如对伊斯兰国家及其产品采取歧视性政策，减少了贸易交往和投资活动，引起伊斯兰国家的强烈不满。

2008 年金融危机爆发。为了摆脱危机，各国本应该加强贸易合作，促使国际经济早日复苏，然而，虽然奥巴马执政后，声称不会采取以邻为壑的贸易保护主义政策，但实际上迫于国内利益集团的压力，美国在贸易保护主义道路上越走越远。来自民主党的奥巴马，对新兴经济体国家向美国出口的产品设立绿色壁垒。利用技术上的压倒优势，排斥发展中国家的商品，达到保护国内同类行业、保障就业、促进制造业回流等目的。在贸易与投资方面，奥巴马积极推动跨太平洋伙伴关系协定和跨大西洋贸易与投资伙伴协议。奥巴马希望通过与亚太地区的合作，强化美国经济利益，限制中国与亚太周边国家的贸易。通过与欧洲国家协调欧美之间的贸易与投资，制定面向 21 世纪的贸易新标准和新规则。以这两个协定为重要抓手，实现美国亚太再平衡战略。

2016 年，共和党非建制派唐纳德·特朗普强势入主白宫，美国进入新的历史阶段。美国贸易政策全面转向保守，打着"美国优先""公平贸易"的旗号，对被认为有损于美国国家利益的任何国家进行贸易报复，许多盟国亦不能幸免。当然，最突出的举措还是发起针对中国的贸易战。2018 年 3 月以来，美国主导挑起中美经贸摩擦并持续升级。2018 年 3 月 22 日，美国贸易代表办公室公布《中国贸易实践的 301 条款调查报告》。根据该报告，美国在 2018 年 7 月 6 日、8 月 23 日分两批对 500 亿美元的中国输美商品加征 25% 的关税，涵盖航空航天、信息技术、通信工程、自动化机器人、医疗设备等高科技领域产品。2018 年 9 月 24 日起，美国政府对中国输美约 2000 亿美元商品加征关税，税率为 10%，2019 年 1 月 1 日起税率将提高到 25%。在刚刚结束的二十国集团峰会上，中美之间于阿根廷当地时间 12 月 1 日达成了协议，对中国输美的 2000 亿美元商品的关税将维持在 10%，不会按计划加征至 25%。考虑到特朗普一贯的善变风格，中方保持谨慎，没有盲目乐观。在那次峰会前，特朗普还多次威胁对另外约 2670 亿美元的中国输美商品加征关税，这意味着中国输美的全部商品都将被加征关税。

除此之外，美国还从阻挠投资和限制出口两个方面干扰中美企业之间正常的贸易活动。2018 年 8 月签署生效的《出口管制改革法案》与《外国投资和风险审查现代化法案》，在原来相关法案的基础上，扩大了贸易审查权，将贸易投资与国家安全捆绑起来。一方面，对中国企业在美国投资进行严格的审查，将中国列为"特别关注的国家"；另一方面，限制美国企业对中国的技术出口。此外，特朗普还破坏中美之间的人文交流，对中国赴美留学生学习机器人、航空、高科技制造业等领域加以限制。

在全球化深入发展的今天，各国经贸合作密切，国外投资和引进技术已经成为促进经济贸易合作的新增长点，健康全面的人文交流有利于国家之间的相互尊重和理解、相互学习和促进。以特朗普为代表的美国保守主义，肆意挥舞关税大棒、设立各种贸易投资障碍、阻碍正常人文交流活动等行为显然不利于中美两国经济的发展，也不利于全球经济的复苏。

200 多年的美国贸易史，是在自由与保护之间摆动的历史。从高关税贸易保护主义，到双边、多边自由贸易主义，最终又回到大量应用非关税壁垒的新贸易保护主义，何时采取何种贸易政策，全以美国的利益为基准。贸易政策服务于经济，服务于政治，服务于国家战略，从来不是无端制定的。在其国内工业力量薄弱之际，高关税政策保护了国内工业的生存发展，实现了国家经济独立，并最终走向强大。当美国国内工业壮大，产品有足够竞争力之时，低关税自由贸易政策帮助其顺利开拓世界市场，成为世界经济霸主。随着自身实力相对衰弱，美国贸易政策重新转向保护主义，设立各种非关税壁垒，对其他国家尤其是发展中国家贸易政策横加指责。对于美国这种无视发展中国家缺失的历史发展机遇，肆意无理要求、要挟、讹诈发展中国家的野蛮行径，发展中国家要有足够的勇气与战略定力，在融入世界经济的同时，努力保持自身的经贸政策独立，才能为全球经济繁荣作出更大贡献。

美国作为当今世界的头号经济强国，贸易保护主义强势回归。以特朗普为首的对华鹰派一意孤行，逆历史潮流而动，悍然发动对华贸易战。中国在努力争取与美国合作的基础上，坚持继续深化改革、扩大开放，顺应时代发展规律，推动国际经贸合作。作为当今世界最大的两个经济体，中美两国只有共同参与才能保证健康稳定的全球经贸体系。

新时代的中美变局与世界前途

张文木 [①]

"这是最好的时代，也是最坏的时代。"英国文学家狄更斯曾经这样描述工业革命发生后的时代。今天的世界似乎又回到了一个时代转变的临界点。

一、今天的中美关系很快将面临美国"摊牌"的形势

当今世界，中国特色社会主义进入了新时代，美国也进入了"新时代"。不同的只是一个是向着光明和进步发展的新时代，一个是向着反动和黑暗发展的"新时代"。事实上，这两年美国、英国及欧洲大陆国家内外政策出现的 180 度的逆转，说明世界政治也进入了新时代。如果说昨天的世界政治的特征是和平与发展，那么，21 世纪世界政治的特征可

[①] 张文木，北京航空航天大学战略问题研究中心教授。

能就是战争与和平。对于中国来说，这是一个非常有希望的时代，同时也是一个挑战最为艰巨的时代，因为在这个时代中，中国的主要对手是美国。

今天的美国比较集中地体现了列宁帝国主义理论所揭示出的腐朽性、垂死性，以及当前所表现出的任性、凶恶和残酷的特征。不过，这里说的"美国"是指作为帝国的"美国"，而不是作为民族国家的"美国"。这就像当年毛泽东同志在谈到美国的反动性时总是用"美帝国"的概念，始终将"美国人民"与"美帝国"区分开来一样。

第二次世界大战后，美国进入了成熟的帝国主义阶段。苏联解体后，美国变成一个不受制衡的帝国主义兼霸权主义国家；"9·11"事件发生后，美国在小布什假"反恐"之名向世界统治权力发起的"一鼓作气"的冲锋中开始全面统治世界，同时也开始全面衰落；奥巴马时期，美国进入"再而衰"的阶段；特朗普上台后，为了扭转颓势，将美元增值的依赖路径从石油移至军工：割羊毛不成便要杀羊，喝血不成便要直接杀人。今天的美国已前所未有地表现出它最凶恶同时也最虚弱的纸老虎本质。

华为事件、孟晚舟事件，以及一系列对在美华裔高科技科学家迫害持续升级事件说明，中美关系已进入类似 20 世纪 20 年代国共合作中断的"四一二"事变前期或 20 世纪 50 年代麦卡锡主义登场前夕。1925 年 5、6 月，即国共两党合作共同进行北伐一年之前，国民党理论家戴季陶发表题为《孙文主义之哲学基础》和《国民革命与中国国民党》小册子，认为国共两党水火不容，其结果不是你死就是我活。1950 年 2 月 9 日，麦卡锡发表"炮打国务院"的讲话，声称美国国务院有 205 人是共产党和间谍网的成员，而且他们还在草拟和制定国务院的政策。美国副总统彭斯 2018 年 10 月 4 日在华盛顿智库哈德逊研究所就中美关系发表的演讲，就相当于戴季陶的小册子和麦卡锡的讲话。遗憾的是，当年中共党内除了毛泽东等极少数同志，绝大多数同志没有看到戴季陶的小册子是"四一二"大屠杀的前奏，没有想到国民党率先摊牌，更没想到国共斗争直到 1949 年才有结果。同样地，当年我们很多人没有看到麦卡锡"炮打国务院"的讲话是朝鲜战争的前奏——麦卡锡讲话半年后，美国向中苏摊牌，发动了朝鲜战争，从此中美关系恶化直到 1972 年。

毛泽东指出："预见就是预先看到前途趋势。如果没有预见……不叫领导。"今天的中美关系大概再次进入这一历史节点并将很快面临美国的"摊牌"形势，中国要对可能出现一段非常不利甚至非常残酷的时期有充分的估计，必须做好十年甚至几十年持久战的准备。

为什么会出现这样一个情况？因为阶级斗争是不以人的意志为转移的客观存在，它本质上是不可调和的。对此，毛泽东同志于 1925 年 12 月发表的《中国社会各阶级的分析》中讲得明明白白。

二、美国国内阶级矛盾激化是美国对外政策变化的根本原因

美国对外政策转变的根本原因在于其国内阶级矛盾激化。与 20 世纪有所不同的是，21 世纪初帝国主义腐朽性的最突出的特点，是殖民地现象从第三世界向包括美国在内的北方国家内部延伸，帝国主义压迫的对象已从南方世界扩大到北方世界。由华尔街国际资本对美利坚民族的民族压迫导致美国劳动阶级以及包括民族资本家阶级最广泛的阶层与华尔街买办的阶级斗争，已上升为美国国内的基本矛盾。

今天美帝国的统治中心不在白宫而在华尔街。在今天的美国，民族政治的中心白宫屈从于国际垄断资本中心华尔街。因此，2001 年的"9·11"事件打击的对象是世贸大厦而不是白宫，2011 年美国人发动的

是"占领华尔街"而不是"占领白宫"的运动；以往美国人民的运动是"进军华盛顿"，矛头直指政府，今天第三世界和美国人民斗争的矛头直指华尔街国际资本。这两大事件的发起者和参与者多是受过高等教育的知识分子，而知识分子也是觉悟较早的人群。这说明第三世界人民和美利坚民族正在觉醒，他们都意识到了世界问题的要害不是白宫而是华尔街，不是美利坚民族和美国人民而是国际资本垄断集团。值得注意的是，自"占领华尔街"运动后，美国出现了更具破坏性且愈演愈烈的枪击案件，一些州正在涌动着从联邦中分离出去的情绪。发起"占领华尔街运动"的人民如果调转枪口就意味着社会革命，届时革命的对象不会是白宫而一定是华尔街。美国人民需要的不是依附于华尔街而是代表民族利益的独立自主的国家。

造成美国危机的原因是国际垄断资本集团对美利坚民族的超负荷压迫，若无非常手段化解，美国的前景是非常不妙的。今天的美国人民似乎比以往任何时候都更深刻地意识到垄断资本的阶级压迫。2019 年 2 月 9 日，美国民主党参议员沃伦在其家乡劳伦斯——美国昔日的制造业中心、劳工运动象征地、美国最著名的一次罢工现场——发布演讲，宣布她正在争取党内提名竞选总统，在 2020 年向特朗普发起挑战。她誓言要改变这个"被富人操纵"的国家，向富人发起"阶级斗争"。她说："今天，有无数的美国家庭在被富人和关系硬的人操纵的体系中挣扎求生……我们受够了。""当我谈论这个问题的时候，一些富人会大喊，这是'阶级斗争'！""几十年来，这些富人一直在向勤劳的民众发动阶级斗争，我想说，是时候反击了！"沃伦还表示，仅仅撤销本届政府的可怕政策是不够的，"我们不能只在边缘修修补补，这里实行税收抵免，那里实行监管，我们的战斗是为了实现重大的结构性改革"。美国《基督教科学箴言报》网站 2019 年 2 月 14 日发表文章称："'社会主义'标签在美国政治中长期以来的形象正在改变，社会主义已重返美国政治。"美国《华盛顿邮报》网站于 2019 年 2 月 10 日发表该报专栏作家 E.J. 迪翁的文章《特朗普的反社会主义战争将会失败》称，特朗普"反社会主义"的表态完全是谋求连任的政治语言，但在今天的美国，攻击社会主义不再像过去那样容易了。

19 世纪前半叶，欧洲资本主义国家普遍爆发革命，造成了它们向远东扩张并由此使欧洲垄断资本暂时摆脱了危机；20 世纪前半叶，欧美各国发生严重危机，它们再次向东方俄国转嫁危机，反而促成了十月革命爆发以及强大的社会主义苏联和社会主义阵营的出现；21 世纪的今天，在北美洲日益增长的革命情绪又将造成美国的"战略东移"，其矛盾的焦点还是资本主义与社会主义谁战胜谁的问题。风起于青蘋之末，东风将要压倒西风，世界历史已进入了质变临界点。

三、"特朗普主义"的可能选择与世界前途

（一）尼克松主义、里根主义、特朗普主义

特朗普就任美国总统，标志着带有"尼克松主义"色彩的"特朗普主义"已经启航。"尼克松主义"的本质并不在于它对中国曾有友好倾向，而在于它要使美国避免两线作战。尼克松、基辛格带领美国做到了这一点并由此挽救了美国。里根主义表现为一手紧拉中国，一手死打苏联，本质上是尼克松主义的强化和继续。而"特朗普主义"搞得好，是尼克松主义与里根主义合二而一的回归，搞得不好，是赫鲁晓夫和戈尔巴乔夫机会主义合二而一的美国翻版。

今天的特朗普身上有点当年赫鲁晓夫和戈尔巴乔夫的影子：赫鲁晓夫修柏林墙，特朗普修墨西哥墙；赫鲁晓夫想跟美国改善关系，却将手

伸向古巴，弄出个"古巴导弹危机"，这让他灰头土脸，除了招致美国人民反感，结果一无所获；特朗普想跟中国改善关系，却将手伸向朝鲜半岛，弄出个"萨德"导弹基地，其结果除了引起中国人民反感，也是一无所获。还有，戈尔巴乔夫放弃华约，特朗普想放弃北约，并且已经放弃《跨太平洋伙伴关系协定》。美国开始跟过去的盟国"亲兄弟明算账"了——我支持你可以，但是你得给钱，你得买我的军火。当一个国家开始把政治当买卖来做的时候，就是在收缩了，就不再是强国了。

尼克松实现其战略目标是有历史前提的：当时中、苏、美三家处在等边三角对峙关系之中，美国手头也有可与中国交换的筹码，比如它的对台政策。但特朗普面临的则是完全不同的形势：目前中俄关系几乎是无缝对接，根本不存在尼克松时期"等边三角"的拉锯形势，美国目前又无足以动摇中俄全面战略协作伙伴关系的交换筹码。中俄两国目前的政治家也相当成熟，不存在中国三国时期因贪荆州小利而弃盟的孙权或苏联后期为讨好西方而主动废国的戈尔巴乔夫那样不成熟的政治家。因此，特朗普今后若要仿效尼克松通过间离中俄关系来获利的外交策略，其成功的概率几乎为零。

（二）世界的灾难，就是特朗普的机会

在内政方面，尼克松上台是牺牲美国军工集团、拉拢并得到金融垄断集团支持的结果，但条件是他上台后的政策要使金融资本家集团满意。为此，他牺牲美利坚民族的利益，将美元与石油挂钩。特朗普上台是牺牲金融集团、拉拢并得到军工资本家集团支持的结果。他要保住这种支持，就必须将石油美元转换成军工美元，而军工美元需要的不是石油而是战争，而且还不是小型战争，不然特朗普就得不到来自军工集团的持续"借贷"，就要面对更多的"财政悬崖"。

存在决定意识。特朗普上台后的现实环境决定其治国理政思路只能是：向里根学习，在国内通过拉动军工发展美国实体经济，在国际上让世界越来越多地陷入美国并不直接参加的战争，最好是世界大战。

当年富兰克林·罗斯福就是这么干的。苏德战争爆发前，罗斯福在希特勒欧洲和苏联两面下注。在希特勒兵败斯大林格勒后，罗斯福马上主动上门找到斯大林，与苏联结下反法西斯联盟，战后欧洲便被美苏一分为二。至20世纪60年代，美国又将大英帝国及欧洲的海外资产尽收囊中。苏联解体后，美元指数迎来战后第二次高峰——第一次高峰是中国及亚洲"四小龙"加入世界市场体系给美元市场带来的庞大红利，同时也给中国带来了巨大的发展机遇。

现在，特朗普把军工资本请回来了，美国的历史又回到了20世纪50年代的逻辑，即不打仗就消化不了庞大的军工借款和投资。美国没有自己的国家银行和企业，借来的钱如不见利润，资本家不干，特朗普就要下台。目前只有世界性大战才能提供特朗普需要返还的利润，而美国又没有发动战争的能力，其他国家也不愿卷入战争。这样一来，特朗普任内最大的敌人就是世界和平。这让特朗普很纠结。

外交史学家塞缪尔·弗拉格·比米斯在1926年指出："欧洲的灾难"就是"美国的机会"。这也是理解美国崛起进程中"战略机遇期"一拨拨出现的重要线索。如果将这句谶语式的判断进一步扩大，我们完全可以得出这样的结论：世界的灾难就是今天特朗普的机会。两次世界大战曾给美国军工集团带来"盛宴狂欢"。今后，如果中国和俄罗斯不能被吓倒或打倒，为了还钱，特朗普转移国内危机的可能方向就是欧洲，而欧洲再次分裂又为特朗普准备好了对其进一步施害的条件。

当今世界正如毛泽东在第二次世界大战结束后一直认为的那样，"新的世界大战的危险依然存在，各国人民必须有所准备"。

四、和平还是战争

这里不能回避的问题是，第二次世界大战结束至今，新的世界大战的确没有爆发。和平期甚至比邓小平在改革开放之初判断的时间要长得多。这是为什么呢？

这是因为美国经济的依赖路径在尼克松之后发生了重大变化。通过两次世界大战，美国造就了一个强大的"军工复合体"资本集团，战争结束后，这个集团反客为主，成为左右美国政治的重要力量。在尼克松之前，美国重要的外交政策都要符合这个资本集团的利益，每一届新任总统上台后的第一要务就是为其政府财政的最大"借贷方"——军工资本集团——寻找市场。军工的市场就是战场，因此不断地制造战争便成为这一时期历届美国政府的主要任务。与今天特朗普的"新政"正好相反，尼克松将美国经济的依赖路线从军工美元转为石油美元，适逢亚洲各国经济迅速崛起并由此拉动对美元的超大规模的需要。这些内外因素使美国金融资本集团取代了军工资本集团，成为美元政治的主导力量；与此相应，美国军工的任务就是配合金融资本，保证中东石油销售以美元结算。

此后，美国从世界主要是南方国家获得利润的方式也发生了变化。形象地说，以前军工集团实现利润的方式是"杀羊喝血"，即用制造大规模战争的方式获得超额利润，而金融资本集团实现利润的方式则是一茬茬地"割羊毛"，至于羊长大与否，它并不关心。美国出现的这种剥削世界的方式的变化，为中国提供了难得的"战略机遇期"。与 20 世纪二三十年代列宁、斯大林抓住当时历史出现的和平与多极化发展的机遇使苏联迅速崛起一样，20 世纪 70 年代后期世界再次出现和平与多极化发展的苗头，邓小平以敏锐的政治眼光看到这点，反复告诉全党"抓住时机，发展自己"。结果，中国抓住这个战略机遇发展自己，成功实现中国改革开放的基本目标，即从站起来到富起来。

现在的问题又来了：特朗普依靠军工资本家的支持上台，将美国从石油美元增值的依赖路径又转回到军工美元，庞大的军工生产机器已经开动，特朗普接下来的任务如果不是军工产品的销售那又是什么呢？如果没有天上掉馅饼即苏联自行解体那样的事，那特朗普不追求战争，难道还会追求和平吗？

2019年1月1日，特朗普任命帕特里克·沙纳汉为美国国防部代理部长，此事反映了特朗普的外交政策走向。沙纳汉自1986年起在波音供职，2008—2016年任波音飞机项目高级副总裁，曾主管波音的导弹防御系统项目，任代理国防部长前负责波音全球供应链策略以及高端制造技术应用，被美国商业媒体称为波音公司的"救火侠"，因为在波音787梦想客机早期出现生产问题后，是他将项目扶回正轨的。今天，当战争，尤其是世界性战争成为美国垄断资本的救命稻草之际，美国军工资本集团目前急需一位"救火侠"，因此，显然不能担负这一角色的詹姆斯·诺曼·马蒂斯上任才一年就被沙纳汉所取代。

战争一旦成为美国的生意，那和平就是美国的敌人。反和平，是当今特朗普以及今后相当长的一段时期内美国外交的本质。

五、积极准备"进行具有许多新的历史特点的伟大斗争"

（一）提高探索和解决新时期基本问题的本领

历史往往有惊人的相似之处。与抗战前的形势一样，目前中国学界对中美关系大势及中国在其中的定位存在着"好得很"和"糟得很"的两极误判，由此产生出浪漫主义的"速胜论"和悲观主义的"失败论"。从研究方法上讲，双方都犯了将统计方法绝对化的错误，得出了"厉害了，我的国"或相反的结论。

有什么样的认识论就有什么样的研究方法，造成上述两种对立认识的原因在于他们的认识论脱离了马列主义的唯物辩证法。目前，中国共产党迫切需要完成的任务，是建立辩证唯物主义的认识论并形成"进行具有许多新的历史特点的伟大斗争"的能力。当前我们特别需要重读马克思的《资本论》、列宁的《帝国主义是资本主义最高阶段》和毛泽东的《论持久战》。《资本论》研究的是资本主义从生成、发展和灭亡的一般规律；列宁的《帝国主义是资本主义最高阶段》研究的是资本主义发展到帝国主义阶段的特殊规律；毛泽东《论持久战》研究的是帝国主义规律在第三世界特别是中国这样的第三世界国家的表现及当地人民如何应对的规律。历史证明，这三本书中所作的判断是科学和准确的。

辩证唯物主义研究方法的着重点不在于由偶然性生发出的枝节而在于由必然性生发出的总规律。在这样的视域中，今天的美国不管它还有多少强项，它的总趋势是走向衰落。目前为它所做的"病诊"结论是：肾虚火大。肾脾的状况就是一个人的生命存在状况，中医病诊总是从肾脾切入的。国家生命的"问诊"，也与此同理。

（二）积极准备"进行具有许多新的历史特点的伟大斗争"

政治浪漫主义和悲观主义都是唯心论和形而上学认识论的产物，它们的结果一般都是很残酷的。20世纪初由于放弃了在斗争中求合作的路线，迎来的是1927年国民党对共产党的"四一二"大屠杀；1950年6月，美国抛弃中美抗战中形成的友谊，出兵朝鲜，对中国实施长达20多年的封锁和包围。

"民族斗争，说到底，是一个阶级斗争问题。"今天的中美关系也是这样。有人说彭斯的讲话在美国只代表少数人的观点，在美国不占主流。这个说法没有采用阶级分析方法。什么叫不占主流？资本家只是资本化的人格，彭斯讲话不是个人行为，他代表了美国大资本的利益。特朗普也具有资本化的人格，不管他个人品质如何，一旦进入白宫，他就是阶级的代表。现在，美国的整个庞大军工集团已经开工，特朗普从他们那里获得了天文数字的投资，这使美国大批工人有了工作。但他们生产的不是鞋袜，也不是棉花粮食，为了还军工资本家的钱，他们只能造武器。接下来的问题就是，武器的"市场"只能是战争。资本是讲利润的，而军工的利润不能在一般的市场而只能在战场上实现。特朗普开工的钱是从华尔街军工集团借的，欠债还钱，因此，制造和到处挑起战火，这便是特朗普主要考虑的事。当年里根也是这样，搞星球大战，弄那么大的架势，真是苏联要打仗吗？不是，是美国军工集团要用所谓的"苏联威胁"制造开动军工生产从而为发动战争制造借口，不然美国政府就不能向人民解释为什么要生产这么多武器，就不能动员人民支持政府发动战争。明白了这些，也就明白了列宁说的"帝国主义就是战争"这句话所表达的时代内容，也就明白了毛泽东曾预言的"新的世界大战的危险依然存在"的科学依据。由此也就看明白了特朗普凡是和平的都要退群、凡是战争的都要支持和参加的外交特点产生的政治经济动因。

历史辩证法表明，国内基尼系数最大化的极限是激烈的阶级革命国内化，国际基尼系数最大化的极限则是革命形势的全球化。当前日益扩大的南北差距便是基尼系数国际化的外观形式，"占领华尔街运动"表明日益增长的基尼系数正在向金融资本的大本营美国延伸，这说明国际金融资本从全球化中获得的剩余价值越来越少，资本全球化已走向尽头，世界形势正在出现逆转，反者道之动，世界历史质变的临界点正在到来。中国应当积极做好"进行具有许多新的历史特点的伟大斗争"的全面准备。

战争还是和平，光明还是黑暗，是在人类命运共同体中共存互助，还是在四分五裂中相互杀戮，两种前途再一次摆到世界人民面前。两次世界大战已有前车之鉴，我们要放弃幻想，为了世界和平，为了人类命运共同体，积极准备"进行具有许多新的历史特点的伟大斗争"。

美国再次面临是否"读懂中国"的考验

张宏毅 [①]

自 2018 年 4 月美国当局对华发动贸易战以来，美国不仅大幅度加征中国输美商品关税税率，而且对中国进行"系统性抹黑"。美国情报界将中美摩擦升级为"意识形态战争"和"文明冲突"，宣扬"一方胜利便是另一方的失败"等。"整个美国政界似乎在反华转向上取得了一致。"一时间，美国上空乌云密布，任何理性的声音都会受到直接或间接的打压。然而，美利坚民族是具有民主和创新性传统的民族，越来越多的人据理力争，反对美国当局加征中国输美商品关税税率和"全面敌视中国"的一系列失去理智的做法，一些保持理性思考的人正大胆表达出自己的真知灼见。

---

① 张宏毅，北京师范大学历史学院教授。

一、听听美国理智的声音

美国《大西洋月刊》2019 年 6 月 8 日刊登了美国胡佛研究所高级研究员艾米·泽加特的文章《曲解中国几十年，我们应吸取教训》。该文指出，几十年来，美国的政策制定者和政经学者在多数的时候都曲解了中国。在国内政治经济发展和外交方面，中国走出一条让人意想不到的道路。20 世纪 70 年代末中国走上改革开放道路，许多美国人以为中国最终会像"亚洲四小龙"一样，在变富的同时会更加西式民主化，席卷共产主义的西方民主浪潮终将席卷中国。据此，文章指出美国一些人总是从固定模式看待中国，而不知中国"向来与众不同"，"这个国家有着深厚和令人自豪的历史"。作者指出，美国政策制定者和评论家们宣称贸易战能轻松打赢，但以往一错再错预测中国的事例提醒人们，事情的结果可能并非如其所愿。作者最后强调，制定正确的对华政策绝非易事，一个好的对华政策首先要认识到"中国崛起在诸多方面是独特的"，大众化的思维模式和预测只会造成更多的认知混乱。

该文章从历史经验中得出美国"制定正确的对华政策绝非易事"这一重要结论，实在值得美国当局认真记取。当前，美国政策制定者几乎完全看不懂中国，也不愿"读懂中国"，除了对中国肆意歪曲和攻击，剩下的一点"智慧"就都用在"全面打压"中国上了。

二、美国政府第一次没有"读懂中国"及其后果

必须指出，美国政府由于没有"读懂中国"而制定实施了完全错误的对华政策，这在历史上已经不是首次。从 1945 年第二次世界大战结束

到 1949 年中华人民共和国成立前后，美国当局第一次没有读懂中国。

1945 年，第二次世界大战结束，历经苦难的中国人民经过 14 年艰苦卓绝的抗日战争，迎来了建立新中国的曙光。然而，一心想称霸世界的美国政府竭力扶持蒋介石在中国发动内战，以达到消灭中国共产党领导的人民力量从而独占广阔中国市场的目的，结果以失败告终。但是，当年的美国政府不但不认真总结教训，不认真听取美国对华友好人士的理性声音，反而在国内掀起"谁失去了中国"的无休止争论，似乎中国早就该归属于美国。中华人民共和国成立后，美国坚持"遏制、孤立、反对中国"的路线，处心积虑要把新中国扼杀在摇篮中。1950 年，美国发动侵朝战争，不顾中国严重警告，派美军直逼鸭绿江边，并同时派遣第七舰队进入台湾海峡。为保家卫国，中国人民志愿军毅然决然地跨过鸭绿江。其结果是，中国的抗美援朝取得巨大胜利，美国不得不承认美军遭遇了"历史上最可耻的一次失败"。

美国著名史学家费正清把美国政府对中国的心态刻画得入木三分："我们感到我们的基本价值标准直接受到威胁。如果中国人自愿选择共产主义，那就可以断定，人类的大多数是不会走我们的路的——至少目前是如此。因此，我们在这场危机中聊以自慰的，是认为新的中共独裁政权并不代表中国人民相当大的一部分人的利益，认为它只是靠武力和操纵手段才能维持下去。总之，我们认为它太坏，不能持久。因此作为一种原则和义务，我们必须反对它。"这就很清楚地揭示出美国统治当局反对社会主义中国的战略意图。

此后，随着新中国的蓬勃发展和日益强大，美国政府越来越感受到"7 亿有购买力的顾客，变成 7 亿危险的冤家"。加上国际形势的变化和美国霸权地位的相对衰落，1969 年 1 月尼克松入主白宫后，迫于形势的需要开始探索并调整对华政策，逐步走上了中美关系正常化的道路。"乒乓外交"结束了中美两国 20 多年来人员交往隔绝的局面。1971 年 7 月 15 日，中美两国同时公布尼克松将访问中国的消息，"美国公众的反应是兴奋和赞同的"。事实证明，中美保持友好关系有利于中美两国的和平相处和经济、文化、教育等方面的正常交往，对中美两国的发展具有十分积极的意义。

但是，总体而言，美国当权者远没有真正"读懂中国"。他们对华政策指导思想的本质仍然是商业特权、世界霸权和美国主导的资本主义一统天下。这也成为他们衡量一切的最终尺度。

三、中美建交后美国面临是否"读懂中国"的第二次考验

1979 年 1 月 1 日，中美两国建交。也正是在此前不久的 1978 年底，中国开始了改革开放的伟大征程。美国政府把这看作难得的巨大商机，同时也觉得这是将中国纳入西方经济体系的大好时机。然而，事实证明，美国改变中国社会主义制度和发展方向的企图纯粹是痴心妄想。1989 年 9 月，邓小平同志明确宣告："中国的社会主义是变不了的。中国肯定要沿着自己选择的社会主义道路走到底。谁也压不垮我们。只要中国不垮，世界上就有五分之一的人口在坚持社会主义。我们对社会主义的前途充满信心。"

需要引起警惕的是，在中美建交以来的 40 年里，美国政府始终不顾中国人民意愿而任意干涉中国事务，不断在中美关系健康发展道路上设置障碍。中美建交后不久，美国国会即通过"与台湾关系法"，继续阻挠台湾与大陆的统一，还日甚一日地宣扬"中国威胁论"。1991 年苏联解体后，美国更是公开露骨地攻击中国是"日渐缩小的共产党国家的代言

人"，是美国"最后一个眼中钉"，声称"当今世界上没有哪个国家比中国更敢于这么大胆地维护大部分美国人认为是过时或邪恶的意识形态和价值观念"。

由此可知，美国此次挑起对华贸易战和推行"全面敌视中国"政策绝非偶然。它是美国在新的国际形势下面对中国迅猛、健康发展而形成的对华政策的一次恶性升级，其失去理智的病态表现达到空前程度，遑论"读懂中国"。

如何才能"读懂中国"？关键在于真正懂得中华民族一以贯之的优良传统和本质特征及其在今天的升华。这就是千百年来中国人民顽强的反抗精神和自强不息精神，以及中国文明发展的几乎是独一无二的连续性。毛泽东同志曾经指出："帝国主义和中国封建主义相结合，把中国变为半殖民地和殖民地的过程，也就是中国人民反抗帝国主义及其走狗的过程。""中国人民，百年以来，不屈不挠、再接再厉的英勇斗争，使得帝国主义至今不能灭亡中国，也永远不能灭亡中国。"

中华民族的这种精神来自何处？与中国数千年文明史有何联系？我国著名史学家白寿彝教授在他主编的《中国通史》第一卷即"导论"中作了深刻阐述。该书指出，在世界各文明古国中，中国文明发展所具有的几乎是独一无二的连续性曾经造就了中国昔日的辉煌。这种连续性表现为中国作为一个政治实体在其发展过程中未曾为外来因素所中断，中国文明在文化发展史上也未曾有断裂现象。"中国文明发展的连续性的真正特点，在于她历尽危机而未残斗志，在于她屡经考验而能活泼泼地生存下来。"即使是在鸦片战争以后的灾难深重的岁月里，"中国文明并未在这次危机中失去自己的独立存在。近百年来的历史证明，中国文明经过反帝反封建的革命，终于在中国共产党领导下走向复兴。'天行健，君子以自强不息'。这大体可以表明中国文明发展连续性的基本特色"。

由此可以得出这样一个结论：任何霸权国家在企图干预和控制中国时，应当先扪心自问，自己是否真正"读懂"了中国几千年的文明史，是否真正掌握了其中的真谛？否则，他们就会像 1949 年美国国务卿艾奇逊那样，面对中国人民革命的胜利，尽管也承认"这是中国内部势力的产物"，"这些势力美国也曾试图加以影响，但不能有效"，却永远无法理解这些力量的本质和最终失败的根由。

中华人民共和国从 1949 年成立至今已经走过了 70 个春秋，经历了从站起来、富起来到强起来的光辉历程。2018 年 4 月，习近平总书记在回顾我国改革开放历程时深情地说："1978 年，在邓小平先生倡导下，以中共十一届三中全会为标志，中国开启了改革开放历史征程。从农村到城市，从试点到推广，从经济体制改革到全面深化改革，40 年众志成城，40 年砥砺奋进，40 年春风化雨，中国人民用双手书写了国家和民族发展的壮丽史诗。""40 年来，中国人民始终艰苦奋斗、顽强拼搏，极大解放和发展了中国社会生产力。天道酬勤，春华秋实。中国人民坚持聚精会神搞建设、坚持改革开放不动摇，持之以恒，锲而不舍，推动中国发生了翻天覆地的变化。今天，中国已经成为世界第二大经济体、第一大工业国、第一大货物贸易国、第一大外汇储备国。"40 年来，"中国人民生活从短缺走向充裕、从贫困走向小康，现行联合国标准下的 7 亿多贫困人口成功脱贫，占同期全球减贫人口总数 70% 以上"。这一切都说明，中国所取得的成就是中国人民在中国共产党领导下艰苦奋斗取得的，任何对中国发展成就的歪曲、污蔑都是徒劳的。

同样，中国关于构建人类命运共同体的主张和提出的"一带一路"国际合作的倡议，是在经济全球化历史条件下完全从世界人民的福祉考虑的。习近平总书记指出：当今世界"各国相互联系、相互依存的程度空前加深，人类生活在同一个地球村里，生活在历史和现实交汇的同一个时空里，越来越成为你中有我、我中有你的命运共同体"。"谁拒绝这个世界，这个世界也会拒绝他。"习近平总书记号召："我们要站在世界历史的高度审视当今世界发展趋势和面临的重大问题，坚持和平发展道路，坚持独立自主的和平外交政策，坚持互利共赢的开放战略，不断拓展同世界各国的合作，积极参与全球治理，在更多领域、更高层次上实现合作共赢、共同发展，不依附别人，更不掠夺别人，同各国人民一道努力构建人类命运共同体，把世界建设得更加美好。"中国的这些主张与美国当局鼓吹的单边主义、贸易保护主义形成了鲜明对照。

这里需要强调的是，构建人类命运共同体的主张实际上是中华民族自古以来优秀文化的传承和发扬。与"天行健，君子以自强不息"并列出现在先秦《周易》上的一句是"地势坤，君子以厚德载物"。坤乃地之本性，人们生存在大地上，应当像大地母亲那样具有广博的胸怀。习近平总书记反复提及的"以人民为中心"的思想，实际上是千百年来中华民族自强不息精神在新时期的传承和发扬，而建立人类命运共同体的主张则是"以人民为中心"思想在世界范围内的自然延伸。中国人民永远不会像美国当权者那样，一切以金钱、利润和权势为圭臬。中国人民将永远和世界人民携手并进，为世界人民的福祉与世界的和平发展而奋斗。这也就不难理解，中国关于建立人类命运共同体的主张和推动"一带一路"国际合作的实践，会得到国际社会的高度赞扬和热烈支持，甚至一些西欧发达国家也转而接受中国的主张，并开始参与其中。

然而，中国所做的一切，越是有利于中国人民和世界人民，就越是遭到美国当局的忌恨。而美国当局用以打击中国的手段也越来越接近黑社会组织的特点：精心策划"华为事件"，百般打压中国高科技发展能力，千方百计组织国际社会对中国经济、贸易、军事和外交等方面进行围攻；贸易谈判毫无信誉可言，采取霸凌主义态度和极限施压手段，顽固坚持最后通牒式的对华交涉方式，要挟中国与其订立城下之盟。

美国当局试图彻底"压垮中国"，殊不知正在把美国引向美国历史上从未经历过的可怕深渊。正如香港《亚洲时报在线》2019 年 3 月 29 日的一篇文章所指出的："美国遏制中国的企图正变得孤立无援，这是有充分原因的。美国施压盟友禁止华为参与 5G 网络会使盟友们的电信架构落后至少一两年，阻止盟友参加'一带一路'无异于要求他们忽视各自国家利益。或许正是由于这些原因，意大利总理、法国总统、德国总理和欧盟委员会主席等欧洲主要领导人，没理会特朗普的警告。""中国太大，对其威逼是没有用的，合作是唯一的出路。除了美国及其铁杆盟友，世界都得出这个结论。这也解释了为什么欧亚、拉美和非洲想与北京搞好关系。中国不可能被孤立。事实上，若试图孤立中国，其自身也将遭受不可想象的损害。"文章最后说："世界越来越拒绝美国遏制中国，因为这有损国家利益。美国应尊重其他国家的利益和权力，否则会沦为世界的'孤独游骑兵'。"

美国另一篇文章在总结自美国对华挑起贸易战以来的实践时明确得出结论：遏制中国将加速美国自身的衰落。文章指出，在美国，不管是鹰派、自由国际主义者还是那些喜欢找替罪羊的人都认为，由于美国需要保护其在世界舞台上的地位，中国的地位必须降低。但是，"完全可以预见，美国对中国'强硬起来'的企图可能加速其相对衰落……毕竟，成为世界上不理性的傻瓜是要付出代价的"。"两年多过去后，美国的同盟关系遭到严重削弱……美国永远无法恢复 2000 年时的那种地位，甚至可能无法恢复 2016 年时虽然脆弱但仍然稳固的地缘政治地位。"中国不仅是压不垮，中国再度走向辉煌也是任何力量阻挡不了的。承认这一现实，懂得与中国平等交往，实现双方互利共赢，或许对美国来说是最好的选择。

四、中美两国元首大阪会晤关涉两国关系的未来走向

2019 年 6 月 29 日，中美两国元首在日本大阪举行会晤。会晤中习近平主席指出，回顾中美建交以来的 40 年，国际形势和两国关系都发生了巨大变化，但一个基本的事实始终未变，那就是中美合则两利，斗则俱伤，合作比摩擦好，对话比对抗好。关于经贸问题，习近平主席强调，中方有诚意同美方继续谈判，管控分歧，但谈判应该是平等的，体现相互尊重，解决各自合理关切。在涉及中国主权和尊严的问题上，中国必须维护自己的核心利益。经谈判，中美两国元首达成共识，在平等和相互尊重的基础上重启经贸磋商，美方不再对中国产品加征新的关税。

然而，这次会晤之后刚满 1 个月，也就是 8 月 1 日，美方突然又对中国抡起关税大棒，单方面声称将对 3000 亿美元中国输美商品加征 10% 的关税。此举严重违背中美两国元首大阪会晤共识，给中美经贸谈判制造了严重困难。紧接着，美国又在 8 月 6 日将中国列为"汇率操纵国"。这种损人害己的行为不仅严重破坏了国际金融秩序，引发金融市场动荡，还将大大阻碍国际贸易和全球经济复苏，最终必然是美国自食恶果。

人们注意到，特朗普政府为推行对华贸易战和"全面敌视中国"政策，已到了编造谎言的地步。特朗普于 8 月初发推文称"中国节节败退，美国做得很棒"。他还称"过去 3 年来，我们的经济变得比中国经济强大很多"等。特朗普政府上述贻笑大方的言行，遭到了美国媒体的辛辣讽刺。美国市场观察网 2019 年 8 月 1 日发表一篇题为《特朗普说中国的坏话，却连基本经济事实都搞错了》的文章。文章指出："听起来，他的强硬谈判立场相当奏效，是吧？听起来，他的关税也起作用了，中国人陷入困境，马上要崩溃了。只是有一个问题，这些纯粹是胡说八道……据

IMF（国际货币基金组织）估算，按美元计算，2016 年中国国内生产总值是美国的 60%。现在呢？呃，67%。如果使用常用经济标准，即'购买力平价'计算实际产出，中国的经济规模现在要比美国大 28%。且自特朗普成为总统以来，这种领先幅度是扩大而非缩小了。IMF 表示，中国占全世界经济的 19%，而美国仅占 15%。"文章尖锐指出："诚然，关税和贸易争端对中国经济是有影响的。但有多大呢？自特朗普当选总统以来，美国经济增长率一直是中国的一半左右。实际上，现在中国的经济比特朗普就职时 IMF 预测的表现要更好。换言之，比美国发动贸易战和加征关税之前更好……目前在中国有近 8 亿就业岗位。同时，IMF 估计中国的失业率不到 4%，要低于奥巴马在任时的美国。如果这就是所谓要崩溃的节奏，看起来压根没人在乎。"看来，特朗普政府的所作所为恰恰给了有求实传统的美国人以认真思考的契机。

　　当前，一个值得注意的动向是，美国的一些前政要、学者、商界人士正冲破阻力，伸张正义。据路透社 2019 年 6 月 30 日报道，包括前外交官在内的约 80 位美国亚洲事务专家在一份以《中国不是敌人》为题的公开信中，要求特朗普总统重新考虑将中国"视为敌人"的政策，警告这一做法可能损害美国的利益及全球经济。该报道称，这封发给特朗普及美国国会的公开信草稿写道，美国将中国"视为敌人"以及将中国与全球经济切割，将损害美国的国际作用和声誉，削弱所有国家的经济利益。此外，美国针对中国将取代美国成为全球强国的担忧也被夸大。公开信认为，美国的对华政策是非建设性的，将中国视为国家安全威胁，可能让美国在国际上孤立，因为美国的盟友可能不愿意将中国视为经济和政治上的敌人。公开信还称，美国应当与盟国和伙伴合作，创造一个更加开放和繁荣的世界。据称，签署该公开信的人数已从最初的 80 名上升到 200 多名。

上述一切都说明，与美国鹰派顽固的反华态度相反，美国政府挑起对华贸易战的一年多以来，尽管美国政府靠着大量不实之词污蔑栽赃，竭力抹黑中国，但越来越多的美国人却从实践对比中开始"读懂中国"。发展好中美关系是两国民心所向，也是国际社会的普遍期待。

在中美关系史上始终有一批清醒的美国朋友，他们能看清世界大势，对中国也有较深入的了解，在中美关系的若干关键时刻发挥着不可替代的正面作用。历史发展到今天，国际矛盾日益复杂，但具有民主求实传统的伟大的美利坚民族最终一定能克服艰难险阻，和中国一道，把中美关系引向胜利的彼岸。我们坚信，两个伟大民族的经济、科技、文化教育以及创新等方面迸发出的活力，将为世界进一步发展作出新的前所未有的贡献。

特朗普、共和党和威斯特摩兰县

［美］玛格丽特·鲍尔 [①]

"宾夕法尼亚州是特朗普总统竞选获胜的关键，威斯特摩兰县是宾夕法尼亚州的关键，而第 7 区则是威斯特摩兰县的关键。"无论第 7 区和威斯特摩兰县是否真的像第 7 区共和党主席保罗·韦罗斯特科所说的那样在 2016 年选举中发挥了举足轻重的作用，有一点是肯定的，即它们都是特朗普的版图。

在 2016 年总统大选中，唐纳德·特朗普在威斯特摩兰县获得了 63.5% 的选票，而希拉里·克林顿的得票率仅为 32.5%。威斯特摩兰县现在是共和党"红营"的坚固阵地，但在以前可不是。我是 20 世纪六七十年代在这个县长大的，我母亲是一名忠诚的共和党人，当时，那里是民主党"蓝营"的天下。我记得，每当选举来临时，她总会对我说："我干吗要费心去投票呢？总是民主党赢！"

[①] ［美］玛格丽特·鲍尔，美国伊利诺伊理工大学历史学教授。

威斯特摩兰县是从什么时候开始、又为何从民主党的堡垒转变为共和党的要塞的？这是一个复杂的问题。回顾一下这个地区选民的政党取向最初的变化，也许会对寻找这个问题的答案有所帮助。

一、威斯特摩兰县历史回顾

宾夕法尼亚州西南部有 10 个县，威斯特摩兰县是其中之一，19 世纪 80 年代末到 20 世纪 20 年代，该县是煤炭之县。亨利·弗里克、安德鲁·卡耐基和安德鲁·梅隆（他们都是 19 世纪至 20 世纪美国著名的企业家）——如今所有这些与学术精英和文化机构有关联的名字——都通过煤炭和钢铁行业及相关产业的投资获得了巨额利润，积累了庞大财富。

19 世纪末至 20 世纪初，成千上万来自南欧和东欧的天主教移民涌入宾夕法尼亚州西南部到煤矿和炼焦厂工作。这些人被迫住在附属于矿山和炼焦厂的公司城镇（当地称之为补丁社区），工作时间长，艰苦危险，工资很低。面对极端不利的情况，妇女们努力支撑，让家人吃饱穿暖、保持健康。她们团结起来支持矿工工会。19 世纪末 20 世纪初席卷当地的工会化号召，使威斯特摩兰县和宾夕法尼亚州西南部在 20 世纪的大部分时间里大力支持工会作出了贡献，今天该县还有些地方仍然非常支持工会。

20 世纪 20 年代，"三 K 党"在美国卷土重来，估计有 400 万—600 万美国人曾骄傲地自称是这个白人至上主义组织的成员。当时大约有 25 万名"三 K 党"成员在宾夕法尼亚州生活和活动，该州西南部"三 K 党"成员的比例最高，活动最频繁。天主教移民是"三 K 党"的主要攻击目标。"三 K 党"像许多美国人一样，把美国定义为一个白人的新教国家，他们担心不断增长的天主教居民会威胁到这个国家的身份认同以及他们在其中的权力和地位。大多数移民几乎不讲英语，住在自己工作的矿山、炼焦厂和工厂周围半封闭的、贫穷的、少数族群占多数的、工人阶级的社区里。

20 世纪前 1/3 的时间，宾夕法尼亚州的选民是投票给共和党人的，威斯特摩兰县也是这样的。大萧条和富兰克林·德拉诺·罗斯福政府的新政措施改变了该地区的经济和政治景象及政治发展趋势。1933 年《国家工业复兴法》赋予工人集体谈判的权利，民间资源保护队和工程署提供了工作岗位和政府资助，生活和住房管理部门建立了定居点，为失业者及其家庭提供了使他们获得尊严的住房和工作，由于罗斯福新政的实施，人们的生活逐渐改善，投票倾向也发生了变化。民主党欢迎来自欧洲东部和南部的天主教徒加入该党，从而开始将他们同化为美国白人，也获得了他们长达数十年的政治忠诚。根据威斯特摩兰县政府的记载，在1932 年总统大选中，该县选民投票支持民主党，之后，虽然支持率有所下降，但是除了 1972 年尼克松竞选总统时在该县赢得了多数选票之外，这里一直支持民主党。这种状况一直持续到了 2000 年乔治·布什对戈尔的选举为止。

投票给民主党也意味着选民属于工会或支持工会。然而，像美国其他地方一样，工厂关闭，工会会员工作岗位的流失，不可避免地导致该地区工会会员人数减少。20 世纪 80 年代，美国匹兹堡和莫农加赫拉河谷的一些大型钢铁厂关闭，位于威斯特摩兰县莫内森镇的惠灵 – 匹兹堡钢铁厂于 1986 年关闭，造成 800 人失业。美国的詹妮特小镇曾经是"世界玻璃之都"，但是 20 世纪 80 年代镇上的玻璃厂都关闭了。1988 年雇用 2500 多名工人的美国大众汽车厂关闭，再次给有组织的劳工以沉重打击。20 世纪 80 年代，威斯特摩兰县的经济形势很不景气。

1990—2000 年，经济有所改善，信息、保健、服务和教育领域成为新的就业领域，就业人数增加了，工资提高了，更多女性进入了劳动力市场。这样，威斯特摩兰县变得繁荣了，许多家庭的收入增加了 44%，但是仍然有 14 个市镇贫困现象日益严重了。

20 世纪的威斯特摩兰县是美国一个以白人为主的县，至今依然如此。根据 2010 年的人口普查，该县 95.3% 的居民是白人——而在美国的一些小城镇，白人比例高达 99%——黑人或自认为是混血的居民仅占个位数，分别只有 2.3% 和 1.2%，而亚裔和拉美裔人口则各占不到 1%。

威斯特摩兰县的遭遇与美国大多数工业中心的命运相类似。随着工厂及其附属行业的关闭，工会会员工作岗位和工会会员人数锐减，曾在工厂和工会场所找到同志友谊的工人们发现自己不仅失业了，而且不再属于一个具有共同身份、共同利益和共同目标的群体。他们也失去了数十年来支撑他们及其家人的情感社区。

取而代之的是无工会组织的较小工作场所的新型工作，还有现在遍布全县各地吸引数千人参加宗教礼拜和社会活动的新教徒大教堂。新的工作可能工资较高，甚至也可能不那么艰苦，但是把产业工人相互联系起来，把他们同工会、社区、民主党联系在一起的团体精神却消失了，即使在他们这一代人中间没有完全消失，在他们孩子那一代中间也几乎完全消失了。

二、共和党的崛起

梅隆的钱在过去半个世纪里直接影响了威斯特摩兰县的政治倾向。理查德·梅隆·斯凯夫是一位重要的右翼理论家，也是保守派智库和组织的投资人。1969 年，他买下了《格林斯堡论坛 – 评论报》和该地区的其他小报。他还发动《匹兹堡论坛 – 评论报》与支持民主党的《匹兹堡邮报》对抗。1992—2012 年，他向这两份报纸投入了 3.12 亿美元，把它们当作无情抨击民主党人以及所有他不同意的进步计划的欺凌讲坛。反动宣传的不断轰炸，促使该县大批的人"向右转"。

2014 年去世的梅隆·斯凯夫与威斯特摩兰县的共和党人有着直接的私人关系，部分原因是他与梅隆地产、滚石啤酒的关系密切。他为那里的共和党投入了大量资金。

尽管共和党中仍充斥着上流社会分子和富有的捐款人，但共和党的公众形象和选民基础在过去 20 年里发生了变化。如今，很大一部分共和党官员是煤炭工人的子孙。保罗·韦罗斯特科生长在一个民主党家庭，他的父亲是一名印染工人，也是一名坚定的工会会员和活跃的民主党人。1972 年，他与仍然忠于民主党的家人在政治上决裂，转而投票给理查德·尼克松。2012 年或 2013 年，他成为共和党积极分子，如今，他是威斯特摩兰县最活跃的几个区中的一个区的共和党领导人。

该县共和党前任主席、该县共和党妇女联合会现任主席伊莱恩·戈瓦蒂的变化，也体现了工人阶级家庭子女所经历的政治变化。她的父亲是煤矿工人、矿工联合会会员，同其他家人一样，也是一名忠诚的民主党人。1980 年，伊莱恩决定支持罗纳德·里根，因为她断言，里根和共和党支持勤奋工作的人，这与民主党不同，她认为民主党支持不工作的人。

事实上，领取社会福利的白人比非裔、拉美裔或任何其他族群要多。许多领取社会福利的人所从事的通常是没有福利的低薪工作，他们可能与其他就业者合住在一起。然而，福利受惠者等同于福利骗子的这种说法至今在美国许多地方仍很有市场。

这种观点尤其在威斯特摩兰县产生了共鸣。居住在该县的移民的子孙们声称，他们与"福利骗子"不同，他们继承了父母和祖父母强烈的职业道德。尽管他们的家庭在很大程度上受益于新政措施，但他们把成功的原因主要归功于自己的努力。正如他们目前的成功所证明的那样，他们是"有资格的穷人"，他们认定自己的父母和祖父母曾经领取的福利不能给那些他们认为是"不配享受的穷人"。时任威斯特摩兰县共和党第7区财务主管（现任主席）的凯伦·基弗认为，白人工人"他们加入共和党是因为共和党现在代表的是劳动者，而民主党代表的是依靠福利的掠夺者"。

尽管几乎没有一个民主党人会接受对民主党的这种定性，但有一点他们和共和党人的看法是一致的，那就是：威斯特摩兰县是保守、支持拥枪权、反堕胎的，而这些政策是几乎所有的共和党人以及当地的很多民主党人都支持的。而且，他们中间有很多是公开的种族主义者。2008年的总统大选显示了这些立场和趋势的力量，2016年的总统大选进一步确认并巩固了这些趋势。

2008年，在威斯特摩兰县出生和成长的民主党人约翰·博伊尔律师参加宾夕法尼亚州议员竞选，当时许多选民问他是支持希拉里·克林顿还是支持"那个黑人"。同年，奥巴马在全国初选中获胜，但在威斯特摩兰县却输给了希拉里·克林顿。同年11月，约翰·麦凯恩获得了全县57.8%的选票，而奥巴马的得票率为41.1%。包括约翰·博伊尔在内的许多民主党候选人也都输了——许多人猜测，这是因为他们的党支持黑人竞选总统。

右翼势力对黑人当总统的想法感到愤怒，于是迅速动员起来进行反对。茶党是其中的一股力量，它在威斯特摩兰县尤为强大，对共和党产生了巨大的影响，使其进一步向右发展。茶党积极分子每年在威斯特摩兰县各地举办三次大型集会，并且表现强劲。

威斯特摩兰县的茶党既反映也强化了该地区民众的保守态度。为了赢得选举，候选人在威斯特摩兰县需要寻求茶党的支持。而为了获得茶党的认可，候选人必须接受茶党领导的面试，并对一些问题给出"正确"的回答，问题包括："你相信有温和的穆斯林吗？"（不！）"你相信传统婚姻吗？"（是的！）"你会支持在［格林斯堡］市内修建清真寺吗？"（不！）"你认为生命是从什么时候开始的？"（在怀孕时！）"你认为墨西哥是个威胁吗？"（是的！）而最后一个问题既指进入美国的墨西哥"非法移民"，也指墨西哥本身。

三、2016 年总统大选

在 2016 年总统大选之前的几个月里，共和党积极分子们的热情、辛勤、努力和决心在威斯特摩兰县掀起了支持特朗普的浪潮。威斯特摩兰县最重要的活动之一是每年 8 月举行的全县博览会。这是一个大杂烩式的展览会，有游乐活动、农业展览、竞赛活动，有产品展览，还有政治宣传摊位等。负责共和党摊位的韦罗斯特科利用这个机会分发海报和宣传材料，鼓励与会者支持特朗普当选。

当地的一位共和党人设计了一款"特朗普移动宣传车"，并将这辆车到达威斯特摩兰县和邻近的法耶特县各镇的日期、时间和地点用传单广而告之，鼓励支持者"同特朗普移动宣传车合影，领取宣传特朗普的海报以及帽子、衬衫、贴纸、旗帜、纽扣等"，为"让美国再次伟大"而努力。还有一位热忱的特朗普支持者组织了一场"为特朗普而跳"的跳伞活动。她激动地说，她和一群志同道合的朋友"信任他，（所以）我们是为信仰而跳的"。

结果，特朗普以压倒性优势在威斯特摩兰县获胜，获得了近 63.5% 的选票。

《纽约时报》最近发表一篇文章，对经济担忧是特朗普在全国各地以及威斯特摩兰县等地获得大量选票的原因的观点提出了质疑。文章认为，选民支持特朗普是因为害怕失去他们的社会地位。我在威斯特摩兰县对共和党人的采访既证实了这一观点，也使这一观点变得复杂了。这些访谈不是将两者区分开来，而是展示了人们可以感受到的经济地位和社会地位之间的密切关系。

许多共和党人把他们对奥巴马政府计划对美国意味着什么的恐惧，转化为一种发自内心的对那些他们认为将从这些政策中受益并被赋予权力的群体的恐惧。正如当地茶党向寻求其支持的候选人提出的问题所证明的那样，他们害怕"其他人"渗透到共和党人的政治和情感想象中。对威斯特摩兰县的许多共和党人来说，可怕的"其他人"是以有色人种的形式出现的：黑人、非白人移民和穆斯林，尽管事实是，或者正是因为这一事实，威斯特摩兰县的绝大多数人是白人，这个县的许多共和党人不仅希望保持这种状态，而且希望他们所在的地区成为整个国家的楷模。

凯伦·基弗给我讲的一个故事说明了社会地位和经济之间的相互关系。基弗回忆说，有一天，有几个拉丁裔男人在她家院子里干活，她拿三明治和水招待他们。令她生气的是，他们的英语水平不足以让其使用英语来感谢她。随后，当她听说邻居的女儿到这些人隶属的同一家园林公司去申请工作时遭到拒绝，她感到非常愤怒，她发誓要到边境去帮助修隔离墙。

对基弗来说，这些拉丁裔人没有权力待在美国，因为他们不讲英语，不遵守她认为适当的行为准则，这些都不符合她关于谁属于这个国家、谁不属于这个国家的定义。她感到愤怒，因为他们的存在玷污了她对美国是什么、应该继续保留什么的感觉。她认为，美国是一个白人国家，居住在这个国家的人们懂得正确的行为方式。此外，她认为这些工人的存在，不仅对她邻居女儿的经济福利，也对理应得到经济福利的其他白人构成了威胁。

让许多人感到困惑的一个问题是：尽管特朗普明显厌恶女性，而且有证据证明、也有指控他虐待女性，为什么还有那么多女性投票支持他？美国关心妇女协会主席潘妮·杨·南斯简洁地总结了她们对特朗普的心态："我们不是在找丈夫，我们是在找保镖。"

选民投票给特朗普是出于恐惧：对其他非白人种族不断增长的人口和政治力量的恐惧，对经济挑战的恐惧，对他们所认为的美国过去、现在和将来永远都应该是一个白人基督教国家被削弱的恐惧。他们选举特朗普是为了保护他们认为自己与生俱来的权利不受任何国内和国际威胁。为了确保这一点，他们愿意忽视他对女性的虐待、他的粗俗语言和态度，以及他不符合总统身份的行为。

罗宾·萨维奇曾经是共和党县委员会的主席。2018 年初，她辞去了这一职务，加入了"美国繁荣协会"。作为特朗普的狂热支持者，她反对跨过南部边境而来的移民。"他们只是来了，但什么事也不做，他们要去哪里？"她问。她还想让美国再次统治世界，她记得美国以前就是这样的。"我记得我成长的时候的样子，记得那时美国是最强大的，没有人给我们捣乱。现在，我们已经失去了世界强国的地位，这让我很困扰。"她相信，特朗普将恢复美国在世界上的领导地位，因为"你知道，这位总统不会为过去的任何事情弯腰道歉"。我问她，特朗普是否代表了她作为一名女性的需要和兴趣？她的回答概括了许多女性接受特朗普的原因。她准备忽略特朗普对女性的可耻行为，因为她同意特朗普"让美国再次伟大"的政治立场及其经济政策，她认为这些政策有利于像她这样的人（她和她丈夫拥有一家企业）。"我必须把作为母亲的自己和作为女性的自己分开。作为一个母亲，是的，他确实代表了我的需要和兴趣，因为他在追求我想要的。他会保护我们，让军队更强大，修建隔离墙，不让别人吓唬我们。作为一名女性，（如何评价）他所说的？（我认为）他不是有训练的政治家，所以，有些话会从他嘴里冒出来。"考虑到自己内心的分裂，萨维奇补充道："作为一名女性，我喜欢他说的话吗？如果他是我的丈夫，我会打他吗？会的。"尽管萨维奇认为如果自己嫁给了特朗普的话，自己不会接受他的行为，但是，总的来说，她还是为特朗普对待女性的方式辩护，她特别讲述了特朗普在商界和政界对女性的提拔。

曾组织"为特朗普跳伞"活动的特丽西娅·坎宁安也认为"特朗普在让女性担任政治和商业高级职务方面比任何人做得都多。他重视才干"。她对特朗普也非常忠诚，声称："我愿意为那个人，为他的任何家人，为他的子孙们挡子弹。"

四、2018 年特别选举

2018 年 3 月，宾夕法尼亚州第 18 区举行了一次特别选举。这个席位本来是共和党人蒂姆·墨菲的，但是当他怂恿与他有婚外情的一名妇女堕胎的消息传出后，他被迫辞职了。特朗普为了确保曾宣称"在特朗普成为特朗普之前就是特朗普"的共和党候选人里克·萨科内战胜民主党人康纳尔·兰姆，几次放下自己的工作去为里克·萨科内助威。他的几名内阁成员和他的儿子小唐纳德·特朗普也去了。为了赢得或留住该地区工人的选票，特朗普甚至宣布对进口钢铁和铝实行新的关税税率。但是，兰姆最终以比萨科内多几百张选票的优势获胜，这让认为该地区是他们的必胜选区的共和党人感到困惑。

不过，尽管兰姆在该选区赢了，但他在威斯特摩兰县输了，萨科内在该县获得了 57% 的选票——这一比例虽然比特朗普曾经的得票率低，但仍然是绝对多数。选举后不久，我与保罗·韦罗斯特科和迈克·沃德进行了交谈，后者的母亲金·沃德是来自该区的共和党州参议员。他们说萨科内是反工会的，他们不同意萨科内的立场，如果金·沃德参加选举，他肯定会赢。有一点很重要，即这两个人都来自传统上支持工会的家庭，威斯特摩兰县共和党领导层中大多数人也是如此，而且他们没有放弃这一立场，而是认为这对共和党人在该县和其他地方的成功仍然是至关重要的。当然，具有讽刺意味的是，他们现在都支持一位亲企业、反工人的总统，这位总统的计划包括剥夺劳动人民的权利，取消财富的进一步再分配。

五、威斯特摩兰县选民立场变化的原因

2008 年，我参加了诺维特历史学会为筹备新政社区成立 75 周年庆祝活动而举行的一次会议。我当时正和两位当地的历史学家合作撰写一本关于诺维特的书。鉴于与会者喜欢罗斯福夫妇特别是埃莉诺，并把他们父母和祖父母的成功部分地归功于新政，我建议邀请米歇尔·奥巴马参加即将到来的庆祝活动。但是得到的回答是沉默，直到有人建议邀请其他人时，沉默才被打破。后来，在与参加会议的合著者交谈时，我才意识到，诺维特的大多数人和威斯特摩兰县其他地方的人一样，都没有投票给奥巴马，而是投票给了麦凯恩。

这个认识激起了我的好奇心：我的家乡什么时候改变了其长期保持的政治归属？我认为，政党归属的代际转变这种政治变革，部分原因在于该县的经济转型、工厂和矿山的倒闭，以及工会的消失或者被新的情感社区如大教堂所取代等。但是说到底，我认为最重要的因素是白人至上思想和保守的社会价值观。这里的很多人把这种价值观视为美国人与

生俱来的，他们愿意为维护或恢复这种价值观而斗争。作为一个在威斯特摩兰县长大的、母亲是共和党人的女孩，这些都是我过去被教导过的价值观，而且我看到，这里现在在宣扬这种价值观的人仍数量惊人。

有一个关键问题仍然没有答案：他们能改变吗？我不知道。但是我知道我改变了，而我之所以改变，是因为我受到了要求我去了解别人的生活和现实状况的挑战。我认为我们的挑战是：确定如何培养我们对完全不同的种族、性别和民族群体的意识和认同。这样一来，和我一起长大的那些人就不会把"其他人"视为威胁，而是把他们看作一种可以为建立一个更美好、更安全的世界而并肩奋斗的资源。

（中国农业大学副教授李淑清、
上海理工大学外语学院学生卞怡力译）

美国部分舆论正面评价新时代中国特色社会主义

裴少华　　张新宁 ①

中共十九大召开后，美国媒体对会议成果非常关注，对习近平新时代中国特色社会主义思想和新时代中国特色社会主义进行了各种分析解读，其中部分舆论给予了正面的评价。

一、关于中国社会的历史性变化与潜在风险

美国部分舆论承认中国经济社会发生了历史性变化，分析了发生变化的原因，同时认为中国还存在潜在风险。

2017 年 11 月 3 日，美国《时代》周刊在亚洲版封面上用中英两种文字写上"中国赢了"。封面文章作者、"北京共识"的提出者伊恩·布雷默在正文《中国经济是如何赢得未来的》中指出，中国如今已经成为全

---

① 裴少华，上海城建职业学院讲师；张新宁，复旦大学马克思主义学院副教授。

球经济中最具实力的国家，而美国则落居第二。他从政治、经济、社会、科技、外交五个方面分析了中国为什么"赢了"：从政治方面来说，中国的政治体制比美国的政治体制更完备、更可持续；从经济方面来说，中国政府能够更好地主导经济发展，创造和保护就业机会，并为战略性支柱产业提供直接的财政支持和政治支持；从社会方面来说，中国政府善于在治国理政中运用科技方式；从科技方面来说，中国的科技发展有远大的目标和雄厚的财力支持，因此更有可能在 21 世纪在人工智能等领域领先于西方国家；从外交方面来说，中国将会在世界舞台占据中心位置。中国也有不足之处，但是在可预见的未来，仍将保持强劲增长和稳定，其国际影响力将会持续增加。

在承认中国经济社会发生历史性变化的同时，美国部分舆论认为，中国经济社会仍然存在潜在的风险。这主要表现在：一是金融体系负债水平高给经济带来一些长期风险。如丹尼尔·沙恩在美国有线电视新闻网发表的题为《高债务帮助中国保持经济增长》的文章中认为，过去几年来中国经济增长总体平稳掩盖了中国企业债务负担沉重的潜在问题，中国债务与国内生产总值比率高并进一步扩大，使经济面临一些长期风险。房地产行业下滑、融资成本上涨和外部需求不确定性的增加，将使中国经济增长进一步放缓。二是中国存在社会动荡的隐患。布雷默在《中国经济是如何赢得未来的》一文中认为，中国的地方政府和企业债务缠身，国家"救市"的力量并不是无穷的。尽管中国对新技术的投资不断增加，但随着时间的推移，自动化和机器学习将取代大批工人，从而埋下社会动荡的隐患。

二、关于习近平新时代中国特色社会主义思想

美国舆论对中共十九大将习近平新时代中国特色社会主义思想作

为党的指导思想写入党章非常关注，其中部分舆论对这一思想给予积极评价。

第一，习近平新时代中国特色社会主义思想是马克思主义学说最新最权威的成果。道格拉斯·布洛克在福布斯新闻网发表的题为《新时代：习近平规划中国未来》的文章中认为，习近平新时代中国特色社会主义思想十分重要，不仅是新时代中国的指导思想，而且是马克思主义学说最新最权威的成果。中国在世界舞台上的重要性越来越高，意味着中国的任何决策和部署都将对国际社会产生广泛的影响。那些认为中国改革停滞不前的人看走眼了。虽然目前不太可能对中国的战略定位作出准确预测，但中国正朝着习近平所确立的发展方向前进。孙大权在美国《外交官》杂志网站发表的题为《习近平思想与邓小平理论》的文章中认为，习近平新时代中国特色社会主义思想和邓小平理论存在不同之处：一是习近平将追求更加平衡的经济增长。邓小平提出了"共同富裕"思想，即"让一部分人先富起来，最终实现共同富裕"。然而，这一政策也使中国出现了惊人的经济不平等。习近平强调均衡经济增长的重要性，提出到2020年实现全面建成小康社会和最终实现中华民族伟大复兴，这将促进经济更加均衡增长，特别是中西部地区和长期边缘化地区的发展。二是习近平将积极实施创新驱动战略。在邓小平时代，中国的经济增长严重依赖出口廉价劳动力生产的廉价产品。这一战略仍将继续一段时间，同时中国也将积极推动产业创新。在新时代，中国将进一步对国际社会敞开大门，降低中国对外国投资者的门槛，同时加强数字、工程、遗传、航空航天、网络空间和智能技术等领域的科技创新能力。三是习近平将坚持全面依法治国。过去中国一直存在着执法不严的现象。习近平宣布成立中央全面依法治国领导小组，坚持反腐倡廉，努力实践依法治国。四是习近平将积极参与国际事务。邓小平时代的对外战略是"韬光养晦"，意思是"低调，等待时机"，"绝不当头"。习近平在中共十九大上表示，过去五年形成了良好的外部环境，中国将发挥"世界和平的建设者、全球发展的贡献者、国际秩序的维护者"的积极作用。孙大权最后写道，邓小平时代已经结束，习近平的新时代已经开始。这不仅是中国的新时代，也是世界的新时代。

第二，习近平新时代中国特色社会主义思想是重塑中国经济的指南。美国彭博新闻社发表评论文章《习近平思想从八个方面重塑中国经济》认为，习近平新时代中国特色社会主义思想的提出标志着中国共产党将在经济发展方面强调保护环境和提高人民生活水平，并从以下八个方面重塑中国经济：一是社会主要矛盾转化。这是一个历史性变化，它要求处理好人民日益增长的美好生活需要与不平衡不充分的发展之间的矛盾，这表明政策制定者有更多的余地减缓经济增长，更加关注环境质量和社会平等。二是新发展理念。创新、协调、绿色、开放、共享的发展理念的提出表明领导人希望中国经济走上价值链的更高端，创造更清洁的环境。三是实现更高质量、更有效率、更加公平、更可持续的发展。实行这一方针，进一步摒弃粗放型经济增长方式。四是让市场发挥决定性作用。使市场在资源配置中起决定性作用和更好发挥政府作用，要求市场发挥更重要的作用，但同时要求处理好市场这只"看不见的手"与政府的关系。五是推进供给侧结构性改革。习近平反复要求在削减产能过剩的同时拉动国内需求，这在今后会更加受到重视。六是绿水青山理念。"绿水青山就是金山银山"是习近平关于环境保护的名言之一，中国将推行清洁生产，尽管这可能造成对经济增长的短期拖累。七是"一带一路"国际合作。这是习近平试图重建古代贸易路线的"百年计划"，有助于加强私营部门和金融机构等其他利益相关者的长期投资意愿。八是更高层次的开放型经济。今后将采取更多措施吸引外资。

第三，习近平新时代中国特色社会主义思想是引领中国"走近世界舞台中央"的指导思想。道格拉斯·布洛克在《新时代：习近平规划中国未来》一文中认为，中共十九大把"一带一路"国际合作写入党章，是习近平新时代中国特色社会主义思想的必然结果，是习近平对中国对外开放的贡献。"一带一路"国际合作意味着中国能够通过对外贸易、基础设施建设等手段领导和团结"一带一路"沿线国家和地区并促进其发展。当然，宏伟的"一带一路"倡议有巨大的发展潜力，但其风险也不可低估。一些人怀疑这个项目只不过是一个梦想，或者至多是一个国际组织。但是不管怎么说，中国试图通过实施"一带一路"国际合作使其成为"领先的全球大国"。伦敦大学亚非学院中国研究所所长曾锐生在《华盛顿邮报》上发表题为《习近平的新世界》的文章中认为，随着中共十九大的结束，习近平迎来了中国的新时代。在新时代，中国共产党对自己的社会主义发展模式充满信心。这个模式不再向外界寻求药方，强调拒绝任何民主的或西方的模式。习近平已经结束了邓小平的"韬光养晦"策略，觉得中国应该在国际事务中有所作为，新时代是把中国放在第一位、然后把中国变成伟大国家的时代。

第四，习近平新时代中国特色社会主义思想是引领中华民族实现伟大复兴的指导思想。美国智库"国家亚洲研究局"高级研究员小威廉·麦卡希尔在《中国的"新时代"与"习近平思想"》一文中指出，"习近平思想"不仅仅充满了一些精辟格言、政治哲学、革命战略战术以及毛泽东的精神遗产，而且包含着习近平提出的重要党章党规、战略部署、理想信念以及他的领导风格等。习近平历经坎坷，在执政后致力于恢复共产党人在 20 世纪 50 年代建立的利他主义价值观和共产主义理想信念。这些价值观和理想信念的恢复将永葆共产党的执政地位。习近平在十九大报告中多次提及未来 5 年、15 年、30 年等遥远的日期并以此作为时间节点，表明他已经开始建立自己的理论框架，其中以下几点需要特别注意：一是党的建设。在整个十九大报告中，"党建"是一条鲜明的红色主线，并专门有一节着重论述。习近平对党持续执政的力量、合法性和能力以及党员的忠诚度等问题非常重视。因此，党的建设是习近平对中国发展前景进行规划和战略部署的核心问题。二是新的社会主要矛盾。社会主要矛盾发生转变表明习近平在今后的工作中将更加注重消除贫困，而这意味着将会建设更多的基础设施，把贫困偏远地区与中心城市连接起来，以及改进国家教育体系和公共卫生体系，改善环境质量，支持发展新型能源等。三是党是领导一切的。就宏观经济政策而言，在中国特色社会主义新时代，中共将会通过规划、监管等手段，领导重工业、交通运输、通信、金融服务和其他所有被认为对国家安全至关重要的部门。四是新时代。对于中国以外的世界来说，中国特色社会主义新时代的中国将是一个具有挑战性的新事物，只要习近平继续执政，中国就会变得更加自信。中国必定日益走近世界舞台中央，不断为人类作出更大贡献。除了推广中国的经济发展模式之外，习近平还宣布了一个名副其实的"文明使命"，在世界舞台上与其他发展理念展开竞争。因此，习近平新时代中国特色社会主义思想旨在实现"中国梦"和"中华民族伟大复兴"。

三、关于确立习近平总书记党的领导核心地位

美国部分舆论认为，确立习近平总书记党的核心领导地位，对于加强中国共产党的领导，实现中国经济社会发展具有重要意义。

第一，确立习近平总书记党的领导核心地位，有利于中共进一步领导中国的经济社会发展。小威廉·麦卡希尔在《中国的"新时代"与"习

近平思想"》一文中指出，习近平在十九大报告中宣布了"新时代"的到来，这个"战略机遇"使中国在世界舞台上重振雄风，并成为发展中国家的榜样。以习近平为领导核心的中国共产党将领导中国走近世界舞台的中央，同时加强中共自身的全面建设，进一步领导中国的经济社会发展。

第二，确立习近平总书记党的领导核心地位，有利于中国共产党发挥领导力和控制力应对各种挑战。曾锐生在《习近平的新世界》一文中认为，习近平在中共十九大报告中表示，30 年后，中国的综合国力将显著增强，中国将转变成为富强民主文明和谐美丽的现代化国家。换句话说，中国将居于世界领先地位。这是一个宏大的愿景，要求中国持续过去 30 年的增长势头。中国 30 年来 GDP 年均增长 10% 左右，已经是人类历史上无与伦比的成就。习近平雄心勃勃的愿景将要求中国在未来 30 年内每年维持 6%—7% 的 GDP 增长率。中国要取得成功，必须绕过"明斯基时刻"（长期乐观和成长之后的资产价格突然下跌），解决债务负担快速增长、新出现的人口赤字等问题，提防中等收入陷阱，并适应全球经济增长放缓所带来的影响。习近平认为，这些挑战可以通过加强党的列宁主义性质来克服。对于习近平来说，这样做可以使党在全国各地通过发挥领导力和控制力来克服一切挑战，因为经济全球化与加强党的建设没有内在的矛盾。

第三，确立习近平总书记党的领导核心地位，有利于引领中国"强起来"。佐伊·乔丹在美国《外交官》杂志网站发表的题为《习近平思想是否真的重要？》的文章中认为，自中共十九大以来，观察家们将习近平的地位与中华人民共和国开国领袖毛泽东的地位作了比较，特朗普说"习近平是毛泽东以来最强势的中国领导人"，这句话反映了人们的普遍看法。人们所说的"毛泽东使中国站起来、邓小平使中国富起来、习近平使中国强起来"这句话，反映了习近平在党内的领导核心地位，而这一指导思想将成为未来中国政策的思想基础。该文还认为，习近平新时代中国特色社会主义思想在一定程度上体现了习近平的政策重点，如"一带一路"国际合作、反腐败运动、军事改革等，这些都是中共未来的重要指导思想。如何将习近平新时代中国特色社会主义思想转化为使中国发生质变的战略决策，这比其写入中共党章更为重要。现在，中国的观察家们应该避免把习近平放在过高的历史地位上，而应注重其思想能否转化为政策措施，是否能够引领中国"强起来"。

应当指出的是，美国部分舆论对习近平新时代中国特色社会主义思想和新时代中国特色社会主义的评价是客观、积极的，但也有一些舆论对新时代中国特色社会主义存在误解、曲解，作出了消极的甚至别有用心的评价。比如，有的舆论盲目地夸大中国面临的潜在风险，重复"中国崩溃论"老调，忽视中国改革开放以来在经济、政治、文化、社会等领域取得的巨大成就，无限夸大存在的问题，指责中国特色社会主义道路。

第六篇

商　榷

社会主义中国应有勇向时代潮头立的大气象

——与《不与世界接轨，中国现代化又能向哪走？》一文商榷

刘德中　吴　波[①]

近日，某报发表了《不与世界接轨，中国现代化又能向哪走？》（以下简称《接轨》）一文。该文指出，中国从詹天佑开始，绝大多数铁路科学家、工程师的"所有的工作都可以概括为一句话——与世界接轨"。在浓重的双关意味中，该文提出了自己的核心观点：从洋务运动开始的中国工业化，"实际上一直是和世界接轨的过程"。"我们现在和世界的接轨就是和由西方国家引领被当今世界绝大多数国家所认同的体系和秩序接轨"。"接轨"话语的再次出场，当下中美之间的贸易摩擦应是直接的由头。从总体上看，《接轨》并没有完全摆脱"西方中心论"的影响。在中国正处于"世界百年来未有之大变局"的历史条件下，我们基于唯物史观的理论和方法，对"与世界接轨"话语作出辨析，对于进一步澄清

① 刘德中，中国社会科学院世界社会主义研究中心特邀研究员、马克思主义研究院副研究员；吴波，世界社会主义研究中心常务理事、评价研究院研究员。

关于现代化基本问题的迷思，坚持中国现代化道路探索的正确方向，对于深刻认识中美关系的实质，正确处理中美贸易摩擦问题，都具有重大而深远的意义。

一、现代化之"轨"的两重性

"与世界接轨"论的核心论点是：后发国家的现代化就应该向西方国家的现代化标准或模板看齐。《接轨》指出，所谓工业化进程的本质，就是人类社会进入到一定发展阶段以后，所共同形成的一套生产方式和社会运转的基本秩序。这套体系是由西方社会率先构建出来的，也已经成为全球化时代现代社会运行的基础。对于这个"由西方国家引领被当今世界绝大多数国家所认同的体系和秩序"，该文概括为三个层面的内容：第一个层面是科学技术上的探索和突破；第二个层面是市场和市场主体的组织方式和运作体系；第三个层面是构建了围绕着保护和服务于创新的产权制度、知识产权保护等法律体系。作为西方现代化的肯定性文明成果，科学技术无疑是最具有普遍性意义的，包括中国在内的后发国家，应该本着"拿来主义"的原则吸收和借鉴，为自身的现代化服务。从这个意义上，《接轨》如果只是基于科技的层面理解"与世界接轨"，"就是让中国的火车可以在美国的轨道上跑，也可以让美国的火车在中国的轨道上跑"，如果对于"接轨"这样理解恐怕应该不会有什么歧义。

但是，除了科学技术，现代化成果还包含社会制度和体制层面的内容，这方面的内容作为现代化体系和秩序中的核心内容，有特殊性的一面。《接轨》阐发的第二个层面和第三个层面的内容，不仅包含了市场经济的宏观性和微观性内容，而且不同程度地和社会基本经济和政治制度有了关联。正是这种关联提醒我们，现代化之"轨"并不是一个抽象的概念，器物层面与制度、文化层面绝对不可同日而语。

基于历史唯物主义的科学态度，讨论与世界接轨的问题需要设置前提，划清界限，基于现代化之"轨"两重性的理解和把握之上。一旦脱离与马克思主义辩证法的联系，"与世界接轨"就会逐渐失去它本身应有的辩证特点，必然沦为"全盘西化"的意识形态话语，产生误导中国现代化道路的作用。

二、中国道路自主性探索过程中的双重政治定力

中国社会主义现代化道路探索的历史过程，就是中国共产党带领中国人民坚持自主性立场，探索一条符合中国国情的社会主义现代化道路的过程。高扬为人类的现代化作出更大贡献的旗帜和警惕西方资本主义的侵扰，是这一自主性探索过程中蕴涵的双重政治定力。

为人类的现代化作出更大贡献，始终是社会主义中国的雄心壮志。一部人类文明史是世界各民族共同创造出来的，现代化史也不例外。在现代化的肯定性文明成果中，既有西方的贡献，也有东方的贡献，无论在技术层面还是在制度层面都是如此。当然，基于先发优势，西方国家在创造现代化的肯定性文明成果方面走在了历史的前列。但是，承认这一点，既不能得出后发国家的现代化过程就是复制西方现代化的过程，也不能抹杀后发国家在人类现代化过程中的历史贡献。

全世界都承认，毛泽东改变了世界，也改变了无数的国际规则或"世界惯例"，对美国主导的世界秩序形成了强烈冲击。1958年，毛泽东从中国的国家利益出发，考虑到当时我国海岸火炮有效射程在12海里以上，最后确定采用12海里的领海宽度，并且决定立即公之于世。1982年公布的《联合国海洋法公约》规定"各国有权确定不超过12海里的领

海"，当前世界上大多数国家采用了 12 海里领海制度。这说明，毛泽东当初的决策既维护了国家主权，又符合历史进步潮流。

如果说社会主义为中国人作出更大贡献提供了制度基础的话，那么，以我为主、不甘人后的气魄和胸怀，成为做到这一点的主要主观条件。"要让外国人来同我们接轨"，是叶笃正先生常说的一句话。作为国际大气科学界屈指可数的学术大家之一，叶笃正先生对大气环流和气候变化研究作出了重大原始创新贡献。2006 年，叶笃正先生被推选为"感动中国 2006 年度人物"。推选委员这样评价道："让外国人同我们接轨，这是一个年过九旬的大学者的大气象。"

目前，在自然科学的许多领域，我们已经能够让世界同我们接轨了：华为的 5G 是一个再鲜明不过的实例，尼泊尔有关方面今年 3 月宣布尼泊尔铁路将采用中国标准也是一个鲜明的实例。《接轨》把中国高铁当作全面和世界接轨的最成功案例，其实，中国高铁又何尝不是消化吸收再创新的成功案例？中国高铁接轨以后又何尝没有反哺世界、让外国人接受中国的标准呢？

警惕和防范西方资本主义的侵扰，始终是社会主义中国的战略原则。无论是改革开放前的历史时期还是改革开放以来的历史时期，"与世界接轨"论都是一个客观的存在，这主要由社会主义相较于资本主义的弱势所决定。只不过，在改革开放前的历史时期，世界历史总体上处于冷战时期，社会主义与资本主义作为两大对立的阵营，彼此之间存在一系列显性的屏障，"与世界接轨"论难以构成直接的、致命的威胁。改革开放以来，随着中国与西方之间相互接触的不断增多，"全盘西化"论甚嚣尘上，和其他社会思潮一起围绕"向何处去"的问题相互激荡，与改革开放相伴相随。作为改革开放的总设计师，邓小平对于改革开放条件下中国与西方的关系始终坚持辩证的态度。他一方面指出，"社会主义要赢得与资本主义相比较的优势，就必须大胆吸收和借鉴当今世界各国包括资本主义发达国家的一切反映现代社会化生产规律的先进经营方式、管理方法。"另一方面也强调："整个帝国主义西方世界企图使社会主义各国都放弃社会主义道路，最终纳入国际垄断资本的统治，纳入资本主义的轨道。"在他看来，"社会主义经历一个长过程发展后必然代替资本主义"，是社会历史发展不可逆转的总趋势。但是，在这个长过程中，始终需要对西方的和平演变保持高度的清醒和警惕。

20 世纪 90 年代末，中国在通过市场经济加速现代化的过程中，作出了加入世界贸易组织的决策，构成改革开放以来"与世界接轨"声音凸显的现实背景。正如李慎明先生指出的，"与国际接轨"的思维出现在 20 世纪末中国努力加入世界贸易组织的过程中，并被人们有意无意地逐渐运用到政治、经济、文化、军事、科技和外交等领域，几乎成了一些人的"口头禅"，进而发展成为一种理念。很显然，一些人鼓吹的"与世界接轨"只不过是"全盘西化"的翻版而已，实质仍然是去除社会主义之于现代化的规定与意义，蕴含借入世之机达成西方化的策略性考虑。正如李慎明先生指出的，"不能把'与国际接轨'泛化。更不能借用'政治体制改革'的名义，不分青红皂白地把我们中国特色社会主义的基本经济制度和政治制度及有关法律等，与西方世界的经济、政治制度和相关法律进行'接轨'。这关系着中华民族的根本命脉。"

改革开放 40 多年积累了不少社会主义现代化建设的历史经验，其中重要的一条，就是绝不照搬西方模式，这也构成改革开放以来中国道路探索的一个基本特点。我们必须珍惜现代化道路探索的历史经验，坚定不移坚持社会主义现代化道路，这是中国创造超越资本主义的新的文明类型的根本凭借。习近平总书记反复强调战略定力，他在纪念改革开放 40 周年大会上的讲话中强调："要牢牢把握改革开放的前进方向。改什么、怎么改必须以是否符合完善和发展中国特色社会主义制度、推进国家治理体系和治理能力现代化的总目标为根本尺度，该改的、能改的我们坚决改，不该改的、不能改的坚决不改。"这一重要论述，可以视为对邓小平在对待"与世界接轨"问题上辩证态度的坚持和继承。

三、"与世界接轨"话语与时代潮流背道而驰

中国特色社会主义进入新时代，"与世界接轨"话语再次响起并有一定的思想市场，也是与现实条件的变化分不开的。直接原因是中美贸易摩擦，折射的是世界之变、中国之变及其相互激荡。

在新科技革命和全球化的推动下，人类社会正在发生重大变革。习近平总书记指出：未来 10 年呈现出三个方面的重要特点，即世界经济新旧动能转换的关键 10 年、国际格局和力量对比加速演变的 10 年、全球治理体系深刻重塑的 10 年。世界在变，中国也在变，中国与世界的关系由此也相应发生重大变化。经过新中国 70 年的建设和发展，中国已经成为世界上第二大综合经济体，比历史上任何时期都更接近中华民族伟大复兴的目标，前所未有地靠近世界舞台的中央。在此基础上，一方面，从世界走向中国正在向中国走向世界转变，中国从参与者、学习者正在向引领者转变。人类命运共同体、和平发展等中国理念正得到越来越广泛的接受；金砖机制、上海合作机制等国际机制虽然不是中国创造的，但是中国已经能够在其中贯彻自己的理念。世界对中国的需要在日益增强，不仅需要我们推动全球经济增长，更需要我们在重大问题上拿出态度、制定规则，维护更多发展中国家的利益。另一方面，落花流水春去也！美国在衰落，在不断"退群"，美国对世界的主导作用正在降低，这已经是一个不争的客观事实。正如习近平总书记在 2018 年中央外事工作

会议上指出的："当前中国处于近代以来最好的发展时期，世界处于百年未有之大变局，两者同步交织、相互激荡。"

百转千回的历史车轮，终究会滚滚向前。当资本主义遭遇历史性重创，中国日益走近世界舞台中央之时，"与世界接轨"的声音竟然在耳畔再次响起。这种不和谐的声音如果不是错觉，那就是有人对时代潮流和国际大势作出了严重误判。

四、社会主义中国应有勇向时代潮头立的大气象

当然，美国虽然处于趋向衰落的历史进程之中，但今天乃至未来一段时期仍将处于全球主导地位。从世界体系理论的角度看，当今世界仍然是西方资本主义主导的世界。不过，如果只从这一点出发，坚持并强调"与世界接轨"，那就会犯刻舟求剑的错误，与时代潮流背道而驰。看看对《不与世界接轨，中国现代化又能向哪走？》一文的网友留言吧！有网友指出："许多人跪久了，原来习惯的旧世界正在退出历史舞台，你想'接轨'接到哪里去呢？"还有网友指出："与世界接轨，难道就是与西方接轨？当中国已经实现对西方的超越后，是不是中国就无路可走了？"有网友反问：既然"现在美国以及部分西方国家感受到竞争压力，设置障碍不想让我们接轨"，美国明显针对中国改变的规则，我们也要主动配合往里跳？

众所周知，美国主导制定了国际上绝大部分有利于美国的规则、惯例、秩序，它奉行的是凡有利于美国的国际规则都积极"接轨"，凡不利于美国的国际规则统统不去"接轨"的政策。变化的世界正在冲击着变动不居的旧规则。当前发达国家的经济总量占世界的一半，新兴国家与他们是此消彼长的关系，由他们的一半到我们的一半是革命性变化，是

世界经济与政治格局的结构性改变。在重大历史转折关头，往往会出现思维滞后或失灵的状况，我们必须及时调整和更新自己的思维方式，引领全球化和全球治理体系朝向有利于社会主义的方向，而不应将"接轨"话语老调重弹。近代以来，在中国追赶西方的漫长过程中，一直存在中西文化或意识形态之间的冲突。今天，我们在实现现代化的"追赶"任务基本上完成了，我们的道路自信、理论自信、制度自信、文化自信基本确立，话语体系中"与世界接轨"与"四个自信"的矛盾也应该到了解决的时候。

中国不应只停留在筹划一种可能的阶段，中国需要现实的展开，全社会都很需要这种大气象！改变世界政治经济旧秩序，是新时代伟大斗争的重要组成部分。我们必须坚持中国特色社会主义道路，不断提升自主创新能力，不断完善社会主义市场经济体制，引导全球化朝着更加开放、包容、普惠、平衡、共赢方向发展，逐步实现社会主义主导的全球化对资本主义主导的全球化的替代，达成新的文明类型的成功创造。这是一个艰巨的历史任务，也是一个艰难的奋斗过程。但是，只要跨过这道坎，我们就可以在世界的最高峰看最美的风景，迎来中华民族伟大复兴的高光时刻，见证世界历史的伟大转折。

警惕学术界媒体界的历史虚无主义

张顺洪 [①]

一、"沈志华现象"

在学术界颇有名气的沈志华是制造和宣扬这种历史虚无主义思潮的代表性人物之一,百度百科"沈志华"词条称其为"著名历史学家"。沈志华近些年来主要研究中苏关系史、中朝关系史、"冷战"、抗美援朝战争(沈志华一般称为"朝鲜战争")等问题。沈志华虽然学术功力不深,却非常"活跃",常借所谓"档案材料"说话,制造声势,以偏概全,无视历史发展规律和时代大背景,脱离具体历史实际来谈论历史事件和人物;学风不严谨,甚至经常刻意牵强附会、编造史实。像他这样的人本不应该在学术界产生大的影响,但现在看来沈志华甚为得势,受到多方青睐以及社会上一些人的追捧,呈现出"登堂入室、反客为主"之势。

① 张顺洪,中国社会科学院世界社会主义研究中心特邀研究员、世界历史所研究员,全国政协委员。

这种怪现象可称之为"沈志华现象"，是值得高度警惕的。这种现象也不是孤立的。

二、沈志华简介

沈志华，男，1950 年出生，汉族，现为华东师范大学历史系终身教授，华东师范大学国际冷战史中心主任。

1979—1982 年，中国社会科学院研究生院世界历史专业（硕士）肄业。1982 年 5 月—1984 年 5 月，因"泄露国家重大机密罪"，被判刑两年。1985—1993 年，在南方经商，出版过《白话资治通鉴》《续资治通鉴》等书。1993 年，返回北京，成立民间历史学研究机构，并在中国史学会下设立"东方历史研究出版基金"。后在学术界不断赚取一些学术名声和地位。1996 年，被中国社会科学院当代中国研究所聘为特约研究员；1998 年，被北京大学历史系聘为兼职研究员，为研究生讲课；2000 年，被中国人民大学聘为兼职教授，为研究生讲课；2001 年，被中国社会科学院亚洲太平洋研究所聘为兼职研究员，被香港中文大学当代中国文化研究中心聘为名誉研究员。目前沈志华最有影响的身份是华东师范大学历史系终身教授。

三、沈志华的有关言论

总的来看：一、此人确实查阅了一些档案材料，并很"善于"利用"档案材料"来宣扬自己的观点；二、他主要利用档案材料来揭苏联的短，揭社会主义国家的短，揭共产党的短；三、攻击的主要对象是斯大林和毛泽东，并显示出很强的傲慢和轻视态度；四、此人流露出了很强的亲西方情结，在观点上往往站在西方的立场上。同时，此人利用档案材料说事，对一般读者和听众有较大的迷惑性，但实际上他本人在应用档案方面也存在着明显局限。据有关专家讲，沈志华的档案来源有很大局限性，而且其应用的都是苏联和美国刻意披露的公开档案，并主要依靠别人翻译。由于沈志华在思想意识上存在严重的偏向，他运用档案材料难免有很强的"选择性"，其结论就会偏离历史实际。

下面从几个方面摘录沈志华的若干言论，主要摘自其学术报告和文章，并在适当地方作少许评点。

（一）关于毛泽东

"毛泽东的革命观和领袖欲使他在中国革命尚未完全成功之时便开始考虑亚洲革命的问题，而且把中国革命和亚洲革命看作是两个相互依赖、共同促进的历史现象；斯大林对世界革命的谨慎态度与毛泽东的革命激情和主动精神形成鲜明的对照，并在客观上导致亚洲革命的领导权从莫斯科向北京转移。"

沈志华多次讲：毛泽东有"领袖欲"，甚至反复强调毛泽东有帝王思想。

"如果我们把视线往后拉，看到 1956 年事件，直到 1961 年中朝建立同盟关系，签订同盟条约的时候，你就会明显地感觉到毛泽东有那种所谓的中央帝王的思想，此后，他在处理许多问题的时候都是如此。可以说，毛泽东没有作为一个现代民主国家领导人的现代感觉，他仅有一个中国传统皇帝的感觉。"

"毛后面还有一句话，以苏联为首是以苏联为首，但是中国还有一句话，叫一个好汉三个帮，一个篱笆三个桩，赫鲁晓夫这个红花再好，也得靠我这个绿叶扶持啊。给我产生这样一个感觉，毛泽东是不要以中国共产党为首，但是他要垂帘听政，什么事你先在外面支应着，你负责，但是最后决定权是我的，实际上也是这样，1957 年底之前，双方大体上就形成了这样的关系，包括毛和赫鲁晓夫本人，还有中国共产党和苏联共产党。"

谈到抗美援朝战争时，沈志华讲："所以中国出兵，毛泽东不是为了国家安全，如果他是为了国家安全，他就不动了，不动是最安全的了，所以他不是为了国家安全……其实就是为了苏联，为了苏联潜在的背后还是为了了自己，因为当时能够帮助中共，能够稳定这个政权，能够在发生战争的情况下同时搞经济建设的只有苏联，所以毛那会儿就是为了要挽回跟苏联的关系，他当然知道现在出兵对中国非常不利，中国没有这么准备，武器又不如人，这些材料都非常详细。但是他不这样做就彻底失去了斯大林的信任，中苏同盟条约就形同一张废纸，没有人再来帮你，所以他只能出兵。""毛泽东出兵朝鲜就是一个赌，他赌着了，斯大林答应了他所有要求。这就是我对毛泽东访苏，中苏同盟，到朝鲜战争整个关系的理解。"

关于中朝关系，沈志华讲："中国与朝鲜之间在历史上长期保持着宗藩关系，其特点之一就是宗主国并不要剥夺藩属国的主权，要求的只是臣服和追随。毛泽东熟读古书，作为中国的最高领导人和亚洲革命的负责人，在他的头脑中有意无意地接受了'中央王朝'的统治理念。"

"在冷战时期的中国和朝鲜，其外交决策方式都体现为'领袖外交'，也就是说，毛泽东和金日成的个人理念决定了两国关系的基本走向。毛泽东在新中国建立伊始就开始考虑如何恢复历史上中国对周边国家的主导权和领导权，又熟读中国古代史书，深谙中国历代皇帝作为'天朝大国'天子的统治术。因此，在他处理与朝鲜关系的理念中，有意无意地闪现出历史上中国帝王的'天朝'意识……毛泽东要求的，就是对其领导权的认可，只要服从和紧跟中国的政治路线，什么领土、国民、经济利益，都不在话下。这一点，最明显地表现出中国传统的宗藩关系的特征，而这也是毛泽东的天下观与斯大林的领袖观之间的重要区别。"

（二）关于斯大林

"在笔者看来，同其他政治家一样，从本质上讲，斯大林是一个实用主义者。或许他在年轻时信奉过马克思主义和世界革命的理念，但是当他真正掌握了政权以后，越来越成为一个典型的民族主义者。"

"斯大林非常聪明，他就挨个儿地征求意见，其实最早他的对手是托洛茨基，他联合所有的领导人，先把托洛茨基干掉，又联合布哈林把季诺维也夫和加米涅夫干掉，这个时候就面临跟布哈林的争夺了，冲突就是如何对待新经济政策。"

"斯大林老年心理状态发生一些变化，也有很大的关系。斯大林到1952年以后，年纪越大疑心病越重，本来他也不大相信别人。年龄增大的一个必然结果就是你外出少了，外出少了接触的信息渠道就少了。你就只能在深宫大院里头听别人跟你汇报。你就掂掂谁汇报的是什么话，谁说的真的，谁说的是假，这就麻烦了。俄国档案里记载了，当时到1952年的时候，斯大林在党内搞了一系列的清洗，一会他不信谁了就把他弄掉，什么列宁格勒派，一会搞格鲁吉亚案件，一会搞什么医生案件、搞犹太人。一会整这个，一会整那个。"

"斯大林特别坏，他故意要马林科夫，大家都在这儿坐着，他说：马林科夫，下一届政治局委员都是谁，你考虑好了吗？马林科夫心说，这哪是我考虑的问题，我要考虑这个我脑袋不得掉了，所以他哆哆嗦嗦，说不出一句话。斯大林说，你把名单拿出来让我看看。但马林科夫根本就没有名单，吓得汗都下来了，不知道说什么好。斯大林一看这个情形，非常高兴，哈哈一笑，从兜里掏出一个单子，我已经拟好了。从 11 人增加到 25 人，就整个改变了领导结构。等到 3 月 5 号的时候，他们又给改过来了。新一代的苏联领导人其实是看到了原来苏联社会的问题，必须得改变，不改变苏联社会就要爆炸。等他们把联合决议起草完了，大家再到隔壁一看，9 点多，斯大林正式咽气了，大家心里踏实了，真醒过来那就麻烦了。"

"原来他们都认为是安全部干的，是秘密警察干的，斯大林不知道，被蒙蔽了。原来党内都这么解释，是，大家都知道有问题了，哪有那么多反革命？苏联红军、将军、元帅几乎全是间谍，中央委员杀了多少？80% 吧。大家可以看到当时的具体数字。最后一经证明，都是斯大林背后主持搞的，所有人都震惊了，原来把他弄成一个神，现在看其实是一个罪犯，用政治局会议上的话，是一个魔鬼。"

沈志华常以轻蔑的态度、戏说的方式，谈论斯大林和有关事件，这是非常不合适的，缺乏历史工作者基本的严肃性和科学态度。

（三）为戈尔巴乔夫开脱苏共亡党亡国的历史责任

否定斯大林的人，往往袒护戈尔巴乔夫，这是学术界一种不容忽视的现象。在这一点上，沈志华也很鲜明。

"而且苏联这样一个超级大国一瞬间就轰然倒塌。当然什么说法都有，过去比较集中的一个说法是因为戈尔巴乔夫叛变了，他出卖了苏联共产党。这个说法很有政治性，但是很缺乏学术性，没有什么根据。"

"但是总的趋势可以这样认为，戈尔巴乔夫的失败不是他个人的失败，而是苏联党和国家已经走进了一个死胡同，船调不过头来了，早晚是一死，就是早的事还是晚的事。戈尔巴乔夫就是在你病入膏肓的时候，下了一剂重药，结果当场死亡。你要是下点轻药，或者你干脆不下药，还能喘息一段时间。但这种体制确实是走入了一个死胡同。"

根据腾讯网刊出的一个访谈，沈志华谈道："苏联政府的垮台、苏联共产党权力的丧失，确实是人民的选择……因为人民厌恶了这种制度，不再选择这样的制度。所以，这到底是戈尔巴乔夫和叶利钦的责任，还是人民的选择？"

这里沈志华显然是在为戈尔巴乔夫和叶利钦开脱历史责任。特别是为戈尔巴乔夫抛弃马克思主义、实行多党制、推行私有化从而导致苏共亡党亡国，开脱历史责任。

（四）把朝鲜内战和抗美援朝战争归因于中国、朝鲜和苏联，迎合西方观点

沈志华把朝鲜战争和抗美援朝战争归因于中国、朝鲜和苏联。这一点与西方主流观点是一致的。他用大量笔墨来揭示朝鲜如何与苏联、中国沟通发动朝鲜战争，忽视世界历史发展大趋势和国际大背景，孤立地看朝鲜战争和抗美援朝战争。

沈志华的《毛泽东、斯大林与朝鲜战争》出版后，受到有识之士的批评。其中，网友"书剑相伴"曾撰文《反驳沈志华教授：朝鲜战争是毛泽东最大的败笔》，对沈志华的错误观点进行了批驳。"书剑相伴"归纳沈志华否定毛主席决策的主要错误观点有 10 条，其中包括：毛泽东决定出兵朝鲜是犯下了极端军事冒险主义错误；毛泽东拒绝由美国等西方国家操控的联合国决议，是一个极大错误；毛泽东忘记了中国当时的社会背景与国家实力；中国抗美援朝花了太多的钱，是导致后来国家贫困的主要原因；如果毛泽东不打朝鲜，说不定台湾就可以回来；等等。

《毛泽东、斯大林与朝鲜战争》的一个结论是："中苏同盟条约签订导致了朝鲜战争的爆发。"

（五）不惜歪曲与曲解事实，宣扬朝鲜是中国的敌人、韩国是中国的朋友，妄论中美配合，实现韩国主导下的朝鲜半岛统一

2017 年 3 月，沈志华在大连外国语大学开讲座。他在其中的 3 月 19 日的讲座中，不惜歪曲历史事实，宣扬其主旨：中国应该抓住机遇帮助韩国把朝鲜统一掉。

沈志华说："我们现在就来看一看，朝鲜和韩国，谁是中国的朋友，谁是中国的敌人。表面上看，中朝是同盟关系，美日支持韩国对抗朝鲜，这是冷战的遗产。但是，我认为，经过这几十年的争斗和国际环境的变化，情况早已发生了根本的改变。我有一个基本的判断：就目前的格局来看，朝鲜是中国潜在的敌人，韩国是中国可能的朋友。"

"在解决朝核危机的问题上，中国应该采取主动，关键是不能站在维护朝鲜的立场上解决这一问题。"

"所以我想战争的可能性是不大的。那么就是和平统一，而且是以韩国为主导的和平统一。我个人觉得这应该是个比较好的出路，也应该是中国持有的立场。"

"我是从历史的角度看问题，研究结果告诉我，朝鲜已经不是盟友了，而韩国已经化敌为友了。可能有些东西我也想回去给上面写个报告，听不听是他们的事，讲不讲是我们的责任。反正我是特别着急，照这样下去，中国处理朝鲜半岛问题会越来越被动。如果我们定位定好了，大势看清楚了，敌我友分明白了，政策的制定就比较清楚了，至于制定那些具体的方针措施，我想中国人有的是方法。"

沈志华在这里长篇大论宣扬朝鲜是中国的敌人，韩国、美国是中国的朋友，这不是偶然的。2017 年 11 月，沈志华在日本的一个报告中谈

到朝鲜半岛问题时又说，可能性之一是："朝鲜不接受放弃核武器，一心要掌握核武器，那就中美联手把它干掉。然后在韩国的主导下，实现朝鲜半岛的统一。"他还说："还有可能是另外一种结局，朝鲜用核武器胁迫中国。由于时间的关系，我就不细讲了，但是你从我讲中朝关系的变化，能够感受出来，朝鲜最恨的是谁？中国。谁最威胁朝鲜的核心利益？中国。你仔细想想，是不是这样。"

沈志华在 2018 年发表的一篇文章中又强调："美国和韩国仍然是朝鲜的敌人和威胁，但对中国已经不具有直接的安全威胁，甚至在某种程度上成为潜在的盟友。"这里，不仅韩国是"潜在的盟友"，而且时不时把航空母舰开到中国海域耀武扬威的美国，也对中国不具有"直接的安全威胁"，而成了"潜在的盟友"。

沈志华对世界情势缺乏真正的了解。他没有真正的历史工作者的功底。对现实国际政治的看法是他历史虚无主义观点的延伸。这也正是他作为历史虚无主义者的这个特点，他不真懂历史，只是借历史说话，宣扬自己的政治主张；虽然有时他也说些冠冕堂皇的话，以欺骗受众，但主旨是针对社会主义国家、针对社会主义道路的。沈志华的讲座就是鼓吹中国要采取行动，帮助资本主义的韩国把坚持社会主义道路的朝鲜吞并掉。否定社会主义道路，把社会主义国家搞垮，是历史虚无主义者的目标，这是他们的共性；他们的观点是服务于西方战略的。沈志华在这里所主张的，正是西方国家集团企图达到的目的。

（六）全盘否定"苏联模式"（或称"斯大林模式"），寓意社会主义道路走不通，实质是为在中国"改旗易帜"营造舆论氛围

对"苏联模式"（或称"斯大林模式"），沈志华是全盘否定的。

沈志华讲："苏联解体和苏共垮台……这一结局标志了斯大林模式的终结"，"'十月革命'所开创的苏联社会主义道路已经走到尽头"。"毛泽东本人对中国社会主义道路的探索最后以失败告终"，"毛泽东以后，中国渐渐走上了一条本质上与苏联不同的发展道路"。

这里沈志华强调毛泽东对中国社会主义道路的探索失败了，是不符合实际的，这是意在全面否定改革开放前30年的社会主义建设成就，也是在全盘否定"苏联模式"。他说中国后来走上了本质上与苏联不同的发展道路，也是不正确的；昔日苏联的道路是社会主义道路，今天中国特色社会主义也是社会主义道路，不是本质上的不同；资本主义道路与社会主义道路才是本质上的不同。

沈志华特别强调："苏联这个制度自诞生到1990年代灭亡，始终一成不变。"

这一判断是不符合历史实际的，苏联不是静止的。苏联也一直在发生变化。赫鲁晓夫时期就与斯大林时期不一样；戈尔巴乔夫上台后，更是"大刀阔斧"地实行错误的改革路线，实际上已背弃了"苏联模式"，最终导致苏共亡党亡国。沈志华讲苏联"始终一成不变"，是在强调苏共亡党亡国是"苏联模式"的失败，而不是戈尔巴乔夫实行错误改革路线造成的。许多俄罗斯人包括普京总统在内，都认为苏联解体是历史悲剧，而沈志华却认为："既然中国的发展道路与俄国不同，那么大可不必为苏联解体而伤感和忧虑。"

四、有关部门与学术机构的青睐

沈志华不断发出历史虚无主义错误之声，受到一些有识之士的揭露和批评，引起不少网友的愤怒，但沈志华仍然得到某些学术机构甚至政府部门的青睐。华东师范大学坚持聘其为"终身教授"，一些高校、部门、期刊、网站等或不明就里或故意为之，为他提供平台，发表错误言论，赚取学术地位和学术名声。例如，2010 年 4 月 17 日，沈志华就在中央国家机关"强素质，作表率"读书活动主题讲坛上作了讲座"苏共执政 74 年留下的历史启示"。沈志华大量获得有关单位或部门的项目经费支持。据悉，他的著作《中苏关系史纲》获得国家有关部门的资助，准备翻译成外文出版。

沈志华之所以相当得势，与他擅长"运作"有一定关系，也与我们一些党员干部理论水平不高、缺乏识别能力有关。此外，也不排除有某种政治势力利用沈志华宣扬历史虚无主义。

五、得到国外境外势力的"偏爱"

沈志华被聘为香港中文大学中国当代文化研究中心名誉研究员；也被聘为香港大学名誉研究员。沈志华频频参加国外学术会议和交流访问活动，如到美国、韩国、日本、新加坡、意大利、波兰等。他也多次到中国香港、中国台湾参加学术活动。

2017 年 11 月，沈志华被日本人授予第 29 届"亚洲太平洋奖"。这个奖设立于 1989 年，表面上由日本亚洲调查会和每日新闻社主办，但得到了日本政府部门的大力赞助和支持，具有浓厚的日本官方背景。曾任《河殇》总撰稿人并于 20 世纪 80 年代末逃亡西方的苏晓康的《庐山会议》、鼓吹中国应该将国企彻底私有化的樊纲的《中国未完成的改革》等"著作"曾获得过这个奖。沈志华获奖的作品是《最后的"天朝"——毛泽东、金日成和中朝关系》，奖金为 200 万日元。

近些年来，沈志华宣扬历史虚无主义言论是一贯的，其核心思想也是非常明确的，就是通过否定列宁、斯大林开创的苏联社会主义道路，通过否定中华人民共和国成立后前 30 年的伟大成就、否定毛泽东的历史功绩，通过开脱戈尔巴乔夫的历史罪责，鼓吹在中国走改旗易帜的邪路！一些有识之士通过网络平台，对沈志华的错误观点进行过不少揭露和批评。然而，沈志华却也得到多方面的支持和纵容，并且得到国际势力的吹捧，其影响不是在减弱，而是在扩大。而且，沈志华的"成功"可能诱导一些人效尤。这种"沈志华现象"的危害性是非常大的，他的错误言论必将在广大读者中引起历史观的混乱和对现实事物的误判。我们必须警惕"沈志华现象"的蔓延。

苏联特工谋杀了张作霖？纯属无稽之谈

马维先 [①]

最近几年，我国互联网流传着一个对"皇姑屯事件"的颠覆性说法：根据"已解密的"苏联档案，1928 年 6 月 4 日对张作霖乘坐的火车策划和组织爆炸的，并非日本关东军，而是苏联情报部门。美国新通社更是以醒目的《苏联炸死张作霖，指示华媒嫁祸日本》为标题，以编故事的方式，绘声绘色地描写了苏联特工机构组织谋杀张作霖的"内幕"。根据笔者所查到的关于张作霖被炸死案的网文、俄报刊发表的研究文章，无论俄罗斯作者还是中国网站转发的网文，所引用的多是俄历史作家德·普罗霍罗夫 2003 年 6 月 27 日在《独立报》副刊发表的《张作霖大帅"专案"》一文。笔者认真阅读和研究了该文及其他相关材料，得出的结论是：所谓苏联特工策划谋杀了张作霖纯属无稽之谈，所谓"自曝家丑"的俄罗斯作家不但没有提供"已解密的"历史档案文件，而且曝光的是

① 马维先，中国社会科学院世界社会主义研究中心特邀研究员、俄罗斯东欧中亚研究所研究员。

似是而非经不起推敲的证据，根本不能推翻证据确凿的铁案：谋杀张作霖的是日本关东军。

一、《张作霖大帅"专案"》只字未引证苏联档案材料原件

德·普罗霍罗夫发表的《张作霖大帅"专案"》，虽然讲述了苏联情报部门两次组织谋杀张作霖的事实，但通篇文章竟然没有一条注释，因此，哪些是"已解密的"档案文件，哪些是作者凭个人想象作出的判断，读者并不清楚。作者只是在文章开头对苏联谋杀之说的背景及策划人，用寥寥数语作了说明：

"国家政治保安总局外事局、工农红军情报局和共产国际国际联络部不仅密切跟踪中国发生的事件，还积极进行了干预，1928年6月4日对中国奉系军阀头目张作霖大帅的杀害就是一例。长期以来，都认为除掉张作霖是日本特工所为，直到90年代初：当时，历史学家德米特里·沃尔科戈诺夫在谈及瑙姆·埃廷贡组织杀害列夫·托洛茨基时谈及，埃廷贡的履历中还有一些与张作霖案有关的'插曲'。"

这意味着德·普罗霍罗夫文章的资料来源并不是"已解密的"苏联历史档案。在《独立报》发表的这篇"重头"文章中，作者写出了苏联情报机构两次策划谋杀张作霖的某些"内幕"情况，但写得比较具体的是第一次，即行动失败的那一次。他写道：

"张作霖执行的对苏政策以及莫斯科盟友的军事失败，导致克里姆林宫决心除掉固执的大帅。这一行动交给工农红军情报局人员，在敌营进行破坏活动经验丰富的赫里斯托福尔·萨尔嫩执行。萨尔嫩启用的人是列昂尼德·布尔拉科夫。

"萨尔嫩的计划是在奉天张作霖的官邸使用爆炸力强的炸弹把他除掉：9月底张作霖官邸将举办一场音乐会，乐队中有萨尔嫩的线人，线人应在音乐会当晚将炸弹带进官邸，装在大帅的套房内并加设定时装置。委托布尔拉科夫将炸弹送到满洲里。1926年9月26日，布尔拉科夫化名伊万·雅科夫列维奇·舒金抵达铁路边境站，在那里应将炸弹转交萨尔嫩的情报人员——在中东铁路警察局工作的梅德韦杰夫。但梅德韦杰夫已经处在张作霖特工的监督之下，见他与一位苏联乘客接触之后，警察对车厢进行了搜查并发现了炸弹，之后，布尔拉科夫、梅德韦杰夫及其助手弗拉先科被捕。苏联官方立即否认此事与自己有关，称布尔拉科夫是'白匪'，并将策划对张作霖的谋杀推到侨民身上，虽然对此谁也不会相信。1927年夏判决参与谋杀者坐牢，布尔拉科夫戴着脚镣被单独关押两年多。布尔拉科夫、梅德韦杰夫和弗拉先科1930年4月14日被释放，与在中东铁路战中被俘虏的5名中国军官进行交换。"

此人说，第一次行动失败后，根据满洲形势的变化，克里姆林宫于1928年再次通过了除掉张作霖的决定。他还写道：

"1928年张作霖开始通过其子张学良与日本人谈判，企图在日本人的支持下，在中国东北建立独立的满洲共和国。东京不反对张作霖的计划，但提出了一系列条件：建立缓冲的'独立的满洲共和国'必须在日本的掌控之下；这个国家必须反对共产主义运动，在北满执行敌对的、反苏联利益的政策等。

"但这一谈判很快被国家政治保安总局外事局驻哈尔滨情报机构领导瑙姆·埃廷贡知道，他立即将谈判情况报告莫斯科。克里姆林宫认为，谈判是对苏联远东边界的直接威胁，于是再次通过了除掉张作霖的决定，并委托埃廷贡和萨尔嫩实施这一行动。

"1928年6月4日夜，张作霖乘坐的专列从北京返回奉天。当火车行驶到奉天城郊，张作霖乘坐的包厢之下响起了巨大的爆炸声，张作霖胸部受了致命伤，几小时之后，在奉天医院去世。除此之外，由于这次爆炸，还有 17 人被炸死，包括吴俊升将军。"

此人写到的以上两次谋杀行动，让人产生一种印象，既然苏联 1926 年谋杀张作霖行动失败，1928 年再次采取除掉张作霖的行动顺理成章。但令人不解的是，与第一次失败的"除张"行动相比，对第二次"成功的"行动，即震惊中外的"皇姑屯事件"，只有一句话："委托埃廷贡和萨尔嫩实施这一行动"。而谈及 1928 年 6 月 4 日爆炸案时，也只是用"张作霖乘坐的包厢之下响起了巨大的爆炸声"一笔带过，并且没有引用"已解密的"埃廷贡档案，这让人产生疑问。埃廷贡是否采取了具体行动实施谋杀张作霖的计划，如果有，为什么不能公之于世。

虽然苏联谋杀张作霖之说的依据是"已解密的"苏联档案，但现在人们所能看到的涉及该案的出版物，没有任何人引用苏联档案原件，包括最先公开这一说法的德·普罗霍罗夫本人。

有意思的是，另一位俄历史学家（笔者相信他肯定也查阅了苏联有关档案），俄罗斯科学院远东所中国问题专家维·乌索夫在其著作中也提到苏联情报部门第一次组织谋杀张作霖的计划，但并没有因此得出"皇姑屯事件"也是苏联所为的结论。关于"皇姑屯事件"，维·乌索夫在其《20 世纪 20 年代苏联在中国的情报活动》一书中是这样写的：

"张作霖的后台田中首相认为，对于张，在满洲他应处这样一种特殊位置，其基本要求是，满洲的地头蛇应是能让满洲脱离中国并置于日本绝对的势力范围而又不产生严重后果的人。但满洲军队的失败和国民党军队的北伐改变了日本的观点。在关东军内部，以除掉老帅的方式搞垮满洲军队的独立行动计划已酝酿成熟。日本情报机构得到了（苏联情报部门提供的）新的情报，在北京，张作霖已预先得到美国财政援助和支持的承诺，他将为美国在满洲的利益提供特惠待遇。

"总参谋部上校河本是提出除掉张作霖的人之一，他在关东军司令村冈长太郎将军知情、上校土肥原贤二参与的情况下将这一提议付诸行动。向北京派出了情报官，以便了解满洲头目的火车赴奉天的日子和具体时间。决定在皇姑屯地段，即北京至奉天线和日本南满线交叉地对火车实施爆炸。清晨 6 时炸弹爆炸，火车被炸毁，大帅和所有乘客被炸死。为了转移怀疑视线，日本当局在事发地击毙了两个偶然被抓到的国民党军队的军官。但中国北部的日本司令部仍是被怀疑对象（虽然也有其他国家，包括苏联情报部门可能参与了爆炸的传言）。众所周知，1926 年秋，在边防站海关对符拉迪沃斯托克向西行驶的火车边检时，在一名旅客的行李箱中发现了爆炸物、定时器、大量美钞和日元。"

之后，关于涉案人员被捕情况的讲述，与《张作霖大帅"专案"》一文的描述大同小异。作者提及这一事实是为了说明为什么苏联情报部门也被列入怀疑对象，但他本人认为，所谓苏联情报部门参与了 6 月 4 日爆炸案只是"传言"。

二、日本海军上将关于关东军谋杀张作霖的证词毋庸置疑

想要颠覆日本是"皇姑屯事件"始作俑者这一铁案，不仅需要出示令人信服的"已解密的"档案文件，还需要彻底推翻东京军事法庭日本战犯的证言。但所有鼓吹"苏联杀害了张作霖"说法的作者，对此都无能为力。

首先让我们看看德·普罗霍罗夫的说法：

"长期以来，关于日本人除掉张作霖的说法没有任何人提出异议。不仅如此，在东京国际军事法庭对日本战犯审判时，这一说法甚至得到证

人田中隆吉将军的证实，在战争期间他领导军部军事纪律和服务局。谈及张作霖之死，他断言：'谋杀张作霖的行动是关东军上校参谋河本策划的……其目的是除掉张作霖和建立新国家……以张学良为首……结果，1928 年 6 月 4 日，从北京发出的列车爆炸……从朝鲜抵达奉天的第 20 工兵团部分军官和文职人员，包括大尉尾崎，参与了使用达那马特炸药的谋杀行动'。

"但 40 年代末，日本又坚决否认自己参与了对张作霖的谋杀行动，并声称他们没有任何除掉张作霖的理由。此外还澄清，田中隆吉曾被苏联俘虏并被招募为苏联克格勃的情报员，由于这一原因，他从被指控者变成证人。"

根据以上说法，似乎早在 40 年代末，日本已"坚决否认自己参与了对张作霖的谋杀行动"，但普罗霍罗夫并没有指出，"坚决否认"者是谁，何时何地否认的。日方立场如此重大的变化，竟然没有资料来源。同样，"田中隆吉曾被苏联俘虏并被招募为苏联克格勃的情报员，在东京审判时他的证词是苏联授意的"之说，也没有注明资料来源，是田中隆吉自己"翻供"，还是在东京国际军事法庭上田中隆吉如实交代了问题，而揭秘或澄清"田中隆吉曾被苏联俘虏并被招募为苏联克格勃的情报员"者另有其人。对所有这一切，作者都未能交代清楚。但可以肯定的是，即使田中隆吉真是"苏联克格勃的情报员"，或"他的证词是苏联授意的"，也不可能推翻日本关东军杀害张作霖的历史证据，包括日本战犯的供词，因为在东京国际军事法庭上提供证词的不只是田中隆吉一人，还有身份更高的日本战犯。

2018 年出版的《卢比扬卡"要案"》一书提供了普罗霍罗夫没有提到、或在其文章中有意回避的以下证人证词：

"长时期以来，关于日本人除掉张作霖的说法没有任何人提出争议。

而且，1946—1948 年在东京国际军事法庭对日本战犯审判时，这一说法甚至得到了证人的证实。比如，日本海军上将冈田启介（曾任海军部长、陆军大臣，1934—1936 年为首相）的证言称，以本庄繁将军为首的日军司令部领导人对张作霖不满，他们想尽快占领满洲。根据该海军上将的话，司令部一批军官组织了对火车的爆炸，而且，为了行动自由，似乎还'瞒着'本庄繁将军。而根据海军上将的供词，田中首相、陆军大臣白川义则和冈田本人对大帅之死非常不满，坚持要对谋杀张作霖案进行调查，但由于总参谋部领导的反对，调查只好作罢。"

三、《大英百科全书》等西方出版物确认：日本极端分子谋杀了张作霖

关于"皇姑屯事件"，有影响的西方出版物并没有"理会"某些俄罗斯作家宣扬和散布的"苏联杀害了张作霖"的说法。

笔者查阅了《大英百科全书》关于张作霖的词条，现摘译其中的一段文字：

"国民党军队是对张作霖野心的威胁，1927 年在蒋介石领导下国民党军队北伐，企图实现中国的统一。张作霖军事行动受挫后，面对步步逼近的国民军，命令他的军队放弃北京。1928 年 6 月 4 日，他乘坐的火车被日本极端分子埋设的炸弹炸毁，后者寄希望于张作霖之死有助于日军尽快占领满洲。张在这次袭击中受致命伤，一天之后死去。其子张学良顺利继位接管了他的军队"。

这表明，《大英百科全书》始终坚持谋杀张作霖的始作俑者是日本极端分子。有影响的西方其他出版物，包括《世界人物传记百科全书》《哥伦比亚百科全书》第六版关于张作霖的词条，都认为谋杀张作霖是日本

策划的。比如,《世界人物传记百科全书》中关于张作霖被谋杀一案有下述说法：

"3 日,张作霖离开北京。第二天早晨,张作霖乘坐的火车抵达沈阳近郊。这里是与日本管理的南满铁路线的交叉处,因发生'皇姑屯事件'而闻名遐迩：日本关东军上校河本大作在路轨间埋设了炸弹并在张乘坐的火车路过高架桥时爆炸。1946 年在对战犯审判的东京国际军事法庭上,冈田启介证实,张作霖被日本关东军谋杀,因关东军对张阻击蒋介石军队的失败极为愤怒,而蒋介石背后是东京的主要敌人莫斯科。张作霖死讯两周内严加保密,直到权力之争尘埃落定之后才对外公布。这就是为什么奉天军正式公布的张作霖的死亡日期是 1928 年 6 月 21 日。张作霖的位置被其与原配妻子所生长子继承,人称'少帅'张学良。"

即使俄罗斯出版的百科全书关于张作霖的词条,也未受"已解密的"苏联档案的影响。比如,《俄罗斯大百科全书》认为,张作霖乘坐的火车,在与南满铁路线的交界处"被日本特工安装的炸弹炸毁"。俄罗斯出版的另一部百科全书也有类似内容："1928 年 6 月 4 日张作霖遇害。1946 年 7 月 2 日,在东京审判战犯的法庭,日本上将冈田启介证实,是日本特工杀害了张作霖,因对他未能阻止蒋介石北进不满。后张作霖之子张学良成为其满洲的继承人。"

四、关于档案真伪问题

由于鼓吹和散布"苏联杀害了张作霖"说法依据的是所谓"已解密的"苏联档案。笔者想就档案,特别是苏联档案谈一点儿个人看法。毋庸置疑,任何历史档案文件对研究历史事件都有重要参考价值,但档案并不是揭开复杂历史问题真相的万能钥匙。至于苏联解体后公开的档案,当然可以成为我们研究历史事件，包括重大国际事件的依据和参考，但对于一位严肃的学者来说，对档案的真伪进行鉴别，是一项必不可少的工作，否则难免上当受骗。

2010年5月末，俄国家杜马议员，杜马宪法法律和国家建设委员会副主席维·伊·伊柳欣曾在国家杜马发表公开谈话称，俄联邦安全局一位曾活跃于高层的知情人揭发（为保护他，伊柳欣称他为"声明人"），20世纪90年代初，由高水平的俄罗斯专家组成了伪造档案文件小组，对涉及苏联时期重要事件的文件进行伪造。该组在俄总统鲍·叶利钦的安全部门工作。其办公地点设在前苏共中央人员别墅所在地纳戈尔内镇。"声明人"表示，他准备公开承认他所谈的内容，其条件是对伪造苏联历史文件进行正式调查并绝对保证他的人身安全。

由于官方对上述杜马议员的声明既没有明确表态，也没有展开调查，我们无法得知，俄联邦安全局是否组织了"对涉及苏联时期重要事件的文件进行伪造"。但苏联解体后社会流传的部分伪造文件足以说明，并非所有档案文件都真实可靠。

90年代初，有两个最著名的伪造文件在俄罗斯广为流传："贝利亚和朱可夫1944年6月22日联合下达的关于将乌克兰人迁至西伯利亚的0078/42号命令"和关于苏联在波罗的海保存化学武器的"扎伊科夫报告的证明"。这两个伪造文件都曾闹得沸沸扬扬，而为证明它们是伪造的，俄罗斯专家花费了不少时间和精力。

2010年6月21日，《共青团真理报》军事评论员维克多·巴拉涅茨发表题为《希特勒亲自……告诉斯大林战争开始的日期？》的文章。该文引用俄罗斯历史学家谢尔盖·布列兹昆提供的材料，令人信服地批驳了某些在苏联时期编造的说法。原来，理查德·佐尔格关于1941年6月22日战争开始的著名电报，是赫鲁晓夫时期的伪造文件。

拉·贝利亚在一个文件上的所谓批示，也是伪造的，其内容如下："最近一个时期，许多工作人员受无耻挑衅影响，散布恐慌情绪。由于不断散布假情报，代号为'鹰'、'卡门'、'金刚石'、'忠实者'等密工，作为企图让我们与德国争吵的挑衅者帮凶，可消灭掉。对其余人提出严重警告。拉·贝利亚。"根据俄罗斯历史学家谢尔盖·布列兹昆提供的材料，内务人民委员部系统，"从来没有"上述所列举的匿名密工。

中苏裂痕不是源于 1958 年炮击金门

张子寅[①]

2012 年 6 月 13 日四月网刊登的题为《沈志华：炮击金门幕后：毛泽东玩弄中苏同盟种下分裂恶果》的文章，是沈志华《炮击金门：苏联的应对与中苏分歧》这篇文章的缩写版。该文收在他和唐启华联合主编、九州出版社 2010 年出版的《金门：内战与冷战——美苏中档案解密与研究》里。沈志华在这篇文章里将毛泽东对炮击金门的部署解读为"处处都以实际行动显示中国在社会主义阵营中具有独立行事的地位和能力，挑战莫斯科的领导地位。中苏之间由此种下的分歧给同盟关系笼罩了一层阴影，最终导致同盟破裂"。这实际上是将中苏分裂的责任推给毛泽东。该文章的论证逻辑是：毛泽东对于炮击金门并没有十足的必胜把握，所以要耍套路，在下定炮击金门的决心与做了些相应的打击台湾的准备后，"毛泽东在共同舰队和长波电台问题上向苏联发难，其主要目的就是

---

① 张子寅，中国社会科学院世界社会主义研究中心特邀研究员。

把赫鲁晓夫本人引到北京，并与他签署一个公开的联合声明"，从而"要向美国人显示一下中苏同盟的力量"，毛泽东这一"骗招""蒙了苏联"，"唬住了美国人"，也埋下了中苏分裂的祸根。

笔者认为，沈志华的这个论断是站不住脚的。从沈志华推论的逻辑来看：第一，毛泽东在"联合舰队""长波电台"上的借题发挥是不是一定能"诱使"赫鲁晓夫来中国，给他施展"套路"的机会？这是百分百能肯定的事吗？不错，毛泽东是借尤金这个渠道邀请赫鲁晓夫来中国商谈"联合舰队"问题，而且赫鲁晓夫也应对毛泽东访问苏联进行回访，但是，赫鲁晓夫一定要在这个时候来吗？如果赫鲁晓夫晚来个把月的话，毛泽东是不是为了等着施展"套路"也要把炮击金门推后个把月？个把月之后台海形势会有怎么样的走向和结果实在是不能做乐观的估计，难道毛泽东就为了"套路"赫鲁晓夫，就硬等着他来访再做定夺？第二，赫鲁晓夫来中国了，如果在相关问题上态度强硬，两下里谈崩了怎么办？这个时候毛泽东想"套路"苏联借一点"威风"——发表个什么"联合声明"，那就更是休想！而且得罪了苏联，那不是前门打狼（美国）狼不走，后门进虎（苏联）赶不走？用"粗暴"的态度封住苏联的嘴还想着利用苏联要如何如何？这样的推论极其幼稚！

历史事实是，1958年7月22日毛泽东通过尤金向赫鲁晓夫发出了邀请，但是赫鲁晓夫在月底才访华。据吴冷西《十年论战》记载，尤金在1958年7月21日专门求见毛泽东说"联合舰队"的问题。尤金出面说这个事情实际就是赫鲁晓夫的试探。据《毛泽东年谱（1949—1976）》记载：尤金说出苏联要求之后，"毛泽东听到这里惊诧地说'啊'?!像农民搞合作社一样"，他根本没想到苏联会有这样的要求，"毛泽东说：我们想叫你们帮助我们搞，但对'合作社'问题没有想过，要研究一下。是否只搞'合作社'你们才干？首先要明确方针：是我们要办，你们帮助，还是只能合办，不合办你们就不给帮助，就是你们强迫我们合办"。面对苏联的"突袭"，毛泽东坚决抵制的立场是坚决维护国家权益的本能反应。对于苏联的"突袭"，毛泽东没有思想准备，你说他能有什么法子"诱赫鲁晓夫上钩"？之后，在 7 月 22 日上午 11 时，双方就"联合舰队"问题又有谈话。沈志华说毛泽东要"借联合舰队发难，诱赫鲁晓夫上钩"，这中间的时差恐怕就被沈志华认为是毛泽东"动脑筋"的时间，想办法"诱赫鲁晓夫上钩"的时间。实际上，毛泽东 7 月 22 日的谈话，立场毫无变化，言语如前一样坚定，他表示："现在我们决定不搞核潜艇了，撤回我们的请求。我们总要有自己的舰队，两把手不好办……为什么要提出所有权各半的问题？这是一个政治问题。要讲政治条件，连半个指头都不行。你可以告诉赫鲁晓夫同志，如果讲条件，我们双方都不必谈。如果他同意，他就来，不同意，就不要来，没什么好谈的，有半个小指头的条件也不成。在这个问题上，我们可以一万年不要援助"。这哪里有沈志华说的"诱赫鲁晓夫上钩"的影子呢？沈志华的论说分明是从赫鲁晓夫来华，逆推毛泽东动了心机，连一点点逻辑都不讲了，这是在做学问？

而且，赫鲁晓夫向毛泽东提出"联合舰队"等问题有趁火打劫的嫌疑。1958 年 5 月 9 日，黎巴嫩人民起义反抗亲美的夏蒙政府。7 月 15 日，美国海军陆战队 5000 人在贝鲁特登陆上岸镇压，并且持续不断地向中东调集陆军和海军陆战队。受美国支持，与美国呼应，台湾伪政权也公开叫嚷"加速进行反攻大陆准备"，在 7 月 17 日召开紧急会议，军队进入紧急戒备。台湾空军连日出动飞机对福建、广东沿海实施侦查、照相、空投宣传品活动，并按照计划加紧对大陆一些重要目标进行攻击准备，台海局势骤然紧张。针对这种紧张局面，中央军委开始着手打击台湾伪政权的军事准备。大陆军方怎样安排对台湾伪政权的打击，赫鲁晓夫可能不知情，但是，台湾和美国在制造台海紧张局势的公开行动，赫鲁晓夫会不知道？会不知道中国的台海方向吃紧需要人帮？也就在这个时候，赫鲁晓夫向中国提出建立"联合舰队"等问题，等于是在中国背后捅了一刀！如果赫鲁晓夫在中国驻军，那么中国和日本、韩国那样的非正常国家还有区别吗？这还意味着中国的内政——国家统一，不光有蒋记伪政权勾引美国横生阻拦，在一边的赫鲁晓夫也要插手干预！他们的借口都是要支持一方对抗另一方，实质上它们的算盘还是想再把中国拖回到1949年之前。赫鲁晓夫这样的居心叵测足以让毛泽东怒不可遏！足以让每一个真正的中国人愤怒！足以让中苏同盟破裂！前方有狼，后门有虎，这就是当时炮击金门前中国面临的危局，能在这样的危局之下，既能坚决地顶回赫鲁晓夫的非分之想，又能"斗而不破"维持住危如累卵的中苏同盟已属不易。

然而，沈志华不去认真辨识、论说赫鲁晓夫的责任，却大放厥词说："显然，民族感情受到伤害或个人脾气秉性的因素，都不足以解释毛泽东的行为，至少不是主要原因。因此，完全有理由相信，毛泽东这样做是借题发挥，别有用意。"沈志华对毛泽东反咬一口，说是毛泽东玩弄中苏同盟种下分裂恶果，丝毫不提苏联的要求是在损害中国的主权和国家利益，污蔑毛泽东想要借苏联的什么力量，来个"驱虎（苏联）吞狼（美国）"。在沈志华看来，毛泽东所提出的"我也可以去莫斯科同赫鲁晓夫同志谈。或者请赫鲁晓夫同志来北京，把一切问题都谈清楚，他来，我们还可以发表个声明，吓唬一下帝国主义"就是毛泽东的"套路"，目的是获得苏联支持、借威风给中国。实际上毛泽东主席说的"声明"就是一个"斗而不破"的保证书：既挡住赫鲁晓夫的非分之想，还能让赫鲁晓夫不作出决裂同盟的行动，同时再向共同的敌人——西方阵营显示同盟的牢固。至于沈志华说毛泽东想要从赫鲁晓夫借"威风"摆平台海危机纯属胡说八道。台海危机怎样解决，是中国人的事情，没必要和苏联谈；赫鲁晓夫趁台海危机用"联合舰队"在中国谋求帝国主义特权，这种情况下更不能借用苏联的力量。事实说明，毛泽东在这个问题上从来不指望苏联人的"帮助"。《毛泽东传》记载 1959 年 9 月 30 日毛泽东在和赫鲁晓夫的会见中指出："美国人没有多大本领。他们以为我们（指中苏双方——引者注）在炮打金门问题上达成了协议。其实，那时我们双方并没有谈这个问题。当时所以没有跟你们谈，是因为我们有这种想法，但是还没有最后决定。"这说明中方根本没和赫鲁晓夫说炮打金门的问题。吴冷西在《十年论战》里也明确指出："毛主席还说，今年夏天发生一连串的事情，在有些人的印象里，好像炮击金门是我们跟苏联商量好的。其实，赫鲁晓夫在 7 月底 8 月初到中国来的时候，根本没有谈什么金门问题。如果说谈了一句也就算谈了，但是一句话也没有谈到。那次赫鲁晓夫来，主要是来吵架的，吵什么呢？他提出要搞中苏共同舰队，我们反对。他就迂回曲折地再三解释，还是想搞。我们臭骂一顿，顶回去了……后来他就缩回去了。最后才决定发表一个联合公报，吓唬帝国主义一下。其实，那次赫鲁晓夫来根本没谈金门的问题，一句话都没有谈。"不过，大陆对台湾伪政权的惩罚性打击——炮击金门就是在赫鲁晓夫离开中国签署"联合声明"之后，所以这样的事件以时间先后顺序排比之后，也就很容易地被西方阵营这样认为，中苏"合谋"打台湾。沈志华也按照西方阵营的论调说毛泽东"骗招蒙了苏联，唬住美国"，毛泽东似乎导演了一场阴谋。实际上，耍阴谋的是沈志华无限同情的赫鲁晓夫。据吴冷西《十年论战》所载，"赫鲁晓夫是秘密来的，原先也没有准备搞什么公报，也不准备公开回去，而是秘密回去。在会谈两天以后，毛主席向赫鲁晓夫提出是不是公开回苏联去的问题……双方商量结果，决定公开回去，同时发表一个公报"。可见，赫鲁晓夫是悄悄地来，再打算悄悄地回，赫鲁晓夫不想让人知道他和毛泽东有过接触，对另一个社会主义大国有避讳，说明当时苏联是在慢慢向西方靠拢的。

赫鲁晓夫在 1958 年 7 月 31 日与毛泽东进行了长谈，他倒是用谦恭的语气把建立"联合舰队"的行动给否决了，但是另一方面，他又用居高临下的态势向中国发出了威胁。他不顾毛泽东的反对，要求撤回所有苏联援华专家。苏联的援华专家，绝大部分对中国的工业化、现代化作出了巨大的贡献，但是也有个别人不称职，这是可以通过两国协商之后撤换得到圆满解决的，但是，赫鲁晓夫的打算却是撤回全部专家。固然，赫鲁晓夫说了，中国可以派人去苏联学习，再回国建设。但是，在苏联专家撤走，中国人还没有学到本事的空档期，中国的许多工业化项目岂不是要停滞了？这就是赫鲁晓夫的算盘，不同意"联合舰队"，那就撤走援华专家。中苏决裂的标志性事件就是苏联撤走全部援华专家，这个事件固然是在后来发生的，但是赫鲁晓夫在 1958 年 7 月 31 日就发出了威胁，威胁的原因就是其"联合舰队"计划不能得逞。可以说，中苏决裂的导火索就是"联合舰队"事件，而不是沈志华曲解史料随意创编的故事——炮击金门导致了中苏决裂。

对赫鲁晓夫无限同情的沈志华又写了一个小节"莫斯科给北京打开核保护伞"，说："9 月 5 日赫鲁晓夫打电话给驻华使馆，说他准备派葛罗米柯秘密去北京，通报苏联对台海局势的看法……葛罗米柯回忆毛的说法大意是：美国可能冒险，中国已有考虑；如果美国进攻中国，甚至使用核武器，中国的策略是诱敌深入，待美军进入华中地区后，苏联再使用一切手段对其实施打击。"由此说"莫斯科为北京打开核保护伞"有些可笑！据吴冷西《十年论战》记载："当天（9 月 5 日）晚上，周总理接见苏联驻中国大使馆参赞苏达利科夫时向他说明：第一，我们不是要解放台湾，而是惩罚国民党在我们沿海骚扰；第二，我们这样做的目的是阻止美国搞两个中国，因为美国企图独霸台湾，使国民党统治集团在台湾单独成为一个政治实体，搞两个中国；第三，如果美国要发动战争，中国全部承担起来，绝不连累苏联，不会拖苏联下水。总理还要求苏达利科夫把这三点马上报告莫斯科……9 月 6 日葛罗米柯秘密地飞到北京。下午两点钟，周总理接见他，并把昨天同苏达利科夫讲的意思告诉了他……总理这么讲了以后，葛罗米柯表示，他完全赞成中国政府的方针，回去后将报告赫鲁晓夫。"

吴冷西的《十年论战》是很有价值的史料，不过，沈志华不予采用，却用葛罗米柯的回忆讲当时的"故事"，作出他的判断，得出他的结论："从危机前后发展的过程看，毛泽东的确没有想过甚至力图避免同美国发生军事冲突，一旦美国参与进来，中国也会想方设法化解危机。但在表面上，中国一定不能示弱。这当然就需要显示中苏同盟的力量，就需要苏联给以援助。不过，毛泽东所需要的只是一种威慑力量，这种威慑即使不能阻止美国参与，至少可以防止事态扩大。因此，苏联政府和领导人的介入，还是必要的。"沈志华言外之意，就是中国真的需要苏联，真的离不开苏联的庇护！他还写道："9 月 27 日，苏共中央致函中共中央，感谢中国不使苏联卷入战争的'高尚气节'，并表示在中国遭受敌人进攻时，苏联不会袖手旁观。'苏联拥有不仅能制止战争，而且能够毁灭我们共同敌人的可怕的武器'，如果在中国受到核打击时苏联却不来援助，那将是'整个社会主义阵营的大灾难'。"沈志华以此来展示苏联对中共的极大善意，实际上就是要把中苏决裂的责任往毛泽东身上推。

斯大林和希特勒共谋挑起二战的说法不成立

刘淑春　佟宪国 [①]

近来有一篇文章在网上流传，文章称，标志第二次世界大战全面爆发的"波兰战争"的挑起者，除了众所周知的希特勒，还有另一个同谋者，竟然就是苏联的斯大林！文章作者所谓的"新发现"不过是拾西方反苏反斯大林学者的牙慧而已。因此，只要把西方那些反苏反斯大林学者们编造出来的谎言戳穿，文章作者结论的真伪也就不辩自明了。

一、希特勒是"波兰战争"的挑起者，斯大林在这场战争中采取了中立立场

1939 年 9 月 1 日凌晨，纳粹德国发动闪电战，横扫德波边界。9 月 8 日德军便推进到波兰首都华沙城下，经过 20 天激战，波兰军队在孤立

① 刘淑春，中国社会科学院世界社会主义研究中心常务理事、马克思主义研究院研究员；佟宪国，外交部原常驻世界贸易组织代表团参赞。

无援情况下不敌德国铁骑，华沙沦陷，波兰军队向德军投降。按照条约，当波兰在遭受外敌入侵时对其负有保护义务的西方大国英法，于 9 月 3 日对德正式宣战，第二次世界大战就此拉开序幕。然而，英法两国在对德宣战后直至次年 5 月 10 日这 8 个月时间里，几乎是按兵不动，任由德军征服波兰。因此，西方史学界把英法两国这种"宣而不战"的事实，称之为"静坐战"和"奇怪的战争"。

英法当时为什么宣而不战呢？英法希望，也认为有可能将纳粹德国这股战争祸水引向东边的苏联。但英法两国的如意算盘打错了。希特勒没有按常理出牌，他把英法两个老牌殖民主义国家视为比社会主义国家苏联更可恶的首要敌人。为了消灭英法两个首要敌人，征服整个欧洲，希特勒可以先将德国与苏联的矛盾放置一边。于是便产生了斯大林领导下的苏联与希特勒统治下的德国签订《苏德互不侵犯条约》的可能性。

在苏联与德国签订《苏德互不侵犯条约》之前的 1939 年 4 月至 8 月，英法苏三国在莫斯科举行过多轮军事、政治谈判。苏联在谈判中向英法提出三点建议：一、缔结英、法、苏之间有效期为 5 年至 10 年，包括军事援助在内的反侵略互助条约；二、三国保障中欧和东欧国家的安全；三、缔结三国间相互援助的具体协议。然而，长达 4 个月之久的英法苏谈判毫无结果。英法同意了纳粹德国在东欧和中南欧自由行动，拒绝了苏联提出的保障中欧和东南欧国家安全的建议。

1939 年 5 月至 8 月间，希特勒一再通过纳粹德国外长约阿希姆·里宾特洛甫向苏联表示纳粹德国无意侵略苏联，并希望改善彼此关系。因为希特勒已经决定侵略波兰，他得知莫斯科正在举行英法苏三国谈判，对之深感忧虑。

1939 年 5 月，日本在远东地区挑起"诺门坎事件"，向苏联发动进攻，而德日两个法西斯国家又在谈判，意欲结成军事同盟，苏联强烈地感觉到有腹背受敌之虞。

1939 年 8 月 2 日，希特勒直接电告斯大林，要求苏德会谈签约。苏联对英法两国的绥靖政策和祸水东引政策相当不满，也相当失望，遂答应了希特勒的请求。

1939 年 8 月 23 日，两架"秃鹫"运输机载着纳粹德国代表团抵达莫斯科。斯大林、莫洛托夫和里宾特洛甫通过两次会谈，于当晚正式签订了《苏德互不侵犯条约》，亦称《莫洛托夫－里宾特洛甫条约》。

苏德双方还签订了一份秘密附加协议书，其中规定：1. 属于波罗的海国家（芬兰、爱沙尼亚、拉脱维亚、立陶宛）的地区如发生领土和政治变动时，立陶宛的北部疆界将成为德国和苏联势力范围的界限。在这方面，双方承认立陶宛在维尔诺地区的利益。2. 如波兰发生领土和政治变动，苏德双方将大致以纳雷夫河、维斯杜拉河和桑河为势力分界。维持波兰独立是否符合双方利益，以及如何划界，只能在进一步的政治发展过程中才能确定。3. 在东南欧方面，苏联关心在罗马尼亚的比萨拉比亚的利益，德国宣布在该地区政治上完全没有利害关系。4. 双方将视本协议书为绝密文件。文章作者由此切入，认定希特勒与斯大林签订的《苏德互不侵犯条件》瓜分了波兰，挑起了"波兰战争"。"波兰战争"是第二次世界大战的序幕，因此希特勒与斯大林都是发动第二次世界大战的罪魁祸首。

为什么"波兰战争"打响之后宣布不参加欧洲战争的日本和声明在战争中保持中立的美国，以及宣而不战的英法不被指责为共谋，而与德国签订了互不侵犯条约的苏联却被指责为挑起二战的罪魁祸首呢？苏联为了粉碎英法"祸水东引"的阴谋，为给本国争取尽可能长一些的战争准备时间，在明知希特勒法西斯靠不住、侵苏战争迟早会爆发的情况下，与希特勒德国签订《苏德互不侵犯条约》，这又有什么可以指责的呢？这不恰好显示出斯大林过人的机智，以及他对帝国主义国家之间矛盾的巧妙利用吗？

二、西方学者对指责斯大林与希特勒同为二战罪魁论调的批驳

2010 年美国耶鲁大学东欧史教授蒂莫西·斯奈德教授出版了一本学术著作，书名是《血腥之地》。该书将斯大林与希特勒相提并论，把斯大林领导下的苏联与希特勒统治下的纳粹德国等量齐观。"新发现"，归根结底应该都是从斯奈德那里贩卖来的。

美国蒙特克莱尔州立大学教授格罗弗·弗认真研究过斯奈德的《血腥之地》一书。基于这种研究，弗发现斯奈德对斯大林及其领导下的苏联所编织的各种"罪行"，全都是不实的捏造，斯奈德指控的桩桩件件"罪行"没有一件是真实可信的。为戳穿斯奈德在《血腥之地》一书中的满纸谎言，弗于 2014 年出版了一本名为《血腥的谎言》的专著，其副标题是"蒂莫西·斯奈德的《血腥之地》一书中对约瑟夫·斯大林及苏联的每一项指控都属无中生有——证据在此"。

关于《莫洛托夫－里宾特洛甫条约》，弗在《血腥的谎言》一书中写道："今天，几乎所有具有权威性的报告都认定苏联在 1939 年 9 月 17 日入侵了波兰。但事实却是苏联并没有入侵波兰。而且，苏联从来都没有做过纳粹德国的同盟国。《莫洛托夫－里宾特洛甫条约》是一项互不侵犯条约，而不是任何形式的同盟条约。"

《莫洛托夫－里宾特洛甫条约》中的秘密协议没有计划对波兰进行任何形式的分割。至少截至 1939 年 9 月 7 日，希特勒仍在考虑与波兰缔结和约，如果波兰讲和的话。德军总参谋长弗兰茨·哈德尔将军在他的《战

争日记》中写道：

> 1939 年 9 月 7 日
>
> 元首最高统帅部（9 月 7 日下午）：
>
> 他（希特勒－德国元首）准备好了谈判（按照以下条件）：［波兰必须］与英法断交。波兰的一部分将会被（保留并）得到承认。从纳雷夫河到华沙（区域）——给波兰。工业区——给我们。克拉科夫——给波兰。贝斯克多山区的北部地区——给我们。（西部的省份）乌克兰——独立。

在哈德尔 9 月 9 日和 10 日的日记中，他重复道，德国正在讨论在西乌克兰建立一个独立国家的问题。这进一步证明《莫洛托夫－里宾特洛甫条约》的秘密协议并未涉及任何"分割波兰"的问题。

9 月 12 日，武装部队最高统帅部总长（德军最高统帅）威廉·凯特尔将军命令海军上将卡纳里斯以建立一个独立的波兰和加利西亚乌克兰为目的，在波兰领土上成立乌克兰民族主义者组织的战斗部队。这一行动伴随着对波兰人和犹太人的大规模屠杀。

在纳粹德国即将征服波兰的时候，苏联于 1939 年 9 月 17 日开始进占波兰东部地区。苏联的这一行动是否可以解读为"侵略"或"入侵"波兰呢？这里有 9 条证据可以证明苏联没有入侵波兰，当然更谈不上瓜分波兰：1. 波兰政府没有对苏宣战。2. 波兰最高指挥官爱德华·雷兹希米格维元帅命令波兰士兵不要和苏联战斗，尽管他命令波兰武装力量继续和德国战斗。3. 波兰总统自从在 9 月 17 日被软禁于罗马尼亚之后，就默认波兰不再有一个政府。4. 罗马尼亚政府默认波兰不再有一个政府。5. 罗马尼亚和波兰之间有一个针对苏联的军事协议，然而罗马尼亚并未对苏联宣战，罗马尼亚承认红军并未和德国结盟来与波兰发生战争。6. 法国并未同苏联宣战，尽管它与波兰有一个双方互助防御协议。7. 英国从未要求苏联从西白俄罗斯和西乌克兰撤军，这些前波兰国的领土在 1939 年 9 月 17 日之后被红军占领。8. 国联没有认定苏联已经侵占了一个成员国。但是当苏联 1939 年进攻芬兰的时候，国联确实投票将苏联从国联中开除出去，并且有几个国家和苏联断绝了外交关系。国联这个明显不同的反应也告诉我们，国联认为苏联出兵芬兰的问题与有关"入侵"波兰的问题之间有着本质的不同。9. 所有的国家都接受苏联的中立宣言。

世界上没有任何一个国家，包括美国、英国、法国宣称苏联是一个交战国，甚至连波兰流亡政府一开始在巴黎也没有对苏宣战。1958 年，加州大学洛杉矶分校教授乔治·金斯伯格发表了一篇文章考察德波战争中苏联的中立表态。在参考了当时的国际法和当事人的陈述后，金斯伯格总结说：苏联确实是中立的，并且这种中立立场为国际社会所承认。

至于当时的苏联为什么会在与里宾特洛甫的谈判中把波兰的西乌克兰地区划入苏联的利益线，只要回望一下历史，人们也就不难理解了。在 1921 年 3 月签订的《里加和约》中，被内战和国际调停折磨得筋疲力尽的俄罗斯共和国（苏联直到 1922 年底才正式成立）同意让出白俄罗斯和乌克兰的一半给波兰的帝国主义者以换取迫切需要的和平。

在根据协议割让给波兰的西白俄罗斯和西乌克兰地区，讲波兰语的当地居民只占人口的少数。波兰政权鼓励波兰裔人向那些地区移民，以使这些地区更加"波兰化"。此后，波兰政府在当地对白俄罗斯人和乌克兰人的语言使用提出了很多限制。为了夺取更多领土，波兰政府也一直伺机参加纳粹德国的对苏战争。迟至 1939 年 1 月 26 日，波兰外交部长贝克还在华沙与纳粹外交部长里宾特洛甫讨论共同对付苏联的问题。这便是波兰政府在波兰被纳粹德国征服前的基本政治态度。

"特别营"的存在证据与德国法西斯的卡廷屠杀

[俄] 弗·施韦德[①]

俄罗斯独立调查人弗·施韦德关于卡廷事件的专著,披露了大量存在"特别营"的证明材料。他所引用的资料来源主要是:对苏维埃政权并没有好感的一位波兰人对德国战俘和其他当事人的采访;健在的苏联内务人民委员部当事人的回忆;曾为波兰战俘,但在卡廷大屠杀中逃生的波兰人的说法;曾被关押在斯摩棱斯克州"特别营"的一位波兰军官后代提供的证词;独立调查人员获得的档案、材料、证据等。

苏联内务人民委员部押解部队第一三六独立押解营通信主任阿·卢金证实,1941年,斯摩棱斯克近郊存在着关押波兰战俘的"卡廷营"。

阿·卢金十分肯定地说,1941年,第一三六营负责警卫"三个营:尤赫诺夫、科泽利斯克和卡廷营。这我知道"。阿·卢金还谈到,1941年7月,德军入侵时,"撤走卡廷营波兰人行动"由于种种原因中断,结果

---

① [俄]弗·施韦德,俄罗斯独立调查人。

是三个关押波兰战俘的"特别营"依然留在原斯摩棱斯克州的驻扎地，转为搞道路修建工程，工程由公路总局负责。这样，因为走马灯式的组织变动，在战争初期的混乱中，三个"特别营"在内务人民委员部体系中"不翼而飞"。

曾遭受苏维埃政权迫害的波兰人罗穆阿尔德·希维亚泰克及其揭露卡廷屠杀真相的著作《卡廷森林》，提供了大量人证。由于该书阐述的事实和观点不符合戈尔巴乔夫和叶利钦关于卡廷事件的政治结论，至今，无人将《卡廷森林》一书翻译为俄文。希维亚泰克于1928年诞生在西白俄罗斯境内的地主家庭，当时该地区是波兰的一部分。他到苏联后被捕，并根据特别会议决议，1950年被判5年劳教。1951年夏，判决取消，确定在利沃夫对该案重新进行侦查。1952年5月，喀尔巴阡军区军事法庭判处希维亚泰克25年劳教，剥夺公民权和选举权5年。1956年9月，最高苏维埃将其25年刑期减至7年，很快他被释放。由此可见，希维亚泰克对苏维埃政权并没有特别的好感。根据希维亚泰克的说法，他作为英国的侨民，起初相信，卡廷的波兰战俘是被苏联内务人民委员部处决的。后来他从"狱友"口中得到了有关卡廷问题不为人知的材料，这些材料迫使他改变看法。

希维亚泰克在其书中列举了一系列证明布尔坚科委员会说法（即斯摩棱斯克地区存在关押波兰战俘的"特别营"，波兰战俘因德国占领该地区前来不及疏散而遭法西斯分子杀害）的证据。

"在沃尔库塔11号营，我遇到了卢齐米耶尔兹·曼德雷克，在战前和德国占领期间，他在斯摩棱斯克邮政总局工作。曼德雷克完全肯定地证实，自1940年，斯摩棱斯克周边有关押波兰囚徒的战俘营。他甚至想对天发誓，波兰人是被德国人杀害的。根据他的讲述，这可能发生在1941年8月至10月间。

"1952 年我被转移到诺里尔斯克，在那里的第 4 号营遇到了大尉瓦迪斯瓦夫·扎克，他是在 1939 年 9 月成为俄罗斯俘虏的。在整整一年之中我们都住在一个简易房内。我是波兰人之间关于卡廷问题许多次辩论和争执的见证人，大尉扎克是辩论和争执的不可或缺的参与者。他经常断言，他绝对相信，卡廷屠杀是德国人干的；如果不是一个偶然情况的发生，他也会遭遇和被枪杀同志的相同命运。在德国进攻苏联两周之前，他从斯摩棱斯克的战俘营被转至莫斯科监狱，在那里，指控他进行间谍活动和怠工，并被判十年监禁。大尉扎克是在 1940 年 4 月末与一批波兰军官一起抵达斯摩棱斯克战俘营的。"

俄罗斯最老和最具权威的记者之一埃里克·索洛莫诺维奇·科特利亚尔 2010 年 5 月 28 日在《莫斯科真理报》发表的《卡廷—我心灵的伤痛》一文，证实了罗穆阿尔德·希维亚泰克所提供证据的可靠性。埃里克·索洛莫诺维奇·科特利亚尔讲述了一位战后在克拉斯诺戈尔斯克特别战俘营服刑的德国军官的情况。根据科特利亚尔的说法，这位军官本人承认他参与了在卡廷对波兰人的屠杀。

死里逃生的波兰战俘安东尼·戈尔博夫斯基的证词是斯摩棱斯克近郊存在"特别营"的另一证据。

游击战指挥官，苏联英雄德米特里·尼古拉耶维奇·梅德韦杰夫撰写的《精神力量强大的人们》一书的相关内容，提供了斯摩棱斯克近郊存在"特别营"的一个人证。1942—1943 年，梅德韦杰夫的游击队在罗夫诺州一带（乌克兰）活动，游击队情报人员努力吸收新人参加游击运动。常有一些愿意与法西斯分子作战的来自城市和农村的人加入游击队。梅德韦杰夫详细描写了一个人的情况，因为该人的外貌让他惊讶。该人即安托尼·戈尔博夫斯基，波兰军队前龙骑兵。他穿着怪异，赤脚穿套鞋，手中拿一把伞。

戈尔博夫斯基对游击队员们说，1939 年他被苏联俘虏。1941 年夏他被关押在斯摩棱斯克近郊的内务人民委员部战俘营。1941 年 7 月份德国人占领战俘营后，波兰人兴高采烈。大家都相信，很快就会返回祖国。但德国"提议加入希特勒军队，开始说自愿加入，之后则是以枪毙相威胁，最后，拒绝者超过 90%，每天以 100—200 人为一批，从战俘营带到不知什么地方"。

当轮到戈尔博夫斯基时，他如战俘营的许多人一样已经意识到，法西斯分子将要处决波兰人。在一个黑夜，他们被装上汽车并带到了森林中一个大坑。戈尔博夫斯基在黑暗中悄悄爬到树上，从树上他看到了，他的朋友是怎样被屠杀的。他很幸运，因为德国人没有核对名单，没有寻找戈尔博夫斯基。

梅德韦杰夫写道："这个外表怪异的人组织了由周围村庄约 100 名波兰人组成的游击队"。戈尔博夫斯基为同村人参加游击队进行了动员宣传，向他们讲述了被德国俘虏和在卡廷森林被屠杀的波兰人的命运。

2006 年夏季，《卡廷秘密》一书的作者在互联网上收到了秋明居民阿纳斯塔西娅·米罗诺娃的情况通报，在通报中她告知其外祖母讲的情况：

当 1940 年得知，父亲波卢扬·罗加伊沃从科泽利斯克战俘营转到斯摩棱斯克城郊的战俘营，她与母亲卡塔尔齐娜·罗加伊沃到了那里，尽量与他保持联系，送给他一些吃的、衣物等。纳粹入侵苏联之后，失去了与俘虏联系的机会，除此之外，她们自己不得不东躲西藏。

1941 年 7 月外祖母的母亲卡塔尔齐娜·罗加伊沃被捕，而外祖母安娜·罗加伊沃当时 15 岁，与其他一大批占领区的小孩儿被送往克拉斯诺亚尔斯克附近，斯摩棱斯克居民伊涅萨·雅科夫连科将外祖母当作自己的侄女儿疏散到那里。就这样，安娜·波卢扬诺夫娜·罗加伊沃变成了亚历山德拉·斯捷潘诺夫娜·雅科夫连科。但亲人们都叫她安娜。

1943 年伊涅萨·雅科夫连科寄给安娜一封信，信中告诉她，她的父亲波卢扬·罗加伊沃和其他波兰俘虏在 1941 年夏末秋初被德国人杀害（该信存放在亚历山德拉·斯捷潘诺夫娜·雅科夫连科的家中）。

独立调查人员谢尔盖·斯特雷金发现的档案文件，证明关押波兰人的"特别营"并非虚构。"卡廷真相"项目协调人谢尔盖·斯特雷金 2004 年 6 月在俄联邦国家档案馆发现了一些此前不知道的文件，这些文件证明，1940—1941 年斯摩棱斯克以西，有苏联内务人民委员部所属的 3 个劳改营，劳改营对被判刑的人实行特殊的警卫和关押制度。劳改营是 1936—1941 年存在的维亚济马劳改营的组成部分。1941 年维亚济马财务报告文件证明了它们的存在。

维亚济马劳改营由 12 个分营组成，其中 9 个分营关押着被判刑的苏联公民，另 3 个分营，9 号、10 号、11 号的人员情况没有相关资料。这 3 个分营的财务报告，不是按战俘营，而是按生产单位走账，而这些生产单位是很少有人知道苏联内务人民委员部的所谓"沥青—混凝土区"。

根据联共（布）中央和苏联人民委员会 1941 年 3 月 24 日关于为工农红军空军需要而建设战地机场的决议，维亚济马劳改营的 9 个普通分营被调至苏联西部边境，而另 3 个分营，即 9、10、11 号"沥青—混凝土区"劳改营留在原地不动，它们位于斯摩棱斯克以西 25—45 公里处。

这 3 个分营所在的地区，与布尔坚科委员会材料中所指出的 1、2、3 号"特别营"所在位置完全符合，即斯摩棱斯克地区存在关押波兰战俘"特别营"的说法并非虚构。

（中国社会科学院世界社会主义研究中心特邀研究员、

俄罗斯东欧中亚研究所研究员马维先译）

盛名之下，其实难副

——谈谈胡适其人其事其学其德

林治波 [①]

胡适，民国文人兼政客。新中国成立后他曾遭到批判，但当时主要是政治上的批判。1956 年 2 月，毛主席在怀仁堂宴请全国政协的知识分子代表时，谈及胡适，他平和地说："胡适这个人也顽固，我们托人带信给他，劝他回来，也不知他贪恋什么？批判嘛，总没什么好话，说实话，新文化运动他是有功劳的，不能一笔抹杀，应当实事求是。"

改革开放后，胡适却声名鹊起，被一些人捧上了神坛，简直奉若神明。比如，有人说："中国文化中最深入人心的人格，便是君子。何为君子？君子的标准是什么？我们该怎样做君子？若求答案，毫无疑问，胡适是一个标杆。"还有人说，胡适"谦谦君子，温润如玉"，更有人大赞"中国最不缺的是极端的力量，最缺的是胡适这种温和而坚定，自由而悲

---

① 林治波，人民日报社四川分社社长，兼兰州大学新闻与传播学院院长。

悯的力量"，类似的赞美还有很多。

肯定胡适在新文化运动中的贡献，笔者完全赞成，本文所讲的是胡适的另一面，恰恰是一些人为了故意抬高胡适而刻意忽视或遗忘的。

一、关于胡适的人品

1904 年春天，胡适告别母亲和家乡，跟随他的三哥到上海去求学，在上海一直待到 1910 年。其间，胡适结识了一个名叫何德梅的德国人，跟着何德梅等一班酒肉朋友鬼混，把吃喝嫖赌一套堕落行径全都学会了。种种情况，在胡适自己的日记里也有所反映："有时候，整夜的打牌；有时候，连日的大醉。"据现存的 59 天版本《藏晖室日记》（己酉十二月十四日——1910 年 1 月 24 日，迄庚戌二月十三日——1910 年 3 月 23 日）粗略统计，有明确记载的：打牌 15 次，喝酒 17 次，进戏园、捧戏子 11 次、逛窑子嫖妓女 10 次，共计 53 次。有时日记上写着"连日打牌"，有时牌局"至天明始终"，比如：7 月 13 日：打牌；7 月 14 日：打牌；7 月 15 日：打牌；7 月 16 日：自省——"你怎么能如此堕落！先前订下的学习计划你都忘了吗？子曰：吾日三省吾身。不能再这样下去了！"反省了一天，然后接着打。7 月 17 日：打牌；7 月 18 日：打牌……有时在这家妓院出来，又进另一家妓院，妓家关门睡觉了，甚至"敲门而入"。还发生过因喝酒滋事斗殴，打伤警察而被拘押的糗事。

在以后的岁月里，有人说胡适已经浪子回头，把吃喝嫖赌的毛病改了。其实不然，1911 年胡适赴美留学，依然逛窑子嫖洋妓；从美国回国后还是继续逛窑子嫖妓，甚至拉着徐志摩一起去。此事徐志摩有记载。1931 年 6 月 25 日，徐志摩在写给妻子陆小曼的信中讲："晚上，某某等在春华楼为适之饯行。请了三四个姑娘来，饭后被拉到胡同。"

胡适一生最自豪的就是为人师表。可以想象，这个人白天在课堂上谆谆教导学生要如何学习文化知识、仁义道德，如何学习杜威的实用主义；而到了晚上则将书本一丢，跑进花街柳巷里厮混了。这样的品行还配叫作君子么，还配为人师表么，还配称为教授么？

1933 年发生的同盟会纠纷和杨铨被杀案，也可以帮助人们判断胡适的人品。

杨铨（1893—1933），号杏佛，辛亥革命社会活动家；早年留学美国哈佛大学和康奈尔大学，1925 年随孙中山先生北上，任秘书；1928 年任中央研究院总干事，是民国知识分子中的一位有学历、有阅历、有血性的爱国人物。他与胡适都是美国康奈尔大学毕业生，当时与任鸿隽、梅光迪并称"四俊"。

杨杏佛的妻子赵志道，性格泼辣，为杨所惧，曾在杨工作的学校门口公然用脚踹踢杨杏佛。杨杏佛受不了，遂与赵志道离婚。此后，杨杏佛与一位有夫之妇——财政部司长秦汾的夫人来往频繁。结果被胡适捕风捉影，大肆宣扬，并以此取乐，这同时伤害了秦汾夫妇和杨杏佛三人。被杨杏佛怒斥后，胡适还嘲弄杨杏佛开不起玩笑。

导致杨杏佛被暗杀的，是"中国民权保障大同盟会"这个社会组织，但胡适也起了助纣为虐的作用。1932 年 12 年，同盟会在上海成立，宋庆龄为主席，蔡元培为副主席，杨杏佛为总干事。其主要宗旨是"抗日救国"，其政治立场为亲苏、反蒋、抗日，同情中共，属中国国民党左翼。同盟会认为，要改变旧中国只有两条路可走：一是和平推动，二是流血革命，他们选择的是第一种。为了让蒋介石南京政府降低敌意，该同盟会反复声明自己是非政党组织，但蒋介石的屠刀早就瞄准了这个组织。

1933 年 1 月初，杨杏佛前往北平组建分会，北大校长蒋梦麟和胡适自然是北平分会之骨干。但杨杏佛没料到，胡适的加入非但没有加强该同盟会的力量，反而带来了不应有的损害。

3月8日妇女节当晚，宋庆龄在上海参加"国民御侮自救会"成立大会，并发表抗日反帝演讲，批判蒋介石的不抵抗政策。杨杏佛也在会上讲话，发表了与宋庆龄相同的见解。这一切，均为蒋介石所不容，但蒋介石忌惮于宋庆龄的地位和声誉，不敢杀宋，也不敢杀蔡元培，便决定杀掉杨杏佛，以儆效尤。

其时，杨杏佛、胡适、成平三人作为该同盟会代表被委托前去看望北平监牢里的囚犯。左派政治犯被军阀虐待得非常之惨，老虎凳、辣椒水、皮鞭铁棍，还有铁刷子等刑具被频繁使用，有的甚至被活活用军棍打死。宋庆龄、蔡元培、杨杏佛、鲁迅等大声疾呼社会关注这些事情，尽早释放无辜犯人。

而胡适从监牢出来后，竟对英文的《字林西报》表示，一切大体满意，犯人们个个无拘无束，没有任何酷刑。事实上胡适对酷刑的存在清清楚楚，就在当时，胡适收到了多封来信向他控诉监狱中的酷刑。

《胡适来往书信选》一书证明，当时胡适收到的有关信件中，除了韩麟符、李肇音外，至少还有四封信都明确说明有酷刑的存在。比如，1月24日，千家驹致信胡适说："近数年来，国民党执政之结果，青年之冤死于莫须有之'反动'罪名下者不可以数计。在狱中有十三四岁的青年。惨遭种种非刑的拷打，度着比地狱也不如的生活……"再如，2月2日，被关押在北平军事委员会军法组的北大旁听生杨韶秀致信胡适说："学生……十二月九日晚，因政治犯嫌疑被捕，一周之中辗转三处，严刑加身……"

就在胡适等视察反省院后五天，2月4日，被判无期徒刑、关在反省院的周默秋（他是胡适在视察时与胡适谈过话的）躲在被窝里写信给胡适，说："自从那天和你见面之后，即想写信给你，可是我们是不许有笔墨的……如果我们在监房里被搜出了笔来，我们是要受严重的处罚的……受审时，我挨了三次酷刑……每天十二时，何时不有青年学生被捕及拷打的哭声！那个刑场里不有青年学生的热血？"信末还特别关照"如有来示……绝不要公开寄反省院"，可见其恐怖，也可见视察时周默秋根本没把要说的话都说出来。

还有一封未写明时间的（应在此前后）署名关仰羽的来信，长达6000余言，详细记述了他本人被关北平宪兵司令部13天中遭受"酷刑拷打，惨无人道"的经历，并请求"设法拯救无辜，保障民权"。

由此可见，胡适对狱中酷刑的存在一清二楚，却对这些血泪控诉只字不提，而是瞪眼胡说"没有酷刑，说有酷刑的都是捏造"。

胡适公开替军阀洗地，其说法与杨杏佛、成平等人的所见所闻完全相反，这等于在全国舆论面前公开打了该同盟会一个耳光。宋庆龄、蔡元培发电报要求他发表更正声明。但胡适拒绝更改，还反咬一口，说别人不尊重事实。

3月4日，同盟会在《申报》发布消息，要开除胡适。3月18日，蔡元培、林语堂二人具名写信，请各会员到八仙桥青年会九楼开会，要履行程序正式开除胡适。所有人一致同意开除胡适这个叛盟者。

不过，对于胡适来说，这成了他给蒋介石和北洋军阀的最大投名状。

杀害杨杏佛方案由蓝衣社制定，主要牵头人是戴笠。戴笠最初的方案是在华界刺杀杨杏佛，但被蒋介石否定，蒋认为必须在防范严密的租界杀掉杨杏佛，才能起到震慑作用。

6月18日上午8点过后，杨杏佛带着14岁儿子杨小佛在亚尔培路331号中央研究院门口上了汽车，等车一启动，杀手们分三面围了过来，掏出手枪齐射，杨杏佛紧紧伏在儿子身上，身中数弹，不治身亡，司机亦重伤。

6月20日下午，杨杏佛遗体在胶州路万国殡仪馆成殓，宋庆龄、孔祥熙、鲁迅、洪深、王云五、叶企荪等人前往吊唁，孙科、宋子文、朱家骅、吴铁城、何香凝等人送来花圈。入殓由蔡元培主持，他泣不成声，难以畅读悼词。

7月1日举行公祭，7月2日下葬。前来吊唁的人们络绎不绝，在上海的名人只要与杨杏佛有过交情，几乎全部到场。尽管鲁迅等人早已被特务盯上，有人扬言要在送殡后动手暗杀鲁迅等人，但宋庆龄、蔡元培、鲁迅还是去了，而且出门不带钥匙。

令人奇怪的是，在这十几天里，胡适却是踪影全无。他是在故意切割与杨杏佛、与同盟会的关系。这就是胡适"民国大师"的所谓大家风范！

其实，杨杏佛被杀的当天，胡适就在上海，怎能不知道这么大的事件？但他无动于衷，第二天竟搭乘"日本皇后号"游轮去参加太平洋会议了。

成了道貌岸然的大文人且混入政坛之后，胡适的生活就不荒唐了吗？人品变好了吗？也没有。蒋介石评价胡适曰："对于政客以学者身份向政府投机要胁（挟），而以官位与钱财为其目的。平时唱中立，不送钱就反腔，而胡适今日之所为亦几乎等于此矣！"人们或许不知，胡适博士，正是今天拿钱发帖的水军们的祖师爷。胡适受聘于普林斯顿大学葛思德东方图书馆，年薪是5200美元，而现在能够查到的是：1951年至1955年间，蒋介石通过俞国华向胡适送过9笔钱，每次5000美元。胡适的《台湾是多么自由》一文，竟让蒋介石掏了15000美元！蒋介石曾说，胡适"其人格等于野犬之狂吠"，胡适的作为恰恰印证了蒋的判断。

有一篇吹捧胡适的文章，题为《君子——胡适之》，文中批评郭沫若、鲁迅不从父母之命、媒妁之言，抛弃结发妻子；赞颂胡适服从母命，留美归来"不忍伤几个人的心"，毅然迎娶了小脚女人江冬秀，以此誉其"言而有信，行而有义"。实际情况是这样的吗？非也。郭、鲁二位冲破封建婚姻的束缚，寻求自由的爱情，原本就无可指责。其后，两人明媒正娶，堂堂正正，更是无可非议。而胡适表面上虽未抛弃小脚妻子江冬秀，而其实却是暗通有夫之妇，背着妻子婚外同居。

1962年2月24日，胡适突发心脏病去世。对其知之甚深的蒋介石长出一口闷气，送了一副挽联，上书："旧伦理中新思想的师表，新文化中旧道德的楷模。"

此联看似称颂，实则颇含嘲讽之意。

1923年，胡适在杭州与曹诚英同居。原来，胡适在同江冬秀举办婚礼的时候，就看中了比自己小11岁的伴娘曹诚英。曹诚英怀孕了，毅然离婚，北上找胡适逼婚。这就是蒋之挽联上联"旧伦理中新思想的师表"的来源。

曹诚英奉子逼婚，胡博士旁敲侧击地向妻子江冬秀提出离婚，不料江氏竟拿出菜刀，以杀死两个儿子相威胁，吓得胡博士抱头跪地，再也不敢重提离婚之事。就是蒋之挽联下联"新文化中旧道德的楷模"的来源。

1962年3月3日，蒋介石在《上星期反省录》中写道："胡适之死，在革命事业与民族复兴的建国思想言，乃除了障碍也。"这是蒋对胡之死所作的结语与真实评价。

二、关于胡适的学问

在哥伦比亚大学，胡适拜师哲学家杜威门下，其博士却是肄业。至于未通过博士学位答辩的个中缘由，胡适并未提及，外人不得而知。

梁漱溟晚年接受采访的时候，谈到他一生最佩服的两个人，一个是章士钊，一个是章太炎。有后生在章太炎面前议论哲学时谈及康有为、梁启超，并问"先生对于胡适之怎样看"，不料章老先生竟哈哈大笑："哲学，胡适之也配谈么？康梁多少有些'根'。胡适之，他连'根'都没有。"此语可谓一语中的、一针见血。

旅美学者唐德刚，乃近代史大家。唐先生曾整理过《胡适口述自传》，并著有《胡适杂忆》。尽管他对胡适颇有高评，但对其学问也不以为然："胡适之那几本破书，实在不值几文。所以我们如果把胡适看成个单纯的学者，那他便一无是处。连做个'水经注'专家，他也当之有愧。这便是海内外'专'——不论'白专'或'红专'——之所以低估他的道理。"

国学大师、史学家钱穆和胡适为同代人，他对胡适第一印象也大不佳，认为此人"是个社会名流式的人物，骨子里不是个读书人"，"以言以人，两无可取"。据了解钱穆的人说，钱先生对一个文人做出"不是个读书人"的评议，确是很严峻的判词了。钱穆对胡适的这种印象，后来只有加深，而无改变。其"世俗之名既大，世俗之事亦困扰之无穷"，正是钱穆对胡适乐于尘俗而无暇学问的判断。

钱穆与胡适相识于1928年。其时，钱穆尚在苏州中学教国文，而身为北大教授的胡适早已名满天下。胡适曾得人叮嘱，来苏州有两人必见，其一便是钱穆。必见的理由可以想见：胡适的《中国哲学史》研究的对象是先秦诸子，而钱穆也正于此处用力，对诸子问题别有洞见。胡适往苏州中学演讲之际，校长招呼原本在台下落座的钱穆登主席台与胡适同坐。

一见到真有学问的人，胡适即露了原形。钱穆在《师友杂忆》中记述当时的情景："余时撰《先秦诸子系年》，有两书皆讨论《史记·六国年表》者，遍觅遍询不得。骤遇适之，不觉即出口询之。适之无以对。"演讲结束，校长请客，钱穆陪席。主人请胡在苏留宿，胡适以忘带刮胡刀为由，坚持当日即返回上海。钱穆忖度胡的坚辞与他的"无以对"多少有些干系。此后，胡适颇不愿和钱穆打交道。两人关系疏远，原因之一是立场相反，气味不投；更重要的原因是胡适的学问犹如蜻蜓点水，与钱穆相差太远，很怕钱的较真和拷问。

1934 年，胡适完成了一部具有"成熟的"胡氏"学术"风格的论著《说儒》。此时，胡适已经是声名显赫的大师级文坛领袖了。《说儒》洋洋洒洒数万言，归纳起来就四个字：儒学下贱。因为儒家思想是中国传统文化的主干，要否定中国文化必须从儒家下手。

关于做学问，胡适有一句名言："大胆假设，小心求证。"

且看胡博士自己对儒家是如何假设，又如何求证的：

1．一切从这个假设开始："从儒服是殷服的线索上，我们可以大胆的推想：最初的儒都是殷人，都是殷的遗民，他们穿戴殷的古衣冠，习行殷的古礼。"

2．接下来，不知依据什么，他说："我们看殷墟（安阳）出土的遗物与文字可以明白殷人的文化是一种宗教的文化。"

3．接着，胡博士未经小心求证，就大胆判案了："这种宗教需要一批有特别训练的人。卜筮需用'卜筮人'；祭祀需用祝官；丧礼需用相礼的专家……他们只是'儒'。"

4．再接着，未经求证，胡适又拿出了猜测性的论断：因为"孔子也很重视丧祭之礼"，说过"夫三年之丧，天下之通丧也"，"大概当时的礼俗，凡有丧事，必须请襄礼的专家"。不知依据什么，胡博士继续做出结论："儒是殷民族的教士，靠他们的宗教知识为衣食之端"，即：所谓儒，就是专门靠为别人办丧事混饭吃的人。

5．胡博士继续推想："他们（儒）既须靠襄礼为'衣食之端'，就往往不能讲气节了。"

6. 于是，胡博士宣称："在前三章里，我们说明了'儒'的来历"的基础上，根本忘记了"推想""大概"这样的大胆假设，进而拿出了大胆而不是小心求证的本事，断然推出了铁板钉钉的成果："老子……然而他还是一个大师，还不能不做相丧助葬的职业；孔子……他也还是一个丧礼大师，也还是'丧事不敢不勉'。"

就这样，在胡博士的假设、求证之下，老子、孔子都成了"丧礼大师"。

胡适这样的学问，实在是可笑之至。为了贬低中国历史、侮辱中华文化，胡适可谓用尽了心思。

那么，胡适先生的这个判决，是否有疑点呢？当然有的是！笔者随手就可提出几个问题：

第一，儒服就是殷人的服装，商朝有天子，也有文武百官，他们是否是"儒"呢？是否着儒服呢？胡适没说。胡适当然知道，孔子是商朝王室之后，也是春秋时期宋国国君之后；胡适还说过孔子曾任宋国宰相的祖宗也是"儒"。那么，"儒服"是不是商朝贵族服饰呢？

第二，既然"殷人的文化是一种宗教的文化"，"孔子也很重视丧祭之礼"，自在情理之中。但是，以孔子如此显赫的家世，即便孔子是以办"丧礼"为职业，难道孔子的祖宗也是干这个的？

第三，胡适说，"丧礼大师"是"遭人轻侮"的下贱职业。可是，鲁国让孔子担任大司寇并代理宰相，老子还在周天子手下做官。难道大司寇也以操办丧礼为主要工作？难道周天子的史官或者图书馆官员，也主要是操办丧礼的？

胡适有自己的目的。胡适及其弟子们之所以"为学术而学术"，是因为他们把自己的祖宗当敌人，把自己当外国人。

三、关于胡适的气节

据何新先生研究，胡适在康奈尔大学就读农学期间，于 1911 年 12 月初次接触共济会。康奈尔大学是得到共济会、光明会基金资助创办的大学。另据台湾联经版《胡适日记全集》，1911 年 12 月 2 日胡适记："夜往访 L. E. Patterson 之家，夜深始归。是夜偶谈及 Freemason（规矩会）之原委始末。"1912 年 12 月，胡适代表康奈尔大学大同会，到费城参加世界大同总会，被推为宪法部干事。世界大同会，即世界同济会，是共济会的分支组织。1914 年，胡适 24 岁，经推荐前往哥伦比亚大学（也是共济会资助的著名大学）攻读哲学，从学于哲学家约翰·杜威。杜威是美国共济会 33 级别大师，胡适经他介绍入会为石匠学徒。

共济会，乃白人种族主义的最高秘密组织，是一个致力于消灭所谓"垃圾人口"、建立白人种族主义统治的极为反动的秘密政治组织。加入了共济会，就意味着必须遵循共济会的宗旨，在中国为共济会工作，说白了，就是专干损害中国利益、背叛国家民族的事。从此，胡适一生的所作所为，都与此相关。具体说，就是亲西方，在中国推行西方自由主义，反共，挖祖坟，诋毁中华文化，用其洋博士身份来证明中华文化都是假的，一钱不值。胡适从美国归国后，便纠集同伙，发起组织了一个"疑古派"，主张中国的夏商周是并不存在的虚构的历史，即便东周以后的史料也"宁可疑古而失之，不可信古而失之"。当时的有识之士就指出，胡适一伙"大肆贩卖西方学者之唾余，以民族虚无主义误导中国社会"，企图从根子上瓦解中国人的民族自信，同时为传播西方自由主义打开空间。

胡适的一个本事，就是为了贬低中国历史文化而公然颠倒黑白。中国历史上什么厉害，胡适就偏说这方面中国自古就差得不行。他说："中国最缺乏最不发达的是传记文学，二千年来几乎没有一篇可读的传记。"我们知道，自司马迁开始的二十四史，便是以纪传体记录历史，极为精彩。司马迁写《史记》时，欧洲人还在茹毛饮血呢！再者，仅仅唐宋八大家，就写了许许多多的人物传记。他们的传记文学作品，难道也不值得胡适一读？那么，胡适自己可有一篇值得后世阅读的人物传记作品？

反对爱国主义，贬损民族精神，是胡适一贯的政治倾向。早在1915年，胡适发表《致留学界公函》，反对抗议《二十一条》卖国条约的爱国学生运动，骂爱国学生们是"理智失常"，得了"爱国癫"。今天，一些人咒骂爱国者为"爱国贼"，与胡适真是一脉相承。

1931年日本军队发动"九一八"事变，开始了侵华战争。国难当头，正是需要炎黄子孙团结起来一致对外的时候，胡适却对他的弟子说："炎帝黄帝尧舜禹，都是后人编造出来的"，"根本就不存在屈原这个人"。他们宣称，汉朝以前乃至汉朝的著作，全是后人的伪作；汉朝以后的著作统统一塌糊涂。

面对日寇侵略中国的暴行，胡适作为学界领袖，非但不主张抵抗，反而呼吁妥协。1933年，长城抗战失败，国民政府与日寇签订屈辱的《塘沽协定》，变相承认日寇对中国东北的侵占，遭到爱国民众的谴责，而胡适却为之辩解，声称"非如此不可"。1935年，他致信蒋介石，竟要求国民政府放弃东北三省，承认伪满洲国。其理由是：以东三省数千万人民被日本蹂躏50年为代价，资源被日本掠夺50年为战略，可"继续剿共50年"。对此，鲁迅先生讽刺说："胡适博士不愧为日本帝国主义的军师。"

1937年，"七七"卢沟桥事变爆发，日本全面侵华战争开始。面对敌强我弱的严峻形势，蒋百里将军发表文章，科学分析中日国情，坚定地鼓励国人，"打不了，也要打，打败了，就退，退了还是打，无论打到什么田地，穷尽输光不要紧，胜也罢，败也罢，就是不要和它讲和！"，"千言万语化作一句话，中国是有办法的"。而胡适恰恰相反，和周佛海等人拼凑"低调俱乐部"，散布"战必大败，和未必大乱""再战必亡"的论调，反对抗战。他说："我情愿亡国"，"决不主张对日作战"，甚至将爱国军民的抗战呼声污蔑为"歇斯底里的风气"。他要求国民政府以日方提出的条件为基础来举行谈判，并"自动地主张东三省解除军备，中、日皆不得在东三省驻兵"。胡适的歪理邪说让爱国者深感气愤，在国民政府军事委员会的会议上，程潜将军说："胡适是汉奸！"国民政府司法院长居正则要求"逮捕胡适"。当时的青年学生致信胡适骂道："适之先生：《塘沽协定》签字之后，你曾替它辩护过！现在丧心病狂的军人又把整个的华北出卖了，你还替它辩护吗……我们深切地明白了你的人格！"

1937 年 8 月初，蒋介石在庐山召见胡适等北方学者。陶希圣回忆说："八月初，委员长约了张伯苓、蒋梦龄、胡适之、梅贻奇和我到黄埔路官邸午餐……胡适之先生建议，请委员长指示南京上海的报纸，不可攻击张自忠。在国际法上，一个大都市被敌军侵入的时候，市长为了保全市民的生命财产安全，与敌军订立临时条款，是合法的。他相信张自忠是忠于国家的，二十九军是抗日的。委员长说：我立刻告知他们，不可攻击张自忠，张自忠是爱国的，二十九军是抗日的。"此处胡适对蒋的建议，表面看似替张自忠说情，实际上却表明了胡适不愿对日作战的一贯立场。后来张自忠英勇战死于抗日沙场，悼念、讴歌张将军者从国到共，由上而下，成千上万，而胡适却不置一词。

物以类聚，人以群分。胡适在民族立场上的软骨病，决定了他必然和汉奸走得很近。而走得最近的，当然就是汪精卫。两人过从甚密，臭味相投。汪叛国后，舆论一片责骂，而胡却默然不语。1944 年汪死于日本，国人拍手称快，胡却颇为痛心，在其日记中写道："精卫死在日本病院里，可怜。精卫一生吃亏在他以烈士出名，终身不免有烈士情结。"一个汉奸，在胡的眼里竟成烈士！蒋介石对胡的评语可谓深入骨髓："徒有个人而无国家，只有私情而无道义。"1960年10月13日，蒋介石在日记里写道："此人实为一个最无品格之文化买办，无以名之，只可名曰'狐仙'，乃为害国家，为害民族文化之蟊贼。"

"文化买办"，蒋介石对胡适的定性可谓精准。

四、关于胡适的贡献

有人说，胡适出使美国，为抗战作出了重大贡献！

真是这样吗？且看历史的真相。

1937年8月19日，胡适觐见蒋介石。蒋命其担任中国驻美大使，交给他的任务是："即日去美国，进行抗战宣传"。可是，胡适在美期间采取了"四不"政策：不宣传、不借款、不购军火、不办救济事业。

既然他什么都不做，那都忙了些什么呢？

忙着谋取博士学位。赴美之前胡适已有了4顶博士帽，但他还嫌不够多。

1939年，哥伦比亚大学、芝加哥大学分别授予名誉法学博士。

1940年，美国8所大学——韦斯尔阳大学、杜克大学、克拉大学、卜隆大学、耶鲁大学、联合学院、柏令马学院、宾夕法尼亚大学，分别授予胡适名誉法学博士学位，形成"博士高峰年"。1941年，胡适在美国被授予博士学位有5个，在加拿大被授有2个。1942年是胡适拿博士帽的第二个"高峰年"，达10个之多，都是美国大学授予的。

此后，美英大学又陆续授予胡适5顶博士帽。

抗战最艰苦的岁月，爱国军民浴血奋战，胡适却在大弄博士学位，前前后后一共弄了 36 顶博士帽！

蒋介石看在眼里，气在心上。1942 年 10 月 13 日，蒋在日记《上星期反省录》中评价说："胡适乃今日文士名流之典型，而其患得患失之结果，不惜借外国之势力，以自固其地位，甚至损害国家威信而亦在所不惜。彼使美四年，除为其个人谋得名誉博士十余位以外，对于国家与战事毫无贡献，甚至不肯说话，恐其获罪于美国，而外间犹谓美国之不敢与倭妥协，终至决裂者，是其之功，则此次废除不平等条约以前，如其尚未撤换，则其功更大，而政府令撤更为难矣！文人名流之为国乃如此而已。"蒋介石这段日记透露的信息是：胡作为中国驻美大使，生怕得罪美国，连该说的话都不肯讲。外间传说美国之所以不与日本妥协，且最终与日本决裂，都是胡适的功劳，这完全是扯淡。其时，国民政府正与美英商议废除列强与清朝签订的不平等条约，蒋估计，若此时尚未将胡撤换，则废约之大功可能又会归之于胡，那样的话要撤换他就更难了。故蒋感叹，文人名流的"为国"不过如此而已。

五、关于胡适的胸怀

在清华第五届庚子赔款留美考试中名列第一，后来成为台湾"中央研究院"院士、美国艺文及科学院院士、美国亚洲学会会长的何炳棣先生，十分推崇毛泽东诗词。1958 年，他亲自将毛泽东的《沁园春·雪》翻译成英文发表，四处推介，赞赏备至。然而，这个举动却遭到胡适的斥责。在胡适的纽约公寓里，两人就此事发生争执。胡适认为何炳棣对毛泽东诗评价太高，理由是："看了很不舒服，因为你还夸他颇有诗才。事实上，他当初在北大还不配上我的中国文学史班呢！"何炳棣据此认为胡适过于自负，自认是文化艺术界第一人，不肯承认有比他更高之人。

除毛泽东诗之外，胡适还认为，陈寅恪不过尔尔。从这两件事上可以看出，胡适的自负并非基于其真才实学，而是缺乏容人之雅量。1959年3月11日，胡适读到大陆出版的《毛主席诗词十九首》，便在其当天的日记中写道："看到大陆上所谓'文物出版社'刻印的毛泽东《诗词十九首》，共九页……其中最末一首……'蝶恋花'词，没有一句通的……"其实，深谙诗词格律的毛泽东对于韵脚不合十分清楚，故在其"作者自注"中解释说："上下两韵，不可改，只得仍之。"说明毛泽东在此破韵，只是不想因韵害意而为之。如此用韵，意与声谐，浑然天成，是一种不拘程式的更高境界。毛泽东在遵循词律的前提下，根据表达需要而稍加变通，不正是他"旧体诗词要发展，要改革"诗论的一种艺术尝试吗？反之，了无诗意，缺乏诗味的句子，即便切韵合律又如何？显然，胡适如此胶柱鼓瑟、吹毛求疵，苛刻地将毛泽东的《蝶恋花》贬得"没有一句通的"，不是他的水平高，而是他的器量小，实质上属于羡慕嫉妒恨。至于胡适说的"他当初在北大还不配上我的中国文学史班呢"这句话，则更属于一种虚妄无聊的自负。胡适全然不见泰山之鸿巨，而独拿诗词挑刺以作障目之论，只能说明其心胸之局促、器量之狭窄。

况且，仅以诗词而论，胡适之诗词与毛泽东相比，差距也不可以道里计。恰巧，毛泽东与胡适均写过《沁园春》，不妨两相比较一下。

毛泽东的《沁园春》：

> 北国风光，千里冰封，万里雪飘。望长城内外，惟余莽莽；大河上下，顿失滔滔。山舞银蛇，原驰蜡象，欲与天公试比高。须晴日，看红装素裹，分外妖娆。

> 江山如此多娇，引无数英雄竞折腰。惜秦皇汉武，略输文采；唐宗宋祖，稍逊风骚。一代天骄，成吉思汗，只识弯弓射大雕。俱

往矣，数风流人物，还看今朝。

胡适的《沁园春》：

客子何思？冻雪层冰，北国名都。想乌衣蓝帽，轩昂少年，指挥杀贼，万众欢呼。去独夫"沙"，张自由帜，此意于今果不虚。论代价，有百年文字，多少头颅。

冰天十万囚徒，一万里飞来大赦书。本为自由来，今同他去；与民贼战，毕竟谁输！拍手高歌，"新俄万岁"！狂态君休笑老胡。从今后，看这般快事，后起谁欤？

心平气静地说，两首词根本不在一个量级上。胡适词气势屡弱，想象乏力，文辞更有不逮。其词既不够"书生意气""挥斥方遒"，更不够"指点江山，激扬文字，粪土当年万户侯"。与人们想象中刚从哥伦比亚大学读博归来，高擎新文化运动大旗呼啸前进的英姿勃发、顾盼自雄、风华正茂的形象颇有不合，可谓盛名之下其实难副。与毛泽东词相比，胡适词差矣；作为中国新诗之开山鼻祖，即便在新诗百年长河中，胡适的诗也差矣。胡适对毛泽东如此刻薄，而毛泽东对胡适如何呢？前述1956年2月毛主席在怀仁堂宴请全国政协的知识分子代表时，谈及胡适，他说："说实话，新文化运动他是有功劳的，不能一笔抹杀，应当实事求是。"毛泽东、胡适互评，两人器量之大小，高下立判。

六、关于胡适的主义

一个人，倘若抱定一种主义，坚持不懈，始终不渝，即便不为他人认可，也足以令人尊敬。但胡适并非如此，他是一个十足的实用主义者、机会主义者。

1919 年 7 月，胡适看到陈独秀被捕，李大钊被迫离开北京到河北昌黎避难，便趁机在《每周评论》上发表《多研究些问题，少谈些主义》一文，反对"外来进口主义"，鼓吹对中国的社会问题只能进行一点一滴的改良，实质是反对中国人接受马克思主义，反对中国走革命的道路。

李大钊看到胡适的文章后，非常不满，遂于 8 月 17 日从昌黎的五峰山寄给胡适一封题为《再论问题与主义》的公开信，论证了"问题"与"主义"的关系，指出："一个社会问题的解决，必须靠着社会上多数人共同的运动"，"我们的社会运动，一方面固然要研究实际的问题，一方面也要宣传理想的主义"，"我总觉得布尔扎维主义的流行，实在是世界文化上的一大变动。我们应该研究他，介绍他，把他的实像昭布在人类社会"。

这里，胡适所谓的反对"外来进口主义"，实为双重标准。其实，他秉承的自由主义就是地地道道的外来进口主义舶来品。说到底，胡适奉行的还是"只许州官放火，不许百姓点灯"那一套。

再看看他是如何对待皇帝的。1922 年 5 月 17 日，闲极无聊的溥仪把电话打到了胡适家：

"你是胡博士呵？好极了，你猜我是谁？"

"您是谁呵？怎么我听不出来呢……"

"哈哈，甭猜啦，我说吧，我是宣统啊！"

"宣统……是皇上？"胡博士受宠若惊。

"对啦，我是皇上。你说话我听见了，我还不知道你是什么样儿。你有空到宫里来，叫我瞅瞅吧。"

胡适兴奋莫名：皇上要召见我了！他在日记里写道："今天清室宣

统帝打电话来，邀我明天去谈谈，我因为明天不得闲，改约阴历五月初二日去看他（宫中逢二休息）。"为此，胡适还专门写了一篇文章《宣统与胡适》，文中颇为得意地说"他称我先生，我称他皇上"，其兴奋之情、骄傲之感溢于言表。

承蒙"皇上"召见之后，胡博士兴奋之余，还给庄士敦写了封信，描绘令他骄傲难忘的场景："不得不承认，我很为这次召见所感动。我当时竟能在我国最末一代皇帝——历代伟大的君主的最后一位代表的面前，占一席位！"

这，就是号称新文化运动领袖的胡适之博士，在封建废帝面前的奴才表现！

是否真的主张民主自由，更重要的是看他对待现实政治的态度。历史事实是，胡适是《动员戡乱时期临时条款》的始作俑者之一，又是第一个在《台湾戒严令》这个毁灭民主、自由、宪政的文件上签下自己大名的人。在台湾，胡适自己可以"批判"一下蒋公，但不容许别人也如此做，谁批判蒋介石，胡适就批判谁。以致美国人都调戏胡博士说："台湾言论自由，只有胡适一个人的自由"。

1953年，胡适在日记里记载："我说，台湾今日实无言论自由。第一，无一人敢批评彭孟缉。第二，无一语批评蒋经国。第三，无一语批评蒋总统。所谓无言论自由，是'尽在不言中'也。"

一年后，也就是1954年，原台湾地区政府主席兼保安司令吴国桢赴美后反水，发表《在台湾你们的钱被用来建立一个警察国家》，引起舆论震动。刚刚指责"台湾今日实无言论自由"的胡适之，看到这篇文章后大为光火！蒋介石则大为着急！赶紧派人给胡适送上美元。拿了美元的胡博士不仅写信批评吴国桢，还大笔一挥，展开反击，闻名遐迩的洗地奇文《台湾是多么自由》出笼了！从这个拿钱发帖之事例可见，在金钱利益与民主自由之间，胡博士完全站在了金钱利益一边；在政治需要与事实真相之间，胡博士完全站在了政治需要一边。

综观胡适的一生，大节不端，小节亦然。一是其品德不怎么样，这吃喝嫖赌放在黄金荣一类人身上不是什么大问题，而放在一个北大校长身上就是问题；二是其学问不怎么样，没有真才实学，无论历史、文学、哲学、教育、红学，哪一门都稀松平常；三是其气节不怎么样，崇洋媚外，挟洋自重；四是其对祖宗祖国不怎么样，诋毁中华文化，搞历史虚无主义，为他传播西化制造空间，此乃大逆之罪。

胡适的一生，姑不论其吃喝嫖赌、浪荡堕落，也不论其私欲熏心、投机善变；仅以其政治立场论，也是乏善可陈。从"低调俱乐部"到恐日妥协的各种言论，从鼓吹自由主义到甘当蒋家王朝之鹰犬，从崇洋媚外到挖祖坟虚无中华文化，胡适离汉奸近到了仅一步之遥。还好，他终究没有跨出那一步，所以不能称之为文化汉奸，而只能称之为文化买办。

总而论之，尽管胡适参与了新文化运动，自有其历史贡献与地位，但其道德学问和他的巨大名声是不相符的，甚至可以说，胡适在历史上发挥的主要作用并不是正面的。胡适，实在不是什么君子，更谈不上君子的标杆，不配成为后人之偶像。那些盛赞胡适者，要么是不了解真相所致，要么在政治上思想上是胡适同党。笔者就是想把真相告诉大家，以免更多的年轻人上当受骗。

狼牙山五壮士名誉案关键证据的调查取证及思考

赵小鲁 [①]

一、调查取证的经过

（一）取证的缘起："最有说服力的证据，应该来自当年的部队"

2015 年，我和王立华同志一起承办狼牙山五壮士名誉案后，首先面临的问题是需要收集大量的历史资料，筛选出诉讼之用的法律证据，反驳洪振快对狼牙山五壮士历史真实性的否定、对英雄名誉的污蔑。

当时的形势是，历史虚无主义沉渣泛起，在自媒体等舆论场域逆流而动，频频发声。一些公知大 V，在网络媒体发表文章，全部一边倒，认为狼牙山五壮士家属起诉洪振快，这个案子原告赢不了。法院最初也面临判决的难题：如果硬判，就会给人政治判决的观感，而不是法律判

---

① 赵小鲁，中国社会科学院世界社会主义研究中心特邀研究员，昆仑策研究院首席法律顾问。

决，法律判决需要关键证据。而律师的调查取证，也屡屡碰壁。令我十分尴尬和不解的是，我们的一些博物馆，对调取关于狼牙山五壮士的证据，采取了冷漠、回避、拒绝的态度。特别是国内一些著名的博物馆，即便同意让我像普通游客一样参观，也不同意我复印资料，更拒绝在这些资料上加盖公章。没有公章，调查取证拿到的资料，在法律上就缺乏证明力。幸好，解放军报社《国防参考》的仇学平副总编辑，将该报社多年保存的关于狼牙山五壮士的资料，全部给了我们，这无异于雪中送炭。正是这一批资料，为我们下一步调查取证，提供了线索和方向：证明这段历史最有说服力的证据材料，应该来自当年的部队。在这种情况下，赵可铭上将联系我到红一团取证，这些支持和帮助就像穿透漫天云雾的一道阳光，使我在云遮雾绕中看到了希望。

赵可铭上将，是国防大学原政委，曾担任过狼牙山五壮士所在部队的师政治部主任。他全力以赴，从始至终给予我们工作巨大的支持和精神鼓励。赵可铭上将直接联系了四十二集团军政委，说明了我们的意图，得到了集团军领导的大力支持；他还安排我直接到狼牙山五壮士所在部队——红一团调查取证。

（二）初抵军营："我就是吐了血，也一定把这个官司打赢"

2015 年"九三"大阅兵（即纪念中国人民抗日战争暨世界反法西斯战争胜利 70 周年大阅兵，编者注）之后，我在赵可铭上将安排下，飞往南方红一团部队所在地调查取证。

在从机场到部队的路上，负责迎接工作的政治处主任介绍说，四十二集团军的领导此前打电话反复叮嘱，让部队全力配合赵律师的调查取证工作。部队同志说，无论如何要打赢这场官司。这不仅涉及狼牙山五壮士英雄群体的声誉以及对烈士后人精神损害赔偿的问题，更关系到整个解放军的声誉和形象，影响解放军的士气和斗志。我回复说，我是个律师，从小敬佩英雄，对历史虚无主义如此肆无忌惮地诋毁我们的英雄，义愤填膺，我经常气得一夜一夜睡不着觉。我就是吐了血，也一定把这个官司打赢。

红一团团部是一座三层楼，大门口高悬八一军徽。军营秩序井然，车辆很快到了门口，红一团的团长、政委、几位营长，还有红一团所在师的政治部主任已经在迎候。部队同志说，我们接到指示，将全力以赴配合赵律师的调查取证工作。

我对调查取证已经有预先计划和沟通，即参观团史馆、连史馆，选择需要调取的证据，请红一团逐一盖章。参观以狼牙山五壮士命名的基层连队。然后，请部队组织一个座谈会，邀请红一团的部分同志参加。因为整个调研取证只有一天时间，日程安排得非常紧凑。

（三）参观团史馆和连史馆：重温英模部队的光辉历史

第一个环节是到团史馆和连史馆参观。红一团，是狼牙山五壮士七连所在部队，就是在抗日战争中，坚守狼牙山地区，带领 4 万群众突出日寇铁壁合围的英勇的一个团。起初，我对部队编制沿革不熟悉，只知道红一团战绩显赫，是中央军委在新中国成立数十年来所树立的全军英模部队。

团史馆讲解员首先介绍了红一团的历史，又介绍了狼牙山五壮士英雄事迹的发生过程。我这才知道，红一团是毛主席领导的秋收起义部队。从整个建军历史看，经过秋收起义上井冈山的部队虽然人数较少，只有千余人，但是毛主席领导秋收起义部队，确立了人民军队的建军原则、根本宗旨、基本制度，开始找到了一条"农村包围城市、武装夺取政权"的正确革命道路。从这个意义上讲，秋收起义部队显然是人民军队军魂的最初源泉。为什么狼牙山五壮士名誉案对于解放军而言具有如此重要的地位和影响？就是因为，狼牙山五壮士所在部队及其体现的崇高革命精神是中国人民解放军军魂的重要来源。

我接着参观了连史馆。一个连队有自己专门的历史展馆，我想在解放军中可能并不多见。讲解员向我们系统介绍了狼牙山五壮士事迹的全部过程。经过对连史馆的参观，我对狼牙山五壮士的英雄事迹、对当时的革命历史有了更多了解和更直观的感受。

我在参观团史馆、连史馆的过程中，进一步了解到，狼牙山五壮士的事件发生以后，红一团随即将情况汇报给聂荣臻司令员，随即，《新华日报》记者进行了采访。当时，接受采访的有一个姓李的年长道士，"9·25"战斗那天，为逃避日寇，他躲到一处山洞中，在远处目睹了狼牙山五壮士抗击日寇、英勇跳崖的过程。再有一位，是当地龙王庙子村的农民冉元同，他在棋盘陀峰来不及逃走，就躲在一处山上，也亲眼目睹了五壮士跳崖的一幕。还有，日寇伪军退走后，山下抗日村庄的村长带领村民，进山寻找到了跳崖牺牲的三位烈士遗体，并将三位烈士遗体抬出深山掩埋好。《新华日报》的记者还采访了跳崖被半山树林阻挡受伤后，被当地村民救出的两位英雄——葛振林、宋学义，并作了采访记录。《新华日报》的采访，立即上报到聂荣臻司令员处，随即报给在延安的党中央。毛主席、朱总司令亲笔签字决定，向全军和全国人民宣传学习狼牙山五壮士的英雄事迹。聂荣臻司令员发布《训令》，要求全军学习狼牙山五壮士的革命英雄主义精神，并在英雄跳崖处建立纪念碑，使革命英雄的浩然正气，与日月同辉，与历史同存。

在参观过程中，我深切了解到，1941年抗日战争进入了最艰苦的时期。日寇将主要兵力调来围剿八路军和新四军。日寇丧心病狂的"三光政策"，使我们的根据地和人民受到巨大损失。就是在中华民族危亡之际，涌现出的狼牙山五壮士英雄群体，他们可歌可泣的革命事迹和崇高的革命精神，对激发全国抗日军民的顽强斗志，坚持争取民族生存的斗争，直至最终战胜日寇，起到极大的激励作用。

（四）参加部队组织的座谈会：共同捍卫中国人民解放军的军魂

第二个环节是我参加了部队组织的一个小型座谈会。参加会议的有狼牙山五壮士班的班长、狼牙山五壮士连的指导员、狼牙山五壮士营的教导员以及部分基层战士。我介绍了历史虚无主义污蔑抹黑英雄的猖狂和我们为捍卫狼牙山五壮士名誉、决心打一场法律反击战的情况。我说："正义，自在人心。正气，充沛天地。我们有习主席的领导，有我们英勇的人民军队的支持和后盾，有党内一批老同志，军队一批老同志的坚决支持，和无数革命群众的声援，这个官司，我们一定能够打赢。"

与会人员纷纷发言，怒斥洪振快污蔑诽谤狼牙山五壮士的错误行径，指出：搞历史虚无主义的一小撮分子否定狼牙山五壮士的历史事实，就是要阉割中国人民解放军的军魂。值得欣慰的是，我从一些普通战士的发言中听到，他们直截了当地指出了这场法律保卫战——反击历史虚无主义、捍卫狼牙山五壮士名誉的一个重要意义：就是要保卫中国人民解放军的军魂。

我了解到，红一团有一个优良传统，就是要让狼牙山五壮士精神世世代代传承下去。团里有"狼牙山五壮士连"和"狼牙山五壮士班"的建制。红一团每天训练早晚点名，首先从狼牙山五壮士的名字点起，然后全体战士齐声喊："到！"就犹如狼牙山五壮士还在我们的连队之中。红一团建立了狼牙山五壮士精神传承人制度。每年评比出狼牙山五壮士精神传承人，使狼牙山五壮士精神，在一代一代的传承人身上得到继承和发扬。至今，已经培养了十几代传承人。

除了上述参观调查外，此行最重要收获就是案件的证据——红一团在证据资料方面提供了充分而有力的支持。在后来的狼牙山五壮士名誉案的整个诉讼过程中，红一团作为解放军的代表，始终坚定地和我们站在一起。他们将我们需要的全部资料都复印成套，加盖公章，提交给我们。这些材料作为我们诉讼中交给法院的关于本案的强有力证据，最终为法院所全部采信。

在调查取证结束时，共同的战斗情谊，使我与部队的官兵难舍难分。临别时，团政委郑重地从一个盒子中拿出一枚五角星形的军功章，递到我手上，他说："这是一枚三级战斗英雄军功章，我代表红一团，颁发给您。原打算请您多住两天，举行一个仪式，但时间来不及了。"面对部队授予的荣誉和殷切期待，我感动万分，一时不知说什么好，竟然语噎。

二、我方的诉讼策略、关键证据与司法审判的胜诉

（一）优先证据

此次我赴红一团调查取证收获甚大，对案件产生了深刻影响。在后来的案件办理过程中，王立华同志（狼牙山五壮士名誉案的另外一位代理人）详细地将狼牙山五壮士名誉案的所有历史资料进行了梳理。我们将证明狼牙山五壮士历史真实事实的所有证据都提交给法院，并要求法院在判决书中对狼牙山五壮士这一历史事实给予明确承认，使狼牙山五壮士的历史载于判决书中，从而使判决书成为证明狼牙山五壮士历史真实性的法律依据。

后来，我在代理词中说："最佳证据，又叫优先证据，是指在各种证据中，因证据形式来源的不同，而具有不同的证明效力。"譬如说，在本

案中，凡是国家机构、社会组织依职权做出的公文书证，效力高于其他证据。当然更高于传来证据。在本案中，哪些证据是最佳证据，即证明效力最强，对于确定历史事实和认定被告的侵权责任，至关重要。

"本案涉案证据中，属于原始证据和最佳证据，可以证明狼牙山五壮士历史事实真实性的，有以下几份：第一，晋察冀分区第一军分区的战报；第二，聂荣臻司令员颁发的《训令》；第三，八路军文献；第四，红一团的声明；第五，红一团团史馆历史文件《情系红一团》；第六，刘宏泉先生代表狼牙山五壮士红色文化发展研究会撰写的文章。"

我们的这一诉求，为法院所全部采纳。在将近万字的法院判决书中，用了上千字记述了狼牙山五壮士事件的过程。从此，狼牙山五壮士的英雄事迹，不仅记载在我们的文章、历史资料和历史研究中，而且记载在中华人民共和国法院的判决书中，具有了法律上的最强证明力。

（二）最具证明力的证据

我在红一团的支持下，取得了证明狼牙山五壮士历史事件真实性的最有力的证据。这些证据，经由红一团盖章，成为最具证明力的证据。

后来我在代理词中说："根据本律师向法院提交的多份历史资料证明，狼牙山五壮士事迹，经过晋察冀军区各级领导深入详细调查，并直接汇报到延安党中央，经毛主席党中央批准，向全国人民和全体八路军指战员广泛宣传。狼牙山五壮士的英雄事迹，是自抗日战争以来，长期鼓舞人民军队的重要精神支柱，狼牙山五壮士英雄群体，属于我们的人民解放军，属于全国人民，属于中华民族的集体历史记忆。2009年，北京工业大学出版社出版的《100位为新中国成立作出突出贡献的英雄模范人物》一书（见原告证据十六），编辑了1921年到1949年的100位英雄模范人物。狼牙山五壮士，赫然列名其中。说明狼牙山五壮士在中国人民心中的崇高地位和对共和国的突出贡献。

"所以，被告否定狼牙山五壮士，就是否定人民军队的历史，否定共和国的历史，否定共产党的历史，严重伤害了中国人民的民族感情。"

我在代理词中说，经过法庭质证，我方提供的四份原始证据，包括《晋察冀军区 1941.8.13—10.17 反扫荡战役总结》《训令》（1941 年 10 月 18 日晋察冀军区政治部）《杨成武回忆录》《红一团团史》，均为本案中的原始证据和最强证明力证据，并为本案所涉及相关证据材料所印证，已经足以证明，狼牙山五壮士的历史事实是真实的，狼牙山五壮士的革命英雄主义精神是真实的。我们要求法庭据此依法裁判，在判决书中予以认定。

法庭全部采纳了我们的意见。

（三）红一团的严正声明

后来，我在代理词中以红一团《让诋毁英雄的言行成为众矢之的》的严正声明作为结束语：

"狼牙山五壮士"精神，是中国人民奋起反抗、誓死抗击外敌入侵，是人民军队践行全心全意为人民服务宗旨，是革命军人坚贞不屈慷慨赴死的集中体现，是我们中华民族的宝贵精神财富。英雄的壮举，值得由衷敬仰；英雄的精神，不容玷污亵渎。英雄前辈的光辉形象不会因为这些跳梁小丑的三言两语所撼动。我们"红一团"全体官兵作为"五壮士"的传人，坚决继承和弘扬五壮士革命英雄主义精神，坚决抵制各种错误思潮影响，在强军目标的引领下，不断加强思想政治建设、提高能打胜仗能力，为国防和军队建设贡献力量，为国家繁荣富强保驾护航。

"狼牙山五壮士"精神曾经极大地激励了根据地军民奋起抗日、拯救民族危亡的高昂斗志，时至今日，在实现中华民族伟大复兴的中国梦的征程中，这一精神仍需要我们长久地坚持和弘扬。铭记英雄，是对历史的缅怀和不忘却；崇尚英雄，是一个民族的情怀和气节；捍卫英雄，是我们的责任和担当。让我们全社会共同携起手来，反击历史虚无主义，捍卫革命英雄精神。

狼牙山五壮士名誉案原告方胜诉以后，被告洪振快又在深圳起诉刘宏泉同志和红歌会网；又在北京起诉《解放军报》和昆仑策研究院。这几个案子，我们都取得了全胜。我们在诉讼的策略上，主要是将狼牙山五壮士名誉案的生效判决提交法院，作为我方证据。因为法院的判决在所有的证据中，具有最强的证明力。可以说，狼牙山五壮士名誉案的生效法律判决，为反击所有诋毁、污蔑、否定狼牙山五壮士历史真实性和英雄主义精神的一切侵权行为，提供了最有力的法律依据和证据支持。

三、调查取证过程中遇到的问题及思考

（一）一些体制内单位对案件的冷漠、回避

在当时整个意识形态大搏斗的整体态势背景下，面对我们呼吁对狼牙山五壮士名誉案件的支援，一些体制内机构居然表现得非常冷漠，避之唯恐不及，让人深感不安和困惑。有的单位负责人说：你们为狼牙山五壮士打官司，谁输谁赢，和我们没有关系。一些单位拒绝接待我们，拒绝出具证明，拒绝盖章，甚至不予理睬。形成鲜明对照的是，包括赵可铭上将、张黎上将等一批解放军中的老同志，昆仑策研究院的宋方敏政委，始终旗帜鲜明地支持我们，为我们鼓劲打气，出谋划策。两相比较，对当时正在无形的沉重压力之下艰苦战斗在第一线的我们而言，是极大的鼓舞。

记得当时在调研过程中，谈及历史虚无主义的猖狂，接待我的军

队的同志非常不理解地说：我们毕竟还是习主席领导下的人民军队，我们是在保卫共产党领导和人民当家作主的社会主义国家。在共产党领导下，无数烈士的生命和鲜血，铸造了人民共和国。为什么新中国成立刚刚几十年，有一些丧心病狂的人就肆意诬蔑、造谣、丑化我们的革命英雄、民族的功臣，居然得不到有效制止，还要通过烈士的后人，通过起诉，打一场名誉权官司?! 部队同志介绍说，解放军战士对于解放军最引以为自豪的革命英雄，特别是狼牙山五壮士群体，受到如此的污蔑、篡改、诽谤，而得不到社会舆论的集体谴责和部分体制内人员的积极支援，深感困惑。

（二）历史虚无主义对部队的影响

在调研取证过程中，部队同志向我介绍说，历史虚无主义否定、污蔑狼牙山五壮士，对整个部队震动很大。部队对此事在全师做过一次调查。全师数千官兵都参与了问卷调查，结果是：96% 以上的干部战士，对洪振快的历史虚无主义言行义愤填膺，怒不可遏，坚决驳斥；有 3% 以上的官兵，认为狼牙山五壮士的事迹是真实的，狼牙山五壮士的精神是永存的，但是，由于年代久远，在事实细节上，有可能会有一些失实的地方；还有大约 0.4% 的官兵，主要是刚入伍的新战士，对于狼牙山五壮士的历史真实性产生了怀疑，他们认为，历史学家研究历史，"应该是有一定依据来源的"，如果狼牙山五壮士的事迹是真实的，为什么这些历史学家公开提出否定和质疑？所以，也不排除狼牙山五壮士在历史上有失实的情况。

我听了以后，感到心情非常沉重，感觉到以洪振快为代表的搞历史虚无主义的一小撮分子，他们要否定狼牙山五壮士，意在阉割人民解放军的军魂，其影响已经波及解放军战士的认知。部队的同志也有同感：

如果狼牙山五壮士的英雄群体被污蔑、被诋毁、被否定，我们的军魂将荡然无存，我们的士气将荡然无存。一旦国家有战事，我们如何能带出一支虎狼之师，战之能胜呢？我深深感到，我们面对的不仅是一场法律上的斗争，更是捍卫解放军的军魂，保证解放军的士气，甚至直接关系到国家的军事安全、国家的整体安全这样的大事。

四、"九三"阅兵上党中央释放的重要政治信号

在调查取证过程中，我了解到，红一团的官兵就是直接受命参加纪念抗战胜利70周年阅兵仪式的狼牙山五壮士方阵的官兵。党中央在正式阅兵之前，最终决定将狼牙山五壮士英模方队调整到第一个方队，第一个走过天安门广场，接受习主席、党中央和全国人民的检阅。

当我回想起2015年9月3日从电视里看到迈着整齐的正步进入天安门广场的第一个英模方队是狼牙山五壮士英模方队的时候，激动得热泪盈眶。当时，我们已经在北京市西城区人民法院起诉了洪振快。那时该案件在网络上、自媒体上被传得沸沸扬扬，据说洪振快的所有言论在境外媒体中，第一时间就在世界上得到传播。而我们的话语，一句话、一个字几乎都传播不出去。我们在调查取证的时候，受到很多单位的冷遇。思之，令人心寒。

在这种沉重的政治压力、社会舆论压力之下，狼牙山五壮士英模方队第一个走过天安门广场，接受检阅，实际上是党中央释放的一个重大政治信号，就是党中央在关注狼牙山五壮士这个案件，在关注我们和历史虚无主义的一场意识形态斗争，党中央在为狼牙山五壮士英雄群体撑腰和打气。这个政治信号，使我多日来心中的阴霾一扫而空。顿时感到浑身是劲儿，斗志昂扬。特别是，我们回顾当时的电视转播场景，在狼

牙山五壮士英模方队走过天安门广场的时候，播音员在播报时插入了一句话："习总书记说，中华民族没有英雄不行。"这句话，掷地有声，重若千斤。斯情斯景，犹若昨日。

综上所述，狼牙山五壮士名誉案的胜诉，开创了中国司法审判的多个第一，引领了一批反对历史虚无主义案件的判决。而随后《英雄烈士保护法》的制定，以法律这个国之重器，将历史虚无主义者钉在历史的耻辱柱上，极大地遏制和扭转了历史虚无主义多年来诋毁否定革命英雄的逆流，在中华民族精神振兴的过程中，注入了英雄情怀的核心元素。这将成为中国审判史上、中华民族伟大复兴奋斗史上的一个标志性事件。

第七篇

第九届世界社会主义国际论坛论文荟萃

"一带一路"倡议与新的经济全球化

徐光春 [①]

　　5 年前，习近平主席向全世界发出了"一带一路"倡议，提出在古丝绸之路基础上构建"丝绸之路经济带"和"21 世纪海上丝绸之路"，呼吁世界各国以"共商、共建、共享"为基本原则，以互联互通为着力点，建立区域性乃至全球性的利益共享的"利益共同体"，责任共担的"责任共同体"，共享繁荣与稳定、互助危机与灾难的"命运共同体"。

　　5 年来，"一带一路"由理念变为行动，由愿景变为现实。从举办引发国内外巨大反响的"一带一路"国际合作高峰论坛，到与 100 多个国家和国际组织签署合作共建"一带一路"文件；从建设中老铁路、中泰铁路、匈塞铁路以及中俄原油、天然气管道等基础设施步伐加速推进，到金融合作不断加强、各类资本积极参与实体经济发展和价值链创造；从与沿线国家的贸易与投资合作不断扩大，贸易额显著增长，经贸合作

---

① 徐光春，中共中央马克思主义理论研究和建设工程咨询委员会主任。

区陆续建立，到多层次、多领域的人文交流合作日益密切，沿线民众互鉴互学、文化沟通不断深入，"一带一路"建设在各方面取得了重大成效。

目前，共建"一带一路"倡议及其核心理念，已被纳入联合国、二十国集团、亚太经合组织、上合组织等重要国际机制成果文件。"一带一路"成为当今世界规模最大的国际合作平台，在国际社会受到热议和欢迎，越来越多的国际组织、机构和国家表示将更全面、更深入地参与到"一带一路"进程中来。诚如有国外媒体指出的，"一带一路"作为中国推动构建人类命运共同体的重要路径和宏伟实践，显示出旺盛的生命力和光明的发展前景。

"一带一路"倡议之所以被国际社会普遍认可，是因为人们意识到，这一倡议是解决当代世界经济难题，推动经济全球化持续、健康发展的切实有效的方案。当前，经济全球化正处在一个关键的十字路口。在经过 40 多年的快速发展之后，由西方国家主导的全球化的弊端日益显现。由于跨国资本过度追逐利润增长，漠视经济发展的普惠性，造成世界各地区间发展的不平衡，国家间发展鸿沟加剧。而在受益于全球化的发达国家内部，由于巨额利润流向少数资本和技术所有者，也造成了财富分配不均和社会不平等扩大。近年来，受国际金融危机深层次困境、难民危机等影响，西方国家的治理问题愈益严峻。在民粹主义的煽动下，一些西方民众将自身面临的问题归结为参与全球化的后果。一时间反全球化、逆全球化声音甚嚣尘上，单边主义、贸易保护主义日渐抬头、愈演愈烈。

尽管在当前全球化进程中出现了这些"不和谐"音符，但并不意味着全球化的终结。正如习近平主席在 2017 年世界经济达沃斯论坛开幕式上指出的："想人为切断各国经济的资金流、技术流、产品流、产业流、人员流，让世界经济的大海退回到一个个孤立的小湖泊、小河流，是不可能的，也是不符合历史潮流的"。几十年来，伴随全球化的推进，绝大多数国家和地区融入国际合作浪潮，国与国之间的紧密联系和相互依存前所未有地加深，各国人民休戚相关、安危与共，世界已经成为密不可分的统一整体。虽然在未来一段时间里，全球化与逆全球化两种力量、两种思潮的交锋会更加尖锐复杂，但全球化的客观性使倒退不可能成为事实。全球化是大势所趋，其向前的脚步不会也绝不可能停止。

当前，关键的问题在于，世界究竟需要什么样的全球化？到底什么样的全球化才能更加适应人类社会的现实发展和需要？在全球化发展受阻的背景下，"一带一路"倡议以其与西式全球化截然不同的发展理念和实践逻辑，为破解当前全球化的发展困境提供了具有可行性的中国方案。实践愈发展，人们就愈将认识到，"一带一路"作为顺应经济全球化潮流、更好造福各国人民的最广泛的国际合作平台，必将成为摆脱旧全球化弊病的制胜之道，以其所倡导的和平合作、开放包容、互学互鉴、互利共赢新理念，成为推动新型经济全球化发展的新引擎。

和平合作将唱响新型全球化的主旋律。"一带一路"倡议不是一些西方媒体所宣扬的"马歇尔计划"，也不是地缘政治的工具，更不是所谓中国的图谋，而是为不同国家、民族之间互联互通架构的桥梁。"一带一路"弘扬"和合文化"，强调国与国之间不是敌人和对手，而是朋友和伙伴，不同民族、不同文化要"交而通"，而不是"交而恶"，彼此要多拆墙、少筑墙。"一带一路"以对话作为"黄金法则"，倡导国家之间进行坦诚、深入沟通和平等交流，不断深化不同国家和地区之间的交流合作，形成命运共同体、责任共同体，将政治关系优势、地缘毗邻优势、经济互补优势转化为务实合作优势、持续增长优势。

开放包容是新全球化的精神支柱。"一带一路"不是要关起门来搞小圈子或"中国俱乐部"，而是大力弘扬开放包容的精神，不仅要"开眼看世界"，还要主动"走出去"融入世界，以世界眼光和战略思维兼收并蓄、博采众长。同时，以海纳百川的精神，承认不同地域、不同种族在文化习俗、发展道路等方面的不同选择，既不搞小圈子，也不搞强买强卖和零和游戏，求同存异、兼容并蓄、共生共荣，实现共同发展繁荣。

互学互鉴是新全球化的发展动力。"一带一路"倡导在尊重文明多样性、道路多样化和发展水平不平衡等基础上相互学习、相互借鉴、取长补短，必将以文明交流超越文明隔阂、文明互鉴超越文明冲突、文明共存超越文明优越，推动各国相互理解、相互尊重、相互信任，共同为世界和人类未来负责。

互利共赢是新全球化的必然结果。"一带一路"基于不同种族、不同信仰、不同文化背景的国家和地区互惠合作，携手应对世界经济面临的威胁和挑战，共同谋划利益和福祉，开创发展机遇，谋求发展新动力，拓展发展新空间，强调把我国发展同沿线国家发展结合起来，把中国梦同沿线各国人民的梦想结合起来，不仅着眼于我国自身发展而且要以我国发展为契机，让更多国家搭上我国发展快车，帮助他们实现发展目标，其结果必然是世界各国间的优势互补、互利共赢，不断朝着人类命运共同体方向迈进。

总之，在经过历时五年夯基垒台、立柱架梁的基础性建设之后，"一带一路"正在朝着落地生根、持久发展的阶段迈进，越来越显示出巨大潜力和广阔前景。正如习近平主席指出的，共建"一带一路"正在成为我国参与全球开放合作、改善全球经济治理体系、促进全球共同发展繁荣、推动构建人类命运共同体的中国方案。随着从绘就总体布局的"大写意"逐渐向精谨细腻的"工笔画"的深入推进，"一带一路"必将不断取得更大成效，从而为驱散逆全球化的阴霾，为推动新型经济全球化的发展作出中国贡献。

在改革开放伟大革命中不断谱写马克思主义新篇章

王京清①

1978年12月，党的十一届三中全会胜利召开，实现了我国历史上的一个伟大转折，开启了改革开放和社会主义现代化建设的新时期。40多年来，中国共产党带领中国人民全面开展了在改革开放中发展社会主义的创新性实践，对中华民族、当代中国、世界社会主义运动和人类文明发展产生了巨大而深远的影响。随着改革开放实践向纵深推进，党的理论创新也进入了新的历史时期，马克思主义中国化实现了又一次飞跃并不断推进，中国特色社会主义理论体系不断深化发展，不断在马克思主义发展史上谱写新的光辉篇章。

一、改革开放是一场具有世界历史意义的伟大社会革命

改革开放是决定中国命运的关键一招，是一场全方位的社会变革。

---

① 王京清，中国社会科学院副院长、党组副书记。

邓小平同志指出："革命是解放生产力，改革也是解放生产力。推翻帝国主义、封建主义、官僚资本主义的反动统治，使中国人民的生产力获得解放，这是革命，所以革命是解放生产力。社会主义基本制度确立以后，还要从根本上改变束缚生产力发展的经济体制，建立起充满生机和活力的社会主义经济体制，促进生产力的发展，这是改革，所以改革也是解放生产力。"40多年来，改革开放全方位展开。在经济上，着力调整不适应生产力发展的生产关系和体制机制，大力推进社会主义市场经济取向的经济体制改革；在政治上，着力发展社会主义民主和法治，不断推进政治体制改革；在文化上，着力发展社会主义精神文明，深入探索文化发展的体制机制；在科技上，着力推进技术进步，逐步建立创新性的科技体制。特别是党的十八大以来，以习近平同志为核心的党中央科学把握当今世界和中国发展大势，顺应实践要求和人民愿望，以巨大的政治勇气和强烈的责任担当，进行具有许多新的历史特点的伟大斗争，解决了许多长期想解决而没有解决的难题，办成了许多过去想办而没有办成的大事，推动党和国家事业发生了历史性变革。正是通过全方位的改革开放，中国特色社会主义道路越走越宽广，中国特色社会主义理论体系不断丰富，中国特色社会主义制度不断完善，中国特色社会主义文化繁荣发展。

改革开放是一场具有革命意义的深刻变革，是党领导人民进行的第二次伟大革命。邓小平同志指出：新民主主义革命、社会主义改造和革命，建立了社会主义经济基础，大大地解放和发展了生产力，是一场伟大革命；改革开放也是为了扫除发展社会生产力的障碍，使中国摆脱贫穷落后的状态。从这个意义上说，改革也可以叫革命性的变革。党的十八大以来，习近平同志反复强调改革开放的全面性、深刻性和革命性。他指出：全面深化改革既是一项事关中华民族前途命运的伟大事业，同时也是一项充满着风险和挑战的自我革命的事业，当代中国共产党人以更高的自觉，更大的勇气，更强的毅力，敢涉深水区，敢啃硬骨头，把摸着石头过河同顶层设计有机结合起来，注重改革的系统性、整体性、协同性，以更加有力的措施和办法，克服艰难险阻。

中国的改革开放是具有鲜明特色的伟大社会革命。这场伟大社会革命是在国际国内形势发生重大转变的历史时刻开始的，是在世界格局大发展大变革大调整的过程中推进的。与中国改革开放同时开始的，有某些发达资本主义国家的改革。这些改革使某些资本主义国家暂时摆脱了危机，实现了短时期发展，但后来又陷入了新的危机；也有苏联、东欧等社会主义国家的改革，导致了这些国家的制度颠覆和国家分裂，即东欧剧变、苏联解体；还有一些其他不同制度背景和民族特点的改革探索，但大多都没有实现独立自主的发展繁荣。与这些改革不同，中国改革开放走过了不平凡的 40 年历程，取得了举世瞩目的伟大成就。这其中的缘由就在于中国的改革开放具有鲜明的个性特征，这些特征主要是：始终毫不动摇地坚持和发展马克思主义，始终不渝坚持和完善党的领导，始终坚定不移走中国特色社会主义正确道路，始终坚持人民主体地位、立足中国具体实际，始终科学把握时代主题、吸收一切优秀成果、积极为人类发展作贡献，始终正确处理改革发展稳定关系、走"渐进式改革"之路，始终勇于自我革命和纠错创新、实现社会革命和自我革命良性互动，始终牢牢坚持政治原则底线、指导思想底线、人民利益底线和国家利益底线。

改革开放取得了举世瞩目的辉煌成就，不论是在中华人民共和国发展史上、中华民族发展史上，还是在世界社会主义发展史上、人类社会发展史上都具有重大意义。经过 40 多年的改革开放，我国的经济实力、科技实力、国防实力、综合国力进入世界前列，国际地位实现前所未有的提升，党的面貌、国家的面貌、人民的面貌、军队的面貌、中华民族的面貌发生了前所未有的变化，中华民族以崭新姿态屹立于世界的东方，中国特色社会主义进入新时代。中国特色社会主义进入新时代，意味着近代以来久经磨难的中华民族迎来了从站起来、富起来到强起来的伟大飞跃，迎来了实现中华民族伟大复兴的光明前景；意味着科学社会主义在21世纪的中国焕发出强大生机活力，在世界上高高举起了中国特色社会主义伟大旗帜；意味着中国特色社会主义道路、理论、制度、文化不断发展，拓展了发展中国家走向现代化的途径，给世界上那些既希望加快发展又希望保持自身独立性的国家和民族提供了全新选择，为解决人类问题贡献了中国智慧和中国方案。

二、改革开放不断推动马克思主义中国化实现新的飞跃

在改革开放的历史进程中，中国共产党人继承和创新马克思列宁主义、毛泽东思想，创造性地把马克思主义普遍原理同中国具体实际和时代特征结合起来，紧紧围绕着中国特色社会主义这个根本主题，深入探索和科学回答了一系列重大实践与理论问题，不断开创和发展中国特色社会主义道路、制度、文化，创立和不断丰富了中国特色社会主义理论体系，成功实现并不断推进马克思主义中国化的历史性飞跃，当代中国的马克思主义不断上升到新的境界。

以邓小平同志为主要代表的中国共产党人，作出把党和国家工作中心转移到经济建设上来、实行改革开放的历史性决策，成功开创了改革开放伟大事业，创立了邓小平理论，形成了中国特色社会主义理论体系的开创之作，奠定了中国特色社会主义理论体系的基本框架。邓小平理论紧紧围绕着"什么是社会主义和怎样建设社会主义"这个核心问题，

第一次比较系统地初步回答了中国这样的经济技术比较落后的国家如何建设社会主义、如何巩固和发展社会主义的一系列基本问题，用新的思想、观点，继承和发展了马克思主义，是贯通哲学、政治经济学、科学社会主义等领域，涵盖经济、政治、科技、教育、文化、民族、军事、外交、统一战线、党的建设等方面的完备的科学体系。

以江泽民同志为主要代表的中国共产党人，在国内外政治风波、经济风险等严峻考验面前，勇担重任、勇于创新，深刻认识和准确把握世情、国情、党情的发展变化，坚决捍卫中国特色社会主义，把改革开放事业成功推向 21 世纪，创立了"三个代表"重要思想。"三个代表"重要思想最鲜明的特点和最突出的贡献在于用一系列紧密联系、相互贯通的新思想、新观点、新论断，进一步回答了什么是社会主义、怎样建设社会主义的问题，创造性地回答了建设什么样的党、怎样建设党的问题，深化了我们对推进中国特色社会主义事业和加强党的建设的规律的认识，深化和丰富了中国特色社会主义理论体系。贯彻"三个代表"重要思想，关键在坚持与时俱进，核心在坚持党的先进性，本质在坚持执政为民。

以胡锦涛同志为主要代表的中国共产党人，发扬求真务实、开拓进取精神，坚持理论创新和实践创新，着力推动科学发展、促进社会和谐，把改革开放事业继续推向前进，创立了科学发展观。科学发展观是一个包括经济、政治、文化、社会和生态建设等多个方面内容在内的完整理论体系，进一步回答了"什么是社会主义、怎样建设社会主义"的问题，创造性地回答了"实现什么样的发展、怎样发展"这个核心问题，是中国共产党人在新世纪新阶段把马克思主义同当代中国实际和时代特征创造性结合的产物，是马克思主义关于发展的世界观和方法论的集中体现，深化和丰富了中国特色社会主义理论体系。科学发展观的第一要义是发展，核心是以人为本，基本要求是全面协调可持续，根本方法是统筹兼顾。

以习近平同志为主要代表的中国共产党人，紧密结合新的时代条件和实践要求，从理论和实践结合上系统回答新时代坚持和发展什么样的中国特色社会主义、怎样坚持和发展中国特色社会主义这个重大核心问题，对新时代坚持和发展中国特色社会主义的总目标、总任务、总体布局、战略布局和发展方向、发展方式、发展动力、战略步骤、外部条件、政治保证等基本问题进行深入探索，并根据新的实践对经济、政治、法治、科技、文化、教育、民生、民族、宗教、社会、生态文明、国家安全、国防和军队、"一国两制"和祖国统一、统一战线、外交、党的建设等各方面作出理论分析和政策指导，以全新的视野深化对共产党执政规律、社会主义建设规律、人类社会发展规律的认识，创立了习近平新时代中国特色社会主义思想，形成了马克思主义中国化最新成果，提供了全党全国人民为实现中华民族伟大复兴而奋斗的行动指南，让马克思主义在 21 世纪释放出璀璨的真理光芒。

三、在习近平新时代中国特色社会主义思想指引下大力推进全面深化改革

当代中国发展正处于一个新的历史方位，社会主要矛盾发生了深刻变化，已经转化为人民日益增长的美好生活需要和不平衡不充分的发展之间的矛盾。这是一个关系全局的历史性变化，对党和国家工作提出了许多新要求，我们要在继续推动发展的基础上，着力解决好发展不平衡不充分问题，大力提升发展质量和效益，更好满足人民在经济、政治、文化、社会、生态等方面日益增长的需要，更好推动人的全面发展、社会全面进步，实现中华民族伟大复兴的伟大梦想，这是新时代赋予当代

中国共产党人和中国人民的伟大历史使命。完成新时代的历史使命，必须要付出更为艰巨、更为艰苦的努力，进行具有许多新的历史特点的伟大斗争，推进党的建设新的伟大工程，发展中国特色社会主义的伟大事业。这就要求我们必须学懂弄通做实习近平新时代中国特色社会主义思想，全面贯彻落实新时代中国特色社会主义的基本方略，不断把全面深化改革事业推向纵深发展。

在习近平新时代中国特色社会主义思想指导下，我们党制定了新时代坚持和发展中国特色社会主义的基本方略，这就是：必须坚持党对一切工作的领导，坚持以人民为中心，坚持全面深化改革，坚持新发展理念，坚持人民当家作主，坚持全面依法治国，坚持社会主义核心价值体系，坚持在发展中保障和改善民生，坚持人与自然和谐共生，坚持总体国家安全观，坚持党对人民军队的绝对领导，坚持"一国两制"和推进祖国统一，坚持推动构建人类命运共同体，坚持全面从严治党。

在习近平新时代中国特色社会主义思想指导下，我们党科学规划了决胜全面建成小康社会、开启全面建设社会主义现代化国家的新征程，全面制定了新时代坚持和发展中国特色社会主义的战略部署。这就是既要全面建成小康社会、实现第一个百年奋斗目标，又要乘势而上开启全面建设社会主义现代化国家新征程，向第二个百年奋斗目标进军。这个新征程分为两个阶段：第一个阶段，从 2020 年到 2035 年，在全面建成小康社会的基础上，再奋斗 15 年，基本实现社会主义现代化。第二个阶段，从 2035 年到 21 世纪中叶，在基本实现现代化的基础上，再奋斗 15 年，把我国建成富强民主文明和谐美丽的社会主义现代化强国。为此，我们要贯彻新发展理念，建设现代化经济体系；健全人民当家作主制度体系，发展社会主义民主政治；坚定文化自信，推动社会主义文化繁荣兴盛；提高保障和改善民生水平，加强和创新社会治理；加快生态文明体制改革，建设美丽中国；坚持走中国特色强军之路，全面推进国防和军队现代化；坚持"一国两制"，推进祖国统一；坚持和平发展道路，推动构建人类命运共同体；坚定不移全面从严治党，不断提高党的执政能力和领导水平。

为了把这些基本方略和战略部署落实到位，我们一定要牢牢坚持完善和发展中国特色社会主义制度，推进国家治理体系和治理能力现代化总目标的实现，更加注重改革的系统性、整体性、协同性，加快发展社会主义市场经济、民主政治、先进文化、和谐社会、生态文明，坚决破除一切不合时宜的思想观念和体制机制弊端，突破利益固化的藩篱，吸收人类文明有益成果，构建系统完备、科学规范、运行有效的制度体系，充分发挥我国社会主义制度优越性，在新的历史起点上大力推进全面深化改革，让一切劳动、知识、技术、管理、资本的活力竞相迸发，让一切创造社会财富的源泉充分涌流，让发展成果更多更公平惠及全体人民。

全面深化改革，就是要坚持和完善基本经济制度，加快完善现代市场体系、宏观调控体系、开放型经济体系，加快转变经济发展方式，加快建设创新型国家，推动经济更有效率、更加公平、更可持续发展；紧紧围绕坚持党的领导、人民当家作主、依法治国有机统一深化政治体制改革，加快推进社会主义民主政治制度化、规范化、程序化，建设社会主义法治国家，发展更加广泛、更加充分、更加健全的人民民主；紧紧围绕建设社会主义核心价值体系、社会主义文化强国深化文化体制改革，加快完善文化管理体制和文化生产经营机制，建立健全现代公共文化服务体系、现代文化市场体系，推动社会主义文化大发展大繁荣；紧紧围绕更好保障和改善民生、促进社会公平正义深化社会体制改革，改革收入分配制度，促进共同富裕，推进社会领域制度创新，推进基本公共服务均等化，加快形成科学有效的社会治理体制，确保社会既充满活力又和谐有序；紧紧围绕建设美丽中国深化生态文明体制改革，加快建立生态文明制度，健全国土空间开发、资源节约利用、生态环境保护的体制机制，推动形成人与自然和谐发展现代化建设新格局；紧紧围绕提高科学执政、民主执政、依法执政水平深化党的建设制度改革，加强民主集中制建设，完善党的领导体制和执政方式，保持党的先进性和纯洁性，为改革开放和社会主义现代化建设提供坚强政治保证。

在习近平新时代中国特色社会主义思想指引下，在以习近平同志为核心的党中央坚强领导下，在全党全国各族人民的共同努力下，全面深化改革的事业一定能够取得新的辉煌，新时代中国特色社会主义一定能够取得更大胜利，进一步解放和发展我国的社会生产力，进一步推动社会主义市场经济、民主政治、先进文化、和谐社会和生态文明的历史性跃升，进一步增强中国人民的道路自信、理论自信、制度自信和文化自信，进一步凝聚全国各族人民团结奋进的力量，使中华民族伟大复兴展现前所未有的光明前景，同时也为世界社会主义运动和全人类发展进步贡献更多的中国智慧。

关于当前世界格局的几点看法

张全景 ①

如何认识当前的世界格局，是一个很重要的问题。我们搞革命、搞建设、搞改革，首先要认清世界大势，进而联系本国实际，制定正确的路线方针政策，并通过艰苦奋斗，才能取得胜利。

一、当今世界处于什么样的时代

如果对这个问题不认识清楚，对当前世界格局就不会有正确的判断。首先，我们要学习列宁的《帝国主义是资本主义的最高阶段》，掌握马克思主义的基本理论，从而才能高瞻远瞩。列宁曾深刻地指出，资本主义进入垄断阶段后，它的腐朽性和垂死性日益明显，世界也就处于帝国主义时代了。在帝国主义时代，帝国主义战争、两大对立的民族和两大

① 张全景，中共中央组织部原部长。

对立的阶级之间的矛盾在世界范围内的展开，就使得无产阶级革命不可避免。因此，十月革命开创了"全世界历史的新时代，由一个新阶级实行统治的时代"。当然，社会主义代替资本主义，是一个漫长的历史过程。第二次世界大战后，世界社会主义革命运动和被压迫民族反抗殖民、剥削、压迫运动风起云涌，产生了一批社会主义国家和民族独立国家。1957 年召开的世界共产党和工人党代表大会提出"世界从资本主义向社会主义过渡时代"的论断。随着一些社会主义国家的建立特别是新中国的建立，社会主义在多国实现，形成了一个包括欧、亚、拉美三大洲的世界社会主义阵营；殖民主义体系瓦解，民族解放运动蓬勃发展；随着社会主义国家迅速发展，许多新独立的发展中国家也选择了"非资本主义道路"，力图摆脱资本主义世界体系；发达资本主义国家的共产党和工人党成长壮大，工人运动风起云涌。世界不仅开始了由资本主义向社会主义过渡的进程，而且这种过渡的速度快、势头猛。那是一个"东风压倒西风"的时代，今天回想起来依然让人热血沸腾、激动不已。但是，从 20 世纪 60 年代以后，世界社会主义阵营发生争论甚至分裂，到 80 年代末 90 年代初苏联东欧国家的共产党逐步蜕变、垮台，第一个社会主义国家苏联解体，世界社会主义事业遭到重大挫折，暂时陷入低潮。但新的社会主义形态正在孕育着，必然是"野火烧不尽，春风吹又生"。

苏联解体后，反动势力叫嚣"历史终结了"，"社会主义失败了"。但令那些"终结论"终结的是，中国共产党坚持马克思列宁主义、毛泽东思想，高举中国特色社会主义伟大旗帜，积极推进改革开放伟大事业，把我国建设成为世界经济总量第二大经济体，创造了人类社会发展史上惊天动地的发展奇迹，推动中国特色社会主义进入了新时代，形成了习近平新时代中国特色社会主义思想。中华民族焕发出新的蓬勃生机，极大地推进了马克思主义发展和世界社会主义发展。新时代中国特色社会主义，是世界向社会主义过渡时代的一个新的阶段，它将向世界证明，社会主义的发展是不可阻挡的。

二、当前世界的主要矛盾

习近平总书记指出："面对复杂形势和繁重任务，首先要有全局观，对各种矛盾做到心中有数，同时又要优先解决主要矛盾和矛盾的主要方面，以此带动其他矛盾的解决。"如何观察世界格局，处理复杂矛盾，毛泽东主席关于"三个世界"划分的理论给我们树立了光辉典范。

1974 年 2 月，毛泽东主席从战略意义上提出了"三个世界"的理论。他在会见来华访问的赞比亚总统卡翁达时说："我看美国、苏联是第一世界。中间派，日本、欧洲、加拿大，是第二世界。咱们是第三世界。""第三世界人口很多。亚洲除了日本都是第三世界。整个非洲都是第三世界，拉丁美洲是第三世界。"1974 年 4 月，邓小平同志在联合国大会第六届特别会议上发言，第一次向世界全面阐述了毛泽东主席划分"三个世界"的战略思想。"三个世界"划分的理论，从根本上抓住了当时世界格局的基本特点，指出了世界的主要矛盾，为国际无产阶级、社会主义国家和被压迫民族团结一致，建立最广泛的统一战线开展国际斗争，提供了强大的思想武器。那么，当前世界的主要矛盾是什么？我认为，当前世界处于从资本主义向社会主义过渡的时代，主要矛盾是资本主义同社会主义的矛盾，集中表现在美国与中国的矛盾。资本主义国家特别是美国时刻"和平演变"社会主义国家的图谋没有丝毫改变。用毛泽东主席的"三个世界"理论分析，当前，美国是第一世界，中国、俄罗斯以及亚非拉广大发展中国家还是第三世界，其他国家是第二世界。当然，美国和第二世界国家的矛盾也很突出。在 2018 年 9 月下旬联合国大会一般性辩论中，很多国家的领导人针对美国总统特朗普强调"美国至上主义"纷纷提出批评，特别是法国总统马克龙强烈指责美国在伊朗核协议、气候变化等方面的政策，就是明显的例证。在国际上，一个国家不仅要讲利益、讲实力，更要讲公平、讲道义。所谓"得道多助，失道寡助"。美国总统特朗普是一个商人，凡事搞"美国至上"，朋友只会越来越少，即使有那么几个，也是离心离德。我们必须充分认清世界主要矛盾，充分利用好各种矛盾这一重要的战略资源，不失时机地把中国特色社会主义、世界社会主义事业推向前进。

三、我们应该怎样做

首先，要坚持马克思主义理论的指导，特别是要从毛泽东思想的宝库中汲取观察世界局势、分析世界矛盾、解决世界难题的经验和智慧，尤其是学习其中敢于斗争的勇气、善于斗争的智慧。在这里，我要特别强调，习近平新时代中国特色社会主义思想是社会主义思想史上的又一次飞跃，为解决人类问题、推进世界社会主义事业贡献了中国智慧和中国方略。我们一定要把习近平总书记关于认识和把握世界大势与时代潮流的一系列重要思想学习好贯彻好，牢固树立"四个意识"和"四个自信"。

其次，要充分认清困难，正确估计形势。资本主义一直给社会主义制造麻烦和困难，这是它的本性决定的。对社会主义来说，这是坏事，也是好事。马克思主义辩证法告诉我们：坏的东西可以引出好的结果，好的东西也可以引出坏的结果。毛泽东主席在党的七大上的结论报告中指出："你要是没有碰到那个坏事，你就学不到对付那个坏事的本领，所以艰难困苦能使我们的事业成功。"从这个意义上说，我们要感谢资本主义，感谢美国，感谢特朗普。大家想一想，我们现在是有些困难，但是再困难也没有建党初期那种筚路蓝缕的困难，再困难也没有大革命失败后那种血雨腥风的困难，再困难也没有红军长征那种跋山涉水的困难，再困难也没有新中国成立之初那种百废待兴的困难……面对那么多困难，我们党都带领人民克服了，还怕现在我们前进中遇到的暂时困难吗？当然，对美国给我们制造的困难，我们还是要做到战略上藐视、战术上重视，"你打你的，我打我的"，千万不要被其牵着鼻子走。

最后，要坚决反对"和平演变"，同时也要做好其他斗争的各项准备。苏联解体从反面证明了毛泽东主席防止"和平演变"和防修反修理论的正确性。阶级斗争、生产斗争和科学实验，是建设社会主义强大国家的三项伟大革命运动，这个论断现在仍然没有过时。我们说要做好自己的事情，不仅包括国内事情，也包括国际事情，特别是促进世界社会主义事业发展，这也是我们应该做好的分内之事。

把握时代潮流　努力构建人类命运共同体

赵可铭 [①]

一、把握和平、发展、合作、共赢的时代潮流

当今世界正面临百年未有之大变局，人类正处在大发展大变革大调整的历史时期。一方面，世界多极化、经济全球化、社会信息化、文化多样化持续推进，新一轮科技革命和产业革命正在孕育成长，世界各国相互联系、相互依存，全球命运与共、休戚相关，和平、发展、合作、共赢的时代潮流更加强劲。另一方面，人类也正处在一个挑战层出不穷，风险日益增多，大国和地缘政治摩擦博弈局势错综复杂的时代。世界经济增长乏力，金融危机阴云不散，发展的差距和失衡的鸿沟日益突出，局部军事冲突时有发生，单边主义、冷战思维和强权政治阴魂不散，恐怖主义、难民危机、气候变化等非传统安全威胁持续蔓延，和平赤字、

---

① 赵可铭，国防大学原政委、上将。

发展赤字、治理赤字成为摆在全人类面前的严峻挑战。

客观审视资本主义和社会主义两大社会制度的宏观态势可以看到，资本主义社会的基本矛盾并没有如有些经济学者所说的，因为科技进步和信息经济的发展而得以消除，反而导致范围更广、影响更为剧烈的周期性经济危机。

在发达资本主义国家金融垄断资本操纵下，全球区域发展差异日益扩大，全球贫富差距鸿沟难以弥合，全球治理体系在霸权主义、恐怖主义、单边主义、贸易保护主义抬头的情况下遭遇信任危机。与此同时，我们也欣喜地看到，在吸取了东欧剧变、苏联解体和过往社会主义建设过程中的经验教训后，包括中国、古巴、老挝、朝鲜、越南在内的社会主义国家陆续进行了社会主义改革、变革或革新，从而焕发出新的生机与活力。各社会主义国家探索具有本国特色的社会主义建设道路，解放和发展生产力，广大人民的生活水平有了新的提高。世界社会主义运动正走出低谷，逐渐迎来复苏的前景。

中国自 1978 年开启了改革开放的历史征程。中国共产党坚持马克思主义基本原理，注重同中国的基本国情和具体实践相结合，既强调独立自主、自力更生又注重对外开放、合作共赢，既坚持社会主义基本经济制度，又坚持社会主义市场经济改革方向，既加强顶层设计，又强调试验先行，改革从农村到城市、从点到面地推广，从经济体制改革到全面深化改革，开辟了一条中国特色社会主义道路。40 多年来，中国人民在中国共产党的坚强领导下，一代人接一代人地艰苦奋斗、紧密团结、顽强拼搏，极大地解放和发展了中国的社会生产力，推动中国发生了翻天覆地的变化。40 多年来，"按照可比价格计算，中国国内生产总值年均增长约 9.5%；以美元计算，中国对外贸易额年均增长 14.5%。中国人民生活从短缺走向充裕、从贫困走向小康，现行联合国标准下的 7 亿多贫困人口成功脱贫，占同期全球减贫人口总数 70% 以上"。今天，中国已经成为世界第二大经济体、第一大工业国、第一大货物贸易国、第一大外汇储备国。中国成功实现从封闭半封闭到全方位开放的伟大转折，连续多年对世界经济增长贡献率超过 30%，成为世界经济增长的主要稳定器和动力源，为人类和平与发展的崇高事业作出了中国贡献，给世界上那些既希望加快发展又希望保持自身独立性的国家和民族提供了现代化路径的一种全新选择，使科学社会主义在 21 世纪的中国焕发出强大的生机和活力。

综合研判世界发展大势，经济全球化的时代潮流不可逆转，和平、发展、合作、共赢的时代潮流不可逆转。在这样的世界大势和时代潮流面前，中国共产党的基本路线、改革开放的政策必将在新时代继续坚持。习近平总书记反复强调："中国开放的大门不会关闭，只会越开越大"；"这是中国基于发展需要作出的战略抉择，同时也是在以实际行动推动经济全球化造福世界各国人民"。实践证明：中国特色社会主义道路的成功实践，中国 40 多年来的经济持续高速增长，最广大人民生活水平的显著提升，是在坚持党的基本路线、坚持改革开放条件下取得的；未来中国经济进入新常态，实现转型升级和高质量发展，也必须在坚持党的基本路线和坚持改革开放条件下进行。

二、同各国人民一道努力构建人类命运共同体

中国特色社会主义道路的成功实践不仅深刻改变了中国，也深刻影响了世界。越来越多的国家和地区开始关注中国道路、希望了解中国的发展经验，越来越多的外国政党和组织开始研究"中国共产党为什么能"，寻找可推广的经验。面对人类和世界共同面临的机遇与挑战，中国

提出了构建人类命运共同体的倡议。习近平总书记指出，为了让和平的薪火代代相传，让发展的动力源源不断，让文明的光芒熠熠生辉，"中国方案是：构建人类命运共同体，实现共赢共享"，倡导"国际社会要从伙伴关系、安全格局、经济发展、文明交流、生态建设等方面作出努力"。

构建人类命运共同体是在新时代对马克思主义的坚持和发展。马克思恩格斯在《共产党宣言》中提出，未来的共产主义理想社会是一个"自由人联合体"，即"代替那存在着阶级和阶级对立的资产阶级旧社会的，将是这样一个联合体，在那里，每个人的自由发展是一切人的自由发展的条件"。今天，人类交往的世界性比过去任何时候都更深入、更广泛，各国相互联系和彼此依存比过去任何时候都更频繁、更紧密。尽管人类还远未达到"自由人联合体"的那种理想境界，但在全球化、信息化的时代背景下，世界各国命运与共、人类社会休戚相关早已成为客观趋势，在金融危机、难民危机、疾病传播、气候变化面前，没有人独自应对、独善其身。因此，中国主张各国要同舟共济而不是以邻为壑，支持开放、透明、包容、非歧视性的多边贸易体制，构建开放型世界经济，促进全球信息沟通、经验交流、技术分享。

构建人类命运共同体也是对资本主义现代化发展路径和资本主义全球治理体系的扬弃。资本主义生产方式在其数百年的发展进程中，起过非常革命和进步的作用，其"所创造的生产力，比过去一切世代创造的全部生产力还要多，还要大"，它"把一切民族甚至最野蛮的民族都卷到文明中来了"。然而，它"将人们从封建统治下解脱出来，但是同时也让人们之间的联系变少，除了利益和交易，人们之间不再存在其他联系。它把宗教虔诚、骑士热忱、小市民伤感这些情感的神圣发作，淹没在利己主义打算的冰水之中。它把人的尊严变成了交换价值，用一种没有良心的贸易自由代替了无数特许的和自力挣得的自由"。在资本主义生产方式统治下，世界生产力、经济和科技在获得跨越式发展的同时，却不得不面对经济发展区域失衡、贫富鸿沟日益扩大、生态资源难以为继、各种矛盾冲突此起彼伏的局面，这种片面的现代化发展路径和失衡的全球治理体系已经千疮百孔。因此，中国倡导构建人类命运共同体要求对之加以扬弃，主张全面发展和共同发展，以解决发展失衡、治理困境、数字鸿沟、公平赤字等问题；主张各国主权平等、权利平等、机会平等、规则平等，以真正做到世界命运由各国共同掌握，国际规则由各国共同书写，全球事务由各国共同治理，发展成果由各国共同分享，逐步实现全球治理体系的变革与完善。

正如习近平总书记所指出的："万物并育而不相害，道并行而不相悖。我们要站在世界历史的高度审视当今世界发展趋势和面临的重大问题，坚持和平发展道路，坚持独立自主的和平外交政策，坚持互利共赢的开放战略，不断拓展同世界各国的合作，积极参与全球治理，在更多领域、更高层面上实现合作共赢、共同发展，不依附别人、更不掠夺别人，同各国人民一道努力构建人类命运共同体，把世界建设得更加美好。"

中国共产党的伟大成就将深刻影响 21 世纪的世界

[德] 埃贡·克伦茨 [①]

德意志民主共和国（简称民主德国），已经不复存在几乎 30 年了。但是有一个重要的事实被人淡忘了，当然这不是被人遗忘的唯一事实，那就是曾经在 1949 年民主德国诞生时充当过助产士的苏联，在 20 世纪 80 年代背离了十月革命卓有成效的道路，以所谓的"新思维"取代了马克思主义和列宁主义，最终在两大世界制度之间的冷战中向美国举手投降了。

由此开始，导致欧洲大陆社会主义遭受了决定性的失败，殃及了苏联在欧洲的联盟伙伴，其中包括民主德国。

在中国社会科学院这个重要智库的年度论坛上，笔者曾经多次强调导致欧洲社会主义失败的民族原因、国际原因，也包括本国自身酿就的

---

① [德] 埃贡·克伦茨，原民主德国统一社会党总书记。

原因。

列宁有一个重要观点，那就是：劳动生产率是社会主义战胜资本主义"最重要、最关键的终极因素"。

在我看来，"中国特色社会主义"的构想中保留了列宁的观点。在中国共产党的领导下，中国人民以创造性的劳动跻身世界第二大经济体，并正在夺取第一位。

2017 年秋天，当我来到中国时，恰逢中国共产党第十九次全国代表大会召开。此次党代会，尤其是习近平总书记的政治报告，给我留下了深刻印象——无论在理性上，还是在感性上。

通过对中共十九大党代会文件和"中国特色社会主义"建设实践的深入学习可以得出结论，能够担得起人类进步先驱者称号的，在 18 世纪有法国 1789 年的大革命，在 20 世纪有俄国的十月革命，在 21 世纪中华人民共和国则当仁不让。正如列宁及其同志 1917 年建立新国家的壮举一样，21 世纪的中国事业同样堪称先驱壮举，同样具有决定性的国际意义。正因为中国对苏联失败的原因进行了十分深刻的评价，中国将不会重复我们在欧洲犯过的错误。

中国的范例告诉我们：在 1991 年苏联解体和欧洲社会主义沦亡之后，现实存在的社会主义并没有终结。中国特色社会主义的辉煌成就将对 21 世纪产生重要的国际影响力。

新自由主义者 1990 年过于草率地断言称：社会政治的根本性变革已经结束，资本主义已经统治全世界，马克思主义已经死亡，社会主义已经被最终击败。这种断言忽视了中华人民共和国的存在，忽视了"中国特色社会主义"纲领的存在。中国的发展，给社会主义理想带来了新的推动力，其影响超出了中国的国境。

笔者在德国出版的《我看中国新时代》一书中，表达了对中国共产党第十九次全国代表大会的各种印象。写作此书的原因，也包括以下事实：一方面，中华人民共和国自 2016 年以来已经成为德国的第一大贸易伙伴；另一方面，联邦德国公开描述的中国形象远离中国现实。关于中国目前发生的真实情况，几乎没有客观报道。

如果听信德国主流媒体的报道，就会产生一种真正的对华恐怖症。因此，就会对中国着眼于长期国际合作的"一带一路"倡议产生歇斯底里的恐惧感。

中国的新丝绸之路不过是在新自由主义的全球化模式垄断下的另一种选择而已。中国倡议原本是着眼于所有参与"一带一路"国家福祉的平等关系，但是在新自由主义者看来，这种倡议包含着社会主义的毒害，因此不能被列入他们的议事日程。实际上，中国困扰他们的要素就是共产党。他们巴不得见到一个没有共产党的中国。但这是他们的痴心妄想。

他们反对"一带一路"的政策，不久前已经在欧洲最高层级上公开地表述出来了：欧盟称之为"利益裙带关系连接战略"。欧洲中心论的观察方式仍然主导着德国政治的主流思想。他们仅仅用德国尺度作为衡量标准，却不是依据中国的历史、中国的生活方式与习俗、中国的建设成就与未来规划。他们对中国倡议的诠释基础，是反共主义。因此，将中共十九大的基本思想在德国进行传播，具有重要意义。

当民主德国终止存在之时，笔者承担着国家的最高责任。时至今日，笔者在谈论社会主义时不愿使用"失败"一词，而是愿意使用"失利"一词。"失败"包含着某种最终定论的意味，而"失利"只是暂时状态。即使社会主义真的失败了，也不等于未来就没有机遇了，也不意味着资本主义是历史的终点。中国的范例表明，有充分理由秉持历史乐观主义。

100 多年前，德国女革命家罗莎·卢森堡出版了《社会民主党人的危机》一书。她在书中回应了弗里德里希·恩格斯的呼吁，这段话我认为至今仍然有效，尽管我们已经选择了其他表述方式。她这样写道："今天，我们面临着选择……，正如弗里德里希·恩格斯在一代人之前，也就是在四十年之前预言的那样，要么是帝国主义的凯歌，也就是所有文化的毁灭，例如古代罗马的人口灭绝、荒芜、退化、巨大公墓的出现，或者是社会主义的胜利，也就是国际无产阶级觉醒后发起的反对帝国主义、反对其方法论、反对战争的斗争。这就是我们今天面临的选择困境，非此即彼。"

由于中国共产党对"中国特色社会主义"有着清晰的憧憬，所以中华人民共和国在 2049 年之前并不会面临任何困境。他们认识到，社会主义初级阶段必须经历上百年的历史。这一认识符合马克思主义的传统理论。众所周知，马克思和恩格斯曾经阐述过共产主义社会的两个阶段——共产主义的准备阶段，也就是社会主义阶段，以及共产主义自身。凡是过早地宣传自己已经达到共产主义阶段的人，显而易见已经失败了——在欧洲社会主义国家中，有些国家曾经这样宣布过。

苏联以及其他一些国家，人为地缩短建立一个有效的优越的社会主义社会所需的历史时段，这种做法受到了民主德国领导人的否定性评价。多年担任统一社会党总书记的瓦尔特·乌布利希，曾在 20 世纪 60 年代对当时的时代提出过引人注目的理论。他的基本思想认为：社会主义是一个相对独立的社会形态。其相对性是针对共产主义的战略目标，其独立性则意味着是一个比较长的时段，而不能武断地规定这个时段的长短。

遗憾的是，后来的统一社会党领导人游离了这一正确的科学论断，转变为缺乏科学依据的模式，也就是立即开始建设发达的社会主义社会。于是，踏入了主观愿望的陷阱，期待着在我们这一代人就能经历共产主义社会。当时的口号"社会主义正在取得胜利"给了我们一个错觉，似乎社会主义已经取得了胜利。

我们的经验表明：凡是不相信社会科学或不重视马克思、恩格斯、列宁的人，就会犯下无法弥补的错误。令人欣慰的是，中国领导人坚持了马克思主义和列宁主义，他们毫不动摇地将马列主义视为"中国特色社会主义"的科学指南。中国领导人带着这样的远见迈出了社会发展的步伐。他们以这样的远见遵循着自己的战略目标，并切实地一以贯之。

与联邦德国对民主德国 40 年历程中所施加的那么多勒索企图相比，中国在经济上具有抵御资产阶级外来势力勒索的免疫力。中国的战略立足于马克思主义的理论知识，不会在资本主义经济法则面前被误导、被蒙骗。

行政决议不能取代经济法则。中国领导人实事求是地遵循马克思和恩格斯曾经提出的建议："私有财产是生产力发展到一定阶段上必然的交往形式，这种交往形式在私有财产成为新出现的生产力的桎梏以前是不会被消灭的，并且是直接的物质生活的生产所必不可少的条件。"

这样的案例，我很愿意推荐给德国那些人。他们过分草率地将中国道路贬损为资本主义道路。中国正在证明，资本主义是无法在政治上勒索社会主义的，因为社会主义在经济上已经足够强大。据悉，马克思曾经对一个朋友说，只要你有足够大的勺子，就可以把魔鬼掖进嘴里。

中共党代会也在感性上给笔者留下了深刻印象。在中共十八大上，习近平总书记在江泽民和胡锦涛的陪伴下登上主席台。这是中国共产党紧密团结、中国政策一脉相承的理想展示；同时，也回击了西方的恶意宣传。

这是一个强烈的象征，是对未来发展的一个象征。欧洲社会主义历史上从来没有任何一个国家，其时任总书记与前任总书记在政治和战略上保持一致的基础上，居然能够共同宣布一次面向未来的党代会开幕。

这就可以理解，为什么习近平同志在党代会上宣读的报告被纳入党的文献。这就是基本理论的逻辑传承，这就是马克思列宁主义成为中国政策的指南针，并且得到毛泽东、邓小平、江泽民、胡锦涛以及现在习近平重要论述的补充。

在中华人民共和国成立之初，曾经有一个民主德国党和国家代表团访问了毛泽东主席。作为来自马克思和恩格斯故乡的问候，民主德国部长会议主席奥托·格罗提渥向毛主席赠送了一个专门特制的书架，上面摆放着当时民主德国已经出版的所有马列主义传统著作和德国工人运动史著作。几十年之后，在马克思 200 周年诞辰之际，中国政府向科学社会主义理论奠基者马克思出生的故乡城市特里尔，赠送了一座马克思雕像，以纪念这座城市的伟大儿子。

中国向德国赠送这样一件具有象征意义的礼物，在笔者看来是一个标志，说明这个世界已经发生了多么巨大的变化，中国正在传递的是什么样的一种精神。德国哲学家黑格尔当年的预言何其英明，他说："世界历史从'东方'到'西方'，因为欧洲绝对是历史的终点，亚洲是起点。"

俄罗斯看"一带一路"和新经济全球化

[俄] D.G. 诺维科夫 [①]

中国提出的"一带一路"倡议迎来了第一个五周年纪念日。这是个具有特殊象征意义的倡议,因为"一带一路"项目的落实不仅有益于加强中国和其他国家的长期互利关系,同时也有益于加强这些国家相互之间的联系。换言之,构建包括双多边联系在内的多层次一体化国际经济体系才是"一带一路"倡议落实的题中之意。

一、推进"一带一路"进程,实现各国互惠共赢

截至目前,关于"一带一路",中国已经和世界上 105 个国家和 29 个国际组织签署了 149 个政府间合作文件。同时,中国和他的合作伙伴们将注意力主要集中在跨境交通走廊建设项目上。因为公路、铁路和其

---

① [俄] D.G. 诺维科夫,俄罗斯共产党中央委员会副主席。

他交通干线能够将原先分散的国家经济牢固地连接成统一且相互关联的有机体。

有数据证明，中国建立在"一带一路"基础上的多层次一体化进程能够给所有的参与国带来实惠。中国和"一带一路"沿线国家贸易总额达到了 46 万亿美元。中国在超过 22 个国家境内建立了 56 个经贸合作区，并创造了近 20 万个就业岗位。中国近三年来就"一带一路"项目的落实投资总额超过 500 亿美元。为了能够更好地理解这些数字，我们应该对部分已经完成或正在落实过程中的项目作一些了解：这其中有中巴经济走廊，该项目包括瓜达尔海港、10 个发电站、现代化公路和高速交通轨道的建设和现代光缆线路的铺设等；在非洲由中方支持建成的亚吉铁路已经正式投入使用并成为非洲大陆上第一条电气化线路；另外还有一条蒙巴萨—内罗毕铁路干线，目前内罗毕—马拉博作为该线路的延伸还在施工阶段，该线路的建成将有助于加强东非国家之间的联系，并为其进入世界市场创造机遇。

中国与中东地区之间的联系也在加强。2018 年夏天举行了中国到伊朗交通走廊开通仪式。在哈萨克斯坦境内中国商品沿着铁路线路被运送至里海港口阿克套，然后通过海路运送至伊朗恩泽利港，全程仅需要 12 天，比过去从上海到阿巴斯港线路节省了 18 天。

2017 年，中国公司在东欧开始修建布达佩斯——贝尔格莱德高铁线路。未来计划将该线路延伸至希腊地中海比雷埃夫斯港。从中国发往欧洲的货物不断增加，而乌鲁木齐货物集散中心则成为这条新丝绸之路别具特色的心脏地带。从这里已经有上千趟中欧班列发车。每天从乌鲁木齐平均有 3 趟列车发往欧洲，这些列车携带货物的种类不一，从纺织物到机械制造产品，一应俱全。

目前所有这些线路还仅仅是毫不相连的片段，但在未来，这些线路将会融合成一个统一的交通网，并成为经济文化和政治深度融合的框架。

"一带一路"参与国之间的金融关系也在深化。特别是在美国利用美元和银行体系对某些国家施压的背景下，中国与 7 个"一带一路"沿线国家签署了以人民币清算划拨的协议。亚洲基础设施投资银行也在稳步发展。2014 年，为了给"一带一路"倡议框架下的相关项目提供融资，亚洲基础设施投资银行得以成立。如今，它已经成为真正的国际性的金融组织，成员国数量也从 57 个增加到 87 个，相关项目融资逾 53 亿美元。

二、构建人类命运共同体，打造新型国际关系

2017 年 10 月，中国共产党在第十九次全国人民代表大会上将"一带一路"倡议列入党章，并设立专门机构负责该项目的落实，这充分说明了"一带一路"倡议的重要意义和中国共产党对该战略的高度重视。但"一带一路"倡议只是中国为之努力的新型国际关系体系的一部分，该体系被冠以"人类命运共同体"的专有称呼。正如习近平主席不久前所宣布的那样，展望未来，我们应该平等相待，互相尊重，我们应该鼓励对话，分担责任，为实现互利共赢互相协作，求同存异，同时以敬畏之心对待自然，保护地球家园。"人类命运共同体"概念的提出旨在解决人类所面临的全球化问题，这包括国家间贫富分化加深、贫困和饥饿、生态灾难威胁、宗教极端主义和恐怖主义。以"人类命运共同体"概念为基石的国际关系不再是竞争和强权政治，而是团结、合作和互助，这使得解决上述全球化问题成为可能。

我们还应该注意到"人类命运共同体"概念赖以发展的两个重要原则：首先，"人类命运共同体"概念否决了国际关系阶梯结构，该阶梯结

构就是一座地缘政治金字塔，在塔顶只有一个超级大国，该超级大国将自己的意志强加于全世界，一旦有人胆敢与其政策相左，它就会采取包括制裁、经济封锁、颜色革命到公然干涉等一系列惩罚性措施。对此，习近平主席在中国共产党第十九次全国代表大会上强调，中国不追求霸权，也永远不会对外扩张。其次，中国认为，中国特色社会主义可以为这种国际关系新体系提供一种范例。邓小平最早提出了"中国特色社会主义"这一重要概念，并强调发展中国特色社会主义必须要结合新的现实条件，创造性地发展马克思列宁主义。中国共产党第十九次全国代表大会强调，要将社会主义核心价值观持续落实下去，到 21 世纪中叶，要把中国建设成为富强民主文明和谐美丽的社会主义国家。在中国国家领导人看来，中国特色社会主义道路为那些追求加速自身发展并保持自身独立的民族提供了新模式新方案。换言之，充分吸收本民族传统价值观内涵的社会主义体制可以成为"人类命运共同体"的意识形态和制度基础。

中国今天为世界提供了全然不同于美国引导的资本主义全球化的新方案。以美国为首的西方国家在过去创造了一个非常精密的体系，在该体系下，全球化的本质在于不平等和剥削。西方国家通过强迫第三世界国家签署不平等条约、操控国际货币基金组织和世界银行、公然干涉主权国家内政等途径，实现从这些国家不断掠夺资源和榨取剩余价值的目的。"人类命运共同体"认为，世界除了相向而行和相互融合没有其他出路，而且，这一融合应该是在平等基础上实现，而不是在某一方强迫另一方的前提下实现。

中国提出的"人类命运共同体"这一概念无疑反映了全世界人民的心声，但同时也触动了西方国家的核心利益。因此，近来中国遭受了来自多方面的恶意攻击。例如，美国日前对中国进行贸易战，并企图对其封锁高科技市场；西方媒体对中国开展信息战，妄图挑拨和破坏中国与其伙伴的关系，并谴责中国实施对外扩张，侵害人权；甚至美国政府也公开表示，中国是美国霸权和美式全球化的主要敌人。特朗普针对共产主义重启的十字军东征，正是基于此中考虑。华盛顿方面惧怕在平等以及列宁在十月社会主义革命后就曾经提及的原则基础上构建的国际关系体系，这也正是特朗普在对外宣传上态度发生大转变的原因所在。在苏联解体后很长一段时间，美国借机炒作共产主义的历史崩塌，而现在又开始讨论共产主义威胁。例如，在 2018 年 9 月召开的联合国大会上，特朗普宣称：共产主义和社会主义给全世界带来了痛苦、腐败和衰退，社会主义对权力的欲求导致扩张、侵入和压迫。世界所有国家都应当抵制社会主义，及其给每个人带来的痛楚。

事实上，反共产主义主题直接与美国对中国和俄罗斯的施压有关。当然，美国对俄罗斯的施压也不是偶然，作为苏联的继承者，俄罗斯拥有伟大的历史、巨大的发展潜力和丰富的资源，在一定的条件下也能够成为"人类命运共同体"的支柱之一。

三、"一带一路"框架下中俄两国关系的新发展

"一带一路"倡议实施以来，中俄两国经济、政治和文化联系不断加强，两国贸易额不断增长。2016 年，中俄贸易额为 695 亿美元，2017 年则增长到 840 亿美元。根据中国海关总局公布数据，2018 年 1 月至 9 月中俄双边贸易额已经达到 770 亿美元。而且俄罗斯对华出口商品总额增长了 39.2%，而从华进口商品总额也增长了 12.7%。据预测，2018 年中俄两国贸易额有可能首次突破 1000 亿美元大关。

双边联合项目的落实促进了中俄两国关系再上新台阶。2014 年全长

近 4000 公里的"西伯利亚力量"油气管道开始铺设，该管道建成之后，每年通过该管道可运输 600 亿立方米的天然气。两国还签署了关于"阿尔泰"（又称"西伯利亚力量 2 号"）天然气管道建设项目的框架性协议，俄罗斯将通过该管道沿西线经过阿尔泰对华输出天然气，线路总长约 2700 公里。

同时，俄罗斯也积极参与到"一带一路"倡议的落实中。例如，2015 年世界上最长的货运铁路线路通车，该线路始发于哈尔滨，途经俄罗斯，直达汉堡。通过该线路向欧洲输送货物比公路和海路运输节省将近一半时间。

北京到莫斯科高铁线路对于两国未来发展有着巨大的现实意义。中俄两国已就该项目一期工程即莫斯科—喀山段高铁线路修建项目讨论数年。2015 年中俄双方在两国元首见证下签署高铁干线建设备忘录，项目建设由俄罗斯公司参与，采用中方技术。关于高铁一期工程建设和投产的所有技术问题都已经解决。此外，两国还就一系列铁路建设项目签署协议。

中俄两国关系在多层面不断发展。两国除了在上海合作组织和金砖国家框架下进行协作外，还将继续就"一带一路"倡议和欧亚经济联盟对接进行谈判。在俄罗斯总统普京和中国国家主席习近平 2015 年 5 月发表的联合声明中明确写道，欧亚经济联盟和"一带一路"倡议对接框架下最具前景的合作方向，即交通基础设施现代化，高科技领域、建设、能源和资源开采。

在认识到两国关系发展取得成就的同时，也应该看到存在的问题。首先，以两国贸易往来结构为例，2017 年俄罗斯对华出口商品中 67.8% 为矿产资源，10.7% 为原木及纸浆制品，只有 6.8% 是机械、设备和交通工具。同时在中国对俄出口中绝大部分（59%）为机械和设备，俄罗斯经济原料指向性为两国合作提供了空间。其次，一系列双边合作项目的落实一拖再拖。例如，莫斯科—喀山段高铁线路建设项目原先计划于2019 年竣工，现又被推迟至 2022 年至 2023 年。最后，虽然目前中俄两国关系处于历史最好水平，但仍有部分俄罗斯自由派不满俄罗斯政府"向东倒"政策，他们认为俄罗斯应该继续加强同西方的关系。例如，著名的俄罗斯自由派代表，前经济发展部部长阿列克谢·乌柳卡耶夫就反对开展有中国参与的莫斯科—喀山段高铁建设项目。

综上，中国提出的"人类命运共同体"概念和与之紧密相关的"一带一路"项目为世界提供了除由美国财团控制的帝国主义全球化以外的另一种方案和选择。中俄两国关系的加强是新型国际关系体系的基石，在这一体系中军事政治专制和经济勒索是没有市场的。

人类命运共同体与马克思国际主义

[意] 安德烈·卡托内 [1]

马克思主义以阶级分析和阶级斗争为基础，它推动无产阶级的阶级斗争向社会主义迈进，并不是为了维护无产阶级本身（从定义来讲，无产阶级仅仅是一个在与资产阶级的辩证关系中才存在的阶级，因此它只有在对资本的依赖与从属状态中才存在），而是为了消灭无产阶级和阶级社会，从而解放整个人类并建立一个具有丰富的社会关系、文化和艺术的人类社会，即恩格斯所说的"自由王国"。就其本质上而言，马克思主义是普遍主义的。

马克思主义的普遍主义与为构建人类命运共同体而努力奋斗的倡议之间存在着非常密切的思想联系。这一倡议曾在多个场合被提及，由习近平在中国共产党第十八次全国代表大会上提出，之后又在多个国际会议上得到阐述，并在中国共产党第十九次全国代表大会上写入《中国共产党章程》。

西方的马克思主义者并没有完全理解"构建人类命运共同体"这个理念的伟大哲学意义与政治意义，以及它与深藏在工人运动 DNA 中的国际主义和马克思主义的普遍主义之间的密切联系。

一、人类命运共同体理念普遍主义的理论和政治路径

中国共产党第十九次全国代表大会在关于《中国共产党章程（修正案）》的决议中表示，中国共产党要努力"推动构建人类命运共同体"。新的《中国共产党章程》将"推动构建人类命运共同体"作为其总的原则。

"命运共同体"这一表述此前也曾出现在各种公开声明和讲话中。在中国共产党的文件中，胡锦涛在中国共产党第十七次全国代表大会上的报告中已经提出了"共同命运""命运共同体"的理念。他在谈到台湾时指出："十三亿大陆同胞和两千三百万台湾同胞是血脉相连的命运共同体"。

在这里，命运共同体的理念指的不是全人类，而仅仅是中国人民。它指的是一个比中华人民共和国更大的共同体，但是还没有扩展到整个人类，因此并不具有普遍性。

将"命运共同体"理念从指一个比国家更大的共同体（例如亚洲或欧洲共同体）扩展到指整个人类共同体，这个质的转变的完成要归功于习近平。

在中国共产党第十八次和十九次全国代表大会之间，"命运共同体"这一表述的使用日益频繁，直到它被写进中国共产党第十九次全国代表大会通过的新党章的总纲的原则里。

2015 年 9 月 28 日联合国成立 70 周年之际，习近平在第七十届联合

国大会上发表讲话，以一种清晰而质朴的方式提出了"构建人类命运共同体"的战略倡议。通过对这一极其重要的讲话的分析，我们能够捕捉到中共中央总书记习近平所说的人类命运共同体构想的基本特征，我们也能够确定人类命运共同体理念同具有相似或相近意义的其他理念之间的基本差异，例如 1950 年至 1960 年期间广泛传播的"和平共处"理念和 1985 年至 1991 年戈尔巴乔夫担任苏联领导人期间广泛传播的"相互依存的世界"理念。

二、人类普遍历史与各国人民和工人运动特殊历史之间的关系

作为东方主战场，中国付出了伤亡 3500 多万人的民族牺牲，抗击了日本军国主义主要兵力……为赢得世界反法西斯战争胜利作出了历史性贡献。历史是一面镜子。以史为鉴，才能避免重蹈覆辙。对历史，我们要心怀敬畏、心怀良知。历史无法改变，但未来可以塑造。铭记历史，不是为了延续仇恨，而是要共同引以为戒。

习近平指出反法西斯联盟对纳粹法西斯主义的胜利是联合国成立的基础。从中我们可以观察到以下两点：

1. 命运共同体倡议植根于人类历史，经历了漫长的构思，是反复试错的历史过程以及汲取错误教训的结果。命运共同体不是源自地缘政治而是源自历史。习近平坚定不移地坚持马克思主义传统、历史主义，坚持将历史作为生活的导师。

2. 习近平在讲话中提到反法西斯联盟并非偶然。它提出了一个强有力的判别式和一个主题，一个各国人民可以在其基础上建立他们的未来共同结点，这就是反法西斯主义的判别式。法西斯主义不可成为未来

的共同命运。为了构建一个人类命运共同体，我们必须取缔法西斯主义。反对法西斯的斗争是构建命运共同体的共同基础，中国人民曾经通过抗日统一战线的斗争为此作出重大贡献。

除了反法西斯主义以外，习近平主席所勾画的命运共同体还确立了以下价值：

和平、发展、公平、正义、民主、自由，是全人类的共同价值，也是联合国的崇高目标。目标远未完成，我们仍须努力。

这些共同价值如果不融入社会现实，直面其矛盾，它们仍然不过是高高悬挂在天上的美好理想，因为在当今这样一个充斥着社会不公平现象的世界上，习近平所描绘的共同体还无法实现。因此，必须实现深刻的变革：

我们要谋求开放创新、包容互惠的发展前景。2008 年爆发的国际经济金融危机告诉我们，放任资本逐利，其结果将是引发新一轮危机。缺乏道德的市场，难以撑起世界繁荣发展的大厦。……大家一起发展才是真发展，可持续发展才是好发展。

命运共同体的基础是对盲目地追求自身利益的资本主义的质疑。习近平设想了一个世界，这个世界还不是社会主义的，但却摆脱了侵略性资本主义和帝国主义。这是一个转型中的世界社会，在那里，公私企业共存，但目的是消除贫困，尊重所有人民的独立性。这是一个非凡的战略规划，符合无产阶级国际主义及其所描绘的人类未来。尽管世界还不能立刻过渡到社会主义，但命运共同体理念设想了一个人类再次联合起来的过渡阶段。命运共同体与地缘政治思想截然不同，后者仅关注大国之间的关系（分享世界权力，或者在世界大国之间分配权力）。

许多研究者对习近平在国际关系方面提出的倡议的重要意义给予高度评价，指出这是中国外交政策的一个根本指南，是周恩来 1955 年在万隆会议上提出的和平共处五项原则的继续。而万隆会议也是不结盟运动兴起的标志。

一些学者强调构建人类命运共同体倡议具有重要的地缘政治意义，例如丁俊和程洪金认为："构建人类命运共同体的倡议是中国政府在中国共产党第十八次全国代表大会召开之后提出的一个新理念，旨在发展新的国际关系结构，改进全球治理模式。"

还有的学者则关注构建一个欧亚命运共同体。俄罗斯学者、俄罗斯国际事务委员会总干事安德烈·库尔图诺夫认为："虽然中国领导人赋予命运共同体理念以普遍意义，但在将其应用于整个国际关系之前，其必须首先关注欧亚大陆的未来。"

欧亚大陆无疑对世界的未来具有基础性重要意义，但习近平的倡议超越了欧亚国家边界，它面向的是整个世界，而不仅仅是其中的一个地区，即便是一个非常重要的地区。毫无疑问，命运共同体涉及当今中国这样重要的大国的国际外交，但不限于或也不完全涉及国际关系外交。

命运共同体的范围更为广泛，它已被列入《中国共产党章程》总纲的基本原则，这一事实也确认了这一点。命运共同体向我们揭示了一些非常有趣的内容，它们镌刻在普遍性和特殊性的辩证法之中，是符合马克思主义的。命运共同体理念是马克思主义的国际主义和普遍主义在21世纪的当代体现。

从这一角度来看，命运共同体也给马克思主义中国化以启示。按照其中一种解读，中国特色马克思主义将中国的马克思主义局限于一个严格的民族国家范围：中国特色社会主义是一个仅仅适合中国特定历史的方案，而中国为了本国发展将会把国际主义抛到一边，因此，中国特色社会主义将发展成为一种民族社会主义。在最恶意的解读中，马克思主义中国化被说成一个用来掩盖完全以民族主义为核心的经济与社会发展道路的意识形态掩护。中国人将成为民族主义者，他们将把马克思的国际主义丢进垃圾箱。这一解读没有考虑到普遍性和特殊性的辩证法。中国化的马克思主义和中国特色社会主义是对马克思主义的具体阐述，它们并没有抛弃一般国际工人运动，这个方面在中国共产党第十九次全国代表大会上得到再次强调。中国共产党已经意识到中国的巨大经济发展和中国共产党人可以在世界上发挥的作用。为了促进生产力发展（促进生产力发展也是中国改革开放政策的主要目标），中国遵照邓小平的指示精神，多少年来韬光养晦，集中精力谋发展。但是，在实现基本目标之后，中国便意识到它已进入一个新时代，并再次着重强调马克思主义的重大意义，以实现人类未来。

世界各国的马克思主义者和共产主义者应当认识到，强调构建人类命运共同体倡议和把为实现它而奋斗作为中国共产党的主要战略纲领之一的重大意义。

从这一角度来看，构建新命运共同体理念比国际工人运动历史上出现的其他理念（例如"和平共处"和"相互依存"理念）更具广泛性、更具战略性。

"和平共处"理念具有悠久的历史。列宁在十月革命胜利之后的一些著述中已经提出了这个思想，目的在于巩固苏维埃国家，承认与其他资本主义国家不可能永远处于战争状态。第二次世界大战结束后，斯大林再次提出这个理念，把它当作呼吁西方国家承认社会主义阵营的存在，避免核战争的方案。赫鲁晓夫时期，这一方案出现了一些波动，最终美国与苏联签订的一份协议，制止被压迫民族开展争取自由与解放的斗争，因此这个方案似乎是一种静态而非动态的解读，是将两个政治与军事集团之间的形势固定化。和平共处思想秉持将人类划分为对立的系统的理念，因此并没有提出人类联合的目标。出于这一原因，和平共处思想并未考虑不同民族、文化和经济体之间的动态互动。这种理论将世界划分为多个阵营，反对战争，但却无法实现世界的联合。

20 世纪 80 年代中期，苏联共产党总书记戈尔巴乔夫在他的"新思维"中提出了世界上不同国家和国民相互依存的主张。然而，在其普遍构想和此后的外交与政治实践中，这一主张提出了一个严重的问题，促使苏联单方面裁军并解体。戈尔巴乔夫阐述了相互依存的新愿景，也就是说他提出了一个崭新的（而不是从资本主义生产方式发展中产生的）情景，它具有如下特征：世界经济关系的国际化；科技革命的全球性；媒体与传播的全新角色；普遍的生态危机；影响到所有人的发展中国家的尖锐社会问题；尤其是因为核武器的出现和使用核武器的威胁已经危及人类的生存，从而提出了人类生存问题。这些都是证实马克思和列宁所指出的趋势的现实因素：资本的发展已经实现统一并导致世界日益相互依存。然而，戈尔巴乔夫并未强调资本在世界统一中所扮演的角色，而是对这一新情景作了一种中性的描述，结果把谁是决定因素、谁是被决定因素这个谁依赖谁的矛盾（相互依存的矛盾）掩盖起来了：矛盾的两极是平等的，好像你也依赖我、我也依赖你一样。戈尔巴乔夫这样表述导致的结果是，例如，我们谈论的不是帝国主义的资本主义和依赖它的国家（所谓的世界"南方"），而是依赖"北方"的南方，抑或相反。同样的表述也适用于资本和雇佣劳动的矛盾：没有雇佣劳动就无法给资本定价，但雇佣劳动与资本根本就不处在相同的条件下，也不承担相同的责任。这种新相互依存理论并没有具体说明矛盾的决定方与被决定方、主要因素与次要因素，在发展过程中失去了辩证法和矛盾范畴。

而习近平的倡议是建立在其他基础上的。这个倡议的阐述也吸收了此前的和平共处与相互依存理念但把它们置于另一背景之下，因此具有不同的、更广泛的含义和可操作性。

命运共同体理念中不仅有不同文化存在与动态互动的思想，不同文化彼此相互作用，受到相同的尊重和尊严，都视为人类的财富：我们生活在一个五彩斑斓的世界中，而所有不同的颜色都为缤纷的世界贡献了一分色彩。

文明相处需要和而不同的精神。只有在多样中相互尊重、彼此借鉴、和谐共存，这个世界才能丰富多彩、欣欣向荣。不同文明凝聚着不同民族的智慧和贡献，没有高低之别，更无优劣之分。文明之间要对话，不要排斥；要交流，不要取代。人类历史就是一幅不同文明相互交流、互鉴、融合的宏伟画卷。我们要尊重各种文明，平等相待，互学互鉴，兼收并蓄，推动人类文明实现创造性发展。

这可能是一个无法再更好的论述。它使我们超越了和平共处（接受对立制度的存在不一定将导致战争的事实）和相互依存（即遵守相互依存关系）。依存关系——即便是互惠性的，也仍然是一种约束、一种限制、一种消极的关系。在这个论述里，多样性被视为一种财富，它不但不是普遍性的障碍，反而令普遍性更为清晰。人类命运共同体并不是要实现一个消除所有差异的独特文明，而是把握所有文明的精髓，并在实现人类联合的道路上为所有文明提供支撑。

如果饥饿和苦难继续存在，人类未来是不可能实现的。构建命运共同体恰恰是通向克服不公正和苦难的一条道路、一个过程。

构建人类命运共同体是一条切实可行的道路。

"一带一路"倡议是构建人类命运共同体倡议的不可分割的一部分。中国提出了拉近文明之间距离的具体提议，这个倡议对于全世界不仅具有经济价值，还具有文化价值。"一带一路"和"人类命运共同体"是旨在实现人类联合的同一条道路上的两个方面。这种统一不可能建立在现存的社会生产关系的基础上，而必须改变现存的社会生产关系，摧毁最具侵略性的强权，资本主义的动物本能以及对利润的无限渴求。

这个战略倡议涵盖整个历史时代，也可以把它解读为给整个世界制定的一个伟大的新经济政策、一个漫长的过渡阶段，其间不同的经济与社会制度、不同的文化与文明为了人类进步而实现共存。从这个战略中可以得出旨在鼓励不同国家生产力发展、尊重并重视其文化的双赢合作协议的理论。

为了将世界转变为一个具有强劲活力与富有前瞻性的愿景，人类命运共同体为我们指明了一条具体而切实可行的道路。它不是一个将当今世界固化的问题：命运共同体是一个有待实现的目标。

人类命运共同体倡议涉及广泛的领域，是一个从文化与精神等许多方面来观察世界、改造世界的广泛的战略。命运共同体是一个指南针，可以指导共产党、工人运动、社会主义者和进步力量的行动，是消灭剥削、饥饿、苦难和落后的世界统一战线。

"一带一路"倡议：构建人类命运共同体

［老挝］宋吉·苏格萨瓦①

一、概述

当今世界正处于一个大发展、大变革、大调整时代。同时，世界正面临着严峻困境，例如，推动经济增长的动力不足，贫富差距不断扩大，不稳定和不确定性已成为一种常态，全球治理需要得到改善。因此，如何推动世界向前发展，这是摆在领导者、政治家、决策者和战略家面前的一个关键问题。他们也还面临其他问题：如何携手促进共同繁荣，为推动社会安全和经济持续增长注入新动力。

这些都是需要通过各国之间的合作来解决和继续解决的重大问题。中国是世界上最大的发展中国家和社会主义大国，与邻国、发展中国家和发达国家都有着强大的大国关系。因此，中国更有潜力坚持习近平主

---

① ［老挝］宋吉·苏格萨瓦，老挝国家社会科学院院长助理。

席提出的合作共赢理念，加强与各国的团结与合作。这既是中国对人类社会发展所应承担的历史责任，也是中国共产党人为人类政治文明的进步所应肩负的历史使命。

2007 年，胡锦涛同志在中共第十七次全国代表大会报告中首次正式采用"命运共同体"一词。"命运共同体"具体内容体现在：（1）国家在谋求自身利益时，应照顾到他国的正当关切；（2）在推进自身发展的同时，应促进各国共同发展；（3）各国应构建一种更加公平、平衡、患难与共、权利共享、义务共担的新型全球发展伙伴关系，促进人类的共同利益。"命运共同体"是中国外交中的一个全新概念，越来越多地被采用，特别是习近平主席多次在国际场合强调"命运共同体"概念，如"在推动互利合作的同时，我们要提高共同构建人类命运共同体的意识"。

可以说，"命运共同体"概念已经成为新时代精心设计和精心构建的新外交战略的重要组成部分。命运共同体也是寻求与大国和平共处互补方式的"新型大国关系"，确保和平稳定的周边环境，这对中国持续崛起来说至关重要。

二、构建"命运共同体"概念

中国领导人提出"和平发展"概念，旨在平息与中国崛起和军费开支迅速增长有关的日益增长的"中国威胁"言论。同样，"命运共同体"概念也有着相同目标：消除外部对中国和平发展战略的怀疑，为中国经济发展维持一个有利的外部环境。

从那以后，中国就开始用"命运共同体"概念来强调与其他国家，特别是中国周边国家的关系。胡锦涛在 2012 年 6 月上海合作组织峰会期间的讲话、胡锦涛 2012 年底发表的党的第十八次全国代表大会报告、习近平主席于 2013 年初博鳌论坛上的讲话、习近平主席于 2013 年 3 月访问非洲期间的讲话，以及习近平最近访问东盟国家期间，都出现了这样的言论。习近平于 2013 年 10 月在北京与周边国家外交工作会议上特别强调，"让命运共同体意识在周边国家落地生根"，这被理解为中国与邻国外交的指导原则。

习近平主席指出这是一个各国相互联系、相互依存的程度空前加深的世界。人类生活在同一个地球村里，生活在历史和现实交汇的同一个时空里，利益交融、安危与共，日益成为一个合作共同体。

近年来，"命运共同体"概念成为中国外交的核心，中国在外交中积极推进命运共同体建设。

那么，"命运共同体"的含义是什么？

"命运共同体"是全新概念，现有参考文献不足，因此，越来越多研究者开始关注对这一概念进行描述。Jian Zhang 和 Timo Kivimaki 在其对中国新外交政策和软实力战略的分析中简要地谈到"命运共同体"。上海国际问题研究院研究员刘宗义透露，"命运共同体"概念涵盖经济、安全和文化问题，中国旨在构建亚洲经济新秩序。中国人民大学的陶文钊认为，"命运共同体"是一种概念创新，反映了中国领导层对全球治理的愿景。武汉大学教授曾令良认为，中国"一带一路"倡议超越了区域一体化和伙伴关系，中国旨在构建一个区域性的"命运共同体"。中国社会科学院的徐进和郭楚将命运共同体定义为包括政治合作和安全支持的双边 / 多边协议。然而，这些研究者未能对命运共同体的含义提供详细而全面的解释。

简言之，命运共同体描述的是一个相互合作的世界。它还描述了一种取代落后模式的"新型"国际关系策略。

在一份关于"一带一路"倡议的半官方文书中，前外交官和著名学者王义桅描述了"一带一路"倡议如何促进"新兴全球经济秩序"的形成。王义桅写道，这种"新秩序"就是"命运共同体"，这体现了中国对"权力的理解，强调平等和公正"。王义桅认为，"命运共同体"是通过创造"利益共同体"和"责任共同体"来实现。"利益共同体"大致相当于一种经济上相互依存或"在经济上相互促进"的情况。"责任共同体"是指政治和安全领域，或"完全政治互信"的情况。

习近平主席于 2015 年 9 月 28 日在纽约举行的联合国大会第 70 届会议一般性辩论上发表讲话，题为"构建以合作共赢为核心的新型国际关系，打造人类命运共同体"。他对"命运共同体"作出了最为详细的解释，这也使各国对这一概念的理解日益清晰。

习近平主席在第十三届全国人民代表大会上发表讲话，誓言"让人类命运共同体建设的阳光普照世界"。同样，习近平在 2017 年第十九届党代表大会和"一带一路"论坛上强调了这一概念。他还多次在海外正式访问期间宣传"命运共同体"概念。

总之，打造人类命运共同体和"构建以合作共赢为核心的新型国际关系"，是习近平主席外交政策愿景的两大支柱。习近平主席指出，要努力构建各国平等协商、相互理解的伙伴关系，构建各国共同贡献、共同分享的公平正义安全格局，努力实现让所有人受益的开放、创新和包容性发展，推进包容、和谐的多元文明交流，建设自然与绿色发展为先的生态系统。这句话是"命运共同体"概念的明确含义，涵盖了习近平主席对中国外交政策愿景的大部分或几乎全部内容。

三、从概念到实践

在过去的五年里，习近平主席在一系列高调演讲中多次使用"命运共同体"这个词，每次都把它的范围从地区扩大到全球，并提高这一概念的突出地位。

构建新型国际关系，打造人类命运共同体，这就需要中国做出切实的努力。

2015 年，习近平主席访问巴基斯坦，首次提出"命运共同体"概念。外交部部长王毅说："年初以来，中国外交继续奋发进取，开拓创新，在国际和地区舞台上，积极践行中国特色大国外交理念。中国声音广为倾听，中国倡议备受瞩目，中国作用更被看重。春暖花开之际，习近平主席展开今年首次出访，双边多边相互结合，政治经济彼此促进，周边国际协同呼应。首站巴基斯坦，目的是巩固中巴传统友好，深化务实合作，推动两国关系迈上新台阶，充实中巴'命运共同体'内涵。"

王毅说，再赴印度尼西亚出席亚非领导人会议和万隆会议 60 周年纪念活动，是为了弘扬万隆精神，增进中国同广大发展中国家团结合作，推动构建合作共赢的新型国际关系。

访问期间，习近平主席密集开展双边多边活动，广泛接触各界人士，发表重要政策演讲，提出一系列新倡议、新举措，展现出开放包容、谦和大度的外交风范，取得了多方面丰硕成果。王毅补充道，在习近平主席的访问中，两国在维护国家主权和尊严的斗争中彼此支持，在国家发展建设道路上相互帮助，在历史风云的激荡中结伴而行。

以老挝人民民主共和国为例，习近平主席于 2017 年 11 月 13 日访问老挝。习近平主席的访问卓有成效，进一步巩固了中老传统友谊和全面战略协作伙伴关系，具有里程碑意义。

中老建交 56 年来，双方政治互信不断增强，务实合作不断扩大。两国人民之间的交往日益密切，双边关系不断深化，给两国人民带来了实实在在的利益。

中国和老挝是邻国，中国的云南、广西与老挝丰沙里省接壤。作为志同道合的好邻居、好朋友、好同志、好伙伴，中老两国在探索社会主义理论和实践创新，全面推进经济、政治、文化、社会等各方面建设，加快推进现代化的进程中始终平等相待，相互扶持。

在习近平主席访问期间，双方一致同意在彼此信赖的基础上，共同打造中老具有战略意义的命运共同体，符合两党两国和两国人民的根本利益与共同愿望，有利于人类和平与发展的崇高事业。双方表示，要保持高层互访的优良传统，以指导新时期双边关系的发展，加强党际交流与合作，深化党政经验交流，加强外交、国防、执法、安全等领域的合作，加快中国提出的"一带一路"倡议与将老挝变"陆锁"国为"陆联"国的发展战略的有效对接。

为实现从"陆锁"国向"陆联"国的转变，老挝和中国同意共同建设中老经济走廊，推进中老铁路等标志性工程建设，提升两国经贸合作规模和水平，促进两国经济互补性。

在老挝与中国构建人类命运共同体的背景下，中老铁路是两国人民之间的联系，在本地区创造了新的社会、经济、文化和安全共同体。在此过程中，老挝与中国在工业能力、金融、农业、能源、资源、水利、电信、基础设施、医疗卫生等方面需要进一步深化合作。

中共十九大后的中国对外政策思想

[俄] 罗曼诺夫 [①]

一、中共十九大报告纳入大量过去五年的政治术语

中共十九大的一个特点是在其报告中纳入了大量过去五年里出现的一些政治术语。在中共十九大召开前，中国已经形成了能够反映国家领导人发展对外关系思想理念的一套稳定的概念体系，即新型国际关系、新型大国关系、人类命运共同体、正确义利观等。这些概念在十九大报告中被整合，中国对外政策概念因而得以系统化。

中共十九大报告的对外政策部分提及，过去五年中国积极推进中国特色大国外交。"中国特色大国外交"这一政治术语是习近平提出的。2014 年他首次提出：中国需要开展有自身特色的大国外交。

中共十九大报告强调，过去五年中国积极推进"一带一路"共建。

---

① [俄] 罗曼诺夫，俄罗斯科学院远东研究所首席研究员。

"共建"这一概念是中国全球治理观的官方说法。中国提出的全球治理观指出，"一带一路"项目所有参与者要共同商议规则，并根据各方达成一致的规则开展共同建设，共享各方共同努力而得的成果。西方世界从自身利益出发制定全球治理规则，现在也不愿将希望改变现有全球治理规则的发展中国家和新兴工业国家的意见纳入考虑范围。中国认为共建"一带一路"是各方遵循新规则而开展共同合作的项目。

中共十九大报告还提及两个具有纲领性的倡议：人类命运共同体和推进全球治理体系改革，这为习近平当政期间的外交加上了重要注脚。

习近平不止一次倡议成立各个级别的命运共同体。这些共同体可以是区域性的或跨区域性的，而其最高也是最主要的目标是构建人类命运共同体。人类命运共同体概念强调公平，提倡各方在制定国际协作规则中进行协商讨论，要求在尊重文化多样性和发展道路多元化的基础上建立包容与开放的伙伴关系。中国提出的构建命运共同体概念旨在强调各方共同责任的合作机制，与中国另外两个对外政策新概念——新型国际关系和正确义利观——紧密相连。

中共十九大报告就新时代中国特色社会主义从八个方面予以定性，指出开展中国特色大国外交旨在推动构建新型国际关系，推进构建人类命运共同体。

2013年3月，习近平在对俄罗斯进行国事访问并在莫斯科国际关系学院作报告时，首次提出构建合作共赢的新型国际关系。他强调，和平、发展、合作和共赢是时代主流，过去的殖民体系已经坍塌，冷战时期的敌对团体也不复存在，没有一个国家或组织能独自主宰国际事务。他表示，不能身体在21世纪，思想却停留在过去，停留在殖民扩张的旧时代，固守冷战思维和零和博弈思维。他驳斥了西方国家主宰全球人类命运的妄图，强调各国不论强弱、大小、贫富，都是平等的。

中共十九大报告提出的新时代中国特色社会主义思想在对外政策方面，关键的定性在于构建人类命运共同体。报告在外交政策部分指出，实现中国梦离不开和平的国际环境和稳定的国际秩序。中国变强变富可以造福全人类，因为中国能为国际社会承担更多的责任，能为全球发展做出更加显著的贡献。

中共十九大报告强调，中国自始至终都是世界和平的建设者、全球发展的贡献者和国际秩序的保护者。"国际秩序的保护者"是针对国外专家学者提出的中国意图践踏或消灭现行国际秩序的言论而作出的驳斥，同时这并不表示中国对目前国际秩序的默许。中国仍然强调在充分考虑发展中国家利益的前提下推进国际秩序改革的必要性。

中国曾提出，当今世界多样化不断增强，人类处于大发展大变革大调整时期，和平与发展仍然是时代主题。中共十九大报告对当今时代的定性是对上述观点的发展。全球治理和世界秩序加速变革的提出是报告的理论创新。在不稳定、不确定的因素中，报告列举了世界经济增长乏力、贫富差距增大、地区热点问题频频出现、恐怖主义、网络安全、致命性传染疾病、气候变化等。笔者想指出的是，报告并未谈到国家霸权主义和新干涉主义，由此可以看出中国对自身实力自信的增长。虽然西方国家不断向中国施压，但中国有能力同美国在内的西方世界开展平等对话。

就西方主要国家纷纷转向孤立主义政策这方面，笔者想让大家注意的是，报告称没有一个国家能独自处理人类面临的威胁，没有一个国家能倒退回自我封闭的孤岛。由此可见，中国始终坚持开展共同行动，同时也可以感受到中国对西方国际政策包括美国总统特朗普政策隐晦的批判。

报告对人类命运共同体给出的定性是持久和平、普遍安全、共同繁荣、开放包容、清洁美丽的世界。在中共十八大上，中国只是泛泛提出人类的共同利益，命运共同体概念的提出则不仅要求解决经济发展问题，还将安全和环境保护列入其中。

中国对发展国家间关系新路径给出的解释是摒弃冷战思维和强权政治，对话而不对抗，结伴而不结盟。中共十九大报告还指出，要努力使经济全球化朝着开放、包容、平衡、普惠的方向发展。报告提出的尊重人类文明多样性，开展文明间对话，共同努力保护环境、应对气候变化等观点，也具有重要的意义。

二、坚持对外开放政策与推进"一带一路"建设相结合

中共十九大报告称中国坚持对外开放政策，并将该政策同推进"一带一路"建设相结合。报告指出，"五通"（包括政策沟通、设施联通、贸易畅通、资金融通和民心相通）是构建国际合作新平台和共同发展新动力的途径。同时，报告还指出，中国愿给予欠发达国家以协助，缩小南北发展的差距。

报告指出，中国致力于推进国际关系民主化，坚持各国平等，重视联合国作用，致力于提高发展中国家在国际事务中的代表性和发言权。报告在全球治理领域提出了一些新的政治术语：强调中国全球治理观建立在共商、共建、共享原则基础上；作为负责任大国，中国愿意积极参与全球治理体系改革和建设。这表明中国对自身在国际社会中角色认知的变化，也表明中国作为平等一员参与国际新规则制定的愿望。

中共十九大报告反映了中国和周边世界在发展过程中的变化。中国已经成为全球性大国，其对全球发展的影响越来越大。基于此，中国制定了有针对性的政策，习近平总书记在中共十九大报告提出的构建人类

命运共同体将作为中国对外政策主线予以落实，这对外部世界最具吸引力。此外，报告重申了中国落实"一带一路"倡议的决心意愿，这一倡议的落实将激发大量国家经济发展的活力，促进其在政治和文化领域的协作。

中共十九大还对党章进行了修改，在党章序言部分加入了坚持正确义利观，推动建设人类命运共同体，坚持共商、共建、共享，推动建设"一带一路"等。

2018 年 3 月，中国全国人大表决通过的宪法修正案也涉及对外政策。宪法序言对推动建设人类命运共同体的阐述，与中共新修改的党章的阐述是一致的。这说明，命运共同体不仅是中国对外政策的主要目标，而且对于执政党乃至整个国家而言都有法律效力。

2017 年 12 月 1 日，习近平在中国共产党与世界政党高层论坛上的发言中谈及构建人类命运共同体。中国领导人强调人类所面临的道路选择的重要性：一条道路会让人类为争权夺利而动用武力，很可能会导致毁灭性危机的出现；另一条道路则引导人们顺应时代发展潮流，共同应对挑战，开展全球合作，为构建人类命运共同体创造良好条件。习近平指出，我们要抓住历史机遇，做出正确的抉择，共同创造人类的美好未来！

习近平强调，中国提出的"一带一路"倡议有深刻的中华文明渊源。中华民族一致追求天下一家，追求民胞物与、协和万邦和天下大同，梦想大道之行、天下为公的美好世界。

报告通过对传统历史文化的借用完成了对中华民族精神内涵的解读。"民胞物与"引自宋代思想家张载《西铭》，原句指个体人与周围人同宗同源的关系及其与物质世界的关联。"协和万邦"引自古代经典《尚书》，强调国家政策中的道德因素对统一古代中国分散政权的重要性。"天下大同"在中国对社会关系理念中占据主要地位，这一说法取自古书《礼记》。

中共十九大报告通过对先秦和孔孟思想的转引完成了对中国全球倡议内涵的解读。习近平将天下一家的传统思想同世界发展的前景进行了整合。他表示："我认为，世界上各国之间会出现种种分歧和矛盾，也无法避免各种各样的冲突，但世界各国的人民生活在同一片蓝天下，他们有共同的家园，他们应该像一家人一样。世界各国的人民都应该坚持天下一家，张开双臂，拥抱彼此，求同存异，共同构建人类命运共同体。"

三、"一带一路"倡议对当代中国发展意义重大

中国领导人对"人类命运共同体"和"一带一路"关联性作出的诠释表明，中国通过提出大型跨区域倡议正循序渐进地向其全球目标前进。

经中共十九大决议修改和补充后的新外交理念，在 2018 年 6 月 22 日至 23 日召开的中共中央外事工作会议上宣读。在这个会议的发言中，习近平就中共十九大后形成的中国特色社会主义外交思想着重提出了十点要求。他特别强调，中国将坚持共商、共建、共享原则，推动"一带一路"建设。

在全球治理方面，我们还应该注意某些政治术语的调整和改变。过去中国的说法是应该"积极参加"全球治理体系改革，这一表述的新说法则要求引领全球治理体系改革。中共十九大报告主要内容表明，中国统筹内政外交，维护国家主权、安全和发展利益，完善全球伙伴网，努力创造中国特色大国外交新局面，这些都具有重要的现实意义。

从 2012 年至 2017 年是中国发展新战略提出和成型的五年。2017 年 12 月，美国国家安全战略公布，这个战略把中俄两国斥责为修正主义国家，这是中国在实现自身战略计划过程中有可能面临外部环境复杂化局

面的预警信号。同美国经济关系的恶化间接证明，中国领导人于 2013 年作出的在落实"一带一路"框架下更加积极发展同周边国家合作的选择是正确的，中美关系紧张成为中国加强同周边国家联系、更加积极推动落实"一带一路"倡议的额外动力。

国际社会有声音认为，中国并未做好准备承担大国责任。中国听到了这样的声音，并有意在"奋发有为"的外交战略框架下承担相应责任。相较于过去中国在履行发达国家欲强加给它的国际义务上的相对消极态度，中国外交方面的积极作为引发西方政治家和研究人士更大的不快。

在零和博弈的环境下寻求共同语言越来越困难，中美贸易战只是问题的一部分。在美国推行遏制政策的背景下，中国在改革全球治理体系上获得美国支持的可能性越来越低，在中美对抗的条件下落实上述构想变得困难且极具风险。中国在开展外交上把着力点放在中国特色上，这在西方被更多人恶意揣测和利用，以表达对中国企图挑战既定体系准则的担忧。

中国愿展现自身的灵活性并就自身的战略计划做出必要的补充。例如，2018 年 8 月，在"一带一路"倡议提出 5 周年研讨会上，习近平再次向世界承诺：中国不会建立地缘政治联盟或军事同盟，也无意建立封闭的"中国俱乐部"；中国不会划分意识形态界限，也不会搞零和博弈；"一带一路"倡议是开放包容的，任何有意愿的国家都能加入倡议的落实。

习近平指出，在过去几年里，"一带一路"倡议的整体面貌呈现"大写意"画风，未来要集中力量在关键领域和细节，共同书写"一带一路"工笔画。这里需要解释的是，写意和工笔是中国传统绘画中的两种风格，写意画是以奔放的笔法勾勒出意向，工笔画则是对细节进行仔细勾勒的画法。

这一比喻的政治含义不言而喻。中国在向自己的国际伙伴们说明，

"一带一路"不应简单归结为对国际合作的一种笼统论断，这一倡议包含很多具体的计划。习近平承诺成立"一带一路"倡议落实工作小组，以对"一带一路"倡议的落实提供综合支持，强调要重视合作伙伴的具体需求并为其提供必要协助，提高伙伴国人民生活水平。

中国认为，落实"一带一路"倡议是构建人类命运共同体的准备阶段。目前，中国需要在具体的操作层面表明对别国利益的合理考量和照顾。作为中国外交政策的重要理念，正确义利观（义大于利）首次提出还是在 2013 年。"一带一路"倡议参与国发展成就的积淀，可以改变粗线条勾勒的"一带一路"倡议蓝图的模糊性。

中国对"一带一路"倡议的投资催生出人们对无偿贷款的担忧，也产生了由于地缘危机而导致投资无法回本的风险。然而，中美两国经济关系的恶化让一系列新的一体化项目的意义更加珍贵，甚至某些对中国持批判态度的美国专家也承认，"一带一路"倡议对当代中国发展的重大意义。中国显然认为，它从战略角度或经济角度都能在与一体化程度更高、经济发达程度更高的欧洲竞争中获得胜利。"一带一路"倡议的落实能为中国争取到更加安全的能源、粮食和资源通道，以支持自身经济发展，减低（如果不是杜绝）上述物资供应中断或禁运所带来的威胁。这个正在成形的欧亚体系中的成员（即"一带一路"参与国）将消耗日益增加的中国出口物资，降低发达工业国家保护主义或抵制政策的消极影响。

为达到中共十九大制定的长期发展目标，中国领导人需要保障本国未来 30 年稳定的经济增长。2008 年危机爆发后世界经济局势使中国专家学者更加坚信，西方已经进入长时间的衰退期，中国却能长期享受快速发展的成果。这种乐观的结论并不是完全错误的。2010 年年底，中国超越日本成为全球第二大经济体。然而，世界经济已经进入新一轮的发展周期。西方国家逐渐恢复增长，中国则在新常态条件下遭遇长期的经济停滞。特朗普政府推行的经济政策侧重加快美国经济增速，并人为地通过对中国出口商品征收高税制约中国经济发展，让这一趋势更加明显。

在这样的条件下，对中国来说，周边伙伴国经济和外交意义更加凸显，这其中有很多国家是"一带一路"倡议落实参与国。在遭遇美国前所未有的施压政策后，中国需要向世界展示其对抗域外打击、同时保持自身经济稳定发展或者说杜绝经济增长降速的能力。在这种新的情况下，中国需要将中国特色社会主义的优势发挥到极致，以及时将资源集中到优先领域，对遭受美国打击而衰落的企业和行业给予有效支持。

"一带一路"倡议的地缘政治意义

[俄] 弗·格·布罗夫 [①]

一、中国实施"一带一路"倡议有巨大经济潜力

1991 年的世界地缘政治发生了巨大变化，以苏联为首的社会主义阵营消失，两极世界被单极世界所取代，美国成为世界霸主。剩下的社会主义国家屈指可数，并且几乎都在社会经济发展上遇到了严重困难，只有中国取得了一定的成功。很多外国专家认为中国的改革不会成功，特别是在中国只能靠自己、无法获得外部援助的情况下。

中国改革开放 40 多年后，发生了翻天覆地的变化：变成了强大、发达的工业化国家，经济潜力跃居世界第二；很多行业都以出口为导向，中国经济已经适应了全球化进程，而许多国家还没有做到；随着经济实力的不断增强，中国的政治影响力也逐渐变大，目前在各种国际论坛上

---

① [俄] 弗·格·布罗夫，俄罗斯科学院远东研究所首席研究员。

都能看见中国代表的身影，没有他们的参与就不可能在一些重大国际问题上作出决策。需要强调的是，在笔者看来，尽管经济实力不断增强，中国无意成为世界经济霸主，也不会将其经济意志强加于其他国家；中国始终遵循市场规律，在与其他国家进行贸易时，会考虑对方的合法利益，甚至会提供免费援助。例如，大约10年前，中国向10个太平洋岛国提供了高达30亿美元的优惠贷款。

中国强大的出口能力使其成为国际劳动和生产分工的领导者之一。许多中国产品因物美价廉而征服了七大洲（包括欧洲和北美洲）中很多国家的市场，这导致中国对一些西方大国（主要是美国）有巨大的贸易顺差，因而开始引起西方国家的不满。在通常交易中，买方都更愿意购买质量相同或相近但价格更便宜的产品，这就是中国商品在世界市场需求量巨大的原因。起初，中国轻工业和纺织工业的产品大受欢迎，最近电子产品也加入了这个行列，比如华为公司的产品在全世界都非常受欢迎，包括俄罗斯。中国企业在高科技领域取得成功是因为中国领导人不断推出支持有前景的行业进行科研的政策，是中国科技知识分子的努力使中国创造了一个又一个经济奇迹，并且在世界经济中处于领先地位。但是，有些产品中国并不擅长生产，因而只能从国外采购。例如，多年来中国一直购买美国制造的波音飞机。这些都是国际贸易中的规则。

2013年9月，在哈萨克斯坦首都阿斯塔纳，习近平提出了“一带一路”倡议，该倡议在世界范围内引起了广泛共鸣。后来，中国国家发展改革委、外交部等在其发布的《推动共建丝绸之路经济带和21世纪海上丝绸之路的愿景与行动》指出：“2000多年前，亚欧大陆上勤劳勇敢的人民，探索出多条连接亚欧非几大文明的贸易和人文交流通路，后人将其统称为‘丝绸之路’。千百年来，‘和平合作、开放包容、互学互鉴、互利共赢’的丝绸之路精神薪火相传，推进了人类文明进步，是促进沿线各国繁荣发展的重要纽带。"事实上，"一带一路"倡议借用了古代丝绸之路的象征，其目的在于推动各国建立政治信任，构建人类命运共同体，并最终实现经济共同发展。

在过去的 5 年中，关于这一倡议，世界各国已经出版了成百上千篇文章，举办了数百次会议。2016 年，《新丝绸之路及其对俄罗斯的意义》（以下简称《意义》）一书出版，这是俄罗斯第一本关于"一带一路"的著作，是俄罗斯科学院远东研究所所有工作人员的共同成果。

该书从经济、政治、物流和人道主义四个方面探讨了与"一带一路"倡议相关的问题。书中提出，这一正在被实现的"中国工程"可能会彻底改变整个欧亚大陆的经济格局——它被称为"世纪工程"并非没有理由。中国定会挖掘其巨大的经济潜力，为国际社会服务。

"一带一路"是一个真正的世界级工程，因为它影响了亚洲和欧洲 60 多个国家、44 亿人口。中国有巨大的投资潜力，可以提供大量资金支持。按照中国国务院总理李克强 2015 年的说法，到 2020 年，中国在 5 年内的投资额将高达 1 万亿美元，并且其中大部分资金将用于丝绸之路项目。这些资金不仅会用来建设交通设施，还会主要投资在能源、原材料、服务业、制造业、电信、通讯和房地产等行业中。

二、俄罗斯与"一带一路"倡议的实施

《意义》仔细分析了俄罗斯对"一带一路"的态度。这并不奇怪，因为"一带一路"的实施会影响俄罗斯的地缘政治和经济利益。起初，俄罗斯对"一带一路"的态度"相当谨慎"，因为担心它会与欧亚经济联盟（EAEU）的项目竞争。随后，在 2014 年，普京与习近平分别在索契和北京会晤，双方发表了关于丝绸之路经济带建设和欧亚经济联盟建设对接

合作的联合声明。在声明中，中方宣布了对欧亚经济联盟的认可，且强调在"一带一路"项目实施过程中会考虑俄方利益，俄方则提出支持丝绸之路经济带建设。2014 年 3 月 28 日，《人民日报》网站发文强调："丝绸之路经济带的建设离不开俄罗斯的支持和参与，俄罗斯是中国在丝绸之路上的传统伙伴。"

俄罗斯领导人非常了解参与"一带一路"建设的重要性，俄罗斯正式加入亚洲基础设施投资银行就可以证明这一点。俄罗斯希望借助"一带一路"倡议将远东地区和亚太地区的贸易连接起来，为俄中两国发展战略的交流和结合创造良好机遇。

《意义》强调："2015 年，普京和习近平在俄罗斯卫国战争胜利 70 周年庆典以及在符拉迪沃斯托克举行的第一届东方经济论坛上签署了大量投资协议，俄罗斯绝对能从中获益。"这些协议主要涉及"一带一路"项目中的运输领域。由于俄罗斯远东港口无法处理大量过境货物，中国则不但是本国而且还是整个亚太地区货物运输到欧洲的主要调度员。目前，货物主要通过海上运输，而陆上货物流量则小得多，并且其中只有 1% 过境俄罗斯。早在 1992 年，中国就开始建造横贯大陆的铁路（新欧亚大陆桥——ETM），该铁路东起中国太平洋沿岸，止于荷兰，是亚欧之间最短、最经济的通道。

中方希望把过境俄罗斯作为从亚洲到欧洲的最短路线，即走北方路线——使用跨西伯利亚铁路的西段。俄中两国已就莫斯科—喀山高速公路的联合建设达成协议，中方将投资 3 亿美元，而且有可能参与贝加尔—阿穆尔铁路干线和跨西伯利亚铁路的现代化改造。俄罗斯已成为丝绸之路上一个重要的过境国：从 2011 年 3 月到 2015 年 8 月这四年半时间里，有 800 辆货运列车（即每天 1—2 列火车）通过中国—哈萨克斯坦—俄罗斯货物运输路线过境俄罗斯。《意义》引用了一位俄罗斯专家的说法：假设俄罗斯能在 10 天内将 1 年才能运完的 1 亿吨中国产品运往欧洲，那么俄罗斯国内运输和物流公司的总收入将超过石油公司收入的总和。同时，《意义》指出，中国准备投资重建跨西伯利亚铁路东段，这将使俄罗斯远东地区成为从中国东北到东盟国家的重要交通枢纽。

中欧之间的铁路货运服务于 2011 年正式启动，当年只有 17 辆列车开行。但是，到了 2016 年，列车的数量达到 1702 列。去年，列车数量迅速增加到 3673 列，年增长率达到 116%，超过前 6 年的总数。取得的成绩斐然，而且增长仍未停止——在 2018 年上半年，有 2490 列列车沿着这条路线行驶。也就是说，2018 年这个数字可能超过 5000 列。2018 年 8 月 26 日，中欧货运列车从德国的汉堡出发后返回中国的武汉，完成了第 10000 次行程。

正如新华社一篇文章中写的那样："铁路运输不仅显著加强了中欧之间的经贸关系，还能满足沿线国家人民的消费需求。"这些列车从中国运来 IT 产品、服装、鞋类、汽车配件、食品和其他商品，带走机械设备、日常用品和木材。必须指出的是，中欧铁路线的大部分都要过境俄罗斯。

俄罗斯科学院远东研究所副所长安德烈·奥斯特罗夫斯基教授对《意义》尤其感兴趣并撰文指出，人口不足、密度低、分布不均，运输、能源和信息基础设施发展不足，投资严重匮乏等原因抑制了俄罗斯远东地区的发展，当地居民对未来感到悲观。基于俄罗斯远东地区及西伯利亚的现状，他认为中国将会是这些地区的最佳合作伙伴，并从以下几方面展开分析：经济的互补性（俄罗斯的重工业、知识型产业和采掘业与中国的农业、轻工业和剩余劳动力）；中国大量的外汇储备以及远东和西伯利亚对投资的需求；中国（特别是东北地区）生产基地建设对俄罗斯远东地区的借鉴作用；地理位置接近，中国有俄罗斯远东地区迅速发展贸易和建立经济合作所需的必要基础设施。

中国媒体报道称，中国愿意参与俄罗斯远东地区的发展，且其东北三省与该地区有着特殊的合作方式。过去两年，东西伯利亚与远东地区和中国各省在贸易与经济合作上取得了重大进展。《意义》强调，人们必须意识到，两国之间除了合作别无选择，需要根据双方声明的内容和精神，仔细考虑共同利益和可能存在的问题。在美国及其盟国加强对俄贸易和经济制裁的背景下，俄罗斯与中国进行政治和经济合作极其重要，因为中俄战略伙伴关系具有全球意义。

但是，不可理喻的是，一些欧洲和亚洲国家声称中国提出"一带一路"倡议另有所图，希望借此扩大其在世界上的政治和经济影响力。某些反对"一带一路"的人甚至毫无根据地歪曲事实。比如，2018年8月，中国驻俄罗斯大使李辉在俄罗斯《独立报》上发表了一篇关于哈萨克斯坦的文章。他写道，有些人不负责任地污蔑中国，称中国不但费尽心机夺取哈萨克斯坦土地、哄骗哈萨克斯坦女孩，还威胁到国家的基因库安全。

实际上，在国外开办的中国企业积极遵守当地法规，这是一个公认的事实。2018年2月，哈萨克斯坦信息和通讯部部长达吾然·阿巴耶夫驳斥了一些相关言论。他表示，根据哈萨克斯坦共和国的官方数据，自2010年以来，只有253名哈萨克妇女与中国公民结婚，其中有190人是与出生于新疆但定居在哈萨克斯坦的哈萨克人结婚。

李辉大使的一番话非常有道理："试问，邻里之间、朋友之间相互帮助、共同致富不是常理吗？中国自古就有'邻帮邻'的传统，只有大家富起来、强起来，才会'各美其美，美人之美，美美与共'。"孔子说："放于利而行，多怨。"因此，中国专家强调，"一带一路"沿线国家在合作过程中不仅要关注自身利益，还要实现公平正义。

三、"全世界都获得了更多的'中国机遇'"

"一带一路"倡议启动后的 5 年里,中国已经与 88 个国家和国际组织签署了 103 份合作协议,与沿线国家的贸易总额超过 5 万亿美元,总投资超过 700 亿美元。中国企业在沿线国家建立了 75 个经贸合作区,创造了 20 万个新的就业岗位。

在中共十九大报告中,习近平提出构建人类命运共同体的概念。他坚定指出:中国共产党不但要为中国、更要为全人类的未来负责,"中国共产党是为中国人民谋幸福的政党,也是为人类进步事业而奋斗的政党。中国共产党始终把为人类做出新的更大的贡献作为自己的使命"。

习近平指出,人类在经济、政治、安全和生态等领域面临着诸多挑战,各国人民共同努力,构建人类命运共同体,建设持久和平、普遍安全、共同繁荣、开放包容、清洁美丽的世界。

此外,他还提出必须维护国际公平正义,反对把自己的意志强加于人,反对干涉别国内政,反对以强凌弱。他宣称:"中国决不会以牺牲别国利益为代价来发展自己,也决不放弃自己的正当权益。"换句话说,中国将始终奉行和平外交政策。

中共十九大闭幕后不久,习近平更详细地阐释了中国的外交政策和参与国际事务的原则。2017 年 12 月 1 日,他在北京会见了来自世界各地的近 300 个政党和组织代表。会上,他敦促所有国家努力建设"一个远离恐惧、普遍安全的世界;一个远离贫困、共同繁荣的世界;一个远离封闭、开放包容的世界;一个山清水秀、清洁美丽的世界"。他表示,共建"一带一路"已成为有关各国实现共同发展的巨大合作平台。

同时,中国领导人认为有必要再次重申,中国共产党所做的一切都是为了提高人民的生活水平，振兴中华，促进人类的和平与发展。"我们要把自己的事情做好，这本身就是对构建人类命运共同体的贡献。"习近平接着指出，我们也要通过推动中国发展给世界创造更多机遇。他强调，中国会通过深化实践探索人类社会发展的规律并同世界各国分享，但中国不"输入"外国模式和"输出"中国模式，不会要求别国"复制"中国的做法。

随后，习近平阐述了中国共产党始终遵守的三大承诺：第一，一如既往为世界和平安宁作贡献。作出这一承诺与中国共产党的历史密切相关——中国共产党在中国社会剧烈动荡中诞生，它团结带领中国人民进行了长达28年的武装斗争并付出了巨大牺牲。习近平指出，中国共产党人深知和平的可贵。多年来，中国一直主动参与国际热点问题的政治解决——累计派出3.6万余人次维和人员，成为联合国维和行动的主要出兵国和出资国；派遣2500多名中国官兵在8个维和任务区维护当地的和平与安宁。习近平重申，中国无论发展到什么程度，都永远不称霸、永远不搞扩张。第二，一如既往为世界共同发展做贡献。中国共产党不仅对中国人民而且对世界各国人民有深厚情怀，愿意为世界各国人民造福。长期以来，中国为广大发展中国家提供了大量无偿援助，优惠贷款，技术、人员和智力支持，为其建成了大批经济社会发展和民生改善项目。今天，成千上万的中国科学家、工程师、企业家、技术人员、医务人员、教师、普通职工、志愿者等正奋斗在众多发展中国家广阔的土地上。习近平总结道："他们同当地民众手拉手、肩并肩，帮助他们改变命运。"到21世纪中叶，中国的成功不仅造福中国人民，也将造福世界各国人民。第三，一如既往为世界文明交流互鉴做贡献。中国共产党历来强调树立世界眼光，积极学习借鉴世界各国人民创造的文明成果，并结合中国实际加以运用。

　　显然，"一带一路"倡议的实施将对世界地缘政治格局产生重大影响。美国霸权统治的单极世界将消失，国际社会将呈现多极化趋势——除美国，还有中国、俄罗斯、欧盟、印度和其他国家，并达到新的权力平衡。实际上，这一进程早就开始了。欧盟明确表达了对美国经济和政治高压特别是对中国的贸易限制的不满，并且加强了与中国的合作。2018 年已成为中国与西欧、中欧和东欧国家领导人之间加强交流的一年。

　　值得注意的是，在丝绸之路沿线的一些国家，还参与了保护古迹等文化项目的实施，这符合"一带一路"倡议的基本原则。《推动共建丝绸之路经济带和 21 世纪海上丝绸之路的愿景与行动》强调："民心相通是'一带一路'建设的社会根基。因此，必须传承和弘扬丝绸之路友好合作精神，广泛开展文化交流和学术往来，学习各国文化，深化交流，保护丝绸之路沿线国家的文化遗产。"公正地说，中国为这些项目提供了大量资金，已经在其他国家建设了很多文化中心以及五百多所孔子学院。

　　今年是中国改革开放 40 周年、"一带一路"倡议提出 5 周年。中国不仅在贸易和经济上翻了一番，也为全球经济的增长做出了重大贡献。李辉大使形象地说："全世界都获得了更多的'中国机遇'。"

四、马克思主义在中国起的作用是巨大的

　　必须强调的是，中国能够提出"一带一路"这样的世界级项目，并且在经济和政治领域取得巨大成功，与中国共产党的领导密不可分。几十年来，中国共产党已经创造性地发展了马克思的共产主义理论。

　　习近平时常提到马克思主义理论的深远意义。他认为，在人类思想史上，就科学性、真实性、影响力和传播面而言，没有一种思想理论可以达到马克思主义的高度，也没有一种学说能像马克思主义那样对世

界产生了如此巨大的影响。因为马克思主义具有强大的力量及鲜活的生命力，在人们认识世界、改造世界和推进社会进步中发挥了不可或缺的作用。

马克思主义在中国起的作用是巨大的。习近平认为："马克思主义就是中国共产党人从国外学来的科学真理。我们结合中国实际，不断推进马克思主义中国化时代化大众化，使之成为指导中国共产党领导中国人民不断前进的科学理论。"

中国共产党不仅是马克思列宁主义创始人——马克思恩格斯和列宁的思想的继承者，也通过对经典理论进行发展创新而成为现代马克思主义的代表。早在 1989 年，邓小平就提出，马克思在 100 年前就去世了，世界已经发生了翻天覆地的变化，因而有必要用新的方式思考和行动。人们不得不承认，中国共产党正在极富创造性地建设着社会主义，改革开放就是明证。

从 20 世纪 30 年代到 40 年代，中国共产党开始探索实现社会主义的方式。当时，中国共产党首先提出了"马克思主义中国化"和"中国化马克思主义"等概念。人们应该记得，国际上加入共产主义运动的人大都不认可这些概念，他们甚至指责中国共产党背离了马克思列宁主义原则。但随着时间的推移，中国共产党的理论慢慢被证明是正确的。要想取得成功，任何国家的共产党都必须考虑本国国情，即具体社会经济和历史特点。也就是说，马克思主义应该"中国化"或"俄罗斯化"等。在马克思主义中国化的指导下，中国共产党提出了中国特色社会主义理论，确保了改革开放的成功。

"一带一路"倡议也是如此。每个参与国实施这个项目可能都会遇到不同的问题，但反对者们提出的各种猜疑和诽谤最终都会消失，因为可以肯定的是，"一带一路"倡议代表着未来的发展趋势。

在全球背景下，从中国与拉美关系的角度看"一带一路"倡议的发展近况

[古巴] 格蕾蒂斯[①]

一

最近，中美之间贸易摩擦事件频发，两国爆发贸易战的可能性进一步升级，甚至可能是持久战。然而，贸易战只是深层矛盾、关键矛盾的冰山一角，但如今就是这个冰山一角使得世界两大重要经济体形成了对峙局面。

从本质上讲，当今中美争端的核心问题已经超出经济领域，它们与联合国和其他国际机构的争端有关，与欧洲、拉丁美洲、非洲甚至亚洲等不同地区的利益有关，或与中国西藏、中国台湾或中国南海的争端有关，或与朝鲜地区冲突的不确定因素有关。中美贸易争端已经成为 70 年

---

① [古巴] 格蕾蒂斯，古巴哈瓦那世界经济研究中心全球金融趋势副主任。

代以来双边关系面临的最大挑战，不仅显著影响两个经济体之间的深刻关联，而且将对全球贸易产生严重影响。

美国认为，中国是其霸权地位的最大威胁，因此企图以直接和间接的方式恢复其经济权力，从各方面压制中国。而俄罗斯、伊朗、土耳其等国家可能选择与中国建立联盟，因为在今天看来，与中国建立盟友关系，就代表着即将带来商业或金融机会。拉丁美洲面临着同样的抉择。对他们而言，"一带一路"是一个非常重要的发展机会，他们应该抓住机会促进发展，仿效巴拿马和智利的做法。

在当前的大背景下，中国应抓住机遇，重新思考全球、区域合作战略，重点在文化、技术、金融、贸易、对外直接投资等领域开展南南合作。

二

近年来，中国和拉美、加勒比海地区已形成足够成熟的合作关系，可能会朝着互利战略联盟方向取得质的飞跃。拉美、加勒比国家必须加倍努力，与中国开展多种形式的文化、金融合作，在出口产品中注入更多的价值和知识，增强与中国同行的文化贸易关系以及交易和技术合作关系。此外，这些国家必须促进在亚太地区的投资，从而树立拉美国家在亚洲价值链中的形象。21世纪以来，中国与拉美的经济外交关系快速发展，但拉美地区的全球经济趋势和最近发生的政治转变要求采取更平衡、更持续的方法。诸如原油、铁矿石等商品的价格急剧下降，造成拉美出口国遭受巨额损失。在这种大背景下，中国与拉美国家都必须进行自我调整，以更好地应对新挑战，并且寻求新机遇。

近年来，中国与拉美的往来尤为频繁，习近平出访拉美使中国与该地区的关系达到高潮。然而，2014—2016年，拉美大多数国家的经济增长受到商品价格下跌等因素的影响，中国经济因结构性调整而出现持续性减缓。这些趋势对中国与拉美经济关系构成新的挑战，也意味着需要进行重要转变。

近年来，中国在国际舞台上日益活跃。比如，在与邻国领土争端问题上立场更为坚决，创建亚洲基础设施投资银行以代替受西方支持的世界银行和亚洲发展银行，发起"一带一路"倡议等。

"一带一路"建设有助于巩固中国与拉美地区的经济文化发展机遇。尽管整个拉丁美洲和加勒比地区发生政治转型，且商品价格走低，但中拉关系的性质在未来几年不太可能发生变化。贸易仍然是中国与拉丁美洲关系的基础，因为中国将继续从该地区进口原材料，出口诸如手机和轿车等多样化的中国产品。尽管中国贸易增长放缓、经济结构发生变化，拉丁美洲和加勒比地区可以向中国出口新增值产品，从而改善对华出口结构，但中国仍然对原材料有较高的需求。

尽管全球经济增长放缓，但中国将通过"一带一路"倡议，继续在拉丁美洲投入大量资金。这些资源可能对拉丁美洲的基础设施产生变革性作用。与此同时，已经是非洲国家主要贷款机构的中国进出口银行在拉丁美洲的活动越来越活跃。中国金融继续在该地区发挥重要作用，超过世界银行和其他多边贷款机构在该地区投入的资金。

未来，尽管中国的投资仍然集中于基础设施建设和采掘业，但也存在多样化迹象。过去几年中，中国高层领导人已经宣布，计划通过贸易、投资、金融等方式在如下六个关键领域实现中国参与拉美国家经济的多元化：能源和自然资源、基础设施、农业、制造业、科技创新和信息技术。一些拉美国家在扩大原材料以外的贸易方面取得了一些成功。例如，智利在出口葡萄酒和转基因食品方面做得非常成功，哥伦比亚在海外销售咖啡方面表现出色。

同样需要指出的是，中国企业正在越来越多地致力于履行企业社会责任。这些公司似乎更加相信，社区参与、尽职调查、技术转让和最佳实践都有助于确保中国在该地区长期存在，有助于促进中国与当地政府和社区保持顺畅的关系。例如，中国为该地区的采矿业务发布了新标准。尽管实施这项新标准仍存在诸多挑战，但中国的确将继续作为该地区的重要合作伙伴，通过"一带一路"的建设采取更多措施，促进中国与拉美关系的稳固与持久。

三

全球金融危机对中国与拉美和加勒比地区产生了巨大影响，两者之间的关系也面临新挑战。

今天，大多数拉丁美洲和加勒比国家（其中包括该地区六大经济体中的五大经济体）的经济正缓慢增长或零增长，要实现经济复苏，还面临各种结构性障碍。与此同时，中国经济的快速增长使得拉丁美洲的商品需求和价格保持在高位，从而推动了拉丁美洲经济的增长。不过中国经济增长率已经降至7%乃至6%。

如今，关键问题是如何防止这些新的经济环境影响中拉关系。中国和拉丁美洲的经济增长正处于下降阶段，中拉关系将如何演变？显然，中拉之间除了贸易和外国投资关系外，还有紧密的政治和经济互利关系。在最近的节骨眼上，中拉关系确实为发展提供了新的强有力的视角。

中国在最新一份关于拉美和加勒比地区的官方政策文件中确定了针对该地区未来几年的重点事项：继续关注自然资源和能源，辅以上游和下游投资，以建立相关行业的供应链。已有迹象表明，中国与拉美和加勒比地区已经在朝这个方向发展。

如今，中国在拉丁美洲和加勒比地区的经济中扮演着非常活跃和有影响力的角色，在未来几年还可能扮演更重要的角色。中国与拉丁美洲的关系会变得更加复杂，远远超出经济领域。然而，中国和古巴具有丰富的合作经验，且比以往任何时候都更能找到所出现问题的解决方案。

"一带一路"倡议也改变了中国的区域外交模式，开始从传统的双边方式转向并纳入更多的多边倡议。中国在拉丁美洲的经济外交政策反映了北京试图通过"一带一路"倡议在中亚和东南亚追求的基础设施项目中所表现的包容性态度。从拉美和加勒比地区的角度来看，应该认识到，中国正根据各个拉美合作伙伴的具体情况而兴致盎然地调整合作策略与方式。

澳大利亚共产党第十三次全国代表大会述略

［澳大利亚］迈克·胡珀 [①]

澳大利亚共产党第十三次全国代表大会于 2017 年 12 月举行。大会的口号是："党走向人民。"这表明自苏联解体以来澳大利亚共产党长期退缩政策的结束，新时代开始。

一、澳大利亚共产党第十三次全国代表大会的时代背景

澳共第十三次全国代表大会是在澳大利亚政府对国内工人阶级进行史无前例的攻击和打压这一时代历史背景下召开的。由于分裂主义、机会主义和苏联解体的影响与破坏，澳大利亚共产主义运动长期处于低潮，澳大利亚政府和资产阶级趁机向工人阶级发起进攻，这种攻势达到了三十年来的最高峰。对工人权利和工会的攻击越来越多，削减教育、健

---

① ［澳大利亚］迈克·胡珀，澳大利亚《马克思主义评论》主编助理。

康和福利等社会公共服务，拓展企业福利并纵容企业逃税。其结果是再次从穷人手中掠夺财富转移给富人。

（一）妥协，工人阶级利益严重缺乏保障

从 20 世纪 80 年代起，资本主义国家开始向工人阶级和劳动者展开新一轮进攻。英国的撒切尔和美国的里根大力推行新自由主义。受他们的影响，澳大利亚霍克工党政府在其执政期间也悄悄地引进了新自由主义的所有理论和原则。

1983 年，澳大利亚工党政府与澳大利亚工会理事会签订了《价格和收入》协议，这项协议是以虚假的理由为借口而达成的。他们说，70 年代和 80 年代初的高失业率及通货膨胀问题，是由工资上涨引起的，根本就无视工资上涨实际上是工人通过艰苦斗争取得的这一事实。由于缺乏澳大利亚共产党强有力的领导，澳大利亚工会理事会接受了"限制工人工资"的条款。尽管条款的签订是有交换条件的，政府答应为工人们提供范围更大的"社会工资"，包括减税、提供更多的福利、改善经济状况、降低失业率等，但实际上政府并没有兑现承诺。

这样做的结果是，工人的实际工资下降、工会会员人数下降。澳大利亚统计局的统计数字显示，"工会密度"（即该工会的会员同时参加其他相关工会的人数）从 1954 年的 62% 下降到 2016 年的 15.6%。这说明澳大利亚工会理事会和政府达成的妥协协议是一起灾难性的事件。

从工资水平来看，目前的工资增长水平处于历史最低点。2017 年底仅为 2.1%，略高于通货膨胀水平，这也意味着澳大利亚工人的期望值在不断下降。更为严重的是，十年来工人和工会失去了组织能力。对此，澳大利亚前工会理事会主席格德·卡尼表示："从 1983 年到 1990 年期间的工资紧缩政策，意味着工会与资方通过谈判为工人争取更好的工资待遇这一核心功能已经丧失，甚至有的工会已经忘了如何组织工人。"

继而，于1996年当选总理的霍华德及其自由党联合政府，进一步加紧了对澳大利亚劳动人民的工会及其民主权利的攻击。"新合同工"制度下工人的收益空间越来越受到限制，工会优先等制度成为非法。不仅如此，政府甚至还提出了"支持企业对工人们的维权斗争进行镇压"的口号。

2005年的《工作场所关系法》，即所谓的"工作选择法"，迅速加剧了剥夺工人权利的斗争。工会作为劳工代表的地位被取消；为了所谓的"工作的灵活性"，鼓动工人绕开工会以个人名义和资方签订劳动合同。所有这些措施都是公然与工人为敌，而澳大利亚工会理事会居然还为虎作伥，为这些措施的实施进行积极宣传。当然，他们从中也捞到了巨大好处，2007年工党领袖陆克文成功当选总理。

陆克文上台后，以他为首的工党政府提出了所谓"新公平工作框架"，彻头彻尾地继承了霍华德政府的许多反工会议题。工会活动失效已经造成破坏性的后果，工会在澳大利亚陷入了非常糟糕的境地。

今天，私营企业的工会会员人数达到历史最低点。2015年仅占11%；霍华德时代的"政府御用工具"如澳大利亚建筑和建设委员会得到恢复；工人们只能在极有限的范围内同资方讨价还价以维护自己少得可怜的权益；罢工实际上是非法的；包括竞选工会骨干在内的工人基本权利已经被削减；工会越来越不能履行其职责。澳大利亚政府不可告人的目的是通过对工会活动施加巨额罚款迫使其破产。2017年9月，建筑、林业、矿业和能源联盟发起权益诉求，对建筑工地进行了48小时封锁，因此被政府罚款240万美元；一家造纸厂进行了为期三天的罢工，被判10.15万美元的罚款；工会成员罢工声援被企业解雇的工会代表，被罚款5万美元。

工会干部，尤其是建筑、林业、矿业和能源联盟等激进工会的成员，都被政府分类识别，并遭到特别严厉的对待。被怀疑参加工会活动的建筑工人，有可能会被传唤到秘密法庭的听证会，要么被迫作伪证，要么被监禁6个月。如果该工人拒绝出席所谓的"听证会"，或者将此事透露给别人，那么该工人就会被监禁或者被巨额罚款，并且该工人所在的工会也要被巨额罚款。

澳大利亚政府并不满足于动用秘密警察、监狱和巨额罚款等手段来迫害工会成员，他们不惜斥资4600万美元，授权皇家委员会调查工会的"腐败问题"。忠于其主子的澳大利亚媒体连篇累牍地广泛传播工会"腐败案件"，传播"工会是由暴徒组成的"之类谎言，完全无视对工会指控的证据贫乏和诉讼具有政治目的等因素，一切只为自己的阶级利益服务。尽管坐堂长达189天，聆讯了512名证人，向40名工会干部和工人组织提出了犯罪指控，指责工会"不当行为"的影响是"广泛而深刻的"，但最终只坐实了对其中1名工会干部的指控，而且罪名只是"犯了错误行为"。尽管如此，皇家委员会还向澳大利亚政府递交了一份所谓的《最终报告》，并在这份报告中建议法院和议会参照此案例，有权解除工会任何干部的职务，并提出对工会进行更严厉的处罚、控制和审计的建议和要求。

由于工会不断受到打压，导致工人的工资长期停滞不前，工作条件持续恶化，工作越来越不稳定。截至2017年，年工资增长率仅为1.9%，是澳大利亚统计局自1990年开始统计以来的最低点；2015年工人家庭平均收入比2009年降低约1000美元，通货膨胀率超过2.1%。

最近，政府有一个举措颇受诟病，他们消减了企业解雇工人的罚款率，导致被解雇工人的工资损失高达6000美元/年。悉尼大学商学院的约翰·布坎南教授说："这些事件都不是偶然的，政府已经对劳工的工资标准进行了长达 30 年的攻击，只有工人们强烈地集体发声，工人们的工资才有可能提高。"由于政府对工会和工人权利不断进行攻击和打压，工人们不仅在经济上遭受巨大损失，甚至还会牺牲生命。据澳大利亚安全工作组织的统计数据显示，2005 年建筑工地的死亡人数急剧增加。

（二）财富和公共福利向资产阶级转移，贫富两极分化严重

不断恶化的生活质量和工作条件，只是资本主义对澳大利亚劳动人民进行攻击的最明显表现。此外，另一个事实就是财富被公然地从工人手中掠夺给资本家。澳政府为了给富人和企业提供减税和福利等优惠政策，正在将澳大利亚的社会公共教育、健康医疗和福利不断削减。

目前，澳大利亚政府的长期税收规划呈现出向富人倾斜的趋势。澳大利亚政府的目的是要实行统一税而不是累进税。这样做的结果是，每年为富人减税高达 7225 美元；为穷人减税只有 200 美元。而且，政府还正在进行一项立法，要将公司税率降低 5%—25%。这项降低企业税率的计划将使联邦预算在 10 年内耗资 650 亿美元；同时，统一税计划将耗资 1400 亿美元。这意味着最贫穷的工人阶级将承担更大比例的税收负担，而富人则可以避免承担他们理应承担的责任。

企业和富人们采取各种手段迫使政府做出一系列让步，以进一步减少税负。澳大利亚某智库 2018 年的一项研究表明："最富有的 20% 澳大利亚人每年少纳税超过 680 亿澳元，而澳大利亚全国每位工人每周的收入在 37 澳元左右。"此外，澳大利亚税务局 2018 年的数据显示，在澳大利亚运营的 2000 家最大公司中，有 36% 未支付企业税。

当然，为了在选举中赢得选票，政府偶尔也会在社会福利、公共教育和健康医疗方面象征性地增加一些资金数额，但总体而言，这些公共福利正在被逐渐剥夺。根据安娜·帕的统计，"在过去四年的预算中，政

府已经从社会保障和社区服务领域减少了 150 亿美元"。社会保险申请人在申请时面临越来越严格的审查，获得的援助金额也越来越少。在 2018 年的联邦预算中，政府宣布将实行一项新措施，要从福利受益人中削减 3 亿美元以上的所谓"超额支付"费。这是一个通过残酷手段从绝望的穷人那里攫取钱财的具体事例，目的是在慷慨地给亿万富翁减税后平衡预算。

类似的事例是掠夺公立学校办学资源用以资助私立学校。据澳大利亚教育联盟主席希索普说，在 2018—2019 年期间，公立学校的财政收入被削减了 19 亿美元。联邦政府所设的联邦资金，对公立学校的校园基础建设没投一分钱，却拨款 19 亿美元给私立学校作为建设基金。2017 年，联邦政府对职业教育削减了 1.77 亿美元；对塔斯马尼亚等公立学校残疾学生分别削减 35% 和 45%。目前，全部联邦资金中的 60% 份额被用来支持私立学校。正如希索普所说，"到 2023 年，将有 87% 公立学校的办学资金标准低于国家教育资源标准"。

在健康医疗领域，也出现了为照顾私营部门而损害公共服务的状况，医疗保健成为财富从穷人手中转移到富人那里的另一途径。医生改革协会的伍德拉夫博士一语道出了政府的意图："在为百万富翁和逃税企业减税的同时，联邦政府在持续削减公立医院、基本医疗、牙科和心理健康护理等领域的资金，用以增加私人保健。"澳大利亚政府不仅削减公共医疗，而且还挪用公共资金补贴到私人医疗领域。尽管私人医疗的成本更大，所能提供的健康福利更少。联邦政府每年花费 110 亿美元资助私人医疗保险，但是，私人医疗的管理成本要比公共医疗系统高出 3 倍。

澳大利亚政府运用"胡萝卜加大棒"的方法强迫民众购买私人医疗保险，澳大利亚人参保后享受的医疗范围越来越窄，看病时还要向医生支付巨大的治疗费用。2000 年以来，联邦政府无论是哪个资产阶级政党执政，都毫无例外地强迫民众从很小的年龄就开始购买私人医疗保险。这一举措阻止了由于公共卫生体系的建立而导致的私人医院诊治范围的下降，并为私营医疗机构增加了利润。

二、澳大利亚共产党第十三次全国代表大会的准备工作及大会盛况

澳大利亚共产党第十三次全国代表大会在资产阶级及其政府对劳动人民发动疯狂进攻的背景下举行。代表们敏锐地意识到澳大利亚工人阶级面临的困难和问题，认为这次大会为增进党的凝聚力、增强党的战斗力提供了重要机遇。

（一）澳大利亚共产党实行"党的安全"制度措施，党员总数、参会代表等大会信息属于党的秘密

在讨论澳大利亚共产党的内部生活之前，笔者必须首先向读者介绍澳大利亚共产党的组织纪律和保密制度。尽管目前澳大利亚共产党可以公开活动，但还时常受到官方的干扰。然而，这样的"公开活动"待遇并非一开始就有。目前实行的组织纪律和保密制度，是由上一代共产党人在受到非法威胁时为保障党组织的安全而制定的。

早在 1940 年和 1950 年，澳大利亚自由党政府领导人罗伯特·孟席斯，曾两次取缔澳大利亚共产党。尽管当时的澳大利亚高等法院以违宪为由宣布这两项"取缔法令"无效，但是孟席斯呼吁全国公民投票修改宪法，其目的还是要禁止澳大利亚共产党以合法身份参与社会活动。在这种情况下，澳大利亚共产党的党员、工会和社会民主主义者进行了不屈不挠的斗争，终于击败了孟席斯提出的宪法修正案。这次斗争之所以

取得胜利，一方面是广大民众支持拥护共产党，当时革命正处在高峰期；另一方面是国际上苏联共产党领导人民反法西斯斗争的胜利产生了巨大影响。

由于澳大利亚共产党长期被贴上非法的标签，经常受到警察骚扰、渗透和持续的监视，这对党组织和党员的安全构成了严重威胁。于是，经历过政府禁令期的上一代党员同志们制定了"党的安全"制度措施，并且这些制度措施被一代代地连续沿袭下来。因此，当代的澳大利亚共产党在通信和会员信息方面保持了严格的惯例，每个党员都会自觉遵守"保守党的秘密"这个原则。

了解到这一点，就可以理解笔者为什么没有向读者交代诸如党员人数、党员的相关信息以及他们对大会的贡献等，因为这些具体信息都是党的秘密。

（二）大会筹备期间基层党组织充分讨论，普通党员的参与程度越来越高

澳大利亚共产党第十三次全国代表大会的准备工作历时一年半，各级基层党组织踊跃参加，民主集中制的发展达到高潮。澳共中央和筹备委员会在组织大会方面发挥了主导作用；全体党员通过参加基层党组织的讨论，提交了关于大会文件和党内期刊的修正案。

大会的筹备工作从2016年4月开始。中央执行委员会召开会议，制定了大会筹备工作时间表、修改党章、党纲和政治决议的议程计划等。从那时起至2017年5月，中央执行委员会一直在起草、讨论、修改相关文件，为了准确处理涉及特定领域的某些文件，还邀请了具有专门知识的党员参加筹备工作。筹备委员会成立后，负责把中央委员会提出的大会文件送交所有党组织和基层党组织审议。

2017年5月至6月，各基层党组织召开会议，讨论拟议的大会文件，提出增加、更改和删除建议。在这一过程中，每个党员都积极参与发表意见。经过开诚布公的讨论以后，党员们就基层党组织提出的建议进行投票表决，然后再提交给上级党组织；上级党组织对基层党组织的提案进行审查，并做出接受或拒绝的决议。

高潮是在8月份，每个州的党组织都举行一次州会议，各州委员会向州会议提交了经州委员会同意的所有提案；参加州会议的代表也可以重新提出被州委员会拒绝的提案，如果与会代表们批准该提案，州委员会的反对意见就自行废除。

各州委员会会议结束后，将表决结果送交中央委员会审议。在最后阶段，中央委员会行使接受或拒绝州委员会提案的权利，并将所有通过审议的提案进行汇总，汇编成最终版本的大会文件。

在整个拟议大会文件的修改讨论过程中，澳共中央委员会和筹备委员会都要及时汇编所有与大会有关的意见建议。同时，中央委员会还要编写过去五年的工作报告。

普通党员不仅享有对大会文件提出修订建议的权利，还被邀请参与讨论党内期刊。讨论的内容主要是党员个人撰写并分享关于党的政策心得体会，其他党员一起工作的感受等。值得注意的是，这些讨论内容很活泼，不受党的政策限制，唯一的要求是作者不要进行人身攻击。当然，由于内容涉及"党的安全"这一敏感问题，所以这些讨论文章只能以内部文件的形式在党内传播。

总的来说，大会筹备期间对拟议大会文件的讨论，涵盖了从理论到战术、从政策到实践各方面内容。在澳共第十三次全国代表大会正式召开之前，各种讨论文章的数量之多，内容之丰富，创下历史纪录，这表明党员对党内生活的参与程度越来越高。

（三）大会盛况

经过一年半全党范围的民主参与和准备，澳大利亚共产党第十三次全国代表大会胜利开幕。来自澳大利亚各地的代表和观察员前往悉尼，参加为期三天的大会。大会选举出新的中央委员会，修改了党章、党纲和政治决议，并就关乎党的未来发展的一些重要问题进行了广泛而又充分的讨论和辩论。

澳大利亚共产党第十三次全国代表大会在具有优秀革命传统的新南威尔士州澳大利亚建筑、林业、矿业和能源联盟总部举行，大会地点的选择恰如其分地赞扬了党与工会运动之间的密切关系。澳大利亚共产党在伟大革命斗争中与工会形成了领导与被领导的关系。大会代表和观察员们可以看到悬挂在会场走廊上的澳大利亚建筑、林业、矿业和能源联盟工会积极分子肖像，这些代表人物自身就是澳大利亚共产党员。澳大利亚共产党与工会的这种密切关系，不仅是历史传统，更是当代现实。目前，澳大利亚共产党和工会正在建立一个不断加强的联盟，以抵御资本对工人权利和工作条件的侵犯与进攻。澳大利亚共产党和工会的这种密切联系以及所形成的力量，比以往任何时候都更紧密、更强大。

参加澳大利亚共产党第十三次全国代表大会的与会者，必须是当选代表或者是经批准的观察员。根据《澳大利亚共产党党章》第11条B款的规定："党代表大会由上一届中央委员会委员和由国家或地区会议选出的代表人员组成，或由基层党组织直接选举并由中央委员会决定。"党章还规定："被选为大会代表的党员，需要提交自己连续12个月在党内并交纳了所有党费的证明。"本着民主集中制和马克思列宁主义精神，代表当选的最根本标准是：他们是最值得信任的人，能够为全党利益作出正确的选择。

未当选的党员可以观察员身份出席大会，但是必须通过资格审查。中央委员会规定，有资格成为观察员的党员，不得对党有未偿还的债务。非党员即使以观察员的身份也不能出席大会，但是可以参加第一天晚上举行的具有特别公共职能的会议。

大会开幕日的任务是选举干部。首先是选举委员会主席；其次是选举会议骨干以确保大会各项事务的落实，保障大会的顺利进行。即将卸任的上一届中央委员会正式当选为大会执行委员会。但是，在选举提名委员会时产生了一些争议。提名委员会在新一届中央委员会的选举过程中发挥着重要作用，因此，成为一些机会主义者伺机破坏民主集中制原则的目标。

干部选举工作完成以后，下一个议程就是听取上一届中央委员会的政治报告。中央委员会的报告由总书记鲍勃·布里顿宣读，报告首先概述了国内和国际政治形势及其主要特点，指明了澳大利亚共产党政治工作的总方向以及今后需要重视的主要问题。大会报告总体认为，澳大利亚共产党正在进入一个具有质变意义的新阶段。过去两届大会所确定的致力于党的恢复和重建的阶段即将结束，公众参与和崛起的新阶段即将开始。因此，中央委员会提出了"党走向人民"政治口号。

三、《澳大利亚共产党第十三次全国代表大会政治报告》的主要内容和精神实质

《澳大利亚共产党第十三次全国代表大会政治报告》主要侧重于党内工作，鉴于是党的内部文件，该政治报告不公开发布。笔者经过许可，获准介绍与国际和国内形势有关的报告内容，以及中央委员会对一些重要问题的分析等。

（一）对国际形势的基本判断

关于国际形势，报告确定了三个主要问题。第一，结合纪念十月革命 100 周年，澳共总书记鲍勃·布里顿突出强调苏联解体对国际形势的影响，美国的帝国主义在全球进行掠夺，几乎没受到任何遏制，这种情况的严重程度在今天已经达到高峰。第二，随着美国的霸权行为在世界各方面受到挑战，美国的帝国主义变得越来越鲁莽和咄咄逼人。这可以从它对叙利亚的袭击、对俄罗斯的不断攻击，以及在国际上对左派的强烈攻击，包括巴西的政变、委内瑞拉的不断被破坏和对朝鲜的挑衅中看出来。第三，右翼政治力量正在世界范围内复兴。这三个问题共同定义了各国共产党人必须面对的国际形势。面对这些挑战，澳共中央委员会表示：国际共产主义运动的当务之急是重建国际人民和平运动，反对日益加剧的战争。

（二）对国情的总体认识

中央委员会的报告指出，澳大利亚的国内情况是国际局势的反映。随着工人阶级工作生活条件的恶化，工人权益不断被剥夺，右翼民粹主义政党在种族主义潮流日益猖狂的情况下获得执政权。

在这里，鲍勃·布里顿特别强调澳大利亚民众工作条件恶化的问题，鲍勃·布里顿指出："在经济困难时期创造就业机会有限的情况下，不稳定的就业机会占主导地位。临时工合同就像少付工资和不付工资一样是常见的。"虽然工人们已经在抵抗他们这种做法，但工人们的组织能力却不断受到政府的打击和破坏。

报告还分析并确认了政府损害工人抵抗能力的各种手段和机制。报告认为，政府打击和破坏工人抵抗能力的最明显手段，是日益苛刻的

《反工会法》，特别是在建筑业，现在已经认定所有情况下的罢工行动都是非法的。此外，媒体和政治化的法院互相勾连，以"腐败"等口实败坏工会声誉，以达到削弱工人阶级斗争力量之目的。除了以上法律和意识形态方面的攻击之外，鲍勃·布里顿还指出了对劳动人民生存状况的其他威胁，包括利用持有临时移民签证的海外劳工削减当地工资，自动化导致更多的失业以及对工人更高的剥削率等。

中央委员会的报告指出，工人阶级日益恶化的工作生活条件以及由此产生的沮丧心理，正在被别有用心地误导到种族主义和仇外心理之中，种族主义的右派民粹主义政党如"波林汉森民族党"，曾经赢得州议会和联邦议会的席位。澳大利亚有着悠久的种族主义历史，近来尤甚。报告还指出，穆斯林和新移民成为种族主义势力的攻击目标。最近，"澳大利亚的工作属于澳大利亚人"之类的口号已经在工会组织者中有所表现。

（三）今后的斗争策略

中央委员会将"统治阶级对工人及其工会的战争"认定为"对工人阶级最直接的挑战"。澳大利亚共产党将在未来的五年紧密团结、依靠工人阶级，以应对国内反动势力的进攻和国际上的战争威胁。

四、澳大利亚共产党第十三次全国代表大会的主要成就和存在的问题

（一）修改党纲

继总书记鲍勃·布里顿的政治报告之后，大会发布了关于三个中央文件修正案的报告。党纲更新了内容，对中国、俄罗斯和印度等新兴大国的作用进行了更全面的分析；增加了有关国内政治和经济情况的最新信

息。但是，澳大利亚共产党的基本立场、核心原则是一贯的，这一点没有任何改变。

（二）选举新的中央委员会

大会第二天的主要任务是选举新的中央委员会。选举中，只有大会代表和上一届中央委员会的委员有投票选举的权利，观察员们会在这个时候自觉离开会场。在正式投票前，召开"特别闭门会议"解释投票过程，并允许额外提名候选人。在本届会议上，提名委员会列出了19位新的中央委员会候选人名单，经过热烈讨论后，又增加了3位候选人。对于以上人选，代表们将以无记名投票方式决定新中央委员会的组成。正式投票开始后，提交给代表的选票包括提名委员会提供的19名候选人以及3名额外代表，代表们以无记名投票方式投票，除去不想要的候选人姓名，直到选票上只留下19个姓名。在本次投票中，提名委员会提交的19位候选人名单中有两名候选人落选，额外增加的3位候选人中有2位入选。一旦投票结束，允许观察员返回，参加投票后的讨论，直到投票结果公布。

（三）形成三项特别决议

澳大利亚共产党第十三次全国代表大会最后一天的议程，是讨论并通过党的三大核心文件；召开青年代表和观察员会议；讨论和通过特别决议。大会提出并通过了三项特别决议，前两个决议表明了党支持澳大利亚工人阶级斗争的承诺，第三个决议则表现出支持兄弟党的国际主义精神。

这三项特别决议的内容分别是：第一项，国内决议。鼓励党员支持"第一国家工人联盟"，这是一个致力于确保本土工人获得与其他澳大利亚人同样权利的组织。第二项，国内决议。支持因为拒绝接受被剥夺权利、拒绝签订无安全保障的新合同而被监禁 6 个月以上的煤矿工人。第三项，国际决议。声援古巴、洪都拉斯劳动人民和波兰共产党，他们都正处于艰苦的斗争中。

（四）大会代表演讲和讨论

澳大利亚共产党全国代表大会有一个非常独特的优良传统，出席会议的代表们可以进行演讲和讨论。在三天的大会演讲和讨论活动中，代表们的发言让同志们有机会分享大家共同关心的重要问题。这也是全国党员见面、交流的绝好机会，同志们可以借此分享、学习其他基层党组织的先进经验。第十三次全国代表大会也不例外，除了选举新的中央委员会，代表们的发言和讨论也构成了议程的主要议题。与大会的政治报告一样，代表们的演讲也不会公开发布，因此，与会者可以自由表达自己的想法，从开诚布公的讨论中受益。

在这次的全国代表大会上，代表们的演讲和讨论主要聚焦在两个压倒性的主题：工会和党的工作。由于各种原因，这两个主题受到代表们的热烈讨论。围绕这两个主题，与会代表们主要讨论了三个问题：一是新旧时期党的工作重点转移问题；二是工会代表出席党代会比例高的问题；三是工人阶级维权的重要性和新时期工会的作用问题。

澳大利亚共产党在工业领域的工人阶级中占有很高的比例，这在当前具有特别意义。因为，澳大利亚从霍克工党政府时代就开始在经济方面实行非工业化政策。这些工人除了加入党组织还加入了有关的工会，运用他们一贯的阶级觉悟为无产阶级进行有意识的、坚持不懈的斗争，其中的骨干还被同事们选为工会代表。这些在工业领域的工人阶级中成长起来的共产党员们，无论是作为店员、工会代表还是职工，他们都在努力提高工人阶级的阶级觉悟，为争取工人阶级的利益而努力工作。在这次党的全国代表大会上，拥有这一背景的大会代表比例很高，因此，工会工作和党的工作自然而然地成为大家共同关注的关键话题。

（五）提出"党走向人民"的口号

在当前统治阶级对工人阶级的攻击进一步加剧的背景下，工会的重要性及其在维护工人权益方面的地位和作用凸显，这也能够充分说明为什么这两个话题的热门程度如此之高。目前，在澳大利亚政府的攻击和打压下，工会成员的数量和工会作用的发挥呈现不断下降的趋势，这对澳大利亚工人阶级今后的福利和组织能力构成了严重威胁，在这种情况下，澳大利亚共产党必须站在为扭转这一局面而进行斗争的最前沿。也正是在这样的时代背景下，大会提出了"党走向人民"的口号。

澳共第十二届全国代表大会的口号是："为澳大利亚社会主义而团结奋斗"。澳共十二大侧重于内部重组、重新培训和调整党组织与党员。尽管目前党组织建设还不能尽善尽美，但这项工作基本上取得了成功。澳共十三大正式肯定了这些成就，并提出"党走向人民"的口号，将党的工作重心从党内转向党外。

由于工作重心的转移，出席大会的代表们都非常关注党内工作和地方党组织如何重新定位，以实现新的工作目标等重要问题。这也是这次大会的演讲和讨论为什么如此热烈的主要原因。

（六）不足之处及存在的问题

这次全国代表大会，新一届中央委员会中党内青年代表大幅度增加，党纲、党章和政治决议全部更新；会议强调了党对工人权利和工会运动的关注，这些都是大会取得成功的方面。但是，大会在新政策方面建树不大，只是强化了过去沿袭下来的战略策略。这次大会不是因为其政策文件而引人注目，而是因为党正在明显地发生转变。此外，党内工作中的一些思想问题和矛盾也在此次大会上明朗化。当然，这也从另一方面说明，澳共十二大以来的澳大利亚共产党正在成长和进步。

要理解为什么会存在这些问题，就必须了解澳大利亚共产党党内生活的历史困境。这些困境包括根深蒂固的资产阶级新自由主义对许多成员心理的有害影响、新的在线习惯、代际变化等。其中，资产阶级新自由主义是最具破坏性的因素。

毫不奇怪，在澳大利亚这样有着极为发达和完善的宣传体系的资本主义国家里，共产党人必然会受到资产阶级思想的影响。当然，这些受资产阶级思想影响的党员本人并不是真正站在资产阶级的政治立场，而仅仅是被个人偏见和错误认识冲昏了头脑。毛泽东在其著作《反对自由主义》中批判的行为和作风，不幸地在澳大利亚党内也变得常见，其中最为严重的表现是：个人的欲望无节制地凌驾于党的集体需要之上。

自澳共十二大以来，这种情况开始好转。许多基层党组织进行了治理，大大削弱了新自由主义对党内生活的影响；经过整顿的党组织，党员们表现出更强的纪律性，真正地以马克思列宁主义方式参与党内生活；党员们的主体意识已经被唤醒，基层党组织活动蓬勃发展。这种复兴的态势在西澳大利亚州和南澳大利亚州最为明显，经过整改和努力，党员数量迅速增长。在阿德莱德，一个基层党组织的活跃党员数在一年内翻了一番，两年内翻了两番。基层党组织招募年轻、敬业、高技能和具有政治意识的人，不像过去那样招募一些处于绝望境地、政治上不合适的人加入。党员们同时还加入其他社会组织，争取其他组织的人员加入共产党，所以，这些基层党组织的社会影响力也在增强。他们还建立自己的组织，比如社区工会防务联盟和大学俱乐部等，以提高党领导群众的能力。这些部门成员的政治素质，特别是将马克思列宁主义辩证地应用于澳大利亚现实的能力已经有了相当大的提高。

遗憾的是，这种良好的态势并不是全国性的。一些基层党组织依旧存在不良习惯和工作方法。这些党组织中的关键人物几乎囊括了毛泽东在《反对自由主义》中所列举的各项不良行为。他们还顽固地、坚决地拒绝改变自己的机会主义做派。除了自由主义外，还存在另外一种不良倾向，这就是狭隘的工会和工会运动思想及行为，其典型表现就是宗派主义。

澳共第十三次全国代表大会向所有与会者公开了党内两种现象的存在：一方面，马克思列宁主义者充满活力、日益增长；另一方面，腐朽的机会主义者不断减少和式微。机会主义者是少数派。他们搞派系斗争，在投票选举中玩阴的，在实际斗争中又没有任何成绩，所有这些都向广大党员宣告了他们的失败。

五、小结

澳大利亚共产党第十三次全国代表大会，在统治阶级对工人阶级的长期攻击中召开。财富的重新分配主要发生在劳动人民和富人之间，并且社会财富日益转移到富人手中；工人阶级的工作生活条件和组织能力正在遭到破坏，工人阶级的工会和其他组织比任何时期都弱。种种情况都充分表明，需要一个强大的共产党来扭转局面。

大会认为，经过近20年的努力，澳大利亚共产党积小胜为大胜，最终成为坚强的战斗组织，有机会领导工会和其他左翼势力。澳大利亚共产党和新一届中央委员会都充分认识到他们所肩负的历史任务，确认了当前澳大利亚工人阶级面临的关键问题，围绕"党走向人民"这一主题在内部进行了充分的讨论。

大会成功地讨论并通过了正确的路线，见证了党内某些机会主义的破产。这些机会主义包括在工会运动、工作场所和社区活动中表现出的机会主义；此外，还有一种机会主义，他们将社会民主主义式的政治活动带入党内。

有新的迹象表明，最近刚刚招募的新党员将被灌输正确的马克思列宁主义工作方法。他们将以更强的专业精神和更大的工作热忱投入到党的各项工作中去，并且他们的优秀表现得到了大会的鼓励和支持。当前，澳共新一届中央委员会面临的任务是：利用近年来的党建成果，把党带到人民群众中去，凝聚工人阶级力量，反击统治阶级的攻击。

"一带一路"倡议和人民币货币区的建立

［巴西］迭戈·保塔索　高　欧　马塞洛·佩雷拉^①

目前，中国的崛起在国际货币体系中没有反映出来。然而，鉴于美国在 20 世纪的经验，中国经济规模与其货币实力之间的相对不匹配会在中期内消失。尽管后美国国际货币体系的设计尚不明确，但可以说：（1）人民币在这一新安排中将达到一个非常重要的地位，人民币肯定会在世界上变得越来越可兑换；（2）这并不一定意味着美元不再在全球经济中占据一个关键货币地位；（3）人民币国际化进程也将使中国货币与主要可兑换货币（欧元、日元和英镑）直接竞争，尤其是超过日元在亚洲的地位。

如果这一假设有效，即为解决一个经济体的权重与国际货币金融体系之间的不匹配，有必要针对当前的选择建立替代平台，因此，中国通过其投资银行推动新的融资机制，促进欧亚基础设施的一体化，也有助于创建人民币货币区。

---

① ［巴西］迭戈·保塔索，巴西阿雷格里港军事学校教授；高欧，巴西国家科学技术发展委员会研究员；马塞洛·佩雷拉，巴西里约热内卢联邦大学经济系教授。

一、"一带一路"倡议的能力、挑战和目标

2013 年中国政府提出的"一带一路"倡议，最初以区域项目为主，但明显转变为中国的全球化项目。在同心圆内，第一层涉及其周边领土、上海合作组织、欧亚经济联盟和东盟 10+1；第二层涉及欧亚大陆、中东和非洲之角的大部分地区；第三层是全球性的，涉及来自太平洋的非洲大陆的其余部分地区和美洲。"一带一路"倡议的潜力在于其能力、战略和长远目标，将它视为中国的全球化项目本身并不夸张。

首先，"一带一路"倡议依赖于高度整合的中国能力。从外围国家来说，基础设施工程由于数量多和技术要求复杂而难以完成。对中国来讲，它拥有巨大的经济闲置产能，庞大的土木建筑能力、物流和铁路管理能力，且中国已经调动其财力。

其次，从战略角度来看，基础设施工程建设遇到的政治外交阻力较小。除了各国有要求外，有关工作可以仅由受益国参与执行。

再次，"一带一路"倡议倾向于通过加强商品、服务和货物的流通来促进区域一体化，通过重新创建一种新体系来提升中国的领导地位，实际上会导致美国在该地区霸权的取代。

最后，有利于创建人民币自由流通货币区，这是中国货币在全球范围内可兑换的基础。

二、人民币与新兴金融机制

正在进行的权力重组的一个关键方面是，出现一种取代美国控制和继承的布雷顿森林体系机制的新兴全球金融地理格局。这种格局与世界

生产的重新分配以及由此产生的新兴权力极点有关。

值得注意的是，中国的崛起提供了一个新兴全球金融架构。

首先，2017 年中国的国际储备约为 3 万亿美元，贸易顺差为 4211 亿美元。自 2007 年美国金融危机以来，中国十年（2008 年至 2017 年）累计结余为 3227 万亿美元。

其次，中国银行系统的主导作用，包括商业银行和政策性银行发展（仅限国家银行和其他多边开发银行）。例如，2004 年，中国没有跻身世界十大银行之列；2013 年，中国的四家银行进入世界十大银行（中国工商银行排名第一，中国建设银行第二，中国银行第七，中国农业银行第九）。扩大其国家开发银行，如中国国家开发银行和中非开发银行；扩大多边开发银行和基金，如新金砖国家开发银行、丝绸之路基金和亚洲基础设施投资银行。

实现人民币国际化，将人民币转换为可兑换的支付媒介和国际价值储备的战略包括：

首先，扩大与中央伙伴银行的外汇互换协议，限制人民币对美元的波动幅度，稳定投资者在外汇市场的预期，以增加人民币在国际交易中的使用。

第二，努力使其货币在从布雷顿森林体系继承下来的机构中更加突出。2015 年 11 月，人民币与美元、欧元、日元和英镑一道，成为国际货币基金组织一篮子货币的一部分。从这个意义上说，中国在中国自己创造和主导的替代空间实施了大胆的人民币国际化战略。

第三，中国的战略一直是将其与石油贸易挂钩。作为最大的石油进口国，中国在战胜美国之后，通过锚定世界主要商品，增加了其货币流通。该举措意味着外国投资者首次以美元以外的另一种货币进入中国大宗商品市场，以换取未来的石油合约。

最后，我们认为"一带一路"倡议通过促进欧亚大陆的经济相互依存和贸易，以及重新建立一个以中国为中心的体系，应该有助于推动人民币的国际化。换句话说，中国作为世界上最大经济体，拥有坚实的生产和金融基础，其引力作用倾向于为人民币建立一个主要是在区域层面的自由货币区，因为上海已成为其金融支柱。在这些趋势的基础上，我们可以添加中国建立替代西方的国际支付系统的项目。

历史趋势是国家实力与其货币表现有一定兼容性，但也存在一定时间错位和地缘政治矛盾。无论如何，中国开始坚定地致力于人民币的可兑换性（尽管最初是区域性的），以实现其经典的货币功能——记账单位、外汇媒介和价值储备。除了大幅提高其全球影响力和竞争力外，中国还将降低无数经济交易对美元的依赖。

三、结语

国家与资本之间的有机关系是现代世界体系的构成基础。当然，金融权力是权力力量的组成支柱之一。就美国而言，战后时期是其在外交、军事（北大西洋公约组织）、商业（关贸总协定）和金融（布雷顿森林体系）领域的霸权制度化。即使在美元黄金本位制结束后，华盛顿仍然控制着从布雷顿森林体系继承下来的全球金融体系。不仅如此，把握全球货币的主导地位对于支撑美国华尔街金融霸权、石油业和工业军事综合体的三个行业至关重要。战争、市场、石油和外交脉络交织在一起，构成美国实力的基础。

从这个意义上说，"一带一路"倡议最初代表中国中心体系的重建，即中俄领导下的中心地带的整合。它是中国全球化项目的区域层面，其矛盾倾向于加剧对美国霸权的挑战。除了领土争端之外，还有一些不同全球化战略存在争议，其中包括重新定义世界权力的霸权结构。事实上，新兴全球金融结构的出现以及人民币在中长期的作用日益增强，是当前系统性转型的关键因素之一。

第八篇

附　录

世界格局、"一带一路"与构建人类命运共同体

——第九届世界社会主义国际论坛综述

《世界社会主义动态》编辑部

第九届世界社会主义论坛于 2018 年 11 月 2 日至 3 日在北京隆重举行。这次论坛由中国社会科学院主办，主题是世界格局、"一带一路"与构建人类命运共同体。中国社会科学院副院长、党组副书记王京清同志出席大会并作了题为《在改革开放伟大革命中不断谱写马克思主义新篇章》的主旨报告，中国社会科学院原副院长、世界社会主义研究中心主任李慎明同志作了题为《科学判定时代方位，对中国特色社会主义和世界社会主义充满信心》的主旨发言。论坛收到论文 300 余篇，来自国内外的 200 余位专家学者和理论工作者与会。

一、当前中国所处的时代方位

正确回答和准确把握时代问题是正确理解和准确把握世界格局、充分认识推进"一带一路"和构建人类命运共同体的重要价值和意义的前提。2017 年 9 月 29 日，习近平总书记在中共中央政治局集体学习时曾阐述过这个问题。围绕习近平总书记的相关论述，与会人员表达了他们的看法。

（一）"我们依然处在马克思主义所指明的历史时代"

2017 年 9 月 29 日，习近平总书记在中共中央政治局集体学习时指出："时代在变化，社会在发展，但马克思主义基本原理依然是科学真理。尽管我们所处的时代同马克思所处的时代相比发生了巨大而深刻的变化，但从世界社会主义 500 年的大视野来看，我们依然处在马克思主义所指明的历史时代。这是我们对马克思主义保持坚定信心、对社会主义保持必胜信念的科学根据。"

与会人员一致赞同习近平总书记的上述论断。中国社会科学院原副院长、世界社会主义研究中心主任李慎明研究员指出，习近平总书记关于我们所处时代这一判断不仅完全正确，而且十分重要。中国社会科学院原副院长朱佳木研究员认为，当今世界同马克思、列宁、毛泽东所处的时代相比，虽然发生了巨大而深刻的变化，但仍然处于马克思主义指明的由资本主义向社会主义过渡的时代。

马克思主义所指明的历史时代就是唯物史观大的"历史时代"。中国社会科学院原院长、党组书记，政协第十三届全国委员会民族与宗教事务委员会主任王伟光指出："唯物史观大的'历史时代'是指占统治地位的社会形态所历经的整个历史进程，该历史时代的进程从该社会形态取代前一社会形态在人类社会占据统治地位起，历经兴盛、衰落，直到为下一社会形态所取代而不再占据统治地位止。马克思恩格斯按照唯物史观关于社会形态演变理论，根据'经济的社会形态'的根本性质来划分历史时代，把历史时代划分为原始社会、奴隶社会、封建社会、资产阶级社会等历史时代，经过无产阶级专政的社会主义过渡，将进入共产主义社会时代。从时代的根本性质和大的历史进程来看，从全球范围来讲，现在仍然是资本主义社会形态占主导地位的历史时代，这个时代又是经过社会主义过渡，最终取代资本主义而进入共产主义的历史时代，该时代充满了社会主义与资本主义两种制度、两条道路的斗争。"

在唯物史观中，大的"历史时代"也就是"大时代"。李慎明认为，习近平总书记讲的"我们依然处在马克思主义所指明的历史时代"，既包括马克思恩格斯说的大时代，又包括列宁说的帝国主义这一特定的小时代。这里的大时代即资本主义生产关系占主导地位的资产阶级时代，小时代即列宁所说的帝国主义时代，也就是资产阶级逐渐步入寄生、腐朽、反动和没落的历史阶段，或者说是资本主义向社会主义的过渡时代。李慎明指出：大时代与小时代并不是矛盾的，而是统一于当代世界社会发展之中；我们完全可以说，当今世界仍处于帝国主义时代，处于资本主义向共产主义过渡的时代；社会主义是共产主义的初级阶段，当今中国特色社会主义仅仅是社会主义的初级阶段。李慎明强调：我们只有看到这一点，才能深刻认识资本主义的发展规律和帝国主义的本质，深刻把握世界社会主义的发展方向和趋势，深刻理解当前国际金融危机和世界上所发生的各种主要事物的本质。

（二）习近平总书记关于我们所处时代的判断有重要意义

习近平总书记关于我们所处时代的判断是我们观察世界格局的重要

方法。中共中央组织部原部长张全景认为，如果对当前世界处于什么时代的问题认识不清楚，对世界格局就不会有正确的判断。中国社会科学院马克思主义研究院副院长金民卿研究员指出：时代本质形成重大时代问题，决定世界基本格局，影响人类生存现状和发展前景；当今时代是一个什么样的时代，当今时代的阶段性特征是什么，当今时代的世界基本格局和发展趋势怎么样，当今时代人类面临什么样的重大挑战，如何破解上述重大时代难题并引领世界走向更加光明的前景，构成了"世界向何处去"的重大时代之问。金民卿认为：习近平总书记关于我们所处时代的判断，以深刻的哲学思维、宽厚的人类情怀、强烈的时代意识和鲜明的问题导向，对"世界向何处去"这个重大时代之问进行了深度的哲学剖析和系统的理论回答，全面揭示了当今时代本质及其必然趋势、当今时代特征及其重大问题、当今世界格局及其发展走向，提出了一系列关乎世界发展和人类命运的重大理论观点；习近平总书记关于我们所处时代的判断构成了习近平新时代中国特色社会主义思想的重要组成部分，创造性地发展了马克思主义关于人类社会发展规律的认识。

习近平总书记关于我们所处时代的判断向我们提出了一些新要求，其中主要是坚持马克思主义为指导，充分认识向社会主义过渡的必然性和曲折性，坚定共产主义的理想信念。李慎明认为，我们划分时代的依据是唯物史观，我们所处的时代决定了我们必须坚持马克思主义基本原理，特别是马克思的"两个必然"和"两个决不会"结论。李慎明指出："两个必然"是人类历史发展的总趋势、总归宿，是我们正确理想信念的总源泉、总依据，是我们建设中国特色社会主义和最终实现共产主义的信心的根本所在；"两个决不会"是人类历史总体发展的具体过程和具体细节的总汇集、总描述，是我们在实现最高纲领的过程中，在制定、实施和实现一个个最低纲领和一个个战略策略时，所要考察的客观的具体条件的现实依据。李慎明认为，时代问题是一个客观存在，时时刻刻存在于我们现实的政治经济社会生活之中，存在于我们亟待统筹的国内国际两个大局之中。

我们要充分把握时代特点，掌握社会发展规律和时代发展趋势，制定正确的战略和策略。李慎明认为，现在继续使用列宁的"金融帝国主义"这一提法，有助于我们更直接、更深刻、更透彻地认识帝国主义和世界各种主要事物的本质，有助于找到科学应对的战略举措。李慎明强调：从总的历史趋势讲，在战略上和本质上，资本帝国主义无疑是腐朽的、垂死的资本主义、"纸老虎"，但这不排除其发展比从前要快得多，因而在战术上看金融帝国主义又是"真老虎""铁老虎"。"真老虎""铁老虎"是要吃人的；只有认清金融帝国主义既腐朽、垂死又可以在特定条件下以惊人速度发展这一重要特征，我们才可能保持头脑清醒，在任何情况下都能赢得主动。李慎明指出：从一定意义上讲，弄清楚时代问题，对我们进行科学的顶层设计具有十分重大的理论与现实意义；中国共产党人从未否定当今时代仍然是帝国主义的时代，而是直接或间接肯定这一时代的本质未发生改变。

（三）当今"金融帝国主义"的特征

当今的"金融帝国主义"亦称"新帝国主义"，与列宁当年阐述的"金融帝国主义"有很大不同。中国社会科学院大学首席教授、中国社会科学院学部委员、学部主席团成员程恩富论述了新帝国主义的五大特征。他认为，20世纪70年代以来，世界资本主义发展到新帝国主义阶段，其特征集中表现在五个方面。第一，生产与流通的国际化和资本集中的强化，形成富可敌国的巨型垄断跨国公司。为数不多的公司帝国已经掌控了全球经济的大动脉，成为左右全球经济社会向何处发展的决定性力量。第二，国际金融垄断资本形成并在全球经济生活中起决定性作用，这是新帝国主义时代的最显著特征。跨国大银行等金融机构控制着全球经济命脉，金融垄断资本在全球进行掠夺式积累，生产逻辑让位于投机逻辑，经济金融化畸形发展。第三，美元霸权和知识产权的垄断，形成不平等的国际分工和两极分化的全球经济与财富分配。新国际分工仍然在延续着不均衡、不平等的结构体系，不平等的国际交换导致两极分化的全球经济和财富分配持续扩大，跨国公司和新帝国主义的统治力量在经济全球化条件下得到强化。第四，"一超多强"结成的国际资本主义寡头垄断同盟，形成内外剥削和压迫的金钱政治、庸俗文化和军事威胁的经济基础。"G7+ 三大支柱"组成国际性垄断经济同盟，以北约为主体的国际资本主义垄断军事同盟，以普世价值形式出现的文化霸权，"一超多强"结成的国际资本主义寡头垄断同盟，大大巩固了美国作为世界经济军事霸主的地位。第五，全球化资本主义矛盾和各种危机时常激化，形成当代资本主义垄断性和掠夺性、腐朽性和寄生性、过渡性和垂危性的新态势。新帝国主义是产业高度空心化的资本主义，是经济停滞常态化的资本主义，是债务驱动的资本主义，是过渡和垂危的新型资本主义。

尽管"金融帝国主义"的特征发生很大变化，但列宁关于时代的判断在今天看来依然是正确的。李慎明认为：有些人对列宁关于时代的判断提出诘难，这是因为他们理解上有偏狭和过错；金融帝国主义时代还可能会持续几百年甚至更长的时间，因而资本主义向社会主义的过渡时代是长期的、曲折的有时甚至会发生逆转；在上述过渡过程中，社会主义革命有迅速发展时期，也有消沉时期，这种现象既会在一国革命中发生，也会在世界范围发生，因而不能把当前世界社会主义革命处于消沉时期的现象看成是时代的根本性质改变了；在未来二三十年内，"和平龟行发展"的"政治消沉"时期必然会结束，"一天等于二十年"的伟大日子一定会到来。李慎明强调，推进“一带一路”建设、构建人类命运共同体、实现和平与发展这“两大主题”和“共商、共建、共享”这“三大发展理念”等中国智慧和中国方案，正是我们在所处时代条件下着眼人类发展和世界前途、推进世界社会主义发展的重要举措。

中方学者关于时代本质的看法得到了国外与会学者的普遍认同。在大会发言和分组讨论时，当中方与会人员讲到这部分内容时，博得了国外与会学者的热烈掌声。国外与会学者们纷纷表示，将把这一观点带回他们所在的党进行学习和讨论。

二、当今世界格局与社会主义态势

一般说来，世界格局指在一定历史时期的国际舞台上由于相互制约而形成的比较稳定的结构状态。世界格局的稳定是相对的，当今世界格局发生了较大的变化，这些变化体现在什么地方？处于世界格局中的社会主义呈何态势？怎样看待目前中国与美国的关系？与会人员就上述问题进行了深入探讨。

（一）当今世界的总体格局及其挑战

进入 21 世纪以来，和平与发展仍是世界的主题，也是世界的总体格局。李慎明指出，由于世界各国人民对和平有强烈的愿望和追求，对帝国主义的认识逐步深化，以美国为首的西方国家正处于衰退中，世界多极化也在深入发展，美国称霸全球常常力不从心，对社会主义国家搞“和平演变”，对其他发展中国家搞“颜色革命”，世界和平的整体格局可能会维持一段时间。朱佳木认为，当今人类正处在大发展、大变革、大调整的时期，各国之间的联系比以往更频繁、更紧密，和平与发展仍然是当今世界的时代主题，世界多极化、经济全球化仍在深入发展，各国的相互联系、依存关系更加紧密，发展中国家之间的联合更加广泛，战争因素被和平力量继续扼制。国防大学原政治委员赵可铭上将指出，当今世界面临百年未有之大变局，人类正处在大发展大变革大调整的历史时期，世界多极化、经济全球化、社会信息化、文化多样化持续推进，新一轮科技革命和产业革命正在孕育成长，世界各国相互联系、相互依存，全球命运与共、休戚相关，和平、发展、合作、共赢的时代潮流更强劲。

与此同时，当今人类正处在一个挑战层出不穷、风险日益增多、大国和地缘政治摩擦博弈局势错综复杂的时代。朱佳木认为，资本主义生产社会化与私人占有之间的矛盾根深蒂固、无法克服，垄断资本与国家力量还在进一步结合，世界范围的贫富两极愈益分化，世界面临的不稳定性、不确定性更加突出，挑战和风险更加严峻，霸权主义、强权政治的气焰更加嚣张，各种传统、非传统的安全威胁更加强烈，发达国家内部的民众抗议活动和最不发达国家及战乱地区的移民潮、难民潮持续发酵，贸易保护主义迅速抬头，单边主义和逆全球化思潮开始滋生。赵可铭指出：世界经济增长乏力，金融危机阴云不散，发展差距和失衡的鸿沟日益突出，局部军事冲突时有发生，单边主义、冷战思维和强权政治阴魂不散，恐怖主义、难民危机、气候变化等非传统安全威胁持续蔓延，和平赤字、发展赤字、治理赤字成为摆在全人类面前的严峻挑战。澳大利亚共产党中央教育委员会成员、澳共党报《卫报》主编安娜指出：经济指标表明，下一次全球金融危机迫在眉睫，各国经济特别是发展中经济体的债务难以负担且不断增加。在全球经济尚未完全从2008—2009年金融危机和随后严重衰退中恢复的情况下，金融资本增加对资本投资和政府的控制。世界上有119个发展中国家陷入严重金融困境，破产威胁迫在眉睫，有些国家已经无力偿还其主权债务。

《文汇报》高级记者郑若麟研究员认为，当今世界正在形成"四大力量板块""三大冲突"。"四大力量板块"指美国本土产业资本、支持全球化的西方跨国金融资本、伊斯兰世界和中国。"三大冲突"指美国本土产业资本（包括支持特朗普的美国中下层劳动阶层）与跨国金融资本在全球化问题上的冲突，伊斯兰世界与非伊斯兰世界的冲突，以及复兴中的中国与守成大国美国的冲突，其核心是支持还是反对"全球化"。特朗普主要代表美国本土产业资本（以及在全球化进程中利益遭到损害的劳动阶层和部分中产阶级）势力，其主要对手"金融跨国资本""挟天子以令诸侯"——"天子"就是反对特朗普的那部分美国势力，"诸侯"则是欧洲、中国、日本等支持全球化的力量。特朗普代表美国产业资本势力向跨国金融资本发动了以"反全球化"战略为标志的全面进攻，双方正围绕支持还是反对"全球化"展开激烈博弈，中国与伊斯兰世界分别由于贸易、难民和移民等问题冲击特朗普"反全球化"战略而卷入其中。"特朗普的美国"与"金融跨国资本"的争斗才是"三大冲突"中的首要冲突，伊斯兰世界与非伊斯兰世界的冲突、正在崛起的中国与守成大国美国的冲突特别是目前正在进行中的贸易战并非当今世界最主要的矛盾。

（二）资本主义与社会主义两大力量的消长

资本主义社会和社会主义社会是当今世界的两种重要力量。二者力量对比的消长在很大程度上左右世界格局。李慎明指出，世界上两大社会制度竞争和斗争的态势与力量对比正在发生新的变化，世界社会主义发展仍面临着巨大挑战。赵可铭指出："在发达资本主义国家的金融垄断资本操纵下，全球区域发展差异日益扩大，全球贫富差距鸿沟难以弥合，全球治理体系在霸权主义、恐怖主义、单边主义、贸易保护主义抬头的情况下遭遇信任危机。与此同时，我们也欣喜地看到包括中国、古巴、老挝、朝鲜、越南在内的社会主义国家则在吸取了苏联东欧剧变和过往社会主义建设过程中的经验教训后，陆续进行社会主义改革、变革或革新，从而焕发出新的生机与活力。各社会主义国家探索具有本国特色的社会主义建设道路，解放和发展生产力，广大人民的生活水平有了新的提高。世界社会主义运动正走出低谷，逐渐迎来复苏的前景。"兰州大学法学院副院长迟方旭博士认为："从世界格局着眼，我们的确必须客观地承认，当今世界西强东弱的格局尚未发生根本改变，世界社会主义运动总体仍处于低潮时期。于是，以西方宪政民主、三权分立、司法独立等为代表的法学思潮不仅畅行西方，在东方包括中国仍不乏信奉者、追随者和倡导者。"

中国是世界上最大的社会主义国家。改革开放后特别是党的十八大以来，中国特色社会主义事业取得了举世瞩目的成就，带动了世界社会主义运动走出低谷。中国社会科学院博士生李霞认为："20世纪80年代末90年代初，苏联东欧剧变导致社会主义阵营解体，世界社会主义事业随之陷入空前低谷。经过30多年的恢复与调整，中国特色社会主义的成功实践，改变了当今世界社会主义与资本主义力量对比关系严重失衡的局面，使人们看到了21世纪世界社会主义振兴的希望。"辽宁大学马克思主义学院博士生生忠军指出，从国际政治格局来看，具有鲜明的"东升西降"的特征，世界政治经济的中心开始向亚太转移，尤其是中国综合国力和世界影响力的不断扩大，对国际力量对比产生重要影响。中国社会科学院马克思主义研究院副研究员周淼认为："美欧等发达资本主义国家的实力相对衰退，以金砖五国为代表的一大批新兴市场国家和发展中国家正在群体性崛起，广大第三世界国家的整体力量在增强；中国改革开放取得了巨大成就，成为国际政治经济格局中重要的力量，任何国家或国家集团都再也无法单独主宰世界事务。"李慎明指出："当今时代的金融帝国主义无疑已经开始处于衰败之势。从本质上说，资本主义的危难，就是社会主义的机遇。危难越多越大，机遇也就越多越大。只要中国特色社会主义巍然屹立，则极有可能进一步引发自资本主义诞生500年来最大的资本主义危机的总爆发。"

无论资本主义与社会主义力量发生怎样的变化，二者之间的根本对立关系是不会改变的。张全景强调："我认为，当前世界处于从资本主义向社会主义过渡的时代，主要矛盾是资本主义同社会主义的矛盾，集中表现在美国与中国的矛盾。资本主义国家特别是美国时刻'和平演变'社会主义国家的图谋没有丝毫改变。"中国人民大学一级教授周新城指出："应该看到，资本主义与社会主义两种社会制度，本质上是对立的，它们之间是一种取代关系：或者按照社会发展规律，社会主义取代资本主义；或者在特殊的阶级力量对比条件下，社会主义制度倒退到资本主义去，像苏联东欧国家那样。说社会主义与资本主义可以趋同、相互融合，这是民主社会主义者的幻想，客观上是不可能发生的。自十月革命胜利、世界上出现社会主义制度以来，帝国主义始终把消灭社会主义当作根本的战略，妄图恢复资本主义一统天下的局面。"山东大学马克思主义学院（威海）院长吴文新教授认为，虽然中国特色社会主义的民族性、地域性极为突出，却是嵌合于世界资本主义体系中的地域性社会主义，是在与资本主义世界体系相互作用过程中发展起来的，新时代中国特色社会主义从民族的社会主义逐步转换为世界的社会主义，这是一个极可期待、极具价值的世界历史进程，必将推动人类社会朝共产主义方向进步，这也是近年来中国共产党向全人类贡献"中国方案"的世界意义。

（三）近年来中美关系的变化

近年来中美关系发生了很大的变化。中美均是世界上有巨大影响力的大国，两国关系被普遍指为 21 世纪最重要的双边关系，在一定程度上代表了世界资本主义与世界社会主义的力量。中国人民大学重阳金融研究院执行院长王文指出："'时间不多了'、'30 多年来从未遇到过的最悲观、最消极的时刻'、'美国的耐心已到尽头了'、'美国政府对各种对话与交流已受够了'，在美国的五天交流中，几乎每场活动都能听到类似声音。的确，与此前诸多舆论的判断一致，目前中美关系正在遇到建交以来最复杂、最恶劣、最综合的寒流，远甚于 1989 年美国对华制裁、1999年美国轰炸我驻南联盟使馆。美方的观点认为，后者仅是聚焦在个别领域、个别事件，现在则是全方位、全社会的对华不满、质疑、批判甚至否认。"俄罗斯共产党中央委员会副主席 D.G. 诺维科夫指出："美国日前对中国进行贸易战并企图对其封锁高科技市场。西方媒体对中国开展信息战，并企图挑拨和破坏中国与其伙伴的关系。他们谴责中国实施对外扩张、侵害人权。在俄罗斯有一种说法：在大声嘲笑别人眼睛里的沙子时，却没有看到自己眼睛里的木头。"

表面看，中美之争主要围绕"中美贸易战"展开，但实际牵涉的问题远超经济贸易范围。中国社会科学院美国研究所党委书记、研究员倪峰认为，中美两国是在社会制度、意识形态、战略利益都存在差异的国家，这种差异造成了两国之间始终都存在着战略互疑，这是中美关系中的一个结构性矛盾。周淼认为："中国不断发展壮大，成为推动国际格局发展变革的重要力量。出于垄断资本主义国家的本性，西方国家对中国有着深深的意识形态、制度偏见和战略疑惧，崛起中的中国遭遇西方霸权国的遏制、打压越来越激烈和公开化。美国和西方的金融垄断资本体量巨大、危机深重，只能靠瓦解和控制一个大国才能汲取'战略红利'，才能为其天文数字的金融泡沫买单，中国改革开放中积累的巨量财富是其理想目标。"古巴哈瓦那世界经济研究中心副主任格蕾蒂斯认为："从本质上讲，当今中美争端的核心已经超越了经济领域。两国之间的争端不应脱离当今时代最重要的矛盾而单独分析，必然与联合国和其他国际机构的争端有关，与欧洲、拉丁美洲、非洲甚至亚洲等不同地区的利益有关，或与中国西藏、中国台湾、中国南海的争端有关，或与朝鲜地区冲突的不确定因素有关。"北京航空航天大学战略问题研究中心教授张文木认为：新时代中美关系的竞争本质是制度竞争，特朗普政府将自己的政治基础从以往的石油美元移至军工美元，这意味着在新时代世界和平成了美国的敌人，美国外交的目标再次回到战争的轨道；在国际资本收益面临严重萎缩的今天，美国对中国的无理索求已严重逼近中国的底线，双方妥协的余地越来越小，"和平与发展"——尽管值得争取——的空间迅速收缩，世界再次提出战争与和平的话题。

中美关系变化的原因值得深入分析。倪峰认为：在中美关系演进过程中，虽然会不时出现如特朗普现象等"非常规因素"并对两国关系产生重大影响，但一些常规的、基础的因素对两国关系的影响更根本、更长远；所谓"常规因素"是指对中美关系不断向战略竞争方向滑动一直起决定性作用的因素，也就是中美两国实力对比及其相互认知的快速变迁；常规因素和非常规性因素在 2017 年底实现汇集、聚变，其产生的巨大动能对中美关系产生了强烈冲击。王文指出："美国对华态度正在进行建交 40 年来最具颠覆性的反思，源于中美实力正在出现本质性的消长。'美国将弱不弱、中国欲强未强'的关键节点上，什么事情都有可能发生，不仅是贸易关税进一步加征，南海、人权、台湾、新疆、互联网、金融、安全、高科技等诸多领域的中美冲突，极可能会出现集体爆炸，稍有处理不慎，便会导致两国全面对抗，建交 40 年基业被彻底颠覆的可能性并非是零，全面掉入'修昔底德陷阱'的概率也并非为零。"朱佳木指出："中美贸易战今后无论打出什么结果，美国对中国的新遏制政策短时间是不会改变的。这种遏制虽然会给我们造成某些损失，但阻挡不住新时代中国特色社会主义前进的步伐，相反，只会起到提高人民觉悟、增强自主创新能力、促进经济结构调整、壮大中国综合国力的作用。"

三、坚持改革的社会主义性质和方向

2018 年是中国改革开放 40 周年。40 年来，作为世界社会主义运动的重要组成部分，中国特色社会主义迅速发展并取得巨大成就，受到国际社会普遍赞誉。在进入新时代的今天，如何继续全面深化改革、扩大开放，夺取新时代中国特色社会主义的伟大胜利，这是与会人员热议的话题之一。

（一）中国的改革开放具有鲜明的个性特征

中国的改革开放在国内外形势发生重大转变的历史时刻开始，在世界格局大发展大变革大调整的过程中推进。中国社会科学院副院长、党组副书记王京清指出："与中国改革开放同时开始的，有某些发达资本主义国家的改革，改革使其暂时摆脱了危机、实现了短期发展，但后来又陷入了新的危机；有苏联、东欧等社会主义国家的改革，导致了这些国家的制度颠覆和国家分裂，即'苏东剧变'；还有一些其他不同制度背景和民族特点的改革探索，但大多都没有实现独立自主的发展繁荣。"王伟光认为："苏东剧变既有资本主义西化、分化社会主义国家的外因，也有本国复杂多方面的内因。譬如，脱离本国实际，超越了世情国情，忽略相对于西方诸发达资本主义国家落后的生产力，忽略市场经济的必要性，逐渐形成了不适应的经济政治体制，束缚了社会主义生产力的发展，束缚了人民积极性的调动，束缚了社会主义制度优越性的发挥，从而陷入了发展困局，发展速度先快后慢，以至逐步落后于发达资本主义国家"。王伟光指出："为了解决发展中的问题，只有改革一条出路。然而由于苏东诸国采取了错误的改革路线，走上了资本主义邪路，最终酿成悲剧，这是苏东失败的直接原因。但最根本的内因是苏东诸国放弃了社会主义道路、丢掉了党的领导、背离了马克思主义。"

与上述改革不同，中国改革开放走过了不平凡的历程并取得了巨大成就，其中的缘由在于中国的改革开放具有鲜明的个性特征。王京清概括中国改革开放的个性特征是：始终毫不动摇地坚持和发展马克思主义，始终不渝坚持和完善党的领导，始终坚定不移走中国特色社会主义正确道路，始终坚持人民主体地位、立足中国具体实际，始终科学把握时代主题、吸收一切优秀成果、积极为人类发展做贡献，始终正确处理改革发展稳定关系、走"渐进式改革"之路，始终勇于自我革命和纠错创新、实现社会革命和自我革命良性互动，始终牢牢坚持政治原则底线、指导思想底线、人民利益底线和国家利益底线。南非共产党第二副总书记克里斯·马特哈科强调："仔细阅读中国'改革开放'以来中共代表大会的文件，可以看出中国之所以取得显著的进步，正是因为中国所走的社会主义道路与中东欧前社会主义国家的道路不同，中东欧这些国家的社会主义政权被推翻了，恢复了资本主义。同时，中国也没有重复熟悉的社会主义发展模式——斯大林时期开创的、被广泛推广的、中华人民共和国成立初期巩固政权时采用过的苏联模式。中国所进行的中国特色社会主义是符合中国国情和中国自身条件的发展模式。"格蕾蒂斯指出："历史证明，先前对中国的假设是错误的。可以肯定的是，中国已经站起来了，但没有加入新自由主义思潮，至少没有以分析人士和北美政客倡导的那种形式加入。相反，中国深化、加强了独立性特征，正是这些特征使其能够在国际关系中保持独立自主的地位。这一现实促使北美政治不同部门就遏制中国的必要性达成了共识。"

中国在改革开放中积累了丰富、宝贵的经验。王伟光指出："总结改革开放的经验，最重要的是始终坚持解放思想、实事求是的思想路线不动摇，始终坚持社会主义市场经济改革方向不动摇，始终坚持四项基本原则不动摇。"河南师范大学马克思主义学院院长马福运指出：把握好"变"与"不变"的辩证统一，这是改革开放最重要的成功经验之一，也是从邓小平到习近平始终坚持的改革逻辑；"改革开放的成功实践告诉我们，坚持社会主义基本制度之'不变'，与革除社会主义制度体制弊端之'变'的辩证统一，是推动改革开放不断深化、保持社会主义生机活力的重要经验，也是开创和发展中国特色社会主义、推动中国特色社会主义制度完善与发展的基本前提。"克里斯·马特哈科指出："根据世界银行和其他机构的预测，在今后10年左右的时间里，中国将成为世界上最大的经济体，美国100多年来一直保持的领先地位将被超越。对于中国这个世界上人口最多的国家而言，这将是一场巨大的挑战。在经受了相当多的破坏性挑战后，中国正在有计划、有保障、稳定地发展。在习近平的领导下，在迄今所取得的巨大成就的基础上，中国共产党计划在全球范围内发挥更大的作用。"

与会的越南和老挝学者表示，中国特色社会主义改革给他们很多重要启示，他们各自的党和政府的有关部门正在抓紧研究中国40年改革开放的经验和教训，以更好地为他们各自的革新事业服务。老挝社会科学院经济研究所所长乐彭博士说：老挝实行全面革新政策，从包产经济机制、集中计划、按均分配到市场经济体制，从1986年到现在，老挝经济已经有了较好的发展，年经济增长速度加快，各经济成分发展迅速，对国家经济的发展起到重要作用，人民生活得到了逐步的提高，对近年来的经济跳跃式发展贡献了力量。

（二）改革开放回答了马克思主义经典作家提出的时代课题

马克思恩格斯最早提出并回答了我们所处历史时代的课题。王伟光指出："马克思主义是我们所处时代的历史最强音，它揭示了资本主义必然灭亡、共产主义必然到来的客观规律；指出了经过社会主义革命和无产阶级专政的社会主义过渡，实现社会主义现代化，最终达到共产主义的历史趋势，从而回答了最为迫切的时代课题。"王伟光认为："马克思主义经典作家回答该时代课题，主要解决了两大问题：一是关于为什么共产主义必然代替资本主义和通过什么样的途径过渡到共产主义的问题；二是关于在什么样的具体条件下发动社会主义革命，建立无产阶级专政的社会主义国家，走社会主义道路，创造条件最终过渡到共产主义的问题。"不可否认，马克思恩格斯关于社会主义革命在西方发达资本主义诸国同时胜利的结论，建立在对社会历史一般发展规律的判断上。

马克思恩格斯通过对东方相对落后国家的研究，提出了新的观点。王伟光指出：后来的实践超出了他们的预判，促使其研究东方相对落后国家走社会主义道路的可能性，并得出在特定条件下东方落后国家可以不通过资本主义的"卡夫丁峡谷"实现社会形态的跨越式发展，走出一条"非资本主义"的发展道路，"这样一来，他们就把相对落后的国家'建设什么样的社会主义，怎样建设社会主义，作为最迫切的时代课题提了出来'"。王伟光指出：当时东方相对落后国家一种是俄国类型（虽然已进入资本主义发展阶段，但相对西方发达资本主义国家仍然相对落后，留存大量的封建残余，是垄断资本主义统治链条上的薄弱环节），另一种是中国类型（尚未进入资本主义发展阶段，工人阶级人数较少，处于更为落后的殖民地或半殖民地半封建社会状况），这两种类型又分为两步：在相对落后国家具备一定的主客观条件，可以成功地进行社会主义革命，这是第一步；革命成功后，建设社会主义又是第二步。王伟光认为："列宁只解决了第一种类型国家爆发社会主义革命，走社会主义道路的问题，尚未解决第二种类型国家爆发社会主义革命，走社会主义道路问题，更没有解决社会主义革命完成后，建设社会主义的第二步问题"；比俄国更为落后的殖民地或半殖民地半封建国家如何进行社会主义革命，苏联改革失败后如何建设社会主义、走出一条非资本主义的发展道路问题尚未破解，回答这个重大课题的时代使命落在了中国这个东方落后的大国肩上，落在了中国共产党人身上。"

中国的改革开放成功地破解了这一重大时代课题。王伟光指出：按照马克思主义经典作家关于非资本主义道路的设想，东方落后国家可以不经过资本主义制度的"卡夫丁峡谷"而建立社会主义制度，但资本主义已经历的市场经济充分发展、生产力高度成熟的自然历史过程是不可逾越的；"中国共产党人总结了社会主义诸国家建设的成功经验和失败教训，其中包括中国自身社会主义建设的经验教训，通过改革开放建立与中国社会主义生产力状况相适应的社会主义市场经济体制，回答了在落后的国家'什么是社会主义，怎样建设社会主义'这个首要的基本问题，成功地开创了中国特色社会主义新局面，完整地回答了马克思主义经典作家所提出的时代课题。"

中国成功破解时代课题对一些社会主义国家有重大启示。越共中央理论委员会委员、胡志明国家政治学院新闻与宣传学院教授阮明环指出："对于越南，自从进行革新事业以来，为了保证经济领域的社会公平与发挥民主，首先要求不断完善社会主义定向的市场经济。实践已经证明，经济革新成就是基于不断完善越南社会主义市场经济的实践，从而保证实现社会公平和发挥民主，创造'机会'和'条件'—可理解为保证每个公民的平等与固有自由权—让人民按照自己的能力参与到经济发展过程中，并享受经济发展带来的成果。"

（三）在习近平新时代中国特色社会主义思想指引下全面深化改革

当代中国发展正处在一个新的历史方位上，我国社会主要矛盾已经转化为人民日益增长的美好生活需要和不平衡不充分的发展之间的矛盾。王京清认为，这是一个关系全局的历史性变化，对党和国家工作提出了许多新要求，我们要在继续推动发展的基础上，着力解决好发展不平衡不充分问题，大力提升发展质量和效益，更好满足人民在经济、政治、文化、社会、生态等方面日益增长的需要，更好推动人的全面发展、社会全面进步，实现中华民族伟大复兴的伟大梦想。王京清指出，完成这个历史使命必须发展中国特色社会主义的伟大事业，要求我们必须学懂弄通做实习近平新时代中国特色社会主义思想，全面贯彻落实新时代中国特色社会主义的基本方略，不断推进全面深化改革事业。

在习近平新时代中国特色社会主义思想指导下，中国共产党制定了新时代坚持和发展中国特色社会主义的基本方略，科学规划了决胜全面建成小康社会、开启全面建设社会主义现代化国家的新征程，全面制定了新时代坚持和发展中国特色社会主义的战略部署。王京清认为，为了把这些基本方略和战略部署落实到位，我们一定要牢牢坚持完善和发展中国特色社会主义制度、推进国家治理体系和治理能力现代化的总目标，更加注重改革的系统性、整体性、协同性，加快发展社会主义市场经济、民主政治、先进文化、和谐社会、生态文明，坚决破除一切不合时宜的思想观念和体制机制弊端，突破利益固化的藩篱，吸收人类文明有益成果，构建系统完备、科学规范、运行有效的制度体系，充分发挥我国社会主义制度优越性，在新的历史起点上大力推进全面深化改革，让一切劳动、知识、技术、管理、资本的活力竞相迸发，让一切创造社会财富的源泉充分涌流，让发展成果更多更公平惠及全体人民。

王京清指出："全面深化改革，就要坚持和完善基本经济制度，加快完善现代市场体系、宏观调控体系、开放型经济体系，加快转变经济发展方式，加快建设创新型国家，推动经济更有效率、更加公平、更可持续发展；紧紧围绕坚持党的领导、人民当家做主、依法治国有机统一深化政治体制改革，加快推进社会主义民主政治制度化、规范化、程序化，建设社会主义法治国家，发展更加广泛、更加充分、更加健全的人民民主；紧紧围绕建设社会主义核心价值体系、社会主义文化强国深化文化体制改革，加快完善文化管理体制和文化生产经营机制，建立健全现代公共文化服务体系、现代文化市场体系，推动社会主义文化大发展大繁荣；紧紧围绕更好保障和改善民生、促进社会公平正义深化社会体制改革，改革收入分配制度，促进共同富裕，推进社会领域制度创新，推进基本公共服务均等化，加快形成科学有效的社会治理体制，确保社会既充满活力又和谐有序；紧紧围绕建设美丽中国深化生态文明体制改革，加快建立生态文明制度，健全国土空间开发、资源节约利用、生态环境保护的体制机制，推动形成人与自然和谐发展现代化建设新格局；紧紧围绕提高科学执政、民主执政、依法执政水平深化党的建设制度改革，加强民主集中制建设，完善党的领导体制和执政方式，保持党的先进性和纯洁性，为改革开放和社会主义现代化建设提供坚强政治保证。"

四、中国特色社会主义成就的国际影响

改革开放以来，特别是党的十八大以来，中国特色社会主义取得了巨大成就，这些成就不仅改变了中国，也在国际社会产生了深刻的

影响，促进了马克思主义与各国实际的结合，许多与会人员就此谈了他们的看法。

（一）中国特色社会主义取得巨大成就

与会人员对中国特色社会主义取得的巨大成就一致表示肯定。王京清指出："改革开放取得了举世瞩目的辉煌成就，不论是在中华人民共和国发展史上、中华民族发展史上，还是在世界社会主义发展史上、人类社会发展史上都具有重大意义。经过 40 年改革开放，我国的经济实力、科技实力、国防实力、综合国力进入世界前列，国际地位实现了前所未有的提升，党的面貌、国家的面貌、人民的面貌、军队的面貌、中华民族的面貌发生了前所未有的变化，中华民族以崭新姿态屹立于世界的东方，中国特色社会主义进入了新时代。"吉林大学行政学院国际政治系教授郭锐指出，经过几十年的高速发展，中国已经有能力向世界提供不附带任何政治条件的公共产品，使世界游戏规则朝着更加公平、合理的方向发展，这是中国软实力提升的表现，也是中国参与全球治理体系做出的贡献，顺应了世界人民对中国的信任和期待，在精神层面打破了西方所谓的"道义优势"。

中国特色社会主义的成就显著体现在经济发展上。民主德国统一社会党原总书记埃贡·克伦茨说："在中国共产党领导下，中国人民以创造性的劳动跻身世界第二大经济体并正在夺取第一位。中国正在证明，资本主义是无法在政治上勒索社会主义的，因为社会主义在经济上已经足够强大。据悉马克思曾经对一个朋友说，只要你有足够大的勺子，就可以把魔鬼掀进嘴里。"赵可铭指出："40 年来，中国人民在党的坚强领导下，一代人接一代人地艰苦奋斗、紧密团结、顽强拼搏，极大解放和发展了中国社会生产力，推动中国发生了翻天覆地的变化。中国成功实现从封闭半封闭到全方位开放的伟大转折，连续多年对世界经济增长贡献率超过 30%，成为世界经济增长的主要稳定器和动力源，为人类和平与发展的崇高事业作出了中国贡献。"倪峰指出，改革开放以来，国土面积相当于整个欧洲而人口为其两倍的中国，正用自己特有的方式开启人类历史上规模最为宏大的现代化进程——短短 30 多年中国就成为世界上最重要的经济体之一，外汇储备比其他各国的总和还要多，钢产量超过全球其他十大产钢国的总和，已有 210 项工业产品位居世界首位——而且这一波澜壮阔的发展进程远未结束。俄罗斯远东研究所首席研究员弗·格·布罗夫指出："改革开放 40 年后，中国已经发生了翻天覆地的变化：中国变成了强大、发达的工业化国家，经济潜力跃居世界第二，很多行业都以出口为导向。重点是，中国经济已经适应了全球化进程，而许多国家还没有做到。"

中国取得的巨大成就促使其迅速崛起，国际上有些人对此感到担心和疑虑。北京体育大学马克思主义学院齐冰博士指出："西方国家一直担心中国会挑战现行的国际秩序。所以认为中国是修正主义国家，甚至最近又扣上'帝国主义'的帽子。即使中国一再强调是现行国际秩序的维护者，他们仍深表怀疑。美国学者称这一现象为'承诺疲劳'。西方一直认为，中国明明是大象，可是一直假装是兔子。新加坡前驻联合国大使马凯硕也解释了西方将中国视为威胁的原因，他说'如果你看到角落里一个小老鼠，你不会感到害怕，因为它不足以构成威胁。30 年之后，小老鼠长成了大象，但房间并没有变得更大'。西方的确对于中国崛起表现出了不适应症。"他强调，一些周边国家尤其是历史上深受儒家文明影响的国家惧怕中国，他们仍认为中国是个帝国，既希望搭上中国经济快速发展的便车，又在自身安全问题上依赖西方国家，经常被当作地缘政治中的棋子，为了本国的自尊经常强调自由平等，并且一些国家仍与中国有领土争议，所以建立周边命运共同体仍是个问题。

（二）中国在世界上的影响越来越大

中国在参与国际事务中发挥着越来越重要的作用。中共江苏省委党校教授彭安玉指出："中国通过之前经济社会快速发展积累起来的能量，已经能够单独或联合其他国家推动诸多议题，并且可以努力开创新的战略机遇。"弗·格·布罗夫指出："随着经济实力的不断增强，中国的政治影响力也逐渐变大。目前，在各种国际论坛上都能看见中国代表的身影。没有他们的参与，就不可能在一些重大国际问题上做出决策。"他指出，中国有巨大的投资潜力，可以提供大量的资金支持，"一带一路"是一个真正的世界级工程，影响亚洲和欧洲 60 多个国家、44 亿人口，其实施对世界地缘政治格局产生重大影响，美国霸权统治的单极世界将消失，国际社会将呈现多极化趋势，并达到新的权力平衡。

国际社会越来越关注中国特色社会主义道路。赵可铭指出："中国特色社会主义道路的成功实践，不仅深刻改变了中国，也深刻影响了世界，越来越多的国家和地区开始关注中国道路、希望了解中国的发展经验，越来越多的外国政党和组织开始研究'中国共产党为什么能'寻找可推广的有效范式。"周淼指出：近年来中国的持续快速发展对世界经济的贡献大幅攀升，也是国际金融危机以来稳定世界经济发展的重要力量，中国的发展也开创了一条崭新的中国特色社会主义现代化发展道路；中国的和平发展正在深刻地改变国际政治经济格局，中国道路的发展也为世界提供了一条文明型、和谐型、共享型发展道路借鉴，一些国外左翼学者探讨了中国在促进世界和平稳定发展的积极作用，寄希望中国能够走出一条不同于资本主义的崭新的发展道路。吴文新指出，中国是全世界或整个人类走向社会主义—共产主义的先驱者、探路人，中国特色社会主义是以源自西方而又超越西方文明体系的马克思主义为指导而实现的伟大的社会变革，"由于中国特色社会主义的强势崛起和迅猛发展，更多面向发展中国家的'一带一路'倡议的实施，特别是构建人类命运共同体这一国际大战略的实践，必将彰显中国特色社会主义进入新时代的世界意义，中国特色社会主义也将因而成为 21 世纪世界历史进程的最为显著的影响因素，甚至可能成为引领性和主导性因素。"

中国的成就给世界社会主义的复兴带来了希望。埃贡·克伦茨指出："新自由主义者 1990 年过于草率地断言称：社会政治的根本性变革已经结束，资本主义已经统治全世界，马克思主义已经死亡，社会主义已经被最终击败。这种论断忽视了中华人民共和国的存在，忽视了'中国特色社会主义'纲领的存在，中国的发展给社会主义理想带来了新的推动力，其影响超出了中国的国境。"他还说："经过我对十九大党代会文件和'中国特色社会主义'建设实践的深入学习，我坚信，能够担得起人类进步先驱者称号的，在 18 世纪有法国 1789 年的大革命，在 20 世纪有俄国的十月革命，在 21 世纪则中华人民共和国当仁不让。正如列宁及其同志 1917 年建立新国家的壮举一样，21 世纪的中国事业同样堪称先驱壮举，同样具有决定性的国际意义。正因为中国对苏联失败的原因进行了十分深刻的评价，所以我坚信，中国将不会重复我们在欧洲犯过的错误。中国的教材告诉我们：在 1991 年苏联解体和欧洲社会主义沦亡之后，现实存在的社会主义并没有终结。中国特色社会主义的辉煌成就将对 21 世纪产生重要的国际影响力。"

（三）促进了马克思主义与各国实际相结合

中国共产党坚持把马克思主义与中国实际结合起来，创造性地运用和发展马克思主义，不断实现马克思主义中国化。尽管国际上有人曾对此持有异议，但由于中国的快速发展和巨大进步，人们对中国特色社会主义有了新的理解。意大利《21世纪马克思主义》主编安德烈·卡托内指出："对马克思主义中国化的一种解读为，中国特色马克思主义将中国的马克思主义局限于一个严格的民族领域中：中国特色社会主义是一个仅适合中国特定历史的方案，而中国为促进本国发展把国际主义放在一边、弃之不顾。中国特色社会主义将发展成为一种形式的民族社会主义。在对马克思主义中国化最恶意的解读中，马克思主义中国化被解释成一个用来掩盖以民族主义为核心的经济和社会发展道路的意识形态障眼法，中国人将成为民族主义者并将马克思国际主义丢进垃圾箱。"安德烈·卡托内就上述异议指出："这一解读没有考虑普遍性和特殊性的辩证法。中国化的马克思主义和中国特色社会主义是对马克思主义的具体阐述，他们并没有抛弃一般和国际工人运动。"弗·格·布罗夫指出："20世纪30年代到40年代，中国共产党开始探索实现社会主义的方式。当时，中国共产党首先提出了'马克思主义中国化'和'中国化马克思主义'等概念。人们应该记得，国际上加入共产主义运动的人大都不认可这些概念，他们甚至指责中国共产党背离了普遍接受的马克思列宁主义原则。但随着时间的推移，中国共产党的理论慢慢被证明是正确的。要想取得成功，任何国家的共产党都必须考虑本国国情，即具体社会经济和历史特点。也就是说，马克思主义应该'中国化'以及'俄罗斯化'等。在马克思主义中国化的指导下，中国共产党提出了中国特色社会主义理论，确保了改革开放的成功。"

中国特色社会主义的巨大成就更加坚定了人们对马克思主义的信心。张全景指出："苏联解体后，反动势力叫嚣'历史终结了''社会主义失败了'。但令那些'终结论'终结的是，中国共产党坚持马克思列宁主义、毛泽东思想，高举中国特色社会主义伟大旗帜，积极推进改革开放伟大事业，把我国建设成为世界经济总量第二大经济体，创造了人类社会发展史上惊天动地的发展奇迹，推动中国特色社会主义进入了新时代，形成了习近平新时代中国特色社会主义思想。中华民族焕发出新的蓬勃生机，极大地推进了马克思主义发展和世界社会主义发展。新时代中国特色社会主义，是世界向社会主义过渡时代的一个新的阶段，它将向世界证明，社会主义的发展是不可阻挡的。"吴文新指出："虽然还有仅存的几个社会主义国家——中国、古巴、越南、朝鲜、老挝等，都由于建立社会主义制度时的生产力和社会经济条件的先天不足，而呈现出不尽人意甚至无法跟发达资本主义国家相媲美的怪相和困境，但是毕竟在通往共产主义的道路上迈开了虽然颤颤悠悠但也坚定踏实的步伐。"埃贡·克伦茨指出："我们的经验表明：凡是不相信社会科学或不重视马克思、恩格斯、列宁的人，就会犯下无法弥补的错误。令人欣慰的是，中国领导人坚持了马克思主义和列宁主义，他们毫不动摇地将马列主义视为'中国特色社会主义'的社会科学指南针。我对他们的远见感到钦佩，中国领导人带着这样的远见迈出了社会发展的步伐，他们以这样的远见遵循着自己的战略目标，并切实地一以贯之。"吴文新认为："21世纪是人类在新时代中国特色社会主义体系和建设成就影响下、引领下进而主导下，在'一带一路'倡议和构建人类命运共同体战略的实施过程中并在其直接推动下，由多元制度共存的'世界社会形态'向全世界社会主义过渡的历史时期，中国特色社会主义、科学社会主义乃至马克思主义和中华文明的世界历史意义在此过程中逐渐展现出来，真正的社会主义—共产主义的'普世价值'逐渐形成强大的实践力量并广泛发挥作用。"

五、构建人类命运共同体

坚持和平发展道路，构建人类命运共同体，这是中国共产党在新时代坚持和发展中国特色社会主义战略部署的一项重要内容，在国际社会产生了强烈的反响，一些与会人员就此发表了见解。

（一）构建人类命运共同体是发展的必然趋势

构建人类命运共同体是习近平总书记顺应人类发展趋势提出的。安德烈·卡托内指出："将命运共同体概念的性质从一个超出国家范围的更广泛共同体（例如亚洲或欧洲共同体）转变为一个针对全人类的共同体是习近平主席的功劳。"中国社会科学院哲学研究所副所长冯颜利教授指出：在中共十九大报告中，习近平总书记揭示了倡导人类命运共同体的全球现实依据，系统阐述了人类命运共同体思想的主要内容及其世界意义。安德烈·卡托内回忆说："习近平于 2015 年 9 月 28 日在第七十届联合国大会（即联合国成立 70 周年）上发表的讲话以一种清晰而组织有序的方式介绍了构建人类命运共同体的战略提议。通过对这一具有非凡和重大意义的讲话展开分析，我们能够捕捉到中共中央总书记习近平所说的构建'人类命运共同体'的基本特征。我们还能够确定人类命运共同体概念与其他可能具有相似或相近意义的概念之间的基本差异，例如'和平共处'（在 1950 年至 1960 年期间得到广泛传播）和'相互依存的世界'。"

构建人类命运共同体是世界各国人民生存和发展的需要。中国人民解放军国防大学原副政委李殿仁教授指出：随着全球化的开启和演进，人类居住的地球变小了，相互之间的距离拉近了，共同利益、责任、命运联系更加紧密了，构建人类命运共同体成为大势所趋、历史必然。赵可铭指出："今天，人类交往的世界性比过去任何时候都更深入、更广泛，各国相互联系和彼此依存比过去任何时候都更频繁、更紧密。尽管人类还远未达到'自由人联合体'那种理想境界，但在全球化、信息化的时代背景下，世界各国命运与共、人类社会休戚相关早已成为客观趋势，在金融危机、难民危机、疾病传播、气候变化的宏大命题前，没有人独自应对、独善其身。"李殿仁分析说："随着全球化的演进，整个世界在经济层面基本上都联系在一起了，一切国家的生产和消费都成为世界性的了。但是，这只是单一层面的经济利益共同体，是十分脆弱的，会因为国家之间在安全、政治等方面的利益冲突而解体。随着科技的进步和生产力的发展，一方面，各国各民族之间的相互联系越来越紧密，相互依赖度越来越高；另一方面，人类面临的挑战越来越具有全局性、综合性和长远性，比如核灾难、传染病、气候变化，再比如恐怖主义、极端主义。整个人类，不管何国何族，恐怕是欲存俱存、欲亡俱亡。在这样的现实状况下，人类已经命运与共。从这个意义上说，人类命运共同体是实然的事物。与利益共同体相比，命运共同体已经发生本质性的变化。共同命运已经远远超越共同利益，它是不可交换的，共同体内的成员已经生死与共、荣辱与共。"安德烈·卡托内指出："为了将世界转变为一个具有强劲活力和积极主动的愿景，人类命运共同体为我们指明了一条具体而切实可行的道路。命运共同体提议的范围更为广泛，是一个广泛的世界转型战略，从文化和精神等多个不同的角度来观察整个世界。命运共同体是一个指南针，可以指导共产党、工人运动、社会主义者和进步力量的行动。命运共同体是推翻剥削、饥饿、苦难和落后的世界统一战线。"

构建人类命运共同体是对资本主义全球治理体系的扬弃。D.G. 诺维科夫指出："国际关系的阶级结构就是一座地缘政治金字塔，处在塔顶上的一个超级大国将自己的意志强加于全世界，一旦有人敢与其政策相左就会采取包括制裁、经济封锁、'颜色革命'到公然干涉等一系列惩罚性措施，人类命运共同体概念是对这种国际关系的阶级结构的否定。"赵可铭认为：在资本主义生产方式统治之下，我们不得不面对经济发展区域失衡、贫富鸿沟日益扩大、生态资源难以为继、各种矛盾冲突此起彼伏的局面，这种片面的现代化发展路径和失衡的全球治理体系已经千疮百孔，这种治理体系在霸权主义、恐怖主义、单边主义、贸易保护主义抬头的情况下遭遇了信任危机；"中国倡导构建人类命运共同体要求对之加以扬弃，主张全面发展和共同发展，以解决发展失衡、治理困境、数字鸿沟、公平赤字等问题，主张各国主权平等、权利平等、机会平等、规则平等，以真正做到世界命运由各国共同掌握，国际规则由各国共同书写，全球事务由各国共同治理，发展成果由各国共同分享，逐步实现全球治理体系的变革与完善。"罗曼诺夫指出："中国国家领导人强调人类所面临的道路选择的重要性：一条道路会让人类为争权夺利而动用武力，而很可能会导致毁灭性危机的出现；另一条道路则引导人们顺应时代发展潮流，共同应对挑战，开展全球合作，为构建人类命运共同体创造良好条件。我们要抓住历史机遇，做出正确抉择，共同创造人类的美好未来！"中国社会科学院博士生罗叶丹从分析资本主义后工业阶段的生产特征出发，认为构建人类命运共同体是适应人类生存和发展需要而提出的，构建人类命运共同体是走出当代资本主义全球化危机的现实出路。

（二）构建人类命运共同体是对马克思主义的坚持和发展

人类命运共同体是马克思主义中国化的一项最新成果。李慎明指出："坚持和平发展道路，推动构建人类命运共同体，是习近平新时代中国特色社会主义思想的重要组成部分，是对马克思主义关于人类社会发展规律认识的创新性发展，为马克思主义在 21 世纪的发展与传播增添了强大生命力，是中国对世界和平发展做出的新的重大理论贡献和实践推动，必将在马克思主义发展史和人类思想发展史上写下光辉灿烂的一页。"安德烈·卡托内认为："人类命运共同体符合马克思主义思想，是马克思国际主义和普遍主义在 21 世纪的体现，其概念比国际工人运动历史中出现的诸如'和平共处'、'相互依存'等内涵更广、更具战略性……'和平共处'概念将人类划分为对立的系统，因而并没有制定人类统一的目标。出于这一原因，'和平共处'概念并未考虑人民、文化和经济之间的动态互动。这种理论将世界划分为多个阵营、反对战争，却无法实现世界统一。"他进一步分析说："习近平设想了一个尚未实现社会主义却成功摆脱了侵略性资本主义和帝国主义的世界。这是一个处于世界转型过程中的社会，公私企业共存，但目的是消除贫困和尊重所有人民的独立性。这是一个非凡的战略项目，符合无产阶级国际主义及其所描绘的人类未来。尽管世界在短期内无法过渡到社会主义，但命运共同体概念中提出了一个人类团结一致的过渡阶段。命运共同体与地缘政治概念截然不同，地缘政治仅关注权力之间的关系（分享世界权力或者在世界大国之间分配权力）。"李殿仁提出，构建人类命运共同体是我们处理对外关系、加强同世界各国合作的基本遵循，是人类历史发展的必然趋势和人类谋求幸福的共同愿望，也是人类休戚与共的责任担当。

人类命运共同体与马克思恩格斯"自由人联合体"、人类解放思想有渊源关系。赵可铭提出，在《共产党宣言》中，马克思恩格斯提出了未来共产主义理想社会就是一个"自由人联合体"，构建人类命运共同体是在新时代对马克思主义的坚持和发展。冯颜利指出，马克思恩格斯有丰富的人类命运共同体思想，认为只有在共同体中才可能有个人的自由和全面发展，他们曾提出与"虚假的共同体"相对的"真正的共同体"，而"真正的共同体"即共产主义是自由人的联合体，是每个人自由而全面发展的社会。盐城工学院马克思主义学院马荣博士认为："马克思主义提出了世界历史的命题，其中的共产主义理想不是在某一个国家某一个民族内部实现，而是在整个人类中实现。马克思主义的共产主义理想虽然不是人类命运共同体思想的直接来源，但据以提出共产主义理想的现实基础与我们今天提出人类命运共同体的现实基础是同一个基础、同一种趋势。"中央党史和文献研究院研究员项国兰指出，马克思恩格斯通过分析商品运行的规律，揭露了资本剥削无产阶级的秘密，提出人类解放的理论，这一理论包括政治解放、社会解放和人的解放，其中政治解放是前提，社会解放即生产力解放是基础，一切人的自由而全面的发展是最终目标。项国兰认为，人类命运共同体的里程碑意义在于双重解放，既是压迫阶级、国家和民族的解放，也是被压迫阶级、国家、民族的解放——"打造人类命运共同体，构建不设假想敌、不针对第三方、具有包容性和建设性的伙伴关系，是从结盟或对抗的窠臼下解放出来；树立共同、综合、合作、可持续安全的新观念，统筹应对传统和非传统安全威胁，走出一条共建共享共赢的安全之路，是从把自己的安全建立在威慑、遏制别人的安全观下解放出来；倡导合作共赢，是从独占、弱肉强食的丛林法则中的解放；不同文明和谐共处、交流互鉴，增进各国人民友谊是从"文明冲突论"或"文明优越论"观念下的解放；坚持走绿色、低碳、循环、可持续发展之路，实现世界的可持续发展和人的全面发展的必由之路"。项国兰强调，这些理论为被压迫国家、民族和阶级开辟了一个新天地，在人类命运共同体内是互相尊重、平等互利、共建共享共赢、包容性和建设性的伙伴关系，将极大地调动他们的积极性并解放生产力，从而为每个人的自由全面发展创造条件。

有的学者还探讨了人类命运共同体与毛泽东思想的关系。中国社会科学院博士生李霞认为，构建人类命运共同体思想是毛泽东对外开放思想在新时代的升华，是对和平共处五项原则的继承和发展，也是对冷战思维以"阵营"划线的超越。西南大学政治与公共管理学院教授陈跃指出："人类命运共同体是以人民为中心思想在处理国际关系中的具体运用和经验总结，蕴含着深厚的中国共产党人的人民情怀和世界大同的思想，体现着中国共产党人的博大胸怀和远大智慧。"湘潭大学马克思主义学院吴克明教授认为，毛泽东在维护国家安全方面提出了诸如奉行独立自主，反对外来干涉；坚持平等互利，开展对外交往；倡导和平方式，实现祖国统一等理论和观点，这些理论观点对加强以和平合作、开放包容、互学互鉴、互利共赢为核心的丝路精神建设具有重大意义。

（三）构建人类命运共同体的途径

坚持合作共赢、共同繁荣的全球化新理念。D.G.诺维科夫指出："以人类命运共同体概念为基石的国际关系不再是竞争和强权政治，而是团结、合作和互助，这使得解决资本主义全球化带来的问题成为可能。"李慎明指出，共商、共建、共享三大发展理念是构建人类命运共同体的根本内容，坚持这一思想在当今世界乃至人类文明史上都有着极其重大的战略意义。冯颜利认为，在全球生态、国际和平、全球治理、构建公平正义新秩序等方面，习近平人类命运共同体思想贡献了中国方案和中国智慧，构建人类命运共同体思想是创新、协调、绿色、开放、共享五大新发展理念的国际版，是国内发展理念在国际战略中的反映。吴克明指出："构建以合作共赢为核心的新型国际关系，打造对话不对抗、结伴不结盟的伙伴关系，才能共同应对各种安全挑战，共同建设和平世界。繁荣发展是人类的永恒追求，打破发展瓶颈、缩小发展差距、共享发展成果，是各国面临的艰巨任务。只有实现各国之间的联通，才能推动经济大融合、发展大联动、成果大共享，打造甘苦与共、命运相连的命运共同体。"

建立休戚相关、荣辱与共的大家庭式关系。辽宁大学马克思主义学院博士生符豪认为："中国共产党提出构建人类命运共同体，就是希望在日益失衡的国际秩序中尊重彼此，求同存异，凝聚最广泛的发展力量共同推进世界进步；就是希望在冲突日益频繁的局势下认清和平与发展的重要性，和谐普惠，为文明发展提供稳定安全的世界环境；就是希望在单边主义日益盛行的'森林法则'中重塑合作共赢的思想，互惠互利，在广泛协作中实现利益多赢；就是希望在资源环境日益短缺恶劣的情况下绘制蓝天白云，以人类的长久繁盛为出发点，造就更美丽更宜居的'地球村'。"习近平在阐释"人类命运共同体"概念时说："人类命运共同体，顾名思义，就是每个民族、每个国家的前途命运都紧紧联系在一起，应该风雨同舟，荣辱与共，努力把我们生于斯、长于斯的这个星球建成一个和睦的大家庭，把世界各国人民对美好生活的向往变成现实。"李殿仁就此指出："以'大家庭'来形容人类命运共同体，比'地球村'更能说明世界各国各文明之间休戚相关、荣辱与共的关系。大家庭里，任何一个成员遭受灾难，其他成员都会感到痛苦，都愿意伸出援手；任何一个成员有了好事，其他成员都会高兴，都愿意分享快乐。每位成员不管能力大小如何，个人偏好怎样，都由衷地希望大家庭兴旺发达，都愿意为之贡献力量。可以说，与地球村式的人类命运共同体相比较，大家庭式的人类命运共同体有了更为牢固的基础、坚实的'身体'和持久的生命力，共同体内的成员逐步形成充分的共同价值，并在此基础上愿意承担共同的责任。"

尊重世界各国家、各民族的不同文明。广东外语外贸大学马克思主义学院谢迪斌教授认为，习近平人类命运共同体是对西方世界文明观的重构。D.G.诺维科夫指出："人类命运共同体概念认为，世界除了相向而行和相互融合没有其他出路，而这一融合应该是在平等基础上实现的，而不是在某一方强迫的前提下实现。"安德烈·卡托内指出："人类命运共同体概念中存在着不同文化共存并进行动态交互的内涵，对所有彼此相互作用的文化给予相同的尊重和尊敬，将其视为人类的丰富财富。人类命运共同体并不是要实现一个消除所有差异的独特文明，而是把握所有文明的精髓，并在实现人类统一的道路上为所有文明提供支持。我们可以从人类命运共同体中得出双赢合作协议的理论，旨在鼓励不同国家的生产力发展，尊重并重视各个国家的文化。"上海财经大学人文学院教授范宝舟认为，构建人类命运共同体必须尊重文明的多样性、维护文明平等、促进文明的交流互鉴，就要尊重文明的多样性、维护文明的平等性、促进文明的交流互鉴，这是对"文明冲突论""文明优越论""文明隔阂论""文明威胁论"等形而上学思维方式的有力回应。山东财经大学冯道杰认为，马克思主义在批判和超越资本主义文明的基础上，重塑不同文明之间、不同国度之间的和谐关系，构建良好的国际生态，这对于构建人类命运共同体具有重大意义。

尊重不同文明与资本批判之间并不矛盾，构建人类命运共同体必须坚持资本批判。安德烈·卡托内指出："命运共同体必须以对盲目地追求自身利益的资本主义的质疑为基础。"北京科技大学马克思主义学院陈广亮认为，人类命运共同体不仅是一种"资产阶级上层建筑＋资本"即资本主义的世界秩序替代方案，更是实现奔向超越资本文明的"自由人联合体"现实选择，坚持资本批判则是人类命运共同体构建实现上述目标的根本要求。陈广亮指出：这并不是指它可以主观对资本进行随意裁撤，也不是指它能够忽视资本的存在，而是强调它在如何对待资本上，既重视资本在现代社会的暂时必然性作用，也突出对资本负面影响的科学疏导；"一方面，人类命运共同体尊重资本在人类向世界历史性发展上的基础动力作用，坚持从驾驭资本和占有资本文明中实现对人类命运共同体的构建。另一方面，人类命运共同体正视资本的内在矛盾和'资产阶级上层建筑＋资本'无力应对当代人类世界性发展的现状，精准把脉发达国家和发展中国家在新世纪持续发展的时代要求，立足资本批判，坚持从共同驾驭资本和成果共享中实现对其负面效应的科学疏导。"安德烈·卡托内强调："人类命运共同体是旨在实现人类统一的同一条道路上的两方面内容，这种统一无法建立在现有的社会生产关系的基础上，必须改变现有的社会生产关系，摧毁最具侵略性的强权、资本主义的动物本能以及对利润的无限渴求。"

六、"一带一路"建设

"一带一路"是构建人类命运共同体的伟大探索，经过历时五年夯基垒台、立柱架梁的基础性建设正在朝着落地生根、持久发展的阶段迈进，近几年在世界上持续产生重大影响，显示出巨大潜力和广阔前景，引起了与会人员的关注。

（一）"一带一路"是新的国际合作平台

"一带一路"建设已经取得了显著成效。中央马克思主义理论研究和建设工程咨询委员会主任徐光春指出："五年来，'一带一路'由理念变为行动，由愿景变为现实。从举办引发国内外巨大反响的'一带一路'国际合作高峰论坛，到与100多个国家和国际组织签署合作共建'一带一路'文件；从建设中老、中泰、匈塞铁路以及中俄原油、天然气管道等基础设施步伐加速推进，到金融合作不断加强、各类资本积极参与实体经济发展和价值链创造；从与沿线国家的贸易与投资合作不断扩大，贸易额显著增长，经贸合作区陆续建立，到多层次、多领域的人文交流合作日益密切，沿线民众互鉴互学、文化沟通不断深入，'一带一路'建设在各方面取得了重大成效。"李慎明指出："实践人类命运共同体理念的'一带一路'倡议，已得到百余个国家和国际组织的支持和参与，成为有关国家实现共同发展的巨大合作平台。'一带一路'将为推动更加均衡、包容和普惠的新型全球化注入持久的新动力，将为世界发展带来新的机遇。"徐光春指出："目前，共建'一带一路'倡议及其核心理念，已被纳入联合国、二十国集团、亚太经合组织、上合组织等重要国际机制成果文件。"

我们应积极促进"一带一路"国际合作，为共同发展增添新动力。徐光春指出："'一带一路'成为当今世界规模最大的国际合作平台，在国际社会受到热议和欢迎，越来越多的国际组织、机构和国家表示将更全面、更深入地参与到'一带一路'进程中来。诚如有国外媒体指出的，'一带一路'作为中国推动构建人类命运共同体的重要路径和宏伟实践，显示出旺盛的生命力和光明的发展前景。"李殿仁指出："现有的国际体系存在诸多弊端，霸权主义、强权主义、冷战思维等与构建人类命运共同体相逆的思维、理念乃至行为方式还大行其道。特别是一些西方大国，经常将这些国际合作机制视之为维护本国霸权、谋取本国利益的平台。正是由于这些因素的制约，现有的许多国际合作机制在推动构建人类命运共同体上所能发挥的作用还相当有限。因此，推动构建人类命运共同体还应当根据现实需要和条件不断创新国际合作机制和模式。在创新国际合作机制和模式上，'一带一路'是一大亮点。'一带一路'倡导共商共建共享，在理念上与构建人类命运共同体完全相符。'一带一路'不追求组织形式和权力关系，而是根据相关国家的需要实现政策沟通、设施联通、贸易畅通、资金融通、民心相通，聚焦构建互利合作网络和多元合作平台，完全是一种新型国际合作模式。"

"一带一路"重点面向亚欧非大陆，同时向所有各国朋友开放。与会专家认为，"一带一路"建设应重点布局亚欧大陆，由于中国与沿线国家有技术、资金、装备等供给与需求的对接，"一带一路"建设能够推动亚欧区域经济一体化，从而抵御全球危机对发展中国家的冲击。弗·格·布罗夫提出："俄罗斯领导人非常了解参与'一带一路'项目的重要性，俄罗斯希望借助'一带一路'倡议，将远东地区和亚太地区的贸易连接起来，为俄中两国发展战略的交流和结合创造良好机遇。"中国社会科学院世界经济与政治研究所副研究员李燕认为，乌克兰是欧亚大陆的中心和领土面积较大的国家，其经济体量、国民素质、市场潜力等有优势，尽管乌克兰各界表达了参加"一带一路"建设的愿望，但由于种种原因中国与欧洲的交通基本上绕开乌克兰。土耳其社会主义研究学术协会国际关系处凯末尔·艾美、吉姆·克齐泽提出，土耳其积极支持"一带一路"倡议，作为股东加入了亚洲基础设施投资银行，已在"一带一路"框架内促成了一些大型物流和运输项目。格蕾蒂斯指出："拉美国家而言，'一带一路'是一个非常重要的发展机会。拉美、加勒比国家必须加倍努力，与中国开展多种形式的文化、金融合作，在出口产品中注入更多的价值和知识。"

（二）"一带一路"建设面临的挑战

"一带一路"建设是在中国主导下进行的，中国的经济发展状况对"一带一路"建设具有重大影响。弗·格·布罗夫指出："一带一路"是一个真正的世界级工程，因为它影响了亚洲和欧洲60多个国家，44亿人口。中国有巨大的投资能力，可以提供大量资金支持。巴西国家科学技术发展委员会研究员高欧指出："'一带一路'倡议依赖于高度整合的中国能力。对于外围国家来说，基础设施工程由于数量多和技术要求复杂而难以完成。中国经济的闲置产能巨大，包括一个庞大基础产业：钢铁产量就是例证。中国是物流达人，其港口基础设施庞大，拥有世界十大港口中的7家，以及大型物流和铁路管理公司。中国已经调动其财力。"罗曼诺夫指出，中国在新常态条件下经济减速，特朗普政府对出口商品征收高税制约中国经济，"在这样的条件下，中国仅仅寄希望于同西方国家发展国际贸易，对发达国家资金技术持开放态度，是没有前景的。周边伙伴国家经济和外交意义更加凸显，这其中有很多的国家是'一带一路'倡议落实参与国。在遭遇美国前所未有的施压政策后，中国需要向世界展示其对抗域外打击，同时保持自身经济稳定发展，杜绝经济增长降速的能力。在这种新的情况下，中国需要将中国特色社会主义的优势发挥到极致，以及时将资源集中到优先领域，对遭受美国打击而衰落的企业和行业给予有效支持"。

"一带一路"建设具有两重性。中国社会科学院马克思主义研究院陈人江认为，"一带一路"的区域化战略固然不同于资本主义的新自由主义区域一体化，但也不同于传统社会主义阵营的经互会和拉美"21世纪社会主义"国家的美洲玻利瓦尔联盟这些具有鲜明替代特点的一体化，包括"一带一路"在内的中国对外经济交往活动有两重性：有对西方资本主义国家主导的现行规则秩序否定甚至超越的色彩，在一定意义上也是维持甚至加强世界市场逻辑的重要一环，这给"一带一路"建设带来一些挑战。他指出："一带一路"建设的许多投资项目是带有一定国家战略目标的，但作为实施和执行项目主体的企业是要服从经济效益最大化的市场逻辑，尤其是国家鼓励私人经济主体的积极参与，其往往容易为追求一己之利而罔顾整体利益，如何平衡国家利益与经济主体的私人利益是一个新课题；"同样，以资本积累和逐利为主要特点的投资与'一带一路'倡导的平等主义和合作共赢之间也会形成一定矛盾。例如，国内劳动力市场逻辑的输出，在投资对象国形成的新雇佣劳动关系，很多时候遭遇到了当地用工制度、法律和劳工及其他社会力量的制约和抵抗，包括环境保护方面同样碰到了此类问题。而这种矛盾毋宁说是中国40多年来的市场经济改革实践中，中国特色社会主义发展手段和目标之间的逻辑张力在世界市场上的再现。"

尽管中国一再重申，"一带一路"不是地缘政治的工具且超越地缘政治，但其对地缘政治产生的影响是客观的，也不能不受地缘政治的影响并承受地缘政治风险。弗·格·布罗夫指出："显然，'一带一路'倡议的实施将对世界地缘政治格局产生重大影响。美国霸权统治的单极世界将消失；国际社会将呈现多极化趋势——除了美国，还有中国、俄罗斯、欧盟、印度和其他国家，并达到新的权力平衡。实际上，这一进程早就开始了。"哈萨克斯坦共和国的中国和亚洲研究计划首席专家安同·布加延科指出："中国带着自己提出的倡议来到中亚地区，这一地区早已有成熟的地缘政治联系。中国并没有提出中长期地缘政治目标，中国项目的发展也不是沿着一体化轨道进行的，而且中国也没有明确提出实现丝绸之路经济带同欧亚经济联盟的对接。受限于地缘政治现实，中国无法推行更为激进的政策。"齐冰指出，在推进"一带一路"建设时如何有效保护中国的海外利益？中国倾向于用政府主导的方式，综合利用外交、执法、国企和军队等多方面力量达成目标（其中军事力量虽然并非主导力量，而是多用于具体任务的执行），也会动用武警等准军事力量并鼓励国营和私营安保公司等维护海外利益。他指出：这种混合模式不对他国构成威胁，但客观上会对地区局势有一定影响；有限的海外军事力量只用来打击那些威胁中国利益的势力，使用的方式也只会是小规模的精确打击；通过军事技术装备援助等方式会增加受援国对中国的依赖，也会影响他国的政治博弈。

"一带一路"建设还面临参与国复杂多样性的挑战。陈人江指出，中国面对的是迥异于自身的历史、文化和政治经济制度，经济水平落差极大的诸多国家，且沿线的许多欠发达国家处于不稳定的安全局势和经济发展状态，再加上中国的综合实力尚未足以在这片广阔的欧亚经济板块中处于相对主导的地位，这决定了"一带一路"推进过程中，经贸协定的达成及其他合作关系的建立更为困难，更易受到东道国之间和内部许多因素的影响，包括东道国是否真正理解和接受"一带一路"的价值理念，地区大国的势力范围和相关利益的协调能否达成，东道国国内的政治斗争和阶级斗争具有怎样的政治风险，东道国执政精英是否足够强大或能否获得足够的社会认同来提供政策支持等等。陈人江强调，东道国具体的政治经济运行机制同样决定了本国底层社会群体能否确实从"一带一路"项目及其推动的工业化进程中获取最大利益，而这后一点恰是落实"一带一路"倡议"共享、共赢、发展"，从而赢得世界民心的关键。

（三）"一带一路"助推新型全球化

全球化是资本主义大力推进的结果，资本主义主导的全球化既不公平，也不具备可持续性。徐光春指出，"经过近40年的快速发展后，由西方国家主导的全球化的弊端日益显现。由于跨国资本过度追逐利润增长，漠视经济发展的普惠性，造成世界各地区间发展的不平衡，国家间发展鸿沟加剧。而在受益于全球化的发达国家内部，由于巨额利润流向少数资本和技术所有者，也造成了财富分配不均和社会不平等扩大。近年来，受国际金融危机深层次困境、难民危机等影响，西方国家的治理问题愈益严峻。在民粹主义的煽动下，一些西方民众将自身面临的问题归结为参与全球化的后果，一时间反全球化、逆全球化声音甚嚣尘上，单边主义、贸易保护主义日渐抬头、愈演愈烈。"武汉大学马克思主义学院曹亚雄认为，资本主义主导的全球化造成了严重不良后果："全球经济发展越来越不平衡，穷国富国之间差距越来越大，经济可持续发展乏力；世界政局陷入动荡，战争威胁依然存在，恐怖主义、极端主义和分裂势力影响日增，民粹主义和极右势力抬头；生态危机日益严重，全球生态灾难越来越明显；文化和价值观出现了巨大冲突，极端个人主义、物质主义、消费主义、享乐主义在全球蔓延，民族国家传统文化和价值被挤压、削弱乃至消失；社会分层固化，社会冲突加剧，公共安全和秩序遭到重大威胁，社会保障体系面临严峻考验，疏离、虚无和颓废成为一代人生活状态。"曹亚雄指出："这种全球化违背历史发展的走势，把整个世界推向了一个危险的境地，各种贸易保护主义以及民族主义的抬头，世界性的反全球化浪潮以及金融危机的持续表明，资本主义主导的全球化已走上穷途末路，需要新型的全球化替代。"

新型全球化与资本主义主导的全球化根本不同。曹亚雄对此进行了系统分析："资本主义全球化目的是实现资本的最大限度地增值，维护资本的统治和对其他国家和民族压迫和统治，而新型全球化建立在平等、互利、合作、共赢基础上，增进整个人类的福利，扩大人的视野，朝着实现人的自由而全面的解放的方向迈进；资本主义全球化是不均衡发展，表现在各个领域的不均衡发展和国家、地区、阶级、阶层的不均衡方面，而新型全球化是一种真正的彻底的全球化，它实现了领域、国家、地区、各个阶级阶层的平衡发展；资本主义全球化由于自身的局限最终无法坚持下去，而新型全球化消灭了制度障碍，具有无限广阔的发展空间，因而更能够追求一种彻底的全面的真正的全球化。可见，新型全球化也是新的社会生产力发展的必然结果，是对资本主义全球化的超越和扬弃，是一种更高层次的全球化，是全球化的必然趋势。"

在资本主义主导的全球化受阻背景下，"一带一路"倡议以与其截然不同的发展理念和实践逻辑，为破解全球化的困境提供了具有可行性的中国方案。徐光春指出："实践愈发展，人们就愈将认识到，'一带一路'作为顺应经济全球化潮流、更好造福各国人民的最广泛的国际合作平台，必将成为摆脱旧全球化弊病的制胜之道，以其所倡导的和平合作、开放包容、互学互鉴、互利共赢新理念，成为推动新型经济全球化发展的新引擎"。徐光春指出，"一带一路"倡议之所以被国际社会普遍认可，是因为人们意识到这一倡议是解决当代世界经济难题，推动经济全球化持续、健康发展的切实有效的方案，以"一带一路"为新引擎的新型经济全球化将造就与资本主义主导根本不同的全球化，其结果是和平合作将唱响新型全球化的主旋律，开放包容是新全球化的精神支柱，互学互鉴是新全球化的发展动力，互利共赢是新全球化的必然结果。曹亚雄认为，作为推进新型全球化的战略性举措，"一带一路"给全球化开辟了更广阔的空间，为新型全球化提供不竭的动能，从根本上克服了过去全球化的弊端，为全球化深度发展提供了新内容，以制度和法律来保障新型全球化的发展。

当前全球化正处在一个关键的十字路口，围绕两种全球化的斗争正在进行中。D.G. 诺维科夫指出："可以说，中国提出的'人类命运共同体'概念和与之紧密相关的'一带一路'项目，为世界提供了除由美国财团控制的帝国主义全球化以外的另一种方案和选择。"徐光春指出，"一带一路"倡议不是一些西方媒体所宣扬的"马歇尔计划"，也不是地缘政治的工具，更不是所谓中国的图谋，而是为不同国家、民族之间互联互通架构的桥梁，是要让更多国家搭上我国发展快车，帮助他们以我国发展为契机实现发展目标，其结果必然是世界各国间的优势互补、互利共赢，不断朝着人类命运共同体方向迈进。诺维科夫指出："中国今天为世界提供了全然不同于美国引导的资本主义全球化的新方案。美国全球化本质在于不平等和剥削。在西方资本创造的精密体系下，西方国家得以从"第三世界"国家榨取资源。这些国家往往通过强迫别国签署不平等条约、操控国际货币基金组织和世界银行等金融'恶魔'或公然干涉主权国家内政等途径达到上述目的。"埃贡·克伦茨指出："中国倡议原本是着眼于所有参与'一带一路'国家福祉的平等关系，但是在新自由主义者看来，这种倡议包含着所谓的社会主义的'毒害'，因此不能列入他们的议事日程。实际上，中国困扰他们的要素就是共产党。他们巴不得见到一个没有共产党的中国。但是我坚信，这是他们的痴心妄想。"